从经典作家进入历史

约翰生六十岁时的画像

约翰生传

SAMUEL JOHNSON

A Biography

by Walter Jackson Bate

广西师范大学出版社
·桂林·

（美）沃尔特·杰克逊·贝特 著 李凯平 周佩珩 译

名家评介

贝特笔下的约翰生是一个伟大的人，不仅在十八世纪熟悉的经典层面，也在于我们公认的人性意义。他自己人生的凯歌也是人类的凯歌。

——阿奇博尔德·麦克利什

这本书并不告诉你约翰生是谁，而是让你成为约翰生……叙述引人入胜，增长见识，动人心弦，传达了堪与约翰生本人媲美的智慧与理解力。

——杰萨敏·韦斯特

文学传记的典范……洞见、阐释、判断都无与伦比……杰克逊·贝特从来放不下对约翰生的痴迷——读者也不会。

——玛丽·海德

阅读、学习和吸收的愉快享受。杰克逊·贝特总是以罕见成熟的感悟力观察男人和女人、此世生活和我们的文学。

——詹姆斯·古尔德·卡赞斯

贝特出色地揭示了约翰生的动机。关于约翰生对发疯和崩溃的恐惧,我见过的最佳阐释当属贝特的精神分析。他的批评判断……令人钦佩。

——詹姆斯·L.克利福德

……他在想象中已经把约翰生年复一年的经历融入自己的经历,他对约翰生的苦难感同身受,也分享约翰生以不可战胜的精神获得的胜利。这无疑是每一位真正的约翰生研究者必备的书。

——伯特兰·H.布朗森

书中有华彩,也前所未有地清晰呈现了约翰生的黑暗面……归根结底,这本书的伟大在于约翰生博士的魅力。

——罗伯特·洛厄尔

本书精彩地讲述了一位杰出人士的一生,构思巧妙,雄辩有力,充满新颖的心理洞察和文学判断 ……这本传记是事实与阐释的完美融合,无论专家还是普通读者都会获益匪浅,爱不释手。

——格温·J.科尔布

贝特与众不同地展现出这位伟人的优点与缺点,他内心的动荡与叛逆,他内心中独立与依赖、敌意与内疚的分裂……贝特栩栩如生地刻画出约翰生强烈的痛苦与勇气,并使读者在其中发现约翰生长期的成就。

——理查德·洛克

谨以此书纪念我的好友杰弗里·蒂洛森

每当我忆起当年初对约翰生萌生浓厚兴趣的时光，

我总是情不自禁地想起他

To

the memory of my friend

GEOFFREY TILLOTSON,

forever associated with the years

when I began to love Johnson

你对我的某些经历十分在意，却厌恶我的其他经历，你这样做依据何在？……如果我也这样做，你就永远不会听到我的名字。

——毕达哥拉斯

What is your warrant for valuing any part of my experience and rejecting the rest? . . . If I had done so, you would never have heard my name.

—Pythagoras

目 录

第一部分 性格形成期

第二部分　考验与寂寂无名

第三部分　中年岁月:道德朝圣

第四部分　约翰生传奇

插图目录*

* 图说标*者系中译本据彼得·昆内尔(Peter Quennell)的《塞缪尔·约翰生:朋友和敌人》(*Samuel Johnson: his Friends and Enemies*, American Heritage Press, 1973)增补。

斯陶尔布里奇的学校

吉尔伯特·沃姆斯利

利奇菲尔德的主教府邸,沃姆斯利就住在这里

亚历山大·蒲柏,1730 年(Michael Rysbrack)*

牛津大学彭布罗克学院,1744 年(George Vertue)*

博斯沃思市场学校

塞缪尔·约翰生已知最早的肖像,1756 年(Sir Joshua Reynolds)*

莫莉·阿斯顿*

伊丽莎白·杰维斯·波特,此时是她嫁给约翰生几个月前的肖像

艾迪尔堂(C. J. Smith)

大卫·加里克(左)及其朋友威廉·温德姆(Francis Hayman)*

爱德华·凯夫*

圣约翰之门,《绅士杂志》的办公场所就在这里

坦普尔酒吧

汉普斯特德的普利奥利旅社,泰蒂曾在此居住(Dorothy Collins)

维多利亚时代的高夫广场

在高夫广场的别墅中,通往阁楼的楼梯(Dorothy Collins)

约翰生正在等候求见切斯特菲尔德伯爵,此画作系画家凭想象创作(本图与下图中,约翰生的形象更接近于他二十年后的相貌)(E. M. Ward)

约翰生在阅读《威克菲尔德牧师传》的手稿,此时哥尔德斯密斯即将因债务而坐牢,此画作系画家凭想象创作(E. M. Ward)

安娜·威廉姆斯(Frances Reynolds)

三十七岁至三十九岁时的约翰生(mezzotint by George Zobel after the Reynolds painting)

弗兰克·巴伯(Richard Cosway)

圣詹姆斯广场,1752 年,约翰生记得他和塞维奇曾绕着它走了一整晚*

贝内特·兰顿晚年肖像(George Dance)*

托珀姆·博克莱尔,时年十七岁(Francis Cotes)*

内坦普尔巷,约翰生刚迈入半百之年时曾住在这里(E. Findlay)

内坦普尔巷 1 号,1763 年 5 月 24 日,鲍斯威尔首次拜访约翰生*

约翰生在博尔特胡同的住所。约翰生靠近台阶,弗朗西斯·巴伯在门口(C. Tomkins)*

二十五岁时的鲍斯威尔(George William)

俱乐部某些成员在雷诺兹家中聚会的情景,此画作系画家凭想象创作。自左向右依次为:鲍斯威尔、约翰生、雷诺兹、加里克、伯克、帕欧里、伯尼、沃顿与哥尔德斯密斯(James Doyle)

约书亚·雷诺兹爵士,早期自画像*

约翰生(Sir Joshua Reynolds)*

晚年的查尔斯·伯尼 (George Dance)*

埃德蒙·伯克(Sir Joshua Reynolds)*

约翰生的天井,他在这里居住的时期为 1765 年至 1776 年

赫斯特·斯雷尔,此时是她初次结识约翰生时的相貌(Richard Cosway)*

四十五岁时的亨利·斯雷尔(Sir Joshua Reynolds)

斯雷尔家族的酿酒厂,位于萨瑟克。图中为“圆形塔楼”的部分景观,约翰生的房间就在这里,位于路灯后方的右侧(Dean Wolstenholme)

约翰生和鲍斯威尔在爱丁堡,1773 年(Thomas Rowlandson)*

约翰生身着旅行服装,与鲍斯威尔前往赫布里底群岛旅行,1786 年印*

斯雷尔夫人及其女儿奎妮(Sir Joshua Reynolds)

朱塞佩·巴雷蒂,奎妮半盲的、脾气暴躁的家庭教师(Sir Joshua Reynolds)*

加布里埃尔·马里奥·皮奥齐,1793 年(George Dance)*

蒙塔古夫人 (Sir Joshua Reynolds)*

范妮·伯尼,之后的达尔布莱夫人(Edward Burney)*

斯特里汉姆庄园(William Ellis)

斯特里汉姆庄园(W. H. Brooke)*

约翰生在博尔特胡同 8 号的住所,他从 1776 年至辞世一直居住于此

约翰·泰勒

年过古稀的约翰生(John Opie)

1793 年的皮奥齐夫人(George Dance)*

1810 年的皮奥齐夫人,时值其第二任丈夫过世一年*

约翰·霍金斯爵士(James Roberts)*

阿什伯恩堂今貌

雷诺兹创作的最后一张约翰生肖像(1782-1784)

约翰生的遗容面模

致　谢

以下单位与个人对本书写作给予了很大帮助，笔者多受照拂，在此一并致谢：插图来自玛丽·海德的《海德女士绘画集》中的绘画（插图1、9、25、26、27），绘画副本（插图16、17），印刷品或雕刻作品（插图3、5、7、10、11、12、14、29、31），以及照片（插图2、6、8、13、15、18、21、23、24）；亚瑟·霍顿（插图20、30）；大都会博物馆（插图35）；约翰生的出生地（插图32、33）；高夫广场的约翰生宅邸（插图19）；苏格兰国立肖像美术馆（插图22）；位于新布伦瑞克省弗雷德里顿市的比弗布鲁克美术馆（插图28）。

1998年版前言

感谢康特珀因特出版社,尤其要感谢本书的发行人弗兰克·珀尔与编辑杰克·休梅克将本书选入该社的名著出版项目。

我在大一的写作课中初识塞缪尔·约翰生,当时老师大声诵读了《莎士比亚作品集前言》中的几段文字,以印证英语的骈俪文风。此后,约翰生对我的分量要重于其他所有作家,但原因有所不同。无论是大学期间还是大学毕业后的很多年,我都热爱阔论,热衷于探求普遍真理,以解开生活中的困惑。我发现约翰生也喜欢,其中有些原因与我相似。而且对我来说,他的思想和思维方式具有示范和启迪作用——他回归了人类的道德需求并立足于本质主义。我当时并没有意识到约翰生个人情感的混乱与生存的斗争(疾病,赤贫,严重的心理威胁,举不胜举的不幸经历),他的阔论在此背景中宛如茫茫大海中的灯塔。当我对此愈加关注,我也因为他英勇的个人斗争而对他推崇备至。在我看来,他在巨大的逆境中取得了来之不易却欢欣鼓舞的胜利,这对于我们所有人来说都很有意义,因为这不仅孕育了希望,而且也因他本人幽默、睿智的天赋而引人入胜。约翰生的智慧是通过自身经历点滴积累而成,因此令人感同身受且契合实际,即便在两个世纪后的今天,依然有用武之地。这一点也应验了英语中“经验”一词的拉丁语词根(*ex periculo*:指通过危险和考验获得的产物)。

我对约翰生的敬仰之情使我萌生了撰写本书的念头。他既带来精神才智的启迪,也是一位伟大的道德楷模。尽管我对约翰生的敬仰宛如普鲁塔克对其传主的敬佩,我也逐渐将约翰生视为人类生活的寓言,而且是我所遇到的最漫长、最丰富多样、最引人入胜,令人震惊且难以预料的寓言。

1998 年 6 月

前言

约翰生对传记的喜爱超过了其他各种文体。他曾说，传记“讲述的是我们周遭的事情，讲述的是有用的事情”。在他看来，几乎每个人的人生都能让他人从中得到借鉴，前提是传记的叙述必须完全真实。他发现每个人的生活实际上都极为封闭，人与人之间互不往来，都迫切需要与他人建立亲密的联系。在他看来，人们步入中年死期将近之后就更需要这样做，需要去借鉴他人的人生经历，并从中获得鼓舞。

对于公认的伟大人物，他特别关心的是，他们如何经过各种风霜雨雪的考验成就自己的伟大，即他们需要与什么相抗争。最重要的是，在战胜自我的过程中，他们需要与什么展开抗争。他曾与莎学学者埃德蒙·马龙谈起“传记的作用”，他指出：“如果我们只展示人物光鲜的一面，我们就只能止步不前、灰心失望，发现自己事事都无法模仿他们。（他观察到）圣徒传记作家既讲述人的邪恶之举也讲述人的美德，其道德效果是，使人类免于绝望。”

但如果我们希望如实了解他们所面临的具体困难,我们也希望了解他们是如何克服这些困难的。阿尔弗雷德·诺斯·怀特海认为,传记“无可替代”,因为它直接观察具体成就,“不离现实……且突显使其宝贵的原因”。这就是传记为人类发挥的独一无二的作用,约翰生也是这么认为的。

约翰生本人对传记“功用”的构想,改变了现代传记的整个发展历程。其副产物之一是一部最有名的传记艺术瑰宝——鲍斯威尔撰写的《约翰生传》。此外,约翰生驾鹤西去之后,人们还为约翰生写了许多类似的回忆录与传记,这就是为什么约翰生迅速成为家喻户晓的人
xx 物,并盛名不衰。但倘若约翰生不是一位无畏、坦荡、善于讲述人生奇遇的人,事情也不会这样。

作家们在为约翰生立传时,获得了巨大优势。但他们也遇到特殊困难,其中两个困难应当在本书开篇就加以阐述,因为它们体现出本书的某些特点。

从来没有哪一位名人能像约翰生那样,人生前四五十年的资料与此后的资料在数量上如此悬殊。我一向认为,他的生平资料在其一生中的分布状况仿佛是爱斯基摩人住的圆顶冰屋:先是一条漫长的低矮玄关一直通往四十岁,然后是缓慢抬高的圆顶,最后在约翰生六十岁时达到圆顶的顶点。鲍斯威尔的《约翰生传》就反映出这一特点。书中有关约翰生五十岁之前的篇幅只占一小部分,此后,细节越来越多。不仅传记事实与日俱增,而且鲍斯威尔听闻和记录的宝贵的交谈资料增加得更多。现代传记作家为约翰生立传,他们在处理前四五十年的生平和此后的生平时开展了截然相反的工作。在约翰生一生的前三分之二部分,他们必须对发现的每个细节作最细致入微的观察,以填补传记叙述中的间隙。但此后却能找到海量的、可验证的材料,

这些材料不仅介绍了约翰生的个人生平信息,还包括他出版的著作的资料,其中最重要的就是他的谈话记录。针对这部分材料,传者的主要任务是尽可能实事求是地筛选材料。

无论是为哪一位作家立传,传者都会遇到第二个问题,这就是"文学传记"与"文学批评"之间巨大的裂痕,它始于二十世纪三四十年代。直到今天这种两极化倾向依然存在,英语国家中尤为突出。在这段时间里,人们始终认为传者在为林肯立传时,理应讨论当时的政治背景与美国内战;为牛顿立传时,传者应下功夫研究牛顿的作品;或者在为亨德尔或莫扎特立传时,传者应详细论述传主谱写的乐曲。毕竟,这才是传主伟大的原因。人们认为只有对作家才需要进行分工:"传者"的任务是避免对传主著作的研究和讨论,而"批评家"则应绕开传主的生平和历史,全力以赴地聚焦于传主的文本,不去顾及作为一个鲜活之人所具有的丰富而令人窘迫的复杂性。如果我们要挖掘一位伟大作家的内心生活,我们就必须弥合"传记"与"批评"之间的裂隙,并牢记,一位作家的"内心生活",很大一部分体现为其作品中的关切与努力、希望与恐惧——这是他的深切关注,并使其成为伟大作家。因此,传记中很大一部分篇幅应围绕约翰生的著作,尤其是他作 xxi
品中重要的部分,只可惜我本人无法对约翰生的著作展开这种精妙的讨论。倘若本书只集中对这一点展开论述,倒是有实现的可能。

如果没有前人的权威著作供我借鉴,如果不是多位著名约翰生研究学者与十八世纪文学研究名家在过去三十年给我的直接帮助与勉励,本书不可能完成。他们中有许多人与我私交甚好,而且我很荣幸地与其中一些人共同编写过耶鲁大学版约翰生文集,他们是玛丽·海德、詹姆斯·克利福德、格温·科尔布、伯特兰·布朗森、罗伯特·哈尔斯班德、W. R. 吉斯特、H. W. 利伯特、琼·哈格斯特鲁姆、唐纳德·

格林、艾伦·黑曾、亚瑟·谢尔博、约翰·米登多夫、列奥帕德·达姆罗什、阿尔布雷希特·施特劳斯。我还要感谢六位已故约翰生研究专家,他们极尽提携之力,给予我巨大的精神鼓励。他们分别是L. F. 鲍威尔、唐纳德·海德、西德尼·罗伯茨爵士、乔治·舍伯恩、W. K. 威姆萨特、F. W. 希尔斯,其中威姆萨特与希尔斯在生前就希望为本书的最后定稿给予指导,但未能如愿:他们在本书定稿前不久相继仙逝。本书还使用了大量插图,其中大部分来自纽约的海德藏品,我在插图目录后对相关人士一并致以谢意。

长期以来,玛丽·海德一直对我鼎力相助。多年来,她慷慨地向我提供了海德藏品中著名的约翰生藏品。此外从本书的撰写开始,海德女士就在各个阶段给予我许多无私的帮助,她详细阅读了每一章的手稿并提出了宝贵的批评意见。其他人也在百忙中拨冗审阅了书稿,提出了详细的修改意见,并指出了我的错误,我尤其要感谢道格拉斯·布什、大卫·珀金斯、詹姆斯·恩格尔给我的帮助。

谨以本书纪念杰弗里·蒂洛森,他于1969年辞世。我在伦敦与他初次相见,当时战争刚刚结束。他当时已是四十有余,是十八世纪文学研究领域中最伟大的学界津梁之一。我没想到这样一位声名显赫的大人物,竟会在初次见面时就对我这样的晚生后学如此温良谦厚。此后我在1947年夏季与他见面时,他待我依然如故。几个月之后,他来到哈佛大学任教一个学期,对我同样提携有加。我通过创作几部传记作品得到砺炼后,第一次对他吐露我想写一部约翰生传记的心愿。从1947年开始,我每次到伦敦都立刻给他打电话,一直到1968
xxii 年冬我最后一次见他。给他打电话之后不到一个小时,我们就见了面并开始交谈,我们会连续两三个星期几乎天天下午都坐而论道,话题是他挚爱的十八世纪英国研究,尤其是有关约翰生的话题。每当我回忆起伦敦，杰弗里先生走出伯贝克学院、穿过罗素广场的情景总是历历在目，此时我都会飞快地迎上前去与他相会。

沃尔特·杰克逊·贝特
哈佛大学
马萨诸塞州剑桥市

第一部分　性格形成期

第一章　诞生与家庭状况;早年疾病

一

除了莎士比亚之外,塞缪尔·约翰生比其他任何作家都更具 3
魅力。无论是政治家、律师、医生,还是作家、科学家、哲学家、农场主、工厂主、工会领袖,都会引用他的至理名言。人们不断发现有关他的新资料,并对此前的资料重新考据和勘定。虽说英语国家的人士对约翰生的兴趣最为强烈,但他的吸引力绝不仅限于此。无论在亚洲、非洲,还是在南美洲,研究约翰生的学者每年都会在各地齐聚一堂,对他的各个方面展开热烈讨论。约翰生为何总能对不同的人产生如此大的吸引力呢?不仅在于他的语言生动,他的名言值得引用。这些只不过是人们率先注意到的因素。他之所以具有这种令人着迷的吸引力(对于我们这代人尤为显著),更深层次的原因在于他极大地满足了人类需要朋友、珍惜朋友的天性。

首先,约翰生的生平本身就是触及人心的寓言。有一句谚语说得好:“榜样是最好的老师。”我们发现本书的主人公与民间传说中的各种原型故事一样,一开始面临种种逆境,例如他的个人性格中存在令他痛苦无比的特点——混乱的想象,敏感的焦虑,勇往直前的豪气,极为缺乏耐心,严重的自我分裂与自我矛盾。在人生的两次重要关头,他都不得不与罹患疯癫的恐惧感展开漫长而殊死的搏
4 斗。但最终他步步为营,以最艰难的方式坦荡地夺取了胜利,在此过程中可以体会到每个人心中最刻骨铭心的经历。因此,我们在深入了解他之后,就会发现他是寓言式的人物,颇似《天路历程》中的勇敢先生。济慈在评价莎士比亚时曾称,最伟大的作家“生平就是一部寓言”:他们的“著作就是对这部寓言所作的评论”。但我认为,他们的生平对我们之所以是一部寓言,是因为作家与我们极为相似。斯雷尔夫人评价约翰生称:“他的灵魂……与他人并无轩轾”;只是他的灵魂“更为伟岸”。

我们对他的第一印象是我们在他的感染下也效仿了他的胆魄。亚里士多德曾说,勇气在人类美德中排名第一,没有它,人类就不大可能践行其他美德。约翰生多次直面人类心灵深处的各种焦虑与恐惧。约翰生毫不畏惧地面对焦虑与恐惧,撕开其画皮,使我们发现这实际上只是假扮成狮子的毛驴,也许只是纸老虎。因此,每当读到他犀利的言辞,我们经常忍不住开怀大笑。原因之一是我们从中体会到纯粹的放松。他对人生经历的坦诚直言刺破了伪善的面具,暴露出信口开河与矫揉造作的真相。我们每个人都会受到这些诱惑,这使我们与他人的生活平添了不必要的复杂性。我们捧腹的另一个原因是,约翰生的行事方式难以捉摸且十分新颖。我们总能体会到新鲜的原创感(他真正具有体会人生三昧的性格)在人生的每个方面发挥作用。因此,若要对名人名言进行排名,约翰生仅次于莎士比亚。约翰生的一位友

人曾评论他“以最新颖的方式道出了最普遍的道理”。

但除了坦诚与勇气之外,约翰生始终若一地展现出其他三种品质,很少有人能同时拥有它们。首先,约翰生在道德上极为坦荡,这种品质在他的各种思想中都占据了强有力的中心地位并且目的明确。其次,他注重解决实际问题。无论他的表述多么大而化之,他决不满足于单纯的空谈。他会思考眼前的实际问题,例如人应当做什么,人应当怎样活着,这令他能够睥睨其他畅谈人生的作家。第三是他无与伦比的广泛涉猎,不仅包括他对常见家事的讨论(童年与教育问题,单身生活与婚姻生活问题,疾病与死亡问题),也包括对追求金钱的讨论,还涵盖了对追求价值、名声、社会地位的讨论。自莎士比亚以降,没有人比他更符合古希腊警句中对柏拉图的评价:“无论前往哪个方向,我们都会在途中与他迎面相遇。”柯尔律治评价莎士比亚时曾提出 5
“康庄大道”,对于所有伟大作家而言这就是一条回家之路。无论我们有过怎样的经历,我们都会发现约翰生早已提前体验过了,他与我们惺惺相惜,他与我们一同走在这条回家之路上。

二

1709 年 9 月 18 日(周三)下午四点[1],约翰生生于斯塔福德郡利奇菲尔德镇,该镇当时人口约为三千人。他的父母分别是迈克尔·约翰生与萨拉·约翰生,他们经营着图书销售生意。约翰生是家中长子,此后父母又育有一子。约翰生出生时,父母年事已高。父亲已经五十二岁,秉持着自力更生的精神。他虽然体格健硕,但却有些憔悴。他做事认真负责,容易多愁善感。母亲也已年过四旬,时常因娘家社会地位高于夫家而对夫君颐指气使。约翰生的父母结婚三年多了

(1706年6月19日),约翰生出生在他家书店楼上的卧室中。他家能俯瞰市集广场,对面就是圣玛丽教堂。

他母亲怀孕时年事已高,分娩时已属于高危产妇。据约翰生本人的讲述,我们得知约翰生在五十五岁之后又一次深陷心理苦闷之中。他竭力通过更深入地了解自己的生平来平复心绪。他开始记录自己能够回忆起来的童年时光,或者说他的回忆中不乏他人告诉他的情况。[2] 他写道:“我母亲生我的时候难产,当时情形十分危险,负责接生的是乔治·赫克特,他是颇有名气的助产士。”这位小宝宝既不哭也不闹,赫克特抱起他时明显感到忧心忡忡,他想尽办法安慰萨拉,他说:“这真是个勇敢的孩子。”但他父母却害怕孩子可能会夭折,于是安排他当天晚上就在出生的卧室中接受基督教的洗礼。

萨拉总是很在意自己的娘家,她希望给儿子起他大舅塞缪尔·福特的名字。她生第二个儿子时,同样也希望给他起他小舅纳撒尼尔的名字。约翰生的两位教父都是精心挑选的,在当地都颇乎名望。一位教父是塞缪尔·斯文芬博士,他一度在约翰生的生活中持续占据着重要地位。他毕业于牛津大学彭布罗克学院,当时三十岁上下。他住在利奇菲尔德郊外古老的庄园中,但在迈克尔·约翰生家中也有宿舍,
6 这样方便他前去出诊。斯文芬博士的名字也叫塞缪尔,这促使约翰生的父亲同意了妻子给儿子起的名字。另一位教父名叫理查德·威克菲尔德,是位律师,九年来一直担任利奇菲尔德镇的验尸官与书记官。妻子去世后他一直未续弦,也未育有子嗣,人们称他是“孜孜不倦的老雕虫”。他喜爱书籍与闲适,似乎是约翰生家书店的常客。

约翰生的父亲在当年七月就已当选为利奇菲尔德镇的警长。约翰生出生后第二天,他父亲便按照古老习俗,举行了年度“骑马出巡”仪式,从名字就能知道,这是以绕着市镇边界骑行十六英里

的形式,对城市边界实施正式的视察。大批市民随这位警长一同参加了这项仪式,警长要依照传统在沿途提供茶点,之后还要在市政厅举行一场简餐会。母亲萨拉也许很担心此项仪式所靡甚巨,她问老约翰生邀请了谁参加。老约翰生慷慨地笑道:“目前我邀请了本镇所有人。”约翰生记得自己曾听别人说,老约翰生第二天“宴请了全镇的人,宴会办得极为丰盛,展示出此次仪式的壮观场面”。

三

有些决定出发点虽好,却产生了灾难性后果。老约翰生认为孩子体弱多病,应当尽量加强营养,他敦促妻子请一位身强力壮、身体健康的乳母。萨拉可能也对自己的育儿能力缺乏信心,便答应了。他们挑选了泥瓦匠约翰·马克柳的妻子。她此前曾在邻居威廉·罗宾逊家做保姆,可能还在约翰生家中当过保姆。她三十出头,看上去精力旺盛,而且她把自己的第一个孩子哺育到十八个月大,这证明她的健康情况非常好。

但老约翰生夫妇并不知道,其实这位乳母的乳汁含有肺结核病菌。他们虽相信孩子几周之后就会健康地回家,约翰生的母亲还是忍不住每天都去看他,以防有照顾不周之处。至少她名义上是这么说的,也许这是因为她不愿承认自己心中太牵挂孩子,所以天天去看他。这可以进一步揭示出萨拉的心理,即她担心自己每天去看望孩子会遭
到别人嘲笑。因此,马克柳家住的乔治胡同虽只有四分之一英里的路 7
程,但萨拉会故意变换路线。而且根据约翰生的叙述,她为了防止遭到马克柳太太的耻笑,会“故意将扇子或手套落在马克柳家,这样就有

理由随时登门造访她家”。

孩子的眼部很快出现了感染症状。医生认为应通过放血治疗感染,于是在他左臂上切了一道口子(伤口不让愈合,必须用线使创面保持开放,这一直持续到约翰生六岁左右)。约翰生的病情越来越严重,而且身上开始长疮,这时医生才意识到他的淋巴腺受到肺结核病菌的感染,它又称为淋巴结结核或“瘰疬”。感染蔓延到眼部和视觉神经,他的左眼几乎完全失明,左耳失聪,就连右眼视力也受到损伤。淋巴结结核在他脸上留下了一些疤痕。之后医生对他的淋巴结做了一次手术,这又在他的脸颊和脖子上留下了疤痕。手术时没有用麻药,对于一个孩子来说显然是刻骨铭心的经历。萨拉不愿意承认当父母的对孩子的病情负有间接责任,她认为孩子得的是遗传性疾病。证据是在孩子臀部发现了一小块炎症,早在孩子送到马克柳家之前就已经发现了这一症状。但这个症状很快就痊愈了。斯文芬博士后来告诉约翰生,他的疾病就是由乳母传染的,这一点确凿无疑。“乳母的儿子也得了同样的疾病,他也一样视力不好,但双眼受影响的程度都没有约翰生那样严重。”这让我们了解到当时约翰生的病情有多么严重,因为乳母的儿子约翰·马克柳即便病情“没有约翰生严重”,也受到病魔的严重侵害。根据我们现在掌握的资料,他到了中年就已丧失了劳动能力。[3]

根据约翰生的自述,十周之后,“我被带回家中,这时我成了重病缠身的可怜鬼,而且几乎成了个瞎子”。事发五十五年之后写注释时,他又加入了其他内容。他还很小的时候,舅母纳撒尼尔·福特就直言不讳地告诉他,她若在街上看到这样可怜的家伙,也不会捡回来的。更多出于善意,“斯文芬博士过去时常说,他从未见过如此难养的孩子”。

四

约翰生当时的病情极为可怕，人们很自然地猜测这会对他日后的心理产生怎样的影响。只有等到约翰生二十岁之后，我们才能清楚地 8
认识到这一影响。这时他的意志、希望甚至自我“管控”的能力都发生了痛苦的崩溃，他开始担心自己会精神失常。但无论在这时，还是在此后几年里，除了羞耻与豪气、沮丧与努力相互交织之外，我们还可以注意到其他特点。从约翰生青年时代开始，他最为根深蒂固的特点之一就是强大的自我要求，这是一种全面的个人责任感。如果这与他的某些美德紧密相连，那么，这也是他心理痛苦的根源。在他对宗教的态度方面，这种自我要求在日后导致了激烈的自我矛盾（随之也产生了负罪感），不可避免地阻碍了他的宗教信仰和基督教自我妥协。

对于约翰生这样的孩子，他在发现自己与他人的生理差异之后，是从何时开始不顾自身生理缺陷而努力寻求自立的？这是我们尤其感兴趣的问题。他舅母的话一语中的，她若在街上看到这样可怜的家伙，也不会捡回来的。而最终有人准备收留他时，他却恩将仇报。愿意收留他的人是善良的寡妇奥利弗女爵士，她为幼儿开办了一所小学校，并将约翰生接到那里就读。约翰生年龄太小（也许只有三四岁），而且父母担心他视力不好，会认不清路，因此通常都有人（可能是约翰生家的女仆）送他去奥利弗女爵士的学校上学，放学后会送他回家。有一天，护送约翰生回家的人没有按时到达，于是他便自己回家。他走到一条横贯街道的水沟（当时叫“阴沟”）前，趴在地上仔细打量水沟的宽度，好决定自己是否能跳过去。奥利弗女爵士既担心马车可能会撞到他，也担心他在路上可能不慎受伤，于是一路上小心翼翼地跟在他后面。约翰生这时冷不丁发现了奥利弗女爵士,他站起身对她一顿拳打脚踢,把她赶走了。[4]

他不愿意承认自己的生理疾病,并打算克服这一缺陷。我们还注意到他表现出压抑与移情,这表明他已将强烈的自我责任感内化于心。例如,早在孩提时代,他的胳膊上就留下了创口,而且他当时只有两三个月大,因此几乎肯定不会留下清晰的记忆。但约翰生却**认为**自
9 己记得这一幕,因为他之后曾听别人说起他当时对手术的反应无所畏惧,这就是他希望展现出的一面。他提起这次手术时说:"我**认为**我妈妈告诉过我,我没怎么注意这次手术,当时我的小手就放在蛋奶冻里。"他以自己典型的谨慎态度,想知道自己是否记得这次经历:"人们会发现在我得知这次手术之后,我总以为自己记得当时的情景,但我记忆中的场景却是错误的[应该在我家里而不是在马克柳太太家中]。"但如果他长期以来(也许整个童年)一直认为自己可以清楚地记得这次手术,而且手术过程中他"没怎么注意",他对结果的记忆却变得更加模糊,这很令人好奇。如果"创口"在六岁之前始终没有愈合,其他孩子就会立即注意到这一点,而且人在六岁时留下的记忆很容易回忆起来。但因为他从未向他人提过这件事情,我们对此事的了解仅限于他后来加的一个简短注释,这仿佛是对此次手术随意作出的事后总结:"我**确实不记得**这个创口有多久没愈合。我**觉得**大约在我六岁时,伤口还是很让我受罪的。"在我们引用的"年谱"中,根本没有提到之后做的这次淋巴结手术,这肯定是痛苦的经历。无论是这次手术,还是手术日后对他产生的影响,似乎都从他的记忆中抹去了。幸亏亚瑟·墨菲发现了这一事实,我们才得知这次手术的存在。[5]约翰生曾在日记中记录了自己在六十四岁时前往北威尔士的一次旅行,要不是他在日记中吐露实情,我们也不会知道他在童年时得过天花,但

此后也有人通过他的伤疤推断出这一信息。(他提到自己与斯雷尔一家在西切斯特停留,并称,“我父亲去过那里的集市,当时我得了天花”。)[6]

五

约翰生一生都十分警惕疾病可能让人把自己惯坏。晚年一次中风后他写道:“疾病使人变得很自私。人在病痛中就会寻求舒适。”斯雷尔夫人也引用了约翰生经常说的一句话:“(他总是说,)病人很容易变成无赖。”约翰生在其他方面都表现出浓浓的同情心,他比其他著名的道学先生都更快地为人性找来种种借口,但他的言论却毫无怜悯之心,这很可能令朋友们大吃一惊,至少这是他们不假思索就作出 10
的正常反应。当然,他是根据自己始于孩提时代的抗争,推测出病人努力求生并“管控”自我的需要。他害怕的实际上并不是病痛或造成瘫痪等不便,而是疾病会不经意间消磨人的斗志与意志,自我放纵或沉迷于对自己生理疾病的想象会造成这一后果。他曾向约翰·霍金斯爵士袒露心声,“他不知道完全没有病痛的感觉是什么样的”,这着实很罕见。总之,他至少曾在中年时告诫自己,我们高度重视的大多数生理疾病实际上都大肆夸张了,以自我为中心的意识沉溺于厌烦与懒散之中。在真正艰苦的生活中,人们没有闲工夫去享福,因此无暇顾及自己的疾病;况且“劳动人民”不得不“艰辛劳作,勤俭节约”,他们不会像某些任性的人那样无病呻吟。套用他在其他场合说过的一句名言,这是因为这种疾病是“在奢侈生活的基础上恣意妄想”的产物。[7]

与此同时,约翰生故意夸大了(至少成年之后他这样做过)童年时代家中的贫困程度,这令人大为不解。他虽然经常向斯雷尔夫人袒露心扉,但却不愿向她谈起自己的家人与童年时代——“(他说)回忆贫乏往事令人**极不**愉快”。虽说约翰生确实在他二三十岁时品尝过贫穷(家中突然陷入贫困)的滋味,但在他的童年时代,他家的境况绝不“贫困”。约翰生一边掩饰甚至压抑对自身生理病痛的记忆,一边夸大家中的贫困程度,这是因为他想把内心抗争的重点转移到不太严重的方面。此举使他产生明显的心理优势,有利于他找到替罪羊,因为他童年时代的身体状况无法归咎于别人。无论是健康欠佳,还是忽视健康,责任都在他自己。但若是家中“贫困”,责任肯定不在他。造成家中贫困的原因是他人的性格与错误,特别是他父亲缺乏生意头脑。同时,如果夸大家中的贫困,约翰生能对父亲产生更大的怜悯之情。他很可能早就产生了对父亲的怜悯,这平衡了父子之间不太密切的亲情。虽说约翰生同时认同他父母及双方的亲戚,但至少在十五岁之
11 前,他主要认同他敏感多思的父亲和父亲一方的亲戚。他曾略带夸张地说,他们“出身卑贱”,“我几乎不知道谁是我的祖父”。

六

有必要简要介绍一下约翰生双亲的家庭背景。约翰生曾说:“我几乎不知道谁是我的祖父。”他指的并不是外祖父科尼利厄斯·福特,约翰生从小就听母亲讲了很多外祖父的事迹,也听过许多“古老的福特家族”的往事。他所指的是威廉·约翰生,他出身布衣。为了改变命运,他在十七世纪六十年代带着妻子凯瑟琳和四个孩子(也可能是五个孩子)从德比郡克伯里镇的小村庄搬到了二十英里之外的利奇菲尔德。迈克尔·约翰生是他的长子,生于1657年,搬过来时只有七八

岁大。他通晓拉丁文,他和弟弟应该都上过利奇菲尔德那所著名的语法学校。

几年之后,到了1672年。就在迈克尔·约翰生即将年满十五岁时,威廉·约翰生撒手人寰。当地政府为他家提供了些许帮助。凭借这些帮助,迈克尔·约翰生在十六岁那年去了伦敦,他在文具商理查德·辛普森那里做了八年学徒。尽管是个书呆子,迈克尔和他的儿子一样都身材硕长,体格健壮。他的弟弟安德鲁·约翰生更加孔武有力,他效仿哥哥也在伯明翰开了一家书店。斯雷尔夫人很久之后想尽量挖掘有关约翰生家人的信息,便与约翰生聊起了他的叔叔和舅舅们,约翰生给她提供了一些帮助("夫人,这就是我叔叔们的情况,希望能让您满意"),然后他谈到了安德鲁·约翰生,并称他"在史密斯菲尔德开了一年的拳击馆(让人们进行摔跤和拳击较量),在此期间他从无败绩"。尽管塞缪尔·约翰生视力不好,但这并不妨碍他向他叔叔学会很多拳击技巧。他甚至敢在深夜穿行于伦敦最危险的街道。有一次他在走夜路时,有四名男子袭击他,约翰生"打得他们只有招架之功而无还手之力,直到巡夜人赶来,将约翰生和四名男子都带到拘留所录口供"。[8]

虽然老约翰生的经营后来遇到了困难,但刚开始时业务还是顺风顺水。当了八年的学徒工之后,他回到故乡利奇菲尔德,此时他只有二十四岁,缺少创业的本钱。返乡之后,不到三个月他就开了一间书 12
店,兼营图书装订与文具销售。人们逐渐开始信任这位魁梧、沉默、虔诚、勤奋的图书商,选举他担任市镇官员。老约翰生后来担任了圣玛丽教堂的教会委员(他当时属于高教会派和托利党),又将自己守寡的老母亲接了过来。每当赶集的时候,他还到邻近几个市镇销售图书,甚至开始从事一些图书出版业务。之后发生了一件令他长期郁郁寡欢的事件。在他二十九岁那年,他与德比郡一位大商人的千金玛丽·尼尔德订婚,当年两人还办理了结婚登记。即将举办婚礼之际,玛丽却变了心,拒绝与他厮守终身。玛丽两年后嫁给了詹姆斯·华纳。[9]这场变故令老约翰生深受打击,只能将这段经历深藏心中,就连他的妻子和孩子也几乎对此毫不知情。这次伤害使他对婚姻丧失信心长达二十年之久。这也加剧了(实际上可能是凸显出)他多愁善感的性格,约翰生认为自己也继承了这一特点。

此后,老约翰生始终兢兢业业地工作,他曾多次骑马外出拓展业务,深信此举有利于舒缓焦虑与抑郁之情。* 到了四十岁那年,他开始扩大经营范围,增加了牛皮纸和羊皮纸的销售,并因此开办了小型羊皮加工厂,厂址距书店零点三英里。老约翰生聘请了许多制革工人到厂里工作。正因为如此,多年之后约翰生才对"制革的整个过程"耳熟能详,这曾令所有人都大吃一惊。投资生产羊皮纸和牛皮纸之后,老约翰生四处出差,他骑着马到乡下收购毛皮。人们记得这座皮革加工厂,还是因为约翰生对斯雷尔夫人的一段简述。后来工厂因年久失修而摇摇欲坠,此时老约翰生仍然不辞辛劳地每天晚上去锁门。即使他也知道:

> 任何人都可能从后面走进工厂……"(他儿子说)你看,**这么做**准是疯了,只要发挥想象力就能发现这一点,但贫穷限制了想象力,财富和闲暇则鼓励想象力。"[10]

---

* 鲍斯威尔不知道玛丽·尼尔德的事情,他在书中借用了安娜·苏厄德讲的故事。但这个故事听起来极不可靠,几乎可以肯定是错误的。在故事中,老约翰生当学徒期间,女仆伊丽莎白·布莱尼深深爱上了他,并随他一同回到了利奇菲尔德。她的一片心意打动了老约翰生,于是他决定娶她为妻,但她却不幸去世。

工厂沦落至此，已是多年之后，这时老约翰生已有七十余岁，约翰生也快到二十岁了。自老约翰生二十四岁起创业，他的债务就越积越多。他做事虽然有板有眼，而且经常有条不紊，但忽视了记账的重要性；最终他债台高筑，不堪重负。但他四十九岁那年结婚时，似乎还有偿还能力。新婚之后他建造了一座新房子，此举表明了他的希望与决心，甚至是信心。这座房子有十五个房间，远远超过全家所需，约翰生就在这座房子里诞生。 13

七

这座大房子也向老约翰生的岳父科尼利厄斯·福特表明了诚意，使他对自己产生了信心。岳父是位富农，家大业大，与贵族阶层有联姻。福特家族对知识颇感兴趣。科尼利厄斯的哥哥亨利是伦敦的知名律师，大儿子约瑟夫曾就读于剑桥大学，此时已是斯陶尔布里奇的知名内科医生。科尼利厄斯本人则拥有小型私人图书馆。虽然他女儿萨拉时年三十七岁，早已过了婚配年龄，但她父亲认为对女婿精挑细选总没坏处，他对女儿的嫁妆作了极为复杂的安排。简而言之，他为女儿准备的嫁妆是一项信托计划。老约翰生需要在婚后九个月内向托管资产缴纳四分之一的份额，之后如果有了孩子，还要再增加托管资产，同时还要保证他去世时留下的财产不少于五百英镑。[11] 人们可能会认为这项安排是对老约翰生的羞辱，也给他造成沉重的经济负担。他未能履行约定，自尊受到了打击。而且他之所以债务缠身，原因之一是他急于兑现承诺，这颇有讽刺意味。结婚还不到三个月，他就不自量力地买下已故德比伯爵的整座图书馆，馆藏图书足有两千九百多册。这使他负债累累，可能永远也无法还清。[12]

萨拉很清楚自己下嫁给了老约翰生，并认为实际情况也证实了这一判断。为了补偿自己，她以自己的家庭背景而自傲，特别喜欢提起
14 富有的表姐伊丽莎白·哈里奥茨，她住在二十英里之外的庄园中，有时会来萨拉家做客。对老约翰生来说，妻子的唠叨和抱怨他的经营状况不佳，要比她炫耀家世更令自己煎熬。约翰生伤心地说，“我父母的婚姻让彼此都不幸福”：

> 他们很少谈心，我父亲无法忍受母亲谈起他[生意方面]的事情，我母亲也不熟悉图书行业，她又不屑于谈论其他事情。如果我母亲文化程度高一点，他们会非常恩爱。如果母亲能谈谈其他话题的话，她也许就能顺利地将话题引到她感兴趣的问题上。她对做生意没有什么独特的见地，因此她所说的就只能是发牢骚、恐惧、怀疑。[13]

老约翰生担心妻子花钱大手大脚，建议节约家计支出。其中一条建议令萨拉难以接受，因为老约翰生让她减少与邻居往来，这样可以节省一大笔茶叶费用。（茶叶在当时十分昂贵；一磅茶叶价格高达三十五先令，这至少相当于当前价格的十五倍。）约翰生写道：“多年以后，她说如果时光能够倒流，她决不会听从这一建议，因为这不啻对她的社交活动横加干涉。”[14] 但我们不清楚是她听从了丈夫“对自己交往活动的干涉”，还是老约翰生向她表明家计已捉襟见肘（他绝不吝啬）。

八

约翰生的视力状况越来越糟糕，于是父母开始重视起孩子眼睛的

情况。利奇菲尔德没有眼科医生，但萨拉的富亲戚哈里奥茨愿意帮
忙。约翰生两岁时，哈里奥茨就让萨拉把孩子带到她家，并安排伍斯
特的知名眼科医生托马斯·艾特伍德为孩子做检查。但这无济于事，
因为感染的部位不是晶状体而是眼部神经。第二年春天，约翰生两岁
半时，母亲带他去伦敦接受安妮女王的“抚触治疗”。长期以来，民间
一直传说君王的抚触能治愈淋巴结核。虽然当时人们已经不太相信
这种疗法，而且这种做法在两年后安妮女王驾崩之后就不再举行，但
约翰生父母还是不惜一切代价要治好孩子的病，此外利奇菲尔德一位
颇有名望的医生约翰·弗洛耶爵士（老约翰生曾于1698年出版过他
的著作《药品的试金石》）也建议他们去试试“抚触治疗”。这位医生 15
可能只说服了萨拉。她已怀上第二个孩子，约翰生在《年谱》中也写
道，她“隐瞒了身孕，因为担心丈夫不让她一同参加这次旅行”。（当
然，这是她之后告诉约翰生的；我们从中可推断出，她可能不希望丈夫
知道此事，以防他反对自己的伦敦之旅。）此次旅行十分艰难，至少萨
拉很受罪，因为当时乘坐驿站马车去伦敦需要三天之久。

多年之后，约翰生仍然能记得乘坐马车的那一幕，“我们给其他旅客造成了困扰”；“我生了病；有一个妇女抚摸了我，另一个妇女则很讨厌我”。到了伦敦之后，萨拉住在老约翰生朋友家中，他也是书商，名叫约翰·尼科尔森。他的书店位于艾德门街的小不列颠，他的家就在书店楼上。约翰生还记得“在厨房后面的阴暗的小房间，烤肉炙叉旋转器［它用来在炉火上转动烤肉叉］在地板上砸出了一个大洞，我有一次把腿卡在了洞里”。他还提到了“脖子上长着一圈白毛的小猫，一条叫乔普斯的小狗，它喜欢跳到棍子上；但我不知道这是我自己的记忆还是从别人那里听来的”。参加此次“抚触”仪式的证明材料有着严格规定，因为“抚触”之后会给患者一个特殊的金器。即便这样，当天

仍有约两百人参加。萨拉将约翰生带到了圣詹姆斯宫。他还记得当时他看到另一个小男孩在哭。当天还举行了宗教仪式,包括祷告、回答、诵读《圣经》。患者一个接一个地被带上前去。他们跪在地上,女王则将自己的手放在他们身上,然后给他们每人一个护身符,这是一个小金器,用白色丝带挂在身上,一侧刻着大天使圣米迦勒,另一侧则刻着一艘扬帆起航的船。约翰生把这个护身符挂在身上,几乎一生挂在脖子上。但对于这次仪式本身,他只能告诉斯雷尔夫人:“他只留下了模糊的记忆,依稀记得这位尊贵的陛下戴着一条黑头巾。”

母亲萨拉离开伦敦之前,为孩子买了一个小银杯和一把银勺。母亲说,上面都刻着“Sam. I.”字样。如果上面刻着“S. I.”字样,这就是她的姓名缩写,那么她去世后他很可能要交还杯子和勺子。她还“为我买了一件亚麻布料的花罩袍,我之后才知道这是伦敦产的罩袍”。三十年后,为了渡过生活窘迫的难关,约翰生的妻子将这个银杯和其他家当都变卖一空,但小银勺留了下来。约翰生说,除了给孩子买的这些礼物之外,母亲还给她自己买了“两把茶勺,而且一直到我成年之后她都再没买过茶勺”。买了很多东西之后,萨拉决定节省回程的旅
16 费,她选择乘坐廉价的公共马车而非驿站马车。这种马车格外大,不仅装载了货物,还乘坐了三十名旅客。萨拉的理由是孩子在不停地咳嗽(他显然得了严重的感冒),如果乘坐驿站马车就会给更体面的乘客造成困扰。萨拉担心公共马车的乘客中可能混有不法之徒,于是将两枚金币缝在衬裙里,以防遭到洗劫。[15]

九

约翰生三岁这一年,还有两件事情值得一提。一件事情已是众所

周知，但其真实性存疑。鲍斯威尔提到过这件事，并称这体现了这位“托利党小巨人”“令人惊讶的特点”。这个故事是利奇菲尔德的玛丽·埃迪小姐告诉鲍斯威尔的，据她说，约翰生对托利党的著名牧师亨利·萨谢弗雷尔深为着迷：

> 萨谢弗雷尔博士来到利奇菲尔德时，约翰生只有三岁。我祖父哈蒙德看到他在教堂里跨骑在他父亲的脖子上，目不转睛地聆听这位著名牧师布道。我祖父问约翰生的父亲为何会带这么小的孩子来如此拥挤的教堂，得到的回答是孩子虽小，但他认为这孩子已具有热心公益的精神，而且对萨谢弗雷尔满怀热情，甚至愿意永远留在教堂里，只要能看着萨谢弗雷尔就心满意足。

这个故事真实性存疑。根据记载，萨谢弗雷尔只去过利奇菲尔德一次，当时约翰生只有九个月大。此外，他被禁止布道达三年之久，禁令直到1713年3月才结束。但人们不愿否定这个故事。[16]

另一件事是由约翰生本人讲述的，这更令人感兴趣，尤其是因为故事记录到一半戛然而止。故事就发生在这一年，应该是从伦敦归来之后，这使他“第一次得知未来的归宿”。他母亲告诉他，“世人在死后”将去两个地方，“一个是快乐、美好的地方，这就是天堂；另一个是痛苦的地方，这就是地狱。我记不得这番话使我产生了怎样的想象”。为了让他牢记这一点，母亲把他从卧室里叫出去，让他向男仆托马
斯·杰克逊重复刚才听到的这番话。[17]《年谱》记录到这里时出现了 17
三十八页的空白，再之后的记载是他多年之后去利奇菲尔德语法学校所学的课程。这三十八页是约翰生临终前几天从书中撕毁的。人们不禁会猜测他为何会在弥留之前拖着病体从床上爬起来，冲动地将这

部分内容销毁。根据上下文推断,这部分内容应该是他对自己抵制宗教行为的评论甚至讨论,但其中很可能记录了他不愿别人读到的其他一些事情。斯雷尔夫人曾讲过约翰生的一件轶事,这让人好奇。当时她的小儿子正准备出门上学,约翰生很喜欢这个孩子(他不幸在九岁时夭折),并为他做过祷告。这时约翰生走到斯雷尔夫人面前,

> 突然对我说:“让你的儿子告诉你他的梦想是什么:我心灵的第一次堕落就是通过梦境告知我的。”我问他:“先生,这是怎么回事?”他十分粗暴地说,“**别**问我”,然后就一副怒气冲冲的样子拂袖而去。我就不敢继续问下去了。[18]

注释

[1] 按照当时的罗马儒略历计算,当天是9月7日。1752年,英国废除了儒略历,改用格列高利历。

[2]《约翰生杂录》,G. B. 希尔编(两卷本;牛津,1897),第一卷,页129-132。塞缪尔·约翰生:《日记、祷文、年谱》(耶鲁版约翰生文集,第一卷),E. L. 麦克亚当,唐纳德和玛丽·海德编(纽黑文,1958),页3-23。

[3] 阿林·里德:《约翰生拾遗》(十一卷本;私人印刷,1909-1952),第十卷,页22。

[4]《鲍斯威尔的记事本,1776-1777》,R. W. 查普曼编(伦敦,1925),页12。阿林·里德:《约翰生拾遗》,第三卷,页78。这个故事是鲍斯威尔从珀西主教那里听到了一部分,又从约翰生那里听到了一部分,而约翰生则是他母亲告诉他的,但他自己“一点也记不起来了”。

[5]《约翰生杂录》,第一卷,页360。

[6] 鲍斯威尔:《约翰生传》,G. B. 希尔编,L. F. 鲍威尔增订(六卷本;牛津,1934-1950),第五卷,页496。

[7]《塞缪尔·约翰生书信集》,R. W. 查普曼编(三卷本;牛津,1952),

第八八六篇。赫斯特·林奇·皮奥齐：《已故塞缪尔·约翰生轶事录》，见G. B. 希尔编：《约翰生杂录》，第一卷，页267。约翰·霍金斯爵士：《约翰生传》（伦敦，1787），页396。《闲人》，第十一期。

[8] 赫斯特·皮奥齐：《已故塞缪尔·约翰生轶事录》，见《约翰生杂录》，第一卷，页149。鲍斯威尔：《约翰生传》，第二卷，页299。

[9] 阿林·里德：《约翰生拾遗》，第三卷，页9–10；第十卷，页6。

[10] 赫斯特·皮奥齐：《已故塞缪尔·约翰生轶事录》，见《约翰生杂录》，第一卷，页148。

[11] 福特为萨拉准备了两百三十英镑的嫁妆，并同意在婚后九个月内向托管资产再投入两百英镑，同时他女婿也要向托管资产投入一百英镑。如需此项托管计划中有关老约翰生为孩子的投入条款详情，参见阿林·里德：《约翰生拾遗》，第三卷，页41–42，页48–49；第四卷，页5–8。

[12] 阿林·里德：《约翰生拾遗》，第十卷，页16–17；《泰晤士报文学增刊》，1940年7月27日，页363、365。

[13] 塞缪尔·约翰生：《日记、祷文、年谱》，页7。

[14] 同上，页10。

[15] 同上，页8–9。《赫斯特·林奇·斯雷尔夫人日记……1776–1809》凯瑟琳·C. 鲍尔德编（两卷本；牛津，1942，重印，1951），第一卷，页160。詹姆斯·L. 克利福德：《青年约翰生》（纽约，1955），页11–12。阿林·里德：《约翰生拾遗》，第三卷，页61–65。

[16] 鲍斯威尔：《约翰生传》，第一卷，页38。有人说埃迪小姐并没有说萨谢弗雷尔当时在布道。父亲带约翰生去教堂只是为了看他一眼，或者去听他诵读经文，但当时孩子只有九个月大，这种说法真实性仍然存疑。如需完整的叙述，参见阿林·里德：《约翰生拾遗》，第三卷，页68–71；詹姆斯·L. 克利福德：《青年约翰生》，页22。

[17] 塞缪尔·约翰生：《日记、祷文、年谱》，页10。

[18] 赫斯特·皮奥齐：《已故塞缪尔·约翰生轶事录》，见《约翰生杂录》，第一卷，页159。

第二章　初入校园

一

18 1712 年 10 月初，约翰生刚过完三岁生日后不久，弟弟纳撒尼尔出生了。弟弟的洗礼在 10 月 14 日，约翰生曾告诉斯雷尔夫人，他母亲“教他一字一字地拼写和朗读**小纳蒂**的名字，并让他当天晚上对着父亲和宾客说一遍”。斯雷尔夫人说，无论是这种背诵，还是父母喜欢让小孩子炫耀“新取得的成就”，“都令约翰生极为反感”。

三岁那年，他曾为一只小鸭子写过墓志铭，这件事尤其让他恼火。他的继女波特小姐从他母亲那里听说过这件事，并在 1776 年当着他的面告诉了鲍斯威尔。当时，约翰生穿着衬裙和他父亲一起走在路上，他们遇到了几只鸭子。约翰生视力不太好，不小心踩死了一只小鸭子。他父亲很有幽默感，说他们应该安葬这只小鸭子，而且约翰生“必须给它写一段墓志铭”。于是三岁的约翰生“写下了这段墓志铭”：

约翰生失脚踏毙此鸭，
　　是故立碑于此墓前。
呜呼，此鸭命当绝矣，
　　故独葬于此。

约翰生不愿当面反驳波特小姐，他只说，“墓志铭有一半是他父亲
写的”，又补充说，“他是个荒唐的老头，也就是说，他对自己孩子的评 19
论很荒唐”。此后，孜孜不倦的鲍斯威尔又重提这个话题，约翰生称这首墓志铭全是他父亲所写，他“想假称是他儿子所作”。斯雷尔夫人与其他人一样，都很关心这个故事，并提到约翰生“每当回忆起父母利用他的智慧所做的**无聊事**就感到羞愧”。约翰生很喜欢用“无聊”这个词，它指的是愚蠢、错误的活动，这样做纯粹为了“消磨时光”。（他曾经将其定义为“在船上骑马”。）[1]

后来，他开始“厌恶”他父亲的爱抚。他告诉斯雷尔夫人，“这是因为他知道这样做之后，必然会让他来一段令他深恶痛绝的才艺表演”。每当邻居来他家做客时，他都会跑出家门，爬到附近的一棵树上，这样“父母就找不到他，也没法让他展示才艺了”：

（他有一天对我说）这就是晚婚带来的一大痛苦，两个老糊涂将不幸的孩子耍来耍去。（他接着说）在我看来，老父亲养孩子就像是小男孩养狗一样。孩子会被他尴尬地盘着，还被强迫做不愿做的事情，也许不得不坐得笔直，摇尾乞怜……这样才能让大家开心，最后大家都扬长而去，还会抱怨这个宠物脾气不好。

此后，约翰生经常为此让朋友下不来台，因为他不愿听他们的孩

子背诵诗歌或唱歌。曾有一位朋友想让两个儿子轮流为约翰生背诵格雷的《挽歌》,然后由约翰生来评判谁背得更好,但约翰生却说:“让两个孩子一起背吧;虽说这会制造更大的噪音,但好在能让噪音结束得更快些。”[2]

约翰生这番话说得怒气冲冲,还使用了粗鲁的语言(“荒唐的老头”,“厌恶父亲的爱抚”,“老糊涂……耍来耍去”),这引发了人们的特别关注。我们在下文中将看到约翰生出现了精神状态不佳的阶段,还会发现约翰生存在一种近乎病态的惰性,他一生都不得不与之奋力斗争。我们必然会注意到这些就是内心自我要求的产物。在弗洛伊德理论诞生之前很久,约翰生就注意到弗洛伊德所说的“超我”所产生的压倒性要求,这会产生令人麻木的效果。无论是这种洞察力,还是约翰生的其他许多才能,都来自他丰富的人生阅历,因为他体会过极为丰富多样的各种境遇,其中甚至包括他人的怪癖、恐惧、希望。而且用斯雷尔夫人的话说,他与其他人的天性并无“轩轾”,但更加强烈,更加“伟大”。尤其是他在二三十岁时曾经历过贫穷的磨炼,他已无法怪罪到他人头上,只好与这些需求展开激烈的心理斗争。他最终取得了成功,证明他始终在引领并鼓舞人类的精神。

但他内心的自我要求此时已经极为强烈,以致无法快乐地对待他人的要求,尤其是琐碎的要求。他主要认同于父亲,因此父亲的期望和要求与他自己的期望和要求交织在一起,并使后者更加强烈,约翰生因而变得愈发倔强。另一方面,我们在叙述他家发生的情况时,应当正确地考察事情的全貌。老约翰生并不总拿儿子当作炫耀的资本,只不过这种做法给约翰生留下了刻骨铭心的记忆。自从约翰生出生以后,老约翰生就为他操碎了心。无论老约翰生对儿子多么引以为豪,多么满怀希望,他也有其他事情要忙。其实,为了避免与萨拉拌嘴

（因为他很少能给出现成答案），老约翰生会经常出门跑业务。约翰生对斯雷尔夫人说：“生意不景气时，我父亲总是骑着他的马儿出门开拓业务。”

约翰生提起父亲时语气常常很暴躁，极不耐烦，但这在他对母亲的评论中却丝毫未出现过。他曾告诉斯雷尔夫人：“穷人的孩子从不尊敬父母：我就不尊敬我母亲，但我很爱她。有一天，她怒气冲冲地骂我是狗崽子，我就问她知不知道狗娘是什么意思。”这番话不仅表明约翰生机敏过人，也说明母亲对他的宠溺，甚至能容忍他对自己的不敬。他还对母亲作过一番评价，人们经常引用这番话来证明他对母亲不满，实际上这表现出的是母亲给他带来安全感：“我母亲总是告诉我，我的行为举止不当，我应当学习**行为守则**，诸如此类的话；但我对她的回答是她应该告诉我什么应该做、什么不应该做，这时她的训诫往往戛然而止，至少那一次就是这样。”但长大之后，他更多地回想起母亲对自己的关爱，认为母亲似乎十分“豁达大度”。尽管母亲习惯唠叨个不停，但约翰生对她的爱即便称不上炽热，也是真挚的。他曾对斯雷尔夫人提起这一点，他觉得“要不是母亲在他小时候很想喝咖啡 21
的时候买来了昂贵的咖啡给他喝，他绝不会这样深爱着母亲”。[3]

二

约翰生快到四岁时，母亲开始教他识字。除了小鸭子的故事之外，波特小姐还当着约翰生的面告诉了鲍斯威尔另一件事，这是她从祖母萨拉那里听来的。约翰生还是“穿着衬裙的小孩子”时，母亲会把《公祷书》放在他手里，然后让他不停地翻阅这本书，嘱咐他用心记住。然后她就上楼去了。“但她才刚刚走到三楼，就听到儿子跟着她上楼的脚步声。她问道:‘你怎么啦?’约翰生回答:‘我会背了。’然后他字正腔圆地将整本书背了一遍。可他最多才读了两遍。”[4]

童话故事大大丰富了他的想象力;他记得自己当时坐在女仆的膝盖上,听她讲屠龙勇士圣乔治的故事。长大之后,他一直主张儿童应当多读读童话故事和经典的冒险故事,这更能激发他们的想象力与求知欲,促使他们自觉自愿地阅读并养成阅读的好习惯。这比十八世纪儿童读本(也就是我们二十世纪学校读本的前身)中枯燥无味的故事效果要好得多。他的这番话很有见地。他曾对斯雷尔夫人谈起应当给孩子读什么书,他说:“儿童不想听儿童故事,他们喜欢听巨人和城堡的故事,给他们看的故事要能拓宽视野,激励幼小的心灵。”斯雷尔夫人称“有《聪明的汤米》或《两只好心的小鞋子》等各种畅销书:‘(他说)父母虽然给孩子买书,但孩子却从来不看,这一点要记住’”。[5]

约翰生四岁时,父母送他去上安妮·奥利弗女爵士在达姆大街开办的幼儿园,上文曾对此作过交代。在自己创作的《诗人传》中,他千方百计地去寻找书中传主的老师,特别是曾当过作家的老师。他说:“对于彪炳千古的作家,不指出他们就读的学校或教过他们的老师,不啻一种史学研究上的错误,会有损自己的诚信。”每当他想起奥利弗女爵士,他总是心存感激。当他离开利奇菲尔德前往牛津求学时,奥利弗女爵士前来为他送行,并且“礼轻情意重”地给他带了一件礼物——她亲手做的一
22 条姜汁面包。她告诉约翰生:“她从未见过如此优秀的学者。”鲍斯威尔称约翰生“喜欢提起早年获得的这次赞誉”,而且会笑眯眯地补充一句:“在他看来,这是出色成绩的最佳证明。”上了两年幼儿园,他转入托马斯·布朗开设的另一所学校,约翰生对鲍斯威尔谈起这所学校时说,他“曾出版过一本单词拼写课本,并将它献给了宇宙,但我恐怕现在一本也找不到了”。此后,人们对布朗有了一定的了解。他年约六十,此前和奥

利弗女爵士已故的丈夫彼得·奥利弗一样都是鞋匠。布朗很久以前就结识了奥利弗一家,也许双方还达成了一项安排。根据这项安排,在奥利弗女爵士的学校中就读的学生达到一定年龄就转学到布朗的学校。布朗在教约翰生的这一年里身体欠佳,几个月之后就去世了。阿林·里德发现,这所学校的教室里除了老师使用的一张桌椅之外空空如也,孩子们上课时就坐在地上。[6]

三

约翰生七岁半时(1717 年 1 月)进入利奇菲尔德语法学校就读,他在这里一直学到十五岁。学校分为低年级部和高年级部。他在低年级部就读时,他的老师是汉弗莱·霍金斯,这位老师性情温和,工作卖力,时年五十岁左右。他没有取得大学学位,最多只能担任接待员或助教。他的孩子接连出生,加之薪资十分微薄(一年只有五英镑收入,后来涨到了十英镑),他不得不通过兼职补贴家计:他不仅给学生做家教挣钱,还负责管理圣玛丽教堂教会委员会的账目,甚至还为教堂洗濯白法衣和各种亚麻服装。他对学生十分耐心、慈祥,很快就注意到约翰生与众不同的才能。约翰生不无得意地回忆起当年他在霍金斯教导下求学的过程,并说:“我老师很宠我,他会宠溺地拍拍我。”两年四个月之后,约翰生不得不和霍金斯告别,升入高年级部,当时约翰生都忍不住哭了。这所学校无论是低年级部还是高年级部,教学质量都特别出色,享有盛誉,培养出很多闻名遐迩的校友。* 校园位于

---

* 其中包括在牛津大学创办阿什莫尔博物馆的伊莱亚斯·阿什莫尔;哲学家威廉·沃拉斯顿;乔治·斯马尔瑞奇主教;约瑟夫·艾迪生;尤以艾迪生最为有名。比约翰生高几届的学生中,有三位日后成了著名的法官(约翰·威勒斯爵士,托马斯·帕克爵士,威廉·诺埃尔爵士)。

23 圣约翰大街，在鹿角旅社对面，有一间巨大的橡木房间，里德称："孩子们使用着橡木材质的大课桌，最里头最高的房间是给老师们用的。"[7]

他在学校认识了好友埃德蒙·赫克特，他是乔治·赫克特的侄子。当年就是乔治·赫克特给约翰生接生的。赫克特之后曾以亲密的口吻叙述了约翰生的童年岁月，他称除了自己之外，约翰生不久就与学校里的大部分同学交上了朋友。但其中至少有一对兄弟和他关系十分亲密，甚至还邀请他到家中做客。据利奇菲尔德地方志记载，人们认为约翰生"长了一副白痴相，镇上有个绅士就因为两个儿子把这个傻瓜带到家中做客而把他俩臭骂了一顿"。过了两三年，约翰生不像当初那么腼腆了。利奇菲尔德至少有一位家长表达了不同看法，他就是威廉·巴特，他曾无意中听到孩子们鄙夷地将这位又瘦又高的男孩称作"傻大个"，他便说："你们称他是傻大个，但记住我的话，他总有一天会证明自己是了不起的大人物。"[8]

四

在我们今天看来，约翰生求学于霍金斯老师的两年时间具有特别的心理学意义，因为他的这段记忆十分生动，充满感激之情，"在此期间遇到了大量新奇的事物"。他的回忆似乎主要甚至完全是学校的课程设置，课程几乎全是拉丁课，尤其是对拉丁语法展开的强化训练。正因为此，他在《年谱》的童年部分中对此作了特别详细的说明，之后他继续对自己刚进入高年级部学习的情况作了几乎同样细致的描写（再之后，叙述到了他十岁那年戛然而止）。我们将在下文讨论这些叙述的心理学意义，即与他此前的岁月相比，如此可怕的课程对他似乎反而是种放松。

我们没有必要赘述需要背诵的语法规则与段落，语法书中强调的
部分，抑或是训练与考试的安排。对这段时期的记录不仅很容易找
到，而且标注得详尽。[9] 简而言之，他使用的教材主要是威廉·莉莉编
写的《语法》。自十六世纪四十年代之后，该书的修订本就是英国学校
中的基础课本。* 学校要求学生开始阅读此书之前，就要牢记拉丁语 24
的语法规则。莉莉的《语法》将语法规则编成儿歌帮助学生记忆，书中
更重要的部分是它的开场白。约翰生此时虽不到八岁，但他立刻经历
了第一次重大挑战——记住一百四十一行语法规则和示例，总篇幅长
达十六页。为了将这些内容牢记心头，他对母亲和堂弟汤姆·约翰生
（他是安德鲁的儿子，当时和他们住在一起）一遍遍地大声背诵。这次
挑战极大地激起了他的斗志，以至于他连做梦都梦见自己在背书，“背
到了‘单音节阳性词’部分的中间位置”，这一段足有六十四行。他在
背动词时遇到了较大的困难。老师要求学生“用各种语态和时态对同
一人称进行词形变化”：

> 第二天就要进行测试了，我一度惶恐不已，因为我曾因没考及格而灰心丧气。我母亲使我鼓起勇气，最终取得了好成绩。我告诉她我顺利过关时，她说：“当我们最恐惧时，我们往往表现得最棒。”亲爱的妈妈！她［之后］告诉我，当她问起我动词变位的

---

* 此后，约翰·加勒森编写的《练习》（训练学生将英语译为拉丁语的能力）、威廉·威利莫特编写的《用于拉丁语练习的……英语小品词》、威廉·沃克编写的《论英语小品词》等书，对这本教材进行了补充，它们主要针对副词与介词，并给出很多英语和拉丁语的示例。约翰生年过半百时，在好奇心驱使下翻阅了这三本书，他发现“如果我［没有］从其他书中看到过，我应该只能记得很少几句话”[10]，并且补充说：“如果阅读的内容不能给人带来快乐，那么人们就很少会回忆起它，也不会在谈话中提到它，这样大部分内容就会被人们遗忘。因此，如果人们很早离开学校，通常就会把学到的知识统统还给老师。”

情况时，我说：“我在动词变位时没有犯错。”她说：“我儿子谈吐不凡；我很骄傲我儿子能完成动词变位。”

这件事给约翰生留下了深刻印象，他补充说：“这些琐碎的回忆为我的心灵带来了慰藉。”

每周从周一到周三主要进行语法练习和句型训练。周四则对这
三天所学知识进行全面的测试巩固。约翰生等学有余力的学生都把
周四当作休息日。测试中通常对句型训练中练习过多次的问题反复
25 巩固。在周四晚上，学生们还要阅读并背诵拉丁语版《伊索寓言》的选
段和马蒂兰·科德的著名教科书《校园会话》的选段（这本书原先用
法语编写，后来由查尔斯·胡尔改编成英语教材），该书的对话为拉丁
文和英文双语对照。每周五上午，学生需要背出这些选段，下午则用
来学习语法；每周六还要举行一次测试，这周才算结束。

五

在这里，教学内容甚至教学方法的利弊都值得商榷，这种教学比二十世纪教育理论家的看法更加开明，教学中设置的科目非常单一，这令当代教育理论家深感震惊，但更令他们震惊的是这种教学依靠的是死记硬背和机械训练。根据历史学家对此的回答，无论是课程设置还是教学程序（这得到文艺复兴时期伟大的人文学家的认可），长期以来一直十分有效，此后几乎又延续了近两百年（它的形式逐渐演变）。这种教育体制与悠久、灿烂的文化恰好同时产生，又相互作用（甚至可能是前者催生了后者）。在自然科学技术之外的几乎每一个方面，我

们长期以来一直仰仗于这种文化积累。因此,如果真正能检验教育体制的标准是实际结果而非理论,那么这种教育体制就有值得称道之处。人们对它的抨击通常有一定道理,但并不全面:无论学的是什么科目,或许(尽管这不大确定)也不管采用什么方法,杰出的天才总会有方法脱颖而出并提高自己。

但即便是这种教育制度最坚定的支持者,也不会认为学生会从中得到欢乐,至少学生在头几年很受罪,他们需要反复训练和死记硬背。这种教育制度认为体罚(鞭笞或敲打)理所当然,约翰生也这么认为,因为这是保持学习积极性的必要之举。诚然,曾经有教师自称在学生时代就通过学习获得了满足甚至快乐。但约翰生生性就不属于这一类人。在与约翰生学识大致相当的现代学者中,也许没有人比他更开明、更暴躁,而且无论在想象力还是在情绪上都没有人像他那样躁动不安。约翰生的重要一面(这也是他可爱的一面)终生都没有改变,珀 26
西主教的一番话阐明了这一点:

> 他在孩提时代就非常喜欢阅读骑士小说,他终生保持着这一爱好;因此……他有一年夏天经常去我乡下的家里[约翰生已经五十四岁了],他经常阅读的是一本古老的对开本小说——《叙尔加尼亚的费利克斯玛特》,他把它读完了。但我听到他怪罪这些荒诞不经的小说分散了他的精力,使他无法专心从事任何工作。[11]

他在读书时有很强的代入感。在他童年时代,有一个故事为人们所熟知。当时他九岁左右,在自家厨房中独自一人阅读《哈姆雷特》。“他一口气读了下去,读到幽灵现身的场景,这时他突然跑上楼梯,冲出家门，一直冲到人群中他才安心。”他家的厨房设在正门下方的地下室内。[12]很久之后他仍对这次经历记忆犹新，他在《评〈麦克白〉》中写道：“他在津津有味地读着莎士比亚的名作，猛然警觉地环顾四周，才发现身边一个人也没有。”

无论是他对“各种新奇的事物”心存感激，还是他感受到自己正在发现新的世界，真正的原因都在于他内心深处存在两种力量的相互作用。一种是他性格中争强好胜、积极进取的倾向在充分宣泄，他在日后的人生中将大量的精力都用于控制甚至改变这种倾向。此时，无论是在家中，还是在奥利弗女爵士与托马斯·布朗开设的两所幼儿学校中，约翰生的主要竞争对象几乎完全是自我和本人的自我要求（他当时也与父亲展开竞争，这场竞争毫无胜算，因为双方年龄悬殊，于是这很自然地受到了压抑并表现为其他形式）。他一生都在与自我展开竞争，并与令他麻木的自我期望相抗争以摆脱它的控制，为此他承受了巨大压力。与此相反，约翰生与他人的激烈竞争反而是种放松，这使他得到人们关注并迸发出斗志，也使他从自责的负担中解放出来，并且从心理效果上说，这非常接近于我们通常所说的“游戏”。他在利奇菲尔德语法学校就读的前两年，给他留下了“快乐”的回忆。这不仅因为汉弗莱·霍金斯老师对他关怀备至，也因为他认为自己“确实名列前茅”。

还有一个因素与之交织在一起，而且对我们理解之后的约翰生具
27 有根本意义，尤其是他的思想、价值观、人生。这就是他近乎孤注一掷的对外控制，力图抓住各种事实与客观现实，以改变和解放内心中阴暗的主观自我（它带有各种疯狂的恐惧，以及各种盲目、毁灭性的背叛甚至自我背叛）。而且他在自我保护的驱使下，竭力将其从主观孤立的万丈深渊中解救出来，为它带来正常的心智、光明、稳定。上述努力

与约翰生密不可分，而且与他的思想、价值观乃至他日后通过表现力所获得的净化力量中的每一个方面都充分融合，人们在考察他的人生时不可能忽视这一点。当然，这种努力为何如此显著，又是另一回事了：约翰生毫不动摇地执着于他的理想，即最充分意义上的客观“真理”。这种理想只能逐渐培养或实现。但至少其最初的动机（即“外部”的客观真理与孤立的主观自我所产生的令人迷失方向的黑暗牢笼之间形成的强烈反差感）可以追溯到他的童年时代（这种形式可能十分原始），当时他半聋半瞎，胳臂上留着一道创口，奋力拼搏前进。无论是在奥利弗女爵士的学校，还是在之后的语法学校，他发现与他人竞争就能让自己“名列前茅”，并且此举可寻找到新的稳定：通过顽强地应对客观事实的外部挑战，他实现了这种稳定。对他来说，每天的拉丁语语法训练顶多只能算黎明时的一丝昏暗，预示着多年后约翰生深陷绝望以至担心自己精神失常时在《莎士比亚戏剧集前言》中所写的，“心灵只能安于真理之稳定”。但现在，这只是个开始。

注释

[1] 赫斯特・皮奥齐：《已故塞缪尔・约翰生轶事录》，见《约翰生杂录》，第一卷，页152–153。鲍斯威尔：《约翰生传》，第五卷，页307–308。如需这首墓志铭的各种版本，参见阿林・里德：《约翰生拾遗》，第三卷，页72–73。

[2] 赫斯特・皮奥齐：《已故塞缪尔・约翰生轶事录》，见《约翰生杂录》，第一卷，页153–154。

[3] 同上，页150，页159–163。

[4]《鲍斯威尔的记事本，1776–1777》，页3。

[5] 鲍斯威尔：《约翰生传》，第一卷，页40。赫斯特・皮奥齐：《已故塞缪尔・约翰生轶事录》，见《约翰生杂录》，第一卷，页156–157。

[6] 塞缪尔・约翰生：《艾迪生传》，《诗人传》，G. B. 希尔编（三卷本；

牛津,1905)第二卷,页79。鲍斯威尔:《约翰生传》,第一卷,页50。阿林·里德:《约翰生拾遗》,第三卷,页78-80;第十卷,页29。

[7] 詹姆斯·L.克利福德:《青年约翰生》,页46。塞缪尔·约翰生:《日记、祷文、年谱》,页17。阿林·里德:《约翰生拾遗》,第十卷,页34。

[8] 阿林·里德:《约翰生拾遗》,第三卷,页84。约翰·霍金斯爵士:《约翰生传》,页6-7。

[9] 塞缪尔·约翰生:《日记、祷文、年谱》,页112-113。

[10] 同上,页15。如果文中的"没有"是约翰生在写作时遗漏或理查德·莱特在誊写(原稿未存世)时遗漏,就能更好地理解这段话。

[11] 鲍斯威尔:《约翰生传》,第一卷,页49。

[12] 同上。赫斯特·皮奥齐:《已故塞缪尔·约翰生轶事录》,见《约翰生杂录》,第一卷,页158。

第三章　利奇菲尔德语法学校高年级部

一

约翰生九岁那年(1719 年 5 月),他所在班级的十一名学生突然 28
从低年级部升入高年级部,由令人望而生畏的约翰·亨特校长管理。约翰生提起他时曾说:"我的校长狠狠鞭打过我。"

这次升学比正常时间要早,这出乎所有人的意料。这是因为亨特校长遭到了镇书记官的正式谴责:他不重视本镇学生,把他们交给低年级部的助教管教,他自己却一心扑在住校生身上,就因为他们是学校的摇钱树。校长通过这种方式增加收入在当时是普遍现象,毕竟校长薪酬微薄。学校可以对非本镇的学生加收择校费。如果他们来自贵族家庭,就可以从他们身上赚一大笔食宿费用和学费。亨特尤其深谙生财之道。亨特校长年约四十五,毕业于牛津大学的大学学院。他精力充沛,在整个斯塔福德郡甚至邻近郡县开展招生工作。利奇菲尔德教堂看守人之女简·哈克特曾说,亨特校长"经常招九十九名甚至一百名住校生……他不得不把周围的民宅也并入学校当作宿舍”。[1]镇上的学生家长并不反对亨特校长多招住校生,但此举导致本镇学生交给低年级部的汉弗莱·霍金斯培养,这是他们不能容忍的。

29 市镇书记官(当时由理查德·威克菲尔德担任,他是约翰生的两位教父之一)谴责了亨特校长之后,亨特不顾学生们还未到正常升学年龄,立刻将约翰生所在的整个班级升学,并由二十四岁的助教爱德华·霍尔布鲁克直接管理。约翰生记得霍尔布鲁克“脾气暴烈如火”。由于负责的班级已升学,可怜的霍金斯没有了教学任务,薪水遭到腰斩。约翰生在霍尔布鲁克手下第一次做练习时,就表现出了决心。他对此事的评论具有一定的心理学研究价值。因为这表明了与他通常的经历迥异的现象——**稳定的**定力(这不同于他平常时而用心、时而走神,最后半途而废的做法)。这次经历稀松平常,人们很少会关注到,但其意义在于这件事对他来说确实极不寻常:

> 我认为,在完成霍尔布鲁克老师布置的第一次练习时,我发现持久地保持定力具有巨大的力量,我没有走神,也没有半途而废。我在厨房窗户边独自一人做练习,然后转过头看到萨莉在跳舞。我没有分神,始终在做练习。完成练习时,我发现时间不知不觉过了很久。我这一生都很少有像这样专心致志的时候。[2]

约翰生提到的在跳舞的“萨莉”是萨莉·福特,她是约翰生的表姐,当时十七岁。她为舅舅约翰·哈里森看家,哈里森是个鳏夫,他是伯明翰的马具商。萨莉来利奇菲尔德是为了接约翰生家的两个小男孩过去,即塞缪尔和六岁大的纳蒂。在这一年五月底的圣灵降临周,他俩被送到伯明翰过节,并在那里住了两星期。约翰生说:“为什么要把这两个小家伙送到别人家去捣乱？我不知道。我母亲认为，如果能改变生活方式，就能取得一定的进步。”毫无疑问，她所想的进步可不是换一个环境，而是要与她娘家的亲戚多接触。他们在这两周里有时和哈里森待在一起，哈里森已故的妻子是约翰生母亲萨拉的姊妹。但约翰生对哈里森的评价却是：“他不怎么喜欢我们，我们也不喜欢他。他非常吝啬、庸俗，每天晚上都喝得醉醺醺的，但其实他也没喝多少。他脾气暴躁，非常傲慢，非常喜欢炫富，但幸好他还不算有钱。”哈里森家住在繁华的商业街上，对面就是约翰生的叔叔安德鲁开的书店，安德鲁当年做过拳师，现在经济上陷入窘迫境地。他的第三任妻子萨拉·怀特更令他雪上加霜。萨拉有疑病症，总觉得自己有这样或那样 30
的疾病，她在结婚前就从药店老板托马斯·夏佩德那里买了很多药，欠下一大堆债务。夏佩德骂她是“不知好歹的婊子”，而且准备对安德鲁夫妇俩逼债，扬言如果还不起就让他们坐牢。[3]

假期很快就要过去了，在这段时间里，约翰生更喜欢去舅舅家做客。他舅舅很可能是塞缪尔·福特，当时他就住在伯明翰。也有可能是纳撒尼尔·福特，他是个服装店老板，四十二岁，住在城外七英里的萨顿科尔菲尔德。纳撒尼尔的妻子心直口快，她曾直言不讳地告诉约翰生，当年约翰生还是小宝宝的时候，她就觉得若在街上看到这样可怜的家伙也不会捡回来的。他现在描述起“福特舅妈”来也差不多一样：“这是个善良、俚俗的妇女，她平易近人，但喜欢在别人背后说三道四。”在舅妈家里做客时，约翰生吃了“大半只煮羊腿，舅妈常常提起这件事”。母亲萨拉“此前就住在小地方，关心的是鸡毛蒜皮的事情”，因此听到这事之后十分担心。她一心希望自己的孩子给亲戚们留下好印象，于是“郑重地告诉我决不能忘记这件事。我认为她此后大气多了，或者说是因为有更不幸的事情转移了她对琐碎小事的斤斤计较”。约翰生的第一次远行没有父母陪伴,他表现得很成熟。假期结束后,他又住了几天,他写信让家里派马车来接他和弟弟,并要求“开学后第一周的星期四[学校是星期一开学]来;这时来才好”。本来他和弟弟应该是独自回家的。为了准备回家的旅程,他还买了“马鞭上的响笛”(也可能是别人给的),他“很喜欢”这个小玩意。但是,他父亲却带着马车一起来了。父亲心情绝佳,却无意中惹恼了约翰生,因为他既搞错了事实,又暗示没有他,孩子们将很无助。“他告诉马夫,这里离家十二英里[实际上是十六英里],而且两个孩子要靠他来照顾。这让我恼火得很。”

二

他回到利奇菲尔德之后,升学的影响就显现出来了。在他放假之
31 前的短暂时间里,这一变化还不明显。进入高年级部之后,情况与此前在低年级部的两年半截然不同。首先,老师换了。霍尔布鲁克不仅“脾气火暴”,而且约翰生暗示,他是一个基础不太扎实的拉丁语学者。全班很快就埋头苦学《斐德罗篇》。班里的学生有两次被送到校长亨特那里“接受惩罚。第二次,我们都抱怨说我们没法看懂这段话。校长对我们说,看不懂的就应该提问,我们告诉他我们提问过了,但助教不愿告诉我们”,实际情况应该是这位助教也没搞懂。但人们可以想象,约翰生迟早会轻易发现慈祥的汉弗莱·霍金斯学识上的不足,而他的好朋友约翰·泰勒之后曾撰文赞扬霍尔布鲁克的学问。

从霍金斯换成霍尔布鲁克,并不能完全解释约翰生在学校的变化。根据约翰生对自己早年岁月的讲述,他遇到的另一位老师也不能完全解释这一点。这位老师就是校长约翰·亨特,约翰生有时说他就

是个魔鬼老师。很久以后，他告诉帕克牧师，亨特“一生中从未**教导**学生”，他只是“鞭笞学生去学习”。* 他还提到了亨特的孙女安娜·苏厄德，她之后的雅号为“利奇菲尔德的天鹅”，她长得很像亨特，因此约翰生“每当看到她时都吓得瑟瑟发抖”。（他这样说其实是在嘲笑安娜，因为她总是摆出一副凶巴巴的样子，而且他也知道安娜不太喜欢自己。这番话不能太当真。）无论亨特有多少优点，他肯定喜欢炫耀，帕克牧师曾说，他每次到学校都必然“穿着礼服和长袍，假发戴得无可挑剔”。他是个严厉的老师，约翰生告诉鲍斯威尔，他“极为严厉”，“严厉到刚愎自用的地步”。他会提问十分生僻的问题，例如蜡烛用拉丁语怎么说，答不上来就是一顿鞭笞。他不管学生是因为不用功而答不上来，还是因为没有学过而答不上来，总之不分青红皂白上来就鞭笞。他让孩子趴在三条腿的体罚凳上挨打，“冷酷无情”地挥舞着教鞭。他一边打还一边念叨：“我打你是为了不让你今后上绞刑架。”尽管如此，据斯雷尔夫人说，约翰生也承认亨特“学问十分渊博”。他对 32
鲍斯威尔也说：“如果不考虑他的暴虐，他是个非常优秀的老师。”威廉·肖曾写道，约翰生对亨特“出色、正确的教学方法”，“经常极为认可”。最后，亨特培养了许多优秀的学生，有几位日后声名显赫，这些学生很多都给了他很高的评价，或者对他的教学效果评价很高。他的暴虐肯定只是手段而非目的。他总是不假思索地对学生采取惩罚手段，就好像是急着去派送急件一样：其根本原因是他决心尽量去鞭策学生，使他们能够给自己和学校争光。但也有一些兴趣可能短暂地干扰他的上述决心。托马斯·戴维斯在撰写大卫·加里克传记（他从

---

* 约翰生喜欢说，他之所以拉丁语水平如此好，全是拜亨特所赐。他“狠狠鞭打过我。如果不是这样，我将一事无成”。但实际上按照埃德蒙·赫克特的说法，亨特惩罚他从来不是因为他学习不好，完全是因为他“和同学讲话，害得他们学习分心”。[4]

约翰生那里了解到加里克早年就读于利奇菲尔德学校的详情，也许他引用的就是约翰生的原话）时，称亨特校长幻想自己是运动员，“而且是伟大的运动员，打破了体育项目的纪录。这个狡猾的男孩非常开心，因为他告诉他的老师在哪里能找到一群鹧鸪：这条消息肯定能为他抵消一次冒犯老师后的惩罚”。[5]

真正使该校的高年级部与低年级部形成鲜明对比的并不是老师的更换，而是约翰生本人的变化，并不是他的重要性格发生了变化，而是他的兴趣对象，以及此前隐没不彰的特征开始显露。早在低年级部就读时，在汉弗莱·霍金斯的教导下，约翰生起初一直一心应对陌生而充满挑战的语法练习，相比而言，每周四晚上实际阅读和记忆的内容反而很快就忘得一干二净。相对于他在梦中背诵六十四行**拉丁文名词词性**的事情，这更能说明他的专注程度。对于约翰生来说，任何内容他只要粗粗看过一遍，一生中就时常能倒背如流。他的记忆力好得惊人，就仿佛这本身成为对抗生活中波动与混乱的一种自我保护，努力使他保持稳定。但他在每周四晚上阅读的内容却是不记而记（约翰生正确指出这是他记忆力的真正奥秘）。在这五年里，他真正关注的事情在别处。

周四晚上阅读的文章中，他日后能清晰忆起的只有一篇，因为这篇文章触动了他的内心。如果我们考察过长大成人后的约翰生，就能发现这一现象的意义。这篇文章中提到：“如果你恨一个人，你就让他发财。”每当读到这句话，他就会跑去对母亲复述一遍，“［她］永远不会理解钱财缘何带来邪恶。她的评论如我所料”。[6]
33 在约翰生的道德著作中，这一思想乃最常见的主题之一，只是这更具有普遍性，适用范围也广泛得多。其中第一部作品是《论人类愿望之虚妄》。他能在八岁这年就领悟到这篇文章的关键之处，着实令人刮目相看。若要领悟到其中的真谛,就需要在很久之前就认识到,财产就像功名利禄一样,不仅会变味,而且会给拥有者带来新的烦恼和负担,同时使我们找不到发泄不满的替罪羊。或者说即便在此前缺乏相应的认识,也需要在阅历的基础上发挥想象力,方可通过类比一针见血地迅速抓住要害。

但经过两年半时间,无论是这所语法学校所产生的挑战,还是该校对语法练习的重视,由此产生的新奇感都开始消退。无论与他人的竞争如何激烈,也都不再是稳定的动机(这不是零散或偶尔的动机),因为这时他发现自己能够比其他同学更轻松地应对老师布置的作业。他当时的好友埃德蒙·赫克特称:“无论是什么书,他似乎都是通过直觉学习书中的内容”,“他的记忆力强得惊人,不管是他听过还是读过的东西,他都不会遗忘”。赫克特回忆起自己曾经向他背诵过“十八首诗,他只是短暂地停顿了一会,竟然能一字不漏地背下来,只有一个称谓与原文不同,而且经他这样一改动,比原文更出彩”。不久,约翰生就获得了同学们的一致认可,他回忆起此事时说:“他们从不认为把我和任何人相提并论是对我的夸赞;他们绝不会说约翰生是与某某一样出类拔萃的学者;而会说某某是与约翰生一样出类拔萃的学者。”只有一个男孩能与约翰生相提并论,他就是西奥菲勒斯·劳,他比约翰生年长一岁半,父亲是利奇菲尔德的水管工。他日后进入剑桥大学深造并当了牧师。约翰生坦率地说:“我认为他不是一个很好的学者。”赫克特称,约翰生“罕见的学习能力”大大超过了其他人,结果他们都“以男孩子的方式,竭尽全力去拍他马屁”,好让他帮助自己。有一段时间,“有一种拍马屁”的方式是,“我们三个人早晨到他家去,轮流背着他上学,另外两个人就从后面托住他。他当时得意极了”。[7]

三

激烈的竞争及其产生的新奇感原本是激励约翰生努力上进的因
34 素,但随着其热度消退,产生了另外两种相互关联的特质,它们终生与约翰生如影相随。一种特质十分特别,几乎是一种病态的“放纵”(他的原话),而且愈发突出,这一点对把握他的心理具有根本意义。更准确地说,这是他对强烈的自我要求造成的无休止压力所产生的强有力的内心抵抗甚至抗争。这种特质进一步产生了自我冲突,使其更加复杂,但在此之前至少属于根本要素。即便此时还没有之后表现得那么突出,但它也在向此方向发展。约翰生竭力克服坠入放纵的叛逆行为,在工作中迸发出无与伦比的速度,这大大弥补了他本人造成的拖延。(在他人看来,这不是在弥补自己的疲沓;因为若是根据动机而不是结果来判断他的奋发工作,就能发现他本人也意识到他工作之所以卖力,主要是因为他缺乏不辞劳苦地克服困难的耐心。)这始终是他的特点。在约书亚·雷诺兹爵士的会客室里,他飞速地写出一篇文章讨论懈怠与拖延症(《漫步者》第一三四期),并使之成为论述这一话题的最优秀的英语短篇名作之一,而出版商的童工已在门外等候取走这篇手稿,好让杂志及时刊登。斯雷尔夫人说:“不管他做了什么工作,似乎都远远无法让他充分展现出实力,这似乎使他成为最懈怠的人。”他九岁那年,母亲就已意识到这一点。母亲给他布置了许多练习,他有一项练习做得飞快。但母亲却说,布置这项任务整体而言“花费了我很长时间”,“但你居然这么快就完成了一项练习,我本以为你会觉得很难快速地完成这些练习呢”。赫克特说,尽管他“有名列前茅的雄心壮志”,

> 但他花在书本上的时间似乎微不足道。只要一放假,他都会去野外消磨时光,这时他更愿意自言自语而不是与同伴交谈。他会向好友口述诗文或内容,但他决不会费工夫去把它们记录下来。他非常讨厌完成任务,因而他总是将练习拖到最后一刻才完成。

赫克特又补充说,他们曾经放过一次长假,老师布置了很多作业。开学之后,约翰生提前一小时来到学校,“开始做其中一项练习,他故意做错了几个地方,这样就能为他完成剩下的作业争取到时间[因为这拖延了老师改作业的时间]”。[8]

另一种特质是他千方百计要证明自己的价值。当然,他父亲开的 35
书店就相当于他的图书馆。由于学校的教学制度使他无法真正领会书中的内容甚至写作风格,他便随心所欲地匆匆浏览各种书籍,满足自己强烈的求知欲。他的习惯是立刻抓住事物之间的“联系”,举一反三,斯雷尔夫人认为这就是他的思维超乎常人的秘密之一,他一眼就能抓住重点,找出其影响,并在大脑日益庞大、丰富、充满想象力的思想库中对其定位。正因为这种阅读方式没有明确的目的,而且不拘泥于某种有意识的计划或需要,因此他内心的抗争和本能的执拗都得以减弱,但并没有完全消失。我们可以将这种阅读当作一种逃避。基本上不能称之为“任务”。即便这样,他依然在一定程度上保留了执拗的秉性,但我们在这里还无法充分讨论,因为这一点与他此后的人生关系更为密切。例如,他养成了从不把书读完的习惯,这个习惯越来越明显,这就体现出执拗。此后,他很喜欢炫耀自己没办法“从头到尾把书读完”,以此让人大吃一惊,尤其是让不苟言笑的古板学究大为震惊(这与他喜欢让各种势利小人震惊如出一辙),就仿佛他将必须完成的工作假装成出于好心去做的事情一样(这个习惯在他身上已是根深蒂

固)。我们经常会看到以下言论:

> 埃尔芬斯通先生谈到一本人们钦佩不已的新书,于是问约翰生博士是否也读过。约翰生说:“我粗读过其中一些章节。”(埃尔芬斯通说:)“什么!你居然没有从头到尾读一遍?”他这样问令约翰生很不快,只得捍卫自己读书的方式。约翰生反唇相讥:“是的。先生,**您**读书怎么还**从头到尾**读呀?”

他对斯雷尔夫人说:“啊,很少有什么书能让我读完**最后**一页!”或者说最令人震惊之处是他对博学、迂阔、温和、过于谦恭的威廉·鲍尔斯所说的一番话(鲍尔斯记录了约翰生的这番话,但鲍斯威尔在使用鲍尔斯的叙述时遗漏了这番话,此举值得研究):“我很少从头到尾读书;它们通常都写得极为粗劣,不堪卒读。”作为一位顶级文学评论家,他说的这番话听来十分有趣。他**博闻强记**,而且旁征博引的能力很少有人能与之媲美,亚当·斯密(他是一位吝于赞扬他人的评论家,而且也不喜欢约翰生)也评论道,“如今没有人比他看的书更多”。他具有
36 直言不讳和不落窠臼的特点,令人耳目一新,不仅慰藉人性,而且揭开了写作(和其他一切事物一样)那虚伪矫饰的画皮。[9]

四

约翰生对自己早年生平的记载(尤其是对自己当时求学的记载),到十岁那年就戛然而止,但我们有充分的理由认为学校的课程设置十分传统。在这所学校剩下的六年时光里,同学们需要学习奥维德、西塞罗、贺拉斯、维吉尔等人的作品。他们还要学习伊拉斯谟和文艺复

兴时期拉丁语作家的作品(但约翰生早就在自家书店博览——或者说浅尝辄止——文艺复兴时期人文学家的著作了)。课程设置中可能还包括尤维纳利斯的某些作品。到了十四岁那年甚至更早,约翰生还开始学习希腊语语法,他先开始阅读希腊语《新约》,之后又读了色诺芬、赫西俄德的作品,也许还读了古希腊文集中的某些作品。

有四位同学成为他的挚友,他们的友谊伴随他们终生。埃德蒙·赫克特后来成了伯明翰的内科医生,他在学校里最早与约翰生交往。他比约翰生大一岁半,但还是和他同班。赫克特记录了约翰生的校园往事,行文中洋溢着深厚的感情,本书也引用了其中一些材料。约翰生临终前不久曾在日记中提到赫克特,称他为“唯一一位与我共同度过校园时光的童年同伴。我们一直爱着彼此”。另外两位挚友都比约翰生大许多。一位是罗伯特·詹姆斯,他很招人喜爱,生性自由散漫,比约翰生年长四岁,之后成了知名的内科医生。尽管有传言称他二十年来天天都喝得醉醺醺的,但他撰写出三卷本的大部头——《医学词典》(1743),约翰生曾为这部词典写过几篇文章。詹姆斯还发明了一些“退热颗粒”,它们效果存疑,但十分畅销(乔治三世国王在第一次精神崩溃之后就一度服用过这种药)。还有一位是伊萨克·霍金斯·布朗,比约翰生年长近五岁,他后来先后赴威斯敏斯特学校、剑桥大学深造,最后成了一位二流诗人。他担任过议会议员,约翰生评价他在议会中“三缄其口”。只有在酒精的作用下,他才会打开话匣子。玛丽·乔姆利曾说,与他在一起的第一个小时,“首先是他无趣到令人无法忍受,其次是他聪明绝顶到令人无法忍受,第三是他酒气熏天到令人无法忍受”。约翰生坚定地保持着与他的友谊,称他是“这个国家 37
的上智之一”,他告诉斯雷尔夫人,他的言谈(当时布朗已作古)“朴实无华,十分纯粹,相当令人愉快”,因此布朗“在他结交过的所有交谈者中……是最令人愉快的”。[10]

最后一位挚友是约翰·泰勒,比约翰生小一岁半。他来自德比郡阿什伯恩(父亲是地方检察官),在学校里是住校生。两人的友谊,虽持续终生,起初却似乎有些奇怪。泰勒仿佛是十八世纪牧师的化身,他的性格与约翰生的截然相反。他和蔼可亲,但有些鲁钝、懒散。他十分务实、精明,甚至有些世故。两人尽管性格存在诸多差异(也正因如此),彼此坚定地信任对方。与其他人相比,约翰生可以更加无所顾忌地向稳重、世故的泰勒吐露心声,因为其他人在情感上或想象力上与他本人更相似。

还有几位同学值得介绍。上文提到过的 J. E. 威尔莫特后来当上了民事诉讼法院首席大法官。西奥菲勒斯·劳是约翰生的“竞争对手”,他十分嫉妒约翰生。劳有一次拒绝帮助约翰生,这令他十分生气(孩子们经常轮流做功课,然后再教会其他同学),约翰生决心从今以后再也不依靠别人。约翰生日后还与其他两位同学保持了联系。一位是查尔斯·康格里夫,约翰生称他在教会中发迹,“晋升很快”,而且不管他在年轻时是怎样的人,在这之后都表现出“内心的巨大冷漠”,他极为恐惧疾病,喝酒也很上瘾。约翰生告诉泰勒(1776 年 3 月)一个有趣的故事,他曾经拜访过康格里夫,当时他坐在一间小房间里,处于半梦半醒状态。这间屋子十平方英尺大小,他害怕在其他房间里会感冒。他的交谈中有许多单音节词语。最后,约翰生对他不再抱希望,便询问“几点了,这给了他摆脱我纠缠的希望,一听这话,他立刻飞快地蹦起身去看表上的时间”。约翰生与哈利·杰克逊的友谊更顺畅,鲍斯威尔在陪同约翰生前往利奇菲尔德的一次旅行(1776 年)中曾描述过他。当时约翰生善于同情,毫不势利,“十分好心地对待他,尽管他似乎十分粗鄙、愚钝,文化程度低下。他披着一件蹩脚的灰色

外衣，黑色的马甲，穿着油乎乎的皮裤子，戴着黄色的假发，假发上没
有发卷”。他的脸色因为喝了很多麦芽酒而泛红。他的刀具生意已经 38
破产，现在一贫如洗，但他仍打算“设计出皮制服装新的穿戴方式”。尽管杰克逊对这个计划叙述得非常“模糊”，但约翰生仍希望帮助他，“耐心地倾听着他的讲述”。[11]

约翰生视力很差，无法参加许多体育运动，他曾对鲍斯威尔说：“体育运动浪费时间，不在这上面费工夫也挺不错的。”随着我们对他的了解逐渐深入，就会发现他弥补自己衰弱的视力的努力非常简单（抓住细节并对这一点炫耀不已，本能地想去纠正别人的错误），以至人们不得不相信他很早就开始这样做了，即便我们不知道大约四岁时，他就独自一人从奥利弗爵士的学校摸索着走回家。体育运动中需要盯着球，或是要在很远处看清别人的行动，或是需要高速地运动，这些对他来说都是不可能完成的任务。甫一进入利奇菲尔德语法学校，他就打消了参加体育运动的念头。但冬天是个例外，这时斯托湖会结一层冰，其他同学都会跑到冰上玩耍。鲍斯威尔描述道：“他身上绑着吊绳，由一个光着脚丫的同学拉着他前进，这让他开心极了；这可不是一件轻松的差事，因为约翰生的块头特别大。”*

他越来越喜欢游泳、跳跃、攀爬等运动项目，这些对视力的要求都

---

* 鲍斯威尔根据他从赫克特那里听来的叙述，写出了不同的版本，解读也不同（韦恩格罗曾对此作了详细分析，参见页85-86）。例如，拉着约翰生的学生可能“光着脚，但穿了木屐”，这种“木屐没有铁掌”（这是波特尔先生的建议）。他这样拉着约翰生时，要么站在滑板上，要么穿着鞋子（我们知道，他此后非常喜欢“滑冰”）。这个学生如果真的光着脚丫，就是令人极为不快的一幕，约翰生很可能是在欺负他（这是他咄咄逼人的狂傲使然，也可能是他在蓄意报复别人，因为他自己没法像其他同学那样滑冰，因而心生沮丧）。问题不在于这是一件小事。我们应该知道，如果约翰生看到其他人参加体育运动后产生了沮丧感，因而采取欺凌同学的做法，这就是他需要战胜自我的另一个例子。我个人认为，即便约翰生还是个孩子，他也不大可能做出带有凌虐色彩的这种欺凌行为。只有在他受到攻击，或是他个人所认同的信念受到攻击时，他好斗的本性才会转化为实际行动。

不太高。在他很小的时候，父亲就曾教过他如何在一条小溪（它通往斯托湖）里游泳。很久以后，他用拉丁语写了一首诗，其中就提到了这一点，他满怀感动地想起父亲“和颜悦色”地教他游泳的要领。年近花甲之时，他仍然是一位游泳健将，但三十多年来一直很少有机会去游泳。1766年他在布莱顿展示了出色的泳技，这令一位“救生员”（在海
39 边负责将溺水的人救上来）十分惊诧。这位救生员说：“先生，您四十年前一定非常勇敢。”霍金斯称，约翰生几年没游泳之后，“他在牛津跳入河中，游到了一个危险的地方，这里曾经淹死过人”。[12]

他母亲总喜欢谈起自己的娘家，她肯定告诉过约翰生他舅舅科尼利厄斯·福特的故事。斯雷尔夫人曾说起自己喜欢听朋友讲述他们的“舅舅和外甥”，这时约翰生告诉她，在一次旅行中，福特路过一块石碑，这块石碑纪念的是曾在这个地方惊天一跳的人。“我舅舅说，现在我穿着靴子也能跳过去；于是他便穿着靴子跳过去了。”跳楼梯、翻围墙、爬树都是约翰生喜爱的休闲方式。他之所以一直这么做，是出于自己在这些方面拥有能力的自豪感。根据伊萨克·里德的讲述，约翰生在临终前三年时曾去利奇菲尔德故地重游，他已是古稀之年，一位友人遇见他从莱韦特野地走回来，当年学生们就用那里作操场。他“欣喜”地说，自己“一直在寻找一根护栏，他在小时候常用它来练跳高……他说：‘我很幸运地找到了它。我愉快地站在那里盯着它打量了一会，最后我决定试试身手和敏捷程度；我把帽子和假发放到一边，脱掉外衣，两次都跳过去了’”。

说起这位喜爱攀爬的老人，人们会讲起一个故事。帕克牧师说，有一次在斯托山（挨着利奇菲尔德的一座小山）为他举行了宴会，“约翰生出现在大门外；他在门外站了一会，陷入沉思，最后开始攀爬大门。他成功地翻了过去，然后大步流星地向目的地前进。他甫一到

达,加斯特雷尔夫人便问他:‘在马车进出的大门旁边,有一个小门供行人进出,您不记得了吗?’博士回答道:‘亲爱的夫人,我当然记得呢,但我想试试看我现在还能不能翻过这座大门,我年轻时可是经常爬墙头呢’”。[13]

五

在高年级部求学的大部分时间,他终于不再去教堂了。

人们对这个话题非常感兴趣,或者说随着我们对他的了解愈发深
入,我们就会对这个话题产生兴趣。无论是宗教在他今后人生中的地 40
位,还是他在宗教问题上展开殊死的自我抗争,都值得我们高度重视。* 他早年对宗教信仰持怀疑态度,再加上他一生都对宗教持抵制态度,因而令神学家、道学家、心理学家、人文学家同时对此产生了强烈兴趣。人文学家(约翰生本人也是人文学家)考虑的是人们如何和为何变成现在的状态,以及他们如何和为何形成或关注他们的价值观。在这一大背景下,从他二十多岁到五十多岁这段时间,他勇敢的坦诚对自己的良知产生了越来越强烈的重负,并使他的整个思想中产生阴郁的力量与方面。这最终解释了他为何如此伟大,但也带生了副产品,即他不得不面对某些最痛苦的心理问题(它们影响到他的性格与人生)。

但我们可以将一些事实联系在一起。他的《年谱》少了三十八页,这是他在临终之前故意撕毁的,这件事几乎肯定能阐明宗教问题。很久以后,他对鲍斯威尔谈起这个问题,但并没有深入探究:

* 参见下文页448–460(见本书边码,下同,不另标出——编者注)。

> 在我九岁那年，我对宗教毫不在意、漠不关心。我们常去的利奇菲尔德教堂需要修缮，因此我就得去其他教堂做礼拜。我的视力不好，而且又耻于让别人知道，于是我每逢星期日就溜到田野上看书。这个习惯一直持续到我十四岁；我现在也非常不情愿去教堂。那时，我对宗教**信口开河**，因为我并没有认真**思考**过宗教。[14]

1716年复活节（4月1日，星期日）那天，约翰生当时六岁半，约翰生一家常去的圣玛丽教堂的尖顶上落下了石块和灰浆。教会此前就已经知道教堂尖顶发生了变形，此时开始担心它随时会倒塌，于是关闭了教堂进行为期一个月的重建工作。他们拆掉了尖顶，并用拆下来的石料修补教堂的其他部位。同时，他们还将座椅与长凳送到四分之一英里之外的圣约翰医院教堂。等到圣玛丽教堂多年后重新开放时（1721年12月30日），教徒们才又回到这里做礼拜。但用约翰生本人的话说，他从九岁而不是七岁那年（圣玛丽教堂关闭的时候）开始对宗
41 教"漠不关心"。他应该又去圣约翰教堂做了两年礼拜，之后获得父母允许，不用再和他们一同去教堂。

他父母之所以允许他不用再去教堂，这本身就表明约翰生小时候的立场很强硬甚至激进。父母在允许他这样做之前，定然先怒斥了他一顿，而且在此后一段时间，这个问题可能是双方争论的焦点。他父母不仅虔诚，还很传统。在约翰生的宗教问题上，他们会感到不满甚至痛苦，还会十分担心别人的看法，这也是情有可原的。利奇菲尔德是个小镇子，父亲在教会和镇政府中同时担任了职务。约翰生当时还很小。约翰生的理由是去别的教堂会让自己很难堪，因为视力不好，但他父母可不会听信他这种说法，因为约翰生在利奇菲尔德和附近的田野都能随心所欲地玩耍。况且另一座教堂也很近，在这座教堂里很

容易找到座位。不管怎么样,父母都会陪着他一起去教堂。无论如何,我们知道,约翰生已经去了这座教堂一段时间。根据他自己的叙述,圣玛丽教堂重新开放几年后,他才再回到那里。根据鲍斯威尔引用的说法,有人认为约翰生对圣玛丽教堂关闭所作的评论是避重就轻(只不过这可能需要结合当时的情况加以考虑),重点是他可能与父母发生了争执,对此的回忆令他十分不安,而且他觉得这件事与鲍斯威尔没关系,也不利于为鲍斯威尔树立一个好榜样。

无论是这个问题还是其他的个人问题,约翰生都更愿意对斯雷尔夫人敞开心扉。即便如此,他还是没有谈起自己对宗教的漠不关心甚至反对态度,他只是笼统地介绍了情况,而且肯定没有谈到他对自己父母的任何立场,这显然将暴露他当时的强烈感情(也许在对当时情况进行回忆时,他可以坦率地相信这是一种夸张)。相反,他谈的是如何尝试克服这些感情,而且完全依靠自己。“在十岁那年,”应该是他不再去教堂一年之后,“对不信教的顾忌使他的心灵为之困扰,这种想法折磨着他的精神,并使他极度心神不宁。”他说,他从未向任何人表露出这种心绪,而是开始寻找“有关启示真相的证据”。他记得自己曾在父亲的书店中看过一本书,这是格劳秀斯写的《真实的基督教信仰》,“由于忽视了如此重要的信息来源,他开始认为自己身负重罪,并为此陷入深深的自责,甚至主动对自己进行了一些不为人知的惩罚”。 42
他一拿到这本书就读起来。但他发现自己拉丁语水平不够高,于是“放宽了心,也不再就这个问题去寻找英文版书籍,而是又像以前那样消遣娱乐,自己良心所承受的负罪感也减轻了”,他认为如果自己加倍努力“去学习包含这一信息的拉丁语”,就足够了。同时,他似乎早早预言了康德的理论,即若无道德法则或某种不朽,良知则无以存在,“出于负罪感给他带来的痛苦,他现在开始指出灵魂的不朽,这就是信仰首先止步的地方”。(也就是说,这是信仰进入他内心时遇到的第一道障碍。)[15]

这段叙述虽然很短,但有三个值得关注之处,这与我们研究他的宗教态度密切相关。首先,约翰生虽然喜爱交际,但对内心的宗教斗争三缄其口。就连上文的小故事也深藏于其心底。斯雷尔夫人说:“他告诉我他小时候发生的这件怪事之后,(他说)我无法想象我怎么会向你说出这件事情,因为除了泰勒博士之外,我真的不想向任何人提起我的这件蠢事。”早在孩提时代,约翰·泰勒就是约翰生的挚友,他外表冷漠,但约翰生却对他吐露心迹,无话不谈(在另一次谈话中,约翰生告诉斯雷尔夫人:“泰勒最知我**心**,胜过任何在世的男人或女人”)。第二个值得关注之处是他很早就把“负罪感”与“不朽”联系在一起,之后又与宗教信仰广泛联系在一起。在他日后的人生中,我们经常能感觉到他极不情愿去释放负罪感,而且时常无意识地去强化这种负罪感。如果我们注意到这一点,就会发现它几乎与一切相关,除了真正与之联系的事物:这不仅是某种自我惩罚,还属于习惯性的自我刺激。最后值得关注之处是他赋予自己的独立性,无须对他人讲述。只有通过自己的努力战胜之他才能充满信心,别无他途。责任的重担全都压在他自己肩头。

六

与此同时,老约翰生的经济情况越来越捉襟见肘。到了 1725 年,
43 就在约翰生即将年满十七岁时,老约翰生已经欠了四年的税款未缴。国内税务专员对他发出严厉警告。他们发现,似乎没有办法在当地法院给他定罪。利奇菲尔德的百姓对老约翰生评价很高。早在 1717

年,老约翰生就被指控违反了法律规定,在不具备七年学徒资质的情况下擅自"从事制革行业"(因为他开了羊皮加工厂),但这并不影响他从事制革工作。法庭宣布将他无罪释放(庭审记录已遗失),镇上百姓对他也十分拥戴,还选他当该镇的副镇长(1718 年)。现在,老约翰生又陷入了困境,国内税务专员一心要将他送进监狱。他们给地方长官写信(1725 年 7 月 27 日)称,由于利奇菲尔德的法庭"罔顾一切犯罪事实,对皮匠迈克尔 · 约翰生先生的罪行不予认定","等他下次犯法时",长官就不应让地方法庭审判这个案件,而应给他们寄一封宣誓书,以便"他能由财政部提起公诉"。就在他们筹划这件事的过程中,镇上百姓又一次为他请愿,并说服主教选他当该镇的镇长(主教是从教会收到的候选名单中任命镇长人选)。

尽管该镇百姓对他的拥戴十分感人,他却无法忽视迫在眉睫的危险。老约翰生年事已高,他对经营的细节总是不太上心,国内税对他压力巨大。他全家对这种税恨之入骨,这种情绪无疑体现在约翰生对国内税务司司长的描写中,在他笔下,这是"全人类最卑鄙的人",他在《约翰生词典》中对"国内税"所下的定义是"人人憎恶的税",由"低贱的人征收并用于豢养他们的主子"。1706 年,老约翰生曾在复杂的婚姻协议中,向岳父老科尼利厄斯承诺向托管资产缴款一百英镑,但他的经济状况每况愈下。原本这一百英镑和岳父的缴款都应存入托管资产,而且等老约翰生有了孩子之后,双方还要追加投入。这笔资产由老科尼利厄斯的儿子约瑟夫 · 福特博士打理,他是斯陶尔布里奇的内科医生。他从未对老约翰生催缴过款,但同样也没有让福特家族继续履行此项协议。[16]

此后,福特博士夫妇在一年之内相继离世(1721 年),于是他们的儿子小科尼利厄斯负责打理这笔资产。他是剑桥大学彼得豪斯学院

44 的研究员。他起初并没有采取任何措施。但心地善良的他心中另有想法。他制订出优厚的解决方案,这对老约翰生十分有利。老约翰生的房产估价两百英镑,这项资产将投入到约翰生家的托管资产中,这样就还清了老约翰生未缴清的款项,同时还规定老约翰生不得擅自变卖房产。此外,由于福特家族也要相应对信托资产缴款两百英镑,于是便直接向老约翰生支付了一百英镑的现金,相当于房产价值的一半,同时还欠托管资产一百英镑及每年的利息。

1725 年 9 月 16 日,小科尼利厄斯来到利奇菲尔德办理此项事宜并签署协议。之后他第一次遇见了表弟约翰生,约翰生已经十六岁了。

注释

[1] 简·哈克特对亨特校长的评论,参见阿林·里德:《约翰生拾遗》,第三卷,页 34。

[2] 此处及下文有关伯明翰之行的引文均来自塞缪尔·约翰生:《日记、祷文、年谱》,页 14-21。

[3] 阿林·里德:《约翰生拾遗》,第三卷,页 108-109。

[4] 鲍斯威尔:《约翰生传》,第一卷,页 45-46。约翰·坎贝尔:《首席大法官列传》(伦敦,1849-1857),第二卷,页 280。约翰·霍金斯爵士:《约翰生传》,页 7。

[5]《约翰生杂录》,第一卷,页 414。鲍斯威尔:《约翰生传》,第一卷,页 44-46。赫斯特·皮奥齐:《已故塞缪尔·约翰生轶事录》,见《约翰生杂录》,第一卷,页 159。威廉·肖:《已故约翰生博士生平与著作回忆录》(伦敦,1785),页 11-12。托马斯·戴维斯:《大卫·加里克生平回忆录》(伦敦,1784),第一卷,页 3-4。

[6] 塞缪尔·约翰生:《日记、祷文、年谱》,页 14。这篇文章在《伊索寓言》第九个寓言之后,是由查尔斯·胡尔所加的"寓意"部分。

［7］鲍斯威尔:《约翰生传》,第一卷,页47-48。《鲍斯威尔的记事本,1776-1777》,页4。

［8］赫斯特·皮奥齐:《已故塞缪尔·约翰生轶事录》,见《约翰生杂录》,第一卷,页178、160。约翰·霍金斯爵士:《约翰生传》,页7-8。(《詹姆斯·鲍斯威尔创作〈约翰生传〉所用相关信函与文件》,马绍尔·韦恩格罗编〔纽约,1969〕,页49-50)

［9］鲍斯威尔:《约翰生传》,第二卷,页226。赫斯特·皮奥齐:《已故塞缪尔·约翰生轶事录》,见《约翰生杂录》,第一卷,页332。鲍尔斯对鲍斯威尔所说的话(1787年11月)。《詹姆斯·鲍斯威尔创作〈约翰生传〉所用相关信函与文件》,页251。鲍斯威尔:《约翰生传》,第一卷,页71。

［10］鲍斯威尔:《约翰生传》,第二卷,页339。赫斯特·皮奥齐:《已故塞缪尔·约翰生轶事录》,见《约翰生杂录》,第一卷,页266。

［11］《约翰生杂录》,第二卷,页42。《詹姆斯·鲍斯威尔创作〈约翰生传〉所用相关信函与文件》,页99-100。《塞缪尔·约翰生书信集》,第四六一篇。鲍斯威尔:《约翰生传》,第二卷,页463。

［12］塞缪尔·约翰生:《诗集》(耶鲁版约翰生文集,第六卷),E. L. 麦克亚当,乔治·米尔恩编(纽黑文,1964)页342-343。赫斯特·皮奥齐:《已故塞缪尔·约翰生轶事录》,见《约翰生杂录》,第一卷,页224。《约翰生杂录》,第二卷,页4(另见鲍斯威尔:《约翰生传》,第二卷,页299)。

［13］赫斯特·皮奥齐:《已故塞缪尔·约翰生轶事录》,见《约翰生杂录》,第一卷,页149。里德,见《约翰生宝典》,J. W. 克罗克编(费城,1842),页437。帕克,见《约翰生杂录》,第二卷,页415。

［14］鲍斯威尔:《约翰生传》,第一卷,页67-68。

［15］赫斯特·皮奥齐:《已故塞缪尔·约翰生轶事录》,见《约翰生杂录》,第一卷,页157-158。

［16］阿林·里德:《约翰生拾遗》,第三卷,页49,页89-94,页119-120。詹姆斯·L. 克利福德:《青年约翰生》,页71-73。

第四章　重获新生：科尼利厄斯·福特与在斯陶尔布里奇的一年时光

一

45 科尼利厄斯·福特当时三十一岁，他不仅独具慧眼，而且喜欢交友。他曾在剑桥大学任教，之后当了牧师，他非常爱才。十六岁的约翰生以他的智慧折服了表哥，并得到表哥邀请前往斯陶尔布里奇做客。约翰生的父母已经对小科尼利厄斯的慷慨感激不尽，现在又不由地被他吸引，甚至为他着迷，觉得他有一种讨人喜欢且十分宝贵的品质：不仅人情练达，而且性格温良，自发地友好而毫无造作。我们可以想象到，母亲萨拉对这次邀请特别开心。小科尼利厄斯的一切优点都给她的娘家增光添彩。即便他刚刚入赘到社会地位更高的家族，也丝毫未影响他在萨拉心目中的形象。

约翰生也从未见过像小科尼利厄斯这样的人物，这不啻他人生的转折点。约翰生亲昵地管他叫“尼利”。在约翰生成年前后的关键几年里，他就从这位超凡脱俗的榜样中获得了鼓励。小科尼利厄斯是对他影响最大的两个人之一，而且对他性格形成发挥了巨大作用，这间接地影响了他一生。在考察这种影响之前，首先要介绍小科尼利厄斯其人。

二

约翰生的表哥小科尼利厄斯潇洒倜傥、才华横溢。他当时住在父 46
亲家中，那里位于斯陶尔布里奇城外的佩德摩尔，他一直在那里虚度光阴，直到他喜结良缘。

他总共在剑桥大学待了十二年，先是在圣约翰学院上学，之后又在彼得豪斯学院担任研究员。到了他三十岁那年，他觉得大学生活索然无味，再也无法满足自己的旨趣，便辞去了研究员职务，娶了朱迪斯·克劳利为妻。这时他妻子已有四十三岁了，她来自富裕的贵格教派家庭。小科尼利厄斯的父亲约瑟夫·福特博士在这方面给儿子做了榜样，他也是娶了比自己大很多的妻子——格列高利·西克曼的遗孀，她可是出身于斯陶尔布里奇的名门大户。小科尼利厄斯同样也在这方面给约翰生树立了榜样，但约翰生的夫人要比约翰生年长更多，也不像朱迪斯那样有很多财产，此外两人最初的婚姻动机也不一样。更确切地说，因此，小科尼利厄斯的榜样为约翰生排除了一切顾忌。由于约翰生夫妇年龄悬殊，这桩婚姻在旁人看来很稀奇，朱迪斯同父异母的哥哥是安布罗斯·克劳利爵士，他是钢铁厂老板，威廉·潘恩曾咨询过他如何开发宾夕法尼亚州的铁矿资源。克劳利爵士经营铁矿生意赚得盆满钵满，尤其是在北方地区，而且他家族里的女性已开始嫁入贵族之家。[1]

朱迪斯本人并无权享受安布罗斯爵士家的万贯家财。但她从父亲那里也继承了一大笔钱(据说父亲把财产都给了她,结果去世时“没留什么财产”,当然这也是和他的亲戚相比较而言)。朱迪斯帮小科尼利厄斯还清了在剑桥大学欠的债务。她之所以晚婚并不是她缺乏魅力。很多人都向她求过婚,有三次都差点与对方步入婚姻殿堂。[*] 即
47 便小科尼利厄斯也足足追求了她至少五年,最终在 1724 年与她喜结连理(劳埃德家族至今仍保存了他在 1719 年写给朱迪斯的三封浓烈炽热的情书)。朱迪斯最终答应小科尼利厄斯的求婚,这也证明了他的魅力。可这样做就违背了她家族的意愿,因为她的家族希望将朱迪斯许配给贵格教徒。更何况小科尼利厄斯嗜赌的名声远扬。即便如此,朱迪斯仍然义无反顾地嫁给了他,而且毅然接受英国国教的洗礼(小科尼利厄斯是英国国教的牧师,迎娶一位贵格教徒为妻会惹上麻烦)。

小科尼利厄斯并不打算长期留在斯陶尔布里奇,他希望在伦敦快乐地生活。这种可能性也不是没有。他在剑桥大学读书期间结交了不少朋友,包括查尔斯·康华利,他的儿子就是在美国独立战争中指挥英军作战的著名的康华利将军;他的室友威廉·布鲁姆曾协助蒲柏翻译荷马的作品,小科尼利厄斯也认识蒲柏;他最出名的朋友是菲利普·斯坦霍普,他之后当上著名的切斯特菲尔德伯爵,而且两人后来

---

* 一位追求者(他是第二位追求者)名叫詹姆斯·洛根,他在宾夕法尼亚州担任彭威廉的秘书,之后当过这块殖民地的首席大法官。他在访问英格兰时(1709 年至 1711 年)曾对朱迪斯展开热烈追求。但她的家人不愿她远嫁美洲,而且希望她无论如何也要嫁给贵格教徒约翰·彭伯顿,他是个鳏夫,也是她家族的世交,但朱迪斯却很讨厌他。迫于家庭压力,她曾与彭伯顿有过短暂的订婚。在邂逅小科尼利厄斯之前,她似乎对任何男性都没有强烈的兴趣。即便詹姆斯·洛根是她早期追求者中最令她中意的人,而且曾在一封信中称她为“我的心肝宝贝”,朱迪斯在回信中也只是称他为“尊敬的詹姆斯·洛根”。如需有关朱迪斯与其追求者的讨论,参见 M. L. 弗林:《历史学会友人日记》,第四十七卷(1955),页 71–77。

还有姻亲关系（安布罗斯·克劳利爵士的孙女玛丽·克劳利嫁给了这位伯爵的弟弟威廉·斯坦霍普爵士），这样约翰生也和这位伯爵攀上了亲戚。小科尼利厄斯认识约翰生时，菲利普的父亲已病入膏肓，治愈无望，菲利普很快就要当伯爵。他几个月后（1726 年 2 月）当上了伯爵，立刻成为小科尼利厄斯的庇护人，并任命他为自己的牧师之一，还（在 1727 年 1 月）把拉特兰郡教区交给他负责。因此，在表哥的榜样影响下，约翰生自然会在多年之后本能地寻求切斯特菲尔德伯爵的帮助。他希望找一个慧眼识才的庇护人资助他出版《约翰生词典》，而且在碰壁之后十分痛苦（表哥当时已去世好几年了），这也证明他一度对此信心十足。

小科尼利厄斯接管这个教区之后，当了在外教长（这在当时很常见），他开心地在伦敦的科文特花园一带定居。有一幅他当时的画像保存至今，这就是贺加斯的版画《午夜的现代讨论》，他在画中处于中心位置。他坐在大酒缸前，一手拿着烟枪，另一手拿着长柄杓。据说 48
他无论喝多少酒都不会醉（约翰生尽管一生都戒酒，但常认为自己也能做到千杯不醉）。贺加斯这幅画刻画的重点之一就在于此。小科尼利厄斯在画中的形象十分肥胖，他在这群人中显得分外孤独，一副众人皆醉我独醒的样子，而其他人大都坐得东倒西歪，或者摇摇晃晃、衣冠不整。人们都误解他是个声色犬马之徒。这个名声得来主要是因为他是牧师，要不是这一点，人们也不太会注意到他潇洒倜傥的个性。阿林·里德发现了一段有关他的叙述，其中信息量很大。这段叙述写在他去世后不久[2]，证实了人们的印象——“他的错误可能更多的属于优秀品质的副产物，而不是恶劣品质的副产物”。这些“优秀品质”包括了喜爱交际或富有亲和力——“他无法抵制令人愉快的谈话所产生的诱惑”；他雅量过人，能包容他人不足之处；而且一点也不虚伪。

科利·西伯曾谈起他的一桩轶事,足以证明他为人坦荡。切斯特菲尔德伯爵就任伯爵之后,没过几年就被任命为驻海牙大使(1728 年)。小科尼利厄斯很想让伯爵带他一同去荷兰上任。但伯爵知道这位乐天豪放、纵情欢乐的朋友过于坦率,藏不住一点秘密,害怕让他当随从可能会引发丑闻,于是对他说:“如果你再增加一个缺点,你就能去了。”小科尼利厄斯问道:“求您告诉我吧,老爷。”伯爵答道:“我的大才子,这就是虚伪呀。”[3]

三

小科尼利厄斯邀请约翰生前来做客,他原本只想邀请他来玩几天。但时间一个星期又一个星期地飞逝,最后这次做客竟然长达近九个月。人们通常采信了约翰·霍金斯爵士的解释:这位年轻人“出类拔萃”的才华深深打动了小科尼利厄斯,小科尼利厄斯“不愿让他回家,为了补上他因旷课拉下的课程,亲自教他古典著作,而且对他的学业也给予指导”。[4]但人们也认为,约翰生自己也沉溺于这个截然不同的世界,这里充满了挑战与新奇感,却能令他放宽心,久久不愿离去。这次经历意义
49 重大,而且对他十分重要,这也是他迫切需要的。几年之后,即便这次经历让他释放自我并敞开心扉的效果似乎已完全消失,但这对他来说是人生中真正难以忘怀的经历,不啻让他重获新生。*

当然,他也对小科尼利厄斯说,虽然自己已来了几个星期,但还不想回家。诚然,小科尼利厄斯发现约翰生对自己心怀感激,也觉得这次来访约翰生收获颇多,但他希望帮助这个天赋超群的年轻人,更何

---

* 参见下文页 55。

况这位年轻人的与众不同令他眼前一亮。小科尼利厄斯见过大世面，不会嫌弃约翰生的长相或言谈举止，糟糕的近视和乡巴佬般的口音（他把“superior”读成“shuperior”，“once”读成“woonce”，“there”读成“near”）。小科尼利厄斯看重的是约翰生超强的记忆力，这已经超出一般所谓记性好的范围，属于心灵中坚忍不拔的品质范畴。此外，约翰生还能一针见血地抓住事物本质，能够消化细节而非弃之不顾。另一方面，虽说小科尼利厄斯谦逊低调，但他的学问远胜恐怖的亨特校长，更不用说霍尔布鲁克和可怜的汉弗莱·霍金斯了，就连约翰生在牛津大学就读时的导师——好心的威廉·乔丹也无法与之媲美。小科尼利厄斯曾在剑桥大学深造，“他娴于古典著作，**拉丁文**和**英文**的写作造诣也很高”；毕业后又被选为彼得豪斯学院的研究员，如果他愿意继续走学术道路，他在剑桥大学的职业前景一片光明。无论他教过约翰生什么古典著作，几乎肯定不会让他去大量做练习。约翰生也不需要这样的教学方式，即便确实需要这样做，他也不愿去揽这个枯燥的活。他在佩德摩尔有一座很大的图书馆，正式授课中，也许大部分都是布置阅读书目，也许只是建议约翰生去读一些书，然后就批改约翰生的翻译作业并与他展开讨论。

但他也对约翰生开展非正式的教学。他对当时的文学作品（王政复辟后期、安妮女王时期及此后的作品）耳熟能详。据约翰·亨利说，他能将“这些作品中的精华很自然地注入我们的社会，就仿佛将一瓶葡萄酒注入醒酒器一样”。此外，他认识这些作家，目睹过伦敦文学圈 50
的生活，也精通时务。约翰生将剑桥和伦敦想象为温文尔雅、不拘小节的世界（这对于十六岁的约翰生十分新奇），再加上小科尼利厄斯自身的聪明才智和虚怀若谷的雅量，他对约翰生产生了巨大的吸引力甚至亲切感。约翰生在这个神奇的世界中学会了有关社会行为的一些理念,这对他具有巨大的象征意义,而且在他从二十出头到四十多岁这段饱受贫穷摧残的岁月里,这些理念如影随形,融入他的内心生活。在他开始走进小科尼利厄斯的世界时,这些理念便油然而生,就仿佛它们时刻准备发挥作用,有时甚至过了头,到了可笑甚至怪异的程度。* 有一个例子是关于绰号的,这发生在约翰生孩提时代,表明他刻意要模仿贵族世界。小科尼利厄斯的朋友管他叫"尼利"(Neely),因此约翰生后来也给朋友起类似绰号,例如哥尔德斯密斯的绰号叫"哥尔迪"(Goldy;哥尔德斯密斯不堪其辱,他说:"我总是希望他别叫我哥尔迪"),兰顿的叫"兰基"(Lanky),鲍斯威尔的叫"鲍基"(Bozzy),坎伯兰的叫"坎比"(Cumbey),多兹利的叫"多迪"(Doddy),蒙博多爵士的叫"蒙尼"(Monny)。他管年迈的谢里丹先生叫"谢里"(Sherry),之后又管他叫"谢里德利"(Sherry-derry)。

四

最重要的一点在于,很快,约翰生开始认同小科尼利厄斯的价值观。纵观约翰生一生,无论在文学作品中还是在各种思想中,他都十分重视他所说的对"现实生活"(living world)的了解。例如,莎士比亚就很无视随意、狭隘的文学传统。约翰生指出,莎翁最伟大之处就在于他直接取材于"现实生活",并"为他的读者带来一面镜子,如实映照出世态人生",这种做法对于约翰生意义重大、价值非凡。小科尼利厄斯是他第一次接触现实生活的化身,斯雷尔夫人称,约翰生提到他时"总是充满浓浓的温情,称赞他熟知人生世态(life and manners)"。

---

* 参见下文页 512–513。

与此同时，小科尼利厄斯还十分重视知识的普遍性与广度，这与只精通某个狭隘的领域之举形成鲜明对比，因为他认为胆小鬼才总是躲在这个领域里故步自封。斯雷尔夫人称，约翰生会引用小科尼利厄斯的话：

> 他提过一条建议，没人比他更忠实地采纳这条建议。（小科 51
> 尼利厄斯曾说：）"应当对每一门学科掌握一些普遍性原则；如果只掌握某一门学科，或者只在某一个部门中开展工作，这样的人很少有用武之地，也许根本就不需要这样的人；而掌握百科知识的人则常能利益他人，总令人们愉快。"

人生接近终点时，约翰生可以自豪地说他已将这条建议谨记心头。小科尼利厄斯强调的并非知识的广泛性，而是要抓住各个领域的指导原则。这是他的另一条格言，约翰生曾引用过，斯雷尔夫人也曾记录下来，但由于某种原因未能发表在她的《已故塞缪尔·约翰生轶事录》中：

> 约翰生先生对培养完整的人格所需的百科知识很有见地……他说，如果没有一双善于观察的慧眼来关注生活，书本中的知识就毫无用处……他告诉我……尼利·福特曾建议他学习各个领域的原则，他追寻的结果就是对生活有了大体的认识——他说，要学习各种事物的指导原则，也许没有必要逐字逐句深入学习，而应只抓住主要矛盾，这样就能举一反三。[5]

此后，小科尼利厄斯将重点放在谈话的艺术上，他在这一方面身先垂范。他很注重心理活动,即在使用各种知识过程中要随时持续地运用想象力,同时利用好对“现实生活”的了解,他认为这些品质最好是在热烈的交谈中培养。对于约翰生这样的思想家来说,他能迅速一字不差地获得知识,那么许多人努力追求的学问就对他具有吸引力,因为这能带来轻松的胜利,就像在语法学校高中部轻松取得的胜利一样。但小科尼利厄斯很鄙视这一点,他重视的是广博的知识与随时迸发的想象力,这也影响了约翰生。六十多年之后,约翰生在撰写《诗人传》时,在为威廉·布鲁姆(这位诗人曾协助蒲柏翻译《奥德赛》)立传时就引用了小科尼利厄斯的话。(在剑桥大学,由于一心“沉迷于”作诗,布鲁姆傲慢地享受着别人给他起的雅号——“大诗人”。)小科尼利厄斯一度是布鲁姆大学时代的室友,并称他为“压缩的学者,不过是个吟诗的,不懂生活,不善谈话”。这句话中的许多词语都是约翰生的口头禅——“压缩的”“不过是”“不懂”“不善谈话”。此后,布鲁姆开
52 始“与人打交道,他像小科尼利厄斯一样改掉了迂腐的学究气”。[6]

约翰生学习了小科尼利厄斯对谈话的艺术与功用抱持的这种理想,并受益匪浅,此时他正处于人生的关键阶段,这也是他的性格形成期,因此这成为他的一种生活方式,就像小科尼利厄斯一样。虽说此举带来了巨大的好处(不管怎么说,他即将成为历史上最善于言谈的人物之一,而且谈话能为他带来最持久的快乐),但过于依赖于此也产生了某些无法预见的不利之处。例如,这使他更加无法忍受孤独。同时,他在十六岁那年深深地沉溺于此,就连小科尼利厄斯也认为,有必要给他提点温和且讽刺的建议,以便约翰生日后引用,但小科尼利厄斯自己也很难坚持做到这一点:“我认为,如果你不反驳别人的能言善辩,你就能更加轻松地取得成功。这样他们就更愿意接受你成为作家的雄心壮志。”(这里的讽刺如此温和,以至于斯雷尔夫人在准备撰写

《已故塞缪尔·约翰生轶事录》，查阅自己的谈话记录时忘记了这句话的语境，将它误解为小科尼利厄斯对约翰生的赞美。她认为这番赞美在当时确实是准确的，但不符合约翰生之后的情况。）约翰生可能已经有这样的苗头了，他说自己在孩提时代就喜欢选择“辩论中的反方，因为只有这样才能道出最惊世骇俗、最新颖别致的内容”。[7]

但无论如何，约翰生迅速养成了在各种话题上发表精妙言辞的习惯，这使小科尼利厄斯的亲朋好友很快对这位男孩产生了极大兴趣。对于约翰生来说，其原因之一是小科尼利厄斯在斯陶尔布里奇的社会地位，另一方面是福特家族的影响力使然，但更多是依靠西克曼家族的势力，也就是小科尼利厄斯母亲的家族，还要仰仗他妻子朱迪斯·克劳利的亲戚。珀西主教后来在附近的布里奇诺斯长大，他认识相关人物，他曾说：

> 在斯陶尔布里奇，约翰生的天纵之才脱颖而出，尽管只是个在校学生，他却能出入上流场合，而且人们对他的谈吐特别关注，留下了许多著名的事例长久传诵。[8]

约翰生甚至结识了乔治，他后来当上了利特尔顿爵士。珀西说
他“与之进行了一些口头辩论”。（利特尔顿当时在伊顿公学就读， 53
放假时回到哈格里与家人团聚，那里离小科尼利厄斯家一英里远。）无论约翰生多么激进，不懂势利，发现自己被“现实生活”中的上流圈子所接纳并游移其中，这令他振奋，给他自信。即便后来在二十岁一直到四十多岁的经历证明，他与这个圈子格格不入，但他从中的收获依然令他永生难忘。此外，他理所当然地认识到，自己之所以能与珀西主教所熟识的这些上流人士打成一片，部分原因是自己

的才华与努力。

另一方面,上流社会的重视也是对小科尼利厄斯及其典范的致敬。这绝非约翰生(除非潜在意义上)从利奇菲尔德语法学校高年级部或他父亲的书店中所学到的,也不是他父母、亨特校长、同学们、伯明翰的亲戚们为他树立的榜样。这也绝非背诵大段语法练习的能力,不是在匆匆浏览一遍后一字不落地引用长篇大论的能力,更不是将他父亲的书店里阅读过的生僻内容加以引用的能力(除非具有直接相关性、针对性)。相反,这涉及另一种思维方法,或者说另几种思维方法,它们建立在普遍知识的基础上,而且通过小科尼利厄斯的品质实现,这种品质也得到约翰·亨利的称赞。在亨利看来,小科尼利厄斯是位"睿智开明、通情达理的天才",也就是说,他具有"**敏锐的**理解能力"(能够迅速抓住重点,这不仅意味着大量的知识在其脑海中随时待命,而且他兴趣广博,不会陷入自我,自怨自艾),还拥有"出色的判断力与生动的想象力"。这些品质共同产生的直接结果就在于,他通情达理,睿智开明,满腹经纶,约翰生此后也十分重视这些品质。只不过约翰生在后两项上都能轻松达到杰出的程度,但第一项除外。

五

约翰生不仅从小科尼利厄斯那里学到了方方面面的知识,而且全面吸收了之前所论述的价值观与习惯,像所有深远的影响一样,尤其是在约翰生这样易被塑造的年纪,他自然对小科尼利厄斯产生了强烈的认同感,认同其为新的榜样。对约翰生来说,这尤其是一个解放思想的"模范榜样"。

这种认同感不仅对于我们理解约翰生的成长具有深刻意义,而且

对于我们理解他长大成人后的思想特点也意义非凡。我们只能逐步 54
研究由此产生的广泛影响，因为它们与其他因素交织一起或相互冲突。在当时（约翰生十六岁），小科尼利厄斯成为他无意识中一直探索和追寻的理想化身，并活生生地展现在他眼前。这时他所处的阶段也恰好是儿童认同于家庭之外的榜样，即便是幸运地生在富贵之家的人也不例外，这开阔了他们的眼界。但对于约翰生而言，其程度更加强烈。首先，小科尼利厄斯确实可以说代表了更高等的存在（我们并不是说他全面地代表了这种高等的存在，更不是说之后的他做到了这一点，而是说他在当时的约翰生看来就是如此，这也给约翰生留下了永恒的记忆）。与此相对照，老约翰生已成为"负面形象"，而且在小科尼利厄斯出现之后，他的形象越来越负面化，并与忧郁、狭隘联系在一起。此外，他在约翰生看来还意味着锥心刺骨的失败感，或者说至少也是在生活面前体现出笨拙的绝望感。此外，"负面形象"并不意味着我们能够摆脱它，或者说正处于抛弃它的过程之中，这不过是想想罢了。它定然会顽固地存在。约翰生尤其需要抗衡甚至抵消负面形象的影响，因为他还无法轻松地摆脱它。

根据当时的具体情况，老约翰生具有上述这些性格，约翰生越来越担心自己也会形成这种性格，父子俩年龄差距超过五十岁，家里的情况也江河日下。鉴于此，约翰生不可避免地天然与他父亲相认同，这必将对他产生限制而非解放作用，即便约翰生原本可以更加轻松地对待这一问题。但他无法泰然处之。他天生善于吸收、同化，超强的记忆力是其中一个方面，强烈的内心需求则是另一方面。因此，他一旦吸收并养成一个习惯，就再也无法挣脱。此后与之展开的斗争就演化为与自我的斗争。小科尼利厄斯代表的特点不啻将约翰生从其自我手中解放甚至挽救的一种手段，而这正是他竭力要实现的。对于少年约翰生而言，他开始迫切地、满怀希望地将它内化于心。

约翰生到了二十五岁时陷入了深深的抑郁，他开始着手写一部新日记（这部日记用拉丁文写成，标题是拉丁语《年谱》〔“Annales”〕），在日记的前言部分，他叙述了人生的重大事件。[9]二十岁之前他只提
55 到了三件事，叙述中也只是简单罗列事实。第一件事是他在1709年诞生。第二件事是他十六岁那年去小科尼利厄斯家做客。这件事能与他的出生一同列入约翰生人生的重大事件之列，表明这不啻令他重获新生。事实上确实如此。（第三件事是他三年后进入牛津大学深造，短短的一年是一种延续——延伸或迈进——或至少走近小科尼利厄斯所代表的世界。）关于这次访问的日记，简短而有所保留，揭示了约翰生在二十五岁那年写下它时感到的不无悲痛的刻骨铭心。小科尼利厄斯既才华横溢又古道热肠，他给了约翰生莫大的帮助，每当彷徨迷茫时，约翰生很可能就会想到他，只是他三年前就已经辞世。不管怎么说，小科尼利厄斯的世界此时已完全与约翰生无缘了。约翰生又回到了之前的世界，这是他十六岁之前的世界，当时他对小科尼利厄斯的世界还处于懵懂无知的状态。

六

1726年6月初，约翰生离家还不到九个月，他又回到了利奇菲尔德，他希望再回到语法学校读书。但这冒犯了亨特校长，因为他的旷课不仅时间太长，而且过于随意。在亨特看来，这个孩子去亲戚家做客应该待上几天就回来上学，结果却在未经允许的情况下擅自旷课好几个月。他整整两个学期没来上课，离校期间也没有去别的学校上课，于是他断然拒绝约翰生返校就读。

父母自然十分焦急。再过几个月，他就要十七岁了。他上大学的把握还不确定，也许只是个愿望，可望而不可即。但如果有可能的话，他必须首先完成学业。即便他不可能上大学，从语法学校毕业也有利于他找到一份能用到其聪明才智的工作，甚至说这是必要条件。这样他就还要再上一两个学期的课。现在，利奇菲尔德语法学校已将他扫地出门，如果他转学，父亲就要花上一大笔学费和住宿费。父亲的经济情况已越来越捉襟见肘。他希望约翰生能半工半读，也就是给学生做兼职老师，以减免一大笔费用。一位亲戚向他们伸出了援手，这位亲戚名叫查尔斯·
斯克里姆谢，他住在什罗普郡的纽波特学校附近。老约翰生千方百计想 56
让儿子到那里就读并兼任助教，这是他的愿望。这所学校教学质量很高，而且校长塞缪尔·利刚履新不久，却已颇具名望。但校长却不愿招这名学生，他的态度可以理解。他并不认识约翰生，肯定也知道这孩子连当地的语法学校都不待见；况且学生家长提出的要求也十分特别（用助教的报酬抵扣学费）。多年以后，当初被拒之门外的这位学生已声名鹊起，此时利校长"提到这件事，认为这是他一生中最难忘的事情之一，而且'他当时**差点**就把这位了不起的人物招收入学'"。[10]

小科尼利厄斯得知约翰生的处境，迅速向他伸出援手。之所以造成这种局面，他也脱不了干系。毫无疑问，他正在筹划移居伦敦的具体事宜，因为他的好友已在二月就任切斯特菲尔德伯爵，现在有能力向他伸出援手了，而且也许已聘请他担任自己的牧师之一，并承诺让他过上好日子（把一个教区交给他负责）。但在他动身之前，他至少能让约翰生按照他父亲的想法入学，即在斯陶尔布里奇就读期间兼任助教。西克曼家族的亲戚给他帮了大忙，因为这位亲戚在斯陶尔布里奇语法学校的影响力很大。根据规定，如果未能满足本镇所有学生的就读需要，就不得招收"外乡"的学生。而即便满足这一条件，也需要学校的一位高层首肯。小科尼利厄斯的大舅子格列高利·西克曼曾担任学校的高层，而且格列高利的姻亲丹尼尔·斯科特现任学校的高层。[11]约翰生的入学事项几乎立刻就办妥了，他在圣灵降临周假期结束时到学校报到，此时已经七月了。

校长约翰·温特沃斯可能对这件突如其来的事情十分反感，而约翰生可能并没有担任助教，而是担任班长。不管怎么说，他父亲不用花一大笔钱供他上学了。就算约翰生的兼职收入无法完全抵扣学费，其余费用可能也是小科尼利厄斯帮忙解决的。与其他住校生一样，约翰生应该也住在校长的馆舍里，这与当地的“走读生”不同。温特沃斯校长毕业于牛津大学，他当时年龄在四十八岁和四十九岁之间，早在二十七岁就担任校长一职。时人都认为他年富力强，现在他依然如
57 此。但经过这二十余年，他也觉得这项工作十分枯燥，他开始延长假期。六年之后(1732 年)，他“因为长期旷工，而且圣灵降临周假期放得过长”而被学校开除。[12]

约翰生与校长关系十分紧张，但这似乎主要是约翰生的态度所致。他有点骄纵。此前几个月里，他一直出入于上流社会的交际圈，而且受到他之前从未获得过的赞赏和关注。此后，他与尼利进行过发人深思的交谈，并习惯于他的轻松、随意，因为尼利似乎把约翰生当成平等的对象，因此无论是哪一位老师教自己，无论在哪一所学校就读，约翰生都有今不如昔之感。约翰生的老师也许需要在智慧、谈吐、学识、洞明世事方面都比尼利优秀，至少也要水平相当，如此方可获得约翰生的全面认可。因此，约翰生对温特沃斯的态度十分矛盾。一方面，斯雷尔夫人指出：“他[在约翰·亨特之后]的下一位老师受到他的鄙视，因为这位老师的学识还不如他自己。”另一方面，约翰生曾对珀西主教比较过利奇菲尔德和斯陶尔布里奇的这两所学校，在亨特那里，他“从老师身上学不到东

西，但在学校里却学到了很多"，而在温特沃斯手下，他"从老师那里学到了很多，但在学校里却什么也学不到"。[13]

他曾对鲍斯威尔说过一番复杂晦涩的话，几乎完全是在自辩。开头第一句话也许就是对上文的解释：温特沃斯

> 非常有能力，但有些懒散，他对我极为严厉，但我没办法过多指责他；我当时已经是个大男孩了；他发现我对他没有敬畏之心，他也得不到我的敬意。我已经掌握了很多知识，这足以让我取得成功，而且我在他的学校里所取得的一切成果都是我自身努力的结果，或者说应当归功于我上一个老师的教导。但他也教了我很多东西"。[14]

约翰生称温特沃斯"非常有能力"是对他的褒扬，而温特沃斯的"懒散"也不会让约翰生太反感。约翰生对他本人的慵懒也是直言不讳，他一生中大多习惯于容忍他人的懒散。不管怎么说，温特沃斯校长都在约翰生身上花了不少时间（因为"他也教了我很多东西"），而且肯定详细检查过约翰生的很多诗歌翻译练习。这位校长对约翰生的习作评价很高，一直将它们珍藏。作为老师，这一做法十分罕见，除非老师对学生寄予厚望。（1741 年他逝世之后，他收藏的约翰生习作转由他侄子保管，多年以后，它们辗转到威廉·鲍尔斯手中，并交给了鲍斯威尔；据鲍尔斯称，与约翰生同期的学生中，温特沃斯还收藏了一个人的习作。）[15]"他**对我**极为严厉"这句话暗示着真正的麻烦。严厉 58
可能并非指体罚（只是因为约翰生人高马大，没法体罚）。显然，这是对他尊严的公然挑衅，即便如此，约翰生仍然"没办法指责他"，因为"我对他没有敬畏之心"。约翰生还补充了一句（鲍斯威尔决定在这段评论中删掉这句话），称他自己"也慵懒、淘气，喜欢顺手牵羊"。[16]

他“顺手牵羊”的东西也许无论数量还是价值都十分有限，因为住在校长馆舍中的孩子必须集体生活。这可能是从一流的图书馆中偷来一两本书，这些书都是西克曼家族捐献给学校的。

七

同时，小科尼利厄斯带约翰生领略过的斯陶尔布里奇社交生活依然向他敞开着大门，只不过不可避免地受到了影响。得到机会之后小科尼利厄斯就迫不及待想动身前往伦敦，他极有可能在学校的夏季学期结束前就已离开（最有可能是在夏天结束前离开的，否则就会安排约翰生再多留一段时间，或者至少说约翰生不太愿意他离开）。即便他已离去，西克曼家族及其亲朋好友的大门依然向约翰生敞开。无论是这一年夏天，还是此前几个月，珀西主教都认为约翰生“尽管他只是个学生……却能与当地最优秀的一些人来往”，而且还认识了托马斯·利特尔顿爵士的家人。在这种社交氛围的鼓励下，约翰生甚至可能在斯陶尔布里奇的一年学习时期打算去学习跳舞。有人曾问托马斯·坎贝尔约翰生是否找过舞蹈老师，坎贝尔说（1775 年）约翰生答道：“是的，而且是位女舞师，但我承认，我总共就学过一两次，我的眼睛瞎得厉害，无法精通此道。”这些经历在他来斯陶尔布里奇之前从未有过，此后几年里也没有过，二三十岁在伦敦陷入赤贫时更是与之无缘。无论他的举止多么不够文雅，视力多么糟糕，他至少抓住了要领。斯雷尔夫人记得他曾经取悦“我女儿的舞蹈老师，对**他的**艺术发表了
59 一通长篇大论，舞蹈老师听完这番言论申明，约翰生博士对此的了解比他自己还要透彻”。不过约翰生看上去“不太像”深谙此道者。[17]

最后，鲍斯威尔曾说：“在斯陶尔布里奇学校读书时，他对奥利弗·

劳埃德一见倾心，她是位年轻的贵格教徒。约翰生给她写过一堆诗，可我没办法找到。”[18]（此前他还爱着安·赫克特，她是埃德蒙的姊妹，但“不知不觉就在我心中销声匿迹了”。）[19]这令人们产生了兴趣，不仅因为事件本身，而且是它再一次阐明约翰生急于对小科尼利厄斯将他带入的这个新世界作出情感回应。奥利弗是小科尼利厄斯的妻子朱迪斯·克劳利的外甥女，就其地位（并非性格）而言，她宛如第二个朱迪斯。她比约翰生大两岁，和她姨妈嫁给小科尼利厄斯之前一样都是贵格教徒，来自富有的书香门第，而且无论是他父亲还是母亲（朱迪斯的姊妹玛丽·克劳利）的家族都十分显赫。她的父亲桑普森·劳埃德刚去世不久，是伯明翰的贵格教徒，与安布罗斯·克劳利一样都是富裕的铁匠。他的孙子（奥利弗的侄儿桑普森·劳埃德三世）日后在伦敦创办了劳埃德银行，约翰生于1776年来到伯明翰时，还受过他的盛情款待。奥利弗的另一位侄儿是著名的慈善家查尔斯·劳埃德（1748–1828），他证实了奥利弗对文学的酷爱，而且有能力教授文学。在他小时候，姑妈奥利弗就使他对拉丁和古希腊经典著作产生了毕生的兴趣。* 除了其他各种吸引人的优点之外，奥利弗最突出的一点是她长得美貌动人，当时的报道将她誉为“伯明翰美丽的贵格教徒”。[20]

当然，约翰生虽对奥利弗一见倾心，并未取得进展。由于现实问题，即便两人彼此相爱多年，这段缘分可能也无法修成正果。不管怎么说，在斯陶尔布里奇的一年美好时光就此结束，过了这个夏天，它就一去不复返了，这意味着他要与在这里结识的人们不辞而别。无论他

---

* 查尔斯·劳埃德的儿子（与他同名同姓）在下斯托伊（Nether Stowey）拜入柯尔律治门下求学，日后成了一位不太出名的诗人，他的女儿则与他的姑妈一样名叫奥利弗·劳埃德，她使查尔斯·兰姆为之倾倒。如需有关查尔斯·劳埃德对荷马与贺拉斯著作的翻译的讨论，以及柯尔律治、华兹华斯、兰姆等人对其译著的高度评价，参见 E. V. 卢卡斯：《查尔斯·兰姆与劳埃德家族》（伦敦，1898），页 174–235。

现在对未来产生了怎样的憧憬,他又要回到另一个世界了。他并没有
60 忘记奥利弗,而是将她作为知书达理、美貌动人的女子的某种原型,当他最终再次遇见这样的女子,与她们的交往令他十分开心,点燃了他的热情,他甚至会下意识地时刻准备与她们争辩来凸显自己的卓尔不群。令人好奇的是,年过花甲,他与劳埃德家族有一位共同的朋友,约翰生不仅将她视若奥利弗的化身,而且对她一见倾心。这就是美丽、博学的贵格教徒玛丽·诺尔斯夫人。根据鲍斯威尔的记录,约翰生与她就宗教问题展开了辩论,我们通常一想起她就能记起这场辩论。但他内心所埋藏的爱慕之情十分明显。其实,在两人第一次邂逅时,他俩正在观赏一位美丽女子的版画,当约翰·威尔克斯详细指出了这幅画的特点时,威尔克斯称约翰生"无时无刻"不流露出对"这位美丽的贵格教徒的相似魅力"深感兴趣(实际上是"炽烈的爱慕之情"),这不亚于对这幅画的兴趣。[21]

注释

[1] 阿林·里德:《约翰生拾遗》,第三卷,页148-152;第十卷,页55。

[2] 也许是他朋友约翰·亨利的叙述,阿林·里德:《约翰生拾遗》,第九卷,页1-15。另见詹姆斯·奥斯本,《泰晤士报文学增刊》,1938年4月16日,页262。

[3] 引自亚瑟·墨菲。乔纳森·理查森对此事的叙述是另个版本,见《约翰生杂录》,第一卷,页359。

[4] 约翰·霍金斯爵士:《约翰生传》,页8。

[5] 赫斯特·皮奥齐:《已故塞缪尔·约翰生轶事录》,见《约翰生杂录》,第一卷,页155。《赫斯特·林奇·斯雷尔夫人日记……1776-1809》,第一卷,页171。

[6] 塞缪尔·约翰生:《诗人传》,第三卷,页75。

[7] 赫斯特·皮奥齐:《已故塞缪尔·约翰生轶事录》,见《约翰生杂

录》，第一卷，页155。鲍斯威尔：《约翰生传》，第一卷，页441。

[8]《约翰生杂录》，第二卷，页208。

[9] 塞缪尔·约翰生：《日记、祷文、年谱》，页24。

[10] 阿林·里德：《约翰生拾遗》，第三卷，页154–155。鲍斯威尔：《约翰生传》，第一卷，页50。

[11] 阿林·里德：《约翰生拾遗》，第三卷，页157。

[12] 同上，第十卷，页55。

[13] 赫斯特·皮奥齐：《已故塞缪尔·约翰生轶事录》，见《约翰生杂录》，第一卷，页159。《珀西书信》（巴吞鲁日，1944），页43（《詹姆斯·鲍斯威尔创作〈约翰生传〉所用相关信函与文件》，页206）。

[14] 鲍斯威尔：《约翰生传》，第一卷，页50。

[15]《詹姆斯·鲍斯威尔创作〈约翰生传〉所用相关信函与文件》，页245。

[16]《马拉海德城堡所藏詹姆斯·鲍斯威尔私人文件》，杰弗里·斯科特与弗雷德里克·A.波特尔编（十九卷本；私人印刷，1928–1937），第九卷，页257。

[17]《约翰生杂录》，第二卷，页52。赫斯特·皮奥齐：《已故塞缪尔·约翰生轶事录》，见《约翰生杂录》，第一卷，页211。

[18] 鲍斯威尔：《约翰生传》，第一卷，页92。尽管鲍斯威尔称这发生在约翰生“在斯陶尔布里奇就读期间”，而且他从赫克特那里了解到奥利弗·劳埃德的事情，但赫克特只是说这发生在约翰生“在斯陶尔布里奇期间”。（《詹姆斯·鲍斯威尔创作〈约翰生传〉所用相关信函与文件》，页88）约翰生很可能是在小科尼利厄斯家中做客期间遇见了奥利弗，当时他还没有在该镇上学。

[19] 鲍斯威尔：《约翰生传》，第二卷，页459–460。

[20] 阿林·里德：《约翰生拾遗》，第三卷，页159–160。塞缪尔·劳埃德：《伯明翰的劳埃德家族》，第三版（伯明翰，1909），页106–119。J.希尔与R.K.邓特：《旧广场回忆录》（伯明翰，1897），页26。

[21] 鲍斯威尔：《约翰生传》，第三卷，页78。塞缪尔·劳埃德：《伯明翰的劳埃德家族》，页115–118，其中针对鲍斯威尔记录的争论中的一次给出了她自己的版本。

第五章　在斯陶尔布里奇所作的诗歌

一

61 在斯陶尔布里奇就读期间约翰生写了许多首诗。大约有十二首幸存下来，其中大部分是译作。

这些作品水平高得惊人，此前却一直默默无闻。即使在一部普通的约翰生传记中，我们也有必要对他早期的诗歌进行讨论。青少年时期的作品在心理学上具有重要价值，使我们格外感兴趣，而此后的次要作品通常没有这种吸引力。约翰生在斯陶尔布里奇写的这些诗歌，还有两点值得关注。我们通常并不将约翰生视为诗人，这些诗作尽管只是他学生时代的习作，却堪与伟大诗人在相同年龄（十五六岁）时的作品比肩。即便是大诗人济慈，也只能在二十岁之后写出比这些作品更精彩的诗作。另一点也同样引人关注，即这些诗作提前预示了约翰生成年后的表达方式，这与大部分作家在青少年时期所作的诗作不同。尽管约翰生当时只有十六岁，这些作品却已反映出他掌握了如何消化吸收和反思人生的阅历。翻译一位拉丁诗人的作品时,即使原文采用了轻松欢快的语气,他却无法在译作中做到对等,而是经常加入发人深思的辛酸情感。此外,我们还能透过古典作品的表面,感到他内心的不安与骚动,无论他怎样竭力克制,这是他特有的一面。

二

讨论他在斯陶尔布里奇求学期间的诗作之前,首先要简要考察 62
约翰生的一首诗来作对比。这首诗是目前已知他的第一首诗作,是他在赴斯陶尔布里奇求学约一年前创作的,当时他只有十四五岁。研究约翰生在斯陶尔布里奇求学时的生平,就会发现这首诗标题十分滑稽:《咏水仙,此乃作者今年首次所见之花》。(对此,他曾说,他的第一篇习作是一首咏萤火虫的拉丁文诗,但未能存世。)这首咏水仙的诗作之所以能存世,是因为埃德蒙·赫克特得到了一份抄本,又在约翰生作古后交给了鲍斯威尔,并称由于"这不符合水仙花的特点",约翰生"对此诗始终不甚满意"。诚然,水仙花与其他花卉相比并没有什么特别之处。多年以后,约翰生与约书亚·雷诺兹爵士一同游览德文郡的一间乡间宅院时,主人曾陪同约翰生游览花园,突然问他:"您是植物学家吗,约翰生博士?"约翰生给了否定的回答,然后说起自己的近视,又补充说:"如果我是植物学家(botanist),我一定会先把自己变成爬行动物(reptile)再说。"[1]这首诗的风格遵循了当时抒情诗的传统模式之一,它使人联想起马修·普赖尔的抒情诗。如果将他与罗伯特·赫里克的同名诗《咏水仙》对比,就能迅速了解这个说法的意义了。赫里克的诗写于一个世纪以前,约翰生显然是知道这首诗的。这首诗更加程式化(近乎死板),更沉静,更具自我意识,而且拉丁化程度很高，但充满同义反复（几乎每个名词都与它的同源形容词同时出现）。

人们更感兴趣的是这首诗的整体构思。诗人并没有看到实实在在的水仙花，而是在心灵中感知它与过程和时间的关系（约翰生在长大成人后，总是将人生放在过程与变化的背景下加以感知）：它预示着下一年的到来，却像尘世间所有事物那样都会凋零，包括“诗人与他的主题”。文人骚客就这个主题写出了无数诗篇，无论是平庸之作，还是像济慈的颂歌《忧郁颂》一样的扛鼎之作，其结论始终是劝导人们抓住美好的时光及时行乐。但约翰生心中已经形成道德稽查机制，他无法得出这一结论。最后，还有一个细节值得一提。在约翰生伟大的道德作品中，他揭露得最彻底的人性弱点就是“嫉妒产生的冷酷的恶
63 毒”。嫉妒这一主题始终以不同形式出现。它出乎意料地出现在第一首诗中并预示了他今后的作品，这一点很有趣。约翰生在诗中对短暂盛开的水仙花作出了美好祝愿，并希望美丽的少女在欣赏水仙花时，能够“不要用**恶毒的**眼光”看待它的魅力。

三

约翰生十六岁时，已经是在斯陶尔布里奇就读第二年，这一年里他突飞猛进。他已写出脍炙人口的《友谊颂》（埃德蒙·赫克特似乎暗示作于此时[2]），他创作这首诗几乎肯定是为了歌颂他与小科尼利厄斯之间的友谊，也可能是为了纪念他与斯陶尔布里奇诸位友人之间情谊深长。其中有一行“当贤德遇见相似的贤德”，再次证明以上推测。在小科尼利厄斯身上，约翰生平生第一次发现，有人拥有他渴望而非恐惧的品质。

他在这一年创作了三首原创诗作（即非译作），其中有两首属于上

乘之作(一首是《友谊颂》,另一首是他在学校的习作《欲速则不达》),它们有个共同点,这可以解释它们为何比《咏水仙》更出色。这两首诗讨论的都是道德话题。终其一生,每当他直接闯入道德反思的大门,重视而非回避显而易见的道理,并对培根所说的“旋梯”表示出不屑时,他的表现力就汹涌澎湃。《友谊颂》这首小诗笔调柔和,庄重沉静,无疑说明为何约翰生日后希望将此诗发表。但在《欲速则不达》一诗中,我们发现它接近于真正的约翰生风格,甫一出现,就使约翰生与同时代其他诗人泾渭分明。约翰生之所以创作此诗,也许是因为约翰·温特沃斯给这位浮躁的学生布置了这篇命题作业。但这次练习绝不仅仅是一次普通的练习,因为在完成这次练习的过程中,约翰生凝聚了他的自知并努力要认识“已知的真理”,这一点是成就其伟大的核心要素。他活灵活现、最绝妙的隽语部分源于其中的自我抗争。即便这只是一篇早期的短篇习作,但诗中几乎定然能使我们想到《论人类愿望之虚妄》中的场景。这首诗相当于缩略版《论人类愿望之虚妄》,并提前展示了个中全貌(“当复仇女神听到了蠢人的请求, / **全民意志消沉**,被心头的想法压迫”)*,因为这首诗表现出鲁莽造成的急躁之举,导致整个“城市燃烧”,“**整个国家沦陷**”,或者表现出大批的人“急 64
匆匆地”赶赴“黄泉路”;约翰生还用了一个强有力的联韵句表现出这一点,这体现出他成熟风格的典型特点:

奥瑞斯忒斯掷出复仇的标枪,
击中他哀求的母亲的心脏。

---

* 从本句到本章结尾,引用作品中所有加粗部分均系笔者所为。

对于约翰生而言,“悬崖”意象与危险产生了强烈的象征联想(例如《论人类愿望之虚妄》,我们看到在对沃尔西的肖像描写中,他的命运就建立在脆弱的基础上——“靠近命运的陡坡”,然后跌落到“下方的深谷中”);而且在他当时翻译的两首贺拉斯诗作中,他甚至两次使用这一意象,我们将在下文加以讨论。因此,在《欲速而不达》中,我们在联韵句中看到了激情造成的危险,这与运用理性使“恼火的灵魂冷静”形成了对比:

在憎恨或爱情的盲目驱使下,
万劫不复一头栽下陡峭悬崖。*

四

约翰生的诗歌译作由温特沃斯校长收藏,如果我们要深入研究他青少年时期的诗作,就必须格外重视这些译作。它们可分为四大类,后两类的重要性超过了前两类。第一类是对维吉尔《牧歌》中两首诗歌的译作(第一首与第五首)。它们本身是绝好的诗歌,语言的精妙也忠于原

---

* 第三首诗或“习作”(《圣西蒙与圣达太的宴席》)除诗律之外并无出彩之处。我们把这首诗从斯陶尔布里奇时期的诗作中单列出来,给予简短的夸赞,原因就在于它并未采用当时盛行的联韵句等形式创作,而是采用诗节形式(诗节形式此后由克里斯托弗·斯玛特用于《大卫之歌》)。就此我们可以推断出它属于非传统诗歌,因此是“浪漫”诗歌(因此根据定义是“情绪化的”)。此诗中的一个词语(“狂喜的暴怒”)偶尔被引用,仿佛它体现出此诗的特点而不是充当对目的的修辞手法。此诗开头很精彩,但过于冗长,而且虎头蛇尾,结尾采用了一系列过度自信的姿态。此后很久,他还会反复强调:“所有宗教诗都是冰冷无力的,它们配不上其主题。”成年之后,他几乎无时无刻不体现出这种坚定的信念。他可能早就认识到这一点了,但无论是这首诗中体现出的从容不迫,还是他小小年纪就能运用复杂的诗节,都使这首诗着实值得一提。

文。但这些显然都无法激发他的兴奋之情，而且这些诗中含有他日后批判的“牧歌”这种诗歌形式。第二类是他对《伊利亚特》(第六卷，页 390- 65
502)中赫克托尔与安德洛玛克两人对话的翻译。这里的主要关注点在于他选择的是**家庭**场景。人们必然会事先想到老生常谈并深信不疑的说法：“**家庭**场景比帝国悲剧更能激发人们的情感”，或者说像罗的《由衷的忏悔》这样的戏剧是“**家庭剧**并融入日常生活”。[3]第三类是对贺拉斯诗歌的译作。第四类是对约瑟夫·艾迪生一首微不足道的仿英雄体诗的翻译(诗中某些地方令人惊诧)，这首诗名叫《仙鹤大战矮人》[4]，是艾迪生求学牛津时用拉丁文所写。

约翰生后来说，他早年对贺拉斯的颂歌“最青睐有加”。[5]它们短小精悍，充满了对人生的深刻反思。约翰生后来不仅学会了简洁，也掌握了凝练，但贺拉斯体现出的深刻、复杂(冷静、反讽式的超然)与约翰生的特点相去甚远，约翰生直接、热情介入，其超然只能通过自我抗争实现。两人在性情方面存在巨大差异(这与年龄差异无关——纵观约翰生一生，他无论何时始终都体现出这一特点)，其中一个例子出现在他流传至今的第一篇散文作品中，它与约翰生翻译贺拉斯诗作的时间相仿(1725 年，他十六岁)。这部作品的主题应该是在贺拉斯所写的几行诗基础上所得出的(《颂歌集》，第一卷，页 ii)。贺拉斯使用的几个词(自持，多思，有点苦中作乐)被约翰生用来严厉抨击帝国主义的商业贪婪。[6]

简而言之，贺拉斯之所以对约翰生产生巨大的吸引力，关键在于他所表达的是约翰生的一部分自我所重视的，这纠正了他任性、冲动的天性。贺拉斯的颂歌与他的性格造成对比，在自我控制方面就仿佛是一片绿洲，体现出冷静、温雅的智慧。我们需要重点关注约翰生的第一首诗歌译作，即《正直人生颂》(第一卷，第 xxii 首)，这显然是在他进入温特沃斯的学校求学之前完成的(因为这不在温特沃斯收藏的诗作之列)。
约翰生十分喜爱这首诗,并在几年后将其修改后发表。这首诗为他在斯
陶尔布里奇求学时完成的(第二卷,第 ix,xiv,xx 首)三首贺拉斯颂歌译
作定了调。在这几首译作中,他力图使译作行数与原文保持一致。这一
点在翻译拉丁文诗歌时总是件头疼事,因为拉丁文诗歌行文比英语凝练
66 得多。和贺拉斯诗歌的大多数译者一样,约翰生也成功做到了这一点,
如果在翻译过程中,他不得不舍弃英文中与原文相应的微妙,别的译者
也是这样做的。但不仅要关注这些译作的特点及其成功之处,译作不具
备的特点同样值得关注,这会启发我们了解约翰生日后的短篇诗歌。对
于熟悉约翰生写作风格,了解人们为何会牢记、重视、引用他作品的人士
而言,首先令他们惊讶的是这些译作似乎与约翰生的风格格格不入:无
论是学术顺从、胆怯地循规蹈矩,还是缺少有力的表现,都体现出这一
点。诚然,完成这些译作时约翰生年纪尚小,但这并不能充分解释这一
点。并非所有少年的作品都具有学术上谨慎、温和的特点。其实,约翰
生的某些作品恰好相反。更重要的是,如果我们读一读他日后创作的短
篇诗歌,就会注意到许多作品都有这个特点。难道约翰生很小的时候就
形成了他短篇诗歌的风格吗?这种风格与他最重视的诗歌语言元素是
格格不入的。在他厌弃阿肯塞德的颂歌的背后,是他终生恪守的价值
观:这些作品之所以对约翰生而言“枯燥乏味”,是因为它们并没有“力
量,本质或新意”。因此,除了少数特例,他的短篇诗歌中可能存在某种
“本质”,但他的语言中却没有什么“气势”,“新颖”程度就更低了,这着
实令人惊讶。托马斯·泰尔斯曾指出,像约翰生这样拥有超凡能力的人
“能以最新颖的方式道出最平常的事情”,即便是随意评论亦是如此。
因此,阅读这些译作时,给人的感觉就仿佛约翰生突然被麻醉或受到审
查,无法发挥其译者的主体性。就贺拉斯的颂歌翻译而言,这种现象的

原因在于,力图模仿我们极为敬重但与我们存在根本性不同的事物时,我们不可避免地会受到限制。

而约翰生在翻译贺拉斯的两首长短句(第二首与第十一首)时,对这些诗歌的原作(贺拉斯认为这种诗歌形式的冥想性与纯粹性要低一些)并不那么敬重,因此在翻译中更能放开手脚,这一点很重要。在约翰生一定程度上挣脱束缚之后,我们就能看到译者仿佛天马行空般突然闯入作品,这在第二首诗中尤为突出;我们还看到敏捷、麻利的运动。在诗的开头,贺拉斯谈到人住在乡村是多么的幸福,他耕种着祖先留下的田地,“就像蒙昧时代的人一样”。原文简单的拉丁语表述经过约翰生的翻译,就变得夸张,“充满玄想”:“如同萨坦时代的人类祖先, / **琼浆玉液染遍了海面**。”住在乡间的人“远离一切借贷”被译成了“没有**契约**债务烦恼, / 也没有**缠人的**债主**骚扰**”。他“并不畏惧愤 67
怒的大海”被译成了“他无视喧嚣的风暴**席卷** / 那**沸腾激荡**的海面”。有趣的是,在他给切斯特菲尔德伯爵写出那封流传千古的信件之前三十年,对当时年仅十六岁的约翰生来说,“庇护人”这个词已经很沉重,并使他联想到侮辱与轻蔑。贺拉斯只是说,退隐乡间的人现在“避开了权贵的审视与他们尊贵的府邸”。经过约翰生的翻译,就成了“从未在**庇护人的**门口, / **卑躬屈膝**,顺从等候”。贺拉斯在原文中以相对温和的语言,对退隐乡间人士的活动进行了说明,但约翰生在翻译中坚持使用气势磅礴的语言。约翰生的译文同样十分凝练,也绝没有歪曲原文。但他的译文每一行都充斥着动词(大量使用动词是他成熟期散文风格的一大显著特征)*,各个意象由此迅速相互转换,人们开始感受到乡村生活会令隐退的灵魂疲惫不已。下文将引用几行译文来

* 参见下文页544。

说明这一点。他译道，环绕着“高大的白杨”，他

> 用娴熟的手缠绕
> 蔓延丛生的藤条，
> 或**砍掉**枯萎的枝丫；
> 或**远望**他的阉牛玩耍，
> 或**榨干**蜜蜂的辛劳，
> 或**剪掉**羊羔雪白的羊毛……

尽管他在翻译颂歌时满怀敬意，小心谨慎，但他的第一篇译文（《正直人生颂》）仍然与原文存在一些细小出入，这值得一定的关注。贺拉斯在这篇颂歌中写道：“无论他是否走过冷漠的高加索”。约翰生将其译为：“尽管他踏破了塞西亚的**冰封峡谷**”。我们注意到，讨论约翰生早期作品《欲速则不达》时，我们曾提到他的“峡谷”意象常象征“危险”。“激流”这个意象同样如此，例如在《论人类愿望之虚妄》中，有一句精妙的联韵句写道：“难道无助之人必须无知、缄口，/ 在黑暗中滚下命运的激流？”同样，贺拉斯描绘乡间快乐与宁谧的诗句“当雷霆万钧的朱庇特在冬天带来雨雪”变成：

> 但在冬日急雨的助力之下，
> 咆哮的**激流**涌下**悬崖**……

在叙述冬天带给人的“快乐”（捕猎野兽，用陷阱捕鸟）时，贺拉斯
68 淡淡的反讽在约翰生的译文中变成了不祥之兆，意味着残忍和受害者的痛苦，而且使用“隐秘”一词暗示出某种密谋。贺拉斯写道：“他用

绳套套住了胆小的野兔,用陷阱捉住了迁徙的仙鹤。”约翰生则译为:“他布好了罗网,运用了技巧”,用“隐秘”的陷阱“困住 / 哀鸣的仙鹤与胆小的野兔”。

五

如果没有禁忌的压制或稽查,突然间迸发出的能量在他翻译的艾迪生用拉丁文写的仿英雄体诗《仙鹤大战矮人》中尤为明显——全译本在我们这一代才出版。不仅原文作者由贺拉斯换成了艾迪生,而且我们在约翰生成熟期的作品中,找不到任何证据表明他喜欢或曾经喜欢过艾迪生式的诙谐幽默的写作风格。约翰生曾对格雷的《爱猫之死颂》评价道,这纯属“鸡毛蒜皮的小事,而且还不是件让人快乐的事”。《仙鹤大战矮人》过于冗长,因为这首诗力图激发幻想(“如果一首诗的目的仅仅是激发幻想,就绝不应过长”);这首诗还涉及痛苦(诗歌的主题是一场战斗,因此不可避免地要涉及痛苦),而且还以轻松的笔调处理痛苦,约翰生始终本能地厌恶痛苦,这甚至会激起他的愤怒。(这首诗也许并非约翰生本人所选,而是温特沃斯的布置或建议,作为他尝试挑战或改变风格的近代拉丁诗。)

因此,这首诗与他的其他译文相比,在诗歌语言的运用上更突出地预示他本人的典型特征。这竟然出现得如此之早,不禁让我们感到惊讶,因为这不仅体现出约翰生成熟风格的特点,而且这也具备了“成熟”风格的总体特点。从根本上说,这是一种兼容并蓄的风格。我们注意到这一点是约翰生心理的本质特征之一,也是他作为思想家和作家所拥有的最伟大的力量之源。他年方十六,所使用的词语甚至整个诗行都已体现出这一点,使译作突然大大超过了原创的诗歌价值与影响力。

有三个方面尤其体现出兼容并蓄和凝练的特点。首先是实实在在的气势(甚至是潜在的暴力),这是艾迪生原文所不具备的。其次是通过译者直接介入,增添了道德上的辛辣感(这与艾迪生反讽式的超然与仿英雄体立场形成了鲜明对比)。最后是陈词滥调、普通常识随
69 处可见,以至于克里斯托弗·里克斯在关于这首诗的一篇优秀论文中将其形容为约翰生诗歌风格中最突出的方面之一,他的看法很正确。[7]约翰生并非仅仅照搬老生常谈或陈词滥调(作为一种作者理应力求革故鼎新的“已知真理”,),而且还择机特地欢迎额外的内容,并将此作为一种“稳定真理”的形式(“已知的”真理)加以吸收,以保持自己健全的心智与情感。在将它消化吸收为感知经验和认知经验的过程中,人们通常所认为的陈词滥调或“亡隐喻”的语言重新焕发出生命力甚至骚动不安,同时仍不超出“客观的”“熟悉的”和“已知的”范围。如果将约翰生的译本与这首诗在十八世纪的其他译本进行比较,我们就能迅速发现这一点。因此,这场大战甫一开始,艾迪生就以仿英雄体的笔触,称自己打算歌颂“这些小战士”——矮人,他还要歌颂“从乌云中俯冲而下的敌人[仙鹤]”(*nigrisque ruentem e nubibus hostem*)。针对下一句,托马斯·纽科姆将其译为:“天昏地暗日月无光,它们源源不断地盘旋在空中, / 这些敌人长着羽毛,从云层中俯冲而下。”詹姆斯·贝蒂则译为:“这些惊声啸叫、短小精悍的战士和他们的头领 / 大军从黑暗的天空中蜂拥而下。”与此形成对比的是约翰生的译文,他使用了更为浓缩、强劲有力的语言:“天空中呈现出黑色漩涡,宛如一团乌云, / 大批敌人蜂拥而出,手中的长剑流淌着鲜血。”他在这里故意加入了一个隐喻,里克斯先生对此评论道:“将大群的鸟类或昆虫比作大团的云彩是十分陈旧的隐喻,但约翰生此举却使

这个隐喻更加有力。”而且在他的笔下，凸显出敌人数量之多，以至于“他们实际上让天地黯然无光”（“黑色的漩涡”）。

通过在特定语境下使用一个拉丁词（这也体现在约翰生的成熟风格中），激发出该词的传统联想与“已知”联想，这也发挥出与新颖地运用陈词滥调相同的功用。托马斯·纽科姆的译文用了五行文字来描写战场上一名奄奄一息的矮人（从“这位英雄的血管中，汩汩地流出鲜血 ／ 矮人的鲜血染红了战场；／ 他起伏的胸口传来低沉的声音，回荡不息……”开始）。威廉·沃伯顿用了四行文字翻译这部分，贝蒂则用了五行文字。而约翰生的译本只用了一个凝练的联韵句，就立刻产生了形象的想象，并激发了人们的同情心。第二行译得十分精彩，这提前展示出《论人类愿望之虚妄》语言的高质量，而约翰生正是凭借这部作品在十八世纪无出其右。通过紧凑、生动的上下文，动词“带着”（involv'd）既保留了各种抽象含义，还将其本义“包围”“包住”“裹 70
住”形象地加入到想象中：

有一位强壮的武士，虚弱地大口**喘着气**
攥着一把血淋淋的沙粒，带着死亡气息。

我们可能会引用最后一段，它属于不同类型，却是约翰生成熟风格的另一典型特点。这一段位于结尾的最后几行，我们在艾迪生原文中并未发现“道德”劝诫（但出现在约翰生译本中），而只是以仿英雄体提出了建议——类似于挥动着手指所作的告诫，它将大道理（帝国的局限性）运用到小处（矮人国的覆灭），通常能产生喜剧效果或反讽效果。艾迪生的原话直译过来是：“每一个帝国的最终结果必将是灭亡。它肯定存在最终的发展极限，不应跨越这道界限。因此，曾经不可一世的亚述帝国覆灭了。庞大的波斯帝国也轰然倒塌；古罗马帝国比这两个帝国都更强大。”考察其他译本难免枯燥，但效果在于，通过对比（这些作家都比约翰生大得多，写作经验也更丰富）更加凸显出这位十六岁少年所拥有的想象力与悟性。艾迪生在原文中只作了反讽式的致敬（人的命运，所有人不可避免存在局限性）。尽管约翰生当时年龄还很小，这却深深触动了他开阔的思维与敏感多思的天性。这立即加强了这一构思的气势，同时也加强了共鸣。波斯并没有“轰然倒塌”，而是“感受到希腊钢刀的力量”；古罗马帝国过了全盛时期，面对必将到来的衰落命运，突然变得不堪一击。随着全景式的磅礴气势不断加强，节奏变得更加稳定、更加紧迫；强有力的押韵词携着沉重的意义，成为一块共鸣板（**设限** / **枉然**；**敬畏** / **定律**）：

> 众神为每一个帝国设限，
> 逾越固定边界纯属枉然；
> 亚述帝国在神的法令下衰亡，
> 波斯也感到希腊钢铁的力量，
> 罗马帝国令全世界敬畏，
> 却依然无法逆转众神的定律。

注释

[1]《詹姆斯·鲍斯威尔创作〈约翰生传〉所用相关信函与文件》，页48。鲍斯威尔：《约翰生传》，第一卷，页377注释。

[2] 赫克特语焉不详。（参见《詹姆斯·鲍斯威尔创作〈约翰生传〉所用相关信函与文件》，页48-49）

[3]《塞缪尔·约翰生书信集》，第二三三篇。塞缪尔·约翰生：《罗传》，《诗人传》，第二卷，页267。《鲍斯威尔的记事本，1776-1777》，

页 19。

［4］部分模仿了托名荷马之作——《蛙鼠之战》。

［5］《鲍斯威尔的记事本，1776-1777》，页 19。

［6］由格林刊印并讨论，唐纳德·J. 格林：《塞缪尔·约翰生的政治主张》（纽黑文，1960），页 259。

［7］《批评论文集》，第十六卷（1966），页 281-289，参见唐纳德·戴维《英语诗歌遣词的纯粹性》（1952）第三章中的讨论。

第六章　重归利奇菲尔德；另一位榜样：吉尔伯特·沃姆斯利

一

71 1726年秋，大约在十一月初，约翰生在斯陶尔布里奇度过了一年多的时光之后，又回到了利奇菲尔德。他已经十七岁了，接下来的两年他都将在这里度过。

此时，小科尼利厄斯几乎肯定已离开斯陶尔布里奇，至少也是即将离开，因此约翰生在斯陶尔布里奇的处境也随之改变，这是不可避免的。其他人的大门依然向约翰生敞开，但小科尼利厄斯给了他特别的帮助，不啻他的人生导师，而且也认为自己有特别的义务去帮助他。约翰·温特沃斯尽管对约翰生的才能评价极高，但恐怕决不会在他的学校里继续为约翰生安排工作。因为约翰生是别人硬塞进他学校的，而且通过担任助教来减免学费，更何况约翰生对上级公然表现出不敬。温特沃斯并不能随心所欲将约翰生除名，但他可以以轻慢之态回敬约翰生，而约翰生正年轻气盛，很快就能察觉到这一点，再加上小科尼利厄斯的离去，就会意识到自己也该走了。埃德蒙·赫克特对此的评论有一定道理，他认为约翰生是与温特沃斯争执一番之后愤然离开的，这场争执的焦点是约翰生在一篇书面练习中使用的“一个词语的洁净性”。[1]这场争执本身不大可能是他离去的“原因”，但可以作为他离开的理由或姿态，以表明真正的原因在于他的傲骨和他对自己所处形势的敏锐认识。

不管怎么说，他已经念完了该念的书。到了他这个年纪，要么去上 72
大学，要么去工作。对此他心知肚明。在他十七岁生日之前不久，他得到了一部拉丁文词典[2]，这要么是他自己买的，要么是别人送给他的礼物。之后的岁月里，他一直会在每年的元旦和生日那天下定决心，一心要立刻给自己的人生翻开新的篇章。他养成的另一个习惯是利用算术（数字和计算）来保持稳定的心态或持之以恒的决心（例如，他在面对一项艰巨的任务时，会强调自己目前已经完成了什么与还需完成什么）。这种方法将任务分解为易于掌控的各个部分，从而清晰研判形势。这一点也体现在这部词典上（这本身就表明他决心要在未来作出一番努力），因为他在词典封面上除了写上自己的名字与日期（1726 年 8 月 27 日）之外，在封底又写了一遍名字和自己的生日：“塞缪尔·约翰生，1726 年 9 月 7 日”。之后，他又用 1726 减去他出生的那一年（1709 年），写下了他的年龄——十七；就仿佛他在反复强调逝去的时光，表明他人生的这部分时光已经结束，需要开始新的人生旅程。

二

与此形成对比的是他家中的境况，家里的生计已举步维艰。老约翰生已七十岁了，经济状况极为窘迫，不得不从朋友理查德·赖德那里举债度日（之后又向教区的教长借债）。现在，约翰生进入大学深造的希望比以前更加渺茫，越来越难以实现，至少在眼前难以实现。当然，他母亲的亲戚可以对他伸出援手。但小科尼利厄斯现在已经跃升到截然不同的世界。对于约翰生而言，若要永久依附于他人不啻一种耻辱，而且他也受够了这种屈辱，这令他十分痛苦。其他人想必不知道老约翰生的实际情况有多么糟糕，也许就连小科尼利厄斯也不知道。约翰生本人在斯陶尔布里奇的时候，不可能向其他人吐露此事，而且与这些人打交道也需要谨言慎行。我们只能认为是他的自尊心使他对此三缄其口。

与此同时，约翰生开始在父亲的书店中打工，接过父亲的重担，因为
73 此刻他似乎别无选择，只能去学习图书销售行业的经营之道。他需要学习如何装订图书。约翰生始终没有荒废这门手艺。他可能已经发现这是书店中最吸引他的工作之一，他肯定宁愿干这个也不愿去招呼客人。这种体力劳动始终能对他产生疗效。他得以逃避自我，集中注意力，还有利于他保持自我的完整，而且可以看到自己在创造或工作时所取得的进步。但如果客人挑选图书时犹豫不决，磨磨蹭蹭，招呼他们就使他没时间去读书，同时除了这种“生意”之外，无法用其他任何兴趣“填充心灵”（这是他挂在嘴边的话）。威廉·肖神父说，约翰生看书看得太入迷，怠慢了“他父亲最好的客人”，因而受到了责备，他回应道：“如果要用埋头做生意代替阅读的快乐，这是他永生难以完成的任务。”[3]

三

看到一个又一个才华、学识都远逊于自己的年轻人去上大学，约翰生难免心有不甘，更何况这些人认为上大学是理所当然的，他们既

不努力也不焦虑，而且认为自己合该成为专业人士。

但对于约翰生的整个精神特性来说，最突出的一点是他始终严控自己向外投射的诱惑（这诱惑自然很大），也不怪罪于外部条件。相反，我们一直注意到，他的整个心理过程是要尽可能勇敢、坦诚地正面迎接各种情况，然后将其内化、容纳。无论由此产生的道德优势是什么，结果总是自我冲突而非向外投射的模式。我们经常可以看到，在这一过程中存在强烈的补偿因素，即强有力的向后倒退。这在他此时和此后几年即将形成的政治态度与社会态度方面最为明显。二十岁出头时，他会变得过于离经叛道，但在某些方面却又是现行秩序的坚定捍卫者（而且此后始终如此）。这个问题十分复杂，我们必须在之后的章节专门讨论。[*] 但无论涉及其他什么问题，其中都包含针对政治和社会领域中各种嫉妒的强有力的内心稽查机制，傲视、轻蔑其方方 74
面面。

对于个人的嫉妒也一样。没有一位作家能比约翰生更清楚人心中的嫉妒有多么可怕，嫉妒会疯狂生长，它可以立即调动强烈的情绪和理性，并通过自欺欺人的方式达成目的。不仅他此时的经历，而且他此后二十年的经历（这一点更重要），都强烈地诱使他陷入长期而痛苦的嫉妒，正如大部分人都不得不经历的一样。但是，尽管他天性锐意进取，很少有人能够像他这样完全不流露出任何妒忌的具体表现，包括那些我们熟知其人生经历的人，即便这些人的经历与他具有可比性亦不例外。但这不仅涉及稽查机制与压抑（无论它们多么有效、完备）。在约翰生一生中，超越妒忌的能力构成了他人生中道德与心理

* 如需对他政治态度的讨论，参见下文页190–203；如需对他道德著作中对嫉妒的讨论，参见下文页306–311。

冲突的一部分,这并不完全通过内心的稽查机制(当然这也包括在这一能力之中)实现。

四

与此同时,无论外部环境多么制约、压制他的发展,他从斯陶尔布里奇回来后在家中度过的这两年,似乎并没有让他感到煎熬。在斯陶尔布里奇的这一年时光十分关键,它拓宽了约翰生的眼界,还使他产生了目标、兴趣和信心,这对于他度过这两年帮助很大,但无法让他安然度过更长时间。如果对比三年之后他的心理状况,就能衡量约翰生在这两年时间里心中希望的强烈程度。三年之后,他不得不从牛津大学身无分文地回到家中,通往未来的每一扇门似乎都对他紧闭。但是,斯陶尔布里奇的一年时光加强并认可了此前互不相关的兴趣,而且表明书本与生活之间存在且可以存在至关重要的关系。在此过程中,他开始将迄今为止都是随意、零散的理想主义加以统一。最重要的一点在于,这次经历给了他具体的阅历(因此使他树立了新的信心),即他拥有的品质可能在"现实生活"中拥有一席之地,而不仅限于在教室中或在父亲的朋友面前炫耀。

75 这一点尤其体现在此时他的博览群书和社交生活中。如果没有此前在斯陶尔布里奇的经历,他就不会参加如此多的社交活动(当然这产生的作用要小得多)。约翰生此后谈到这段经历时,明显矛盾的说法既隐藏也透露了苦读的努力。一方面,他认为这段经历不值一提。此举也存在多重动机。他不喜欢大吹大擂,而且希望人们相信他无论做什么事情都轻而易举;最重要的一点在于,他在去牛津深造之前的这两年里对未来充满希望,但二十岁之后希望却不幸破灭,成为令他极为沮丧的经历，这段让他失意的岁月长达二十年之久。某种程度上，他在此期间的所有努力都是失败的。回首从离开斯陶尔布里奇到远赴牛津的这两年时光，当年苦艾，历历在目。鲍斯威尔根据约翰生向他讲述的经历，总结如下：

> 他从斯陶尔布里奇回来之后，在家中度过了这两年。他认为自己白白荒废了这段岁月，而且也因为百无一用而被他父亲责怪。他没有明确的计划，也根本没有对未来的憧憬，只有一天天地虚度光阴。但他漫无目的地博览群书，并没有制订任何学习计划，而且他按照意愿随意挑选图书，他的喜好就是他的阅读动力。

有个例子能证明机缘巧合与兴趣决定了他对阅读书籍的选择。他曾提到自己以为弟弟纳撒尼尔把一些苹果藏在书店最顶层书架上的一本大对开本后面。于是他爬上去找苹果，他没有找到苹果，却发现这个对开本，"这是彼特拉克的作品，他曾经看到有人在某本书的前言中提到过这本书，并称之能增进学养。这顿时激起了他的好奇心，于是他兴致勃勃地坐了下来，一口气就读了一大半"。

谈起这段时光，他认为这是"虚度光阴"，但他并没有全盘道出所想。无论他对当时的懒惰与缺少"方法"多么深恶痛绝，他依然清楚地意识到，即便他缺少"明确的计划"或"学习计划"，但他肯定没有"虚度光阴"，至少在这段时间里没有。其实，他私下里还会为自己当时博览群书而深感骄傲。他多年后说道："对自我的各种斥责其实是暗中褒扬，意在表明自我可以用不着这些东西。"（对此他又过于严厉地补充了一句，通常是提醒自己："这既有自我吹嘘所产生的各种反感，也有虚假所产生的种种值得斥责之处。"）即便在我们引用的他对鲍斯威

76 尔说的这番话中，他也补充了一句限定条件，称他所读的书并不是“纯粹的消遣”，从而引出了更多评论：

> 先生，我读的可不是航海见闻与游记，它们全都是文学作品，都是古代作家的作品，它们都豪情万丈；尽管希腊作品不多，只有一点阿纳克里翁和赫西俄德的作品，（他补充说）但通过这种毫无章法的阅读过程，我读了大量的书籍，它们在大学里都难得一见。在大学里，学生除了阅读导师布置的书目之外很少读其他书。

说到这里，他感到不安，生怕在自吹自擂（即便在为自己辩护时，他也总是将吹嘘视为强烈的内心禁忌），他又恢复到之前的谦逊姿态，“在谈话的最后说道：‘我是不希望你以为我当时一事无成’”。

其实，鲍斯威尔希望纠正这种评价，他在诱导约翰生对自己“漫无目的”的阅读作出更有力的辩护。因为在约翰生称自己“浏览”过许多连大学生都很少读过的书籍之后，鲍斯威尔紧接着补充了一段话。这是约翰生在另一场合所作的评论：

> 因此当我来到牛津大学时，现彭布罗克学院院长亚当斯博士告诉我，我是他认识的牛津大学学生中最有资格来这里就读的人。

约翰生的辩护十分轻松，之后他话锋一转，开始与鲍斯威尔讨论起亚当斯博士对他的另一段褒扬，他之所以要提起这段话，理由之一是为了证明亚当斯对他的赏识。[*] 显然，多年以来他一直十分重视这

* 参见下文页106-107。

段评论（他提起这段话时已经六十八岁了），而且他这样做在于，他可以感受到这段评论十分中肯。除了这些评论或坦言之外，约翰生对这段时间的博览群书之举还作出了其他许多评论，这些都接近于赞扬（也许是暗中褒扬），只不过他在这些言辞中也加入一些对此后生活的自我贬低，起到中和作用，这样就能心安理得。例如，他告诉威廉·温德姆（1784 年），“他当年上大学时，阅读拉丁文作品和现在一样轻松”，而且他在对鲍斯威尔谈到人在年长之后的感受时（1763 年），突然补充了一句：“我早年读书十分刻苦。我十八岁时的知识几乎和现在一样渊博，这样回想令人难过，却是真实不虚的。”[4]

这些评论表明，无论环境多么不利，他仍然踌躇满志。他此后曾 77
说：“没有希望就没有努力。”[5] 他之所以能够始终怀有希望，是小科尼利厄斯的建议和身先垂范的力量使然（如果没有近在眼前的榜样对他产生的感染力，或者说如果没有少年约翰生心中的“榜样”对他产生的感染力，这种建议就毫无效果）：小科尼利厄斯让他努力寻求普遍性，这不仅要追求广度，而且要努力抓住“指导原则”并“牢牢抓住主要矛盾”，这样就能“解决次要矛盾”，最终采撷到知识的果实。这条建议（和榜样）对约翰生的各部分自我（无论这些自我是错误还是美德）都同时产生了吸引力，而且通过形象地构想价值，在智慧与道德方面对他的各部分自我提供了指引，从而证明了这些自我的合理性，挽救了这些自我，并使这些自我重新恢复其目的。通过这种建议，他的才思敏捷，他快速抓住重点的能力，他丰富的想象力与对新颖的渴望，甚至于他对令人厌倦的事务的不耐烦与快速胜任的能力都转化为实际成果。与此同时，这至少也使他开始实现集中性，这是他矛盾的自我极为渴求和珍惜的目标。但这种集中性并非仅通过“制度”或“计划”实现（他缺乏耐心的天性始终在以各种方式反抗“制度”或“计划”），而是通过**动机**(即通过道德关切实现,例如"如何生活"的问题,或者什么是"有用的"),通过迫切、直接地运用于"现实生活"而实现。当然,他对这种集中性的感受已随着他的道德真诚与创造力、想象力的提高而逐步加深。这即便还没有达到老练的程度,却也远远超过了他的模范榜样小科尼利厄斯给他带来的影响。但模范榜样的结局大抵如此,其作用是唤醒更有能力的人的希望,使他们明确自己的目的。

因此,如果说他当时正通过这两年来的博览群书积累资本,以此维持他一生所需的话,他获取的资本并不完全是"事实"。这笔资本还使他养成以想象和智性的方式运用阅读的习惯。这并非从此时开始(因为这种做法在此前就已开始了),而是主动地延续和发展。鲍斯威尔在《约翰生传》的结尾描述了这种优势:

> 他比其他学者高明之处主要在于思考的艺术,用心的艺术;即他从一切知识中抓住有用的内容,尔后明确、有力地将其呈现的一种力量。所谓知识,对于悟性不高的人只不过是一堆材料,对他而言,却成了真实、明显、实际的智慧。[6]

五

78 小科尼利厄斯对约翰生一生所产生的影响之一是主动了解与践行"人生世态"这一理想。即通过谈话随时随地以富有想象力的方式运用这些了解与经历;在社交生活中允许和鼓励这种做法,以及掌握这种做法后表现出优雅与若无其事。如约翰·亨利所言,小科尼利厄斯能将事物的精华"很自然地道出,仿佛将一瓶葡萄酒注入醒酒器一样"。约翰生终其一生也难以实现这种优雅风范,但他始终极为仰慕这一品质，这令他的朋友困惑不解，因为他们不禁将约翰生对这种品质的仰慕与他粗鄙、冲动的举止加以对比。他内心的特质尽管与小科尼利厄斯截然不同，却同样能抓住事物的“精华”（他在斯陶尔布里奇的作品就证明了这一点），而且能够很快成为他思想与表现中与众不同之处。其实，通过将这种能力与才思敏捷的特点结合在一起，他最终证明自己不仅在十八世纪无出其右者，而且在语言智慧上是有史以来最为杰出之人。

在斯陶尔布里奇的一年时光使约翰生变得更加自信，而且利奇菲尔德人知道他在斯陶尔布里奇经常出入上流社会，于是也经常邀请他在利奇菲尔德出入当地的社交界和知识界的交际圈。经常邀请他前去做客的人包括西奥菲勒斯·莱韦特，他时任该镇的书记官，是个八面玲珑的人，而且人们知道他背景很深厚（他的教母是亨廷顿伯爵夫人）；还有史蒂芬·辛普森，他是一位律师，他的儿子约瑟夫·辛普森天赋过人，但之后却沉溺于酒色，一生难言幸福，但约翰生始终对他不离不弃、充满关怀，堪称他的挚友；还有约翰·马丁，人们称在他家中，“当时的文人学士荟萃一堂”；此外还有威廉·巴特，约翰生在当地的语法学校读书时，他曾斥责过自己的孩子：“你们称他是傻大个，但记住我的话，他总有一天会证明自己是了不起的大人物。”也许就连约翰生以前的校长约翰·亨特也开始后悔当年对这位学生的刻薄，努力与他言归于好。亨特的外孙是亨利·怀特牧师，他此后在提到这段岁月时称，“青年约翰生常常来到他睿智、可敬的[前任]校长家中，在他的桌子前坐而论道”。鲍斯威尔称，他在拜访当地许多家族时，“都与仕 79
女相伴”。鲍斯威尔天生就喜欢探听约翰生当时的仪态风采。人们普遍认为“他在年迈之后才是个好伙伴”：“而有些女士曾确凿无疑地告诉我，她们清楚地记得他年轻时候的样子，因为他的彬彬有礼使他与众不同。”[7]另一个家族也十分欢迎他到来,他们经济地位虽然不高,但由于当时军官社会地位尊崇,因此在当地的身份较高。这就是活泼、讨喜的彼得·加里克上尉一家。他的父母分别是大卫·加里克与玛丽·加里克,他们是法国的胡格诺派教徒,并在《南特赦令》遭到废除之后,于1685年从波尔多逃到英国。他们为儿子彼得在军队中捐了军官职位(胡格诺派教徒通常会鼓励家中的儿子加入英国军队)。他所在的团通常驻扎在利奇菲尔德,他在那里迎娶了爱笑、温柔的阿拉贝拉·克拉夫,她出身于大教堂唱诗牧师家庭。彼得尽管大部分时间只能领到半薪,但依然养了一大家子人。

彼得一共有七个子女,大卫·加里克排行老三,他日后成为剧场史上最伟大的人物之一,他还是约翰生一生的挚友。他天资聪颖,模仿能力非凡,而且十分要强。尽管约翰生自己经常捉弄加里克,甚至还对演员这一行业颇有轻慢之言,但他一生中从不允许其他任何人怠慢加里克。他一直是加里克忠贞不渝的朋友,其原因有很多。几年之后,约翰生的运势跌落到人生谷底,彼得·加里克上尉和他的儿子都是对他不离不弃的少数朋友之一。约翰生对他人最深厚的情感就是感恩——在许多方面,他都是一个重感情的人。

六

最重要的一点是约翰生此时已找到人生的第二位楷模,这不仅加强了小科尼利厄斯先前对约翰生的影响,而且此人在许多重要方面都达到楷模的标准。这就是吉尔伯特·沃姆斯利,他是位家资殷实的律师,时年四十七岁,安娜·苏厄德称他为“利奇菲尔德及周边地区最有能力的学者兼最优秀的绅士”。

他与小科尼利厄斯一样，对约翰生的影响横亘一生。即便在五十年之后，约翰生依然认为自己无时无刻不体会到“他的友谊给我带来 80
的益处”。这段评价表达了他对沃姆斯利的感激之情，文辞精练，经常作为约翰生晚期散文风格的范例之一被引用。在《诗人传》的一篇传记中，约翰生也表达了对沃姆斯利的感激。这篇传记的传主是天赋拔群、风流不羁的埃德蒙·史密斯（人们亲切地称他为“邋遢王”〔Rag〕史密斯，因为他不修边幅），早已于 1710 年辞世。沃姆斯利与“邋遢王”史密斯熟识，他曾告诉青年约翰生很多有关史密斯的事情。其中有些叙述可能深深打动了约翰生，甚至立刻唤起他对史密斯的认同感。虽说这篇短篇传记是为很久之前辞世的人物所写，但我们还是能感受到这种认同感（例如，史密斯“具有特殊能力，阅读速度飞快”，而且过目不忘；此外，“在他的阅读过程中，有一点很特别。他会仔细地阅读古老的骑士小说，而且能准确记住其中的内容”）。此后，在这篇传记的结尾部分，约翰生称自己要感谢沃姆斯利，因为传记中所使用的材料来自很久以前与他的交谈，并补充说：

> 吉尔伯特·沃姆斯利，这样呈现于我心中，请允许我沉浸于当年的往事。我很久之前就与他相识，他是我的第一批文友之一，我希望能通过这番感谢报答他当年的知遇之恩。
>
> 他当时年事已高，而我只是个稚气刚脱的毛头小伙；但他从没有小看过我。他加入了辉格党，具有辉格党人的一切恶毒；但政见的分歧并没有对我们造成隔阂。我很尊敬他，他也对我很宽容。
>
> 他喜欢纵情享乐的世界，也沾染上一些恶习，有过荒唐之举，但他从没有忽视对自己心智的培养，他对心灵启示的信念毫不动

> 摇;他的学识使他坚持了原则;他先是变得律己,继而过得虔敬。
>
> 他的研究涉猎广泛,我从未见过像他这样学识渊博的人。他看过的书汗牛充栋,即便他一时对某些内容有所不知,至少也知道去哪里查找。他的学识相当广博,他的谈吐极为丰富,我无时无刻不体会到他的友谊给我带来的益处。[8]

沃姆斯利的父亲曾担任教区教长,还当过一段时间的市议员。沃姆斯利本人曾在牛津大学三一学院就读,之后又在内殿法律学院为律
81 师生涯做准备。无论在牛津还是在伦敦,他都与名人广泛结交,其中有些是智者,还有一些则是放浪之辈。取得律师资格之后,他在利奇菲尔德镇找了一份肥缺——宗教法庭的司法常务官,而且这份工作并不繁重,他担任这个职务近二十年之久。这其实是个闲职,他还担任过其他一些闲职。他曾前往伦敦旅行了很长一段时间,纯粹为了探访老友。他经常因痛风而走路一瘸一拐,有时不得不用上拐杖;他博览群书,包括法律书籍、新闻杂志、当代文学、古代文学、政治宣传册,还是老约翰生书店的大主顾。他住在教堂大院里的主教府邸,这是他从主教那里租来的房子,主教自己则住在教堂外的阿克勒肖城堡。[9]

沃姆斯利在四十七岁时仍未婚娶(九年之后,也就是 1736 年,他与玛格达琳·阿斯顿结婚,小姨子是玛丽·阿斯顿,约翰生认为"她是绝世美人",只要她在场,他就必然被她迷得"神魂颠倒")。* 沃姆斯利曾妒忌过他的朋友乔治·达科特,因为他的夫人"十分贤惠,而且还养了两三个吵吵闹闹的淘气鬼",这位父亲可以逐渐给他们培养"正义、高贵的情操"。他孤独而慷慨,喜欢慧眼发掘"青年俊彦",如

---

* 参见下文页 184。

安娜·苏厄德所言，他在主教府邸招待过这些才俊，还对他们“关心备至、大加赞扬，呵护了他们的成长”。毫无疑问，沃姆斯利是在约翰生家的书店中结识约翰生的，而且还从彼得·加里克那里了解了他的许多情况。彼得·加里克的儿子聪明机灵，能言善辩，模仿能力非凡，非常善于讨沃姆斯利的欢心，因此他也是主教府邸的常客。安娜·苏厄德称，不久之后，“沃姆斯利每周都会有两三天晚上邀请这位了不起的年轻人和他的同伴大卫·加里克来他府上享受盛宴，加里克比约翰生小几岁，比他更活泼开朗”。[10] 另一位常客是约翰生之前的校友罗伯特·詹姆斯，他与这位“了不起的年轻人”和生性活泼的加里克共聚一堂。约翰生日后将为他的《医学词典》撰写文章。*

托马斯·戴维斯曾讲过大卫·加里克表演戏剧的故事，这个故事暗示了沃姆斯利府上自由、欢快的气氛。当时加里克只有十一岁，他在“一间大房间”里表演了一出戏，地点也许是主教府邸的北客厅。当时是 1727 年年末，约翰生才刚认识沃姆斯利不久。戴维斯在他为加里克写的回忆录中称，“我要感谢约翰生为我提供加里克先生的早年 82
生平资料”，因此我们可以认为这个故事实际上是约翰生讲述的。当时加里克选的剧目是法夸尔的《军官招募记》，他给形形色色的“年轻绅士与女士”试镜，并分派给他们需要饰演的各种角色（他自己则饰演凯特军士），然后上演了这出精彩绝伦的戏剧，利奇菲尔德的观众多年以后对此记忆犹新。这位“小经理也邀请约翰生写序幕，以供演出时朗诵”。但约翰生“虽然很愿意帮朋友一把”，却忘记了这事，也许是他把这件事耽搁得太久，最终错过了表演。[11]

* 参见下文页 219。

七

如果不是小科尼利厄斯与沃姆斯利对约翰生的影响,很难想象他能在十九岁时达到如此优秀的程度。如果不是他们持续的影响和约翰生自身善于学习的天性,很难想象在他二十岁那年从牛津辍学回家之后,如何能在他命运多舛的二十年岁月中,经受住极为可怕的考验。

从青年约翰生的性情与背景来看,沃姆斯利与小科尼利厄斯在许多方面都天然相似。对于沃姆斯利所代表的理想,约翰生可以将其与此前从小科尼利厄斯那里学习到的品质相融合,并有力地证明这些品质的重要性。首先,两人都阅历丰富,而且对"人生世态"有第一手的了解。例如,他们都了解甚至直接参与了上流社会(既在社会意义上,还包括文学或思想意义上),而且都了解一个外省青年隔着一定距离为这个圈子赋予的各种想象的快乐与行动的自由。两人都有放荡不羁的过去(小科尼利厄斯尤其如此,而沃姆斯利曾结交过"邋遢王"史密斯等朋友),但这并没有影响他们的光辉形象,反而使其更加真实。约翰生可以放心大胆地崇拜他们过去的丰富经历,因为尽管他们曾有不检点的行为,但他们的美德与宗教原则已将此牢牢控制住(沃姆斯利在这方面十分坚定,而尼利虽然会有所放松,但决不会放弃原则)。此外,两人都受过良好的教育并博览群书,在学识上都能"任从游"。在这方面,小科尼利厄斯比沃姆斯利更出色,而且深谙交谈之道。最后,两人都十分热心,慷慨大方,从不小家子气。

但两人也有不同之处,对比二人,就能体现出这对于约翰生的意
83 义了。首先,沃姆斯利更加专断独行,年纪也更大。小科尼利厄斯与约翰生相遇时只有三十一岁,尽管他在十六岁的少年看来已经是阅历

丰富的成年人，而约翰生两年后邂逅沃姆斯利时，沃姆斯利已经四十七岁。在十八岁的青年看来，四十七岁的人实际上“年事已高”（这是约翰生本人对沃姆斯利的描述）。与充满魅力的小科尼利厄斯不同，沃姆斯利不是约翰生的亲戚，约翰生与他的关系就要疏远一些，而且他的社会地位要比小科尼利厄斯高一些（这一点也许不太重要）。此外，他更加沉稳，对目标的追求更加坚定。这些因素共同作用，树立起更加严谨甚至苛刻的模范榜样，并使约翰生将此铭刻在良知与自我期许中。

两人在另外两个方面的差异更加重要：沃姆斯利是位务实的律师，他能言善辩，这一点与小科尼利厄斯不同。此外（这与上一点并不直接关联），他还是狂热甚至鲁莽的党徒，热衷于政治。小科尼利厄斯不喜欢争辩，他认识到此举对于所有人事——易变、充满猜测或想象——都收效甚微。在他看来，这些问题构成了人类激情的主体，而且不可避免地会涉及阐释、意见、早期影响、情绪偏见（这与明显的确定性形成了对比）。约翰生将小科尼利厄斯的立场铭记心头，并通过毕生的实例证明其合理性，而且无论他自己行事如何，他都一直在文章中论述争论的欺骗性与徒劳。他洞察人性幽微，在此方面堪称翘楚。其实，无论在他的道德著作还是文学批评著作中，这都是他的重要主题。他对这一点（产生的“欺骗性”与诱惑）洞若观火，因为他的另一部分自我深谙此道，而这恰恰是他的良知与意识都坚决反对的：他所崇拜的沃姆斯利是训练有素的律师，并养成了与人争辩的习惯。沃姆斯利论证有力，随时准备提出异议并寻找他人观点的漏洞。在沃姆斯利的榜样作用下，约翰生心中争强好胜的那部分自我积极作出了回应。

因此，尽管约翰生天生喜欢争辩和提出异议（小科尼利厄斯那条温和的建议也暗示出这一点)，但经过“桌边考验”式的教导，这一天性完全定型并影响了他一生。作为约翰生尊敬的榜样，沃姆斯利不仅对他开展了长时间的演练，而且还给他指导甚至教会他方法。也许在
84 这一认同过程中，还包含了对辩论的仪态风度与语气的模仿。例如，沃姆斯利尽管亲和力很强，有时也十分暴躁，原因之一是痛风对他的折磨。实际上，安娜·苏厄德称约翰生曾亲自对她介绍过沃姆斯利，并称他“感情强烈，而且虽然你能找出一千个例子证明他有仁爱之心，但同样也能找到一千个例子证明他性情暴躁”。她此后又向约翰生求证，约翰生再次证实了这一点，称沃姆斯利“思想中具有聪慧、广博的力量”，因为他“结识了最优秀的作家并深受熏陶”，但“更重要的一点在于他生性暴烈如火”。无论如何，正是通过沃姆斯利这种挑战性极强的训练模式，我们发现了约翰生的第一步重要转变，即从人们记忆中那个“彬彬有礼”(complaisance；这个词在当时的含义要比有礼貌、“愿意取悦或帮助他人”的程度更深)的年轻人变成了另一个人。雷诺兹认为，这个约翰生与另一个约翰生截然相反，后者深知“这种理想所产生的愚蠢行为”：对于约翰生来说，“最轻松愉快的辩论也算得上……角斗场上的殊死一搏。他在任何场合都摆出一副开战的姿态，就好像他一生的名节全系于这一分钟的较量，他还想尽办法运用一切手段打赢此役”。雷诺兹又补充了一点：如果他自己要为约翰生写一部传记，他就会本着传记家的责任心，强调约翰生的这个方面不同于真实的约翰生，后者“在安静时会体现出他真正的秉性”。[12]

八

沃姆斯利对约翰生的另外两大影响也值得一提，它们影响了约翰

生一生。第一项影响使他踌躇满志，一心要像沃姆斯利那样进入法律界大展身手。但他没有实现这个愿望，抱憾终生。甚至到了花甲之年，他已是功成名就的大作家，我们仍然能发现他对此懊悔不已。有一天，他和鲍斯威尔在街上遇见了大学时代的老朋友奥利弗·爱德华兹。之后鲍斯威尔转述了爱德华兹的评论："爱德华兹先生悄悄告诉我，约翰生博士本来应该成为职业人士。"约翰生对此答道："我要是职业人士就好了。我本来应该当律师的。"鲍斯威尔又补充道：

> 威廉·斯科特爵士告诉我，在利奇菲尔德爵士刚刚去世时
> [1772 年]……他就告诉约翰生："先生，你没有从事法律行业可
> 真可惜呀。你本来可以当上英国大法官的……现在你家乡利奇
> 菲尔德的爵位撤销了，要不然就轮到你来获得这个爵位了。"约翰 85
> 生一听这话，神色明显激动起来，他恼火地叫道："你为什么这么
> 晚才给我这条建议，你这不是存心给我添堵吗！"[13]

最后，沃姆斯利对政治兴趣强烈，见解敏锐。约翰生从未见过这样的人，今后也再没有遇到过与之比肩者，多年之后他依然对之钦佩不已。此外，沃姆斯利还是位狂热的党徒。他与其他许多具有较高社会地位和知识水平的人一样，都加入了辉格党，约翰生称他为"暴烈的"（violent）辉格党人。辉格党人通常认为自己知识水平更高，而且主张"启蒙式"利己思想和自由主义的商业扩张，他们代表新兴的经济力量。对于大多数辉格党人来说，托利党人不啻一群乡巴佬、外省人，而且还夜郎自大。而在托利党人看来，典型的辉格党人似乎总是无忧无虑，他们没有认识到人性需要经年而来的体制，因为这提供了某种保护或庇护；他们盲目乐观，而且无论在原理方法还是理论方法上都

有悖人性,过于注重获取商业利益。

在讨论约翰生本人的种种政治态度时,只有整体把握其一生,才好理解。因为其中许多因素相互交织*,而且本书目前只讨论到约翰生的一小部分生平,因此此处不宜专门讨论。但在这里可以简要提出几点意见。无论小科尼利厄斯与沃姆斯利的榜样(或者是两者相结合后形成的榜样)多么具有吸引力,多么具有鼓励作用,约翰生天性中仍具有高度的独立性,他必然会强烈地体现出自己的独立性,甚至会激起他的反抗,这样他才会问心无愧。对他来说,托利党的主张使他联想到他父亲及与之类似的人,而辉格党的主张则使他联想到福特家族、克劳利家族以及此时身边的沃姆斯利。无论他多么渴望走入他们的世界,他从未否定过自己的根。无论是从心理层面还是从他一生的努力来看,他都竭尽全力要做不同于他父亲的人,但这并不意味他会机械效仿他人的态度。他不会照搬斯陶尔布里奇上流社会或沃姆斯利交际圈的各种态度,尤其是他们对卑微、不幸的人那种漠不关心、不
86 甚了解的态度。他能够得心应手地吸收他们的优点,至少在某些方面能够与他们的态度划清界限并避免受其影响。尤其是他此前曾受过老约翰生的思想影响(守旧,农民意识,高教会派托利党人思想),现在这部分自我开始自卫并采取措施,他会与人争辩,还会比平常更加咄咄逼人。沃姆斯利本人喜爱争辩,而且他辩论的仪态风度势不可挡,因此约翰生在对付他时面临巨大的挑战。

虽然青年约翰生在政治价值观上与沃姆斯利不同,但他也开始模仿起沃姆斯利的辩论方法和尖刻语气。沃姆斯利十分暴躁,热衷于党派政治。他曾在利奇菲尔德镇欢庆托利党主推的乌特勒支和平会议

* 如需对此问题的讨论,参见下文页 190-203。

时，气冲冲地冲出城外（1713年）。实际上，约翰生通过某种镜像效应对沃姆斯利作出了应答。在镜像中，同一事物映射出相反的影子。在沃姆斯利的信件中（而且我们发现这一点也同样体现于他的谈话，甚至更为显著），他形容托利党人时所用的语言（例如，“一群丧家之犬，一群无赖”）简直就是约翰生此后在气急败坏时形容辉格党人所用的语言。很久以后，约翰生在前往赫布里底群岛的一次旅行中谈到了“政治原则差异”这一话题，他若有所思地说：“反对意见加剧了这种差别。我曾经动不动就与一个暴烈的辉格党人发生争论。他去世之后，我觉得我的托利主义狂热也随之消退。”根据鲍斯威尔的推测，约翰生在这里提到的辉格党人必然是指沃姆斯利。[14]但此时距沃姆斯利辞世（1751年）尚有多年。政治争论的习惯已在约翰生心中根深蒂固。

注释

［1］《詹姆斯·鲍斯威尔创作〈约翰生传〉所用相关信函与文件》，页51。

［2］这是亚当·利特尔顿编写的词典。这部词典陈列在约翰生利奇菲尔德的故居。

［3］威廉·肖：《已故约翰生博士生平与著作回忆录》，页14-15。

［4］鲍斯威尔：《约翰生传》，第一卷，页56-57，页445-446，注释3。《鲍斯威尔的记事本，1776-1777》，页20-21。

［5］塞缪尔·约翰生：《漫步者》（耶鲁版约翰生文集，第三至五卷），页110。

［6］鲍斯威尔：《约翰生传》，第四卷，页427-428。

［7］阿林·里德：《约翰生拾遗》，第十卷，页64。约翰·霍金斯爵士：《约翰生传》，页6-7。亨利·怀特于1794年3月19日的信件，引自约翰·尼克尔斯：《十八世纪文学史插图》（伦敦，1848），第七卷，页362。鲍斯威

尔:《约翰生传》,第一卷,页 82。

[8] 塞缪尔·约翰生:《诗人传》,第二卷,页 20-21。

[9] 阿林·里德:《约翰生拾遗》,第三卷,页 171-174。詹姆斯·L. 克利福德:《青年约翰生》,页 98-104。

[10]《诗学著作》(伦敦,1810),第一部,页 xix。

[11] 托马斯·戴维斯:《大卫·加里克生平回忆录》,第四版(1784),第一卷,页 4-6。(北客厅的说法引自詹姆斯·L. 克利福德:《青年约翰生》,页 102-103)但约翰生当时为安布罗斯·菲利普斯的《不幸的母亲》写了收场白,并献给"利奇菲尔德某些年轻女士",显然并没有被采用。(塞缪尔·约翰生:《诗集》,页 83)

[12]《詹姆斯·鲍斯威尔创作〈约翰生传〉所用相关信函与文件》,页 78-79。《约翰生杂录》,第二卷,页 227-228。

[13] 鲍斯威尔:《约翰生传》,第三卷,页 309-310。

[14] 詹姆斯·L. 克利福德:《青年约翰生》,页 100、104。《鲍斯威尔的赫布里底群岛之旅纪行》,F. A. 波特尔与 C. H. 贝内特编(纽约,1936),页 378。

第七章　牛津岁月

一

1728年10月31日，约翰生刚过十九岁生日不久，就进入牛津大 87
学彭布罗克学院就读。他六年之后写的《年谱》将此事列为他人生第三件大事。他将在这里度过十三个月的时光。在此期间，连放假他都没有离校回家，因为他既没有钱回家，也不愿回家。

他之所以突然获得机会去牛津深造，是因为他母亲获得了一笔遗产，为数不多，但足够他缴纳学费一年，而且他还有望从昔日的校友安德鲁·科比特那里获得帮助（最终没有如愿）。母亲萨拉有个富有的表姐伊丽莎白·哈里奥茨。1728年2月，哈里奥茨在她位于伍尔弗汉普顿附近的特莱萨尔庄园中去世。她到利奇菲尔德做客时，曾当面表现出对老约翰生的不满，但她在约翰生小时候也安排过伍斯特的著名眼科医生托马斯·艾特伍德博士为他诊疗眼疾。在哈里奥茨夫人的遗嘱中，她留给萨拉“四十英镑且仅限萨拉本人支用，另留给她一套上好的亚麻床单与枕套,一块铅锡合金的大盘子,一打铅锡合金的小盘子”。老约翰生必须先立下字据保证不动用这笔遗产,萨拉方可得到这笔钱(萨拉的两个姊妹也同样需要丈夫作出这项保证方可得到遗产)。尽管老约翰生此前对哈里奥茨颐指气使的做派十分敏感,而且他也假装自己不愿接受嗟来之食,但他已到了七十二岁高龄并濒临破
88 产,他还是愿意接受这笔馈赠的。约翰生回忆起当年的辛酸往事时称:“贫困已使他折腰,他提到这笔遗产时,将她称为我们的**大善人哈里奥茨表姐**。”[1]

一家人当时可能还没有下定决心用这笔钱供天资卓越的约翰生去牛津大学深造。这笔钱只够他一年的花销,他们还需要寻找其他的帮助。幸运的是,有人答应帮忙,这就是安德鲁·科比特。他来自什罗普郡,在利奇菲尔德语法学校当过住校生。他也是约翰生的好朋友,此时是牛津大学彭布罗克学院的高级自费生。他父亲九年前辞世,母亲出身富裕之家,是什罗普郡准男爵弗朗西斯·爱德华兹爵士的女儿。他母亲在1728年年初辞世,与哈里奥茨夫人去世时间相隔不久。母亲的去世使科比特突然有了一大笔钱供他随意支配,于是他冲动地提出愿为约翰生支付牛津求学所需的一部分费用。约翰·泰勒称,他这样做是为了让约翰生“当他的学业伙伴”(霍金斯说得更直白,称他想让约翰生“当他的学业帮手”),他还提出让约翰生也住进他在彭布罗克学院的宿舍,并允诺至少让约翰生暂住一段时间。如果说此前约翰生一家还在犹豫是否要用这笔遗产送他去牛津大学深造,得知科比特愿意伸出援手,这家人立刻下定了决心。可惜科比特刚刚摆脱父母的管束,比以前更加无拘无束。约翰生到彭布罗克学院报到时,科比特突然决定离校外出,他没有想过自己有责任去帮助约翰生解决学费问题:他并不打算为约翰生提供助学金,而是在他就读期间

让约翰生当自己的学业“助手”或非正式的导师,并根据约翰生为自己做的事情来支付报酬。除了科比特的帮助之外,还有一些因素也促使约翰生选择就读于彭布罗克学院。萨拉的表兄弟亨利·杰森曾在这所学院就读,约翰生的教父斯文芬博士也曾在这里就读,此外他在这所学院还有许多关系。[2]

老约翰生唯一能为儿子做的事情就是让他从自家书店中任意挑选书籍带去学校。约翰生挑选的书多得惊人,足足有一百本。(这份书目留存至今,因为他后来将这些书落在了牛津大学,后来又写信请求将这些书归还给他。)[3]这远远超过了其他学生上大学时所携带的书籍量,恐怕将老约翰生的家当一扫而空,这也证明了这位父亲对约翰生此次求学寄予厚望。这些书和约翰生的衣物都用马车运送。约翰生准备出发时,奥利弗女爵士前来为他送行。约翰生小时候读书时,她就是学校的校长。她此时开了一爿小点心店,并且礼轻情意重 89
地给他带了一件著名的礼物——她做的一条姜汁面包,并告诉约翰生:“她从未见过如此优秀的学者。”约翰生将这句话铭记于心,而且“很喜欢提起这次赞誉”。之后,约翰生便与父亲一同动身前往牛津,他们也许骑马经过了伯明翰、斯特拉福德和查佩尔豪斯。此次旅程约为八十英里,两人中途应该住了一晚。[4]

二

他们抵达学校的当天(10 月 31 日),焦急的老约翰生就急于给儿子创造一个好的开始,于是安排他当晚就与他的导师威廉·乔丹见面。约翰生认为乔丹为人很温和,但过于沉闷,他此后将乔丹形容为“值得尊敬但过于严肃的人”。此时乔丹约四十三岁,老约翰生认为他是个重要人物，应该给他留下好印象，而且乔丹还在彭布罗克学院担任牧师，上个月又刚刚担任该学院的副院长。此外，约翰生还向财务主管付了七英镑作为“保证金”（这笔钱通常用来防止学生拖欠学校的费用），（约翰·泰勒称）他们住进了科比特为他们预定的宿舍，这里比大门高两级台阶。[5]

在当天晚上的面试中，在场的有乔丹的表弟威廉·亚当斯。他时年二十六岁，是初级研究员，此后又当上了彭布罗克学院的院长。很久以后，亚当斯称他认为约翰生是“他认识的牛津大学学生中最有资格来此就读的人”。亚当斯在即将迈入耄耋之年时，依然记得约翰生初到牛津的第一天晚上的情形，并把详情告诉了鲍斯威尔。约翰生当时显然深感尴尬，因为他父亲在刚来申请面试时就像个乡巴佬一样絮絮叨叨（或“献殷勤”）。而且这位老父亲开始吹嘘自己的儿子是“多么杰出的学者、诗人，而且还能用拉丁文吟诗作赋”，约翰生明显表现得无地自容。约翰生已无法像小时候那样，跑出门外爬到附近的一棵树上，以免被大人拉去当“老糊涂的玩物”。于是他“表现得十分谦恭，坐在那里一言不发”，这给在座的诸位留下了很好的印象，只不过“在他们看来，他的身材与举止似乎有些怪异”。在交谈过程中，约翰
90 生恰到好处地打破了自己的沉默，引用了五世纪语法学家兼哲学家马克罗比乌斯的话。在座的诸位自然都十分惊讶，亚当斯说，“一个学生竟然知道马克罗比乌斯”。[6]

第二天，约翰生去听了乔丹讲的一堂逻辑课，然后在接下来的四天里都没有露面。他并不知道自己需要到堂听课，他似乎以为听课就像读书一样，只需将有用的部分加以阅读和运用即可。到了第六天，他遇到了乔丹，乔丹问他这些天到哪里去了，他回答“一直在基督学院的草坪上晃悠”。后来他把这件事告诉了鲍斯威尔（1776 年），他说自

己当年对乔丹说这番话时,"'语气就好像我现在对你说话一样**若无其事**。我不知道我对导师这样做是错误的行为,而且是大不敬。'鲍斯威尔说:'先生,这体现了您刚毅的心智呀。'约翰生答道:'非也,这是彻头彻尾的糊涂'"。晚饭过后,乔丹把约翰生叫了过来。约翰生已经认识到错误,他准备好挨一顿臭骂,"怀着忐忑不安的心情去找乔丹。我们俩坐下来之后,他才告诉我,叫我过来是让我陪他喝一杯葡萄酒。他还告诉我,我不去上他的课,他并**不生气**。其实,这才是最严厉的责怪"。乔丹紧接着又叫来其他几个学生,大家其乐融融地一起欢度了下午时光。乔丹为人特别善良,约翰·霍金斯爵士曾说,约翰生最后逐渐喜欢上乔丹,因为"他具有善良的本性",只不过约翰生对他的学识不敢恭维:"(他说)谁做乔丹先生的学生,谁就成了他的儿子。"[7]

与此同时,学生需要在 11 月 5 日吟诗作赋。这一天是著名的火药阴谋纪念日,在 1605 年的这一天,叛乱分子阴谋炸死国王并炸毁议会。在彭布罗克学院,专门为这天举行了特别的庆祝,大三学生"围着大礼堂的篝火列队行进";所有本科生都要上交自己写的诗作。提到这项要求,我们不禁想起约翰生在讨论弥尔顿早期作品时所作的评论:"关于火药阴谋的某些练习本来可以不用做。"约翰生忘记了这项练习。即便他不熟悉主题,他也总能即兴发挥,只能说明他也许没有重视这项作业。他交了几首题为《睡梦》的诗作,他在诗中称自己梦见了诗神缪斯,缪斯"悄悄说,他不适合写政治方面的诗歌,而应该去写更卑微的主题"。与此同时,他的第一篇拉丁散文体雄辩文也到了交给导师的截止时间了,但他一直到交稿当天上午才想起自己耽搁了这项作业。这是他第一次在导师指导下做练习,不免有点忐忑不安,于 91
是他把这篇作业重写了两遍——显然,此后在牛津他再也没有像这样费过周折(离开牛津后也很少这样做)。他当时的时间只够誊一遍完稿，但他最终在导师乔丹走进大礼堂时将作业的终稿交给了他。据斯雷尔夫人（引述约翰生本人的说法）说，由于需要口头复述这篇作业，他在去礼堂的路上把其中一部分背了下来，但“不得不随机开始，之后只能临场发挥，因为他能背下来的部分并不多”。他“利用自己的才华厚积薄发，让所有人送上热烈的掌声，更令全场一片惊叹，因为他们知道这一切大抵不是用功学习的结果”，这让他十分开心。听了这段叙述，有人说约翰生这样做肯定很冒险。约翰生却答道：“根本没有风险。我想，不会游泳的人是决不会跳进深水区的。”[8]

他肯定是一边努力获得人们的“惊叹”与“掌声”，一边获得自己的认可（甚至掌声）。实际上，他在牛津的求学生涯就是在经受考验。他来牛津读书本来就很迟了。机缘巧合之下，他才有机会进入牛津求学。而且他很可能中途辍学，因为科比特几乎立刻背弃了承诺，母亲那一小笔遗产也无法维持很长时间。此时，他已开始思考《约翰福音》第九章第四节中的告诫，这句话几乎一生都在他耳边响起。他将这句话用希腊语刻在自己怀表的表面：“黑夜将至，就没有人能做工了。”他必须如饥似渴地抓紧时间学习。好在他可以通过惊人的学习效率和聚精会神来弥补时间不足，这令他略微心安理得。但这也只能给他短暂的安慰，甚至于这种短暂的安慰也作用不大，只有他人的掌声能够让他驱逐或转移内心对自我作出的更苛刻的判断。

三

几周之后，乔丹已经注意到这位学生天资卓著，给他布置了一项圣诞节作业——将亚历山大·蒲柏的诗作《弥赛亚》翻译为拉丁语。（有人说，乔丹给他布置这项作业并非因为他整天无所事事。霍金斯指出，这样做可以让“他不参加清晨的祈祷”[9]；约翰生本人也承认了这一点。）蒲柏的《弥赛亚》立足于中世纪的一种信念：维吉尔在《牧歌其四》中预言了一位孩子的诞生，他将开启黄金时代，这实际上就是对 92
耶稣诞生的预言。蒲柏在复述《以赛亚书》中的预言时，故意加入了对维吉尔的共鸣。约翰生在翻译过程中，力图更直接地加入维吉尔的共鸣。与此同时，他力求保留蒲柏原诗中每一个精妙之处、每一个奇喻、每一个隐喻。结果使译作更加充实，这必然有悖于维吉尔风格，尽管如此，这首译作依然是了不起的成就。

他埋头翻译，进展神速。这首诗共有一百一十九行，即便用一两个月时间译完也足以令人惊叹。埃德蒙·赫克特说，约翰生只用了一个下午就完成了一半，第二天上午就把整首诗全部译完。他之所以全力以赴，迸发如此惊人的工作热情，是因为他希望由此得到人们的认可与注意，从而在经济上得到资助。约瑟夫·艾迪生是利奇菲尔德语法学校的知名校友，约翰生自然对他取得成功的故事耳熟能详。约翰生日后撰写《艾迪生传》时曾写道：“……无意中读到这些拉丁文诗歌，使兰开斯特博士（日后当上了牛津大学王后学院的院长）成为他的庇护人。在兰开斯特博士的举荐下，他被牛津大学莫德林学院遴选为该院的津贴资助学生。”也就是说，他成了“基金会资助的学者”。约翰生的三篇拉丁文短篇习作也留存至今，他本来还可以再完成一些作品的。相较而言，《弥赛亚》花费了他巨大心血。尽管这部作品使人们“广为称赞”他，但亚当斯博士称，这并没有给他带来任何实质性好处。[10]

约翰生还希望将这首诗呈给蒲柏本人过目。据约翰·霍金斯爵士称，这首诗由查尔斯·阿巴斯诺特转呈给蒲柏。阿巴斯诺特就读于基督学院，他父亲是蒲柏的好友约翰·阿巴斯诺特博士。蒲柏当时就称赞了这部作品,称后人会分不清到底是约翰生的拉丁语版还是自己的英文版才是“原作”。但约翰·泰勒对约翰生当时的情况了如指掌,他的叙述截然不同。约翰生此前肯定将译作寄回家了,因为老约翰生欣喜地将这部作品印刷出版。老约翰生没想过提前征请儿子同意。他肯定想当然地认为,约翰生会为此感到高兴,而且打算给他一个惊喜。这位父亲为儿子的成就深感自豪,这也是人之常情。他应该还将一本刊印出版的译作寄给了蒲柏,因为约翰生“得知,有人(应该是查尔斯·阿巴斯诺特)将这部译作呈给蒲柏过目时,蒲柏说这部作品翻译得极为精彩,但他之前就已经看过了,之后再也没有提过这部作品,也没有提过约翰生”。得知这个消息,约翰生深受打击,他对父亲出于
93 好心的多此一举“深感恼怒”。显然,泰勒的说法更接近事实。斯雷尔夫人称,约翰生本人不太愿意谈起他在牛津就读时的往事。但他说如果想了解自己在牛津的生活情况,可以找“他[泰勒]与亚当斯”,而且“他确定他们所说的都是事实”。[11]

约翰生这时已经出离愤怒。他“咬牙切齿”地告诉泰勒,“要不是这个人[出版他的作品的人]是他父亲,他非宰了这人不可”。这番话表明,他此前对这首诗一直寄予厚望。说这番话时,事情已经过去几个月了(因为泰勒直到三月之后才回到牛津),而且《弥赛亚》的拉丁文译本显然并没有给他带来任何真正需要的帮助。随着时间的飞逝,约翰生对这种帮助的需求越来越急迫。他无法抱怨牛津大学校方麻木不仁,他也不怪别人没有为他雪中送炭(兰开斯特博士当年就曾为艾迪生雪中送炭,这种好运还发生在其他许多人身上)。约翰生对此类怨天尤人之举甚是鄙视,认为责任在他自己。约翰生当时郁闷失望的心情不可避免地转嫁到可怜的老约翰生头上。约翰生没有对父亲提出任何要求,只希望他别插手自己的事情。约翰生几乎忍不住在脑

海中夸大父亲这样做的结果（因为这是他最后一根救命稻草），他希望由一位友人按照他认可的方式，“先将这首译作推荐给蒲柏”。才华横溢的小科尼利厄斯就曾见过蒲柏，蒲柏可能也记得小科尼利厄斯。但这个希望破灭了。

约翰生离开牛津大学后，过了一年左右，彭布罗克学院一位年轻的导师约翰·赫斯本兹将这部译作编入《诗歌杂录》（1731）。这部诗集问世一年，赫斯本兹过世。在诗集的撰稿人名单中，约翰生就读时近半数的彭布罗克学院学生都赫然在列。这部诗集刊载了他第一部流传至今的已出版作品，但其中却遗漏了约翰生的名字。[12] 他甚至可能不知道这部诗集的问世。或者说即便他知道，他也不希望因此而回忆起一年的牛津岁月。无论是这一年时光，还是它所产生的（或可能产生的）所有意义，都如梦幻泡影一般破灭了，他已与牛津缘尽。

四

与此同时，圣诞假期来临了。约翰生整个假期都待在牛津大学
里。回家的往返费用显然超出了他的承受能力。根据学校档案记载，94
当时除了他之外，彭布罗克学院还有三名本科生留在学校过圣诞假
期。约翰生不喜欢孤身一人，这几乎肯定会让他产生孤独感。在这几
个星期里，他可能有过这样的经历：“他在转动自己寝室的钥匙时，仿
佛听到母亲清晰地喊着**自己的名字**（塞姆）。”[13] 即便如此，他也不太
愿意从牛津返乡。他这么说有一定的真实性，而且他把自己不得不辍
学回家说成是自己想家而主动回去的。

即便牛津大学在假期里人都快走光了，但这里毕竟完全属于小科尼利厄斯给他展示的神奇世界。这是约翰生必然要迈出的一步，也属

于他人生第三件大事：第一件是他的诞生，第二件是遇见小科尼利厄斯，第三件就是来牛津求学。此前他对《弥赛亚》的拉丁语翻译工作倾注了心血，寄托了厚望，此时他终于有时间阅读从自家书店带来的一百多本书了。这些书中，有的是用希腊语和拉丁语写成的经典著作，有的是文艺复兴时期和现代的拉丁语作家的著作（包括托马斯·摩尔爵士与伊拉斯谟），也有维达与两位斯卡里格的著作，还有乔治·布坎南、威廉·巴克斯特、约翰·勒克勒克等人的著作。此外，还有约三分之一是英语文学著作，尤其是斯宾塞和弥尔顿的诗集，以及约翰生同时代作家的著作，它们是小科尼利厄斯喜爱的作品，还有沃姆斯利的朋友"邋遢王"史密斯的诗作。约翰生此后称，"他在牛津学习时，**扎扎实实**读的书就是希腊著作"，而且"他最喜欢研究的是玄学著作"。[14]

在他备感孤独的几个星期里，他的雄心壮志与奋发努力促使他制订出一项惊人的研究计划，或者称之为《手记》，它涵盖了各个门类的知识。约翰生辞世之后，这部《手记》辗转到约翰·霍金斯爵士手中。霍金斯称"这是对开本的大部头，足足有六卷之多，其中将大量的科学家分门别类地归纳"。鉴于此项工作如此浩大，时间如此有限，空白的页面不免"远远超过写了字的页面"。[15]他的这项计划几乎可以肯定是在圣诞假期结束前开始实施的，至少也是在春季之前开始的，因为他不久就负担不起这六大本手册的费用了。

约翰生凭借他快速阅读文字的天赋，有时还学习了法语（这属于他的其他兴趣活动）。他在牛津大学就读期间，就曾找来杰罗姆·洛沃神父的阿比西尼亚之旅纪行的法语译本，这本书立刻激起了他的想象力。他可能在自家书店中打工时就利用零碎时间自学了法语。进
95 入牛津大学之后，他学习法语的积极性更加强烈；而且他从此时开始学习法语的可能性比此后更大，因为后来他就需要完成老师布置的作

业，也许还因为他的朋友越来越多，需要用法语与他们聊天。他读的另一本书是画家乔纳森·理查森的著作，也许是《绘画理论随笔》（1715）——约翰生告诉约书亚·雷诺兹，这本书是他在寝室前的楼梯上偶然发现的。“我捡起这本书，走进我的寝室，把它通读了一遍，我真想不到这本书对艺术的论述如此到位。”[16]

付出这些努力之后，约翰生的自我期望与自我要求在极端情况下必然会影响到他的导师——好心、沉闷的乔丹，并因而凸显出乔丹的才疏学浅。诚然，约翰生日后曾称赞乔丹为人善良，对他的评价是：“年轻人只要做了乔丹先生的学生，就成了他的儿子。”斯雷尔夫人也记录了他在另一场合对乔丹的评论，人们也经常引用这句评论，但忽视了第二个词：“（他说）那家伙每时每刻都会保护好他的学生；只要他还有能力去保护他们，他指导的年轻学生就连小错也不会犯。（他补充说）如果我儿子要上这所学院，就会让乔丹来当导师。”但这些话都是他很久之后说的，而且相对他在校期间的看法其实有所夸大。因为说这些话的时候，他对人性弱点的容忍度已大大提高，而且在知识方面对“标准”的态度也不像十九岁那年那样高慢。此外，乔丹在约翰生进入牛津后没几年就去世了（1739 年），按照约翰生的天性，这很可能使他对自己当年的某些言行懊悔不已。根据霍金斯的说法，不久之后，约翰生就非常鄙视乔丹学识“浅陋”，他经常宁愿冒着被罚款的风险也不愿去上他的课。有一次他因此遭到了罚款，这时他对乔丹说：“先生，你因为我没有上这堂课罚了我两便士，可这堂课连一便士都不值。”虽说约翰生本人酷爱拉丁文诗歌，但他可能也产生了一定的失望情绪，因为他感到乔丹内心无法达到较高的境界，而且认为乔丹在牛津大学的地位也不算高，既无法给他很大帮助，也无法让有能力帮忙的人关注到他。实际上，其他导师认为他就是个“学生贩子”，他只会随时随地为袒护自己的学生而奋力斗争,却不管学生是否有错、天赋如何。[17]

约翰生可能告诉过斯雷尔夫人,如果他有了孩子,他就会让乔丹来当导师。但他自己在做学生时,曾专门向好友约翰·泰勒提出过截然相反的建议。他后来回忆起乔丹时,也掺杂了弥补当年过错的念
96 头。他当年有一段时间曾和泰勒频繁地通信,两人打算一同在彭布罗克学院就读。泰勒在三月来到牛津,比约翰生晚入学四个半月。他说自己当年一到学校就立刻飞奔到好友的宿舍。但约翰生显然表现出他的"责任心"与苛刻的标准,他答道:"我凭着责任心就不能让你到这里来荒废。"学校本来给泰勒分配的导师是乔丹,但因为他"愚钝不堪,你只要上他的课超过五分钟,就会发现他非常愚蠢,而且会责怪我把你推荐给他"。计划于是改变。约翰生四处打听消息,"根据收集到的信息,他发现基督学院的[埃德蒙·]贝特曼先生是最受欢迎的导师"。于是,泰勒进入基督学院就读,约翰生去那里也非常方便,就隔了一条街。尽管贝特曼当时只有二十四岁,但他的讲课十分精彩(他讲授的科目是古典著作、逻辑、伦理学、数学),而且约翰生每天都去拜访泰勒,以便获得二手的授课内容。[18]

五

如果说乍一开始,约翰生似乎对他的学业泰然处之(其原因之一在于他不知道要遵守什么日常规定,而且此前两年里他已养成自学的习惯),但他这时肯定不会再这样做,在这一年的夏天更不会这样。在此之后,他继续留在牛津大学就读的希望越来越渺茫。他之所以在牛津求学期间给人留下虚度光阴的整体印象,很大程度上是

他自己的言论使然。他所采用的标准高得无法实现。（他曾在别人追问下道出实情，称他“从来不知道有学习努力之人。实际上，我根据学习效果得出结论，有些人学习还是很努力的”。）如果把约翰生的话当真，人们就很容易发现还有一些言行证明了这些言论。这样就形成了约翰生的全貌：他在第一个星期迷失了自我（在基督学院的草坪那里盘桓——“完全若无其事”），此后则快速地背诵文章，好省出时间做白日梦或在酒肆中混日子，或者“令导师和同学十分恼火”，如珀西主教所言：

> 我听当时认识他的一些人说，人们经常看到他在学院的大门外闲逛，身边围着一群年轻的学生。他用自己的睿智让这些学生
> 十分愉快，也让他们荒废了学业，甚至激起他们对学院纪律的反 97
> 抗精神，而他在此后的岁月里经常对此事吹嘘不已。

这种现象很常见。一个人如果学识渊博，校友在回忆起他时总会添油加醋一番（“经常看到他在学院的大门外闲逛……”），并觉得自己能提供一些“内幕”信息，而且这不同于人们对他年轻时代的认知。约翰生崇敬的友人只要好心劝他一句，就能迅速改变他的态度很长时间。“我曾听他说……”当时年轻的威廉·亚当斯“以和风细雨的方式对他忠言相劝”，“他的美德令约翰生敬畏无比，他的学识也令约翰生极为崇敬，使他自惭形秽，‘只不过（他说）我害怕我自己过于骄傲自大，不配拥有这样的美德’”。[19]不管怎么说，我们都始终应当牢记，懒散与反抗规章制度在态度上是存在区别的。两者并不一定相互联系。约翰生曾说亚当斯与泰勒对他的牛津岁月最熟悉，但这两人都没有着重讲述约翰生的懒散，这一点很重要。

约翰生认为,“竞争”精神是大学为学生提供的最佳条件之一,这是提高甚至激发学生积极性的一种手段。这就是他四十年后的想法,此时他“详细阐述了牛津大学对学业所提供的有利条件”,因为它创造了“促人积极上进的竞争”:“学生迫不及待地要在自己的导师面前大展身手;导师也渴望自己的学生在学院里表现优异;学院同样殷切地希望自己的学生在整个大学表现突出。”对于约翰生来说,促使他积极参与竞争的动力就是他的希望,这相当于拼死一搏。他只有通过渊博的学识和思想上的不俗气质方能脱颖而出。他有一位同学曾给他留下特别能干的印象,这就是约翰·米克,他的外公是约翰·库克,曾任查理二世的拉丁文秘书。约翰·米克与约翰生同龄,但他比约翰生早两年进入彭布罗克学院,毕业后留校在该院担任研究员,此后一生都在这里度过。他清楚地记得约翰生“无法忍受米克的优越感,而且想方设法坐得离他越远越好,这样我就听不见他念念有词的声音了”。约翰生在二十五年后曾回牛津大学拜访了托马斯·沃顿,并向他坦白地说了这番话。沃顿说,这次到访气氛非常“诚挚热切”。但约翰生一想到米克此时的境况,依然忍不住触景生情地引经据典:“啊!‘迷失在修道院幽暗的孤寂中。’”他又补充说道,天资卓著的米克毕业后留校“成为校董”,“而我却去了伦敦讨生活:先生,现在您看到我们这些文人的差别了吧!”[20]

98 约翰生将自己关在寝室中苦读圣贤书。每天晚上,工读生都会挨个寝室检查学生在位情况,但约翰生拒绝对此作出应答。工读生会挨个寝室敲门,询问学生是否在位。如果无人应答,他就会将其作为不在位人员上报。霍金斯说,约翰生“无法容忍这种侵犯隐私之举。哪怕他只要答一声到就能免受责罚,他也经常保持沉默”。有时他会恼羞成怒,认为自己“同样可以采取一些有意义的举措”,于是便与他人一同参加“围猎工读生”的活动。他们拿起盆、壶、蜡烛，将它们敲得震天响，然后动身寻找那位惊恐的年轻工读生。他们高唱着古老的歌谣《狩猎之歌》：“猎犬奋勇向前，号角引吭高声，壮士奋力逐鹿……”[21]

他在寝室中读书时，想象力经常徜徉在未来，这是理所当然的。此后他曾反复提起这一点，并认为这是人类生活的根本性前提：“人生中很少能像当时那样，胸中充满憧憬的目标”，这足以满足人类的欲望与想象力，以至于我们所有人“都不得不求助于……过去和未来，以改善我们的满意程度”。人们在年轻时，过去的经历相对有限，因此想象力主要放在对未来的憧憬上，从而渡过当前的种种难关。此外，在各种持续性劳动中，“他定下目标后，就必须经常关注他竭力要到达的目的地；付出艰辛的努力之后，就必须思考努力所带来的回报，以安慰自己疲惫的心灵”。他继续说道，除非我们在想象中夸大这种回报，否则很少愿意付出真正的艰辛劳动或承担真正的风险。从这一点来说，我们都像堂吉诃德一样。如果我们老老实实敞开心扉，“我们的心灵就会告诉我们，他的荒唐可笑并不比我们更甚，只不过他**道出了**我们只敢藏于心中的**想法**”。[22]他当时憧憬的未来不仅是法律的世界或学术与文学的世界（这是小科尼利厄斯与沃姆斯利的世界），他还梦想有机会去旅行。在人们对他的各种错误认知中，最奇怪的一点就是认为他对旅行毫无兴趣。* 据斯雷尔夫人称，“他其实酷爱旅行”，而且他觉得自己无法理解人们对旅途中种种不便的抱怨，因为在他看来，旅行对他产生了强大的吸引力和巨大的好处。亚当斯博士指出，彭布罗克学院的老师马修·潘廷住在约翰生寝室的斜对面，他的住所距约翰生的窗户只有几英尺，他说他有一天曾听到约翰生“加重语气大声地”自

* 参见下文页461–462。

言自语，称他“下定决心要去其他学术圣地参观人们在做什么。我要
99 去法国和意大利。我要去帕多瓦。——然后[他用模糊的声音警告自己不要过于个性张扬]。我不会管别人的闲事——因为**雅典的**傻瓜是最糟糕的傻瓜”。[23]

六

然而，即便在他最刻苦的时期，他也经常和朋友、熟人来往，尤其是在约翰·泰勒于三月入学之后。彭布罗克学院的规模并不大，住校生总共不超过四十人。约翰生入学几个月之后，可能就认识了该院大部分学生。他晚年曾回牛津故地重游(1776 年)，他与鲍斯威尔同行，并和时任该院教师的亚当斯博士一同迈进教员休息室，此时他提到了之前的两位同学。他说：“这里让我思绪万千，当年我时常与菲尔·琼斯和弗鲁戴尔一起下国际跳棋。琼斯喜欢喝啤酒，而且去教堂不怎么积极。”实际上，琼斯干什么事情都不太“积极”：他去世时(1764 年)，依然只是一名尚未获得正式任命的助理牧师，他在彭布罗克学院的另一位老朋友马修·布鲁珊手下工作，后者是伍斯特郡的奥弗伯里教区教长。在彭布罗克学院的记录中(学生有时会在姓名旁边随手写上评论)，琼斯旁边写了好几个评论(“蠢驴”“别名食醋”“高个子加茨”)。还有一句打油诗(“菲利普·琼斯没有石头”)和一幅画，画中是一位枯瘦的年轻男子，下巴的胡子没有刮。至于约翰·弗鲁戴尔(只不过他似乎更喜欢“弗鲁吉尔”〔Fludger〕的名字)，他是位低教会派牧师，也是位“暴烈的辉格党人”，约翰生称他“就是个流氓”，而且“他一直是个流氓，确凿无疑”。鲍斯威尔问道，这表示他只是个“政治流氓”，还是他在其他方面也是个流氓：例如，“他在玩国际跳棋时作弊吗”？

约翰生显然不希望继续讨论这个话题,他草草回答了一句:“我们玩这个从不来**钱**。”与琼斯和弗鲁戴尔不同,好心的威廉·维斯(1709-1770)是一位高级自费生,他父母双亡,而且不久之后,也就是约翰生离开牛津大学之前不久,他会在约翰生的人生中发挥重要作用。他也来自斯塔福德郡,似乎也与利奇菲尔德有一定的联系,而且后来当了利奇菲尔德大教堂的财务主管兼什罗普郡副主教。在彭布罗克学院学习时,他非常喜欢威廉·乔丹,而且他有权决定一份工作招聘的人选(斯坦顿教区),他将这份工作给了乔丹,于是乔丹在约翰生离开牛津前不久从牛津辞职赴任。[24]

在彭布罗克学院的同学中,给约翰生留下最深刻印象的人便是奥利 100
弗·爱德华兹(1711-1791),因为他在过了快五十年之后与约翰生重逢,并且这是鲍斯威尔笔下最让人开心的场景之一。爱德华兹在与约翰生交谈过程中,发表了著名的言论:“约翰生博士,您是位哲学家。我一生中也努力想当名哲学家,但我不知怎么回事,快乐总是闯入我的世界。”从牛津毕业之后,爱德华兹在英国大法官法庭当了多年的法务官,之后退休隐居于小农场,他在这里过着无忧无虑、十分安定的生活(“我必须让我的一日三餐十分规律,而且还需要一杯上好的葡萄酒。我发现我需要这样的生活”;然后我还要很晚吃顿晚饭,“我认为……这就像是每个人都必须通过收税棚一样,不然就没法上床睡觉”)。根据爱德华兹所说的一件事情,证明约翰生显然对夸张很反感(“先生,不要养成对小事用大词的习惯”),而且这个特点早在十九岁那年就十分明显了:“我记得你不允许我们在学院里说**天才**这个词。先生(他转过来对我说),因为即便在当时,他也十分善于辞令,而且我们都畏惧他”——这个评论使约翰生日后说:“他们都尊敬我的学问,但我的学问并不博大,只不过相较而言很可以罢了”,然后他又补充了一句:“这个世界上的学问很少，这着实令人惊诧。”尽管爱德华兹六月份才入学，但他直到秋天才长期住在学校里。约翰生几乎能回忆起当年的所有往事，我们便能通过这两位老人的交谈，了解到当年秋天的情景。在牛津大学读书时，约翰生常与爱德华兹一同坐在啤酒屋中畅饮。四十九年之后，约翰生在街上邂逅了爱德华兹，爱德华兹向他作了一番自我介绍，但约翰生起初并没有认出爱德华兹，也没有想起他的名字——他俩一同在牛津求学的时光很短暂，也并不算是挚友。但随着两人交谈的继续，他们逐渐想起了当年的岁月。然后，

> 他突然幡然醒悟，叫道：“哦！爱德华兹先生！我记起你了。你还记得吗？我们曾在彭布罗克学院大门口附近的啤酒屋一同畅饮。当时，你向我提起过那个伊顿公学毕业的男孩。老师曾给我们布置过一篇作业，让我们对救世主将水变成酒的故事写一首诗，那个男孩写的一句诗让我们赞不绝口：‘最谦卑之水看见上帝而脸红。’（Vidit et erubuit lympha pudica Deum.）而且我告诉过你，他写的另一首诗歌《卡姆登的尸体》中的句子也很优美，这首诗是为我们一位国王所写的挽歌，他的儿子继承了王位，这位王子也同样杰出：‘神奇的夕阳，发出昏暗的光芒，之后迎来了夜晚。’（Mira cano, Sol occubuit nox nulla secuta est.）”[25]

当然，约翰生一直喜欢炫耀自己的才华。针对这位毕业于伊顿公学的男孩，约翰生当年在啤酒屋中还特意写了一句诗，想盖过他的风
101 头。经过如此漫长的岁月，他依然记得这两首诗的内容，这表明他即便对如此小的一件事也投入了巨大的关注与精力。此时，他的牛津岁月已接近尾声。

七

表面的欢乐与努力背后,笼罩着一层阴影,这表明他境况很不妙,至少在1729年临近尾声时就很不妙。他的处境变得极为艰难。虽然他母亲从哈里奥茨夫人那里获得一笔有限的遗产,但到了那年夏天,显然他找不到其他任何经济来源。实际上,即便这笔钱中也有一部分要挪作家用。这就是他在当年秋天陷入赤贫的唯一原因。

他当时阅读的两本书的特点,一定程度上也能反映出他的心理状态。这两本书分别由伯纳德·曼德维尔与威廉·劳所著,它们对约翰生的影响尤为突出。一名本科生无论天资多么出众,人们都不会指望他对这两本书产生兴趣。人们更不会想到本科生居然会对这两本书如痴如醉,它们甚至将对约翰生的一生产生较大的影响。第一部著作的影响还不够突出,但第二部的影响则极为深远。从某种意义上说,这两本书类型截然不同,但有个共性:都完全鄙弃对人性的错觉,直率地以讽刺现实主义的方式将事物表面的伪装全部褪去,只留下本质,这对约翰生本人强烈的本质主义产生了影响,并持续了他一生。

曼德维尔的巨著《蜜蜂的寓言》附上了《探寻道义美德的起源》(1714)。人们普遍认为这部著作对当时日渐盛行的浪漫想法直击要害,即从根本上说,人生来就是善的,如果环境适宜,就能培养出美德。曼德维尔不满足于通过传统的“原罪”思想(即人生来就是罪恶的,而且只有通过理性或宗教来克服“自然的人”,方能养成各种美德)来批驳这种观点。他进一步展开论证(带有戏谑成分),指出所谓“美德”不过是虚伪而已,在美德占主导的社会中,人们将陷入漠不关心乃至麻木不仁,无论在经济还是心智上,自爱都是推动各种努力与进步的唯一动力。曼德维尔将这一观点演变为他的著名悖论:“私善乃是公恶”。

102 如果约翰生当时(此后尤为如此)发现自己认同曼德维尔的论证,而且作出了曼德维尔所忽视的区分,那么他至少会发现他当时就以自己从未想到过的方式来思考这些事情。他曾对安娜·苏厄德说,曼德维尔“开拓了我的视野,是他促使我认识到何谓真正的生活”。曼德维尔在描绘人类特点的过程中,运用还原主义式的讽刺手法,犀利地撕开伪装的画皮。他还能将事物立刻还原为本质,而多愁善感与自我欺骗的“伪善之词”始终在掩盖这种本质。他的这些能力日后将成为约翰生终生的个人风格之一(只不过只是其中一部分而已),而且他的同情心与怒火经常相互冲突。* 阅读曼德维尔著作对约翰生产生的另一项影响则较为笼统。据斯雷尔夫人称,这使他更加逡巡不前、顾虑再三,至此“非常警惕自己和他人的原罪所产生的张力”:

> 在约翰生先生看来,人类与生俱来的堕落与原罪残余根深蒂固。针对这些影响,他本人实际上就是最敏锐的观察者,而且他时常半开玩笑半认真地说,这些影响要拜他以前的导师曼德维尔教诲所赐。但他总是大声地谴责《蜜蜂的寓言》,不过也不忘加上一句:“这是一位**善于思考的人**所撰写的著作。”[26]

威廉·劳的《对虔诚圣洁生活的严肃召唤》据说于1728年年末问世,约翰生在这一年进入牛津大学,但约翰生几乎肯定是在该书的1729年版本出版后才接触到的,它对约翰生的影响比曼德维尔的著作

---

* 参见下文页493-496。

更大,不仅影响了他的思想,连他此后多年的写作形式都深受此影响,这是一部触动人心的虔诚著作。约翰生后来告诉鲍斯威尔,他在读到此书之前一直“**口头上**肆意反对宗教,但我**思想上**并没有那么叛逆”。之后,他在牛津大学就读期间接触到劳的《对虔诚圣洁生活的严肃召唤》,便开始阅读这部著作:

> 我以为这是一部索然无味的书(此类书籍通常都这样),也许还会嘲笑这本书。但我发现劳比我要优秀得多;这是我在具备理性探索能力之后,第一次认真地思考宗教问题。[27]

阅读这部著作时,他正处在人生的关键阶段,书中的许多内容在此后多年都对他产生持久的影响,并使他养成习以为常的感受。[28](这本著作给他带来的不全是收获,但至少也扰乱了他心灵的宁谧。)在这部书对约翰生的影响中,我们应当关注最显著的部分,尤其是它对约翰生写作形式的影响。劳以传道书作为效仿的原型,对人类想象 103
中妄图获得的对象一个接一个地进行抨击,例如欲望、雄心、财产等。劳反复指出,这些最终都会像镜花水月般虚无缥缈,它们完全无法充实人的心灵,也使心灵在宗教之外无处寻觅稳定与目的。约翰生的心理洞察力远胜于劳,而且他的慈悲胸怀与幽默风趣更胜一筹,在约翰生此后长达十年的道德著作创作时期,这种风格将成为他写作的惯用套路。这十年从《论人类愿望之虚妄》(1748)开始(当时他已年近四十岁),包括他创作道德随笔的时期,直到完成《拉塞拉斯》(1759)为止。简而言之,这部作品使约翰生本人形成了近乎原型一般的思维方式。与此同时,这种思维方式立即渗透到他的想象中。此时,他想象的根基开始摇摇欲坠,因为他所憧憬的主要希望越来越难以实现(也许这是不可避免的)。有一首怪异的诗歌可以证明这一点,它之所以怪异是因为这与他此时的年龄格格不入,这首诗名叫《年轻的作家》,我们很快将在下文对此进行论述。

八

约翰生在彭布罗克学院就读时,亚当斯博士称他“身边的所有人都包容、爱戴他,而且使他一生都热爱这所学院。这使我相信,在这里是他人生中度过的最快乐的时光”。在此之前,亚当斯向鲍斯威尔描述了约翰生一番,称他第一次来牛津大学时,“是愉快而又谈笑风生的家伙”。有人将这番话告诉约翰生,约翰生答道:

> 啊,先生,我十分粗鲁、暴躁。他们将苦痛误当成嬉笑,我穷困潦倒,想以我的学识和睿智打拼出一条路来;所以我蔑视一切权势。[29]

甫一开始,他就饱受一个念头的折磨:他在牛津大学的时光即将结束。已是九月,在他迎来二十岁生日那天,家里几乎完全断绝了他的经济来源,而且在整个秋天,他欠学院的债务都在不断增加。他带来的衣服都已穿破,而且据霍金斯说,他已经“几乎没有任何衣服可换”,有一双鞋“穿得破破烂烂的,甚至连脚趾头都已经露了出来”。最后,“他所在学院的一位绅士”十分可怜他,请“一位工读生一天早
104 晨在约翰生的寝室门前放了一双新鞋,他在出门时一看到这双鞋,顿时气急败坏,根本不去想一想这位无名的恩主这样做也是一片好心。他怒不可遏,仿佛受到了莫大羞辱,将这双鞋扔了出去”。他的处境明

显窘迫，因此他的羞耻感也十分敏感。霍金斯称："在他年纪这样小的时候，他一直认为贫穷是有失体面的"，而且过了很久之后，即便他依然十分热爱牛津大学，他还是大加鞭笞牛津大学和剑桥大学的某些做法，例如雇佣"贫穷的学者"当工读生或让公费生服侍其他学生。"他认为学者的一生就应当像基督一样，全力去消除各种等级差别与世俗名利。"[30]

约翰生与这双鞋的故事起初是霍金斯讲述的，之后鲍斯威尔也叙述过这段往事。约翰生去世后，这个故事就成为他的传说，它是文学史上最辛酸、最著名的典故之一。每一个读过或听过这个故事的人，都会留下深刻印象。鲍斯威尔从约翰生的朋友约翰·泰勒那里听到了这个故事，也许霍金斯的消息来源也是泰勒。阿林·里德通过巧妙的猜测甚至证明，指出故事里的那位无名"绅士"就是威廉·维斯，他后来当了利奇菲尔德大教堂的财务主管兼什罗普郡的副主教。我们此前在介绍约翰生大学时代的友人时已提到过他，而且他不久就成了约翰生导师的恩主(慈祥、愚钝的威廉·乔丹)。我们可以对当时的情况作进一步补充，因为马绍尔·韦恩格罗将约翰生好几位朋友的叙述(鲍斯威尔也使用了这些材料，包括泰勒的叙述，而且泰勒也认可里德对维斯的猜测)精心编纂成书，公之于众。

几个月以来，约翰生每天都步行去基督学院拜访好友约翰·泰勒，从他那里借阅泰勒的导师埃德蒙·贝特曼的讲课笔记，讲课内容包括古典著作、哲学、数学。但泰勒说：

> 最后……约翰生陷入了一贫如洗的窘境，他穿的鞋子都磨破了，脚趾头露在外面。有一次，约翰生站在派克沃特方庭的人行道旁，基督学院的几个学生看到之后嘲笑了他的穷酸相。约翰生

> 看到了这一幕,从此再也不去基督学院了。他的清高甚至内心尊严十分强烈,无论是给他施舍钱还是在他门前放一双鞋子(这应该是[威廉·]维斯所为,他后来当了利奇菲尔德大教堂的牧师……)都无济于事,结果都会让他怒不可遏地把别人施舍给他的东西有多远扔多远。

这个例子证明,施舍者的尴尬与不自信产生了适得其反的效果。维斯并不想直接面对约翰生,他当时只有十九岁,他只能用自己的小
105 聪明想出这种办法,私下里悄悄给约翰生送一双鞋。但约翰生此时已遭到基督学院学生的公然羞辱,在他看来,在自己门前放一双新鞋又不留姓名,不啻粗鲁地告诉他自己的形象有多么丢人,这充其量属于嗟来之食式的施舍,就好比丢出一枚硬币打发叫花子。自此以后,约翰生再也没有离开彭布罗克学院,也许他尽量待在宿舍不外出,泰勒"似乎并不知道约翰生为何再也不来基督学院",他告诉约翰生自己愿意"来约翰生的学院找他,还愿意将贝特曼的讲课转述给他听"。此后,泰勒一直坚持这样做,直到约翰生离开牛津大学。[31]

九

到了这一年的十月,约翰生决定用拉丁语写日记,这本日记可以说是他记录自己决心的备忘录,它现今保存于海德藏品。但他写日记三心二意,在牛津大学度过的最后两个月里,他只写了三篇日记。

约翰生在写这些日记时,十分清楚自己很快就不得不离开学校,这自然成为他当时心中最重要的念头。我们认为,这些匆匆写下的日记正是围绕他的这个念想展开,至少其中两篇是如此。第一篇日记

（它在日期一栏只写了“十月”）写道：“我向懒散郑重告别，决心从今以后再也不受她诱惑”；他还列出了一些打算阅读的书目。[32]人们可能会认为，他会下决心在他所剩无几的牛津岁月中努力读完这些书，但其实并非仅限于此。他开始体会到类似于绝望的感受，这是可以理解的，而且在他努力控制这种情感的过程中（一种方法是竭力压抑此前的希望），他仿佛开始感受到内心的抗争与自我冲突所引发的痛楚，这也是人之常情。在读到劳的《对虔诚圣洁生活的严肃召唤》之后，他发现劳强调早起和勤劳守纪可以“教会你如何培养自控力”，他强烈的自我责任感立刻促使他作出反应，并使之成为他终生的个人信念。他由此推导出结论（几个月之后，这就是显而易见的结果），懒惰会产生心理上的痛苦甚至精神分裂，若要避免精神分裂，就要集中注意力和遵守纪律，这是人们力所能及的行动。这就是约翰生永生不渝的信念（他的另一部分自我将终生与此信念相抗争）。

在第一篇日记《我向懒散郑重告别》之后，是第二篇日记，它灰心 106
丧气，带有神秘色彩。其中写道：“10 月 22 日。记住我在 9 月 9 日、12 日、17 日、19 日、22 日、28 日、26 日都做了什么。”一个月之后（11 月 21 日），他又写下第三篇日记，此时距离他告别牛津只有一两个星期。这篇日记类似于一份表格（即便他在成名之后，这种特点也很突出），他在日记中归纳出自己每天、每个星期、每个月乃至每年阅读的行数（十行、三十行……一直到六百行）。由于他很快就要离校，他只能思考离校之后应该怎样读书，而不去考虑他要去哪里，作何营生。通过这种方式分解阅读任务，有利于他保持心理稳定。斯雷尔夫人曾说，无论何时，只要他感到自己的想象力“产生了紊乱，他通常就会去学习算术”。这不仅因为他的想象缺乏稳定，需要数字的客观准确性充当舒缓焦虑的一种方式。而且这种方法还能将任务分解为便于完成的各个部分，这样它们就再也不会对人的精神产生恐惧与惊吓。因此在《拉塞拉斯》中，王子和他的随从对翻越崇山峻岭的任务感到灰心丧气，依姆拉克告诉他们："完成艰巨的工作不是靠实力，而是靠锲而不舍的精神。"附近那座巨大的宫殿是一砖一瓦地建成的。"如果每天坚持走三小时，七年走的路就堪比地球的周长。"此时，约翰生在彭布罗克学院的宿舍中得到了心灵慰藉，或者说他至少在想象中获得了对心灵慰藉的暗示，因为他知道每天哪怕只读十行（这对他来说几乎不费吹灰之力），每周就能读六十行，这还没把周日算入内。这样一个月就能读两百四十行，一年就能读两千八百八十行。而每天只要读六十行，每年就能读一万七千两百八十行。如果每天读六百行，每年的阅读量就要提高为十倍。在此基础上再加大阅读量，就能用几年时间精通古典著作。这样思考，至少能给他一定的安慰。

在牛津岁月的最后几周里，他的导师威廉·乔丹离开彭布罗克学院（11 月 14 日），前往斯塔福德郡的斯坦顿教区任职。乔丹一直希望在威尔特郡找份工作，但在前一年的春天却痛失良机。这自然让他十分失望。但威廉·维斯（就是他在约翰生的门前送了一双鞋）向他伸出援手，他在斯坦顿为乔丹谋了一份差事，于是乔丹在 12 月 12 日正式上任。[33]

此时，约翰生便拜入威廉·亚当斯门下为徒。约翰生对他满怀热爱与敬重之情。近五十年之后（1776 年），亚当斯曾对鲍斯威尔提起
107 这段短暂的时光："我是他名义上的导师，但他的水平超过了我。"第二年，鲍斯威尔将这句话告诉了约翰生，"他眼中闪耀出感恩与得意的光芒，他感慨道：'多么宽广的胸怀，多么高贵的品质啊'"。此时，他才将自己长期以来珍视的亚当斯评语公之于众——约翰生"是他认识的牛津大学学生中最优秀的学者"。[34]

约翰生是在12月5日至12日这一周离开牛津的，他已经拖欠了整整一个季度的学费。他曾在二十五岁那年列出他人生中的重大事件，其中就有一件发生在这一周（前三件分别是他的出生，去小科尼利厄斯家做客，进入牛津大学求学）。第四件事读来十分凄恻："1729年12月，塞缪尔·约翰生告别牛津，返回家乡。"[35]

他写的一首诗表明了他深藏的心迹。这首诗名叫《年轻的作家》，它具有特别突出的心理意义。这首诗还表明，他在阅读劳的《对虔诚圣洁生活的严肃召唤》时，他当年的处境使他对作品产生了深深的共鸣。这首诗相当于微缩版《论人类愿望之虚妄》（此书写于二十年后），特别是这首诗预示了《论人类愿望之虚妄》中论年轻学者生活的精彩篇章。正因为此，约翰生在对斯雷尔一家大声朗诵《论人类愿望之虚妄》时，曾突然"号啕大哭"。根据埃德蒙·赫克特对此事的记录：《年轻的作家》是他在"二十岁那年"创作的[36]，而且从整首诗的语气可以推测出创作时间是他即将年满二十一岁时，他已身无分文，越来越感觉处境如履薄冰。无论是哪一位作家，都很少能在如此年轻时写出这样一篇短篇作品。在这部作品中，他内心最突出的品质之一和他一生中的显著特点（在这部作品中体现为约翰生对**未来憧憬**的想象力）都表露无遗，而且语言相对成熟，精心锤炼过。与此同时，这部作品不仅体现出约翰生二三十年后主要作品与思想中的内容，而且他竭力对此加以纠正或制衡，这一点更重要。

《年轻的作家》体现出约翰生天马行空的想象力，而且他预见到希望与抱负破灭之后的痛苦，提前为自己辩护：他不是通过反对他人，而是通过反对自己来为自己辩护，因为他本能地开始猛烈抨击自己，即在受到生活打击或陷入困境之前他曾怀有不切实际的希望。这表明他已下定决心，再也不要受到愚弄，再也不要这样进退失据，而是要

将他“珍视的”贺拉斯的警句付诸实践（即学习这句警句的教导并将
108 其转化为习惯性的感受）。贺拉斯说：“提前得到警告，就能提前做好准备。”约翰生在真实的情感下无法模仿冷静、温文尔雅的贺拉斯，除非在极度陶醉的情况下才能做到。为了提前获得警告，然后提前做好准备，唯一值得去做的事情就是（但这不同于生性“多疑”，他对这种做法十分鄙夷）“通过**现实**来控制想象力”，即发现事物真实的面貌，拓展背景，不放过任何事物，还要事先考虑所有因素。这些因素既包括他人无意或故意的敌意（漠不关心，以自我为中心，妒忌甚至背叛），也包括生活中突然给人以打击的常见事件（例如突患疾病），还包括我们每个人的共同归宿——死亡。这实际上就是二十年后他在《论人类愿望之虚妄》中要做的事情，只是后者采用了全盘论述。但此时约翰生还很年轻，这部作品涵盖的范围自然相对较小。即便如此，《年轻的作家》中有些联韵句十分有力，表现力十分成熟，令人惊叹不已，人们能从中提炼出大量真实的经历。他的内在自我深入作品，因此不仅整个主题本身（前提，起点，在心理层面上“通过背景进行辩护”的推进方式），而且实际运用的意象甚至语言似乎都是他的原型。作品中的每一句话甚至每一个联韵句，都可以通过他日后的《论人类愿望之虚妄》及道德著作中的语句加以诠释（他当时竭力为自己加入的这种认识，后来都出现在他的作品中）。他最终在四十岁那年通过劳心费力的新闻报道工作获得了自由，也能够猛烈抨击人类的经验，这时他立刻开始动笔创作此类著作。

从本质上说，这首诗相当于一个很长的明喻，他将年轻的庄稼汉与年轻的作家进行比较。前者正离家前往奇妙的世界，后者心中则点燃了理想主义，做着博取功名的美梦。在《论人类愿望之虚妄》的开篇，那位“无助的男子”成了“旅行者”，他唱着歌儿，无忧无虑地行走在遍布危险与陷阱的荒野上，但对此懵懂无知。与此相似，这位庄稼汉一直渴望“仗剑闯天涯”的生活，于是他动身启程，踏上了对他“充满微笑的海洋”，随着小船顺着波涛“上下起舞”，“船头的彩旗”在轻风中“猎猎作响”，他心中豪情万丈。但此后

　　浓重的乌云笼罩在天空上，
暴风雨嗥叫着，激起惊涛骇浪，
他心中充满恐惧，一心只想回岸上，
发誓再不相信喜怒无常的海洋。[*]

约翰生在这首诗中提前道出了他三十年后在《拉塞拉斯》中写的 109
内容，在后一部作品中，阅历丰富的哲学家依姆拉克想方设法要警告年轻的王子拉塞拉斯：

　　你以为这个世界就像山谷里的湖泊一样宁静、太平，其实你会发现它就像狂风暴雨肆虐的大海一样，布满了夺命的漩涡：海上的惊涛骇浪时常会让你震恐不已，有时会撞上可怕的暗礁。面对这些错误和诡诈，争夺与焦虑，你会在心中一千次祈祷，乞求回到此前平静的生活，而且**会心甘情愿地放弃自己的希望，只求性命无虞**。

之后，这首诗话锋一转，开始叙述这位年轻的作家。他以理想主义情怀，将自己的幸福押在最虚幻缥缈的回报上——这就是“虚名”，我们将“填补他人心灵”的无用的希望称为“虚名”，这位作家比轻信

* 在引用《年轻的作家》时，文中所有加粗部分均系笔者所为。

大海的庄稼汉更脆弱：

> 于是这位年轻的作家费尽心机想要出人头地，
> 他心中燃起希望的烈焰，一心追求无尽的虚名，
> **他将自己的幸福寄托在旁人身上，**
> **这比轻信大海和狂风更谬误、更受伤。**

约翰生此后在《漫步者》杂志上发表的一篇随笔（第一四六篇）中称："一个人若是将**出名**当作幸福的必要条件，他就相当于立即将幸福寄托在最不牢靠的恶徒手中。这样做即便没有让他不满，却也无法让他更满意。"若要对这首诗的其余部分展开全面论述，就必须引用他在四十多岁时撰写的多篇道德随笔。例如在《漫步者》第二期中，就提到一位作家，他草率地发表文章，将想象力投射到"未来的时代"和"他未来将获得的荣耀，而此时妒忌已经销声匿迹，派系斗争也早已被人遗忘"，他忘记了"图书馆的每一个目录"中都"布满人们的名字，这些人此时虽然已被遗忘，但都曾与他一样锐意进取、自信满满"。他"仅仅生活在理念中"，也没有意识到在他的理想中，再没有比"虚名"更容易转瞬即逝的事物了。即便我们自认为已经出名（"恰好对我们不经意地一瞥，就立刻注意到跟在我们后面的那个他"），这位年轻的作家依然坚信自己与追逐财富、物质享受、社会地位的人相比，正迈向更宏伟、更持久的目标：

> 他喊道："加油苦干吧，愚笨的人们，欣喜若狂，
> 无论是财富还是头衔，都是如梦幻泡影般的恩赏；
> 虽然我鄙夷这些**转瞬即逝**的福运，

但我力求从尚未诞生的国民那里赢得赞誉。”
一旦形成这个想法，所有的忠告都无济于事，
他抓住舆论的良机，匆匆实现自己的抱负； 110
他迅速发现想象的桂冠向自己伸出双手，
他觉得自己头上仿佛闪现出永恒的光环，
自负的年轻人，以人为鉴，警醒自己，多一份睿智吧，
赛特尔与奥吉尔比也曾拥有这些梦想。

最后一句联韵句无情地道出了两个人的名字，他们是被人遗忘的约翰·奥吉尔比与可怜的以利加拿·赛特尔，他们都曾是伦敦官方授予的“城市诗人”，其职责之一是为市长大人写颂歌，这表明约翰生的这部分自我强烈地希望消磨掉他的雄心壮志。此后在《论人类愿望之虚妄》中，也出现了与这个联韵句相仿的句子，目的是警告年轻的学者：“如果你身陷美梦中不能自拔 / 听一听**利迪亚特**的人生，想一想**伽利略**的下场吧。”但伽利略与托马斯·利迪亚特（他因债台高筑而身陷囹圄）都是伟大的人物。奥吉尔比与赛特尔是约翰生用来象征梦幻泡影的符号，他们之所以被人记住，仅仅是因为蒲柏在《愚人志》中曾对这两人作出甚是鄙夷的评价：其中对赛特尔的鄙夷尤甚，并在一个联韵句（海兹利特认为写得细腻，他读后不禁潸然）中描写了“伦敦市长庆祝日”结束时的场景：

此时夜幕降临，盛大的场景告终，
但赛特尔的光阴又少了一天。

但这位年轻的作家需要面对的结局比冷漠更糟糕。他要面对的

是令人望而生畏、无所不在的妒忌,他的理想主义因此遭到了恐怖打击,也许是永久性的打击。妒忌是“人类心灵中一种主要的背叛之举”,因为这很容易使我们自己甚至他人掩盖真正的动机,这使我们披着伪装以“批评”的名义“满足我们自己的骄傲或妒忌心”,在潜意识中急切地寻找违反标准的现象。约翰生在二十年后撰写道德随笔文时,依然流露出这种惊讶之情。他论述称,如果世界上的每个人都即将面临末日的到来,他们对待他人的态度就会是:“有人并没有挑起恶意,他只是努力崭露头角,却发现自己受到一大群人的追捕,他从未看到过他们表现出这样无情的憎恨之情。”[37] 在《年轻的作家》中,这位年轻作家发现自己遭到攻击,几乎立刻目瞪口呆:

传来了无尽的嘘声,
这位茫然的作家飞一般地逃走……
他乞求上天不要让他的命运那么声煊势赫;
他乐于归隐,甘愿遭人遗忘。

111 但是,他还没有能力理解这一点(更没有办法结合其他因素来对此做出调整)。此时,约翰生只是竭力让自己认识到这一点是人类存在的事实,必须勇敢、坦诚面对,还要将其作为生活中必不可少的部分加以吸收。这是自然而然的结果,因为他正处于万念俱灰之境,关注焦点也十分集中:他在自己的思想中吸收的并不是绝对真理,而是诸多真理之一。同理,在这个关注焦点中,此刻有多重动机相互交织。他已经准备好面对必将到来的结局。在此过程中,他封存了自己心中的幻想。但他还是像伊索寓言中的那只狐狸一样(他此后率先道出这一事实),将自己无法获得的葡萄斥为酸葡萄。他内心确实对此非常在乎。即便说他在某种程度上夸大了他人的妒忌,并将之称为自己面前的障碍,而且未来还需要面对更大的障碍,但他至少也是在压抑心中的妒忌。他并没有攻击比他更走运的人,他只是在接受各种“自我管理”的责任,从某种意义上说,从一开始他就是这样做的。他并不需要他人打破他对自己的幻想,无需他人帮助他就可以做到。他心中的一部分自我会鄙夷他的妄念与矫饰。他并未将自己的梦想与下场悲惨的伟大学者或作家进行过比较,以此自警,净化心灵,这就是赛特尔与奥吉尔比的梦想,他们碌碌无为,最终被世人遗忘。约翰生则将一部分豪情深埋心底。他至少能够“管理好自己”,这不仅体现于他接受了必将到来的结局,而且勇敢地让自己提前做好准备。在他离开牛津,切断与之相关的联系时,他可以做到“勇于被人遗忘”。

注释

［1］阿林·里德:《约翰生拾遗》,第三卷,页180。塞缪尔·约翰生:《日记、祷文、年谱》,页6。

［2］阿林·里德:《约翰生拾遗》,第五卷,页3-4,页119-123。《詹姆斯·鲍斯威尔创作〈约翰生传〉所用相关信函与文件》,页103。约翰·霍金斯爵士:《约翰生传》,页9。阿林·里德:《约翰生拾遗》,第五卷,页4-5。

［3］如需书目详情,参阅阿林·里德:《约翰生拾遗》,第五卷,页213-229。

［4］鲍斯威尔:《约翰生传》,第一卷,页43。F. D. 麦金农,见《康希尔杂志》,新系列,第六十一期(1926),页444-445。詹姆斯·L. 克利福德:《青年约翰生》,页111。

［5］《詹姆斯·鲍斯威尔创作〈约翰生传〉所用相关信函与文件》,页102。

［6］同上,页23。鲍斯威尔:《约翰生传》,第一卷,页59。

［7］鲍斯威尔:《约翰生传》,第一卷,页60-61,页272。约翰·霍金斯爵士:《约翰生传》,页9。

［8］塞缪尔·约翰生:《弥尔顿传》,《诗人传》,第一卷,页162。鲍斯

威尔:《约翰生传》,第一卷,页60、71。赫斯特·皮奥齐:《已故塞缪尔·约翰生轶事录》,见《约翰生杂录》,第一卷,页165。威廉·温德姆:《日记》(伦敦,1866),页17。

[9] 约翰·霍金斯爵士:《约翰生传》,页13。

[10] 塞缪尔·约翰生:《艾迪生传》,《诗人传》,第二卷,页82。《詹姆斯·鲍斯威尔创作〈约翰生传〉所用相关信函与文件》,页57。如需其他拉丁习作,尤其是他对德莱顿讽刺弥尔顿的短诗所作的翻译习作,参见塞缪尔·约翰生:《诗集》,页27-29。

[11] 约翰·霍金斯爵士:《约翰生传》,页13。《詹姆斯·鲍斯威尔创作〈约翰生传〉所用相关信函与文件》,页104。赫斯特·皮奥齐:《已故塞缪尔·约翰生轶事录》,见《约翰生杂录》,第一卷,页164、166。

[12] 阿林·里德:《约翰生拾遗》,第五卷,页12。

[13] 同上。鲍斯威尔:《约翰生传》,第四卷,页94。

[14] 阿林·里德:《约翰生拾遗》,第五卷,页30。詹姆斯·L.克利福德:《青年约翰生》,页125-126。鲍斯威尔:《约翰生传》,第一卷,页70。

[15] 约翰·霍金斯爵士:《约翰生传》,页12。

[16] 鲍斯威尔:《约翰生传》,第一卷,页86、128。(引自詹姆斯·诺斯科特:《雷诺兹》[1819],第一卷,页236)

[17] 鲍斯威尔:《约翰生传》,第一卷,页61。赫斯特·皮奥齐:《已故塞缪尔·约翰生轶事录》,见《约翰生杂录》,第一卷,页170。约翰·霍金斯爵士:《约翰生传》,页9。阿林·里德:《约翰生拾遗》,第十卷,页71。

[18]《詹姆斯·鲍斯威尔创作〈约翰生传〉所用相关信函与文件》,页103。另见鲍斯威尔:《约翰生传》,第一卷,页76-77。

[19] 鲍斯威尔:《约翰生传》,第一卷,页74。另见《詹姆斯·鲍斯威尔创作〈约翰生传〉所用相关信函与文件》,页207。

[20] 鲍斯威尔:《约翰生传》,第二卷,页52。阿林·里德:《约翰生拾遗》,第五卷,页139-142。鲍斯威尔:《约翰生传》,第一卷,页271-274。

[21] 约翰·霍金斯爵士:《约翰生传》,页12-13。

[22] 塞缪尔·约翰生:《漫步者》,页41、42。

［23］赫斯特·皮奥齐：《已故塞缪尔·约翰生轶事录》，见《约翰生杂录》，第一卷，页263。鲍斯威尔：《约翰生传》，第一卷，页73。（另见《鲍斯威尔的记事本，1776-1777》，页7-8）

［24］詹姆斯·L.克利福德：《青年约翰生》，页113。鲍斯威尔：《约翰生传》，第二卷，页444。（另见《鲍斯威尔的记事本，1776-1777》，页8）阿林·里德：《约翰生拾遗》，第五卷，页129-139（他复制了琼斯的画像，页131）。

［25］鲍斯威尔：《约翰生传》，第三卷，页302-307。如需关于爱德华兹的介绍，参见阿林·里德：《约翰生拾遗》，第五卷，页143-150。

［26］鲍斯威尔：《约翰生传》，第三卷，页291-293。《赫斯特·林奇·斯雷尔夫人日记……1776-1809》，第一卷，页184。赫斯特·皮奥齐：《已故塞缪尔·约翰生轶事录》，见《约翰生杂录》，第一卷，页207、268。

［27］鲍斯威尔：《约翰生传》，第一卷，页68。

［28］针对劳对约翰生的影响，如需相关的权威讨论，参见卡特里娜·C.鲍尔德斯顿，《美国现代语言学协会会刊》，第七十五期（1960），页382-394。

［29］《詹姆斯·鲍斯威尔创作〈约翰生传〉所用相关信函与文件》，页57。鲍斯威尔：《约翰生传》，第一卷，页73-74。鲍斯威尔误读了自己当时作的笔记，在《约翰生传》中将其记录为“疯癫、暴躁”而不是“粗鲁、暴躁”。

［30］约翰·霍金斯爵士：《约翰生传》，页11、18。

［31］鲍斯威尔：《约翰生传》，第一卷，页76-77。阿林·里德：《约翰生拾遗》，第五卷，页21-22；《泰晤士报文学增刊》，1921年2月10日，页92。《詹姆斯·鲍斯威尔创作〈约翰生传〉所用相关信函与文件》，页103-104。

［32］塞缪尔·约翰生：《日记、祷文、年谱》，页26。他列出的作家是卢克莱修、西塞罗（书信）、历史学家维利乌斯·佩特库勒斯与尤斯蒂努斯。

［33］阿林·里德：《约翰生拾遗》，第五卷，页124-125。

［34］鲍斯威尔：《约翰生传》，第一卷，页79。《鲍斯威尔的记事本，1776-1777》，页8，页21-22（鲍斯威尔在《约翰生传》第一卷页57中将亚当斯的评论表述为“他认识的牛津大学学生中最有资格来此就读的人”）。

［35］阿林·里德：《约翰生拾遗》，第五卷，页56-57。塞缪尔·约翰生：《日记、祷文、年谱》，页27。

［36］《詹姆斯·鲍斯威尔创作〈约翰生传〉所用相关信函与文件》，页49，注释9。

［37］塞缪尔·约翰生：《漫步者》，页93、183。

第二部分　考验与寂寂无名

第八章　崩溃与绝望；青年约翰生的心理

一

在十二月的第二个星期，约翰生动身从牛津回到了利奇菲尔德。115
据约翰·泰勒说，他"当天一大早"就出发了，"用一双大靴子把他的脚趾藏得严严实实的"。泰勒身材魁梧，是个值得信赖的好友，他把约翰生一直送到班伯里。[1]约翰生把原先从自家书店带来的一大箱书都留在了学校，列出一份清单之后，他交给了泰勒保管。当时，他可能压根没有钱将这些书邮寄回家。但还有一个更深层次的因素。如果他把这些书留在牛津，就相当于向他人和他自己表明态度：他还希望回到这里继续读书。但终究不过是做个姿态。因为不出几周，他就非常清楚，即便还要回到牛津，也得很久之后。在这种情况下，为什么不把这些书带上，方便在离开牛津时阅读呢？显然，他无法承受带书回家的定局。这就相当于他彻底承认一切都结束了。五年之后，他最终写信给牛津大学，请求校方将这些书给他寄回。

此后两年(甚至五年)或许是约翰生苦难人生中最艰难的一段时光。在牛津求学的最后几个星期里,他想方设法维持生计。但他已陷入可怕的心理状态,强烈的焦虑感、彻底的绝望感、萎靡不振的倦怠感此起彼伏,以至于他后来曾向好友约翰·帕热戴斯博士吐露心迹,称自己当时会出神地盯着镇上的大摆钟看,却说不出是几点。绝望之
116 中,他曾竭力通过理性分析和反复地下决心采取行动,想振作起来,以此对抗自己的心理状态,但这似乎只能令他陷入更可怕的深渊。他开始担心自己精神失常,因为如果他失去理智,责怪自己为何不得不离开牛津大学,责怪自己当初居然产生如此高的期望,很快他就会责怪自己,因为他最终落到了这般田地,而且对自己当前的处境也应对不力(在他看来就是如此)。毫无疑问,他陷入绝望,甚至差点寻了短见。很久以后,约翰·泰勒向好友弗朗西斯·芒迪透露了这个秘密,他称约翰生"一度产生强烈的**轻生**念头"。[2]芒迪是郡里的一位警长,他住在阿什伯恩,离泰勒家不远。这个念头很可能是他在牛津大学的最后几周里产生的。但是,更有可能产生于他刚从牛津回来的那段时间,因为他对自己的绝望越来越强烈,而且约翰生只有在此事结束之后才能透露给稳重的泰勒。约翰生曾对斯雷尔夫人谈起过泰勒,称:"泰勒最知我**心**,胜过任何在世的男人或女人。"在埃德蒙·赫克特写给鲍斯威尔的一封信中(1785 年),出现了一句言辞含糊的评论,其中可能隐约暗示出约翰生轻生的念头,而鲍斯威尔决定在传记中不采用这句话。这句话是"他[从牛津]返回[利奇菲尔德]时,我很害怕他的健康会出问题,这可能会影响他的智慧或缩减他的寿命"。斯雷尔夫人的话也古怪难解,称约翰生向她透露了"一个秘密,这对于他来说比生命还重要"[3],她可能也是指这件事。

此时,约翰生深陷内心的漩涡无法自拔,他深知——而远非猜

测——心灵具有“悬崖峭壁　/　可怕,陡峭,深不见底”(杰拉德·曼利·霍普金斯有感而发),认识到这一点,约翰生一直深陷恐惧。约翰生此后将成为文学史上不世出的楷模,象征着脚踏实地的常识,象征着坚持不懈地把握客观现实,但他在刚长大成人后不久竟会恐惧精神失常,这乍一看去似乎颇具讽刺意味。但这一点恰恰解释了他相对于他人具有突出的判断力和他语言的净化力量。这并非是空洞的美德,而是通过长期的恐怖考验,千锤百炼形成的品质,终其一生,他在与自我的斗争中始终保持了这种品质。他从二十岁到二十二岁(甚至此后数年)的经历令他锥心刺骨,此后的岁月里,他几乎从不提起这段经历,也许他只对能为他守口如瓶的老朋友倾诉这段往事。他只是说,自己“当时并不知道如何去控制它”。鲍斯威尔通过仔细查证,间接地 117
发现了他的这种心理状态,发现约翰生“感到自己被一股可怕的忧郁所笼罩,不停地发怒,烦躁,缺乏耐心;而且心情沮丧、郁闷、绝望,致使生活极为痛苦”,约翰生生平中这段鲜为人知的经历深深吸引了鲍斯威尔。但马绍尔·韦恩格罗表明,鲍斯威尔从来不想详细讨论约翰生的这种念头,而且他一生中曾多次濒临精神失常,甚至已经产生了精神失常的症状。[4]鲍斯威尔希望将约翰生对精神失常的恐惧处理成他内心想象的幻觉(站在他的立场上,大多数人也会这么做),其原因是他对“心智健全”的认识过于完美(这种恐惧实际上也体现了这一点,只不过我们现在倾向于认为这是复杂的心理痛苦所产生的戈尔迪之结①,完美主义式的认识可能会加剧这种痛苦)。约翰生已脚踏实地地领会到理性的精髓,也具有稳定的心理,因此如果他还有其他念头,鲍

---

①　传说小亚细亚戈尔迪乌姆(今土耳其西部)的国王编了一个极其复杂的结,并预言解开此结者将成为亚洲的统治者。后来亚历山大大帝一剑斩断此结。戈尔迪之结(Gordian knot)比喻难解之谜。

斯威尔当然会感到不安，这也是人之常情。即便三十多年后他与约翰生熟识之后，他依然无法目睹约翰生很多隐秘之事。其中可能就有约翰生五十多岁时的那次旧病复发，当时他的境况十分可怕，类似于他此时的精神崩溃。鲍斯威尔可能已经察觉到约翰生的异样，并在此后向他人多方打听到更多相关情况。但他无法像斯雷尔夫妇那样认真对待此事。有一次，斯雷尔夫妇目睹约翰生跪在牧师德拉普博士面前，说“我恳求上帝能让他继续保持他的理解能力”，而且语气声嘶力竭，让斯雷尔夫人“不由抬起一只手捂住了他的嘴巴”。*

二

当他疯狂地想要控制自己——置身于正在发生的一切之外，从旁如实考察并减少其规模——他最终决定向教父斯文芬博士求助。斯文芬此时在伯明翰当内科医生。约翰生用拉丁语给斯文芬博士写了一封信，详细叙述了病情。他之所以用拉丁语写信，是因为他本能地希望以此与病情“保持距离”并提高叙述的客观性，同时也是为了保护隐私。斯文芬看了他的叙述，手足无措，根据约翰·霍金斯爵士的复述或概述（他也许是在约翰生辞世后，从遗物中找到了这封信），这
118 封回信只能加剧约翰生的恐惧感。“根据来信中描述的症状，他［斯文芬］认为，对于约翰生的不适，最好的情况就是他出现了精神失常的倾向，如果不大力治疗，他很可能丧失理智。”但两人似乎并没有更深一步交流。斯文芬将这封信展示“给几个人”看，他很可能希望多方听取意见，更好地了解约翰生的病情。在他看来，自己的出发点是好的，但

---

* 参见下文页407。

约翰生在叙述中展示的才华也深深打动了他,尤其是为了控制病情拼死付出的努力(这种"非凡的敏锐、深入细致的调查研究、华丽的辞令")。约翰生对他这种无视职业操守之举深感震惊。斯文芬的女儿德穆兰夫人一度孤苦伶仃,约翰生也已是风烛残年,但他还是施以援手。据她称:"约翰生此后再没有与她父亲重归于好。"[5]

与此同时,他还力图投身于高强度的运动,从而使其心理能够开展某种统一的活动。他强迫自己步行往返于伯明翰,路程长达三十二英里,目的是实现自我管控。他此后曾说:"想象力从未如此强有力地控制我的心理,就仿佛它空洞无物。"无论是娱乐还是劳动,如果我们承认"通过频繁、剧烈的身体运动,就能获得如此巨大的幸福,躲避如此可怕的痛苦",那么任何活动都可以"自行产生奖励"。[6]根据这样的经历,他开始坚信他在牛津大学阅读过的威廉·劳的著作,认为其内容不但是正确的,而且是深刻的真理:有必要努力养成日常习惯(例如早起)来"重新获得想象力"并使之保持平衡,对此他一生深信不疑。将这一信念更强烈地融入自我要求,此举激起他内心更强烈的抗争。他一刻也没有摆脱这种内心斗争,看一看他写的各种日记,就能明了这一点。例如,1738 年 9 月 7 日:"哦,上帝,保佑我能够……挽回我**在懒惰上虚掷的光阴**。"1753 年 1 月 1 日:"……早起就不会浪费时间了。"1755 年 7 月 13 日:"我将再一次养成**生活的规律性**……(1)早起……"1757 年复活节前夜:"万能的上帝啊……我已失去了无用的想象力,请您用仁慈的目光垂顾我吧……**保佑我能改掉懒惰的陋习**……"1759 年复活节前夜:"请赐予我力量,保佑我挣脱邪恶习惯的枷锁吧,让我能改掉倦怠与懒惰的陋习……"1760 年 9 月 18 日:"我决心……恢复我的想象力……早起……反对懒惰……"1764 年 4 月
21 日:"我的目的是从此时开始,(1)摒弃或戒除勾起我色欲的想象与 119

倦怠的想法，使我能在闲暇时做一些有用的趣事。(2)戒除倦怠，我要早起。”第二天(凌晨三点)：“我对自己的懒惰与思想懈怠恐惧万分但又无能为力……请让我摆脱折磨我的这些痛苦吧。”

第二年秋天，他在五十五岁生日那天(9月18日)决心“早起。**如果我能做到的话，就要在六点钟之前起床**……”到了第二年的复活节(他在凌晨三点写道)：“八点起床……我打算在八点起床，因为这虽然不算早起，但比我现在的起床时间要早多了，我经常到两点才上床。”四年之后(1769年1月1日，写于午夜之后)：“我还不适合作出许多决定；我打算并希望……**在八点钟起床，然后逐渐提早到六点起床**。”一年半之后，他在1770年6月1日写道：“每个人天生都会说服自己去坚持自己作过的决定，而且都不会认为自己愚笨，他们会经过长期、频繁的考验来实现它。”1774年1月1日(写于凌晨两点)：“八点起床……导致我产生缺点的主要原因是生活**不规律和不稳定**，这使我无法实现各种目的……而且也许给我的想象力留下过多的闲暇时间。”1775年耶稣受难日(他时年六十六岁)：“当我回想起我曾下决心改过自新、有所进步时，却发现一年又一年过去了，这些决心全部落空……但我为什么要再次下决心呢？因为改正是必要之举，而气馁是罪恶之举……我的目的是从复活节开始早起，最迟八点起床。”1781年1月2日(他此时已有七十一岁)：“我**决不气馁**……我希望(1)最迟八点起床……(5)改掉倦怠的陋习。”[7]

三

约翰生在二十岁那年经历了心理崩溃，这是他人生中至关重要的一次经历，对他此后的人生产生了极为重要的影响，因此本节有必要尽量全面展开分析。

首先，这段经历旷日持久。它最严重的表现持续了两年左右，至
少在此后三年间，约翰生始终心力交瘁。其次是对他的心理影响很
大，这不仅影响到他性格中的多个不同方面，而且使其相互间产生连
锁反应。不久之后，似乎一切不良影响都叠加到他身上。他的所有希
望都破灭了，这已经够糟糕的了，但这仅仅是个开始。例如，他能说这
种处境不是他自己造成的吗？他对自己当时的心理状态肯定难辞其 120
咎，因为他的期望值曾经高得不切实际。早在他离开牛津大学之前，他
本人就已清楚地认识到这一点。他写下《年轻的作家》这首诗，竭力埋
葬这些希望，并努力让想象更加契合实际。打个比方，他已经在此过程
中提前“交过了学费”。为什么此举对他没有效果呢？也许是因为他在
埋葬不切实际的希望时，恰恰采用了错误的态度，至少可以说他错误地
采取了矫枉过正的做法。此后的岁月里，他肯定相信，由于自我保护机
能受到误导，最坏的结果可能就是可怕地误用想象力，同时产生具有负
面影响的心理习惯。无论他内心的一部分自我怎样违反他的信条，他都
将对此写出入木三分的作品。

除此之外，他的一部分自我似乎从一开始就破坏了他的所有努力并背叛了他。诚然，约翰生起初似乎能迈入小科尼利厄斯所代表的神奇世界（他先是剑桥大学的一位玩世不恭、才华横溢的老师，之后去了伦敦，在那里结交了很多作家，与他们坐而论道）。无论在哪个方面，某种程度上约翰生似乎都具备了这样的资格，至少在斯陶尔布里奇的亲朋好友使他认识到这一点。但是，他的一部分自我却退缩了，这是自我保护机制在发挥作用。他举止笨拙，半聋半瞎，知道自己永远无法完全融入这个世界。他可能也没有想过要完全融入。他之所以认识到这一点，是因为他的另一部分自我已开始在吉尔伯特·沃姆斯利

的桌前崭露锋芒。但他的大部分自我还是要竭力迈进这个世界,而且无论是享受这个世界,还是回想起这个世界所代表的一切,他都感到释然。

无论如何,别的选择都十分可怕。而且这样的选择理所当然地属于老约翰生的世界——笨手笨脚,低效,也许还有自我毁灭,他身边的一切事物都使人联想到失败。但这位老人一开始就有的"疯癫"更具威胁。约翰生天生善于模仿,因此老约翰生的这种特点对约翰生产生了巨大影响,已然成为约翰生的有机组成部分,既不能抛弃,也无法割除。此后,凡是对此有任何鄙夷或抗争之举,都注定演变为自我鄙夷与自我冲突。约翰生成为了歌德的反面,因为歌德能够坦率、急切地摆脱他人的影响,弃之如敝屣。

此时,老约翰生在做什么呢? 在这座肃杀的"皮革加工场"的后面,"由于没有资金修缮,正处于摇摇欲坠的状态"。约翰生告诉斯雷尔夫人,即便如此,哪怕任何人都能从后面走进年久失修的这座工厂,
121 老约翰生仍然不辞辛劳地每天晚上去锁前门。"(他儿子说)你看,**这么做**是疯了,只有异想天开的人才会这么做,但贫穷限制了想象力,财富和闲暇鼓励了想象力。"在约翰生看来,这也许就是他心中本质的自我(另外还有一些天赋),这和"忧郁这一恶习"一样都是"从我父亲那里遗传来的,这使我一生都精神不正常,至少不能算是清醒"。[8] 至少这就是他此时的核心自我。他与小科尼利厄斯的认同最终证明是一枕黄粱,甚至是痴心妄想或自我幻想,他发现自己又回到了当初的起点。他还发现自己的这种自我很不招人待见,就像他觉得老约翰生不招人待见一样。

不仅如此,他还毫无防范地彻底暴露在最残酷的心理负担面前,而且终生如此(即便如此,他依然能使这种心理负担与他的各种品质

和谐共存,这自然体现出其过人之处)。这种心理负担就是猛烈、苛刻的自我要求,弗洛伊德用著名的术语“超我”加以定义。在某些人的内心,超我能通过沉重的负罪感和由此产生的焦虑、麻木、身心疾病来无情地惩罚自我,导致他们开始习惯性地产生并感受到强烈的负罪感。* 约翰生曾对雷诺兹说:“他人生中的伟大事业就是**躲避他自己**;他认为这种性情就是他的心理**疾病**。”他需要躲避的那部分自我就是因“超我”产生的要求与不断自我批评所产生的无情压力,再加上连续不断的自我惩罚所产生的各种无意识的诡计。亚瑟·墨菲似乎已经觉察到这一点,他说约翰生在懒惰时就会产生“危险”;因为“他的精神如果不关注外部事物,就会转向内部与自身为敌。他对自己的人生和举
止进行反思时,总是非常严厉,而且希望它们完美无瑕。他会产生不 122
必要的良心不安,这扰乱了他内心的安宁”。在约翰生所写的道德著作中,经常会提前进行心理分析。在这些著作中,他以近似于现代精神病理学的方法,展示出人类痛苦的根源,揭示出很多痛苦源于个人无法给自己较高的评价,很大程度上也因为个人产生了嫉妒与其他不良心理。他认为传记的目标之一就是探询这一问题,即了解一个人“怎样才能开心。不是要去了解他怎样失去了权贵的宠信,而是他怎么会对自己产生不满”。[9]

我们注意到,在约翰生的早年生平中,他的自我要求必然达到了

---

* 对于这种强烈内化的自我要求,弗洛伊德的术语“超我”(superego;意指“超出自我的范围或凌驾于自我之上”)始终都不够贴切。这个术语翻译到英语中之后尤其尴尬,因为“超”(super)也具有最优秀的含义(例如“超群”和“超级”)。但在我们所讨论的情况中,这个术语仍然很有用,它对过于笼统的词语“良知”形成了补充。在过去半个世纪里,这个术语已经为英语所接受并融入其中,不仅广泛用于文学领域,而且也用于日常对话。对这个概念所使用的其他术语都没它这么有名。最后,尽管这个概念本身对于当今的心理分析来说似乎过于简化,但对于某些与众不同的人物来说依然适用,约翰生就是其中一位杰出人士。

极端。他对“管理好”自己具有全面、笼统的个人责任感，而这种自我要求在其中必不可少：无论是他豪情万丈地挑战和无视自己生理上的局限，还是他对童年时生理疾病的压抑（他胳膊上曾做过手术，切开的一道“口子”，直到他六岁那年才愈合），抑或是他殴打跟踪他并准备给他提供帮助的奥利弗女爵士（因为他视力不好，准备爬过路上的水沟回家）。无论是可怜的老约翰生还是爱唠叨的萨拉对约翰生心中超我的早期形成产生了什么作用，都迅速被独立的动力与习惯所淹没和超越（但并没有完全消除），这些因素反过来又产生更高水平的自我要求，并进一步扩大其范围。起初，他去利奇菲尔德语法学校低年级部就读，并在那里找到了释然的感觉。因为即便只是拉丁文语法，客观事实也通过构成挑战对他产生了净化作用。这种方法既使他摆脱了自我、提高了注意力，也让他脱颖而出（这可以让他博取他人的称赞，而不是只从看法偏颇、见识浅薄的老约翰生与萨拉那里获得称赞），从而满足了他与日俱增、愈加复杂的自我要求。他很快就胜任、吸收、超越了这种挑战。他只要付出很小的努力，就能产生巨大的成果，这只是因为其他人并不像他那样精益求精地做同一件事情。当然，对于自我“需求”所产生的压力，另一部分自我每时每刻都在他心中抗争（这转化为压力与负担，纯粹是因为它可以迅速地转化为“自我要求”，进而更强大、更持久）。终其一生，这种内心抗争都是一个问题，其他人哪怕只是暗示他应当再多做一点工作，都可能引发他强烈的防御性反应，其程度大大超过了这种善意的建议所需，属于过度反应。因此，三十五年后，就在鲍斯威尔认识约翰生后不久，鲍斯威尔附和了哥尔德斯密斯的意见，敦促约翰生重新投身于写作事业（毫无疑
123 问，鲍斯威尔认为这是对约翰生的恭维）。当时哥尔德斯密斯说道：“我们对您有个请求。”约翰生答道：“我再也不会让人强迫我做任何

事情了。没有人愿意被迫满负荷工作。每个人都需要留一部分时间给自己。”尽管这种说法很有道理,但他在继续振振有词地辩解时,内心的良知显然很不安;而且鲍斯威尔也没有放弃努力,他说道:“先生,我恐怕您也找不到比写作更大的乐趣了。”约翰生恼火地答道:“先生,你**大可**自己琢磨。”[10]

四

约翰生已经辜负了小科尼利厄斯对他的殷切期望,但小科尼利厄斯为约翰生做的最有价值的一件事情是让他的身份更加完整,从而使不切实际的自我要求与内心对此的顽固抵制之间的冲突(达到决不妥协和你死我活的地步)得以缓解。无论超我有多么强烈,都可以通过认同于自己钦佩的人物,使之走上良性轨道。况且这位人物潇洒倜傥,从不受琐碎小事羁绊,而约翰生对琐碎小事却总会油然而生愤怒的沮丧感(之所以产生沮丧感,是因为他感受到内心苛刻的“良知的不安”是多么暴虐)。* 弗洛伊德将这部分超我称为“自我理想”,这就是认同具有巨大价值的原因。自我理想可以在严厉苛刻的“良知”与脆弱的自我之间充当媒介,从而有助于自我实现统一与信心。而且在此情况下,自我理想(至少是按照青年约翰生对小科尼利厄斯的想象,这一点很重要)处于最有益的情况,它伴随着想象中的开放性转向“现实生活”。小科尼利厄斯所代表的理想绝不是以“良知”的名义去反对

---

* 约翰生在日记中将他一生的斗争对象称为“良知的不安”(这指的是执着或强迫症行为),参见下文页381-383。另见他的一句典型评论(写于1766年复活节):“我祈祷……让我摆脱良知的不安;这是我祷告的主要主题。哦,上帝啊,请听听我的请求吧。我现在正在努力克服它。”(塞缪尔·约翰生:《日记、祷文、年谱》,页108)

"现实原则"(这对于自我的健康生存十分必要),而是使其成为满足自我期望的最佳方式。与此同时,这种理想实现的可能性极大。实际上,为了实现这种理想,需要通过创新运用内心品质(敏捷的才思,广泛的兴趣,富于想象的洞察力)实现解放。约翰生发现自己有可能真正具备这些品质。

这种极具价值的新身份是通过践行理想并孕育希望而形成的,如
124 果遭到打破,就会产生可怕后果,即便它本身没有受到进一步影响,也可能产生对精神失常与精神分裂的恐惧,况且约翰生天生就极为关注自我管控。自打约翰生出生起,斯文芬博士就认识他,也认识老约翰生(这一点同样重要),约翰生的这种恐惧得到斯文芬的确认了吗?回答是肯定的。斯文芬对他的病情手足无措吗?但这还进一步产生了不可避免的影响。约翰生曾立志成为像小科尼利厄斯一样的人,但这一理想已不可能实现了。此时,约翰生自我要求中的各种僵化、严厉乃至自我鄙夷之情,肆无忌惮地在他心中蔓延。他不得不独自应对,且束手无策。在这样的处境下,他会觉得自己只剩下裸露的、脆弱的自我,永远与老约翰生相认同("疯狂……至少不算清醒")。这一点实际上始终存在,只不过此前他通过自我保护式地认同于小科尼利厄斯(之后又增加了沃姆斯利),能够克服这一点并限制其发展。但在他发现这才是他的本质之后,它就会转变为一种信念,进一步影响他。

约翰生心中存在根深蒂固且强烈的攻击本能,由于他此时要拼死拯救自己,他的攻击本能便作为一种防御机制被激发到最极端的程度,而且不可避免地将矛头对准自身。他坚决克制自己的妒忌心理(有些人将自己的不幸归咎于体制或因此仇视交好运的人,他对这种做法嗤之以鼻),并倾向于自我负责,因此除了自己,他找不到其他地方来宣泄这种攻击本能。诚然,他的自我憎恶也转移到家人身上(不

仅针对老约翰生，还针对萨拉，而且肯定也针对过纳撒尼尔，他们都是悲惨的象征，而这正是约翰生长期以来竭力远离的对象)。但这也正是因为他们与他本人关系密切，实际上已成为他此时所倚仗的那部分自我。他将充满敌意的攻击矛头指向自己，因此还患上了急性心身疾病(这也许在所难免)，他病得很重，从未彻底痊愈，而且这些疾病在他一生中时常复发并出现严重的病情。病根实际上就是在此时种下的(他在七十二岁时曾写给赫克特一封信，信中称：“我的健康就是从我二十岁那年垮掉的，此后一天也没让我过上安生日子”)。[11]他的一部
分自我可能怀疑疾病的根源完全在头脑中，即主要是他“混乱的想象” 125
所致。几个月过后，无论是他努力杜绝这种想象，还是采用其他办法，结果都是徒劳。

他竭力将攻击矛头对准自己，想以此加以控制。这还产生了另一种副作用，它虽然不太痛苦，却更引人注目。他开始形成令人尴尬的抽搐等迫不得已的病态举止，它们纠缠其终生。正因为这一点，艺术家威廉·贺加斯称他第一次见到约翰生时，他对约翰生下的结论是“这是个白痴，一定是他的家人把他送来让理查森先生照顾的”，因为当时的场景是在塞缪尔·理查森家中，约翰生站在窗户旁，“以一种既古怪又荒唐的方式摇头晃脑，时而捧腹大笑”。之后发生的情况让贺加斯大吃一惊，这个人大步流星走到理查森面前坐了下来，然后“立刻开始加入争论，而且……表现得能言善辩，工于辞令，这令贺加斯惊诧地看着他，百思不得其解，这个白痴怎么一下子就才思泉涌了呢?”约翰生迫不得已的抽搐给人留下古怪印象，他心知肚明，而且十分厌恶。不仅这种做法本身令人生厌，它还证明他似乎不具备自控能力，因而还对他的就业造成严重障碍。亚历山大·蒲柏曾说，他曾举荐约翰生担任导师，“但并没有成功”——他的解释是约翰生“患有抽搐症，发

作起来有时非常笨拙”。[12]我们注意到，约翰生曾多次面临这种遭遇。

我们将在此后再对这个话题展开讨论，因为当时许多认识他的人都对此产生兴趣，根据他们的说法，这个特点逐渐成为传说中的约翰生。但在这里，我们可以总结出一些要点。这些抽搐症和迫不得已的动作（经常表现得十分极端）其根源肯定是精神和神经症状，而非像有些人认为是器官病变造成的。[13]几乎可以肯定，这些症状始于此时，而非幼年，无论幼年约翰生在他人眼里是多么“笨拙”或“古怪”。否则的话，人们一定会议论纷纷的。这些症状出现后，每个人都留意到了。因此如果它们出现得更早一些，别的孩子就特别容易注意到这种现象，因为儿童会很容易注意到此类现象，特别是他当年的同学，他们喜欢将这位声名显赫的老同学的往事作为谈资，因为约翰生每一个与众不同之处都会引起广泛关注。这些强迫症式的习惯体现为各种各
126 样的形式，几乎包括各种抽搐症和强迫症的主要动作（这本身也表明他此时经历的创伤锥心刺骨）。但它们通常都具有一个共同特点：本能的控制活动，即引导攻击矛头转向自己来加以控制。（约书亚·雷诺兹曾一针见血地指出：“那些动作在我看来，仿佛它们的目的始终是对他过去的某些行为加以斥责。”）或者说这些动作是用来控制焦虑，并通过“分割”活动将任务分解为明显易于掌控的各个部分，即通过测算将任务划分为各个部分（例如他会计算自己的步数、落脚点等等）。如斯雷尔夫人所言，每当他感到自己出现心理紊乱，他就会去学习算术。

最后，我们注意到他的负罪感产生的影响越来越严重，他可能第一次认真地认识到自己在生理上和社交上都无法取悦他人，也就是说他不受人待见。此外，尽管他在斯陶尔布里奇时曾树立起自信，此时他却开始失去信心。从童年时期开始，他就曾对此产生过怀疑，但与

他此时的感受相比，简直不值一提。他对自己古怪的动作与强迫症表现深恶痛绝，而且发现很难控制，这进一步加深了绝望情绪。他曾对亨利·斯雷尔说，他“在三十岁之前，从没有努力去讨好别人，也对此不抱希望”。[14]但这并不包括他人生的前二十年，有大量例子证明他曾对社交往来很有信心，尤其是在斯陶尔布里奇时，而且许多人都对他在青少年时期的“彬彬有礼”记忆犹新。他说这句话时，其实指的是他从二十岁到三十岁这段时间，指的是从此时开始的一段黑暗岁月，因此他自然要将此前的希望与信心从记忆中抹除。

无论是此时还是此后的二十年里（某种程度上，这不啻他此后的整个人生），他都需要处理原始材料，其中包括这次严重的心理崩溃所产生的影响，而且这在心理上和其他方面都产生大量副作用，此后很长一段时间他都饱受影响。此外，他还受到赤贫的艰苦考验（这既包括挑战也含有羞辱），他将在赤贫中度过此后的二十年时光。在他离开牛津大学后的五年间，他的遭遇也导致他在赤贫中挣扎。如果说他没有中途从牛津辍学，或者假设他没有经过这么长时间的学业中断， 127
他就能实现梦寐以求的生活（无论是他结识小科尼利厄斯，还是他在斯陶尔布里奇的一年经历，都促使他去努力追求这种生活），这也不符合事实。时间一年年过去，他的整个处境似乎没有一点希望。他生平中吸引人之处就在于，他在逆境中取得了巨大成就，逆境也给他带来了巨大财富。

五

在约翰生离开牛津的头两年里，我们对他生活中的外部情况知之甚少，因为，这段时期给他留下了刻骨铭心的痛楚，他自然不愿再提起这段苦艾岁月，尽量将其深埋心底。

显然，他此时靠家人养活，他们可能并不愿对此小题大做，尽管他们也陷入了极度窘迫的境地。尽管约翰生想方设法对家人隐瞒实情，但他们依然能察觉出约翰生出现了严重的问题。重要的是，他们在这段时间似乎并没有对他施加任何压力，没有敦促他将此前从书店带到牛津大学的书取回，这些书此时正闲置在牛津大学。这批书对于老约翰生来说相当于一笔巨额投入。将它们寄回家的费用与书籍的价值相比不值一提。我们只能认为是老约翰生不敢向儿子提起这个话题，因为他害怕这会让儿子的心理状态进一步恶化。此时家中已经举步维艰，但约翰生却没有要求寄回这些书，这表明他已完全陷入内心斗争。

到了1731年，老约翰生濒临破产。他在镇上百姓中依然声望很高，人们既同情他又尊敬他。根据记载，他曾坚持要去参加利奇菲尔德市政当局的会议。但他不得不蒙受羞辱，因为他在1731年夏末，无奈地作为“破落商人”从康杜伊特土地信托公司中领取了十个金币的拨款，而他此前就是这个信托的管理人。[15]与此同时，约翰生听说斯陶尔布里奇语法学校正在招聘门房。他在斯陶尔布里奇的一年时光让他刻骨铭心，如果能故地重游并重新接触故人，可能会对他产生疗效。于是，他前往该镇应聘。但姑且不谈其他问题，光是没有学位就是一个严重障碍，因此学校最终（于9月6日）录用了牛津大学三一学院毕业的一位文学学士。[16]

128 在斯陶尔布里奇应聘期间，约翰生应该是住在格列高利·西克曼家中，他是小科尼利厄斯同母异父的兄弟。约翰生在这里写了答谢的诗歌，赠给格列高利十七岁的女儿多萝西（《献给钢琴演奏者西克曼小姐》）。无论他在离开牛津大学之后多么命运多舛，他仍然时常强迫自己即兴赋诗并一气呵成。为了取悦他人，他在那一年已经多次这样做了。* 此举给西克曼留下深刻印象，他提议约翰生以这所学校为题（温特沃斯、校长、门房职位、招聘全凭文凭）赋诗，这大概是一首讽刺诗。这个建议听起来极为愚蠢、荒唐，令人难以置信。但西克曼肯定没有意识到约翰生此时精神有多么脆弱，也不知道他在此前一年半里经历了精神崩溃，更不知道他在这次短暂做客期间是多么艰难地在控制自我。西克曼像许多不写作的人一样，误以为写作对于作家来说是件轻松的事，也许认为这是包治百病的良药。毫无疑问，他以为这是一件非常普通的小事，还以为约翰生如果能对这次经历吟诗作赋，就能轻松地消除这件事带来的不快，恢复好心情。

约翰生并不希望立刻拒绝西克曼的请求，而是在几周后给他写了封信，请求他"原谅自己没有写出您要求的诗"；"一个人的失意并不是令人感兴趣的主题"，而且尽管他努力思考如何写出这首诗，但却无法动笔，因为他其实是怀着沉重的心情回家的。他还没离开斯陶尔布里奇（或此后不久），就得知小科尼利厄斯突然在伦敦辞世（8 月 22 日）的消息。我们可以猜测出他的去世对约翰生的打击有多大，这也使约翰生彻底告别了此前的岁月。他在三年后所写的《年谱》中，只记录了他人生中的重大事件，其中第五个事件为："在夏天，塞缪尔·约

---

* 即《仕女离开住所颂》和《仕女送了桃金娘枝给绅士》（这首诗更有名，因为有人大胆地误以为这首诗是他为自己写的情诗，约翰生本人称此为"无稽之谈"）。当时情况是伯明翰的一位仕女送给赫克特的朋友摩根·格雷夫斯一根桃金娘枝，格雷夫斯于是请赫克特赋诗答谢，赫克特又请约翰生帮这个忙。约翰生虽答应帮忙，却把这事忘了。后来格雷夫斯亲自上门求助，于是约翰生"走到一旁思忖了五分钟，写下了这首无稽之谈"。赫克特记得他让格雷夫斯"听写出"这首诗。安娜·苏厄德并不知道这个典故，于是推测（或听信传言）这是约翰生写给露西·波特的一首情诗。（赫斯特·皮奥齐：《已故塞缪尔·约翰生轶事录》，见《约翰生杂录》，第一卷，页 167。《詹姆斯·鲍斯威尔创作〈约翰生传〉所用相关信函与文件》，页 439–440，页 575–576。鲍斯威尔：《约翰生传》，第一卷，页 92–93，注释 2）

翰生失去了小科尼利厄斯·福特。”[17]

129 1731年秋,老约翰生的健康状况急转直下,到了十一月,他重病缠身。约翰生曾对斯雷尔夫人称他父亲得了“炎症性高烧”,病因可能是肺炎或其他呼吸道感染。老约翰生最终在十二月的第一个星期病故,根据记载,他于12月7日安葬在圣米迦勒教堂。丧葬事务由萨拉的女仆凯瑟琳·钱伯斯负责,这表明全家都因为这个打击而束手无策,陷入震惊和混乱之中。老约翰生没有留下遗嘱。根据婚约,房子、家具、物品都归萨拉所有。老约翰生留下的个人物品价值约六十英镑,约翰生于第二年七月分到了其中的二十英镑。[18]

也许就在老约翰生弥留的几个月里,发生了一件事(詹姆斯·克利福德对事情发生的时间作了极具说服力的论证)。约翰生称这件事“从此以后就像一块大石头压在我心头”。五十年后,约翰生回利奇菲尔德探访,他在这一天消失了很长时间。陪同他的人中有人曾试探性地问他去了哪里,他沉默了几分钟后解释说,老约翰生多年以来一直想方设法要将他的图书生意拓展到邻近几个镇子。他在尤托克西特镇有一个书摊,每当镇上赶集的时候,他就骑马过来经营这个书摊。

弥留之际,他已无法下床,就让儿子约翰生去一趟尤托克西特为他照料书摊(这也向我们表明老约翰生在利奇菲尔德的生活情况,即年迈多病的老约翰生不得不骑着马来往于各个镇子之间,心力交瘁,看不到希望。也只有这时,他才能通过这种特殊方式请儿子帮他做生意)。但约翰生说:“我的自尊心让我无法屈就,我拒绝了父亲的要求。”他说这番话时,已经整整过了五十年。五十年前,他拒绝了父亲临终前的心愿,此时他坚持完成了父亲的夙愿,就像通过苦修进行宗教忏悔一般。他乘坐“驿递马车到了尤托克西特,在生意最火爆的时候走进市场,我没有戴帽子,在我父亲当年的书摊前站了一个小时,任凭旁人嘲笑和严酷天气的考验”。[19]

注释

[1]《詹姆斯·鲍斯威尔创作〈约翰生传〉所用相关信函与文件》,页104。

[2] A. L. 里德:《伦敦信使报》,第二十一卷(伦敦,1930),页247-249。另见《詹姆斯·鲍斯威尔创作〈约翰生传〉所用相关信函与文件》,页468。

[3]《詹姆斯·鲍斯威尔创作〈约翰生传〉所用相关信函与文件》,页50。《赫斯特·林奇·斯雷尔夫人日记……1776-1809》,第一卷,页384。

[4]《詹姆斯·鲍斯威尔创作〈约翰生传〉所用相关信函与文件》,页xxix-xli。

[5] 约翰·霍金斯爵士:《约翰生传》,页288。鲍斯威尔:《约翰生传》,第一卷,页64。

[6] 塞缪尔·约翰生:《漫步者》,页85。

[7] 塞缪尔·约翰生:《日记、祷文、年谱》,页38、50、56、63、69、71、78、82,页92-93,页121、133、162、225、303。加粗字体为笔者所加。

[8] 赫斯特·皮奥齐:《已故塞缪尔·约翰生轶事录》,见《约翰生杂录》,第一卷,页148。《鲍斯威尔的赫布里底群岛之旅纪行》,页174。

[9] 鲍斯威尔:《约翰生传》,第一卷,页144-145。《约翰生杂录》,第一卷,页409。《闲人》,第八十四期。

[10] 鲍斯威尔:《约翰生传》,第二卷,页15。

[11]《塞缪尔·约翰生书信集》,第七七二篇。

[12] 鲍斯威尔:《约翰生传》,第一卷,页146-147,页143。另见《詹姆斯·鲍斯威尔创作〈约翰生传〉所用相关信函与文件》,页121-122。

[13] 彼得·蔡斯提出这是他出生时长时间缺氧的结果,见《耶鲁生物医药学刊》,第四十六期(1951),页370-379,尤其是页370、376。

[14] 赫斯特·皮奥齐:《已故塞缪尔·约翰生轶事录》,见《约翰生杂

录》,第一卷,页318。

［15］詹姆斯·L. 克利福德:《青年约翰生》,页131、338,注释8(珀西·莱斯韦特:《利奇菲尔德康杜伊特土地信托公司史》〔利奇菲尔德,1947〕,页69)。

［16］詹姆斯·L. 克利福德:《青年约翰生》,页133-134。

［17］阿林·里德:《约翰生拾遗》,第五卷,页64-67。詹姆斯·L. 克利福德:《青年约翰生》,页134-135。塞缪尔·约翰生:《日记、祷文、年谱》,页28。

［18］赫斯特·皮奥齐:《已故塞缪尔·约翰生轶事录》,见《约翰生杂录》,第一卷,页151。鲍斯威尔:《约翰生传》,第二卷,页43。阿林·里德:《约翰生拾遗》,第五卷,页68-74。

［19］理查德·华纳:《北部州郡之旅》(巴斯,1802),第一部,页105。(收入《约翰生杂录》,第二卷,页426-427)鲍斯威尔采用了亨利·怀特牧师的叙述,这个版本更简洁。(鲍斯威尔:《约翰生传》,第四卷,页372-373)如需日期,参见詹姆斯·L. 克利福德:《青年约翰生》,页135、339,注释17。

第九章　东山再起；伯明翰往事；第一部著作

一

尽管并未取得学位，约翰生还是在次年三月找到了工作。他在莱 130
切斯特郡博斯沃思市场学校当助教，这个小镇的居民约有九百人。在这里工作时，他每年能领到二十英镑的薪水，而且还能享受免费住宿。约翰生此前必然一直住在利奇菲尔德，同十九岁的弟弟纳撒尼尔一起帮母亲经营书店（这间书店此时已属于母亲的产业）。但他清楚，自己是多余的人。书店生意十分惨淡，有两个人照看绰绰有余。在自尊心驱使下，他决心要自食其力。此举最重要的原因在于，他需要让自己摆脱浑浑噩噩的病态和压抑的焦虑感，两年来他一直饱受其苦。如果换个环境，摆脱与之相关的联想，并投身于无法轻视的任务（他在书店帮忙时随心所欲，并不把工作当回事），对他大有裨益。

约翰生在3月9日动身启程。早春时节，他踏着泥泞的道路步行前往二十五英里外的博斯沃思市场。既可能是为了省钱，也可能是让自己早日准备好投身新的工作，抑或二者兼有。抵达供职学校后，他立即发现这里真正的负责人并不是六十五岁的校长约翰·基尔比牧师，这位校长在这里才工作了一年半。真正全权负责的人是首席董事沃尔斯坦·迪克西爵士，他时年三十岁，性格暴躁粗鲁，为人争强好胜。这起初对约翰生很有利。在迪克西看来，他在录用约翰生时根本无须将校规中的招聘规定（即助教必须取得文学学士学位）放在眼里。
131 其实，在这所学校著名的校长安东尼·布莱克沃尔两年前去世之后，迪克西就开始在酒席上吹嘘自己可以无视校规，任命任何人当校长。一位宾客曾问他是否真的说话算数，于是迪克西立刻任命他的男管家威廉姆斯当了一个来月的校长，之后才挑选基尔比做校长。约翰生来应聘时，他也一样无视规定，没有为这位助教提供住房。他让约翰生住在自己府上——博斯沃思会所中。鲍斯威尔曾转述了约翰·泰勒告诉他的情况："我听说"约翰生实际上相当于"家庭牧师，他一直到现在都至少要在饭桌前进行饭前感恩祷告，但却无法忍受对方的刻薄对待。约翰生忍受这种难以名状的折磨长达几个月，之后终于辞职不干了。每当回忆起这段经历，他都充满最强烈的厌恶之情，这甚至达到了恐怖的地步"。[1]

无疑，这种恐怖感也与他自身脆弱的心理状态有关，当时他的心理问题极为严重，以至于多年以后，他仍然告诉泰勒，"就连看一眼这个镇上[即阿什伯恩镇，泰勒的家就住在这里]通往博斯沃思镇的道路"，都会让他"心神不宁"。在这所学校工作期间，教书占用了他大部分时间，但教书本身并非无趣。他是因为无法全身心投入到教学工作中以摆脱自我，才很自然地认为这项工作枯燥乏味。他曾经写信给埃德蒙·赫克特（他没有保留这些信件，而是尽量回忆出信件的内容），称马夏尔的话总结了"他千篇一律的枯燥生活"："一日含终生

(vitam continet una dies)”。而且,在教孩子们拉丁文语法时,他认为很难说谁的困难更大:“是他解释这胡言乱语更难,还是他们理解它更难。”而且他承认迪克西是自己的炼狱。人们现在认清了迪克西的真面目,这似乎也证明了约翰·泰勒对他的描述(泰勒后来与他熟识),认为他是个“既寡廉鲜耻又凶狠残暴的流氓”。有一个故事不仅证明他为人横行霸道(这使他经常与邻居或仆人打官司或发生争执,但他却乐此不疲),而且还证明他的无知。根据学校历史老师霍普维尔先生的叙述,迪克西曾打定主意不允许别人从他门前的公共道路经过。隔壁乡绅向他提出抗议,还和他打了一架,结果乡绅“被揍得不省人事。多年以后,迪克西作为‘博斯沃思猎苑的沃尔斯坦·迪克西爵士’,受到英王乔治二世的接见。国王对他说:‘博斯沃思——博斯沃
思:博斯沃思之战的规模很大,对吗?’他其实指的是1485年的博斯 132
沃思大战。迪克西准男爵答道:‘是的,陛下。但我把他狠狠揍了一顿’”。[2]

此类故事表明,迪克西当时应该会随时去找约翰生的茬甚至羞辱他,但约翰生曾暗示称在受到他人攻击时无法管束自己,我们对实际情况一无所知。在这种情况下,他一直在努力控制的强烈的攻击性,就可能有理由摆脱它通常的攻击目标——他自己。这种爆发可能并不能让他充分获得慰藉(因为之后他可能会深陷懊悔中)。但迪克西算不上泰勒所描述的这种心理折磨。约翰生也不需要为这每年二十英镑的收入而折腰,更何况他也做不来这个。没有这笔收入,他一样熬过了此前的苦艾岁月,所以他之后也一样能做得到。欺凌与侮辱无法产生恐怖。真正的“恐怖”在于他的内心,无论是此前两年,还是摆脱迪克西的欺凌之后,始终折磨着约翰生。

二

六月中旬,他匆忙赶回家中,因为要转让老约翰生的个人遗产。约翰生分到十九英镑(他得到的遗产总额为二十英镑,此前已收到过一英镑),此后他又步行回到博斯沃思市场。7 月 17 日那天他还没有动身,因为他曾提到当天在镇上遇到好友约翰·科比特,他是安德鲁·科比特的兄弟。此后不久,他与迪克西大吵了一通,于是从学校辞职(他告诉泰勒,仿佛"刑满释放"),又回到利奇菲尔德。

他现在该做什么呢?如果整天待在书店里,依赖母亲微薄的收入度日,良心会感到不安。7 月 26 日,他突然听约翰·科比特说,阿什伯恩镇学校的门房刚刚去世,他第二天便分别写信给泰勒、科比特及利奇菲尔德镇议员乔治·维纳布尔斯·弗农,请求他们帮助自己谋得这个职位。他的愿望最终还是落空,原因并非是他没有获得学位(获得聘用的托马斯·伯恩也没有学位)。而且他两次被拒之门外,因为伯恩几乎当即拒绝了这个职位,于是最终获聘用的是来自诺丁汉的约伯·索特。[3]学校的头头们可能听说过约翰生与迪克西的决裂,也可
133 能听说过他有抽搐的毛病。无论哪种情况,泰勒与科比特都只有二十岁,还太年轻,无法作为担保人发挥较大的影响。

这次短暂的求职努力落空后,约翰生似乎又陷入麻木和绝望,但他也可能在书店里帮点忙,而且继续不时地与吉尔伯特·沃姆斯利等朋友见面。在这一年九月,他迎来了二十三岁生日。到了十二月,他从牛津大学回来已经整整三年。尽管时光飞逝在他的想象中总能发挥重大作用,却似乎只能让他震惊而无法使他警醒("没有希望,就没有动力")。每过一个月,都令他意识到时光如流水,这又进一步证明

了他强烈的自我谴责和自我怀疑,以致形成恶性循环。这起初尚能对他有所警示,现在似乎却使他变得麻木。无论哪种情况,怎样才能使他拥有的才华有用武之地呢?他不仅所有的愿望都已落空(他可能还感受到茫然、怪异的失败感),就连养活自己都无法做到,就此而言,大部分人似乎都比他做得好。当然,真正的麻烦在于他自己,这正是他茫然无措的原因,可能也正是斯文芬博士所认识到的问题。

对于三年前留在牛津大学的书籍,约翰生始终毫无作为,这一点足以衡量他的麻木程度。约翰生理应早就要求校方寄回这些书。即便他不敢面对这些书(这使他联想到他失去的一切),它们至少能够给他家的书店增加一笔宝贵的存货,这样也能报答家里长期以来为他付出的代价,这是他最容易做到的。在从牛津回来三年后,他显然无法承受将这些书寄回的后果,就像他刚回来的第一年一样。起初,他将这些书留在牛津,就像是将护身符留在那里。但今非昔比。对他来说,最好是压抑关于这些书的念想,就仿佛它们从未存在过,这样就将这些书所象征的过高期望永埋心底。

三

深秋时节,约翰生的老朋友兼校友埃德蒙·赫克特越来越担心他的状况,便邀请他来伯明翰做客。约翰生接受邀请,在伯明翰待了一
年多。伯明翰之行最终成为他人生的又一转折点,只不过效果并非立 134
竿见影。

赫克特已有二十四岁,他在前一年去了伯明翰当外科执业医师。他在印刷商兼书商托马斯·华伦家中有一间公寓,就在商业街的天鹅酒店对面。如果约翰生前来做客,这里足够他同住。他们与华伦一家

搭伙吃饭,赫克特自己此前也是这样做的。无论他是否提前告诉过约翰生,赫克特都为这位好友盘算好了,因为这位好友此时似乎与刚从牛津大学返乡时一样憔悴。重点是如何让约翰生摆脱自我,并全身心投入某件事情,如此才有利于他的心理健康。出于种种原因,约翰生的教书愿望已经落空,但赫克特从孩提时代起就了解并仰慕他行文如飞的才华。尽管持续时间并不算长,但写作却能让约翰生全神贯注投入其中。此外,尽管赫克特本人绝不是作家(他连写信都觉得十分困难),他却能感受到约翰生心底以自己的写作能力为豪。他明白,约翰生当时“有一种虚荣心,极力要隐藏此前的求学经历,以显示出他的学识完全来自他的思想”。[4]而且赫克特可能准确地觉察到,此时约翰生亟需通过各种自豪或自信心理来产生满足感。

赫克特就住在书商托马斯·华伦家中。华伦先生此时正打算或刚刚创立一份小报伯明翰《日报》。该报每周四出版,除了地方新闻之外,很多内容摘自伦敦的报纸,这也是当时外省报纸的惯例。此外,华伦还准备在每一期刊登原创性的随笔文。赫克特显然希望约翰生为这份报纸撰稿。约翰生可能是在十月抵达伯明翰的,报纸还在筹备过程中;他也可能是十一月来的,报纸已经面世。赫克特说,约翰生来的时候,还不知道“他要待多长时间,是住两个星期还是住一个月”。但华伦先生很快就发现约翰生能够在提供咨询建议方面“派上大用场”(他毕竟从小在书店长大,对细节也过目不忘),而且华伦先生慧眼识才,作为回报,他对约翰生“待之以礼”。实际上在整个十九世纪,伯明翰的书商中都传言称约翰生有一段时间担当了华伦先生的“助手”。此外,约翰生还为报纸写过几篇随笔文。可惜约翰生撰稿的那几期报纸未能流传下来。[5]

四

客居伯明翰的前六个月里，赫克特的愿望似乎是有道理的。无 135
论是给报纸撰稿所产生的新鲜感，还是环境的改变，抑或是与志同道合者相伴，以及自食其力所产生的慰藉，都有助于约翰生摆脱长期的心理桎梏。他还开始与赫克特及华伦先生的友人来往，其中就包括约翰·泰勒（他与约翰生的好友泰勒并无关系）。泰勒时年二十二岁，日后在伯明翰做镀金和金属上釉生意发了大财；还有哈利·波特，他时年四十二岁，从事绸缎或呢绒布料生意，遗孀后来嫁给了约翰生。

此后，他又认识了本杰明·维克托。维克托是戏院经理，热衷于讲述轶事。他说他自己，约翰生纵情声色的校友罗伯特·詹姆斯博士，还有约翰生，三人都爱上了一位水性杨花的女子——发明家路易斯·保罗的妻子。我们将在下文介绍保罗。"这位女士告诉他，她从未见过像约翰生这样善于勾搭女人的男子。"人们总是对约翰生的性生活十分感兴趣，这在他成为著名道学家之后尤甚，完全是因为他在这个方面具有近乎不食人间烟火的自控力，任何人如果谎称拥有这方面的内幕消息，都会立刻获得密切关注。只可惜保罗太太早已于1729年9月去世。约翰生可能是去伯明翰时遇见她的，时间应该在他去牛津大学就读的前一年，因为据赫克特称，保罗太太实际上一度当过罗伯特·詹姆斯的情妇，而且她实际对詹姆斯说的原话可能是约翰生"很有魅力"（seducing），维克托从詹姆斯那里听到这句评价之后，添油加醋发挥了一番。但据赫克特称，真相是这个故事所说的根本不是事实，"约翰生从不是狂蜂浪蝶之徒"（Johnson never was given to women）。

说完这句话，赫克特又加了一句耐人寻味的评论，我们将在下文详细讨论：“但他当时似乎没有什么宗教信仰。”简而言之，他当时无法无天，不受宗教负罪感所束缚。另一方面，与他日后严格戒酒相反，他此时经常“开怀畅饮，尤其是加了烤橙子的热果子酒”——这是一种用波特酒、橙子、糖调制成的烈酒。尽管他十分注重自控
136 （“我过去经常出去豪饮，然后偷偷溜回家”），但他曾说过，世界上还没有人见过他喝醉。赫克特听了这句话之后说“那他一定是忘了我吧”，然后就提起约翰生有一次来伯明翰拜访他母亲家的亲戚，这很可能是他舅舅。舅舅邀请他和赫克特两人晚上一同去天鹅酒店畅饮。约翰生提醒赫克特，他这位亲戚是海量，会把两人喝得酩酊大醉。如果轮番上阵，他们就能撑过这一夜。也就是说，先让赫克特陪舅舅喝酒，然后约翰生再来替换他。等约翰生赶到时，赫克特与舅舅已经喝了三瓶波特酒，赫克特已烂醉如泥，无法回家，于是就在天鹅酒店找了张床倒头便睡。而约翰生“并没有善罢甘休”，一直在波特先生家开怀畅饮。结果他也醉倒了，躺在赫克特身旁的另一张床上呼呼大睡。[6]

五

六个月之后，约翰生离开赫克特的公寓，搬到这座城市另一头的贾维斯家中寄宿(1733 年 6 月 1 日)。肯定不是因为他和忠诚不渝的赫克特发生了争执，赫克特很快就搬到他自己的房子里住了，而且一如既往地欢迎约翰生前来做客。也并非因为约翰生觉得自己住得太久而有些过意不去。他既然付得起房租给贾维斯，同样也能向赫克特付房租。

更合理的解释是他开始对自我产生恐惧感，察觉到这一点，他又陷入来伯明翰之前的状态。如果是这种情况，他就会害怕给他人造成痛苦。如果没有赫克特的陪伴及其对他的信心，约翰生几乎一事无成。正因为两人之间的密切接触，赫克特必然对他每天的状况了如指掌（他的病情每天肯定要发作几小时），这对他俩都不啻一场折磨。约翰生一生饱受失眠所困，因此他才会熬夜读书或半夜跑出去溜达，直到凌晨三四点钟才回来，因为他不愿焦急地躺在床上难以入眠。他可能已经采用这种作息方式了，这就可能严重影响与他同住的赫克特，赫克特是位外科执业医师，需要遵守固定作息时间。最后，如果他自己搬到别处住，其他人（赫克特的朋友，华伦先生的朋友，甚至他自己结交的朋友）就不太会前来拜访并看望他，因为他们见不着他了。此举虽然会让朋友们不满，但他只愿在最佳状态时 137
与他们见面。

不管怎样，搬到贾维斯家那间孤寂的房间之后，他的病情几乎彻底复发。赫克特也会来看望他，但他发现约翰生“魂不守舍”，几乎意识不到发生了什么，而且会自言自语，有时还会对朋友“破口大骂”，以致赫克特不得不告辞并“敬而远之”。据赫克特说，约翰生最后又来找过他，“好言相劝”，于是两人重归于好。几个月过后，赫克特真的很害怕“约翰生的心理状况”。他补充说：“约翰生一直都意识到这一点”——也就是说，他对赫克特的担忧心知肚明，但他一直不敢问赫克特，“因为担心对方给出肯定的回答”。直到约翰生最后一次来伯明翰做客（1784 年 11 月，距他辞世只有一个月），赫克特才得知这一情况。当时约翰生问赫克特，在五十多年前，赫克特是否“注意到自己存在精神失常的倾向”，赫克特给了肯定的回答。至于约翰生当年从六月到年底是怎样谋生的，我们就只能猜测了。他可能一直为托马斯·华伦写稿子。(华伦先生在那一年出版了当地牧师爱德华·布罗德赫斯特的一本布道文集,前言有点像约翰生的风格,但捉刀的证据并不充分。)约翰生的一位教父于当年夏末去世,他名叫理查德·威克菲尔德,留给约翰生五英镑的遗产,这在当时正好够这个房间一年的租金。[7]

六

在约翰生做客期间,托马斯·华伦也对约翰生能出版的书籍颇感兴趣。约翰生曾提到自己制订了一项浩大的研究计划,但显然没有一个英国出版商产生过出版的念头。在十七世纪,葡萄牙耶稣会会士杰罗姆·洛沃曾写过一部著作,叙述了他在阿比西尼亚的生活与旅行纪行。书中讲述了耶稣会在当地的传教活动(1625 年至 1634 年),还介绍了阿比西尼亚当地的风俗、宗教及历史;书中还描写了当地的地理风貌(尼罗河及其各条支流,红海海岸)和动植物情况。这部著作完工后,就一直在里斯本的修道院中封存,多年迟迟未能出版,直到一位法国牧师约阿希姆大主教将其译为法语,并在某些专题下补充了一些
138 “专题论述”。约翰生进入牛津大学深造时(1728 年),该书法文版面世,约翰生当时读的就是这本。这部著作篇幅很长,大部分读者觉得书中很大一部分枯燥乏味。但英文简写本可能“更有用,也更有利可图”。

华伦先生当时可能提出让约翰生自行完成这部著作的翻译工作,但却没有得到约翰生的答复。约翰生已搬入贾维斯家中,赫克特与华伦都开始催促约翰生开工,因为他们希望这项工作帮助约翰生走出绝望、厌世的消沉状态。寻找这本鲜为人知的著作是个难题,但赫克特

最终通过彭布罗克学院的一位学生弄到手了(但这本书并不在该院的图书馆中)。此时已到了冬天,约翰生终于动工,他不声不响地完成了一部分译文,交给华伦先生的印刷商。但约翰生再度陷入麻木的倦怠状态。赫克特知道约翰生古道热肠,他为了帮助别人,情愿不顾个人安危挺身而出。于是赫克特告诉他,只有完成这项任务之后,印刷商奥斯本才能接到下一项工作,而且"这个可怜的人全家都过得很惨"。尽管约翰生此时的状态已难以动笔翻译,但他还是竭力振作精神。他一边躺在床上,手里捧着厚厚的法文原著口述,一边让赫克特听写译文,记下他概述的内容。然后再由赫克特誊写出誊清稿,最后完成校样稿。这部译著最终于第二年一月完稿,约翰生获得五英镑的报酬,这对于他一个月的劳动来说待遇还算不错,因为这相当于此前他在博斯沃思学校工作一个季度的工资。这部译著于一年后出版,也就是1735 年年初。[8]

人们对这部著作的兴趣并不仅限于它与众不同的翻译过程。人们直到最近才开始关注它,因为这只是节译本,而且属于受雇主委托所作(此类作品如果是天才作家所作,就依然具有关注价值)。鲍斯威尔率先认为,这部译作唯一值得关注之处在于它的风格(这与译者有关)。他发现,译著本身很少体现出约翰生典型的成熟风格(但实际上并非如他所想),但前言风格令他十分震撼,约翰生在这部分内容中直抒胸臆。前言虽只有三段,但读起来宛如他此后的创作风格,这不仅体现于平衡与对偶的用法,甚至也体现于文中的情感("再现生活的本质"或"运用他的理智而非想象"等语句,强有力地抓住确凿的事实和
概率;约翰生本人拒绝将"自然法则"等同于习俗,而且他坚信人的本 139
质在任何地方都很相似)。埃德蒙·伯克对风格的感知能力举世无

双,并因之闻名于世,鲍斯威尔称他认为这几段文字令人“甚是愉快”。* 读者读完前言,误以为正文风格也与此相似,读罢不禁大失所望。但不管怎么说,约翰生本人对风格的观点通常非常出名。鲍斯威尔曾从友人约翰·普林格尔爵士那里借来这部著作(1776 年),当时这部书早已被人遗忘,他把它“当作珍本”展示给约翰生看:

> 他说:“这本书没什么好看的”,或“这本书不值一提”。他似乎认为这部译作并没有体现出自己的水平,而当时他只有二十六岁。我对他说:“翻译完这部书之后,您的风格进步很大呀。”他得意地笑道:“先生,我也希望如此。”[9]

但有几个因素证明他早在牛津大学就读时,就已经对这本书产生兴趣,这始终萦绕在他心头。他在该书的题献部分表达出最普遍的兴趣:“只有非凡的好奇心,最能使慷慨、高尚的心灵脱颖而出;而只有考察过外国的法律与风土人情之后,才能最令人愉快或最有利地运用这种好奇心。”如唐纳德·格林所言,在此方面,这部著作典型地反映出

---

* “这位葡萄牙旅行家,与他的同胞性情截然不同。他并未通过浪漫色彩的玄幻或异想天开的虚构来取悦读者。他叙述的所有内容无论真伪,至少都是可能的……”

“他的叙述中既无夸大其词,也无矫揉造作,似乎只是根据自己的观察如实记录,将大自然原原本本展现于人们眼前。他运用他的理智而非想象。他没有遇到会让人双目失明的蛇妖,他遇见的鳄鱼在吞吃猎物时不会流眼泪,从山上飞流而下的大瀑布也不会让当地居民双耳失聪。”

“读者在这本书中会发现,没有哪个地区遭受过无可救药的贫瘠诅咒,也没有哪个地区天生就土地肥沃;既没有永不消散的阴霾,也没有永不褪去的阳光;本书中描写的国家既不缺少人类的理智,也不会完美到四处盛行着各种私德和社会公德;这里的霍屯督人也有宗教、政治体制及清晰的语言,这里的中国人也并非都是彬彬有礼,熟稔各个学科。读者将发现,这位勤奋、公正的探索者将会发现什么,那就是无论在哪里,人的本性中都是善恶并存,这是情感与理智之间的抗争……”

约翰生性情中与文艺复兴时期的人文学家惺惺相惜，他们的主题就是展现人的全貌。而约翰生最终走出这段漫长、痛苦的人生阶段并翻开新的人生篇章之后，他的原创著作即将展示出无与伦比的广泛兴趣。一个积极的头脑与这种广博的涉猎相结合，所产生的价值之一在于，它能帮助我们“区分自然与习俗”——将人类真正普世的、持久的或天 140
生的特质与偶然的特点相区分。而且这项能力是约翰生成熟后最引人注目的特点之一，尤其是在文学评论方面。从某种意义上说，他早在洛沃《阿比西尼亚之旅纪行》的前言中，就已展现出对文学评论的兴趣。*

七

完成这部译作之后，约翰生在这年仲冬时节（1734 年 2 月）回到利奇菲尔德。此时，他似乎和动身之前一样颓唐，陷入一样的麻木与自我憎恶，像此前一样绝望，这使他过去五年的岁月蹉跎而过。他又

---

* 此外，他并没有附和洛沃的看法（洛沃认为当地人的某些习俗“违背了自然法则……”并达到令人绝望的地步）。相反，他在纠正洛沃的认识，但是这立足于洛沃自己提出的事实基础之上。他实际上指出，如果我们区分洛沃实际叙述的内容与洛沃得出的结论，我们就能得出他尚未得出的普遍原理。这种情况也适用于本书另一个方面——帝国主义扩张。帝国主义扩张至少是本书主题之一，约翰生终生都将其与剥削联系在一起。如唐纳德·格林所言，在葡萄牙人传教活动的背后，隐藏着不可告人的目的，即：“阿比西尼亚古老的基督教堂当时处于科普特礼天主教亚历山大宗主教区管辖，该教区由埃及的土耳其统治者提供保护。因此，如果让阿比西尼亚统治者与当地教会离心离德，从而使其受罗马教会所控制，就非常有利于葡萄牙帝国在东方的扩张，因为他们的主要竞争对手就是土耳其人。”在这部著作中，读者从洛沃的叙述中可以看到，对他本人来说，政治利益可以影响宗教活动或者是打着宗教活动的幌子牟取政治利益。最后，由于这部译著是节译本或缩译本，考虑到它的完工十分迅速，它在积极主动的创造过程中体现出了智慧，并从纯粹的翻译转变为采撷精华式的翻译，或者说他对原著进行扩写以使其行文更加清晰。[10]

回到之前那种无所事事的生活。这种强烈的颓唐感目前似乎看不到尽头，似乎他已无药可救。他刚刚在伯明翰度过的十三个月时光与他离开牛津大学后的生活并无轩轾，这段时间也与他的牛津岁月长度相仿，可以算是一次新的失败。客居伯明翰的后半段时间，他在贾维斯家中几乎纯属虚掷光阴，他竭力要参透长期以来所受到的威胁，力图“掌控”自己的心理。

他的潜力与他的实际境况反差巨大，让他越来越震惊而非激励他奋起。最后，在这一年的春末，他孤注一掷，决定完成一项雄心勃勃的项目，这个项目的规模着实令人惊讶。即便是一位年富力强的学者，也需要多年时间方可完成，而约翰生仅仅是在牛津大学读了一年书的
141 本科生，竟敢作出如此决定，着实令人诧异。尤其是考虑到他天生缺乏耐性，难以长时间从事此项工作。这项工作就是推出波利提安（他本名安杰洛·波利齐亚诺）拉丁文诗歌的注释版，并附上他的传记，还要加上自彼特拉克以降至波利提安的百年拉丁文诗歌史。波利提安是十五世纪伟大的人文学家、学者及诗人。在这一年6月15日，有人从彭布罗克学院的图书馆找到了波利提安的诗集并寄给了约翰生，霍金斯将这部作品称为“波利提安作品集的一个非常古老、罕见的版本”。（直到辞世，约翰生都收藏着这本书）。8月5日，他发出了“征购启示”，对这项工作作了说明并欢迎读者预订，并让读者将订购申请寄给“编者，即利奇菲尔德镇的书商N. 约翰生”（此时，他家的书店似乎由纳撒尼尔负责打理）。约翰生的一些朋友纷纷踊跃订购，其他人则很少来订购，对于这部著作的潜在客户群体来说，约翰生毕竟太不出名。没有筹集到足够的启动资金，印刷费用自然就不够。这项工作也就无疾而终。[11]

这项工作深究下去，至少能发现三项值得研究之处。它再次预示

了约翰生终生对文艺复兴时期“学问的复兴”极为入迷（他日后曾打算撰写一部文艺复兴史）——他这种浓厚的兴趣也反映出他关注的对象，即人类活动为何能实现如此大的成就，怎样实现这一成就（或者说能实现怎样的成果）。此外，约翰生很明显与波利提安存在一定的身份认同，后者也是一个早慧的孩子，出身寒门，貌不惊人，体态动作也颇为笨拙。此外，他在三十多岁时就已成为欧洲最杰出的教师和学者之一，他对各个学科都有广博的兴趣，拥有惊人的记忆力，而且拉丁文作品的文风也特别典雅。最后，这在心理层面上是个很好的信号。即便这项工作无疾而终（这并非约翰生的过错），仅凭他有如此抱负，并从彭布罗克学院图书馆中找来这本书，再写出“征稿启事”，就足以表明他的病情开始康复，至少也是有可能开始康复。如果说他在此前一年虚掷了光阴，那么为华伦先生写稿件，尤其是翻译洛沃的著作，都对他产生了一定的效果。虽然他浪费的时间要远远超过用于写作的时间，而且他内心仍然进行着剧烈的斗争，他的一部分自我却从桎梏中解放出来，并恢复了一定的自信心，只是还需要一定的时间方可在他身上充分显现出效果。

到了这一年秋天（11 月 10 日），他开始“用各种小册子”记日记， 142
此举仿佛是在努力认识自我。据霍金斯说，“他亲自将这些小册子叠起来，装订在一起”。（这些日记本有的可能在他临终前被他本人销毁，也可能被霍金斯取走，之后又于 1785 年 2 月在他家的火灾中付之一炬。）这相当于约翰生所写的《年谱》前言，他在《年谱》中将自己的生平大事简短记录下来，这部作品留存至今，本书中引用的有些材料即来自于此。[12]

几个星期之后（11 月 25 日），他还以同样的决心给《绅士杂志》的创始人兼主编爱德华·凯夫写了一封信。这份杂志创刊不久，短短三年就已闻名遐迩。其实,约翰生只是想做这份杂志的撰稿人。这封信中过早地为自己进行了笨拙而又拐弯抹角的辩解,不啻画蛇添足,暴露出他还缺乏信心。他说,新创刊不久的《绅士杂志》实际上很多地方值得改进。杂志不应过于关注“现今的智慧”,而应“对其篇幅进行压减”,同时应关注原创诗歌和“拉丁文或英文撰写的短篇文学论文,对古代作家或现代作家的批评与评论及被世人遗忘但又值得关注的诗歌”以及类似作品。通过这种方式,杂志的文学版就“能更好地推荐给公众,而不是通过低俗的笑话、无聊的搞笑、两党间浅薄的谩骂攻讦实现这一目的”。约翰生可能害怕遭到严厉批评,于是在落款处没有签名。他在信中称自己知道“有个人会按照合理的条款采取行动,有时能撰写专栏”。如果凯夫感兴趣,就可以写信给“S. 史密斯”,地址是伯明翰的城堡酒店,由商家转交给他,这才是找对了人。大部分人收到这样的来信都会大为光火,或者干脆置之不理,这是人之常情。但凯夫是位冷静、明智的人,他总是不放过任何机会。根据霍金斯的叙述,他写了一封恳切的回信(12 月 2 日),但显然此事再没有任何进展。[13]

注释

[1] 詹姆斯·L. 克利福德:《青年约翰生》,页 137。S. 霍普维尔:《博斯沃思学校校志》(莱切斯特,1950),页 53。鲍斯威尔:《约翰生传》,第一卷,页 84。

[2]《鲍斯威尔的记事本,1776–1777》,页 10。《詹姆斯·鲍斯威尔创作〈约翰生传〉所用相关信函与文件》,页 170–171。詹姆斯·L. 克利福德:《青年约翰生》,页 136–137。S. 霍普维尔:《博斯沃思学校校志》,注释 1,页 52(在斯雷尔夫人的版本中,这是他与女王的对话。参见亚伯拉罕·海沃德:《皮奥奇夫人自传》,第二部〔伦敦,1861〕,页 103–104)。

［3］阿林·里德：《约翰生拾遗》，第五卷，页88-90。

［4］《詹姆斯·鲍斯威尔创作〈约翰生传〉所用相关信函与文件》，页88。

［5］詹姆斯·L. 克利福德：《青年约翰生》，页143-144。阿林·里德：《约翰生拾遗》，第五卷，页92-97。《詹姆斯·鲍斯威尔创作〈约翰生传〉所用相关信函与文件》，页87。鲍斯威尔：《约翰生传》，第一卷，页85。

［6］《詹姆斯·鲍斯威尔创作〈约翰生传〉所用相关信函与文件》，页88-91。詹姆斯·L. 克利福德：《青年约翰生》，页142-143。

［7］《詹姆斯·鲍斯威尔创作〈约翰生传〉所用相关信函与文件》，页90-91。约瑟夫·希尔：《老伯明翰的书商》（伯明翰，1907），页41-46。阿林·里德：《约翰生拾遗》，第五卷，页99。

［8］鲍斯威尔：《约翰生传》，第一卷，页86-87。《詹姆斯·鲍斯威尔创作〈约翰生传〉所用相关信函与文件》，页87-88。H. W. 利伯特，见《耶鲁大学图书馆馆藏报纸》，第二十五卷（1950），页23-28。

［9］鲍斯威尔：《约翰生传》，第一卷，页88-89；第三卷，页7。

［10］唐纳德·J. 格林：《塞缪尔·约翰生的政治主张》，页66-72。本段简要概述了格林先生的讨论，同时也取材于乔尔·J. 戈尔德：《约翰生译洛沃著作》，《美国现代语言学协会会刊》，第八十期（1965），页51-61。题献部分（鲍斯威尔：《约翰生传》，第一卷，页89）是献给威廉·华伦的，他应该是托马斯·华伦的亲戚。（阿林·里德：《约翰生拾遗》，第五卷，页107-108）

［11］约翰·霍金斯爵士：《约翰生传》，页26-27，页445。鲍斯威尔：《约翰生传》，第一卷，页90。阿林·里德：《约翰生拾遗》，第五卷，页100-101。

［12］约翰·霍金斯爵士：《约翰生传》，页163。塞缪尔·约翰生：《日记、祷文、年谱》，页xv-xvi。

［13］鲍斯威尔：《约翰生传》，第一卷，页91-92。《塞缪尔·约翰生书信集》，第一卷，页3-4。约翰·霍金斯爵士：《约翰生传》，页29。

第十章　约翰生的婚姻；艾迪尔堂学校

一

143 与此同时，在伯明翰，约翰生的好友哈利·波特于1734年9月3日病故，享年四十三岁。波特先生经营的是绸缎呢绒布料生意，他是赫克特一年前介绍约翰生认识的。他去世后，留下了比他大两岁的遗孀伊丽莎白·杰维斯·波特，还有三个孩子。女儿露西·波特十八岁，儿子杰维斯·亨利与约瑟夫此时分别为十六岁和十岁。波特先生虽然在事业上并没有取得成功（实际上还亏了钱），但他出身富裕之家，家族也历史悠久。他的妻子伊丽莎白·杰维斯来自沃里克郡的乡绅之家，家族历史悠久，她母亲的家世也十分显赫，家族里还有王室血统。在她出嫁时，母亲准备了一份贵重的嫁妆（至少价值六百英镑），根据结婚时的约定，如果她丈夫在她之前去世，这笔财产始终归她所有。[1]

波特一家十分善待约翰生，对他热情款待。例如，就在约翰生与赫克特计划在天鹅酒店好好陪舅舅喝酒的当晚，约翰生却去了波特家做客,并与波特先生畅饮美酒。波特一家使约翰生想起了当年在斯陶尔布里奇小住一年时所遇见的人们。他对这一家人的善意感恩戴德,当然也包括他们对自己的敬重和信任。无论是他的外貌,还是他的痉挛,都没有让他们望而却步,这也让他心存感激。而且约翰生一定知道大部分女性是如何评判他的长相的,但波特太太却完全不看重这点,这尤其让他 144
感动。露西·波特曾告诉鲍斯威尔:

> 他经别人介绍第一次见到我母亲时,外表非常吓人:一副瘦骨嶙峋的样子,凸显出他巨大的骨架,看起来太可怕了,而且淋巴结结核留下的深深伤疤清晰可见。他还蓄着长发[这不同于假发],发质又硬又直,梳到了后面;而且他经常做出扎眼的痉挛动作和奇怪的姿势,这似乎立刻会引起人们的惊讶与嘲笑。

但波特太太"全神贯注地听着他的谈话,根本不在乎这些缺点",她告诉女儿:"我从未见过如此睿智之人。"[2]

安娜·苏厄德称,约翰生在波特先生患病期间就住在伯明翰,"他的所有闲暇时间都是在波特先生家中照顾病人"。这绝非无稽之谈。* 在约翰生晚年时,人们对他的了解已比较充分,时人发现,他给予深受恐惧或悲痛折磨的朋友极大的宽慰(他的道德著作也证明了这一点),

---

* 安娜·苏厄德的话通常可信度不高,她对约翰生在这几年的评价,最终证明不是夸大其词,就是纯属想象。这并非她故意要欺骗别人,也不是她以编造谎言为乐,而是因为她有时将有关她母亲及其他老一辈人(她自己1742年才出生)的捕风捉影的谣言作为可靠的事实传播。这个故事就是个例子,大部分细节都证明是错误的。例如,年轻的露西·波特在约翰生读书时曾来过利奇菲尔德,约翰生见了她之后顿时坠入爱河,而且还给她写诗以博取好感,但露西此时最多只有十岁,而这首诗(《仕女送了桃金娘枝给绅士》)实际上是约翰生在1731年为赫克特的朋友摩根·格雷夫斯所作,以供对方将此诗赠给一位红颜知己。[3]

原因之一在于他本人曾经历过太多艰难困苦。这是他最优秀的品质之一,他在二十五岁这年就已体现出这点,此时哈利·波特先生已经去世,而约翰生自己也经历了近五年的考验与绝望。

二

波特太太无论在丈夫生前还是身后,都发现约翰生慰藉人心。此后几个月里,她无疑鼓励他大胆追求自己。这一方面唤醒了约翰生对爱的渴望,一方面也出于他要报答对方的感激之情,他热情地帮助波
145 特太太纾难解困,并赢得了她的信任。威廉·肖牧师曾说:“一开始可能是她向约翰生表达了爱意,因为她不顾所有亲戚的劝诫和愿望,坚持要和约翰生结合。”(肖的叙述通常都是可靠的,资料来源也很准确,这句话可能来自斯文芬博士的女儿伊丽莎白·德穆兰。)[4]

约翰生当时追求爱情时,需要得到对方的鼓励。首先,他已二十五岁,此前从未成功谈过一次恋爱,这使他对自己在情场上的成功缺乏信心。当年在斯陶尔布里奇时,他对奥利弗·劳埃德的仰慕之情自然绝不现实,几乎没有可能成功。即便是地位低得多的安·赫克特(埃德蒙·赫克特的姊妹),他显然同样无法赢得芳心。离开牛津大学之后的几年里,他一直颠沛流离,更是将爱情之火埋于心底。此外,他与波特太太年龄悬殊,他也清楚其他人会怎样看待这桩姻缘。

此外,两人的经济地位也截然不同。诚然,深受约翰生敬佩的小科尼利厄斯就娶了比自己年龄大的妻子,而且她来自富裕家庭(小科尼利厄斯的父亲也是一样,这似乎是福特家族的传统);这等于为约翰生树立了榜样,至少说是种鼓励。如果有人认为约翰生是为了金钱而娶波特太太,那他也百口莫辩(但只要认识约翰生的人,哪怕和他并不

熟识，都不会有这种看法，这一点很重要）。他认为还会出现难题，这也是理所当然的。在约翰生看来，波特太太所习惯的生活方式宛如高岭之花，可望而不可即。打理她的财富也会出现问题，他从没有过这方面的经验。此外，他不仅不如波特太太有钱，而且几乎陷入赤贫。说起波特太太的财富，我们就要评估这笔钱在当时的价值。她至少有六百英镑，也许资产更多。即便在二十世纪六十年代出现严重通胀之前，一英镑在十八世纪初的购买力也几乎相当于此时的二十倍（按照房租、房价、食品价格等计算，不包括衣物或交通价格）。更确凿的估价方法是根据一个单身汉或一对节俭的夫妇一年的花销计算：一年四十英镑足矣（单身汉如果生活节俭，花销会更低）。在此情况下，波特太太的财富相当于一对节俭的夫妇至少十五年的收入，单是利息几乎就足够生活所需。

最主要的障碍还是波特太太的两个儿子以及她丈夫的家族强烈 146
反对两人结合，这只有通过波特太太热烈、持久的鼓励方能克服。约翰生太清楚她为此所付出的牺牲，这些人的态度自然也深深刺伤了他的自尊心。大儿子杰维斯·亨利此时正在接受军事训练，即将成为海军军官。他认为母亲居然会嫁给一个相貌恐怖的人，此人没有工作，而且年龄小得足够当她儿子，他深感震惊，从此以后再也不愿见母亲一面。可想而知，他在两人结婚之前就一定表明了自己强烈的反对态度。多年之后，二儿子约瑟夫心中的“厌恶感”才逐渐消退，他日后成为成功的商人。女儿露西继承了她父亲温柔、固执的性格，又遗传了她母亲坚定、热心、忠于朋友的特点。她很快就接受了这桩姻缘，不久之后又成为约翰生的好友，她对约翰生崇拜得五体投地。安娜·苏厄德称，哈利·波特“在伦敦有个有钱的兄弟，他是个鳏夫”，留给哈利·波特的三个孩子很大一笔遗产，大儿子得的那份尤其多，但却“一分钱也没留给这位穷困潦倒的遗孀，因为她此前嫁给了‘文学界的禽兽’，此人常这样称呼他”。此人就是约瑟夫·波特，他在伦敦做生意，非常有钱。威廉·肖称，他“提出为她提供一笔丰厚的终身养老金，条件是她撕毁婚约。但她依然不为所动”。[5]

相较而言，约翰生的家人对这门婚事即使持反对态度，影响也没有如此大。据说，家人也有些持反对意见，但没有什么特别的理由。约翰生曾就此问题接受过安娜·苏厄德母亲的采访，安娜·苏厄德将谈话内容告诉了鲍斯威尔（但他没有采信），并称萨拉不愿“欣然同意”。* 但苏厄德小姐虽然可能向着波特家族，实际上与波特家族也沾
147 亲带故（她的外公约翰·亨特是约翰生当年的校长，他在第一任妻子去世后，娶了哈利·波特的姊妹），但她不大可能深入了解到萨拉的内心。如果萨拉觉得小科尼利厄斯娶了比自己年龄大的阔太太是一件好事，她就会认为儿子这样做也算是如意姻缘，至少存在这种可能性，只不过他儿子要迎娶的人更老些，也没那么富裕。除了萨拉之外，约翰生家的亲戚就没人能反对他的婚事了。他几乎不会征求纳撒尼尔的意见，而且福特家族的亲戚这些年来都没有为约翰生做过什么，自然也就没有理由干涉他的事情。

1735 年 7 月 9 日，两人在德比郡的圣维尔堡教堂举行了婚礼。由于

---

* “不，塞缪尔，你绝无可能让我欣然同意如此荒唐的婚姻。你还不到二十五岁，而她已经奔五了。如果她还有廉耻之心，就不应该征求我的同意……”

“母亲，我没有欺骗波特太太：我把我最不堪的一面都告诉她了。我家境贫寒，我也没有钱，我还有个叔叔死于绞刑。她给我的回答是，她不看重对方的出身，而且她与我一样都没有什么钱，此外虽然她家没有亲戚死于绞刑，但她家有五十个亲戚足够判绞刑了。”

这个故事不一定完全是苏厄德小姐的编造，但告诉她这个故事的女士却矢口否认说过这番话（这个故事中提到“有个叔叔死于绞刑”，这对人很不敬，但显然是约翰生的戏言）。如需有关这个故事的争议，参见《詹姆斯·鲍斯威尔创作〈约翰生传〉所用相关信函与文件》，页 289，注释 1。

波特太太家人极力反对他们的婚事,她在伯明翰的朋友也持反对态度,她自然不希望在伯明翰举行婚礼。她(也许是夫妇俩)觉得约翰生的家人也可能认为这门婚事很荒唐(她太在意自己的年龄了),那么利奇菲尔德也不适合举办婚礼。于是,两人选择了德比郡。在婚礼前一天办理婚姻登记时,新娘对两人的年龄差距颇感尴尬(夫妇俩分别是二十五岁和四十六岁),于是将自己的年龄登记为"四十岁",这也可以理解。她对自己嫁给如此年轻的丈夫十分焦虑,一心想表现得更年轻些,其中令人惊诧的表现是她偶尔会撒娇耍性子,人们之后注意到了这一点(这并不完全是她性格使然)。婚礼当天,她和新郎骑马前往德比举行婚礼。约翰生对鲍斯威尔和斯雷尔夫人讲过这件往事。约翰生说,她当时"读了不少骑士小说"(约翰生本人也酷爱骑士小说),满脑子想的都是"恋爱中的女人应当将恋人当宠物狗使唤"。起初,她抱怨新郎骑得太快,自己跟不上。新郎放慢速度后,她超到了他前面,这时她又开始抱怨他磨磨蹭蹭。最后,约翰生认为纠正这种"任性"的性格属于原则问题,于是"纵马疾驰,很快就从她的视线中消失。这条路的两侧都种了树篱,因此我相信她肯定不会迷路"。然后,他停了下来,等她赶上来。"她眼中噙着泪水——可爱的小家伙。"[6]

与此同时,在此前几个月里,约翰生就已开始重新树立起对自己的信心和对生活的信心,因为他能够将心态由自我谴责与自我怀疑转变为承担新的责任、产生新的希望。在利奇菲尔德镇书记官西奥菲勒斯·莱韦特与热心的牧师约翰·阿登布鲁克的帮助下,他找到了一份 148
工作,在托马斯·惠特比的庄园(利奇菲尔德镇附近的大海沃德庄园)当了两个月的家庭教师,辅导惠特比的大儿子为进入大学就读做好准备。惠特比本想让约翰生辅导儿子六个月,但约翰生在婚礼之前只有不到两个月的空闲时间,但阿登布鲁克向惠特比保证,经过约翰生两个月的辅导,会超过"在大学正常学习一年的效果"。惠特比家中还有四个孩子,他们也归约翰生教导。约翰生每个星期天从科尔威奇教堂步行回到这里,惠特比一家也去那里做礼拜,约翰生能复述出"牧师布道中最出彩的部分,并对此进行批评、增补、改进",这让他们都大吃一惊。[7]

最重要的是,他最终还是给牛津大学的一位朋友写信(5月18日),请求将他带去牛津并遗留在那里的那批书(他当时对这些书的态度就仿佛它们毫无价值)归还给他。他离开牛津之后,这些书留在那里足有整整五年半了。[8]此举标志着他人生的转折点,表明他的境况在好转。

三

三十年后,约翰生已声名鹊起,但人们对他的婚姻十分不解。他的朋友只要一想到这桩婚事,就不禁十分好奇,而且相互间也作了猜测。这样他们就可以将各自掌握的信息拼凑在一起,而且约翰生的这桩婚事也与他在五六十岁时的性格(这是他的友人所熟悉的)相矛盾。如果说在两人结婚时,新娘一方的亲戚很疑惑她看中了约翰生哪一点,那么三十年后的形势就颠倒了过来,而且人们以后会一直持这种观点,这对于新娘和约翰生都非常不公平。即便这并非人们蓄意为之,但对夫妇俩也都很残忍。实际上,她几乎就是喜剧人物,整个婚事也类似喜剧。如果能以足够超然的态度看待大部分事件,就会认识到这点。约翰生夫妇的这场婚事,超然待之并不难。实际上这也是不可避免的,而且留下了充足的想象空间,凸显出这桩婚事的离奇。

由于约翰生的妻子在1752年就去世了,约翰生晚年的大部分朋友都没有亲身见证这桩婚事,更不用说此次婚姻刚开始的情况,这也很正常。谁都无法直接向他询问详细情况。他们知道,他夫人的去世对他不啻沉重打击。每当提起他夫人,约翰生的声音都会哽咽起来。但人们对两人的婚姻知之甚少,因此从各方面看都觉得难以置信。这
桩姻缘的特点是妻子比丈夫大得多,这并不罕见,但无论正确与否,人 149
们通常认为此类婚姻中丈夫属于温顺型,胆小,缺乏独立性,也许还略微有点幼稚。但这种看法肯定不符合人们对约翰生的印象,因为他体形魁梧,孔武有力,勇敢,而且会像犀牛一样放声大笑,思想也极为深邃。这种不和谐感一直存在,因此即便是对约翰生和伊丽莎白·波特的背景挖掘出许多信息的 A. L. 里德,他在论述这一问题时也将章节标题定为"离奇的婚姻"。

实际上,在约翰生人生的最后二十五年里,他似乎难以和任何人结为连理。他自己也说自己就像是个老"流浪汉",自己钉扣子,在各个方面都得自己照顾自己,就像第欧根尼[①]一样不需要别人的照顾(这是霍金斯的论断),而且晚起晚睡。不仅如此,没有一位道学家能像他那样对婚姻有如此精辟的洞见,通过这一点推断,他并不是一个容易头脑发热的人。此外,在随意的闲谈中,尽管他可以通过雄辩论证单身生活更加糟糕,但他对婚姻的评论同样会让每一位在场的有夫之妇如坐针毡。鲍斯威尔说:"一位绅士"(实际上就是指他本人)"对他谈起,自己极为仰慕一位女士并希望娶她为妻,但又害怕她的才智超过自己"。约翰生答道:"你不必害怕;把她娶回家。要不了一年,你就会发现她的理性会下降,她的智慧也不那么出众了。"谈到另一个人的第

---

① 第欧根尼是古希腊哲学家,他认为除了自然的需求必须满足外,其他的任何东西,包括社会生活和文化生活,都是不自然的、无足轻重的。他强调禁欲主义和自我满足,鼓励放弃舒适环境。作为一个苦行主义的身体力行者,他居住在一个木桶里,过着乞丐一样的生活。

二次婚姻,他认为这相当于“希望战胜了经验”。他在帕欧里将军家中还讨论了婚姻是否属于“人类天性”这一问题,指出:“男性与女性通过结婚在一起生活,绝不是人的天性”,无论是他们作为个体的动机,还是社会的所有限制,“都不足以让他们在一起”。当鲍斯威尔问道:“世上是否会有五十个女人,和其中任何一位在一起,男人都会幸福,如同和某一位特定的女人在一起一样?”约翰生答道:“有五万人。”“鲍斯威尔:‘那么先生,您不认为某些男人和某些女人天生就是绝配吗……’约翰生答道:‘……一般来说,假如由英国大法官根据人们的性格与背景来拉郎配,婚后的幸福程度绝不亚于由人们自行择偶,往往还幸福得多。’”[9]

但如果说他一般情况下很难走入婚姻的殿堂(他按照自己的方式
150 生活、写作、交谈),他似乎没有希望同神秘的“泰蒂”或“泰茜”(这是他给妻子伊丽莎白起的绰号)喜结连理。他妻子比他大得多,而且与约翰生最喜欢交往的那一类女子相比也差距甚大。她与斯雷尔夫人不同,后者像萨拉一样长得小巧玲珑,而且非常小鸟依人。她与优雅、美丽的贵格教徒诺尔斯夫人也不同(她就是长大成人的奥利弗·劳埃德),她也不同于莫莉·阿斯顿(约翰生认为他从未见过“如此可爱”的女性,她的五官长得非常精致):泰蒂体形魁梧,丰满,肤色黝黑。但是,约翰生曾告诉他的朋友托珀姆·博克莱尔:“这是爱的联姻,对于双方都是如此。”(约翰生的坦荡众所周知。)假如泰蒂当时看中约翰生的是他将成为了不起的大人物,那么约翰生看中她的又是什么呢?肯定不是年轻人那种痴情迷恋。她的外貌和举止都令人失望。加里克曾向鲍斯威尔描述过她的长相(同样也将这番话告诉过斯雷尔夫人等人):“体态臃肿,胸脯大得吓人,两个脸蛋胖嘟嘟、红扑扑的,她不仅脸上涂着厚厚的胭脂,而且长期饮用药酒也让她脸色更加红润;

她身着奇装异服,引人注目,举止言行矫揉造作。”[10]诚然,加里克的描述常常夸大其词,这是众所周知的。此外,他只是谈论她晚年的外貌,莱韦特等人也是一样。莱韦特曾提到过她的饮酒,还有人曾告诉霍金斯(加里克就是其中之一),夫妇俩彼此相待的方式有点“疯狂”——“他对妻子表现出巨大的敬意,而她则一副美人迟暮的神情”。[11]即便考虑到岁月沧桑,也很难想象她的外貌具有魅力。(每当回忆起她,约翰生都会说:“我亲爱的美人呀”;“迷人的美人呀”。)也许(人们认为)真正的答案是霍金斯给出的——约翰生眼神不好,看不清楚(人们提及这桩婚姻,有时仍会作出此类评论)。实际上,斯雷尔夫人曾指出,即便视力再不济,他对于女性外貌和着装的诸般细节也都特别关注,而且她还说,他对此类细节特别挑剔。

四

真相在于这些年泰蒂受了很多苦。在约翰生三十多岁时,他的时
运长期处于低谷。泰蒂为他作出了很多牺牲,而且年过半百,她的儿 151
子都离她而去,财产也几乎消弭殆尽。由于没有什么可以支撑自尊心,她不可避免地发生了改变,这既不能怪她,也不能怪约翰生。* 实际上,他俩彼此忠贞不渝,决心在逆境中尽力而为。她奋力坚持了一生,直到结婚十七年后去世,这一点十分感人。晚年她留下了一些画像,自然(即便是人们考虑到岁月流逝所留下的痕迹亦不例外)会在其中留下她此前的外貌特征,但奇怪的是画像从本质上说更加形象。斯雷尔夫人指责加里克的描述称:“我发现她在利奇菲尔德的画像非常

---

* 参见下文页 261-264。

漂亮，而且她女儿露西·波特太太说这幅画像画得很像她本人。约翰生先生曾告诉过我，她的头发非常漂亮，就像小宝宝一样，是位**金发碧眼的美人**。”威廉·肖经过仔细调查，称她在结婚时“仍然很年轻貌美”。其实，她一度“非常端庄秀丽，因此与约翰生有过书信往来和心灵沟通的人[这应该是结婚五年甚至十年之后了]，提起这桩奇怪的婚姻时”，都经常为他感到高兴。此外，她“极为精明，又知书达礼，婚后不久，约翰生经常喜欢在自己的各种文学事务上征求她的意见”。她的论证十分高明，约翰生曾告诉斯雷尔夫人，在某些争论中，他不得不事先让她女儿露西站在自己这边。夫妇二人喜欢在一起阅读剧本。“（他说）他从未见过对喜剧的解读如此精辟之人；她对悲剧也颇有见地。”[12]

约翰生另一个有趣的方面是他具有强烈的感恩之心，表面上看，这很难与他特立独行的天性融为一体。人们现在普遍认为，无论是在人还是在动物的心理中，只有在攻击性更强的物种中才会存在极度的忠诚（感恩之心就是其中之一）。而且这一点在攻击性更强的个体上体现得更加突出，只不过有必要通过禁忌的铁圈（或通过道德安排，这是一种更加复杂的存在）将这种情绪的力量从攻击转变为矢志不渝的忠诚。如果约翰生憎恶嫉妒，而且本能地对此筑起禁忌的道德高墙，
152 他也会谴责缺乏感恩之心的人是何等心胸狭隘。因此，在《漫步者》杂志刊登的一篇随笔（第四期）中，他抨击了斯威夫特的一句格言，因为后者认为人类“感恩之心愈强，憎恨之心就愈强”（“对于人类来说，最重要的莫过于对这种倾向加以剖析和批驳”）。自由且充分地表达感激之情，本身就标志着一个人是“自由主体”，而且从根本上说，这是“道德的存在”。

对于约翰生来说，有三四个强有力的因素将这桩婚姻维系长达十

七年,感恩之心肯定是首要因素(其次是他即将在伦敦开始新的职业生涯,主要是对泰蒂的责任心使然),这实际上使他从长期以来一直深陷的自我毁灭状态中走了出来,进而获得救赎。从一开始,她就对约翰生的古怪举止视而不见,而且第一句评价就是:“我从未见过如此睿智之人。”哈利·波特去世后的几个月里,波特太太给了他更多的帮助,使他树立起信心。在他陷入近乎疯癫的状态长达五年之后(从二十岁到二十五岁,这是他人生的关键时刻),在他人生最为潦倒之时,是波特太太使他树立起信心,这一点更为重要。他最终通过婚姻树立了信心,但此时波特太太明显面临着种种不利境地,而且她面对的反对意见是何等强大!况且约翰生天性包容,这种感恩之心便成了他终身的品质。因此,在夫人去世后很久,他依然因爱人的故去悲痛不已。这是自然而然的结果,并深深地震撼了他的朋友(如果他们看过他的日记的话),这甚至比他们想象中的更加强烈。在斯雷尔夫人三十年后帮助他走出绝望的阴影之前,没有人的恩情能与他的夫人相媲美。

当然,他也可能对其他女性产生“一见倾心”的情愫(他并不觉得这有什么错;他认为有错的是在这种感情的驱使下毫无顾忌地展开追求)。但是,这些诱惑与他夫人为他做的一切和付出的牺牲相比,不值一提。最后,尽管我们不应过分强调,但他夫人凭借对他的信心,使他仿佛回到在斯陶尔布里奇度过的那一年,当年那次“重生”对他来说极为重要,几乎是他一生中的典型经历。他夫人出身乡绅阶级,这与小科尼利厄斯的世界并无轩轾(当然,这并不是他的整个世界,只是其中一部分),这也是斯陶尔布里奇的世界(自然是理想化之后的世界),那里的人们也对约翰生富有信心。仿佛他本人在背叛这个世界五年 153
多之后,再次发现这个世界对他重燃信心,最终证明他并没有完全脱离这个世界。

五

作为回报,他至少可以克服自我放纵的缺点,着手做一件力所能及的事情,也就是当一名教师。这意味着他必须克服自身对工作的厌恶。这样做原因很多。首先,在《拉塞拉斯》中,年轻的佩库阿宣布自己的愿望是做天文学家的门徒时,依姆拉克对她说过这样一番话:“学问上成果丰硕的人都不喜欢重复自己所掌握的技艺。”这对于自学成才的人尤为突出(约翰生基本上可以算是自学成才),他们很少有耐心去当老师。无论是惊人的记忆力,还是快速的领悟能力,都使自学成才的人不愿每天对某个学科的基本知识点老生常谈,这肯定会令他们很不愉快。此外,约翰生也意识到他自身的抽搐和痉挛动作被学生看到后会产生什么影响。他曾在博斯沃思市场的学校任教,这次经历给他留下了伤心的记忆。最后,他还面临一大阻碍——他没有取得过学位,这使他饱受羞辱,却又别无他法。

此外,如果有可能,他希望改善泰蒂有限的财产。在吉尔伯特·沃姆斯利的鼓励下,他萌生自己创办一所学校的想法。成婚之前,他曾在惠特比家当过家庭教师,这也表明如果他能在教学中获得合理的独立自主权,他定能胜任这项工作。到了六月,他已经着手制订计划,因为他在婚礼前一两周曾给好友理查德·康格里夫写过信(6月25日),称自己“正打算在乡间装修一间房屋,并打算为年轻的绅士们创办一所私立寄宿学校”;而且由于他希望了解“最著名的学校所使用的不同教学方法”,于是问康格里夫(他曾从利奇菲尔德语法学校转学到查特豪斯公学)能不能告诉他“查特豪斯公学的教学方法?再帮我搞到威斯敏斯特学校的教学方法好吗”?[13]

但是，独立创办一所学校需要巨大投入，这就给他妻子的财产造成了巨大风险。婚后不久，他就又一次去另一所学校应聘，想谋得该校刚 154
刚空缺的岗位。这所学校位于索利哈尔，这是距伯明翰七英里的村庄。校长是约翰·康普顿。他当年的一位学生理查德·杰戈日后成为二流诗人，他在著作中称康普顿“脾气暴躁”，他手拿“桦木杈杖，上面沾满了学生的斑驳血迹”。康普顿当时突然辞职，跳槽到博斯沃思市场的学校担任校长。这所学校就是约翰生曾工作过的地方，原先的校长约翰·基尔比刚刚去世，沃尔斯坦·迪克西爵士久闻康普顿用杈杖体罚学生的威名，便开出罕见的高薪（一百零三英镑外加一套房子和花园），把他招募了过来。吉尔伯特·沃姆斯利给索利哈尔的朋友亨利·格莱斯沃尔德写了封信，推荐约翰生去应聘校长一职。但这位朋友在 8 月 30 日回信称，学校的管理层已对康普顿的做法十分恼火，因此对新校长的人选十分慎重，而且希望深入了解约翰生的性格。他们作出的决定是不予录用，因为约翰生“虽然是优秀的学者”，但他们听说他是“极为高慢、脾气暴躁的绅士，他会做出奇怪的面部表情（尽管并非故意），校方认为这会影响某些学生”。[14]

打消这个念头之后，约翰生与泰蒂便开始实施自行创办学校的计划。即便他们只招来二十个学生，也必须拥有宽敞的校舍。在沃姆斯利先生的建议下，他们在利奇菲尔德镇以西约两英里的艾迪尔村租下一座宽敞、巨大的房子——艾迪尔堂。房子尽管很大，院子也很大，租金却不算高，也许是因为外形十分怪异。这座房子约建于七十年前，由利奇菲尔德镇一位名人建造。此人名叫托马斯·哈蒙德，他的建筑品味十分与众不同。房子主体部分就像一个大箱子，房顶是金字塔形的。金字塔的顶部是平坦的广场，四周用一圈护栏围了起来，广场中间还设有一座高大的木质穹顶——显然用作瞭望台。有一根烟囱的形状酷似埃及的方尖碑。（到1800年，这座房子已沦为乡间农舍，装饰部分都被拆掉，巨大的厢房也被拆毁。这座建筑物就以这副模样留存至今。）[15]

教室就设在这座房子巨大的后房里。忠诚的露西·波特也搬来和约翰生夫妇一起住，一起住的至少还有一对仆人夫妇（也许还有其他人），仅有一位仆人的名字留下来了，他是十六岁的男仆查尔斯·伯
155 德。他迈入垂暮之年后，有报道称曾有人问他是否记得在艾迪尔堂度过的时光，他只回答说，约翰生“看上去并不像是儒雅之士”，但极为擅长“在各种风格之间跳跃”。[16]筹备物品和装修房屋需要一定的时间。尽管租金按照当前标准低得惊人，但家具相对很昂贵，因为当时还没有出现批量生产。即便装修比较普通，他们一家可能还是花了很多钱，也许高达一百英镑甚至更多。同时，两人还要支出一大笔生活费，泰蒂和露西都不习惯过苦日子，泰蒂可能把有些钱用于这方面。在这段短暂的衣食无忧的岁月里（也可能是在第二年年初），约翰生同意让人给自己画一幅微缩画像来讨泰蒂的欢心（她把这幅画像用别针别了起来）。[17]

六

最后，到了晚秋时节（1735年），这所学校开业了。有三名学生前来报到，现年十八岁的大卫·加里克，他十二岁的弟弟乔治·加里克，稍后到校的劳伦斯·欧弗雷，他现年十六岁，出身于斯塔福德郡一个声名显赫的世家，第二年秋天进入剑桥大学深造。虽然加里克家族也很喜爱和敬重约翰生，但主要由吉尔伯特·沃姆斯利负责招生。欧弗雷是玛格达琳·阿斯顿的二表弟。此时沃姆斯利已经五十六岁，他开

始厌倦单身生活，即将在1736年4月迎娶玛格达琳。

据霍金斯说(他可能是从约翰生那里听说此事)，在招募学生的过程中，沃姆斯利的想法就像精明的“农村家庭妇女”一样，她们将“一个鸡蛋放在母鸡的鸡窝里面，想引诱她下更多的蛋”。但是，这个方法效果并不好。约翰生没有拿到学位，他痉挛的动作也没法让家长放心，而且艾迪尔堂距利奇菲尔德语法学校太近，自然相形见绌。鲍斯威尔认为，约翰生只招到了加里克兄弟与劳伦斯·欧弗雷这三位学生。但霍金斯称还有一些学生也来学校报过到，只不过总人数从未“超过八人，其中有些还不是住校生”。我们无须讨论学校的课程设置。在霍金斯和鲍斯威尔出版的著作中，都有约翰生对课程设置的概述。学校的课程完全属于传统课程，而且照搬了利奇菲尔德语法学校的课程。[18]

除了学生人数很少之外，鲍斯威尔还总结出这所学校的另一主要 156
特点：

> 根据加里克先生的叙述，学生似乎并不太尊重他。无论是他怪异的举止，还是粗鲁的动作，都沦为学生的笑料。特别出格的是，这些小流氓经常躲在他卧室的门口偷听，而且透过钥匙孔偷窥。他们会嘲笑约翰生对他妻子火热的爱意，因为他亲密地称妻子为泰蒂或泰茜。[19]

实际上，加里克就模仿过约翰生夫妇在卧室中的情景，这是他固定上演的客厅剧目。在他的表演中，约翰生会全神贯注地写着他的悲剧。约翰生的许多朋友都看过加里克的表演，其中也包括鲍斯威尔。有些更极端的剧目只为男性保留；例如，斯雷尔夫人就说她从未看过这些剧目,“但我丈夫看过”。无论此后多么怀疑这种模仿的真实性,他们几乎都很喜欢这种表演,因为表演者是当时最伟大的演员,而且加里克同时饰演约翰生与泰蒂两个角色。即便是著名学者埃德蒙·马龙,也不得不承认“加里克的表演极具娱乐性,但毫无疑问都是胡编乱造”。在这些滑稽短剧中,约翰生总会坐在床旁边的桌子前,孜孜不倦地创作着《艾琳》。他在创作时总是全神贯注,以至于没有听到泰蒂喊他上床,他还会向她高声朗诵自己正在创作的新诗。同时,他几乎没有注意到垂在他身旁的被褥,以为是自己衬衣下摆露出来的部分,便漫不经心地将它们塞进裤子里。这时泰蒂会冷得直哆嗦,于是拼命去抓住从自己身上抽走的被褥。最后,约翰生终于意识到泰蒂的情况,发觉泰蒂在喊他上床,他便站起身来,开始在房间里面来回跑动,一边喘息着,一边哈着气,身上应该还拖着被褥,然后才开始准备上床,一边上床还一边喊着:“我来啦,我的泰蒂,我来啦。”[20]

几个月之后,约翰生决定在《绅士杂志》上给学校做广告(1736 年六月号与七月号):“在斯塔福德郡利奇菲尔德镇不远的艾迪尔,年轻的绅士们就在这所寄宿学校就读,由塞缪尔·约翰生教授他们拉丁语与希腊语。”即便如此,依然收效甚微。约翰生觉得愧对夫人,他创办的这所学校不仅没有为泰蒂赚到钱,反而赔了不少钱。别无他法,他只能从事写作。他写的不是新闻或诗歌这样的短章,而是正式的无韵
157 体诗悲剧,如果能上演,不仅能赚到钱,还能赢得声名。他创作的唯一一部戏剧名叫《艾琳》。

七

对于现代读者(距今不超过两个世纪)来说,写这样一部戏剧开启

自己的文学生涯似乎很奇怪,因为这仿佛像在僵硬的织锦上叙说一部仿古典悲剧,并以东方或遥远的地方作为背景。但在当时,对于真正立下凌云壮志的诗人,这曾经(十七世纪九十年代至十八世纪三十年代)再正常不过。他为此投入大量时间与精力,不啻一场豪赌。如果赌赢,他就声名斐然。约翰生记得穆罕默德苏丹与希腊基督徒、奴隶艾琳的故事,他曾在理查德·诺尔斯的《土耳其通史》(1603)中读到过这个故事,此前也有多部戏剧取材于此,约翰生可能也读过这些剧本。他从加里克的哥哥彼得那里借来了这本《土耳其通史》,开始了自己的戏剧创作。在诺尔斯的著作中,美丽的艾琳在君士坦丁堡陷落(1453 年)之后被俘,沦为穆罕默德的情妇。穆罕默德被胜利冲昏头脑,无视其他一切事情,臣民开始反抗他的统治。为树立统治者的威信,他杀害了艾琳。在约翰生的作品中,艾琳更加积极主动,作品也改编为一部以诱惑为主题的道德剧。艾琳面对的选择是放弃基督教信仰并改信伊斯兰教,以换取安全与权力,她动摇了,接受了,之后再次动摇,最终遭到杀害。对于与约翰生地位相当的所有作家而言,从没有哪位作家的长篇著作像这部作品(这又不同于琐碎的文学作品或粗制滥造的作品)一样默默无闻。过去两百年里,要不是这部作品的作者是约翰生,很少有人会听说它,就连热衷于文学的人士也不例外。这里需要详细介绍一下十八世纪戏剧的历史,以及文学史家好不容易从故纸堆中发掘出来的其他数十部剧作。但现代读者面临的诸多障碍就在于他们知道这部作品的作者是约翰生,这不啻是个悖论。如果读者随机选中这部作品(尤其是在读过同时代的多部此类悲剧之后),这部作品似乎并不算太糟糕。但如果读者知道这部作品的作者是一位英国散文风格的大师(他对一种诗歌风格的运用也达到出神入化的
地步),而且是最优秀的评论家之一,还对多种语言创作出的文学作品 158

作出了精彩批评,他们就会对这部作品大失所望,除非他们最坚定地力挺约翰生,即便是这些人,有时也会对此作感到失望。

有几个因素对这部剧作十分不利。首先它所属流派(约翰生本人此后比他人更清楚地认识到这一点,也更好地表达出这一点)是僵化、程式化的悲剧类型,背景设定为遥远的地方,远离现实生活。其次是约翰生自身创作经验不足。他明白这部作品纯属赶时髦,他要借此大赚一笔,还要凭借它取得跻身文坛的敲门砖。更何况在一个外省城市里,他已经开始做他人认为是正确的事情,也就是竭力一炮打响。但是,他对剧院的实际业务确实一无所知,而且他也没有条件了解。最后,这部作品也与他的风格格格不入,甚至与他早期的创作风格也大相径庭。他可能对细节描写、人物及道德思想作了调整和丰富,对这部剧作的三篇讨论通过不同方式论证得出的正是这一结论。[21]但一开始这部作品就已经违反了他日后针对戏剧的用途与功能所形成的大部分观点(这些观点此时可能已开始形成),或者说违反了他对于整个虚构作品所形成的观点,因为虚构作品能够或应当展现人类的生活。他与另一位伟大的评论家柯尔律治相似,后者能从自己早期的工作中充分认识莎士比亚(他从中学到最多的是不要这样做),约翰生日后也强烈反对他此时所创作的这类戏剧(一年之后他还在进行完稿和修改工作)。

他在这部剧作中加入了强烈的自我意识,创作目的只有两个,首先是赚钱,其次是出名。他的创作速度无人可及,他此后曾一天写出相当于四十出版页的内容,而且能够出口成章,但此时进度却极为缓慢,这不禁让他担惊受怕。其实,这部作品在各个方面都与他的本心格格不入。一个标志是韵律本身。约翰生在正常情况下至少在这方面不会有一丁点问题。但是无韵体诗读起来就仿佛英雄双韵体去掉了押韵一样,而且他对于联韵句极为焦虑,因为需要严格遵守音律,这样就不得不牺牲其他方面(甚至要牺牲风格和节奏)。这就导致韵律极为呆板(这对于一部戏剧而言尤为突出),约翰生本人此后对此都难以容忍。但这部作品对我们来说仍具有巨大的心理研究价值。约翰生是第一位伟大的现代评论家,他从中认识到自我意识的束缚对于作家的影响,而且他获得了第一手的经验教训。

数月以来他对这部作品倾注了大量精力,完成一半左右篇幅时, 159
他不愿就此放弃,这也是人之常情。于是他以惊人的决心,一年之后继续开始重新完成这部著作。但他从未对此进行过辩护。多年以后,这部作品最终面世时,有人问起"他对这部悲剧未能取得成功是什么心情。他答道'这就像是一座纪念碑',他的意思是他就像纪念碑一样坚定、毫不动摇地坚持创作"。有人告诉他,一个名叫波特的人认为《艾琳》是"最优秀的现代戏剧",他答道:"如果波特真这样说,那他一定是在撒谎。"但在这个故事中,也有悲伤的真情流露,以至于有人曾在乡间别墅里大声向朋友朗诵这部作品,这时约翰生马上溜出门。有人问他为何要走,他答道:"它没有我想象得那么好。"与此同时,我们应当记住这部著作开始创作和完稿过半时的背景,当时他创办的学校倒闭,而且赔了泰蒂很多钱。在加里克的模仿中,约翰生总是在卧室中奋笔疾书地创作剧作,同时泰蒂在催他上床。此情此景如果能告诉人们什么真相,那就是约翰生在竭尽全力弥补对泰蒂的亏欠,而且无论他内心对这部作品的创作多么抵触,他都一心要完成它。

八

他在孜孜不倦地创作《艾琳》时,会将其中一些内容朗读给沃姆斯利听。沃姆斯利评价很高,并鼓励他继续创作。曾发生过一个小插曲,沃姆斯利对约翰生说,在作品的第一部分,艾琳已经受了太多罪,在第二部分似乎已经不可能更惨了。约翰生答道:“还有很多罪等着她呢”(他暗指宗教法庭的拖沓与弊端,而沃姆斯利就在利奇菲尔德镇的宗教法庭担任司法常务官);因为在最后一幕中,“我打算让利奇菲尔德的宗教法庭审判女主角,这可是人类最大的灾祸”。[22]

除了他自己并不擅长创作戏剧之外,还存在另一个巨大的不利因素,即他虽然读过许多剧本,却没有看过多少戏剧表演,至少没看过多少优秀的戏剧演出。但无论他在创作《艾琳》时的自我意识多么强烈(这部著作创作速度奇慢无比,就证明了这一点),他对戏院事务的不熟悉似乎并没有动摇自信心。根据此后的评论判断,他可能误以为任
160 何一个聪明人凭借一定的想象力,就能迅速抓住重点。而且他可能觉得自己已经抓住了,因为他曾看过巡演剧团到利奇菲尔德的演出。实际上,鲍斯威尔在1776年陪他回到利奇菲尔德时,他曾向鲍斯威尔评论过当时的表演:“四十年前,他爱上了女演员艾米特,她在《霍布掉进井里了》中饰演芙洛拉。”这部剧作由科利·西伯创作。(如果真是在四十年前,当时就是1736年,他已经娶了泰蒂;但他可能指的是四十多年前,这句话肯定是戏言。)人们找遍当时的舞台表演记录,都没有发现艾米特夫人是谁,这应该是个很不出名的巡演剧团。加里克津津乐道的一个故事,也证明约翰生在利奇菲尔德还看过一场戏。也许因为听力不太好,他在舞台两侧布景中间放了一张椅子。他把椅子搁在那里几分钟后,“有一个苏格兰军官对他很不友好,此人说服了镇上的旅馆老板坐在这张椅子上”。约翰生回来后,礼貌地请旅馆老板把座位还给他。遭到拒绝后,两人便争执起来,最后约翰生不顾对方还坐在椅子上,一把举起椅子,连人带椅子给扔到了剧场后排。霍金斯说,

约翰生力大无比,“宛如黄巾力士一般”,把椅子扔过了整个舞台。苏格兰军官大声喊道:“该死,他把人家的手脚都摔断啦。”但其实并非如此,沃姆斯利出面调解摆平了此事。同时,约翰生也取回了椅子,然后“坐在椅子上,极为沉着冷静地看完了这部戏”。[23]

九

与此同时,纳撒尼尔发生了变故,约翰生深受打击,始终对此三缄其口。我们只有两件证据能表明这件事情的来龙去脉。早在 1736 年,纳撒尼尔就在斯陶尔布里奇开了书店的分店,当时他二十三岁。有一份简短的商业活动报表留存至今,证明这家书店在当年六月仍在正常营业。[24]第二件证据是他写给母亲的一封信,信件是当年九月从伦敦寄出的。据此我们可以推断出,他在斯陶尔布里奇惹上了麻烦(伪造账目,也可能是大肆举债后携款跑路)。在这封信中,他称自己给她寄来了另一间分店的账本,这间分店位于附近的特伦特河畔伯顿
镇,这是他在斯陶尔布里奇的变故之前或刚发生不久为母亲开设的: 161
“信中还附上了我能想起来的所有账单,它们将由伯顿分店或其他分店偿还。”之后则是这封信的关键部分:

> 我现在连买一刀纸的钱都没有,也没有信用去赊账。我确实曾积极地想压低价格买下斯陶尔布里奇的那家店,我认为我到了那里之后,就会快乐地生活,第一次产生这个愿望时,我还没有犯下这些罪行,它们给你们和我都带来了如此巨大的困扰。你从未拒绝为我提供一部分经营用具,但你也从未告诉过我,你会给我或借给我这些用具。我没有理由指望我哥哥的帮

> 助，他几乎从未以正常礼数对待过我，而且正因为他的建议，你反对我去斯陶尔布里奇镇。如果我有能力的话，我就会让我在斯陶尔布里奇的朋友来补救我闯下的纰漏并还清我欠的债务。[25]

从中我们可以推断出一些信息。纳撒尼尔曾去拜访过斯陶尔布里奇的福特家族与西克曼家族的亲戚，并在他们的帮助下在该镇开办了一家分店。由于约翰生对自己当年在斯陶尔布里奇的岁月过于理想化，而且无论是这段时光还是这里的人，都深深地嵌入他的自我期望和自我要求中，如果让纳撒尼尔留在那里，他自然会担心给这里的人留下不好的印象。时年二十三岁的纳撒尼尔十分敏感，他纵情欢乐、开怀畅饮，以掩盖内心的脆弱，而且理直气壮地利用这里的亲戚。甚至不难想象（因为约翰生此后对此只字不提）他会坠入伪造文书罪行的深渊。正因为此，威廉·多德在四十年后因伪造文书罪被判死刑时，约翰生对他的同情中还伴有辛酸之情。除了盗窃或做假账的罪名之外，纳撒尼尔本人的叙述也揭示了他的绝望之情，他说道："我不知道我今后的人生会怎样，我也不关心它会怎样，但我知道我必须诚信做人。"他说他正考虑两周后动身前往佐治亚——这片新的殖民地是奥格尔索普将军在四年前（1732 年）创立的，帮助债台高筑和穷困潦倒的人渡过难关。

但纳撒尼尔并没有前往佐治亚。他一路向南漂泊，来到萨默塞特，那里没有人认识他，他显然得到了母亲的一些帮助，于是在弗罗姆镇创立了一爿图书装订和文具店。几个月之后，到了第二年三月初，
162 他告别了人世。四十三年之后，约翰生已是古稀之年，他给朋友玛丽·普劳斯写了一封信，询问她是否能打听到有关那个人的情况。他

并没有说他打听的那个人是他弟弟,只是说“他是我的近亲”。阿林·里德发现了纳撒尼尔的去世日期,提出他可能是自杀身亡。但存在两项反证:首先,纳撒尼尔安葬在教堂墓地中(1737 年 3 月 5 日);而且,约翰生在晚年时为自己的父母和弟弟写了墓志铭,他称纳撒尼尔“虔诚地辞世”。① 另一方面,我们发现约翰生对纳撒尼尔的事情矢口不提,其他认识纳撒尼尔的人此后也不愿透露他的信息,而且约翰生过了很久才询问纳撒尼尔在世最后几个月的情况,即便如此,也是拐弯抹角问的(他称其为“我的近亲”)。当然,单凭伪造文书罪就能解释这一点,这在当时是一项重罪。无论是什么情况,约翰生总会感受到强烈的懊悔之情,因为无论他本人所做的一切,还是他未能给弟弟提供帮助,很可能都导致了弟弟的悲剧发生。他在一篇日记中写下了献给母亲的祷文,她当时刚刚去世(1759 年)。在祷文后出现了一句话:“我要永生铭记弟弟的梦想。”这是他现存的所有日记中唯一一次提到纳撒尼尔。[26]

十

到了十一月(1736 年),劳伦斯·欧弗雷要动身前往剑桥大学求学,他是从一开始就在约翰生的学校中就读的三位学生之一。此时学校里只剩下加里克兄弟和其他一两名学生。约翰生认识到学校倒闭是迟早的事,于是前往布鲁德镇语法学校应聘校长威廉·巴德沃斯的助教,该镇距利奇菲尔德十五英里。巴德沃斯此后曾说,他对约翰生的学识和才能都刮目相看,但还是觉得要拒绝他,因为害怕约翰生的

① 基督教一向反对自杀行为。

痉挛动作会“成为学生们模仿或讥笑的对象”。[27]

最后，到了第二年的一月底甚至更早，艾迪尔堂终于关门大吉。沃姆斯利给当年在牛津大学认识的朋友（约翰·科尔森，他此时担任罗切斯特公立语法学校的高级教师）写信，请求他将大卫·加里克录取为自费生（这所学校只招收走读生），并让他做好进入法律界工作的
163 准备。与此同时，时年十三岁的乔治·加里克则转到附近的阿普比镇语法学校就读（2 月 16 日）。[28]

一方面是对泰蒂的强烈责任感，一方面也因为自己的创业计划亏了很多钱，约翰生下定决心立即采取行动。由于他不可能在学校里找到工作，而且《艾琳》还需要很长时间方可完稿，如果到了伦敦，他就可能找到为杂志撰写稿件的工作，而这通过邮寄稿件是无法完成的。[29]在伦敦期间，他还可以利用空闲时间完成剧作。留在伦敦还有一个好处，日后某个剧院老板可能会看中这部作品并将它搬上舞台。对于泰蒂来说，此时不可能与约翰生一同去伦敦。无论她还剩多少钱，她都得用于她自己的花销而不是给丈夫花。如果两人一同去伦敦并保持习以为常的生活水平，他们很快就会将所剩的钱挥霍一空。如果有必要，他可以孑然一人勉强糊口。只要他找到稳定的工作，他立刻就会把泰蒂接过来。

加里克去罗切斯特时会顺道路过伦敦，约翰生于是与他结伴同行。约翰生虽然胆量过人，但自然也是顾虑重重。他此前最远只去过牛津，而且也是八年前的往事了。此外，他要去的是伦敦的未知世界，对此他一无所知，而且几乎身无分文（他不愿再花泰蒂的钱了），他除了完成一半的《艾琳》稿件之外几乎什么也没带。如果一开始就有朋友陪伴在旁，面对充满变数的未来，他就不会那么孤寂地度过伦敦的漫长时光了。

注释

［1］阿林·里德:《约翰生拾遗》,第六卷,页1-21。

［2］鲍斯威尔:《约翰生传》,第一卷,页94-95。

［3］《詹姆斯·鲍斯威尔创作〈约翰生传〉所用相关信函与文件》,页80。

［4］威廉·肖:《已故约翰生博士生平与著作回忆录》,页28-29。

［5］阿林·里德:《约翰生拾遗》,第六卷,页23-26。安娜·苏厄德:《书信集》(爱丁堡,1811),第一卷,页44。肖称(页25-26)其实是波特太太的兄弟提出这个条件的,但显然他指的是哈利·波特的兄弟。(阿林·里德:《约翰生拾遗》,第六卷,页32)

［6］鲍斯威尔:《约翰生传》,第一卷,页96。赫斯特·皮奥齐:《已故塞缪尔·约翰生轶事录》,见《约翰生杂录》,第一卷,页249。

［7］阿林·里德:《约翰生拾遗》,第六卷,页130;第五卷,页108-113。斯特宾·肖:《斯塔福德郡历史与古迹》(1798-1801),第一卷,页235。

［8］泰勒在离开牛津之时(1730年),将这些书籍转交给另一个学生约翰·斯派瑟保管,他在牛津一直待到1735年。约翰生请朋友吉尔伯特·雷平顿从斯派瑟那里将书取回。(阿林·里德:《约翰生拾遗》,第五卷,页27-28。《塞缪尔·约翰生书信集》,第一卷,页4-5)

［9］约翰·霍金斯爵士:《约翰生传》,页327。鲍斯威尔:《约翰生传》,第三卷,页306;第二卷,页56-57,页128、165、461。

［10］鲍斯威尔:《约翰生传》,第一卷,页99。

［11］约翰·霍金斯爵士:《约翰生传》,页313。

［12］威廉·肖:《已故约翰生博士生平与著作回忆录》,页25-26,页111。赫斯特·皮奥齐:《已故塞缪尔·约翰生轶事录》,见《约翰生杂录》,第一卷,页248。

［13］《塞缪尔·约翰生书信集》,第一卷,页6。

［14］阿林·里德:《约翰生拾遗》,第十卷,页114;第六卷,页29-30。詹姆斯·L.克利福德:《青年约翰生》,页159。

［15］阿林·里德:《约翰生拾遗》,第六卷,页35-42。詹姆斯·L.克

利福德:《青年约翰生》,页 160;页 341,注释 22。

［16］ 珀西·菲兹杰拉德在他编写的鲍斯威尔《约翰生传》中(第一卷,页 54,注释 1。另见阿林·里德:《约翰生拾遗》,第六卷,页 42;H. F. 加利:《英国诗人传》〔伦敦,1856〕,页 9)只是说,这句评论是“一位年迈的农夫”说的。在他的版本中,原话是“约翰生乍一看去并不像是儒雅之士,但加里克是个奇特的人,他在各种风格之间跳跃”。克利福德(页 163)赞同里德的观点,认为这句话是伯德说的,但却采用了加利的版本,认为是加里克在各种风格之间的跳跃使人记忆犹新。

［17］ 鲍斯威尔:《约翰生传》,第四卷,页 458。阿林·里德:《约翰生拾遗》,第二卷,页 85。

［18］ 阿林·里德:《约翰生拾遗》,第六卷,页 44-45。约翰·霍金斯爵士:《约翰生传》,页 35-38。詹姆斯·L. 克利福德:《青年约翰生》,页 160-161。在鲍斯威尔对课程设置的叙述(鲍斯威尔:《约翰生传》,第一卷,页 99-100)中,错误地将约翰生写给他大舅塞缪尔·福特的信中提出的建议也加了进去,因为塞缪尔之前写信请他帮助自己备考牛津大学(阿林·里德:《约翰生拾遗》,第六卷,页 52-54。《塞缪尔·约翰生书信集》,第一卷,页 7-8)。

［19］ 鲍斯威尔:《约翰生传》,第一卷,页 98。

［20］ 赫斯特·皮奥齐:《已故塞缪尔·约翰生轶事录》,见《约翰生杂录》,第一卷,页 248。鲍斯威尔:《约翰生传》,第一卷,页 531。约瑟夫·克拉多克:《文学……回忆录》(伦敦,1828),第四卷,页 244。“不可告人的秘密”(“Tacenda”),耶鲁藏鲍斯威尔文献。詹姆斯·L. 克利福德:《青年约翰生》,页 162-163。

［21］ B. H. 布朗森:《力士约翰生及其他论文》(剑桥,1946),页 100-156。唐纳德·J. 格林:《塞缪尔·约翰生的政治主张》,页 72-80,其中特别阐述了作品中的政治含义(另见他撰写的《塞缪尔·约翰生》〔纽约,1970〕,页 65-67)。M. 韦恩格罗:《从理性到浪漫主义》,F. W. 希尔斯与 H. 布鲁姆编(纽黑文,1965),页 79-92。

［22］ 约翰·迪斯尼:《A. A. 赛克斯回忆录》(伦敦,1785),页 200(约

翰·尼克尔斯:《文学轶事》(伦敦,1812-1815),第九卷,页778;詹姆斯·L.克利福德:《青年约翰生》,页169)。另见鲍斯威尔:《约翰生传》,第一卷,页101、572。对于这个故事启示性的论述,参见唐纳德·格林,《泰晤士报文学增刊》,1961年10月13日,页683。

[23] 鲍斯威尔:《约翰生传》,第二卷,页464-465。约翰·霍金斯爵士:《约翰生传》,页439。鲍斯威尔:《约翰生传》,第二卷,页299。《赫斯特·林奇·斯雷尔夫人日记……1776-1809》,页189。

[24] R. L. 钱伯斯,见《约翰生学会公报》(利奇菲尔德,1969),页38。

[25] 如需信件原文(原件藏于博斯普雷斯博物馆),参见阿林·里德:《约翰生拾遗》,第一卷,页1-2。

[26]《塞缪尔·约翰生书信集》,第二卷,页389、407。塞缪尔·约翰生:《日记、祷文、年谱》,页67。如需有关纳撒尼尔的其他论述,参见阿林·里德:《约翰生拾遗》,第六卷,页58-61。詹姆斯·L.克利福德:《青年约翰生》,页165-168,页171-172。

[27] 约翰·尼克尔斯,见《绅士杂志》,第五十五期(1785),页3。阿林·里德:《约翰生拾遗》,第五卷,页46-48。鲍斯威尔:《约翰生传》,第一卷,页445-446。

[28] 阿林·里德:《约翰生拾遗》,第六卷,页48,页55-56,页150-153。

[29] 因此,我们可以从沃姆斯利给他朋友科尔森写的第二封信(3月2日)推测出。沃姆斯利在信中称约翰生刚刚与加里克动身出发,"用一部悲剧去碰碰运气,也看看自己能不能找到拉丁语或法语翻译的活计"。(《约翰生传》,第一卷,页102)

第十一章　移居伦敦;在伦敦完成的早期作品;暂别娇妻

一

164 约翰生与加里克动身前往伦敦(1737 年 3 月 2 日),行程长达一百二十英里。两人约定旅途中尽量节俭。他们一路上“骑行兼步行”,这指的是他们只租得起一匹马,于是两人便轮流骑。一个人先骑,然后停下来把马拴在树上或杆子上,然后轮到他步行赶路。与此同时,第二个人会从后面赶上,解开缰绳,然后就轮到他骑了。

两人当时可谓祸不单行。他们很快就得知,约翰生的弟弟纳撒尼尔在他们出发前后死于萨默塞特,而且加里克的父亲彼得·加里克上尉也在一周后暴卒。

等他们赶到伦敦时,约翰生兜里只剩下两个半便士,加里克也只有三便士了。* 实际上，加里克除了能从沃姆斯利那里获得帮助之外，还能从其他途径获得外援。他一位伯伯去世时给他留下一千英镑的遗产，等他第二年满二十一岁时就能得到这笔钱。但伯伯在遗嘱中嘱托由加里克父亲保管这笔钱，而他父亲刚刚去世。因此，他要得到这笔钱自然要费些周折，而且他去罗切斯特拜入科尔森牧师门下之前，
在伦敦逗留过一段时间。当时他认识斯特兰的一位亲切热情的书商 165
托马斯·威尔考克斯（也许是通过沃姆斯利认识的），并建议两人都向威尔考克斯借钱。

于是，两人拜访了威尔考克斯，向他述说了从利奇菲尔德来伦敦的旅程，并表明他们想在伦敦发展。威尔考克斯“被他们真诚的述说所感动”，他“借给他们一笔钱，金额是他们的自尊心能允许的最高限度（五英镑），他们很快就归还了这笔钱”。在他们告辞时，威尔考克斯曾问约翰生：“你刚才说你打算在这里谋生，这是什么意思？”约翰生答道：“靠我写作挣钱谋生。”威尔考克斯知道这样做难如登天，他摇了摇头，上下打量了一番约翰生魁梧的体格，说道：“年轻人，我劝你还是去买力夫用的护肩垫吧。”[1] 这是力夫搬重物时垫在背上的垫子，上面带一个圈子套在头上，就像马颈轭一样。

二

与此同时，他俩在理查德·诺里斯家中找了一间房间住下，只不

---

* 约翰生在晚年时，至少有一次在用餐时当着加里克的面说过此事（鲍斯威尔：《约翰生传》，第一卷，页 101，注释 1）；尽管他意在取笑加里克，因为加里克对约翰生在众人面前提起不堪回首的往事毫不在意，但我们认为此言属实。但他也带了一份金额不大的信用证。他几乎找不到其他谋生方式，但他很长时间都不愿将此信用证变现。

过加里克后来去了罗切斯特。诺里斯是生产束身衣的商人,他家位于斯特兰的埃克塞特大街,毗邻凯瑟琳大街。他们之前就认识诺里斯,因为他的夫人是加里克的远亲。人们对他的家庭情况一无所知,只有一本珍贵的备忘录留存至今,约翰生在多年之后曾草草记下他当年在这里留下的回忆:“诺里斯是生产束身衣的商人——美丽的以斯帖[他妻子]——猫咪 w.——孩子们——检查小手——返回——住宿——楼梯上的金币——以斯帖去世了——安排得什么也不缺——房子坏了——打广告——大儿子——争吵。”[2]

约翰生很快就找到了吃饭很便宜的地方,即附近的一家旅馆,它地处新街,名叫菠萝旅馆。约翰生在这里“八个便士就能吃得很好,而且那里的宾客也非常好”。许多人都来光顾,而且他很喜欢听他们高谈阔论:“其他人去那里常常要花掉一个先令,因为他们还要喝酒,但我只要了一块六便士的肉,一块一便士的面包,然后给了服务生一便士的小费,这样我就能得到体贴周到的服务,不仅如此,这比其他客人得到的服务还要好,因为他们根本不给小费。”他努力将爱尔兰画家迈克尔·福特的建议运用到实际生活中。福特是他在伯明翰结识的友人,福特曾在伦敦住过几年。正因为这段经历,约翰生到了晚年始终对怎样尽可能精打细算地生活十分感兴趣,他对福特给他的建议津津乐道,因为福特“极为练达人情世故,这些都是他从生活中得出的真
166 理,他不是个死读书的人”。根据福特的建议,一个人每年只需三十英镑,就能“过上不太寒酸的生活”。最大的一项开支是“穿衣打扮”,需要十英镑。其他开支如下:

> 可以住在阁楼上,每周租金十八便士;人们一般不会问你住在哪里,就算他们这样问你,也很好回答:“先生,你到某某地方就

能找到我。”每天在咖啡馆里只要花三便士,就能与高雅之士交谈好几个小时;一顿午餐可能要六便士,早餐就吃面包和牛奶,一便士足矣。晚餐可以省掉不吃。**每当换上干净衬衫的时候**,就可以外出应酬。[3]

有时,他也在鲁莽的亨利·赫维府上吃饭,同座宾客大不一样。赫维是布里斯托伯爵的四子。约翰生早在利奇菲尔德时就通过沃姆斯利结识了他,当时他是驻扎在该镇的龙骑兵军官,还娶了阿斯顿家族的女继承人凯瑟琳·阿斯顿为妻,沃姆斯利后来又娶了玛格达琳·阿斯顿,两人就成了连襟。赫维酒量很大,为人放恣堕落,纵情声色,他父亲认为最适合他待的地方就是监狱。赫维认为约翰生谈吐不俗,也很喜欢他,完全不在意他的举止、相貌和衣装。约翰生也很欣赏赫维,后来还帮赫维作诗,因为赫维梦想成为诗人。而且在赫维洗心革面皈依教会之后,教会为表示对他的尊重,请他在圣保罗大教堂布道(1745 年),他的布道词也是约翰生代为捉刀。约翰生一生都很感激赫维。临终前不久他还对鲍斯威尔提起赫维,承认赫维在许多方面都是“品行不端之人”,意思是赫维很容易走上邪路,但并非恶人,“但对我却非常够意思。就算你管一只狗叫赫维,我想我也会爱上它的”。[4]

三

热情好客的书商托马斯·威尔考克斯在第一次见到约翰生时就建议他去做力夫。他的疑虑不是没有理由的,他太了解这一行了。成百上千的人漂泊到伦敦,满心希望将写作视为志业,而且他们收入微薄,蜗居在没有采暖的阁楼,即便能找到一份写作工作,年收入也只有五至十英

镑。在近代历史上,英国作家如果既没有钱也没有结交有影响力的朋友
167 的话,在文坛起步时的处境从未像1725年至1750年时那样艰难。英国文坛此时正处于转型期。以往由个人或政府充当庇护人支持作家的文学创作,但这种做法越来越不多见。而此时中产阶级尚未像之后那样不断扩大,也无法通过读者群体的扩大来取代旧的制度,这一幕要到十八世纪下半叶才能出现,它将改变十九世纪文坛的整个社会属性。

约翰生很快就开始感受到前方面临的考验,几个月之后,他就理解了这项考验并习以为常。但在此情况下,还是能获得回报,至少对他来说如此:在伦敦既丰富又紧凑的生活中,无论处境多么不利,都有利于他摆脱自我意识的束缚与自我谴责的状态。首先,伦敦的规模巨大,人口有六十五万至七十万,这在当时比英国任何一个城市或乡镇都要大得多,这给约翰生这样的外省青年造成了强烈的反差。无论是伯明翰、曼彻斯特还是谢菲尔德,人口都只有两万多,最多也只有三万,只有伦敦的三十分之一至二十分之一。像利奇菲尔德这样的繁华乡镇也就相当于一座小城市,人口只有三四千,而且即便是牛津也只比它的人口多一倍。作为首善之地,伦敦数十年来一直酷似长在英国瘦小身躯上的硕大脑袋。它在贸易和行政方面是当之无愧的中心,也是艺术中心、科学中心和时尚中心。约翰生在三十年后曾说:“在伦敦获得的幸福感是无法想象的,只有住在这里的人才能体会到这一点。我敢说,从我们现在坐着的位置算起,方圆十英里范围内的知识与科学要超过全国其他地方的总和。”

但还有一个原因导致约翰生认为伦敦相当于“人类生存的最高峰”:在伦敦,人与人之间的生活反差之大达到惊人的地步,这超过了欧洲其他国家的首都,而且在这段时期(1700年至1830年),也超出了伦敦此前的差距水平。在十八世纪以前,伦敦规模要小得多,也更

容易管理,它与全国的整体发展水平也更协调;贫民窟的面积要小得多,教会也更加积极有为。进入维多利亚时代之后,有效地建立了警察制度;贫民窟相对于城市总面积的比例要小得多,也没那么可怕了。狄更斯笔下的伦敦是他童年时代的伦敦,这距离我们所关注的时期 168
(1700 年至 1830 年)的末期不太远了,它并不像十九世纪中叶时的伦敦那样显著。即便在 1700 年至 1830 年间,由于伦敦从伊丽莎白时代和十七世纪的城市转变为规模巨大的现代化大都市,它所受到的冲击效应在十八世纪上半叶最为巨大。到了约翰生去世的前一年(1783 年),他曾对鲍斯威尔与威廉·温德姆谈起"大量有关伦敦惊人的规模与多姿多彩的生活",而且补充说:"对于想探个究竟的好奇者来说,他们可以在这个城市发现五彩缤纷的生活方式,这是令人难以想象的。他尤其推荐我们去探索沃平,我们于是决心这样去做。"他们几年后真的这样做了(1792 年),但却非常失望,这也许是因为"现代的这种整齐划一……蔓延到这座大都市的每一个角落"。恰恰在约翰生到达伦敦时,十八世纪下半叶掀起的一大波建造和修缮狂潮还没有发生,此时实际上是贺加斯笔下的伦敦:伦敦街道的路面尚未铺砌,满是烂泥、垃圾和敞开的水沟;这里有成千上万名扒手、乞丐和妓女;在贫民窟里,房子摇摇欲坠,每个房间都挤了八到十个人,里面既没有采暖也没有家具,人们为了争夺一点面包屑或熬汤用的一根牛棒骨大打出手。无家可归的孩子睡在火炉的灰坑上,这样能暖和些。在城东的有些教区里,新生儿的死亡率高达百分之百;在贫民窟中,每四座房子中就有一家卖杜松子酒的商店,它们打的招牌是"一便士就能喝好,两便士就能酩酊大醉"。这里道路满是泥泞,暴力事件频发,到了晚上尤甚,人们都不敢在夜幕降临后出门(但这可难不倒约翰生,他长得人高马大,而且直到五十多岁时都穿着破衣烂衫,别人通常不会把他当作袭击目标。到了晚年,他外出时就经常得带上一根棍子)。

但伦敦生活的种种不利之处与问题都没有让他知难而退。他始终热爱着这个多姿多彩的新世界。他曾说过:“如果有人厌倦了伦敦,那他一定是厌倦了生活。”

四

在他探索伦敦、打探自己前途的短暂时期里,他可能为书商写了几篇文章。[5]但他知道,此时首要任务是克服万难,完成悲剧《艾琳》。如果《艾琳》始终是半拉子工程,他就没有办法全身心投入到其他作品
169 的创作。而且无论这部剧作进度多么缓慢,他自然不希望半途而废,因为他已经在其中投入了巨大精力。此外,如果这部作品能在戏院上演并一炮打响,他的写作生涯前景就会一片光明。

约翰生下定决心要完成这部剧作。完成之后,有可能的话,他还要去利奇菲尔德把泰蒂接过来,于是他对伦敦的种种诱惑充耳不闻,搬到了格林尼治,在紧挨着金牡鹿旅馆的房子里租了一个单间。在这段时间里,他时常徜徉在格林尼治公园,一边散步一边苦苦构思。但进度还是极为缓慢。最后,约翰生想到了一个办法,他突然给《绅士杂志》的主编爱德华·凯夫写了封信(7月12日),提出要为杂志写一部作品。这部作品与《艾琳》不啻天壤之别,是要将论述反宗教改革运动的一部重要著作《特伦托会议史》(1619)译为英语,这部著作的作者是威尼斯牧师、学者兼宗教改革家保罗·萨尔皮。这个想法不啻异想天开,但时机把握得很好。* 但凯夫显然还要过一段时间才能赞同这

* 参见下文页176。

个想法，因为约翰生直到第二年夏天才开始这项工作，而且提出这个想法时约翰生并不是要立刻丢下《艾琳》开始翻译这部作品，而是以此激励自己抓紧时间完成这部剧作，好腾出时间完成这部更符合自己特点的作品，至少它不像《艾琳》那么费劲。

与此同时，约翰生无疑已经发现，他在利奇菲尔德也能轻松完成这部戏剧，无异于在格林尼治，但这样做肯定能省下不少钱，于是他又回到家中，希望尽快完成这部作品。但这还是花了他近三个月时间。他在家度过的这段时间，只流传下来一件轶事，证明他当时全力以赴投入到《艾琳》的创作中。他的母亲当年去伦敦时，曾认为"有两类人"——一类人坚持"占领墙根"（他们贴着墙根走，以防踩到街道中间排水沟里的烂泥，也防止楼上扔下的垃圾砸到自己），另一类人则和平地让出墙根。她"问我，我是属于占领墙根的人还是放弃墙根的人呢？现在的规定是每个人都要靠右行走……"[6]

五

到了十月，这部剧作已经完工，而且约翰生夫妇也处理好了艾迪尔堂学校的善后工作，于是两人一同搬到了伦敦。他们住在汉诺威广场附近的伍德斯托克大街，之后又搬到凯文迪许广场附近的城堡大街6号。露西·波特则决定留在利奇菲尔德，帮助年迈、孤独的萨拉照看 170
书店。约翰生在《艾琳》上倾注了大量心血，而且创作过程对他不啻一场折磨，因此最符合他利益的做法自然是尽量从中获取好处，也就是尽快让它上演。他找到了同在伦敦工作的彼得·加里克（大卫·加里克此时已去了罗切斯特）。他俩一同去了斯特兰的喷泉旅馆，在那里仔细推敲这部作品并展开讨论。虽然作家与律师也经常在这座旅馆中会面,但这里是“出名的风月场所”[7],约翰生对此却一无所知。彼得认识查尔斯·弗利特伍德,他是特鲁里街戏院的老板。在彼得的安排下,约翰生将这部剧作交给了弗利特伍德,但他却对此类剧本不感兴趣,除非有恩主愿意赞助其上演。弗利特伍德甚至都懒得去读这部剧本。几年之后(1749 年),《艾琳》才最终上演,此时大卫·加里克已是特鲁里街戏院的经理。在与弗利特伍德接洽的同时,约翰生还在这年七月与爱德华·凯夫开始了洽谈。到了这年冬天,他终于开始为《绅士杂志》撰写稿件和干些杂活。

《绅士杂志》创办于六年前(1731 年),是第一本现代意义上的杂志。在它之后创立的杂志都将其奉为圭臬,而且此时它已受到同行的模仿。创始人爱德华·凯夫能力出众,来自拉格比,父亲是位鞋匠。凯夫还在语法学校读书时就展示出巨大潜力,但却不得不离开学校,因为校长的鸡窝被偷了,校长一口咬定罪魁祸首是沉默寡言的小凯夫。小凯夫先后做过印刷工、记者和编辑,他酝酿着筹办一份杂志,并努力联系到了出版商。当时似乎还没有人对此感兴趣,他却凭借自己辛辛苦苦积攒的一点积蓄就创办了杂志,并在克勒肯维尔的圣约翰之门中的一间办公室里从事编辑工作(他给自己起的笔名是“西尔维纳斯·乌尔班”),这是一座景色如画的古老建筑物,它曾经是中世纪一座修道院的大门。

这本杂志不久便大获成功。这实际上是个绝妙的创意。(据约翰生说,他第一次看到圣约翰之门时,“怀着崇敬的心情仰望着它”。)这本杂志有许多特色,其一是它报道了议会两院中的辩论,约翰生后来曾为凯夫将这一特色发扬光大。凯夫时年四十六岁,精明能干,考虑周到,但表面上大智若愚,甚至行为有些懒散。他现在很少离开办公室,有一次171 当他离开时,我们看到了当时约翰生的画面。凯夫曾提出,愿意将约翰生介绍给为杂志撰稿的一些“杰出人物”,并把他带到了克勒肯维尔附近的一座啤酒屋。约翰生在这里“像马夫一样身穿宽松的上衣”,戴着“一顶又大又乱蓬蓬的假发”,见到了真正的诗人摩西·布朗,但这位诗人此时已被人们遗忘,他“坐在一张长条桌的一头,浑身烟雾缭绕”。凯夫始终在酝酿如何为杂志推出创新的特色或策划,约翰生曾说:“他两耳不闻窗外事,一心只读《绅士杂志》。”霍金斯也说:“他和别人初次见面时,必然是始终坐着的,他习惯了这样的姿势,而且会保持沉默几分钟。如果他要开始谈话,通常就会从即将出版的杂志中抽出一页,放到客人手中,询问他对杂志的看法。”尽管他似乎只对杂志感兴趣,但他还有一个永生不渝的特点,那就是忠贞的品质。约翰生始终对凯夫感激不尽,在凯夫 1754 年去世后,还专门为他写了一篇很好的生平介绍。[8]

六

对《艾琳》的希望破灭后,约翰生一边为凯夫干点小活,一边又打算通过创作畅销作品闻达于文坛。他的《艾琳》可能有些过时了,但他却能与时俱进。此前五十年里,一种新的文类是“模仿之作”,蒲柏对它的发展贡献尤大。沉寂了两个世纪之后,这种文学形式被罗伯特·洛厄尔等诗人复兴。约翰生本人在《蒲柏传》中对其描述如下:

> 通过这种模仿形式,作者让古人对现代话题抒发情感,让贺拉斯像评论恩尼乌斯一样评论莎士比亚……这种手法融合了翻译与原创,如果观点出人意料地适切,类比又十分恰当的话,就能取悦读者。这似乎是蒲柏最喜欢采用的消遣方式,因为他对此的贡献比此前所有诗人都要大。[9]

此时,约翰生已来到伦敦。蒲柏对贺拉斯讽刺作品的“模仿”成为脍炙人口的作品。除了蒲柏的诗歌技巧之外,作品的主题也立刻吸引
172 了读者的目光,因为它直击社会与政治领域的时弊。无论是作品的形式还是主题都大受欢迎,约翰生一直以来都很喜爱尤维纳利斯的作品,认为自己可以像蒲柏模仿贺拉斯那样模仿尤维纳利斯。

通过这种方式,约翰生创作出了诗作《伦敦》。他仿照了《第三讽刺诗》,但把原诗中的“发言人”或第一人称叙事者改为“泰利斯”。泰利斯对伦敦的种种弊端和惨状甚是震惊,打算启航前往威尔士的乡村,远离伦敦。人们经常忽视了“发言人”的姓名在这首诗中的意义,通常以为泰利斯就是古希腊著名哲学家兼几何学家,实际上,这与本诗中“受伤的泰利斯”相去甚远。约翰生其实指的是普鲁塔克《莱库古传》中提到的抒情诗人泰利斯(公元前650年),他是莱库古请到斯巴达的,以帮助民众文明开化,做到诚实守信并遵守公民义务。走进现代世界的泰利斯(受伤的泰利斯)则与之适成对比,无论是罗伯特·沃波尔还是英国政府都没有欢迎他来英国,而且还对他不闻不问,这表明他们甚至连伪装仁义道德的姿态都懒得去做。(人们在讨论这首诗时,时常会询问约翰生笔下的“泰利斯”是否暗指他的朋友理查德·塞维奇。)[10]本诗大部分篇幅都是泰利斯对一位朋友的述说,当时他正准备在格林尼治登船。在离开伦敦的路上,泰利斯抨击了伦敦的各种弊端,例如这里充斥着大量盗贼、纵火犯、律师,这里的人对法国的礼仪东施效颦(“看哪,那位武士堕落为花花公子”),他还抨击了《舞台演出法》、“不信神的女人”和“赋税委员会”(这是下议院里的黑话,意思就是敛财之道)。这首诗整体上语气十分欢快,有时甚至得意扬扬,难以掩饰约翰生内心对伦敦的喜爱:

在这座城市，邪恶、劫掠、事故此起彼伏，
一会儿是暴民骚动，一会儿又是火灾突发；
冷酷的恶棍就在这里守株待兔，
这里的律师四处寻找猎物；
这里的建筑物摇摇欲坠，轰然倒塌在你头上，
无法无天的女人在这里口若悬河。

其实，这首诗与我们所熟悉的约翰生风格截然不同（指其酝酿构思而非创作手法），尤其是他晚年的风格。例如，这首诗基本是田园风格，它歌颂了乡村，批判了城市，但没有一位作家能比约翰生更出色地鄙视“田园风格”（pastoral）这一概念。《伦敦》却是非常传统的作品， 173
实际上约翰生是故意而为。约翰生与大多数真正具有创新精神的人一样，非但不害怕传统，反而热爱并拥护传统，前提是传统能真正有利于带来稳定、轻松的生活。但是，他本人却总能超越传统。（当然，他也会利用传统。例如，他在《论人类愿望之虚妄》中“运用”了传统，只不过是以全面创新的方法加以运用。）

但人们恰恰对《伦敦》爱之愈深，责之愈切（这是过去一百五十年来世人对这部作品的态度，而约翰生早已仙逝），这不啻是个悖论。无论是T. S. 艾略特，还是J. W. 克鲁奇，都可归入此列。原因在于，他们通常在自己的想象中将《伦敦》与他十年后的著作《论人类愿望之虚妄》等量齐观，这样做情有可原。这两首诗都是“模仿之作”，而且它们模仿的都是尤维纳利斯的《讽刺诗》（分别是《第三讽刺诗》与《第十讽刺诗》）。除《艾琳》之外，这两首诗是约翰生仅有的两首长篇诗作。因此，人们必然视之为姊妹篇，其实并非如此。在《论人类愿望之虚妄》中，人们发现约翰生的很多思想（以及精通诗歌表现）都体现在他提出的解决方法中，

此时如果回过头来读《伦敦》,必然大失所望。这首诗似乎有些轻松愉快,仿佛一气呵成;在这首诗中,表达的感情与我们所熟悉的那个约翰生格格不入,尤其是晚年的约翰生;而且这首诗也不像《论人类愿望之虚妄》那样具有崇高的道德升华作用。当然,也存在一些例外。例如,约翰生写出了绝妙的联韵句,并在最后一行采用了全大写字母:

> 上天怜悯穷措大,
> 天生我材必有用……
> 令人惋惜的真理随处可见,
> **贫穷限制了人的才华施展**。

最后,除一些特例之外,这首诗中很少出现他晚年诗作中特有的表达方式,也很少出现他在重要散文作品中特有的表达方式。*

当然,人们从未真的将《伦敦》当作"讽刺诗",而是视之为饱含愤怒之情的作品(或者说含有其他感情的作品)。它展示了作者高超的诗才,约翰生希望通过这部作品立刻引发读者关注,这也是人之常情,他想弥补《艾琳》的失败,而且还要挣很多钱,为泰蒂挣更多的钱,以报
174 答泰蒂的信任,至少也要通过这部作品打出名气,站稳脚跟。他也能够获得自我满足(但只有在为他人做事情时才能实现自我满足,例如他会为他人作序,或给别人帮忙)。他正是这样做的。他需要弥补艾迪尔堂学校造成的亏损,还要挽回《艾琳》的失败。他终于获得了成

---

* 一个引人注目的例外是"贫穷限制了人的才华施展",尽管拉丁文比英文更简洁,但约翰生仅用了六个单词(Slow rises worth, by poverty depress'd)就译出了尤维纳利斯九个单词(Haud facile emergunt, quorum virtutibus obstat / Res angusta domi)表达的内容。德莱顿则用了十五个单词:"如果陷入令人绝望的贫穷,单凭德操很难出人头地。"(Rarely they rise by Virtue's aid, who lie / Plung'd in the depth of helpless Poverty.)

功。《伦敦》立刻大受欢迎。这首诗浅显易懂。它激起人们常见的反应（例如，傲慢、诚实的英国人，这与矫情、虚伪的法国人形成对比）。这首诗使用了常见的主题，包括希望摆脱堕落的都市，前往田园牧歌般的乡村（但他却经常对乡村百般嘲讽）。这首诗韵律巧妙，最重要的是，语气转换十分高明。约翰生凭借高超的语气转换，成为哥尔德斯密斯的《旅行者》及其他说理诗或准讽刺诗的先驱，这尤其令十八世纪的读者钦佩不已。而且现代诗人专门对此大加赞扬，尤其是 T. S. 艾略特。《伦敦》同样与《论人类愿望之虚妄》形成了对比，因为后者几乎完全忽视了过渡，而且每一个强有力的意象或段落都相互叠加，从而累积加强了效果。

这部作品显然是他努力获取成功的成果。年轻时，如果不得不惺惺作态或拐弯抹角，他总会感到无比尴尬（不过后来他发现还是坦诚相待更简单，他只有在与人戏言时才会装腔作势），他将这部作品交给凯夫出版时亦是如此。他拐弯抹角地（纯属多此一举）假装这部作品是他一位穷困的朋友交给他出版的，而且提出，凯夫只要有某个地方不满意，他都会立即改正。很快，这套把戏就露馅了。凯夫精明务实，他觉得这部作品如果能在扉页印上罗伯特·多兹利的标志，更有可能一炮走红。多兹利是一位出版商，他对诗歌作品的资助得到了广泛认可。多兹利欣然同意，他决定全权负责这部作品的出版，还给约翰生付了十个金币。约翰生后来说他本来不想要这么多钱，但二流诗人保罗·怀特黑德最近刚把一首诗的版权卖到了十个金币，所以"我不能拿得比保罗·怀特黑德少"。约翰生的这部作品运气非常好，人们把它当作对沃波尔内阁的政治抨击，反响热烈。更何况这部作品与蒲柏模仿贺拉斯写的一部新的"模仿之作"同时出版（即《一七三八年》，鲍斯威尔称这两部作品在同一天出版，但蒲柏的作品其实要比《伦敦》晚三天出版），这纯属巧合。人们不禁拿它们作比较。蒲柏久负盛名，不免让人心怀妒忌，他们终于找到机会，开始鼓吹文坛新出一位“比蒲柏
175 更伟大”的诗人。不管怎样，《伦敦》都不会相形见绌。蒲柏也无私地给予这首诗很高评价，胸襟令人钦佩。他认为《伦敦》的作者才高八斗，“很快就会平步青云”。一时间洛阳纸贵，它才出版一周，读者就要求出第二版，一年之后又出了第三版，再过一年又出了第四版。

七

1738年4月，下议院作出决定，认定对议会辩论进行报道属于“侵犯议会议员特权的行为”。《伦敦杂志》（它是《绅士杂志》的竞争对手）在5月率先采取对策，假称杂志中的报道纯属虚构，《绅士杂志》在6月也效仿这一策略。《伦敦杂志》声明，它发表的报道是政治俱乐部中的讨论。《绅士杂志》的方法也许是约翰生提议的，它采用了《格列佛历险记》第一卷“小人国”的情节作为背景。假称莱缪尔·格列佛的孙子后来出访了小人国，并发现小人国的政府已开始效仿英国。回到英国之后，他通过撰写历史和回忆录，发表演说，来阐述小人国此时的政治面貌。《绅士杂志》由此开始对“小人国大参议院辩论”发表报道。对于参加辩论的人士，人们很容易辨认出其名字（例如，“韦尔洛浦”其实就是沃波尔，“蒲提特”就是皮特）。这些报道都由威廉·格思里撰写，他是凯夫手下一位年轻的苏格兰人。约翰生本人可能也给这些报道写过综述，并利用这一机会对猖獗的重商主义与剥削殖民地的行径提出强烈反对。此外，他还修改并编辑了格思里的报道。

到了这一年夏末，约翰生开始在其他方面帮凯夫工作：他评审了寄来参评的诗歌，从书籍中撷取精华选段发表在杂志上，为杂志撰写

拉丁文诗歌以提升杂志格调，还为杂志的1738年合订本撰写了前言。此外，他还分四期（1739年一月号至四月号）为刚去世的荷兰著名内科医生赫尔曼·布尔哈弗撰写了传记。他还参与了凯夫的另一项出版工作，即由威廉·格思里将J. B. 杜赫德的长篇著作《中华帝国全志》由法语译为英语，再由约翰生编辑与润色。这部作品根据耶稣会士的叙述编写，不久前在巴黎出版（1735年）。更重要的在于，凯夫还 176
让约翰生动笔完成一年前提议的翻译项目（当时他还在为创作《艾琳》而苦苦煎熬），即翻译萨尔皮的两卷本《特伦托会议史》（1619）。当时公众对宗教的兴趣很强烈，凯夫从中发现了商机。因为这部著作首先是经典之作，而且在整个十七世纪都广为传阅。书中对教皇的权力和反宗教改革运动的其他方面进行了抨击，此书是教会神职人员所写，因此仍有可能对新教徒产生一定影响。尽管这部书出版已久，但不久前刚出版法译本（1736年），而且P. F. 勒·库拉耶还新写了萨尔皮的传记并为他的著作作注，这使它重新吸引了人们的目光。

在约翰生看来，这至少也满足了他的兴趣。约翰生对文艺复兴时期伟大的人文学家与学者十分着迷（此前我们已经发现了这一特点，当时他就打算出版波利提安的拉丁诗集），他们为自己的国家带来了各种知识。某种程度上，他们为约翰生树立了终身楷模，倘若这些人在职业生涯初期面临种种逆境，就特别能让他与之认同。萨尔皮是个孤儿，他涉猎广泛，堪称真正的百科全书，他不仅精通多门语言，擅长历史和神学，还精通科学（他的一项发现是虹膜的收缩与扩张方式）。

约翰生花了几个月断断续续翻译了这部著作（1738年8月至第二年4月），凯夫在此期间付给他四十九英镑七先令的报酬，这是非常优厚的待遇。凯夫印了数千份《征订启事》发给读者，还在1738年10月登了“征订启事”的广告。与此同时，为激发读者兴趣，约翰生还为

《绅士杂志》写了萨尔皮的短篇传记(十一月号)。不凑巧,另一个人当时也在翻译这部作品,他也叫约翰生,是圣马丁堂图书馆的馆长约翰·约翰生牧师。他在报纸上看到这则广告后,怒不可遏地写信给报社(《每日广告报》),并暗示这部译作企图抄袭自己即将完成的译著,甚至故意起了与自己相同的名字混淆视听。凯夫与约翰生一度不为所动,但约翰·约翰生更加疯狂地攻讦。最终逼迫他们在1739年4月放弃了这个项目,于是约翰生牧师继续慢吞吞地翻译这部作品,一直到他八年后去世时依然没有完成。[11]

约翰生还参与了凯夫实施的另一项翻译计划。这是瑞士哲学教授J. P. 德·克鲁萨的著作,克鲁萨曾写过两部著名的作品抨击蒲柏颇
177 具争议的作品《人论》,一部是《审查》,另一部是《评论》。凯夫准确地预见到此类翻译作品将会畅销。他请约翰生翻译《评论》,让杂志社才华横溢的年轻女子伊丽莎白·卡特(她当时只有二十一岁)翻译《审查》。伊丽莎白的父亲是肯特郡的神职人员,她母亲已去世。在父亲的教育下,她不仅精通拉丁语和希腊语(她翻译的埃皮克提图的作品依然是经典之作),而且还擅长希伯来语和阿拉伯语,掌握多种现代语言(法语、意大利语、德语、西班牙语,甚至还会葡萄牙语)。约翰生总是很喜欢她,对她的各种成绩不吝赞美之词。(多年以后,他谈到另一位博学多才的女士时说:“在男子看来,如果能吃上一顿丰盛的家宴,通常要比听妻子说希腊语更快乐。我的老朋友卡特夫人既能做出美味的布丁,又能翻译埃皮克提图的作品。”)到了十一月(1738年),就在她即将完工之际,竞争对手埃德蒙·柯尔宣布,他将出版《评论》的翻译,译者是该出版商旗下的译员查尔斯·福曼。约翰生认为他们可能又得放弃这部译作,于是全力推进伊丽莎白的《审查》。虽然约翰生搁置了《评论》的翻译,但凯夫不愿让步,就连萨尔皮的译著也不愿让

步。最后证明凯夫是对的。柯尔和他的译者只翻译了《评论》的第一部分。于是约翰生后来又继续翻译这部作品，为了弥补损失的时间，他速度飞快，一天能翻译四十八页（四开本）。他加的注释简明扼要，入木三分，这部作品堪称他的第一部文学批评著作。[12]

八

从1737年12月至1739年5月，约翰生在这一年半时间里鬻文为生，经常拼命地工作。之后，他和泰蒂之间发生了一场风波。他俩已经公开分居了。对于年近五旬的泰蒂来说，此时她的财产已糜耗大半，如果让她离开拥有一定社会地位的家乡，前往巨大的伦敦城并蜗居在逼仄的居所中，这自然让她深感震惊，而且那里没有人认识她。尽管她为丈夫作出了巨大牺牲，但无论丈夫如何拼命努力，始终很难像她之前想象的那样博得功名。也许就在这段时间，她养成了喝闷酒的习惯，并保持多年。

约翰生必然充满愧疚之情，而且根据约翰·霍金斯的暗示，早在 178
他俩结婚一周年之前，似乎就已经安排好两人的非正式分别。约翰生绝不是在新婚燕尔过后，“厌倦”了泰蒂。两人的婚姻也并非是因为受对方的“新鲜感”所吸引。对于约翰生而言，这桩婚姻的基础是感情，尤其是感激之情，这是他心中永生不渝的爱情。泰蒂也不大可能真的因为失望而背弃夫君。她对约翰生的感情更加稳固。她曾对女儿吐露过心声，称约翰生在创办《漫步者》杂志时，她第一次结识约翰生时的感受（“我从未见过如此睿智之人”）十二年来始终没有丝毫动摇。她说：“以前我对你的评价非常高，但我没有想到你竟能写出这么杰出的作品。”

毫无疑问，正是愧疚感促使他主动告别泰蒂，不愿再靠泰蒂的钱养活自己（他扪心自问，已经亏了泰蒂很多钱），而且，说是自我惩罚也好，自尊心也好，都使他故意过着单身汉的生活。虽然在久居乡间者看来，城堡大街的房间太过逼仄，但这可能已经超出了约翰生力所能及的地步，更何况他的收入也朝不保夕。夫妇俩可能很快就从伍德斯托克大街搬到了更昂贵的地方，这里更加开阔，因为泰蒂对他们的第一个住所深感震惊。我们知道，泰蒂在城堡大街 6 号一直住到 1740 年 1 月。[13] 根据我们掌握的约翰生当时的情况，至少在 1738 年年底、1739 年年初时，他不仅住在别的地方（也许是住在舰队街或其附近），有时甚至居无定所，只好在街头流浪。现在，即便他与泰蒂分居，他也能租得起固定居所。例如在 1738 年 8 月至 1739 年 4 月期间，光是翻译萨尔皮的《特伦托会议史》，凯夫就付给约翰生四十九英镑七先令（按照约翰生本人的盘算，这也许足够他的生活开销了）[14]，而且这还不算他给《绅士杂志》干其他工作所得的报酬。我们只能推测，他坚持将大部分收入都寄给泰蒂，假装他赚了更多的钱并留下了足够的生活费。理查德·坎伯兰的一句评论表明，他给自己留的钱极少（这句评论也适用于 1737 年春天，当时约翰生第一次来到伦敦，正独自一人奋
179 力打拼）。坎伯兰听说约翰生“自称在很长一段时间里，他每天的生活费只有区区四个半便士（而且他从来不会歪曲事实）”。[15]

正是在这段时间里，他结交了好友理查德·塞维奇。两人都穷得叮当响，连去旅馆或嘈杂的“地下酒吧”买个座位的钱都没有，只好一同整夜漫步在伦敦的大街小巷。塞维奇对此已习以为常，他的收入仅够糊口，无论夏冬，晚上经常就在墙边上找个地方露宿街头。约翰生说：“他结交的朋友都穷困潦倒，躺在玻璃暖房的煤灰上。”约翰生情愿出去散步。他俩都喜欢聊天，而且抓住一切机会将怒火倾泻到政府身上。（了

解这一背景之后，我们就应当读一读约翰生在 1739 年春写的两篇抨击政府的文章。）* 他告诉约书亚·雷诺兹爵士，在一个特别的夜晚，两人都无处可去，于是就在圣詹姆斯广场附近散步。“他们根本不觉得自己的处境有什么值得难过的，反而精神振奋，满腔爱国热情。他们在广场走了几个小时，痛斥了内阁大臣，‘决心坚决拥护自己的祖国’。”[16]

理查德·塞维奇时年四十二岁，他是同龄人中最富传奇色彩的人物之一。早在 1697 年，麦克莱斯菲尔德伯爵夫人产下了私生子（这是她与里弗斯伯爵私通后生下的孩子）。这引发了一场轰动一时的离婚诉讼审判，伯爵夫妇分别发表了案情陈述。塞维奇不仅宣布自己就是那位私生子，而且可能深信不疑。多年以来，他竭力逼迫伯爵夫人承认自己的身份并谋求她的帮助。** 他写过诗歌与戏剧，其中最有名的是诗作《私生子》（1728）。由于未能夺得桂冠诗人称号，他深感失望，将自己称为“自告奋勇的桂冠诗人”。他交际广泛，平时主要靠朋友借贷、馈赠和邀请聚餐来度日，作为回报，他会为他们献上才华横溢的演讲。长期以来，他养 180
成了奢侈浪费的习惯。约翰生曾告诉亚当·斯密，用金色流苏装饰的猩红色袍子有一段时间非常流行，塞维奇恰好得到了一笔钱。约翰生遇到他时，发现他“身上披着一件这种款式的袍子，但脚趾头却在鞋子的破洞里时隐时现”。只要不触动他敏感的自尊心，你会发现他是个优雅甚至富有魅力的人，他还很容易自怨自艾，而且很快就会牢骚满腹，于是他必

* 参见下文页 201-202。

** 人们一直普遍认为，塞维奇并不是伯爵夫人的儿子。但现代传记作家克拉伦斯·特雷西在撰写塞维奇传记过程中，详细研究了各种证据，提出了具有说服力的观点：“无论真相如何，塞维奇都对自己的说法深信不疑。”有一种解释认为，真正的私生子（他的教名是“理查德·史密斯”）交给了安·波特洛克夫人抚养，但不幸夭折。于是保育员将她自己的儿子冒充私生子。等他长大成人后，他便认为自己就是里弗斯伯爵与麦克莱斯菲尔德伯爵夫人的儿子。（《真假私生子》〔多伦多，1953〕，尤其是页 11-27 的叙述）

然会想方设法和他的每一位恩公吵上一架。约翰生曾说:“如果你信任他,你就必然会遇上危险,因为他觉得只要和恩公吵上一架,敬重也好,恩情也好,就都与他毫不相干了。”[17]

塞维奇无论对上流生活还是底层生活都驾轻就熟,对作家的各种掌故也耳熟能详,而且他自己的生平也很奇特(约翰生全盘接受了塞维奇对其身世的说法),这些都深深吸引了约翰生。他通过塞维奇更加深入地了解到伦敦的底层生活,也了解到伦敦贫苦百姓中庞大的流浪人群(其人数高达数万)。这个世界的氛围在约翰生的《塞维奇传》(1744)中得以体现,尤其是格拉布街与地下文坛世界的氛围。这是一部打动人心的作品,它写于这位好友去世之后,直到今天依然是传记史上的创新之作。鲍斯威尔很想知道约翰生有没有“被塞维奇带坏,恣意放纵过”(他的意思是约翰生有没有嫖过妓)。确实有这种可能,但可能性不大。如果鲍斯威尔找到一丁点蛛丝马迹,他肯定会留存证据(他曾想尽办法去寻找有关约翰生性生活方面的材料),因为他写过十分有名但虎头蛇尾的一篇日记“约翰生特别的一面——不可告人的秘密”。* 但他显然是在以下四点的基础上作出了上述推测:(1)约翰生的“多情出奇地强烈”,我们注意到,这种看法其实是正确的。(2)他“过去经常把失足妇女带到旅馆,倾听她们讲述自己的生平”。约翰生当时肯定做过这样的事,他晚年时也这样做过,目的是了解她们的生平,想方设法鼓励她们改过自新(在《漫步者》杂志的第一七〇、一七一篇随笔中,就讲述过她们的遭遇),而且如果有朋友误以为他图谋不轨,势必惹得他勃然大怒。(3)鲍斯威尔受到霍金斯的影响,他对约翰生的评价是:“我有理由认为,当他反思自己与塞维奇度过的那段时光时,必然会产生自责之情。”

---

* 参见下文页263。

当然,约翰生对这段时光的确有些懊悔。尽管出发点是好的,但他在自 181
尊心的驱使下抛下了泰蒂,却不知道就在几个月之后,泰蒂就再也没办法花他寄来的钱了。(4)最后,鲍斯威尔尽管有各种值得称道之处,但也存在主观的一面。他并不能体会到真正的贫穷是什么滋味,也不知道像塞维奇这样的人是多么渴望免费蹭饭、免费蹭酒,抑或是听别人赞美自己的才能,这种渴望远远胜过对嫖妓的兴趣。因此,他很难想象他们在过着这样的生活时,居然不借机去嫖妓;对于像鲍斯威尔这样的人来说,此举有可能让自己声名扫地。[18]

最后,为了不让塞维奇被关进负债人监狱,他的朋友与蒲柏一同为他担保,如果他去威尔士的话,就给他一份恩俸收入。塞维奇热情洋溢地谈到了乡村的快乐生活和夜莺的歌声。但是,当他在七月与约翰生告别时,“他不禁眼含热泪”。前往威尔士的旅途中,他曾在布里斯托停留了很久,无论是在布里斯托,还是此后到了威尔士,他都反复对人讲述自己在伦敦的生活。他最后又回到了布里斯托,并在1743 年死于负债人监狱中。

九

其实在塞维奇离开伦敦之前,约翰生就对自己的前途产生了厌倦和绝望情绪。他已经打拼了一年半之久(如果算上他创作《艾琳》,时间就更长了),凯夫无论给他什么工作,他都愿意干,不挑不拣,他自己也创作了一些作品。到了九月,他就要过三十岁生日了。许多作家到了这个年纪,无论成名与否,都已写出主要作品。而且按当时的标准,他的人生很快就要过半。但他仍然漂泊在文学界的边缘,塞维奇的文学生涯给他敲响了警钟,他从中仿佛看到自己未来的人生。

他心中最强烈的感情是对泰蒂的负疚感。泰蒂不喜欢伦敦，她觉得乡村的空气对她的健康必不可少。她已经习惯了衣食无忧的生活，由此产生的开支超出了约翰生从凯夫那里获得的收入，即便他不吃不喝，把收入全部交给泰蒂，泰蒂也必须取出积蓄方够平日开销。而在艾迪尔堂学校倒闭后，她的积蓄所剩不多。此时，约翰生两手空空，没脸去见泰蒂。从这一年五月开始，他似乎就没有再给凯夫写稿子，这
182 笔收入太微薄，而他的责任感与挫折感又太强烈，他因此失去了努力拼搏的积极性。*

此时，他突然得知莱切斯特郡艾普尔比镇的语法学校在招聘校长，艾普尔比镇离利奇菲尔德很近，乔治·加里克当年上的就是这所学校。如能谋得这个职位，就能解燃眉之急。这份工作报酬是年薪六十英镑，还提供住房。泰蒂如果能适应这里的生活，就也能搬过来，况且这里位于她喜爱的乡村。竞争这个职位的热门人选是托马斯·莫尔德，他时年二十五岁，取得了牛津大学文学硕士学位。当时学校共有十三位高管，只有五位主张聘请他。约翰生在斯塔福德郡的友人鼓励他抓住这个好机会，他们联合起来支持他应聘。就连蒲柏也通过某种方式支持他。蒲柏是通过约翰生写的《伦敦》才认识他的，他专门为约翰生给高尔爵士写了一封信，高尔虽然不是学校高管，但在当地影响力相当大。高尔全力为约翰生奔走。不幸的是，校规中要求应聘者必须具有文学硕士学位。亚当斯说"一位共同的朋友"让他去找牛津

---

* 但是，他实际上还是抽出时间为凯夫干了一件工作，此举表明像他这样没有经过正式法律训练的人，颇具法律眼光。凯夫在杂志的六月号中开始新增一个连载栏目，栏目中节选了约瑟夫·特拉普流行的布道文。对方威胁对凯夫提出侵权诉讼，于是凯夫找到了约翰生，约翰生为凯夫（也可能是他的律师）拟定出一份清单，其中包含三十一条"考虑因素"，并认为这些节选并没有侵犯著作者的权益（这一主张后来得到英国法院的支持）。参见 E. L. 麦克亚当：《约翰生博士与英国法律》（锡拉库扎，1951），页 10–14。但凯夫还是决定取消这个连载栏目。

大学,看能否让校方为此授予约翰生文学硕士学位。但校方认为这个要求“太过分”。于是,尽管校规中要求应聘者必须具有牛津大学或剑桥大学的文学硕士学位,但高尔又给都柏林的一位朋友写信,向他介绍了约翰生的情况和此次应聘事宜,拜托他请他的朋友乔纳森·斯威夫特帮忙:“给斯威夫特教长写信,让都柏林大学给我发来学位证书,将文学硕士学位授予这位可怜的人。”(他的想法是,都柏林大学的文学硕士学位相当于牛津大学的学位,这种做法在当时十分普遍。)高尔在信中还称,认识约翰生的人

> 都对他的学识与正气赞不绝口……他们说再难的考试也难不倒他,只不过他历经艰难坎坷。如果教长阁下认为有必要的话,可以帮忙运作此事。他宁愿奋力拼搏而死,**也不愿为书商做翻译而饿死**,因为这点微薄的收入只够他糊口。

高尔的帮忙并没有起作用。斯威夫特可能压根没有看到过这封 183
信。尽管约翰生不可能知道这个情况,但形势从一开始就有利于托马斯·莫尔德,他不仅取得了牛津大学的文学硕士学位,而且是“学校创始人的近亲”。在创始人的帮助下,他获得了照顾。几个月之后,尽管学校高管意见分歧,他还是获得任命。[19]

约翰生迫切想要得到这份工作,几乎完全是为了让泰蒂过上好日子,因此在七月末或八月间,他听从朋友(其中就包括学校的一位高管托马斯·格雷斯利爵士,他反对聘用莫尔德)建议从伦敦回家,亲自去学校求职。事情还有挽回余地。我们对此次面试一无所知。此后,根据蒲柏的暗示,他听说当时约翰生表现出强迫症的行为,举止有碍观瞻,给评委留下糟糕的印象。仅凭没有学位这一点,就足够出局了。

这段时间,他自然是与母亲一同住在利奇菲尔德家中。泰蒂的女儿露西·波特此时正帮助萨拉打理书店。苏厄德小姐称,她纯属一片好心(她与波特家族和杰维斯家族都沾亲带故,因此她可以随意出入于利奇菲尔德的各个社交圈),认为"即便是一位穷人从她手里买了一本只值一便士的书,向他表达谢意"也不是件"丢脸的事"。这家书店此时几乎无人问津,但露西"在赶集的日子"从来不会答应去别人家做客,"以防奶奶"(这是她对萨拉的称呼)"在照看书店时会着凉"。[20]

十

回到利奇菲尔德之后,约翰生自然要去拜访沃姆斯利。由于推迟返回伦敦,他不断去沃姆斯利家做客。约翰生不愿承认自己遇到的个人问题(他在其他方面都十分坦诚,从不拐弯抹角,但在这方面却非常保守,只对极少数人吐露实情)。沃姆斯利妻子的姊妹莫莉·阿斯顿特别令他神魂颠倒。托马斯·阿斯顿爵士有八个女儿,她是二女儿。阿斯顿爵士的女儿玛格达琳嫁给了沃姆斯利,另一个女儿凯瑟琳嫁给了哈里·赫维,他是布里斯托伯爵之子,生性风流,也是约翰生的朋友。玛丽(即"莫莉")当时三十三岁(约翰生此时三十岁),长得精致,鹰钩鼻,才思敏
184 捷,喜欢学问。其他女子有时会觉得她恃才自傲,但她只是觉得这是自信的表现。她有时也写写诗。她涉猎广泛,可以与人谈论各种话题,无论是当代文学还是经济学问题都对答如流。约翰生最仰慕她的一点就在于,她不仅是辉格党,而且是"辉格党知识分子",无论是沃姆斯利还是奥利弗·劳埃德都属于这一类人。这样的人总是能吸引他,他竭力驱散他们营造的幻象,而且很享受这一过程。莫莉曾就"自由"进行过谈话,让其他人为她的美貌所倾倒,约翰生对此曾写过一句简短的拉丁文

警句。

毫无疑问,约翰生爱上了她(就像他在斯陶尔布里奇爱上奥利弗·劳埃德一样)。斯雷尔夫人曾问他,"他一生中最幸福的时光是什么",他答道:"他曾经整个晚上"都和莫莉在一起,这是他最快乐的一年。(他说):"这实际上并不是幸福,而是销魂的感觉;但一想到这段往事,他的心中一整年都充满甜蜜的滋味。"之所以说是"销魂",原因之一是莫莉与他在三年前艾迪尔堂学校倒闭之后的经历形成了鲜明对比,这种经历让他尊严扫地,心中充满失望、疲惫、幻灭、自责之情。此时,莫莉至少能让他暂时解脱,因为他可以认同于沃姆斯利或赫维等人,这两人都能迎娶阿斯顿爵士的女儿。此外,她也像小科尼利厄斯一样,象征着约翰生所憧憬的整个生活方式。但是,"爱上了她"并不一定就是我们通常表达的含义(约翰生必然属于这种情况),即以各种方式牵动我们心扉的那种复杂多变的情绪。约翰生曾对斯雷尔夫人谈起莫莉,称她"是位才貌双全的女子,才智过人",他又补充了一句:"我从未见过如此可爱的人。"斯雷尔夫人自然

> 就问道,他的妻子对两人的关系怎么看?"(他说)她肯定很嫉妒,有时还会捉弄我,我都让着她。有一天,我们和两三个朋友结伴行走在野外,恰好碰到一个算命的吉卜赛人,她就让那个算命婆给我看手相,但她很快就后悔不该好奇心大发;因为(那个吉卜赛人说),先生,你已经脚踏两条船了,你的心里同时装着贝蒂与莫莉:贝蒂最爱你,但你和莫莉在一起时却最开心。等我回过头来准备哈哈大笑时,却发现我妻子已经哭了起来。迷人的美人呀!她没有理由这样伤心呀!"[21]

约翰生的好友约翰·泰勒家境富裕,他就住在阿什伯恩。约翰生至少去他家做过一次客,而且时间很长。泰勒觉得从事法律工作压力太大,打算进入教会工作。比起在利奇菲尔德与莫莉和沃姆斯利一家 185 交谈(因为这样他就得连夜赶回家),去泰勒家做客更能让他找到昔日的感觉,仿佛重现当年刚到小科尼利厄斯家中做客时的岁月一般,也使他想起当时去斯陶尔布里奇的友人家中做客的情景,例如西克曼家或哈格里镇的利特尔顿家。无论是在泰勒家,还是在泰勒家的乡间别墅(他就是去那里做客),一切都归泰勒所有:珍馐美味,赏心悦目的环境,仆人随侍左右,大把的闲暇时光,充足的交谈时间。而且如果要重现斯陶尔布里奇的岁月,那么还要出现一位新的奥利弗·劳埃德,这就是来到沃姆斯利家中的莫莉。阿什伯恩还有一位类似的女子,她就是希尔·布思比。她比约翰生年长一岁,是威廉·布思比的侄女,住在附近的阿什伯恩堂。其实,她比莫莉更像当年的贵格教徒奥利弗。布思比本人信奉卫理会,而且在阅读希伯来语《圣经》时表明了她的见地。(她是理查德·格雷夫斯的小说《精神堂吉诃德》中"圣希尔小姐"的原型。)[22]此后多年,她一直与约翰生定期保持书信联系。泰蒂于 1752 年去世,一年后约翰生甚至曾考虑过向布思比求婚。*

此时,约翰生还通过泰勒结识了许多人,例如附近布莱德雷的教长约翰·肯尼迪,他是位饱学之士,但有些古怪。他在二十多年后出版了《天文学编年史的完整体系》(1762),约翰生为这部著作撰写了题献部分。还有昌西镇的医学世家,他们家的女儿后来嫁给了托马斯·劳伦斯博士,他日后成为皇家内科医师学会的会长,他也是约翰生的挚友和私人医生。而且有一点很特别,这一家人中有许多人都出

---

* 参见下文页 320。

现在《精神堂吉诃德》这部小说中，小说讲述的是性格暴躁的乡绅兼冒险家利特尔顿·波因茨·梅内尔的故事。约翰生曾经从老梅内尔的话中引用过一句，能够迅速展现“老梅内尔”的性格：“据我所见，外国人都是傻瓜蛋。”而且约翰生曾在证明一个人不算真正的“恶人”时，就提起过梅内尔（鲍斯威尔隐瞒了这一点），并称：“他可以算是个促狭佬，但他不会给你造成严重的伤害……但是，我曾经知道有位老先生[梅内尔]绝对算是个恶人。他真心喜欢捉弄别人，还乐此不疲。”但他的妻子朱迪斯·阿莱恩却是个怀瑜握瑾之人，与他形成了鲜明对比。她在抚育自己的几个孩子时对他们进行了严格的宗教培养。这产生了很好的效果。儿子雨果四岁，遗传了他父亲的一项兴趣爱好。长大之后，他成为当时最杰出的猎狐能手，博福特公爵称他是“现代英国捕猎运动真正的创始人”。他也对穷人乐善好施。约翰生对他们的 186
女儿玛丽评价很高，她时年十七岁。只不过如果一直与她亲密相处，就会发现她的美德令人压抑。玛丽嫁给了邻居威廉·菲兹赫伯特，他温良恭厚，却是个无趣之人，约翰生喜欢拿他来举例，说：“有个人能让所有人开心，凭的不是优点而是缺点。”他“没有闪光点，没有过人的才能”，但“我从未见过像他这样获得如此广泛认可的人。他的……才能无法和任何人相提并论，却与人无争，因此没有人会反感他，他似乎总是在倾听别人说话，却从未要求你听他滔滔不绝地发言，而且你不管说什么他都不会提出反对意见”。但与他一心向善的妻子相比，即便是菲兹赫伯特本人也黯然无光。她就像“一位天使，手中宝剑发出烈焰，令妖魔鬼怪敬而远之”。玛丽去世之后，他“立刻感到既痛苦又解脱”。[23]

到了1740年1月，约翰生又回到了利奇菲尔德。他又去拜访了沃姆斯利，也见到了莫莉·阿斯顿。但即便他能继续拖延返回伦敦的日期,也不得不考虑经济问题。他和母亲别无他法,只得将家中老宅抵押给世交西奥菲勒斯·莱韦特。抵押的价格为八十英镑,其中约翰生可得二十英镑。[24]尚无证据表明此举出于萨拉本意。萨拉的生活极为简朴,仅凭书店的微薄收入似乎就足够她之所需。抵押房子的主意一定是约翰生本人提出的,而且他的要求几乎无法满足他的自尊心。他此时已经三十一岁了。这半年来他没有挣一分钱。由于他自身的懒散,他和萨拉现在的财产就只剩下房子,也只能打它的主意了。

注释

［1］约翰·霍金斯爵士:《约翰生传》,页43。亚瑟·墨菲,见《约翰生杂录》,第二卷,页208。

［2］塞缪尔·约翰生:《日记、祷文、年谱》,页39-40。

［3］鲍斯威尔:《约翰生传》,第二卷,页103-105。

［4］同上,页106;第五卷,页483-484。

［5］露西·波特称沃姆斯利给了他一封介绍信,让他去找书商亨利·林托特,而"约翰生为他写了一些东西"。(鲍斯威尔:《约翰生传》,第一卷,页103)但没有人能找到林托特这个人。

［6］鲍斯威尔:《约翰生传》,第一卷,页110。

［7］《鲍斯威尔的记事本,1776-1777》,页11。

［8］鲍斯威尔:《约翰生传》,第四卷,页409。约翰·霍金斯爵士:《约翰生传》,页46-48。詹姆斯·L.克利福德:《青年约翰生》,页184-186。

［9］约翰生:《蒲柏传》,《诗人传》,第三卷,页176。

［10］这首诗写在塞维奇离开伦敦的十六个月前。但是,塞维奇可能早就谈论过要去威尔士。由于约翰生说他在写《伦敦》这首诗时并不认识塞维奇,克利福德的解释最可信(页207-208):在写这首诗时,他就已经听说过塞维奇打算去威尔士,于是将其加入他对"泰利斯"的构思。

［11］爱德华·A.布鲁姆:《塞缪尔·约翰生在格拉布街》(罗德岛州普罗维登斯,1957),页29-31。

[12] 詹姆斯·L. 克利福德:《青年约翰生》,页 202-205。爱德华·A. 布鲁姆:《塞缪尔·约翰生在格拉布街》,页 31-36。

[13] 霍金斯称,"他住在舰队街的一处住所中,而她则住在伦敦塔附近的一位友人家中。"(页 89)如此言属实,收到约翰生 1740 年 1 月给她的来信后,她又回到了城堡街。

[14] 鲍斯威尔:《约翰生传》,第一卷,页 135。阿林·里德:《约翰生拾遗》,第六卷,页 85。

[15] 理查德·坎伯兰:《回忆录》(伦敦,1807),第一卷,页 355-356。

[16] 约翰·霍金斯爵士:《约翰生传》,页 53。鲍斯威尔:《约翰生传》,第一卷,页 163-164。《约翰生杂录》,第二卷,页 371。

[17]《约翰生宝典》,页 418。塞缪尔·约翰生:《塞维奇传》,《诗人传》,第二卷,页 431。

[18] 鲍斯威尔:《约翰生传》,第一卷,页 164。约翰·霍金斯爵士:《约翰生传》,页 54。詹姆斯·L. 克利福德:《青年约翰生》,页 211。另见 F. A. 波特尔:《约翰生博士看见了新的曙光》,F. W. 希尔斯编(纽黑文,1959),页 153-162。

[19] 鲍斯威尔:《约翰生传》,第一卷,页 133-134。《詹姆斯·鲍斯威尔创作〈约翰生传〉所用相关信函与文件》,页 58、160(关于对亚当斯提出的申请)。如需对阿普比求职经过的详细讨论,见阿林·里德:《约翰生拾遗》,第六卷,页 96-114。

[20]《塞缪尔·约翰生书信集》,第二卷,页 103。

[21] 赫斯特·皮奥齐:《已故塞缪尔·约翰生轶事录》,见《约翰生杂录》,第一卷,页 255。

[22] 阿林·里德:《约翰生拾遗》,第六卷,页 176-177。

[23] 鲍斯威尔:《约翰生传》,第四卷,页 15;第三卷,页 281,页 148-149。赫斯特·皮奥齐:《已故塞缪尔·约翰生轶事录》,见《约翰生杂录》,第一卷,页 256。关于梅内尔一家的介绍,见阿林·里德:《约翰生拾遗》,第六卷,页 125-126;詹姆斯·L. 克利福德:《青年约翰生》,页 225-227。

[24] 阿林·里德:《约翰生拾遗》,第六卷,页 122。

第十二章　新闻记者的涉猎；约翰生的政见；议会辩论；写作速度

一

187 在小科尼利厄斯代表的这个截然不同的世界里，约翰生感觉愉悦，无法自拔，这表明他过去两三年的打拼是何其艰难，也表明打拼的结果比他承认或透露给别人的情况更加令他灰心丧气。

但负疚感也与日俱增，尽管他表面上陶醉在这几个月的解脱之中。这时，他突然收到泰蒂的来信，信中说她腿部受了伤（韧带拉伤或扭伤）。这一年的一月，英国迎来了历史上最冷的冬天（“1740 年的冬天太可怕了”）。每天早晨都有人冻死在伦敦街头，他们是无家可归的穷人。毫无疑问，泰蒂是走在冰上时摔倒了。约翰生立即给她写信（1 月 31 日）。表面上看，他对泰蒂的健康状况表现出的焦虑之情与泰蒂的伤情不相称：“获悉你韧带拉伤而面临危险后……”泰蒂肯定不惜一切代价找了最好的外科医生治疗，但“一想到我亲爱的泰蒂正饱受痛苦折磨，我就无法安宁”。

得知泰蒂需要照料之后，他虽然没有吐露悔恨之情，但这种情感却愈发强烈。其实，泰蒂有意告知自己受伤无疑也在表达更重要的诉求，经济上还是情感上（约翰生也心领神会）。此时，她可能已经将积蓄糜耗殆尽，约翰生可能认为自己应当对她目前的处境负责（他创办学校亏了很多钱，而且他此后一直难以挣到大钱），这是他理应承担的 188
责任。* 他立刻给泰蒂汇去一个金币付手术费，几天后又汇去二十英镑（这笔钱是他将利奇菲尔德的房子抵押得到的钱）。他继续写道：“我不忍心去想象你的痛苦，我希望我们以后都不要再遭受这种痛苦。至少我会经常对自己说，以后我们肯定再也不会因为烦恼而分开。”在信的结尾，也许是为了尽量缓解泰蒂表达的其他忧虑，也许是他良知发现，也许二者兼有，他写下了这样一段话：

> 我亲爱的姑娘啊，我向你保证，在我身不由己的闲荡中，我见过的每一个人都令我确认自己对你的尊重与感情，只不过这种尊重与感情只会让我愈发难受，因为我想到人间最温柔的女子因为我的缘故而遭受痛苦，而我却无法替她减轻。我亲爱的爱人啊。
>
> 你的塞姆：约翰生[1]

这封信表明，他怀着悔恨之情重新痛下决心。他也许会尽快赶回伦敦。人们一度认为他到了这年春天才回到伦敦，仅仅因为《绅士杂志》在六月之前都没有出版什么，直到他的短篇作品《布莱克海军上将

---

* 在她去世后，约翰生提起他母亲带他去伦敦接受女王的抚触治疗时为他买的小银杯，称这是“亲爱的泰蒂在我们穷困潦倒之时变卖的最后一批碗碟之一”（塞缪尔·约翰生：《日记、祷文、年谱》，页9-10）；他认为这段时期是“我们穷困潦倒之时”。

传》面世。但他需要时间去重新适应上班。此外，大卫·加里克在一月给他来信，称为人顽固、沉默寡言的查尔斯·弗利特伍德（他是特鲁里街戏院的老板，曾拒绝翻阅《艾琳》的剧本）现在终于松口，准备“立下书面承诺，即便当前无法立刻上演这部戏，也将在下一季首先上演”。这也是促使他回到伦敦的因素，只不过实际上并没有取得什么
189 结果。* 虽然他与弗利特伍德的谈判最终破裂，他还是给加里克帮了个忙，给一部剧本写了序幕，这一点颇具讽刺意味。这部戏与《艾琳》不啻天壤之别：它是加里克仓促间拼凑起来，略带喜剧色彩的幽默短剧，名叫《忘川：树荫下的伊索》，这部戏于4月15日在特鲁里街戏院上演，演出大获成功，这极大地影响了约翰生。如果说没有拿到学位将他通往学术的道路完全堵死，此时他开始意识到，如果没有庇护人或其他人的支持，当一名剧作家或诗人的道路同样死路一条，至少在未来几年看不到任何希望。要不是他秉持对泰蒂负责任的态度，他可能就会听天由命。但此时，他还要对泰蒂负责，这给他带来了不幸，而且无论未来出现什么让他走入歧途的诱惑，他都再也不会辜负她。

二

他已年过三十一岁，不再犹豫，选择了他可能通往成功的另一条道路，仿佛是要弥补此前损失的时间。如果他不再像以前那样虚度光阴，

* 约翰生本人可能也难辞其咎。他对这部戏剧信心越来越不足，此时他迫不及待要达成协议，几乎愿意接受一切条件，而弗利特伍德显然也注意到这一点。凯夫第二年（1741年）曾为这部戏剧给他朋友写了一封信，信中证明了这一点：“他和我都非常不适合与戏剧圈的人打交道。弗利特伍德本来在上个季度就要上演这部戏的，但约翰生太没有自信，或者是［凯夫在此处留了白］使这个安排落空。”（鲍斯威尔：《约翰生传》，第一卷，页153）此处的留白表明，凯夫自己也对最后的结果大惑不解，但表示这与约翰生本人处理问题的方式有关。

又不需要漫长的等待就有机会获得回报,那这条成功之路就是当新闻记者或雇佣文人。像他这样既踌躇满志又才华横溢的人,在尝试新闻事业之后曾感到反感,也是情理之中:勉强糊口的生存状态;有限的题材选择;不可避免的精力分散;也清楚自己所写的大部分作品实际上都很短命,有些作品甚至不值一提。即便坚持走这条道路,也不会有太大前途。新闻工作此时仍处于萌芽状态,它还没有像十九世纪特别是二十世纪那样,能给新闻从业者带来巨大的机会或声誉。但无论今后要做什么,他都必然离不开这一领域。他别无选择。但结果证明,他也并非完全处于逆境之中。对此我要提出一个重要观点,即经过他二十多岁时那次心理崩溃之后,这是他第二次实现自我拯救(第一次是他与泰蒂结婚)。

在此后的十五年或二十年里,约翰生先是为凯夫从事新闻写作,之后又供职于其他出版商。鲍斯威尔认为,他的此类作品“数量巨大,多种多样,而且散落于大量互不相干的著作中”,以至于他怀疑约翰生本人在晚年并未整理出一份完整的目录。[*] 无论这些著作的生命多么 190
短暂,写得多么仓促,抑或是其中一些已散轶,它们最令人瞩目的特点是包罗万象。其中既有医药、科学、文学、航海探险、军事等领域的名人传记,也有用拉丁文和英文创作的诗歌。《绅士杂志》每一期都有介绍国外历史的文章(即国外的政治事件与时事要闻),还有介绍国外图书的栏目。其中有书评、随笔或其他作品,这表明他不仅在文学、政治、宗教、伦理学等领域满腹经纶,而且对农业、商贸、商业实务、文献学、古典学、美学、玄学、医药化学、旅行、探险甚至中国建筑学都颇有

* 这并非纯粹是惰性使然,更多是因为他对此感到尴尬,而且他不想承认这些是自己的作品。因此,“当他最亲密的几位朋友想请他帮忙指认他此前[在《绅士杂志》或其他地方]发表的作品时,他婉言拒绝指出任何一篇作品”。他曾对其他人坦诚相告:“他当时写了很多作品,它们与垃圾没什么两样,就让它们自生自灭好了。”(威廉·肖:《已故约翰生博士生平与著作回忆录》,页38)

涉猎。当然，其中很多是受雇而写，即便这样它们也迸发出了灵感。

从二十世纪五十年代开始，此类作品逐渐被人们发现。在新版的《剑桥书目》中，即使不考虑此后又新增的作品，1736 年至 1755 年(《约翰生词典》在这一年出版)间，至少有二百二十五篇作品收入其中。有些确实很短，即便不考虑议会辩论或《漫步者》杂志登载的随笔文，也还有一些篇幅很长。在这二百二十五篇作品中，有三十多篇是主要关于政治话题的，有八十多篇可以归入"文学批评"与书评之列(只不过经常是对政治书籍所作的评论)，有十三篇为传记或传记素描，还有三十七篇是诗歌。其余作品则属于"建言"和有关历史、旅行、宗教等话题的其他作品。

在这份摘要中，并没有体现出他针对政治及相关话题所创作的大量著作，尤其是 1745 年之前的作品。在这一时期，与政治主题相关的作品就已经超过其他所有类别。但要知道，他在 1745 年之前的作品数量浩大，光是他在 1741 年至 1744 年年初为《绅士杂志》著名的"议会辩论"栏目所写的工作量，就高达近五十万单词。在他当时的作品中，他对政治的兴趣占据了主导地位。

三

191 在论述他撰写议会辩论并继续创作其他新闻作品之前，我们应当简要叙述一番约翰生政见中存在的问题。任何一部约翰生的当代传记，都必须讨论这个问题，理想状况下，还应当尽早讨论。虽说这样做就不得不提前叙述某些事件，但我们依然需要这样做，方可将这一问题作为整体加以讨论。之所以要将这个问题作为整体提前处理，是因为人们针对这个问题产生的错误认识已持续很久，而且似乎仍将持续。即便人们重新认识到英国历史是“辉格党的解释”（这一点很重要），并在此背景下对约翰生本人进行了两次重要的讨论（分别是伯特兰·布朗森极具影响力的论文，唐纳德·格林对约翰生政治主张所作的全面研究），但这种错误认识依然顽固地存在。[2]

人们普遍误解了约翰生的“托利主义”，这主要是因为在法国革命之后，十八世纪的人对“托利主义”所形成的概念。当时，“托利”这个词的整体含义已发生改变。到了十九世纪，通过著名的“辉格党解释”的英国历史（麦考莱是这一派中最著名的代表人物），这一概念得以固化。在十八世纪形成的托利主义的概念中，尽管它早就受到历史学家质疑，通常人们仍然将这个词语等同于“保守主义”，而罔顾“保守”这个词的含义早已发生巨大改变。到了二十世纪，人们通常将“托利党”等同于“保守派”。如果我们将这个概念重新还原到十八世纪，就会发现这种做法特别古怪，因为在二十世纪看来属于保守的做法（特别是自由放任型经济学），在约翰生的时代却属于辉格主义。[3]但是，词语的意义依然影响着人们的观念，因为词语（尤其是抽象词汇）如果是在很久以前学的，那么当时与之相关的意义似乎会永远“属于这个词语的特征”，只不过在每一个历史时期，都只有少数人能通过各种努力来扩大或纠正它的语义。因此，单纯说“辉格党与托利党”，如果背景是约翰生生活的时代，那么许多人心中形成的概念仍然是秉持以下不同理念的两个党派：（1）辉格党是“代表进步”的党派。这意味着它是改 192
革派，推行代议制程度更高的政府，而且总体上更加“民主”。这通常使这个概念类似于当代的“自由派”。（2）与此相反，托利党是“反对改革”的党派，它怀念过去，而且保皇思想浓厚，因此站在“特权集团”乃至“既得利益集团”的立场上。因此，人们自动对此形成了“反自由派”的看法。对于美国人来说，他们对辉格党与托利党的看法还与以下问题相联系：托利党的领军人物是英王乔治三世与诺斯勋爵（他其实是辉格党人），这个党一心要限制北美殖民地的发展，而辉格党却有利于美国的利益。最终，由于人们在想象中将托利党归入“特权阶层”的政党，而“特权”在整个十八世纪显然十分盛行，因此人们认为托利党人至少与辉格党人一样有权有势。

实际上在约翰生的时代，托利党在英国下议院中始终属于少数党。唐纳德·格林称，“从1714年到1784年”，“下议院也许只有五分之一的议员属于这个党”。[4]此外，恰恰是辉格党而非托利党代表了二十世纪的“保守主义”思想。辉格党代表大地主和富商的利益，而托利党则代表小地主与乡村牧师的利益。对于约翰生而言，从他孩提时期开始，托利党就处于弱势地位，他们既不入流，又被人当成落伍群体。如果不考虑其他因素，约翰生通常认同处于弱势的一方。在乔治三世登基后（1760年），许多托利党人越来越尊英王为领袖，希望以此来限制辉格党中有产阶级与商业贵族的权力。在此过程中，他们重新建立起传统的理想——“国王与老百姓联合起来”对抗贵族阶层。约翰生的朋友、长期在贫困中挣扎的“托利党人”奥利弗·哥尔德斯密斯曾对此作过精辟的论断。他在诗歌《旅行者》（1764）的高潮部分作出了这一判断，抨击当时辉格党人猖獗的重商主义与殖民帝国主义行径（约翰生本人也持这种观点，他曾称辉格党人“违反了一切原则”）。约翰
193 生有两种感情特别与此共鸣：他一生痛恨奴隶制，认为这是不择手段追求财富的必然结果。此外他还谴责了“虚伪之词”，因为只有最积极地参与到冷酷无情的“牟利”活动中的人，才会使用“自由”等词语，但这只不过是因为他们本人不愿王权干涉其行径罢了。（他此后曾问道：“我们听说，最大声呼喊自由的人却在大力推行奴隶制”，“这是怎么回事？”）哥尔德斯密斯说，这种局面的产生是因为辉格党的领导人

在上下蝇营狗苟：

> 架空了王权，
> 利用君权为自己牟利。

因此，

> 每当我看到这帮人众口一辞，
> 将自己的自由称之为自由；
> 每一位肆意妄为的法官都制定出新的刑法，
> 法律让穷人民不聊生，富人操控着法律；
> 在气候宜人的地方，那里有许多蒙昧的民族，
> 他们通过奴隶掠夺那里的财富，之后再回本土购买奴隶，
> 我避开了这些残暴的人，径直去见国王。

四

人们对约翰生早年与中年时期的托利党普遍产生了误解，在此基础上，还有两个特殊因素进一步导致我们对约翰生的“托利主义”形成了过时的观念，也有助于进一步解释这种不实看法为何如此根深蒂固。首先，人们很快就能发现，鲍斯威尔出于个人目的，对约翰生的“托利主义”作了添油加醋的夸张。自十八世纪九十年代以来，每一位读者必然通过他撰写的《约翰生传》来了解约翰生，而且由于他们最初接受的就是对约翰生的这种印象，这种印象通常会固化。此外，十九世纪的人正是通过鲍斯威尔的作品，轻信了“托利党人约翰生”的形

象，麦考莱在其中也发挥了特别重要的作用，这一形象之后又收录到教科书中，最终流传于后世。

鲍斯威尔年龄比约翰生小很多，他迫不及待要摆脱自己的苏格兰背景，希冀浪漫地与他眼中的英格兰“保守主义”相认同。在他看来，托利主义富有历史色彩和距离的魔力。在他发现伦敦的主流知识界都是辉格党人之后，他觉得自己可以通过同样“知识性”的做法来加强个人感情，这自然让他十分开心，此举实际上就是通过一位真正智者的权威得
194 以实现。他在传记的开篇叙述了约翰生的童年时代，并将他刻画为“奉行托利主义的幼年阿喀琉斯”。他抓住各种机会引用或阐释约翰生的言论，以此作为表达他自己浪漫保守主义的渠道，作为支撑自己这种观点的依据。其目的并不在于误导读者。他很高兴，也很确凿地认为他与约翰生立场相同，而且耽于自己的想象，这情有可原。但是，两人的差异即便并非总是在范围上巨大，在程度上也是非常深的。两人的差异主要在于个性与思想方面。但也存在另一重要差异，即两人的年龄差了一代。在当时，尤其是在鲍斯威尔的《约翰生传》问世之前(1791 年)，托利主义的概念开始产生十九世纪的关联。这些对于鲍斯威尔产生了势利、浪漫的吸引力。根据鲍斯威尔对托利主义的解读，结果是托利主义为他本人提供了无可指摘的途径，他得以躲避他父亲奉行的严厉的基督教长老会辉格主义思想。他这种动机并没有错，因为约翰生从来不忘提醒我们，我们所有人的动机都不可避免复杂多样。但对于感情用事的鲍斯威尔来说，他的动机并不算太复杂，也不受其他考虑因素限制，其影响是提高了这种臆想的吸引力，也使他本人对托利主义的看法更加简化。

两人最显著的不同体现在他们对奴隶制的态度上。有一位奴隶在逃跑后向苏格兰法院请求获得自由，鲍斯威尔记录了约翰生为这位奴隶所作的精彩辩词，却在辩词开头加了一段评头论足：

> 他总是狂热地反对各种形式的奴隶制,对此,我满怀敬意地认为他“狂热并不知晓内情”。有一次,他曾与牛津大学的几位非常严肃的人聚在一起,他的祝酒词是“祝西印度群岛的黑奴再次造反”。

对鲍斯威尔而言,他认为如果要“废除对于商业利益极为重要、极为必要的制度”——奴隶贸易,不啻“疯狂、危险之举”。约翰生本人之所以持这种态度,“我将毅然决然地说……是由于偏见与不完美甚至错误的信息所致”。鲍斯威尔本人认为:

> 如果有一种**惯例**是上帝在各个时代都许可的,也是人类一直这样做的,废除这种惯例不仅相当于对我们无数同胞的**掠夺**,而且这对非洲的野蛮人也是极其残忍的。奴隶制使他们中很多人免遭屠杀,也不必在他们的国家遭受难以忍受的桎梏,而且使他们过上了更加幸福的生活……[5]

五

第二个因素更为复杂,这就是约翰生复杂的性格,约翰生本人也 195
承认,自己在不同场合会动机迥异;他既坚持真理,又常诱于真理的反面(一生中他的朋友和熟人大都是辉格党人);他一般不喜欢“流行”事物,也不喜欢与之相关的“流行语”(cant);而且在他分裂的天性中,深藏着悲观的感受——至少在这一方面出现了强烈的倾向。因此,他认为不管是什么形式的政府,无论多么有必要,都是由容易犯错误的人来建立和管理的,都同样令人遗憾。

我们在整理他的政治观点过程中,发现他一生都秉持着一条核心原则,这条原则实际上影响极为深远。尽管没有一位托利党人像他一样坚持这条原则,但这肯定也不是“辉格党人”信奉的原则。我们只能将这条原则命名为**庇护性服从**,或者说是**为了寻求庇护而服从**——这不仅要获得整个社会的保护,尤其是要获得个人的保护。“服从”是约翰生讨论政治问题时喜欢使用的词语,而且他采用的是这个词的基本义或字面意思。即一个社会的存在依靠“秩序”管理并通过“秩序”得以维系。这种态度与自由放任型经济学主张的减少管制思想截然相反,约翰生认为后者的理念纯属“大鱼吃小鱼”式的残酷竞争。从这种意义上说,这种观点与近代右翼资本主义所倡导的“保守主义”(这种“保守”模式并非是十八世纪语境下的保守,而是十九世纪的保守,特别是维多利亚时期如日中天的资本主义模式)不同,却与二十世纪自由主义的诸多方面有更多异曲同工之处,甚至与社会主义也有颇多联系。他的观点中还体现了反帝和反殖民思想,这在约翰生第一篇有据可查的散文作品(写于他十六岁那年)中十分显著。[6]

有两种感情贯穿于约翰生的各种思想,它们使“庇护性服从”这一原则得以维系:一种是慈悲情怀,或者说是同情心,另一种则是对邪恶与黑暗(或者说是“原罪”)的清醒认识,即认识到这是人类与生俱来的天性。他认为,如果听凭人们为所欲为,这种“大鱼吃小鱼”的残酷生活就会主导人类社会,这一幕在原始社会屡见不鲜,但人们现在却将原始社会描绘为理想国度,这实在过于愚蠢。在他的性格形成期,“辉格党”理念中最令他震惊的一点在于,辉格党会微笑着将“自然状态”作为“穷困之人”的行为规范,而这种标准很可能是野蛮之
196 举。这种反应就是该隐作出的反应:“我岂是看守我兄弟的吗?”而且这种做法会产生更强烈的负罪感,因为它通过“自由”等虚伪的“流行

语”，欺骗性地掩盖了这种行径之所以要反对限制的目的，这其实就是自私自利之举，因而可用来引诱困惑的暴民成为其盟友。但穷人实际上是这种做法的受害者，而约翰生又总是与穷人相认同。斯雷尔夫人说：“他热爱穷人”，“我从没见过其他人像他这样”。如果他的阔佬朋友谈到穷人时不屑一顾，或者抱怨穷人造成的种种不便，他就会惊讶、恐惧地大发雷霆，这就是约翰生的行事风格。因此，斯雷尔夫人曾对粥岛大街①上的廉价小餐馆（穷人都到那里就餐）的口味很是鄙夷，约翰生便严肃地提醒她，“有好几百名你的同胞”，“不得不绕道而行，这样他们就不会受粥岛大街的奢侈生活所诱惑了，因为他们连这种生活都可望而不可即的”。谁来保护这些人呢？个人所起的作用很小，尽管他本人通过种种方式帮助穷人，但却是杯水车薪。例如他会在家中收留穷人，也会给露宿街头、靠行乞为生的孩子施舍个把便士（他说，这样做至少能让他们活下去，“继续行乞”）。但仅凭这些还不够。启蒙社会应当对此采取措施。

因此，答案并非他在自由放任重商主义中看到或自以为看到的“反对一切原则”。这种思想对人性持有冷漠然而理论上仁慈的信心。它相信，如果消除政府的“指令”与调控（“服从”）的约束，很快就会产生社会福祉与经济利益。约翰生本人对此不敢苟同。据鲍斯威尔称，多年以后约翰生曾去赫布里底群岛旅行，麦克劳德夫人问他，人是否并非“性本善”。约翰生答道：“不，夫人，就像恶狼一样。”鲍斯威尔写道：“麦克劳德夫人对此甚是惊诧，她压低声音说：‘这位可比斯威夫特更狠哪。’”沙蓬夫人在与约翰生交谈时，“对这样一个人的言谈很是惊奇，因为他的行

---

①　粥岛大街靠近圣马丁教堂，当时廉价小餐馆鳞次栉比。1829 年，斯特兰大街与圣马丁堂大街一带的大型贫民窟被拆除，这条大街也就不复存在。

为表明他以慈悲为怀,但他却始终认为人心天生就是恶毒的,而且认为即便我们在少数人身上看到了良善之举,这也纯粹是他们通过理性与宗教信仰而实现的”。[7]

因此,这就需要对贫苦百姓(他们都是普罗大众)采取**庇护性**保护,还需要解决从何处寻找保护这一问题。其他方法都存在局限性(在十八世纪中叶,有投票权的只有二十万人)。“为了寻求庇护而服
197 从”原则只能将王权作为可仰仗的盟友,只能再次希望“国王与老百姓”联合起来对抗有权有势的特殊利益阶层(“我避开了这些残暴的人,径直去见国王”)。因此,约翰生的“指令”(“服从”)所指的对象必然是王权,而且是强有力的王权。但即便如此,也存在一些前提条件,而且是重要的辅助条件,甚至会让一位正常的“保皇派”大吃一惊。因此,约翰生在与亚当·弗格森爵士辩论中曾说道:“为什么人们会如此幼稚地妒忌君主的权力呢?……任何一个政府都无法长期滥用权力。人们是无法容忍这种行径的。如果君主对臣民压迫到一定地步,臣民就会揭竿而起,砍掉他的脑袋。”[8]

六

他的立场既不复杂,至少也并非不合理。我们对约翰生的立场之所以产生复杂甚至歪曲的认识,除了对“托利党”的含义产生误解以及鲍斯威尔所造成的误解之外,还因为我们一谈到约翰生的政治主张,就会想到他的夸张口吻与激烈言辞,这经常有一半属于虚张声势(“第一个辉格党人就是魔鬼”,“我认为你是个卑鄙的辉格党人”,诸如此类)。之前我们曾指出,其中大部分都是在模仿他青少年时期的第二位“楷模”,即“气势汹汹”的辉格党人沃姆斯利。例如,他有时在论证时表现得极

为激烈，大声地做铺垫，乖张又缺乏真诚，仿佛就像沃姆斯利本人一样，他有时甚至荒唐地将自己伪装成詹姆斯党人。

若要讨论这个问题，我们就要研究约翰生的心理，这是本书研究
的核心问题。对此，我们只能循序渐进来探讨。但是在此背景下，还
是应当简要提出一些观点。我们应当将这些观点分为两个方面，这样
做很重要：(1)心理方面的因素，这些因素强化了他在这个问题上的
真实信念或真实感受；(2)导致他（尤其在晚年）对此加以渲染的因
素。第一类因素具有直接的相关性。之所以要提到第二类因素，唯一
的原因是要提前认清它们的本质，防止造成思想混乱，因为在不同背
景下它们具有相关性。实际上，在极端情况下从心理角度来说，它们
很有意思。对于后一类因素，我们发现其中不仅包括他喜欢与人反
驳，甚至为了争论而争论（这自然是他不自觉的反应），而且还应包括
他逐渐形成习惯的其他方面：他有时喜欢扮演一个角色（十八世纪七 198
十年代初他曾创作“政治宣传册”，这肯定是重要因素，因为这些作品
中时常恶言相向，它们很少有人去读，也不算典型）。大多数人之所以
喜欢扮演一种角色，并在此过程中令傲慢之人甚是震惊，原因之一在
于，他们只是不希望辜负他人的期望，但前提是此举并不太费力。有
时如果我们兴致很高，还会给他人提供自我的漫画像。但是，这也涉
及约翰生的其他方面，他这么做源于更深层次的原因，我们只能将其
称为“自我嘲弄”。通过这种方式，我们发现，我们激烈地辩护或争夺
的对象，放在宇宙背景下似乎微不足道，而且这种辩护或争夺之举必
然是装腔作势的。* 到了他中年时，每过十年，我们就会发现他的这种
念头愈发强烈。他为哥尔德斯密斯的《旅行者》所写的两行诗文，概括

* 参见下文页488–489。

出这种信念的精髓：

> 人类的心胸是多么的狭隘，
> 法律或国王能引起也能治愈。

但这终究要来临。这就是上文提到的第一条心理因素（这些因素进一步加深他的具体信念），这些因素此时就与此相关。布朗森的精辟论断概括出了这些因素（它们是布朗森《力士约翰生》[1]的主题之一）：即约翰生“在性情上”“总是处于叛逆的心理状态”。无论是他对贫苦百姓的古道热肠甚至任性帮助，还是在情感上与他贫穷而非富裕的族人相认同（或感到他应当与这些贫穷的族人相认同），都源于此。他曾略带夸张地称这些族人“出身卑贱”。约翰生之所以站在“少数派”和处于劣势的托利党立场上，这也来自他的“叛逆心理”。这里面的情结非常复杂，济慈喜欢称之为“戈尔迪之结”。例如，在幼稚、举止粗鄙的青年约翰生身上，我们看到了他的豪气，他并没有突出地主张个人利益。当他开始勇敢地面对沃姆斯利时，他可能尚未完全意识到这一点。待到多年以后，他敞开心扉，承认他曾经认为自己“狂热地追求服从与出生的荣耀是正确的，因为我几乎不知道谁是我的祖父”。当然，他指的是他的爷爷而不是“古老的福特家族”。此外，他之所以在知识信念上坚信需要庇护性的秩序和安定，是因为他一生都力求控制自己叛逆的天性，同时保持清醒与平衡，这种状态对他产生了巨大
199 的刺激，有时充斥着激烈的情绪甚至暴烈的紧张。（因此，他在成长过

---

① 《力士约翰生》（“Johnson Agonistes”），仿用弥尔顿的《力士参孙》（*Samson Agonistes*）。

程中不得不密切关注自身,因为过于强制性的定论与确定性会产生危险,尤其是在某些方面,这些方面在当时似乎比政见更重要。)到此时为止,主要的心理因素促使他几乎本能地反对盛行于知识界的观点。还是个视力极差的幼童时,他心中就充满了攻击性的独立自主性,因此奥利弗女爵士向他伸出援手时,他却将她推到一边。这种独立性陪伴了他一生,成为他内心需要克服的主要困难之一。但到了青少年时期,这也展现出最具创造力的方面,并开始转变为他日后最优秀的品质之一,最突出的一点是使他拥有文学评论家的才华:时兴的冒牌货"权威"吓不倒他,如果人们仅仅因为受到流行观点影响而说出"虚伪之词",就会被他鄙夷;他喜欢针对流行思维模式所产生的平常反应,剖析此举产生的暴政,而且会直接通过反证法展示此举会产生怎样的矛盾结果。

无论是在这一方面,还是在其他方面,"辉格党人"沃姆斯利始终对他产生至关重要的影响,我们已经注意到了这一点。对于约翰生而言,他在十八九岁时曾赞同沃姆斯利的立场,他由此获得尊贵身份,得以在主教府邸中与沃姆斯利坐而论道,得以再次进入"上流社会",他对能进入这个世界感激涕零。他此前曾游走于斯陶尔布里奇镇的上流社会,走进了彬彬有礼甚至类似于贵族社会的"辉格党人"社交圈(福特家族、西克曼家族、克劳利家族、奥利弗·劳埃德,更不用说年轻的乔治·利特尔顿),但在此过程中,他又回到了不入流的"乡村"托利主义中(它体现于老约翰生等人身上)。但沃姆斯利却热衷于党同伐异,对争论与争议乐此不疲,而且痛风让他更加怒气冲冲,他使辉格派在约翰生看来不啻好战分子。约翰生此时正处于性格形成期,他很快便从他崇拜的沃姆斯利那里学到了此类武器的运用之道,因而能在谈话桌前舌战群儒,同时也幻想能像这位富裕的楷模(沃姆斯利)一样走上法律的道路,但他又保持了他自身的诚信与特殊的洞察力,并且一心捍卫这些品质。

这就是青年约翰生凭借良知与个人经历,对沃姆斯利所作所为之"修正"。"我过去时常迫不及待与他争辩。"即便他曾说在沃姆斯利去世后(1751年),"我觉得我的托利主义狂热也随之消退",但这种做法仍将伴随他一生。这证明了沃姆斯利的影响深深镌刻在他心中。
200 他不仅是约翰生的楷模,而且是他永远的辩论对手,约翰生此时已有十多年没有见过沃姆斯利了。沃姆斯利的影响将持续约翰生一生,他不仅早在四十二岁(1751年)之前,就已经养成这个习惯,而且他实际上并不是对沃姆斯利作出个人答复,而是对他热爱的整个英格兰作出答复。他的根始终留在这里,时而体现在现实中,时而体现在其想象中。从这个意义上讲,他还对他的另一部分自我作出了答复(或者说给出了提醒或激励)。等他到了中年,他最亲密的朋友中只有一位老同学埃德蒙·赫克特与泰蒂(两人都是"乡下"人)是托利党人。但自打他进入斯陶尔布里奇的社交圈(西克曼家族,福特家族,克劳利家族,美丽动人的奥利弗)开始,历经沃姆斯利、莫莉·阿斯顿、约翰·泰勒,一直到阿什伯恩的上层社会,再到他希望迎娶的希尔·布思比,他迈入的是另一个世界,而且深受其吸引,这就是"辉格党"的世界(这里充满智慧过人、过着锦衣玉食般生活的辉格党人)。

约翰生十分喜欢这些善良的人,这些人并没有认真思考过自己的观点。他们从未见过"真实的"世界,这个世界十分冷酷,绝非温情脉脉,而是充满贫穷邪恶。约翰生可以让他们头脑清醒清醒。从某种程度上说,这就是满心关怀之举。有一个重要的例子:当他与当时最伟大的辉格党政治家埃德蒙·伯克交朋友时,伯克的才能与他不分伯仲,而且伯克在政治方面的知识十分渊博,约翰生无法轻易加以"纠正"——于是在与伯克交谈时，他会假装回避政治。他认为这恰恰证明了自己处事老到。* 但此举也表明，他也明白在伯克或查尔斯·詹姆斯·福克斯这样既杰出又热心的人士面前，没有必要去自讨没趣（这种想法本身就很荒唐）。福克斯是另一位伟大的辉格党政治家，他是俱乐部成员，受到约翰生的钦佩。此时情况又不同了。在关键原则上，“我认为，聪明的托利党人与聪明的辉格党人能达成一致”。[9]

七

了解上述背景之后，我们才能考察约翰生在此时期所写的政治著 201
作。这些作品不仅数量众多，内容也十分重要，对他的思想也是极大的砺炼。

在他的主流政治著作之外，是两部不太重要的小册子（1739 年 5 月）。约翰生创作它们之时，正是他穷困潦倒之际。因为付不起房租，他当时不得不与塞维奇彻夜漫步在伦敦街头，而且一连几个小时讨论“如何变革世界，推翻贵族，建立新的政体，在好几个欧洲国家建立起法制社会”。[10] 他们当时必然将怒火和压抑已久的委屈倾泻在辉格党元戎罗伯特·沃波尔爵士身上。沃波尔在英国历史上可谓是最杰出的名相之一，他此时已执掌军国大事长达十八年，约翰生此后也对他甚是赞佩。

---

* 因此，1772 年他曾与哥尔德斯密斯讨论过这样一个问题：“如果人们在任何一个重大问题上存在分歧，他们能不能做到友好相处？”约翰生认为他们可以做到：“你必须搁置存在分歧的话题。例如，我就可以和伯克很投缘：我钦佩他知识渊博、才华过人……但我不会和他讨论罗金汉姆派辉格党。”“哥尔德斯密斯说：‘先生，但人们如果在相处时有了分歧，而又希望回避矛盾，那么他们就陷入了《蓝胡子》童话中的局面。蓝胡子就这样告诫他妻子：“你哪个房间都可以进，就是别进那个房间。”但我们却最有可能进入那个房间，也就是谈论中会发生分歧的话题。’约翰生（大声答道）：‘先生，我并不是说，**你**可以和存在分歧的人相处甚欢，**我**只是说，我能做到。’”（鲍斯威尔：《约翰生传》，第二卷，页 181）

毫无疑问,一方面塞维奇给予他鼓励,另一方面,一年前大获成功的《伦敦》也让他树立起信心,于是约翰生决定再次尝试创作讽刺文学,这次他模仿了斯威夫特的手法,将矛头对准沃波尔,最终创作出讽刺性的小册子《诺福克的大理石》(1739 年 5 月)。在书中,约翰生假称在诺福克(沃波尔的家乡)挖出了一块巨大的石碑,碑上用古拉丁语刻着“僧侣押韵诗”。有一位学者将这首诗翻译成英语并解释给公众听,这位学者是沃波尔的崇拜者,约翰生故意将他描写成愚昧之人。碑文中预言了政治上的麻烦与辱骂将十分猖獗,即便是国王也可能遭到废黜。碑文观点十分露骨,曾令政府怒不可遏。尽管读者一眼就能看出这部作品的用意,但支持沃波尔的这位古物研究学者却一直对此深感困惑,于是建议成立阐释学会来阐释碑文含义。该学会每年给国家造成的负担也就六十五万英镑。

尽管我们现在认为这部作品枯燥乏味(约翰生始终不擅长拐弯抹角的冗长反讽),但还是值得一定的关注,而且人们还传说(这并没有依据)政府曾搜捕过这部作品的始作俑者,于是约翰生销声匿迹了一段时
202 间。这部作品曾广受关注,约翰生大受鼓舞。他很快就推出另一部模仿斯威夫特风格的小册子(也是在 1739 年 5 月出版)。这部作品可读性似乎更强,但没有引起太多关注。它名叫《为舞台审查官所作的全面辩护》,这是对《舞台演出法》(1737)的反讽式“辩护”。1739 年 3 月,政府禁止了一部剧作(亨利 · 布鲁克的《古斯塔夫 · 瓦萨》)公演。这部作品中的人物虽然都是瑞典人,但很明显是对沃波尔和乔治二世的讽喻式抨击,作品中称此二人窃据权力的做法违反了宪法,并暗示为了除掉此二人,不惜发动一场内战。约翰生式的反讽并没有取得巨大成功,但这部作品满怀热情地捍卫了出版自由。因此,无论其文学价值如何,它都牵涉到个人利益,只是与人们固有的“托利党人约翰生”这一概念相去甚

远。格林认为，这部著作的基调更像是"辉格党提出的反对意见，即'左翼'辉格党人对此提出的反对意见"。[11]

约翰生为《绅士杂志》所写的文章比这些小册子重要得多，这不仅体现在其政治意义上，也体现于这一创作活动对约翰生本人心智发展的影响。其中尤其包括以下作品：(1)"外国历史"栏目中几篇凝练、真实的文章，换言之，它们讲述的是"国外的事情"（他在 1741 年和 1742 年至少写过十篇，在 1750 年之前至少还写过六篇）；(2)二十七篇议会辩论更为重要，它们显然是 1740 年 11 月 25 日至 1743 年 2 月 25 日在议会上下两院发表的演说，并在《绅士杂志》上分五十四期出版，从 1741 年 7 月一直连载到 1744 年 3 月。

下议院（于 1738 年 4 月）禁止对其演说进行报道，我们曾在上文中指出，《绅士杂志》对此采取了规避方法，即假称刊登的报道均来自"小人国参议院中的辩论"，并使用了虚构但很容易辨认的人名。显然，这种假惺惺的手段很快就被识破。但政府不太愿意对此举提出公诉，因为担心遭到嘲弄，同时杂志也谨小慎微，决不对议会当下举行的会议演说进行报道。我们此前就已注意到，约翰生从一开始就参与了这项写作工作，还对某些演说稿作了润色。* 之后，上议院发生了一场重要辩论，双方针对罢免罗伯特·沃波尔爵士的职务这一动议展开唇枪舌剑。凯夫希望请更有气势的作家来写这篇报道，于是就让约翰生
来完成。约翰生的作品气势磅礴，凯夫就将整个写作工作都交给他， 203
《绅士杂志》因此取得前所未有的成功，销量上升了一半。凯夫自然眉开眼笑，霍金斯称："他为了显示自己挣了大钱，买了一辆旧马车和两匹老马。"之后，为了"向世人展现自己财富的源泉"，他又在马车的门

* 参见上文页 175。

上安了一枚盾形纹章，这“象征着圣约翰之门”，而《绅士杂志》的办公室就坐落在这里。[12]

八

纵观新闻学的整个历史，《议会辩论》依然是其中最突出的成就之一。约翰生在两年半的时间里始终是这一栏目的唯一作者，只不过他本人只走进下议院旁听席一次。这些作品总的篇幅极为可观，历史意义巨大（例如，长时间以来，人们一直认为它们真的是英国某些最杰出的政治家所发表的演说），闪耀着智慧的光芒与广泛的辩论能力，也暴露出他年龄（三十一至三十四岁）与经验上的不足以及创作中所面临的种种不利条件，还凸显出他快得惊人的创作速度，这些都使他的此项创作活动极其罕见。*

人们至少有二十年一直公认这些演说是货真价实的原作，而且此后很长一段时间，人们依然这样认为。议会议员和他们的好友自然知道情况并非如此。但他们却不愿将真相公之于众。这些演说作品展现出作者对语言的精湛运用，这令他们很是受用，而且这些作品也体现出惊人的客观公正。在二十年后的一次宴请中，约翰生首次半公开地承认这些作品出自其手，亚瑟·墨菲对此作了较为细致的叙述。约

* 应当指出，这些辩论并非今天意义上的辩论，即快速地对争议问题交换意见，或者进行提问与回答。如果读者指望能看到戏剧性的场景与对话，并希望辩论的语言根据每个人的性格精心剪裁，就会大失所望。（鉴于作者从未亲身听过这些演说者的演讲，因此性格个性就体现在演说者的总体态度上，也体现于他们所使用的论证类型中。但就像《拉塞拉斯》中的人物一样，演说者的谈吐给人留下的印象就仿佛他们也拥有约翰生的语言风格和对语言的高超驾驭。）早在约翰生从事此项工作之前，形式就已经固定下来，即他需要写的只是“事先经过精心准备的演讲”，并聚焦于某个重要问题。

翰生提到在沃波尔内阁即将结束之际，发生了一场重要的辩论（这也是约翰生创作的）。当时在场的还有菲利普·弗朗西斯，他八年来一直都在研究德摩斯梯尼①，而且刚刚完成了对其演说文稿的翻译工作。 204
弗朗西斯称，威廉·皮特在这场辩论中的演说“是他读过的最好的演说稿”，他认为即便是德摩斯梯尼的作品，也“无法与这篇演说相媲美”。听到他的这番话，在座有几个人也记得曾读过这篇辩论稿，而且“引用了有些段落，这赢得在座所有人的称赞与掌声。大家正谈到兴头上，约翰生却始终一言不发”。最后，等到大家的赞美声终于平息，他发表了这样一句评论：“这篇演讲稿是我在埃克塞特街的一间阁楼中创作的。”在座众人自然瞠目结舌。于是，约翰生长话短说，告诉他们凯夫曾经说动了议会的门房，设法让自己或手下人混进辩论现场。然后再将“讨论的话题，演讲者的姓名，他们各自的立场及发言的顺序，以及他们辩论内容的记录”都交给约翰生。由此可知，约翰生获得了“辩论内容的记录”，最近的一项研究表明，约翰生所写的内容经常与实际的辩论内容十分接近。[13]

但在许多情况下，演讲内容完全是他凭空想象出来的，他所获得的信息仅限于发言的顺序及笼统的观点。换成别人，可能会将这项工作当作吹嘘的资本。但约翰生一直对欺骗行为大加鞭挞，因此当他发现越来越多的人将他创作的演讲稿当作历史档案，心中愈发不安。这种惴惴不安的心理最终迫使他罢笔，创作此类文稿，因为他“不愿做宣传谬误的共犯”。当他刚开始创作此类作品时，他可能认为这是正当行为，这一点情有可原。人们可能想当然地认为，议会议员完全可以

①　德摩斯梯尼（前384－前322），古希腊雄辩家、民主派政治家。早年师从伊萨学习修辞，后教授辞学。积极从事政治活动，极力反对马其顿入侵希腊。后在雅典组织反马其顿运动（拉米亚战争），失败后自杀身亡。

否认自己与演讲稿的关系。约翰生本人的生存环境十分恶劣,他需要完成凯夫吩咐的工作,而且如果材料没有送来,他仍然必须写出稿件。此外,乍一看去,他的这项写作工作有点像是个笑话。约翰生在临终前六天,曾言之凿凿地告诉约翰·尼克尔斯,在他创作这些演讲稿时,“他并没有想过自己在欺骗世人”。但在他即将面对死神之际,他希望纠正错误的文献档案。他从尼克尔斯那里借来了《绅士杂志》创刊之初的刊物,然后记下其中由自己创作的辩论稿件页码。它们是“他写作生涯中唯一令他日后追悔莫及的作品”。因为在许多情况下,这些作品在创作时只有“非常单薄的素材,甚至经常一无所有,这迫使他不得不运用想象力去编造内容”。但是,很少有议会议员否认自己是这些演讲稿的作者。此外,这些演讲稿先是收录到半官方的议会演讲合
205 集,然后再收入《议会史》,之后又收入《英国议会议事录》。编纂人员为切斯特菲尔德和皮特等政治家编写作品选集时,就从这些文献档案中撷取了约翰生创作的演说稿。在 1777 年出版的《切斯特菲尔德爵士雄辩集》中,约翰生创作的两篇演讲稿成为范例,此书编者对这两篇雄文赞佩不已,将其与西塞罗的雄辩相提并论。有趣的是,在约翰生辞世一个世纪之后,其中有些演讲依然出现在各种文集中,例如《世界最精彩演说集》(1899),人们直到此时仍然认为这些演说稿的作者就是皮特、沃波尔或切斯特菲尔德。[14]

人们之所以对这些辩论的真实性广为认可,另一个原因是其客观公正性,这与《伦敦杂志》强烈的“屁股决定脑袋”的倾向形成鲜明对比,这至少也是议会议员为何不愿指出它们是伪作的原因之一。在这次聚餐中,亚瑟·墨菲谈到了在座一位人士提起了这个话题,称约翰生“对辩论双方给予同等的理性与雄辩。约翰生却说:‘也不尽然。我给他们留足了面子,但我特别注意,决不让辉格党这帮家伙占上风!’”

这只不过是句戏言，目的是掩饰自己受到夸奖后的喜悦之情。不管怎么说，这些演说主要都是辉格党人所作——各种类型的辉格党人。尤其是他展现出罗伯特·沃波尔的正面形象，使他在为自己辩解时的发言比实际的发言更加精彩。实际上，他对沃波尔的研究越深入，对他的评价就越高。据威廉·苏厄德称，他最终认为沃波尔是“这个国家有史以来最杰出的总理大臣”。[15]

九

此外，《议会辩论》对约翰生的写作生涯和心灵成长也具有关键意义。原因在于，这种写作方式不啻一场漫长的体操练习（他总共撰写了近五十万词的议会辩论文），使他充分演练了自己的表现力，培养了辩论的独创性和有效掌控辩论的能力，还能高明地在不同观点之间达成平衡。即便他此前就已具备这些素质，这段写作经历也使之精进。

例如，他总能飞快地完成接到的写作任务，此时他的速度更快。约翰·尼克尔斯称：“对他来说，在一个小时的时间里为杂志写出三栏稿件十分稀松平常，而大多数人一个小时都没法把它们誊完。”杂志一
栏中有六百词出头，因此约翰生的平均创作速度至少是每小时一千八 206
百词，或者说一分钟三十个词。有一天，他足足写出了二十栏（大约有一万两千词）稿件。更何况他当天工作的时间“并不算长，也许是中午开工，薄暮时分就已收工”。霍金斯曾对此评论道：

> 他的方法是将自己关在圣约翰之门的办公室内，不允许任何人前来打扰，除非是排版工人或凯夫派来送材料或取稿件的童工。他飞快地完成稿件之后，便踉踉跄跄地走出门外。[16]

作家无论是声名显赫还是默默无名，起码有一半人都曾遇到过写作瓶颈的困扰，如果写作任务必须付出大量时间方可完成，他们内心就会抵触这项工作，这影响了自我判断，并逼迫作家不得不面对最令人望而生畏的任务（也就是要面对需要完成的空白稿纸）。这对于约翰生尤为突出，他一生始终在与严厉的超我作斗争，并对写作产生超乎想象的强烈抵制情绪。但此时维持生计的需求逼迫他提笔写作，同时也为了减轻自我要求的负担（因为这些作品是匿名的），他一次次地突破上述限制。正是因为这段亲身经历，他才有信心在短时间内高效地完成写作任务（即“一个人如果持之以恒地从事于某项工作，就可以在任何时候动笔写作”），也正是通过迅速完成写作任务所产生的慰藉，他取得了丰硕成果。三十年后，他对历史学家罗伯特·沃森谈起“写文章”。约翰生称，年轻的罗伯特·钱伯斯无法写好法律方面的讲座，于是自己给了他一些建议。实际上，他

> 会建议每一个初学写作的年轻人，要尽快完成作文，要养成立刻开动脑筋的习惯。提高速度要比提高准确性更难做到……如果写作者习惯于慢吞吞地作文章，而且在各种问题面前畏难不前，那么就可能根本没法作文章，因为我们都不喜欢去做不容易做到的事情。*

* “鲍斯威尔称：‘我们都注意到，有人穿衣服非常磨叽，有人却动作非常麻利。’约翰生答道：‘是的，有些人居然在穿衣打扮上花这么多时间，真是太不可思议了。他们先拿起一件衣服，再仔细地打量，然后又将它放下，接着再将它拿起来。每个人都应当养成雷厉风行的习惯。我会对年轻的天才这样说：“让我看看你的动作又快了多少。”这样，我应该就能发现他的力量和他的判断力了。’”（《鲍斯威尔的赫布里底群岛之旅纪行》，页44–45）

当然,他不单纯是动作快,还凭借深邃的思想和均衡的知识出 207
口成章,加之他高超的表现方式,都使他具备了“敏捷的思维”和睿智的辩才,在这方面与他比肩者寥寥无几。约翰生所做的工作是将一场辩论化为思想交锋的戏剧,并使之成为他日后创作的原型。无论是《谷物法》,陆军与海军的现状,还是罢免罗伯特·沃波尔的动议,他很快就发现,无论是什么具体问题,他都能通过辩论的形式提出针锋相对的具体观点。他满怀激情地将自己代入其中(移情),发挥积极主动的想象,不偏不倚地提出观点,并以最出色的方式展开论证。(这种移情手法自然属于观点与价值观的移情,而非对相关人物的移情,因为他对这些人物只掌握了二手材料。)他将自己关在圣约翰之门的办公室中,将写好的稿件“从门下面塞过去”,好让书童将稿件送到印刷厂。霍金斯说,约翰生此时的想象力飞升到“热烈的程度,近于激情”。他将大量的时间投入到这场思想交锋的戏剧中,这种经历最终证明对其一生都具有巨大的价值。例如,他几乎本能地开始以辩证的形式创作伟大的道德著作,例如为《漫步者》《探险者》《闲人》等杂志撰写随笔,某种程度上,《拉塞拉斯》也位列其中。或者说,其中甚至包括某些批评作品,特别是《莎士比亚作品集前言》。换言之,他通过强有力的来回交锋,使事物立即获得应有的评价,并通过语言的永恒性将其稳定下来,然后再从另一立场加以评价,使之公正客观。

但是,这种漫长的“体操练习”产生了更为广泛的重要价值。这一价值的源泉在于他既能快速地创作出大量作品,又具有睿智的头脑。正是这种令人叹为观止的能力,使他洞察事物的各个方面,这就是约翰生思想中最与众不同的品质(另一项品质是他在生活中极为坦诚)。

埃德蒙·伯克多年以后不禁感慨,如果约翰生能在"早年进入议会,他必定成为有史以来最杰出的议会演说家"。[17]

注释

[1]《塞缪尔·约翰生书信集》,第十二篇。

[2] B. H. 布朗森:《力士约翰生及其他论文》(剑桥,1946);唐纳德·J. 格林:《塞缪尔·约翰生的政治主张》。在我对约翰生政见的论述中,我总结或复述了这些作品中的内容。另参见格林先生在耶鲁版约翰生文集(第十卷)中对约翰生政治作品的详细评论,此书目前正在出版中。

[3] 唐纳德·J. 格林:《塞缪尔·约翰生的政治主张》,页 53。

[4] 同上,页 7。如需对托利党构成情况的简要介绍,参见格林《塞缪尔·约翰生的政治主张》的绪论(页 1-21)。

[5] 鲍斯威尔:《约翰生传》,第三卷,页 200-205;对比第二卷,页 476-477。

[6] 唐纳德·J. 格林:《塞缪尔·约翰生的政治主张》,页 259。

[7]《鲍斯威尔的赫布里底群岛之旅纪行》,页 170。赫斯特·M. 沙蓬:《遗作》(1807),第一卷,页 73。

[8] 鲍斯威尔:《约翰生传》,第二卷,页 170。

[9] 同上,第四卷,页 117。

[10] 亚瑟·墨菲,见《约翰生杂录》,第一卷,页 371。

[11] 唐纳德·J. 格林:《塞缪尔·约翰生的政治主张》,页 105。如需对这两本小册子的讨论,参见该书页 96-108。

[12] 约翰·霍金斯爵士:《约翰生传》,页 123。如需对这些辩论的权威讨论,参见 B. B. 胡佛:《塞缪尔·约翰生的议会报道》(伯克利,1953);唐纳德·J. 格林:《塞缪尔·约翰生的政治主张》,页 112-140。

[13] 亚瑟·墨菲,见《约翰生杂录》,第一卷,页 378-379。据说,约翰生当时并没有住在埃克塞特街。但我们不太肯定这一点。他在十八世纪四十年代过着颠沛流离的生活。

[14] 约翰·尼克尔斯,见《约翰生杂录》,第二卷,页 412。鲍斯威尔:

《约翰生传》，第四卷，页408–409。B. B. 胡佛：《塞缪尔·约翰生的议会报道》，页55–130，页160。

[15] 唐纳德·J. 格林：《塞缪尔·约翰生的政治主张》，页122–129。《约翰生杂录》，第二卷，页309。另见约翰·霍金斯爵士：《约翰生传》，页514–515。

[16] 鲍斯威尔：《约翰生传》，第四卷，页409。约翰·尼克尔斯：《〈绅士杂志〉的崛起与发展》（伦敦，1821），页xxxi。约翰·霍金斯爵士：《约翰生传》，页99。

[17] 鲍斯威尔：《约翰生传》，第二卷，页138–139。

第十三章　迷失在格拉布街;传记与图书的世界

一

208 与此同时,约翰生继续在伦敦过着流浪汉一般的生活。从某种意义上说,他一生都这样清贫。直到年过半百(还有二十年之遥),他才最终摆脱贫乏之苦,但那时他的生活习惯早已形成。此时,他已是而立之年。有一幕令人难以忘怀,当时他与爱德华·凯夫一同就餐,由于还有一位客人在场,约翰生对自己的破衣烂衫羞愧不已,于是独自躲在屏风后面用餐。这位客人名叫沃尔特·哈特,他是切斯特菲尔德爵士之子的老师。他一边用餐,一边对约翰生刚出版的《塞维奇传》(1744)赞不绝口。凯夫之后碰到哈特时,对他说:“那天你让一个人心中充满喜悦。”哈特便问怎么回事,因为“当时除了我俩并无他人”。凯夫提醒他,“有一盘菜送到了屏风后面,这是给约翰生上的菜,他当时穿得破破烂烂,不愿出来见人”。[1]

约翰生在1740年年初回到泰蒂身边,此时他已离开伦敦很长一段时间,并陷入深深的悔恨之中。此时,泰蒂的积蓄已无所存,因此不仅约翰生要节衣缩食，夫妇俩都必须精打细算。他们不可能继续住在城堡街时尚、开阔的住所中了，于是搬到斯特兰大街，此后六七年里，夫妇俩一直住在斯特兰大街与霍尔本大街之间拥挤不堪的地区，来回至少搬了六次家。与此同时，约翰生也绝望地依靠抵押利奇菲尔德的 209
老宅获得的资金度日。[2]尽管泰蒂对这样的生活极为失望，她不禁发现自己年近五十五岁，却一无所成，有一段时间也竭力要奋力拼搏。她可能对约翰生的朋友评价并不高，但却不需要经常与他们打交道。因为夫妇俩生活窘迫，居所逼仄，无法招待客人，只是偶尔有人前来造访。威廉·肖曾说，尽管“两人都饱受命运的折磨……无法战胜命运”，而且“两人天生存在些许差异，但两人彼此怀着真挚的感情与亲情”，而且彼此树立了“坚定的信心”（这一点更为重要）。[3]

两人之间存在的“些许差异”，主要体现在自尊心极强的泰蒂身上（只不过她可能觉得这是一场注定要失败的斗争）：她竭尽全力让两人的廉价居所尽量干净整洁，但约翰生在伦敦漂泊的日子里，无论在穿衣打扮还是饮食起居方面都不修边幅。不管到什么地方，他都会把那里搞得一团糟。因此，两人的争执不过是泰蒂对他的提醒或者说轻微的讽刺，而约翰生的回答也绝非蛮不讲理。约翰生曾告诉斯雷尔夫人，泰蒂“天生就有洁癖……我把家里搞脏之后，她就总觉得心烦意乱——如果地板干干净净的，她就会觉得**无比**舒畅；直到最后我告诉她，我觉得我们对**地板**的讨论已经够多了，我们现在可以谈一谈**天花板**了”。斯雷尔夫人问他是否“曾经因为饭菜不可口而责备过妻子”（斯雷尔夫人对他的饮食十分在意），他答道“我经常如此”，以至于最后有一天他正准备饭前祷告时，泰蒂说：“约翰生先生，不必多此一举，你现在这样装模作样地感谢上帝，可过几分钟就会抱怨饭菜难以下咽。你不觉得滑稽吗？”[4]

二

我们之前曾经提到，约翰生在刚到伦敦的几年里，掌握了创作、出版、期刊、文学评论、编辑和印刷等方面的实务。但他还熟悉其他方面的知识，在这一点上没有一位重要作家能与他相提并论，尤其是没有一位重要的文学批评家能做到。这来自他亲身实践所获得的直接知识，我们称之为地下出版业和地下文坛。有大量人员从事这一领域，
210 他们经常生活赤贫，从事写作和其他出版工作仅仅是为了满足最基本的生存需要：在十八世纪，这一地带被称为格拉布街，因为这些人大多都住在这条街上没有供暖的阁楼里。我们之前曾提到过地下文坛，约翰生在来到伦敦的头两年里就和它打过交道。但在他 1740 年年初又回到伦敦时，他实际上以此为业，我们需要对此再赘述一番。因为在约翰生三十至四十岁期间，这里就是他生活和创作的主要环境。而且他四十岁之后开始创作更加伟大的著作时，也是以此为背景的。

约翰生去世前一年，他曾与约翰·胡尔有过一番交谈。胡尔是著名的翻译家，曾翻译过阿里奥斯托的作品。胡尔谈到自己“早年曾在格拉布街接受过一部分教育”，约翰生便恭喜他道：“（约翰生笑眯眯地说，）先生，你当时一定是**经常**接受教育吧。”约翰生又问道，当时谁在格拉布街当他的老师，胡尔称是他叔叔，他是一位裁缝。约翰生立刻想起了这位故旧，“我们称他为**玄学派的泰勒**”，又补充说，两人在十八世纪四十年代初时，都是一个小俱乐部的会员，并且还和“乔治·普萨尔马纳扎和其他几人”在老街的酒肆中碰头。[5]

普萨尔马纳扎是地下出版业最神奇的人物之一，他当时六十岁开外（他的名字是自己起的，真名无人得知），而且也是位语言学奇才，曾自学

过多门外语。[6]他生于法国南部，青年时期曾游历欧洲。他曾假扮成爱尔兰朝圣者向教士乞讨，并能准确无误地用拉丁语和他们对答如流。他还在德军的一个团里服役过一段时间，之后便开始对更换身份乐此不疲，他又假装自己是日本人。由于谁都没见过日本人长什么样，好一段时间，他居然能蒙混过关。之后他又接受了英国国教的洗礼，来到了英格兰，此时他又假装自己是台湾人。他只用了两个月就写出了《台湾史》（此时他二十五岁左右），在这部作品中，他不仅编造了对台湾岛的描写和分析，甚至连当地“语言”的字母表和语法都是他凭空编造的。

这部著作十分畅销，伦敦主教安排他前往牛津大学基督学院任教，他在那里任职了六个月，并将自创的“台湾语”教授给未来的传教士。在此期间，他又写出对台湾货币制度的研究，并乐此不疲。工作一整天之后，他会将蜡烛点上一整夜，自己就睡在窗户边的靠背椅上，让人们误以为他一整夜都在孜孜不倦地伏案疾书。不久，他的把戏就被戳穿了。如果读一读劳写的《严肃的召唤》（1728），就会发现他在 211
书中颇有悔过之意。此后，他就为出版商担任雇佣文人。他曾参与创作了《印刷通史》，该书由印刷商塞缪尔·帕尔默发起，并由帕尔默署名为作者。在十八世纪四十年代初，普萨尔马纳扎正在为当时一项浩大的出版项目（《世界史》）创作古代史部分的章节。约翰生与他结识时，他即将完成七卷本巨著《约翰·瑟洛国事文件合集》的目录部分。

约翰生总是对洗心革面的浪子心怀恻隐。他认为普萨尔马纳扎吃过很多苦，现在又如此虔诚、善良（他的看法显然是正确的），也确实有真才实学。他坚持要找到普萨尔马纳扎。实际上，约翰生喜欢“嫌富爱贫”，他通常只有和比他地位更低下的人在一起时，才会这样劳心费力。他依然往来于上流社会，而且推崇人不分贵贱都应平等相处的理念。但他并不热衷于上流社会的交际活动。例如，奥雷里伯爵经常邀请约翰生和其他名流前来做客,这位伯爵为人友善,但不学无术,又喜欢在文坛附庸风雅,约翰生曾说"我从未主动攀附过任何人",鲍斯威尔便问道,奥雷里能否算是特例。约翰生答道:"非也,我从未主动找上门,全是他派人请我去的。"鲍斯威尔于是便问起小说家塞缪尔·理查森。约翰生答道:"是的。但我最喜欢和乔治·普萨尔马纳扎在一起。我以前经常和他论道于伦敦城的酒肆之中。"[7]

再举一个例子(这体现出格拉布街文人的清贫生活),这就是生活丰富多彩的诗人塞缪尔·博伊斯,约翰生大约在1740年与他初次相识。博伊斯长期以来食不果腹,为了挣钱谋生,想出很多高招,其中一个点子是让他的妻子散布消息,称他即将撒手人寰,需要筹钱支付丧葬费用。如果他在创作一部著作,他就会把头几页典当出去,然后再把之后写出的章节典当出去,赎回之前典当的章节。有一次,他把所有家当都抵押了出去(1740年),就连他的衣服和床单都典当了。于是他只好不穿衣服奋笔疾书,为杂志撰写诗歌(创作速度飞快),他"坐在床上,身上裹着毯子,毯子上剪开了一个大洞,好让他的胳膊从里面伸出来,然后将稿纸铺在膝盖上,尽量工整地在纸上运笔如飞"。上述描写引自罗伯特·希尔斯的一部短篇传记(1753),他从约翰生那
212 里获得了很多信息。(希尔斯本人也是饱受贫穷折磨的雇佣文人,约翰生曾出于同情心,聘请他帮助自己完成《约翰生词典》。)博伊斯还发明了纸领子和纸袖口,这样即便典当了裤子,他依然能穿上这些玩意,再套上一件外衣,足以掩饰里面的窘相。据约翰生说,有一次,博伊斯"都快要饿死了",他拿到一笔钱之后(可能是约翰生给他的),就点了烤牛肉送上门。但他觉得,"吃牛肉怎么能少了番茄酱呢",于是又把剩下的钱全用来买番茄酱、松露和蘑菇,在床上大快朵颐,"他没有衣服穿,甚至连一件衬衫都没有,根本没法起来吃"。[8]

三

在格拉布街的世界里，约翰生如鱼得水，他对这里的人一点都不势利。这里还有另一群人，他们或是文学爱好者，或是对其他知识深感兴趣。年轻的伊丽莎白·卡特就是一个例子，她是肯特郡一位教士之女，我们之前曾经提到过她。约翰生称她可以在自己的小屋中迅速地做出布丁，招待格拉布街的来客（或其他任何客人）。她举止轻松自然，毫不矫揉造作，宛如她翻译的希腊文或希伯来文著作的风格一般。还有一个例子，约翰生曾在晚年提到过一名男子："最让我开心的一次以文会友是在杰克·埃利斯家中，他是一位贷款公证人［负责起草贷款契约］，供职于皇家交易所，有段时间我基本上每周和他吃一次饭。"鲍斯威尔之前曾听过此事，很久之后开始寻找埃利斯，最终在埃利斯九十三岁高龄时找到了他（1790 年），此时他一点也没有"老年人常见的不满与焦躁情绪"。实际上，埃利斯创作过大量作品，包括对奥维德《书信集》的翻译，但他为人谦逊，不愿将其出版，也不愿匿名出版。

格拉布街尽管存在种种桎梏，但却不存在约翰生所说的"虚伪"，无论在业务还是在社交方面都很坦诚。这里的人都不采用二手甚至三手材料，而是通过切身经历获得知识。因此，他们中最优秀的人所重视的，也是其他人至少所探寻的，是一种健康的本质主义：即批判（更多时候是无视）那种过分追求精致的行为，认为那是吹毛求疵，哗众取宠或无病呻吟（用约翰生的话说，"浮夸的想象"），其中最典型的莫过于公主被褥下面的豌豆令她痛苦无比。在格拉布街的文人看来， 213
智力相同的人没有理由会对词语的含义产生分歧。人们在"文学"中对词语用法的千差万别，也不应当出现在法律、政府、议会辩论、医药甚至机械学与产业中。

例如,约翰生当时有一位朋友名叫路易斯·保罗(这是他在迎娶泰蒂之前,在伯明翰认识的胡格诺派发明家)。保罗与约翰·怀亚特一同设计出一台纺纱机,如果它取得成功,就会在棉布的生产上引发一场革命。约翰生总是对机械十分感兴趣,这在当时的文坛颇令人诧异。机械之所以对他具有吸引力,因为这证明了人类的力量,而且他可以迅速地掌握一部机械的原理。* 约翰生本人虽然并没有余钱,但他在1740年帮助保罗筹集到了研发资助,此后一直待之以诚。这个项目的金融投资者包括罗伯特·詹姆斯博士与爱德华·凯夫。在凯夫的《绅士杂志》中,约翰生展现出对实用科学的兴趣。他还为永动机提供了奖金,也介绍了本杰明·富兰克林所做的多项电学实验。虽然这个研究项目以失败告终,并使投资者蒙受了损失,但这部机器的总体原理是正确的,理查德·阿克赖特后来在此基础上作了改进,他发现在他认识的人中,只有约翰生无须借助任何解释说明,就能抓住这个研究的要害之处。[9]

四

约翰生当时结交的另一位朋友也值得一提。他就是约翰·霍金斯。我们之所以对他感兴趣,因为在此后创作出长篇约翰生传记的传者中,只有他真正了解约翰生此时生活的环境,而且他也认识许多相关人物。霍金斯的性格中充满奇怪的矛盾之处,他此时年过二十,比约翰生小十岁,正准备当一名律师。** 尽管极度缺乏想象力,他却对文

---

* 参见下文页507。

** 他曾为一名年迈的律师做书记,掌握了法律行业的知识。尽管出身寒门,他做生意却非常成功,很快成为米德尔赛克斯法官主席,并因此被册封为骑士(1772年)。

学和音乐(后者尤甚)产生了浓厚兴趣,有时还为《绅士杂志》撰稿甚至写诗。他娶了一位有钱的太太(1753 年),因此多年来寻觅到大量 214 珍贵的音乐作品,并利用它们创作出五卷本的音乐史(1776)。但很可惜,它的光芒被查尔斯·伯尼不久后写出的经典之作——《音乐史》(四卷本,1776-1789)完全掩盖。他写出的约翰生传记(1787)也同样被鲍斯威尔的《约翰生传》盖过风头,但这部作品为约翰生早年和中年的岁月提供了宝贵信息。

不幸的是,没什么人喜欢霍金斯,就连温良敦厚的约书亚·雷诺兹和珀西主教也概莫能外。实际上,珀西认为霍金斯"面目可憎"。尽管他表面上装出一副十分古板的宗教态度,实际上他喜欢无事生非,吹毛求疵,长期以来疑心病也很重。他努力压抑或隐藏自身这些倾向,于是将它们投射到他人身上。他无意识中存在着一种极为强烈的欲望——在人与人之间挑起仇恨(但表面上看,他是在追求真理与善德),他甚至可以为此不惜采用写匿名信的手段。与此同时,杰里米·边泌曾说,霍金斯"总想知道人的本性中为何会有如此强大的堕落根源"。无论其他人对霍金斯看法如何,约翰生总是很敬重他的宗教原则(雷诺兹称,"约翰生似乎不太怀疑宗教的虚伪性"),他对霍金斯始终忠诚不渝,并指定他担任自己遗嘱的执行人之一。霍金斯利用这个机会,很快就收集到许多材料,并凭借这些材料写出了约翰生传记。他在与其他执行人一起开会时,还会从约翰生留下的遗产中抽取车马费。他为人悭吝,这是他一生的习惯。他和约翰生曾一同参加常春藤巷俱乐部(1749 年),却拒绝为晚餐摊付费用,自称没有吃晚饭的习惯。这件事让约翰生也不得不承认,霍金斯是"最不擅交际之人"。实际上,约翰生虽然始终是霍金斯忠实的朋友,但为他的辩解却明显三心二意。因此,范妮·伯尼说,约翰生曾吐露真言:"我怎么会打心底里认为他是个诚信之人呢?他分明就是个吝啬鬼,也很龌龊。我不得不承认,他有点暴力倾向,而且有变成野蛮人的倾向,给他辩解可真不容易呀。”[10]

五

不幸的是,约翰生与大卫·加里克这些年来的关系有些疏远。自
215 从加里克在《理查三世》(1741 年 10 月)中首次登台亮相,他就开始飞黄腾达。到了第二年,他就在特鲁里街戏院里拿到了有史以来最高的演员年薪(五百个金币),这笔钱是他老师约翰生收入的好几倍。妒忌心理使约翰生有些不忿,他一生中绝大多数时间不仅能够控制好这种情绪,而且竭力深埋心底。但在针对加里克时,这种情绪时常就会显露出来。两人当年曾一同来到伦敦闯荡,约翰生不仅比他年长,也比他更有学识和才华。但没过多久,加里克便远远超过了约翰生,而此时后者还在格拉布街苦苦打拼,鬻文为生,往来皆为寒士。因此,约翰生不可避免地开始给予“戏子”更低的评价,因为他对他们所挣的高薪深感不平。这里需要举一个之后发生的例子,因为它高度概括了约翰生所作的此类贬损。鲍斯威尔在传记中曾故意说“你总是那么偏激;决不能给戏子一丁点报酬”,诱使约翰生对此作出辩解。约翰生的回答是,这样的人只不过是“在背上绑一个驼背,在腿上绑一块东西,然后大喊‘我是理查三世’”,他们应当获得这种“回报”吗?他怎么就应该比“走钢丝的杂技演员和民歌歌手”挣钱更多呢?他的言辞愈发激烈,接着说道:

> “不,先生,民歌歌手更加崇高,因为他要完成两项工作;他既要背诵又要歌唱:他在表演中需要背诵和音乐才能;而戏子只需

> 要背诵。"鲍斯威尔答道:"伟大的演员能做到常人无法做到的事情,他们技艺出众,才具罕见。**谁能**像加里克那样,精彩地复述出哈姆雷特的内心独白'生存还是毁灭,这是一个问题'呢?"约翰生答道:"任何人都可以做到。你让杰米去做的话(他是房间里一名八岁左右大的小男孩),他只要一星期就能达到加里克的程度。"鲍斯威尔又说:"不,先生。加里克能挣十万英镑,这恰恰证明了伟大的表演所带来的好处,也表明人类对此价值的认识。"约翰生答道:"挣到十万英镑就能证明优秀吗? 主教如果够卑鄙无耻,一样也能做到。"[11]

两人关系之所以闹僵,加里克自己也有责任。他一开始并没有以超然、谦恭的态度对待自己的成功。他喜欢摆谱。他谈起知名人物时,颇有轻慢之意,但同时又以与之结交为荣。他这个习惯一直延续到晚年。有一天上午,鲍斯威尔告诉约翰生一个消息:

> "我和加里克共进早餐,他觉得认识卡姆登爵士是件了不起的事情,他这样对我说:'请问,你见到在拐角处拐弯的那位矮小的律师了吗?'——(我说:)'没有,先生。请问您这个问题是什
> 么意思?'——'(加里克回答时摆出一副做作的冷漠感,就仿佛 216
> 他在踮着脚尖说话一般)哦,刚才卡姆登爵士和我告别。我们一起散步了好久。'"约翰生答道:"嗯,加里克的这番话非常得体。卡姆登爵士就是那个**矮小的律师**,他和戏子混得很熟。"

加里克尽管收入惊人,但也时常吝啬。约翰生曾到他那里做客品茗,加里克会斥责女演员佩格·沃芬顿大手大脚,因为她加了太多茶

叶，把茶泡得太浓。这杯浓茶“红得似血”。此举令约翰生惊诧无比，因为他善于共情的天性一直与加里克一样，并以他为傲，由衷希望他能取得成功。加里克俨然已成为他的一部分，很久之后，戏剧家理查德·坎伯兰曾看到约翰生站在加里克墓前“泪流满面”。[12]

但是，加里克很快就开始享用自己的财富，他收集了莎士比亚的许多珍本，在表演时就仿佛他在创造莎士比亚一样。约翰生深谙文学史中不为人知的方面，他明白每一片树林都需要有成千上万棵灌木，方可产生一两棵参天大树，因此自然忍不住对此发表评论，因为这些“优伶”自封为权威人物（公众也是这么认为）。埃德蒙·马龙曾提到一个很无情但也很有趣的例子。加里克只想表达自己对莎士比亚艺术内涵的理解（即便他确实认为自己提高了公众对莎士比亚的欣赏水平），但他当着众人的面热情洋溢地说：“现在我已经退出了演艺生涯，我将静下心来研读莎士比亚。”他这番感言还没来得及赢得掌声，约翰生的评语就让它戛然而止：“这次你是应该好好读一读了，从你出演的所有戏剧中，我很怀疑你是否认真研读过他的任何一部戏剧作品。”[13]

但在当时，他决不允许任何人羞辱加里克，也不允许以任何方式损伤其声誉。后来所有人都注意到这一点（此时约翰生已声名鹊起，但还不能算富裕）。他承认只有自己才有权批评加里克，诚哉此言。一同来伦敦讨生活时，两人一个少不更事，一个穷困潦倒，在此后十五年甚至更长的时间里，两人的人生出现了巨大反差（由于两人的关系愈发密切，这种反差更加明显）。但每当别人对加里克不屑一顾（且此举不会对约翰生自身造成一丁点影响），就会激起约翰生自卫式的怒
217 火。当这位年轻的朋友（他当时只有三十岁）担任特鲁里街戏院的经理时（1747 年），即便此时约翰生已年近四十，两人的生活也不啻天壤之别，但这位默默无名的雇佣文人还是非常乐意尽己所能为这位朋友

提供微薄之力。这所戏院更换管理层时,加里克曾希望为此举办庆祝会。在很久以前,早在加里克只有十岁或十二岁时,他就在吉尔伯特·沃姆斯利家中上演过自己的处女作,当时他就曾请约翰生为他这部戏写序幕。约翰生正忙于其他事务,结果忘记及时完成这件嘱托。此时,他决心全力以赴地完成这项工作,写出了精彩的《在特鲁里街戏院开业时发表的序幕》,以便加里克在这一季的第一周将其背诵出来(9月15日至19日)。* 这篇文章并没有提到约翰生的名字,公众也都以为是加里克本人所作。约翰生认为这是理所当然的,他只当作是私下里给朋友帮忙。

六

正是在此背景下(他所处的环境、他的朋友以及总体的氛围),约翰生完成了三十岁至三十六七岁期间的作品。他鬻文为生,且深谙此道,只不过这些作品现在大部分都被人遗忘;他为《绅士杂志》撰写了不少稿件(这本杂志创刊之初的几年里,约翰生撑起了半边天),其中最重要的是议会辩论文。

但他也清楚,这终究不是长久之计。每一位重要作家到了他这个年纪,如果还没有确定自己的地位,至少也找到了符合自己专长的作品类型,并在日后奠定自己的文坛地位。尤其是他在强迫自己写出议

* 这首诗共有六十二行,“我在动笔写下这首诗之前,心中就已酝酿好了……我之后就改了一个词,还是在加里克劝说下才改的。我认为他的批评并没有道理,但我必须让他对自己要发表的演讲满意”。(《乔治·史蒂芬斯轶事》,选自《约翰生杂录》,第二卷,页313-314)在第一天夜里(9月15日),加里克生病了,其他人便将这篇序幕读给他听。这篇作品之后与《后记》一同在11月8日匿名发表,也许这是加里克发表的。只有立足于约翰生的戏剧评论观,方可对《序幕》的前提与观点进行详尽的讨论。参见下文页401-406。

会辩论文时,对本质主义的渴求开始显露(即追求具体经验中的“稳定性”,“运用”道德经历,以便我们从中学到“如何生活”)。

在创作政论性文章与议会辩论文时,无论他写得多么精彩,他的另
218 一自我都开始表现出越来越强烈的疲惫感。他不久便说,我们在读到“王国的灭亡和帝国的革命”时甚是惬意轻松。如果我们追求的目标是了解“人心”,那么每天的个人生活就是我们的话题。很少有人读到王国的灭亡时会产生代入感。一般来说,“人们在读此类著作时内心十分平静”,并不会寝食难安,也不会像食不果腹之人发愁下一顿饭的着落那样忧心忡忡。无论我们谈论的是“一个聚精会神地完成事业,心灵从未展翅飞翔而只关注股票涨跌之人”,还是幸福系于名声(这来自“虚妄”一词)或来自他人掌声之人,抑或是可以为浪漫爱情放弃一切之人,抑或是背负着沉重负罪感之人,人类想象力的主要关切(幸福与不幸、希望与恐惧的主要来源)之处都是我们的个人生活。[14]

约翰生发现了另一种写作形式——传记,只不过他此时尚未将其充分利用。原因之一是他对自己在三十出头时所写的议会辩论文及其他新闻写作产生的反应。这项发现经过他的充分咀嚼,即将对传记的发展产生深远影响,并将使这一文类摆脱长期以来的低贱地位。其原因之一在于,与约翰生文坛地位和能力相仿的其他作家,从未大量创作过这种文类,而且无论这位睿智的作家采用什么文学形式进行创作,都能产生创新的成果,对于传记这种发展相对滞后的文类来说尤为显著。最重要一点在于,他不仅对人的本质有着直接认识,而且对人类的才能或潜能(不仅仅是文学才能)也有透彻了解,可以实现并促进传记的发展。但像他这样的人物,此前并没有大量创作过传记。最后一个原因在于,传记作家在创作传记时,没有人能像他这样具有强烈的个人兴趣和广泛的人文关怀,因此,他努力探索如何通过传记“使

我们**更了解**自己，使我们获得可以运用的知识”。[15]

之所以说传记是约翰生的“发现”，是因为他开始写作传记素描时
所采用的方法。起初他并没有制订周密计划，也没有在脑海中形成理
念，而是将其作为创作其他新闻作品的补充。其实，在他为《绅士杂志》
（1738 年至 1742 年）撰写的八篇短篇传记中，有一半是对他人作品进行
少量更改后的译作：包括我们此前曾提到的保罗·萨尔皮神父传（1738 219
年），赫尔曼·布尔哈弗传（1739 年 1 月至 4 月，传主是荷兰伟大的生理
学家兼科学家，在前一年刚辞世），路易·莫林传（1741 年 7 月，他是十
七世纪法国生理学家与植物学家），及皮耶特·伯曼传（1741 年，他是不
久前刚逝世的著名荷兰学者）。* 还有两篇传记，它们之所以取得成功，
离不开素材来源，文中有时甚至接近于复述，它们分别是英国海军上将
罗伯特·布莱克（1740 年 6 月）与弗朗西斯·德雷克爵士（1740 年 8 月
至 1741 年 1 月）的传记，文中不时加入作者高超的总结。第七篇传记素
描（1740 年 12 月至 1741 年 2 月）的传主是早慧的德国学者 J. P. 巴拉捷
（在约翰生的传记中，他的名字改成了更接近于英国人的名字“巴雷
捷”）。尽管去世时年仅十九岁，但他已经撰写出多部学术研究著作，给
人留下了深刻印象。他还收集好材料，准备写一部关于三十年战争的历
史巨著。巴拉捷的父亲曾给这位早慧的孩子写过一系列信件，约翰生非
常依赖这些材料，对它们作了翻译和复述，只是他经常会在文中加入自
己的评论。第八篇“传记”在使用原材料时更为自由，传主是十七世纪

---

* 《萨尔皮传》是库拉耶所著《传记》（*vie*）的节译本，原作由意大利语译为法语。《布尔哈弗传》是布尔哈弗的好友阿尔伯特·舒尔滕斯在葬礼上的致辞（1738 年），翻译中大量复述原文。《莫林传》基本上是将丰特内勒对莫林的赞歌（1724 年）译为英文（该书在出版时也坦承这一点）。《伯曼传》除了偶尔加入些评论，均直接取自赫尔曼·奥斯特戴克·沙克特的葬礼致辞（1741 年）。（参见卑尔根·埃文斯：《传者约翰生博士》［哈佛大学博士论文，1932］，第二卷，页 1-23）

的生理学家约翰·西德纳姆，他写过《西德纳姆作品集》(1742)，也为《绅士杂志》写过稿。

与此同时，他还写了一些不太重要的传记作品。此举纯粹是给老友罗伯特·詹姆斯博士帮忙，我们之前曾提到过他。据约翰生的说法，詹姆斯醉心于完成自己的事业，足足花了二十年时间。这就是詹姆斯博士的大部头巨著《医学词典》，约翰生曾在谋篇布局上给过他帮助。为了吸引读者订阅，约翰生还为这部巨著撰写了《征订启事》，而且为了尽快启动(此书按照字母表顺序分卷出版，并于1742年2月首次面世)这个项目，他至少为此书写了十二篇关于内科医生的短篇传记，主要是针对开头的几个词条(阿克图阿里乌斯、阿基尼塔、阿卡加索、阿莱泰乌斯等至少十二篇传记)。[16]此后，他称自己通过给詹姆斯帮忙，也从中学到大
220 量的医药知识，但实际上，他始终都是这方面的门外汉。这些传记素描大多也取材于其他资料来源，他将这些材料直接翻译或复述。

对于现代读者来说，如果得知他的早期“传记”作品是对他人作品的直接翻译或复述，不免会感到震惊。即便我们得知，这是当时常见的新闻工作程序(所有这些作品都是匿名发表的，就像他当时的其他作品一样，他本人也决不声明自己的著作权)，但我们仍然会深感失望。如果我们知道约翰生日后对传记所产生的影响，自然希望从这些早期“传记”中发掘他的传记写作方法或手法，但却发现这些作品的原创性很低，而且原本从中撷取出来准备赞美或分析的篇章，结果证明实际出自他人之手。可以说，就连传记专业的学生都可能对此举不屑一顾。诚然，人们对这些作品的发现令他们甚是不安，即便是研究约翰生生平与作品中其他诸多方面的人士，在引用这些作品时，也不是为了分析，而是为了引起注意。但至少可以从这些作品中得出四点结论：(1)首先是兴趣促使他从事这项工作，在他忙于其他事务时，他依

然主动挤出时间撰写这些传记，原因之一就是他将此当作一种消遣方式。(2)传主是他自己选择的（两位英国海军上将的传记除外，这是凯夫出于爱国之情和政治目的建议他写的）：他们有些是内科医生，约翰生从理想主义的角度出发，将他们刻画为“救死扶伤的人士”，拯救了受苦受难的人类；还有学者与科学家，他们代表了人类的力量，此类主题尤其令他着迷。(3)大多数传主都富有魅力，尤其是赫尔曼·布尔哈弗，他不啻约翰生本人憧憬的“楷模”。前人曾多次指出，在约翰生对布尔哈弗的肖像描写中，发现传主与约翰生本人很相似。由于关键的篇幅属于翻译性质，这不仅没有减少人们对这种相似性的兴趣，反而使之增加，因为在这篇肖像描写中，约翰生当时并未将自己的品质投射到布尔哈弗身上。而是说，这部作品表达了约翰生期盼的理想，并逐渐将之内化于心。(4)但对这些短篇“传记”的翻译或拼接工作，产生的主要成果在于，他提高了对传记特殊写作手法的认识，即传记可以通过支持、鼓励，也许还有澄清或至少拓宽生活的经历，给人们带来帮助，传记不仅实现了人与人生平之间的对比，还能将某人的整个经历与我们自身的经历相比较。

七

这些成果很快便体现在《塞维奇传》(1744)中，这依然是短篇传 221
记中的名篇。塞维奇后来暴毙于布里斯托的监狱中（1743 年 8 月 1 日）。[*] 由于生平丰富多彩，他的传记很容易吸引公众的兴趣。他的身份是个谜团，他究竟是不是麦克莱斯菲尔德伯爵夫人的私生子？而

* 参见上文页 181。

且围绕他自称的父母亲产生了一场轰动性的丑闻。此外，传主还有其他值得关注的方面。无论是对他的谋杀罪审判，还是他结交的诸多声名显赫的人物，乃至他浪迹天涯的生活方式，统统与众不同。讲述他生平的著作（但这些作品只是对其中的丑闻大加渲染）必然会受到出版商争先恐后的追捧。约翰生曾写信给凯夫：“他们打着《塞维奇传》的幌子，实际上出版的不过是充满浪漫冒险故事的小说，渲染的是臆想的奸情。”[17]早在这种局面出现之前，约翰生就希望尽其所能呈现这位好友的生平及其性格，即便在作家传记中这也属于创新之举，而且他还要讨论塞维奇的作品并给予公正评价。凯夫也很熟悉塞维奇，他欣然决定资助这部著作的创作，并帮助约翰生收集素材，还从布里斯托监狱的狱卒那里买到了塞维奇临终时留下的两部剧作手稿。但是，约翰生在1743年秋天非常忙碌。除了撰写议会辩论文之外，他还以书信的形式为凯夫创作了一部作品，用他的话说，是“我们的历史设计”。对这部作品（它始终没有完成过），我们只知道约翰生希望它成为“最全面地叙述议会会议记录的作品”，这是一本工作量相当大的著作，而且它重点针对乔治一世在位时期。[18]他还为另一位出版商创作了其他作品，这是下文要讨论的内容，即哈利大型图书馆的馆藏目录。此外，他的情况也不太妙，经常连买蜡烛的钱也没有，晚上也就没法动笔写作。（他在写给凯夫的一封信中提到自己的窘境：“书童发现我的作品大部分都是晚上写的。到了晚上，我都看不清你的来信了。”）

最后，他于季秋时节开始创作《塞维奇传》，行文如飞。他后来曾说，自己有一次“写了四十八页八开稿纸才起身，不过当时我足足坐了
222 一整晚”。这相当于这本书总篇幅的三分之一（总共一百八十六页，其中约有四十页为引用内容）。据托马斯·泰尔斯说，约翰生曾提到他创作这本书总共花了三十六个小时（“而且颇以此自矜”）。[19]尽管他

创作这部著作的时间并不长,但却不影响它成为精品,因为他早已做好充分准备——这来自他对传主的亲身了解;与塞维奇的共情认同使此书成为脍炙人口的佳作,也塑造了他对好友塞维奇生平的思路并使之具有深刻的意义。他还具有敏锐的观察力,深谙人性,也熟悉塞维奇著作的创作背景。他此前就曾为《绅士杂志》创作或翻译过传记素描,这一经历也使他对传记的用途产生浓厚的兴趣。他在12月14日完成了书稿。之后,凯夫付给他十五个金币购买版权,两个月后,这部传记匿名出版(1744年2月11日)。

此前还从未出现过像《塞维奇传》这样的作品。与既具有价值也具有原创性的大部分写作形式一样,这部作品的新颖之处在于,尽管这属于更加专业、限制更多的文类,但却将这种文类中通常相互孤立的特点罕见地结合起来,例如:(1)整部作品中贯穿的是阳春白雪的普鲁塔克式理想,即榜样是最杰出的老师(不仅包括需要效仿的榜样,也包括需要以此为鉴的人物)。对于约翰生来说,这演化为更复杂的特质:即以一个人的生平作为示例,在他身上,美德与弱点矛盾地交织并形成人生之网,使其深陷其中。(2)这是一部令人耳目一新的现实主义小说,他极为推崇,称其能"展现真实的生平……它受到人类交谈中的情感与品质的影响"。区别仅仅在于,在传记中,人物与事件必须符合事实。但两者目标一致,都是展现"人生世态"。(3)由于塞维奇本人生平的特点,某些细节可能会使读者想起十八世纪的"罪犯传记"文类(充满神秘感,常出现谋杀案审判、法庭、贫民窟环境),区别在于前者背景更为崇高。(4)与《塞维奇传》相联系的另一种写作形式是"道德随笔",约翰生不久就将开辟这一领域(我们姑且认为他在创作《塞维奇传》时尚未开辟此领域)。这部传记的叙事始终体现出道德随笔的特点。在约翰生停下传记叙述,对人类生活作出评论(这

与希腊戏剧中的合唱队有异曲同工之妙）时尤为明显，此举与他后来
223 最优秀的道德随笔如出一辙。* （5）最后，约翰生发明出“评传”的形式。即通过将塞维奇的生平经历融入对其作品的讨论，力求理解他的内心生活，并对其主要贡献作出公允评价。尽管此举在理论上看很奇怪，但作家除了创作出作品之外，还作出了什么主要贡献呢？对作家的传记叙述很少尝试这一点。此前的作品大多关注作家生平中的外在细节，对其作品只是按照时间顺序罗列出标题，三言两语草草介绍一番。而在这部飞速写成的《塞维奇传》中，约翰生为自己写作生涯晚期创作的《诗人传》构建出原型，而《诗人传》又成为“评传”中的原型。

敏锐的读者很快就发觉这部著作的创新之处，此后一代人都能感受到它的新颖别致。八年之后（1752 年），约书亚·雷诺兹在意大利求学之后回到德文郡的家中，他说读到这本传记时，虽然不知道作者是何方高人，但“他来不及坐下，站着就开始阅读了，胳膊就靠在壁炉架上。这部作品对他产生了强烈的吸引力，他爱不释手。等他最后如饥似渴地读完，正打算放到一边，这才发现胳膊已经完全麻木”。[20]

八

在约翰生三十至三十六七岁鬻文为生时，他写出的大量作品呈现出两个值得关注的重要方面，它们与他成熟期的作品息息相关。它们都反映出小科尼利厄斯所代表的两种理想（只不过通过约翰生的道德想象与他自身的性格，对具体的表现进行了转化）。其中一个方面可以归入他所说的“人生世态”。这彰显于他的早期传记，尤其是《塞维

* 参见下文页 494–495。

奇传》。此后到了他不惑之年时,又出现在他的道德著作中。

第二项值得关注之处在于他将自己广泛的涉猎与惊人的记忆力运用于图书、语言、批评和治学等领域。在此方面,小科尼利厄斯的建议给了他指导,让他既要“掌握百科知识”,又要“对每一门学科掌握一些普遍原则”,长期以来,文艺复兴时期的伟大学者在本领域中汲取各种知识,成为这一理想的化身。正是第二项值得关注之处,最终促使他完成了《约翰生词典》及各种文章和评论。此前,这两项理想有所 224
不同,但又相互联系,此后终于永远地融为一体。

在三十至三十六七岁这一阶段,约翰生最具戏剧性的工作是一部作品,它现在依然具有一定的历史价值。牛津伯爵罗伯特·哈利曾担任过安妮女王的首相,他收藏了大量的小册子、传单、善本书和手稿,涉及英国十六、十七世纪历史的每一方面。其子是第二任牛津伯爵,他将个人图书馆进一步扩充,藏书达到约五万本图书、三十五万本小册子及七千多卷手稿。第二任牛津伯爵去世后,他的女儿将其中的图书和小册子全部挂牌出售。[21](馆藏的手稿已被议会买走〔1753 年〕,并于四年后陈列在大英博物馆中。)这些图书与小册子之后又被托马斯·奥斯本以一万三千英镑买下(当时堪称天价,但却还不够书籍的装帧费用),并计划转手。约翰生之前就认识奥斯本,因为他也是詹姆斯的《医学词典》的出版商。要从这座大型图书馆中牟利,就需要调动公众的兴趣。只有出版馆藏目录,方能做到这点。而且目录中不能仅仅列出图书的标题。但若要制作一份详尽目录,可能需要数年时间。奥斯本此时只找到威廉·奥尔迪斯来完成这项工作。他曾担任过哈利的秘书。奥尔迪斯比约翰生年长十三岁,基本已淡出人们的视野。但他也是十八世纪最有才华的古物研究学者之一,而且此时依然是文学史与传记研究领域的先驱之一。[22]奥尔迪斯尽管十分勤勉、治学严谨,编目工作却进展缓慢。奥斯本对奥尔迪斯的速度深感震惊,他对约翰生的悟性留有深刻印象,于是提出聘请约翰生担任联合编目员。尽管约翰生还在撰写议会辩论文,但这是个改变自身处境的好机会。约翰生欣然接受,为了激发公众的兴趣,他立即为这座图书馆写了“总体介绍”(1742 年 12 月)。

据霍金斯说,约翰生此时的处境可谓“虎落平阳”。他迅速开始了编目工作,只用了三个月时间(到 1743 年 3 月)就出版了目录的前两卷,涵盖一万五千二百四十二部作品,并将它们归入各个标题下,有时还为其作者、版本及此前的收藏者加了注解(他无力对所有著作都提供如此详细的信息,这种做法很快就放弃)。在一年时间里(1744 年
225 1 月),他又完成了两卷目录,收录两万零七百二十四部作品。此后,编目工作便搁置下来。* 与此同时,就在这两卷本即将出版之际,约翰生与奥尔迪斯开始了筛选工作,并准备出版八卷本的小册子合集(1743 年 12 月)——《哈利父子杂录》(于 1744 年至 1746 年分批出版),这依然是一部标准的参考著作,约翰生为此撰写了前言。这是对如何研究与使用文献的一篇入木三分的宣言,后来起名为《论传单与即兴作品的起源与重要性》。[23]

---

* 最后一卷由奥斯本在 1746 年出版,但这一卷中只列出了未售出藏书的标题(一万五千二百八十四部)。对于约翰生与奥尔迪斯共同完成的前四卷目录,人们看法迥异,而且都根据道听途说或猜测得出。鲍斯威尔对此曾作出唯一一次评论,他曾列举出约翰生的部分著作,其中就提到了这份编目,并补充说“约翰生用拉丁语对这些书籍进行了说明”(第一卷,页 17)。鲍斯威尔的解释过于语焉不详,言下之意是对这些著作的英语评论全都是奥尔迪斯完成的。还有两个极端的评价,一个是约维尔的,他在回忆录中提到了奥尔迪斯(注释 23,见上文),他推测称约翰生负责完成第一卷和第二卷的文献评论与传记评论,奥尔迪斯则负责第三卷与第四卷的工作。另一个是霍金斯的(页 133),他称奥尔迪斯在完成第二卷之后便罢笔了,也许是因为他与奥斯本发生了争执,之后便由约翰生独自一人完成后两卷。霍金斯对约翰生生平的记录一般较为可靠。但反过来说,如果奥尔迪斯与奥斯本发生龃龉,奥尔迪斯就不会在 1743 年 12 月继续为后者效劳。

在此期间发生了一个著名的事件，约翰生用一部对开本将奥斯本击倒在地，还把一只脚踩在他脖子。当时约翰生正在撰写《哈利父子杂录》。奥斯本身材粗壮，长得像头公牛。他说话粗声大气，为人骄横跋扈。有许多故事讲述了他的无知。（其中一个故事令人难以置信，他居然不知道弥尔顿的《失乐园》是英国诗歌。在读到该诗的法文译本之后，就请住在阁楼里的“雇佣文人”将其翻译为英文散文。）[24]约翰生在编写《哈利父子杂录》时，必须细读小册子才能判断出文献的价值，这是理所当然之举。在此过程中，有时也会在好奇心驱使下飞快地阅读。由于约翰生编写这部著作的速度不达预期，奥斯本便对微薄的报酬大幅砍价，约翰生也心知肚明。但是据霍金斯说，奥斯本立刻训斥他“漫不经心、拖延疲沓，而且用语粗俗不堪”。约翰生答道，拖延是必要之举，奥斯本却指责他一派谎言。一听到此言，约翰生顺手操起一部十六世纪用希腊语出版的大部头《圣经》，将奥斯本打翻在地，又踏上一只脚，警告他不许站起身来，否则就要把他揍到楼下去。这 226
个故事广为流传，因为奥斯本太愚蠢，四处向人抱怨此事。[25]

九

约翰生一直到1745年都在编写《哈利父子杂录》，这份工作使他在为凯夫编辑《绅士杂志》之外又多了一笔外快。但《绅士杂志》的工作也只持续到这一年年底。在为杂志工作期间，他经常赶赴位于圣约翰之门的办公地点。在他为《绅士杂志》工作的最后几个月里（1745年1月），他一直重复着这一幕。他参与编写了当年的二月号杂志，凯夫当时邀请了约翰生和史蒂芬·巴雷特一同聚餐。巴雷特是一位年轻的助理牧师，刚从牛津大学毕业不久，他后来讲述了这个故事。撤掉用餐时的桌布之后,凯夫审阅了下一期需要合成的稿件,他拿起一首诗的拉丁文译作。这首诗原作者是已被人遗忘的约翰·拜罗姆,长度很合适,但“效果平平无奇”。他问这两位客人能否“给它润色一番”,约翰生答道:“把它交给巴雷特先生吧。他一分钟之内就能给你改好。”求学牛津大学时,巴雷特就以擅长创作拉丁诗歌而闻名。巴雷特对此却没有信心,他说如果约翰生能提供帮助(每人负责一个联韵句),他就能完成这项任务。约翰生说:“好的。你先从开头改。”巴雷特请求年长者先改,并将稿子从桌上扔给约翰生。“他立刻就还给我了。于是我们将稿子推来推去,就仿佛是在打羽毛球,你来我往。凯夫在旁边看到我们来回地推搡,咯咯地笑个不停。”[26]

这里还要提到两个小小的细节。约翰生的老朋友哈里·赫维是位有名的浪荡子,连他的家人都和他断绝了关系(“他品行不端,但对我却非常够意思。就算你管一只狗叫赫维,我想我也会爱上它的”),后来他突然浪子回头,加入教会当了教士。他妻子是凯瑟琳·阿斯顿(在她的亲姊妹中,包括令约翰生为之倾倒的莫莉·阿斯顿,还有沃姆斯利的夫人玛格达琳),给他带来了丰厚的财产。赫维对阿斯顿的家族感恩戴德,将自己改姓“阿斯顿”,成为萨福克郡肖特利市的教长。一次,教会突然要求赫维为圣保罗大教堂的“牧师子弟”举行年度“节日布道”(5月2日),这令他大伤脑筋。这场布道历来是隆重的仪式。坎特伯雷大主教
227 与教会的其他头面人物都会到场。最高法院首席大法官也会莅临现场。布道结束后,还要举行宴会。布道文的主题通常是“慈善”,之后会正式公之于众。赫维心中惶恐万分,于是找到约翰生请求帮助。约翰生迅速为他写出了布道文,赫维盛装打扮后,在圣保罗大教堂中对听众进行了这次布道,受到了热烈的赞赏。[27]还有一次,约翰生为爱尔兰牧师塞缪尔·马登捉刀。马登之前曾写过一首长诗《博特勒的纪念碑》,以赞扬

爱尔兰前主教长休·博特勒。约翰生将这首诗删去数百行，使它焕然一新。他此后曾称“他对我千恩万谢，而且为人非常慷慨，因为他给过我十个金币，对当时的我来说这可是一笔巨款”。[28]

十

但他真正的工作是从1744年和1745年之交开始，他当时即将完成哈利图书馆的编目工作。此时他已博览了数千本十六世纪和十七世纪出版的图书与小册子。虽然只是走马观花式的阅读，却使他萌生为英国最伟大的诗人编纂作品集的念头。从此前的莎士比亚作品集中，他能看出编者根本不熟悉莎士比亚所处时代的全貌。他们经常是在“真空”中编纂。在新的版本中，约翰生可以利用编纂《哈利图书馆馆藏目录》与八卷本《哈利父子杂录》所掌握的知识，并将其与自己考据、诗学、语言等方面的文学知识相结合。这不仅能使自己声名鹊起，而且凯夫或其他出版商如果愿意赞助此项事业，也会有利可图。

在1744年与1745年之交的冬天，他开始动笔，他从《麦克白》中撷取了一些场景，作为这项工作的样本。他以此为出发点，写出了一部短篇作品，标题十分谦虚——《悲剧〈麦克白〉杂谈》。他在文中还对新上市的精装本莎士比亚作品集（编者为托马斯·汉默爵士）作出了一些评论。（此处我们之所以不对《悲剧〈麦克白〉杂谈》作进一步讨论，是因为在二十年后约翰生版的莎士比亚作品集中，已经涵盖了这部作品的出发点与价值观。）* 在这篇样本作品的结尾，约翰生宣布自己即将出版莎士比亚作品集（分十卷出版，价格很低，这样才能招徕

---

* 参见下文页398-406。

228 到订户)。《悲剧〈麦克白〉杂谈》与上述宣言一同在4月6日发表。但这样一部莎士比亚作品集的面世,却使出版商雅各布·汤森产生了警惕,他迅速给凯夫写了一封信,告知自己与合伙人手中握有莎士比亚著作的版权,而且做好了起诉的准备。凯夫立即知难而退,一切与莎士比亚有关的想法都偃旗息鼓。汤森之所以发出警告,并如此迅速地采取行动,是因为他和合伙人也在酝酿出版新的莎士比亚作品集。他们聘请了文采出众的学者兼神学家威廉·沃伯顿,当时他不到五十岁。当这个版本问世时(1747年),心高气傲的沃伯顿称"此前出版的所有关于莎士比亚的随笔文、评论、观察"都不值得关注,但只有一篇例外,这是一本匿名出版的小册子,"文中对《麦克白》作出了一些批评注解,它是即将出版的莎士比亚作品集的样本,并且作者才华横溢、天资卓著"。尽管沃伯顿并没有提到这位作者的高姓大名(因为匿名出版),约翰生对此评价还是一直心存感激:"在我最需要赞扬时,他给了我赞扬。"[29]

注释

[1] 鲍斯威尔:《约翰生传》,第一卷,页163,注释1。

[2] 关于两人的住所,参见鲍斯威尔:《约翰生传》,第三卷,页405、535。关于老宅的抵押,参见阿林·里德:《约翰生拾遗》,第四卷,页8–11。詹姆斯·L.克利福德:《青年约翰生》,页279–280。《塞缪尔·约翰生书信集》,第十九篇,第二十至二十二篇,第四十篇。

[3] 威廉·肖:《已故约翰生博士生平与著作回忆录》,页112。

[4]《赫斯特·林奇·斯雷尔夫人日记……1776–1809》,第一卷,页177–178。赫斯特·皮奥齐:《已故塞缪尔·约翰生轶事录》,见《约翰生杂录》,第一卷,页247–249。

[5] 鲍斯威尔:《约翰生传》,第四卷,页187。

［6］如需对他的详细介绍,参见弗雷德里克·J. 福利:《伟大的假冒台湾人》(纽约,1968)。

［7］鲍斯威尔:《约翰生传》,第三卷,页314。

［8］希尔斯的《博伊斯传》,收录在西奥菲勒斯·西伯的《传记合集》(伦敦,1753)中,第五卷,页169-170。赫斯特·皮奥齐:《已故塞缪尔·约翰生轶事录》,见《约翰生杂录》,第一卷,页228。另见《约翰生杂录》,第二卷,页411-412。约翰·霍金斯爵士:《约翰生传》,页158-160。

［9］阿林·里德:《约翰生拾遗》,第五卷,页94。詹姆斯·L. 克利福德:《青年约翰生》,页241-242,页349,注释10。乔治·史蒂文斯,见《约翰生杂录》,第二卷,页325。

［10］《约翰生杂录》,第二卷,页80-82。杰里米·边沁:《文集》(1843),第十卷,页51。《达尔布莱太太日记与书信》,奥斯丁·多布森编(六卷本;伦敦,1904-1905),第一卷,页58-59。伯特伦·H. 戴维斯所作《显赫的证据》(印第安纳州布卢明顿,1973)是一部权威的霍金斯传记。

［11］鲍斯威尔:《约翰生传》,第三卷,页184。

［12］同上,页311、264、371,注释1。

［13］《鲍斯威尔的赫布里底群岛之旅纪行》,页207,注释3。

［14］塞缪尔·约翰生:《漫步者》,页60。《闲人》,第八十四期。

［15］《鲍斯威尔的赫布里底群岛之旅纪行》,页55。

［16］艾伦·黑曾,见《医药史研究所公告》,第四卷(伦敦,1936),页455-465。L. C. 麦克亨利,见《医药史与相关科学期刊》,第十四卷(伦敦,1967),页298-310。

［17］《塞缪尔·约翰生书信集》,第二十三篇。

［18］同上,第十五篇。唐纳德·J. 格林:《塞缪尔·约翰生的政治主张》,页147-148,页313-314。

［19］《约翰生杂录》,第二卷,页343。

［20］鲍斯威尔:《约翰生传》,第一卷,页165。

［21］W. Y. 弗莱彻:《英国图书收藏家》(伦敦,1902),页150-156。另见爱德华·爱德华兹:《大英博物馆奠基人合传》(伦敦,1870),页241-

242,他估计这批小册子约为四十万册。

[22] 如需对奥尔迪斯的全面介绍,参见劳伦斯·利普金,《文献学季刊》,第四十六期(1967),页385-407。关于他的生平,参见詹姆斯·约维尔的回忆录《善本书收藏家》。

[23] 约翰·霍金斯爵士:《约翰生传》,页133-149。

[24] 詹姆斯·约维尔:《善本书收藏家》,页xxviii。

[25] 约翰·霍金斯爵士:《约翰生传》,页150。鲍斯威尔:《约翰生传》,第一卷,页154、534。《约翰生杂录》,第二卷,页34。赫斯特·皮奥齐:《已故塞缪尔·约翰生轶事录》,见《约翰生杂录》,第一卷,页304。

[26] 詹姆斯·M.奥斯本,见《泰晤士报文学增刊》,1953年10月9日,页652。

[27] 鲍斯威尔:《约翰生传》,第五卷,页483-484。另见詹姆斯·L.克利福德:《青年约翰生》,页285-287。

[28] 鲍斯威尔:《约翰生传》,第一卷,页318、545。詹姆斯·L.克利福德:《青年约翰生》,页353,注释38。

[29] 鲍斯威尔:《约翰生传》,第一卷,页176、545。关于版权问题,参见《约翰生杂录》,第一卷,页382,注释1。

第三部分　中年岁月：道德朝圣

第十四章　迈入中年；变数；婚姻问题

一

约翰生三十六岁时（1745 年 9 月），他的创作量突然滑坡。此前他 231
长期笔耕不辍，完成了惊人的工作量。此后一年，吉尔伯特 · 沃姆斯利写信给已声名显赫的加里克，请他转告约翰生：“我认为他是伟大的天才，只不过他未能战胜自己，也未能战胜世界。”[1]

过去的八年时光里，他大都在格拉布街鬻文为生（而且起步很晚）。他在《约翰生词典》中对格拉布街给出的定义是：“编写小型历史著作、词典及当代诗歌的作者聚居的地方，由此引申出任何**低劣的作品**都被称作格拉布街。”他之后也认识到这一经历使他在心理上收获巨大。他从二十岁开始，一直到快二十五岁期间，曾经历过漫长的心理崩溃，之后在艾迪尔村创办学校又遭遇了失败，这使他重新开始的生活又演变为之前的境况。正因为这些经历以及他对泰蒂的责任心，多年来他坚持笔耕不辍，不仅能与令人恐惧的焦虑、自我惩罚及无助的冷漠(这些都源于他分裂的天性所产生的过高的自我要求,而且使他在二十多岁的青春时光陷入黑暗,几乎对自己的精神状态不抱希望)作斗争,还能永远将其战胜。虽说格拉布街自身也存在问题,约翰生却对此经历极为感激。

然而此时,约翰生的重生自然看似末路。他这些年来的作品(我们都知道包含哪些作品)在篇幅和题材上都很独特,而且通过难以想
232 象的才华创作而成。对于这些作品,有一点经常被人遗忘。这些作品没有一部以他的名义发表,甚至连更加个人化的作品(例如诗歌《伦敦》与《塞维奇传》)也不例外。这一定程度上也是他本人的决定,至少部分作品如此。这就仿佛他不愿提出自己的诉求,也不承认这些是严肃的工作。(他第一次以自己的名义发表作品,是《论人类愿望之虚妄》,这一点很重要。)因此,他的知名度依然不高,他也习以为常。更重要的在于,他认为这些著述根本没有发挥出他的才华(他一生都在思考圣经中关于才华的寓言)——他甚至不希望在这些作品上加上自己的名字。但是,他即将迈入中年。

多年以来,他一直认为像他这样兴趣广泛又才华横溢的人,法律才是理想职业。其实,自打他结识吉尔伯特·沃姆斯利就萌生这个想法。此时,从事法律行业的念头对他产生了前所未有的强烈吸引力,只可惜这个理想未能实现,“他与这条道路失之交臂”。即便乐观预计,他的人生至少也走完了一半。如果要开始新的人生,就不能再拖延了。诚然,他缺少进入法律行业所必需的入场券,这就是法学学位(或者说,他缺少的是任意一种学位)。但是,他的著作中已经展现出用法律解决问题的能力。有多少律师能像他一样在短暂的时间内写出《议会辩论》呢?

到了1745年年末,也可能是第二年年初,约翰生进行了最后一次尝

试。他给老朋友亚当斯博士写了封信。约翰生知道,年轻的理查德·斯莫布鲁克是利奇菲尔德主教之子。这位年轻人刚取得民法博士(D. C. L.)学位,正在“民法律师公会”担任律师。民法律师公会属于自治团体,主要关注法典与民法,有可能对学位要求网开一面。直接拜托斯莫布鲁克,约翰生羞于启齿,尤其不愿讲明自己的资质,而亚当斯却具有一定的权威性,有可能促成此事。亚当斯能够试探出斯莫布鲁克的意图吗?他能打听出来未取得民法博士的人“是否能进入该公会担任律师吗”?根据亚当斯的转述,尽管约翰生确实没有经过该领域的正式学习,但“无论什么行业,只要能力正常,再努力一点,必然能胜任工作”。亚当斯认为这个想法很妙,全力以赴为其奔走。但“学位是不可逾越的鸿沟”,尽管约翰生不怨天尤人,亚当斯还是承认,约翰生觉得这“使他陷 233
入了深深的失望”。[2]

二

人们很想知道当时(1745 年秋至 1746 年春)他做了哪些工作。长期以来,人们不断推测背后的原因。他与凯夫发生争执了吗?他的文章再也没有发表在《绅士杂志》上,是否就是因为这个?也许他参加了 1745 年的詹姆斯二世党人叛乱,赶赴北方支持斯图亚特复辟势力,或许他留在伦敦担任地下暗探?* 后一种推测听起来很荒谬,却一直很有市场。无论何时,只要是关于他人的生平,人们总希望能够以比

---

* 4 月 16 日,此次叛乱的最高潮——卡洛登战役打响(鲍斯威尔说:“我听到他宣称,如果他举起右手,查理王子的军队就能在卡洛登获胜,他不太确定自己是否举起过”),当时他正全力创作他的《新英语词典编写方案简述》,准备在月底将此方案提交出版商。如需了解约翰生支持詹姆斯二世党人叛乱的生动的虚构描写,参见约翰·巴肯的《仲冬》。

我们自己的人生更快的步伐推进,这是天性使然。不是因为我们严于律人,而是我们的注意力更关注结果,对他人经历的实际过程和每日迟缓的节奏未能感同身受。关注他人的生平时,无论我们移情的出发点多么好,日常生活中大量的干扰、变数、内心抵抗并不会让我们的想象力产生疲劳或陷入僵局。因此,即便是富有同情心的传记作家和批评家,可能也需要十年时间方能完成一部著作,如果传主的两部作品之间出现了十个月的空档期,就会产生困惑或疑惑,并且容易使人以为是非常具体或特殊的情况干扰了传主的创作。特别是传主如果此前一直笔耕不辍,此时突然停止创作,似乎就“不太符合他的性格”。发生了什么情况?或者说他也许并没有真的停止创作。也许只是作品被深藏起来,等待人们寻找。

最重要的一点在于,刚迈入中年,人们对显而易见的问题的看法就会笼罩上一层阴影。这是常见的心理现象,很少有人会特意去关心中年问题。对于二十多岁和三十出头的人来说,他们并没有切实地遇
234 到这个问题。已经迈入中年的人不希望直接关注这个问题,因为害怕这就像美杜莎的头颅一样,使他们失去自身活力并陷入瘫痪。他们关注的首要问题是如何保持自己的平衡,这就仿佛走钢丝,决不能向下看,而要向前方眺望,要看到终点、目标或目的地。同样,很少有人对中年时的创伤感兴趣,原因很简单,很少有人有信心平安无恙地度过中年。五十多岁经常只不过是“黑暗的中年岁月”的延伸(在极端情况下还包括六十多岁)。由此进一步产生了不利之处,即半安慰性质的词语“中年”此时已不再有安慰效果。因此,T. S. 艾略特在诗作《东科克》中,对中年作了一番传神的描写,他在诗中附和了但丁的观点,他这样写道:

在人生的中途，**不仅是在旅程的中途，**

而是整个人生逆旅，我们都陷入黑暗的森林中，荆棘中，

迷走在沼泽的边缘，无处寻觅安全的落脚点……

……他们都走进了黑暗……

人类在中年所经历的事件，不仅是作为人在青春期之后所经受的第一次重大打击，而且可能是成年后经受的最严重的一次打击（个人遭遇的磨难除外），此后，我们就会突然间发现自己迈入了老年。诚然，即便无法避免，也可推迟。如果我们在接近四五十岁时始终能够将自己的注意力吸引到别处，并且让自己足够忙碌，无暇他顾，就能做到这一点，约翰生就是这样。但即便我们通过“消磨时光”（“船上骑马”）推迟它的到来，我们还是会更加敏锐地感受到时光飞逝，这很快就成为约翰生的《日记》最突出的主题。

三

我们之所以要分析这些显而易见的问题，是因为人们经常将它们遗忘。约翰生很快就要表明，人们一般“更多的是需要获得提醒而不是通知”。[3]研究他三十六岁到五十出头的这段时光（以及他在这段时期的大部分作品），都必须立足于他迈入和经历中年时期对他所产生的影响。与大多数人相比，他的这一倾向更为突出。他对人类本性与命运所撰写的鸿篇巨制（从三十九岁到五十岁创作），很大程度上就是对这段经历的评论。

他与我们的共同之处在于，即将年满四十之际，他感受到彷徨困 235
惑，感受到韶华如飞，感受到可供选择的机会渐行渐远，全新的人生希

望越发渺茫。但是，他总是强烈地否认自己能够实现全新的开端，仿佛要将这个想法深藏心底。他与我们许多人一样（甚至是所有人），很快就以殚精竭虑的精神面貌投入到长达十四年的惊人工作中，因而提前预防了更加个人化的结果产生——不可避免的“中年反思”，这一直持续到他年过半百，由此产生的压力极为巨大。他与我们某些人的相似之处在于，他五十多岁时出现了可怕经历，他虽然通过四十多岁时的成就推迟了中年反思的出现，但生活最后还是狠狠地报复了他，并产生了可怕的心理代价（这是他拖延而日积月累的代价）。

但是，约翰生通过编写最艰巨的著作（著名的《约翰生词典》），专注于外在的一件工作，并将此与内心对“中年反思”的意识相结合，这个做法几乎独一无二（同时，他有能力以反思的眼光发现这一点）。至少他曾经在创作道德著作的十年里（从他三十九岁那年创作《论人类愿望之虚妄》开始，直到他年近五十岁时创作《拉塞拉斯》），强有力地表现出敏感多思的特点，体现出自身的独特性。他在中年时愈发深刻地认识到，我们在人生、事业、婚姻等方面作出的“选择”，此时（人生至少已走过了半程）就仿佛将不受人待见的小鸡出人意料地送回到鸡妈妈家。这种想法在其内心世界占据了特殊的一席之地，并在其作品中得以深刻地表达。或者换个比方，我们在人生的十字路口选择了其中一条道路，这真的是我们作出的“选择”吗？我们不仅失去了踏上另一条道路的机会（但我们可能仍然认为自己还有机会选择，就像罗伯特·弗罗斯特曾说过的，“当知道一条路如何通往另一条路时”，我们实际上就会怀疑我们“已踏上了一条不归路”），还有更令人痛苦的事，我们发现自己在“选择”每一条岔道时，都会产生极为严重的后果。原先是理想主义或希望激励或促使我们作出选择，但我们从没有想到，我们的选择会不可避免地产生我们从未企求，甚至做梦也没想到的副产品。在本书中,我们必须在下文中讨论这个问题,等到谈起他的相关作品时再展开讨论。但在本章中,可以通过《论人类愿望之虚妄》中的一句话点明观点,这句话十分凝练地道出了他内心的经历: 236
“**命运射出痛苦的镖枪,伴着每一个愿望**。”(“Fate wings with ev’ry wish the afflictive dart.”)

四

即将步入不惑之年,约翰生的个人境况方面发生了一些特殊而又复杂的情况。他的良心每天备受煎熬,因为泰蒂正出现崩溃的迹象。她越来越依赖酒精、臆想,偶尔还吸食鸦片(我们知道,当时人们可以随心所欲地使用鸦片治疗各种疾病,通常采用的是液态的鸦片酊,将其溶于酒精后使用)。光是每天看到这一幕,都会给他留下深深的刺激,使他认识到自己无法达到泰蒂的期望值,这宛如人生无常的讽刺,也使他认识到两人的时间在无情飞逝。

泰蒂此时所做的一切基本都是逃避人生。她五十多岁嫁给约翰生时,起初还能直面家人,因为她天性追求浪漫,对获得新的安身立命之本满怀信心,这是她新的机遇。她为此付出了代价,不仅舍弃了亲朋好友,还搭上了自己的积蓄,也放弃了熟悉、舒适的环境。到了五十九岁那年(1737 年),她漂泊在伦敦的陌生世界中,举目无亲,积蓄也迅速耗尽,但她依然竭力保持自尊,此前我们已经提到过,而且她要保持好心情,并想方设法压抑失望之情。她深居简出,蜗居在两人逼仄的居所中,而且对她丈夫形形色色的同事(格拉布街的文人)敬而远之(她与这些人打交道时既矜持又害羞)。每当约翰生回家时,她都想尽办法要给他一个整洁美观的家(她会说“干净的地板令人心旷神怡”)。

但她已年过半百，失望的情绪愈发浓厚。来到伦敦后不久，她就可能开始在白天小酌怡情，以纾解年老后产生的失落感以及接踵而来的失望感。大约就在此时，约翰生突然戒了酒。毫无疑问，此举意在为泰蒂做个好榜样。但泰蒂酒瘾越来越大。她始终对两人年龄的悬殊如鲠在喉，此时这种感受愈发强烈，她开始病态地涂脂抹粉。加里克描述了她在这一时期（十八世纪四十年代末）的外表（这段叙述一
237 直被人引用），并以无情的嘲弄口吻称她为“浓妆艳抹的矮小娃娃，充满矫揉造作感，仿佛是乡巴佬在故作高雅”，“臃肿的脸颊上涂着鲜红色的浓妆，毫无节制地饮用甜酒使她的脸颊更红；这与她的衣服交相映衬，发出神奇的耀眼之光”；后来，罗伯特·莱韦特也对她作出评论，称“她总是一副醉醺醺的样子，要么就是躺在床上读骑士小说，还用鸦片戕害自己”。[4] 莱韦特是一位可靠的证人，他没有理由夸大其词，这番话是斯雷尔夫人从他口中打听到的。

泰蒂虽然意志消沉，却化上浓妆，穿着“鲜艳神奇”的衣服。这既是女为悦己者（约翰生）容，也是出于恐惧感和自尊心。约翰生当然心知肚明，他同样知道泰蒂为何染上酒瘾。很久之后，安娜·威廉姆斯轻松愉快地表示对饮酒的诱惑不屑一顾，约翰生勃然大怒（尽管他自己十分坚定地滴酒不沾）。这是因为他觉得安娜是妻子的好友，理应更了解情况：“太太，我很惊讶**你竟然没有看出这个诱因……**”如果约翰生晚上没有在圣约翰之门与凯夫一同用餐，也没有在酒肆中与一帮文人吃吃喝喝，他每天晚上回家时，就会铺开稿纸连夜创作，以便赶在约定期限前交稿。他下笔如飞，时而喃喃自语，从没有在凌晨三点之前上过床。他回到家的时候，两人依然相敬如宾，但这是程式化的礼仪，掺杂着相互理解与无可奈何。两人见面时，都会想尽办法为对方纾解自责感。霍金斯引用了他从其他朋友那里听到的情况，称：“他对

泰蒂相敬如宾,泰蒂则一副迟暮美人的仪态。”给人的印象仿佛两人的举止“完全是生搬硬套学来的”。[5]

约翰生将所有收入都交给泰蒂花销,希望能尽全力满足泰蒂在两人结婚之前的期望值。例如,泰蒂一直聘请着一位女仆,甚至在两人陷入穷困潦倒的境地时(1739 年至 1741 年),可能依然没有将她辞退,之后肯定也一直聘用着女仆。在十八世纪四十年代中叶,约翰生年收入约为一百至一百二十五英镑,他很可能节衣缩食,将三分之二
都交给泰蒂。* 但泰蒂却从不知勤俭持家。虽说十八世纪的房租或食 238
品费用相比今天便宜些,但衣服却贵得多。对于年收入一百英镑的人来说,如果在这方面稍稍放纵,甚至于只要略微放松,一年的开销就会激增一半。这还没算上扶摇直上的药品账单,尤其是鸦片酊的开支。这是因为泰蒂在压抑失望情绪时,愈发陷入臆想症与心理疾病无法自拔。当时,正常的诊疗费用为每次一个金币(这简直太不可思议了)。[6] 如果是体弱多病或自认为体弱多病的人,每两周看一次医生是合理之举。这样一年的费用就超过二十七英镑,对于鬻文为生的普通文人来说,几乎相当于他们全年的收入。此外,泰蒂逐渐卧床不起,这肯定对约翰生影响极大:加深了他的内疚之情,他更加迫切地尽己所能给泰蒂解脱,这也意味着两人的性生活实际上已经结束,只不过约翰生依然坚持着两人的婚姻,这着实令人感动。**

---

* 他的友人理查德·法默日后成为剑桥大学伊曼纽尔学院的教师,他留下了一些笔记,其中称凯夫在 1738 年至 1745 年间,至少在后半段时间里每年支付给约翰生一百英镑,聘请他担任《绅士杂志》的非正式“编辑”。(参见《通用传记词典》,其中在亚历山大·查尔默斯词条中引用了法默的笔记,伦敦,1812-1817,第十九卷,页 53)此外,他在十八世纪四十年代初编写《哈利图书馆馆藏目录》与《哈利父子杂录》时,也从奥斯本那里获得了一笔报酬,其他作品也零星挣到了一些稿酬。尽管他个人精打细算,他却不得不抵押利奇菲尔德的老宅,这说明他挣的钱都直接或间接到了泰蒂囊中。

** 参见下文页 263。

五

诚然,他此时已看透世间之事,更重要的是他已经思考过这一点。他认为他婚姻中的很多经历是理所当然的(无法苛责任何人):或者说,对于这个问题,无论是**他自己**的遭遇,自己的思维方式和感受,还是步入中年所产生的影响,尤其是他此时所处的境地,他一概认为理所当然。约翰生与众不同之处在于,他拥有广袤的内心世界(在他经历了牛津求学后漫长的心理崩溃之后,我们对此着墨甚少),他的想象力具有强大的消化吸收能力,并能将经历融入思维的中心。这是因为从他创办艾迪尔堂开始,一直到他在伦敦住了很久(1739 年年底短暂回乡的这段时间除外),他实际上一直在奔波。他作为雇佣文人所创
239 作的作品主题多种多样,基本都是根据客户需求创作。除了个别情况外,我们很少能窥探到他三十多岁时的内心世界。很快,他就要以他最伟大的两种写作形式之一,展现出他广袤的内心世界(他的经历极为丰富):这就是历时十年的道德写作。三年之后,他就要动笔创作《论人类愿望之虚妄》,这部作品似乎提炼出他一生的经历(只是他写于三十九岁)。但他正面临一个具体、实际的问题,即他的人生目的是什么。

注释

[1]《加里克书信集》(伦敦,1831),第一卷,页 44-45。

[2]《詹姆斯·鲍斯威尔创作〈约翰生传〉所用相关信函与文件》,页 59、161。鲍斯威尔认为时间是 1738 年(鲍斯威尔:《约翰生传》,第一卷,页 134),但斯莫布鲁克并没有获得学位,他在 1745 年之前在民法律师

公会供职(阿林·里德:《约翰生拾遗》,第六卷,页116)。到了1746年4月,约翰生就开始编纂词典了。因此,我们认为这个事件的时间为1745年年底或1746年年初。

[3] 塞缪尔·约翰生:《漫步者》,页2。

[4]《赫斯特·林奇·斯雷尔夫人日记……1776-1809》,第一卷,页178。鲍斯威尔:《约翰生传》,第一卷,页99。

[5] 约翰·霍金斯爵士:《约翰生传》,页313-314。

[6] 约翰·伯内特:《生活消费史》(伦敦,1969),页172。

第十五章　席卷正门:《约翰生词典》

一

240 1746 年年初,此时距离约翰生三十六岁生日已过五六个月,他进入法律行业的希望业已彻底破灭。他打消犹豫,开始编写一部里程碑式的作品——《约翰生词典》。九年后,这部作品完稿,立即成为当时最伟大的学术成就之一,也许是单凭一己之力所取得的最伟大的学术成果。他克服种种不利条件,在相当短的时间内通过辛勤的努力,完成了这部巨著。

半个多世纪以来,由于缺少一部重要的英语词典,英国人的民族自尊心深受打击。这对于英国知识界的打击尤为显著,令他们无比尴尬。在这方面,法国和意大利都出版了国语词典巨著,将英国远远甩在身后。这两部词典都是由高等学府集众人之力完成。意大利语词典(六卷本,1612)率先创立标准,意大利秕糠学会对这部巨著足足倾注了二十年心血。法兰西学院的创立目的主要是“净化”法语并对这门语言立下规范,它以这部鸿篇巨制为榜样,用四年时间思考如何推出一部能够媲美甚至赶超意大利同仁的词典。到了 1639 年,词典编委由最初的八名增加到四十位。这部作品在五十五年后(1694 年)最终完稿。不久,又用十八年时间(1700 年至 1718 年)完成修订版。

英国却迟迟未能编写出能与以上作品相比肩的英语词典,长期以来,这一直令有志于此项事业的人士扼腕痛惜。因为这部作品只能由 241
个人来完成。在英国,并没有成立像法兰西学院这样的学术组织,而且英国以个人主义为骄傲,成立这一组织的希望因此很渺茫。这项事业工作量巨大,令所有真正有志于此的学者望而却步。而学术素养稍逊一筹的作家却喜欢讨论这个问题,但并没有认真考虑过采取行动,例如蒲柏、艾迪生(据说有人提出给他三千英镑的酬劳来编写这部词典)以及安布罗斯·菲利普斯(他发表了《出版英语词典的建议》,之后却又放弃这项事业)。多年以来,也涌现了一些接近于词典的作品,它们的作者并没有耗费多少心血。它们通常只不过是"费解词语"的罗列。但有一部作品(1721)例外,值得推荐,作者是斯特普尼的一位校长南森·贝利。这部词典于 1736 年修订,收录约六万单词,但它主要关注词语的滥觞。由于词源学当时尚处于襁褓阶段,它错误百出,影响了其价值。此外,书中定义也经常过于随意(例如,"马"的定义是"人们熟悉的一种牲畜","狗"被解释成"人们熟悉的一种四足动物")。

二

伦敦的出版商充分认识到了这一需求。实际上,据罗伯特·多兹利的兄弟詹姆斯说,罗伯特之前就向约翰生提议了这项工程。当时,约翰生就坐在罗伯特的书店里。约翰生“起初似乎被这个建议打动，但他想了一会，突然坚定地说：‘我觉得我不能接受这项工作’”。但实际上据约翰生说，在罗伯特提议之前，“我就已经思考过这个问题”。[1]

当然，他思考过这个问题。无论是这项工程，还是其他工程（至少在他看来，这需要从各个学科领域撷取成千上万条例句，以说明意义的各种细微差别），他都能借此实现文艺复兴时期的理想，早在斯陶尔布里奇与牛津求学时，他就立志要实现文艺复兴时期多才多艺的理想。但与组织相比，个人很难完成这项事业，因此他的理想成为镜花水月。他若要为英国完成这项浩大的工程，就需要在有限的时间内，
242 单枪匹马完成在意大利和法国由研究机构所完成的工作。就连西班牙前不久也对约翰生构成了压力。十五年来，约翰生发现自己由于没有学位，闭门羹一个接一个。如果此次取得成功，他就能一劳永逸地打响名气，改变人生轨迹。但毋庸置疑，他在完成此项工作时需要面对巨大的不利条件，尤其是他缺少藏书。最重要的一点在于，无论是这种工作的特点，还是需要投入大量时间，都与他的天性和习惯格格不入。在这条漫长的道路上，每前进一步都要击败前方的拦路虎，也就是他缺乏耐心的天性和他时而叛逆的惰性。无论何时，无论是什么工作，他的念头都是要尽快将其完成。

此举充分表明，他已认识到时光如流水般逝去，决心奋力一搏。因此在1745年与1746年之交的冬天，他终于付诸行动（这是他人生中最重要的决定之一）。即便他不得不在格拉布街鬻文为生，他同样会勇敢地完成其中最艰巨、最重要的工作，创作出雇佣文人作品中的精品，在格拉布街的环境中（无论住处还是工作场所都适合“编写小型词典”）取得最高成就。在这种最不具备成功可能性的环境下（或者

说享受着“舒适的学术条件”的人士可能会认为这种环境根本没有可能取得成功),他竟然以一己之力“担当了整个科研机构的工作”,他需要的条件似乎只求让他坐下来安心工作。只有他方能在这种恶劣的条件下取得成功,他也引以为豪。他并没有低估此项工作的困难。鲍斯威尔曾在四十年后暗示约翰生当时可能低估了困难:“您不知道自己完成的是什么工作吧。”约翰生只是答道:“我非常清楚自己在做什么,也很清楚应该怎样做,我做得很出色。”[2]

约翰生于 1746 年与罗伯特·多兹利签署了一项意向性协议,他拟定了《新英语词典编写方案简述》,并将此交给一批出版商(1746 年 4 月 30 日)。[3] 由于这项工程规模浩大,没有一家出版商愿意独自承担出版责任。于是,一批出版商便组团资助这部新词典的出版工作,其中包括多兹利、查尔斯·希契、安德鲁·米勒(约翰生曾称赞米勒对作家出手慷慨大方,而且他“提高了文学作品的价格”)、朗文(托马斯·朗文与他的侄子),以及约翰和保罗·纳普顿的出版公司。

之后到了 6 月 18 日,双方在早餐时签署了正式合同,地点就在霍尔本附近的金锚。根据约定,约翰生将分期获得一千五百七十五英镑
的稿酬,相关开支和他聘请帮手的费用都从这笔钱里支出。 243

三

他用这笔钱租了间房子(位于高夫广场 17 号),这间老宅保存至今,每年都有成千上万的游客前来参观。约翰生还添置了一些家具,全都摆放在泰蒂房间里。房子的阁楼便成了“词典编纂工作室”。工作室里有一些桌椅,可供誊写员誊写约翰生标出的引文。这里看上去就像是一间拥挤的小型会计室,书籍横七竖八地摊在地上。编写完这

部词典之后，约翰生本人也许仍在使用这些桌椅，因为约书亚·雷诺兹曾请来法国雕塑家路易·罗比里亚克与他见面，他对这些桌椅的评价是“一张摇摇欲坠、旧得不成样的谈判桌”和一张扶手椅，椅子只有三条腿。他当时就坐在这张椅子上，得挨着墙坐，“这样墙就能支撑着椅子不会倒”。雷诺兹的姊妹弗朗西丝又补充说，约翰生一直到编写《漫步者》杂志（1758 年至 1760 年）时，仍然在使用这张椅子。他站起身的时候，“知道椅子随时会倒，于是要么用手扶住椅子，要么把它稳稳地靠在某个支撑物上，完全没有意识到这对于来访的宾客有失体面”。[4]

他聘请了六位来自社会底层的助手（五位苏格兰人，一位英格兰人），他们都穷困潦倒。约翰生挑选他们的理由似乎主要是恻隐之心。每当他开工时，到场的助手也许只有三四人。而且他租的房子也比较大，他除了给助手开工资之外（一周工资约十二先令），很可能还给有些助手提供食宿。* 来自英格兰的助手名叫V. J. 佩顿，他以教授法语为生。词典完工之后，佩顿曾写过一些关于语言的著作，约翰生后来在修订词典时有时也聘请他帮忙。但据约翰生说，佩顿在妻子中风之
244 后便陷入赤贫：“坐在妻子床边不吃不喝，他不仅不去工作，甚至坐在那儿一动不动，贫穷使他不得不亲自陪伴妻子……”约翰生的朋友朱塞佩·巴雷蒂很是粗鲁，他将佩顿描述成“大傻瓜和酒鬼”。但约翰生认为佩顿悲惨的一生触动人心，不亚于“历史和悲剧中”记载的悲剧人物，区别只是后者更有名一些。佩顿的妻子最终病故（1776 年），佩顿

---

* 在当时，按照大致相同的工作量，每周能获得七八个先令报酬就很丰厚了。但在海德藏品中，有一张弗朗西斯·斯图尔特（他是其中一位助手）签名的收条，上面写着：“[1746 年]6 月 18 日，本人收到一星期的预支薪水三英镑三先令。本人约定协助本书[《约翰生词典》]的编纂工作，报酬自仲夏开始支付。”关于约翰生为助手提供食宿的情况，参见 R. W. 查普曼《塞缪尔·约翰生书信集》第三十八篇的注释。

顿时“高烧不退”,不久也身故。两人的丧葬费用都是约翰生支付的。[5]

五位苏格兰助手分别是亚历山大和威廉·麦克比恩兄弟,无名的“梅特兰先生”,还有两位助手在词典编写过程中去世,他们是罗伯特·希尔斯和弗朗西斯·斯图尔特。斯图尔特负责编写“社会下层的黑话”和与赌博和打牌有关的词语。据约翰生说,亚历山大·麦克比恩不谙世事,他通晓“多国语言”,但“不熟悉生活”。人们之所以知道他,全是因为约翰生鼓励他写出《古代地理学词典》之后对他作出的评价:“我已经对他的出色工作不抱希望了,因为我发现他在卡普阿和罗马上花的工夫一样多。”尽管如此,约翰生还是为这部问世于 1773 年的著作写了序,而且是他所作的最精彩的书序之一。麦克比恩不久之后穷困潦倒,又是约翰生为他筹到一笔钱,还为他在卡尔特修道院中谋到一个“穷教友”的职位。人们对罗伯特·希尔斯了解更多些,他是一位落魄诗人(曾写过两首平庸无奇的诗——《婚姻》与《美的力量》)。约翰生对他“很是同情”。多年之后(1776 年),约翰生曾回忆起关于他的一个小插曲,当时他们正一同编写词典。希尔斯对詹姆斯·汤姆森的素体诗《四季》推崇备至,而约翰生却认为汤姆森

> 语言云山雾罩,意不昭彰……我取出汤姆森的作品,大声朗读了其中一段,然后便问道,这难道不是佳作吗?希尔斯对此佩服得五体投地。(我又说道,)先生,我可是跳着行读的。[6]

希尔斯在约翰生的帮助下,以传记形式写下了诗人塞缪尔·博伊斯丰富而又清贫的一生,这是他一项浩大工程的一部分。临终前一两年,希尔斯一贫如洗,饱受肺痨折磨,是约翰生劳心劳力为他的这项工

程提供了帮助(约翰生甚至可能在此项工程起步时就提出建议,并承诺为希尔斯提供帮助。他为希尔斯筹集到资金支持,并使他赢得了自
245 尊)。这项工程就是重要的作品集《诗人传》(五卷本,1753),并于希尔斯去世前不久出版。之后,希尔斯就在租住的寓所(五月楼)中凄惨地撒手人寰(1753 年 12 月 27 日)。*

四

第二年(1747 年)三月,出版商在广告中宣称,这部词典已进入编纂阶段。此举并非表明这部著作很快就能面世,而是因为他们认为约翰生已经完成了《英语词典编写计划》并可以将其发表。为了抢占先机,这篇文章必不可少。实际上,尽管约翰生已开始了词典的编写工作,但他却搁置了这份计划的撰写工作。于是他立刻开始撰写这份计划,并在这一年的八月初将其发表,还在题献中将此书献给切斯特菲尔德伯爵。这就是约翰生八年后所写的那封著名书信(1755 年)的背景,这封信再版了成千上万次,至今仍是英语书信中的名篇之一。这封信使人们普遍认为切斯特菲尔德伯爵是个反面人物,但这对他有失公平。

切斯特菲尔德与这本词典结缘时(1746 年),年方五十四,已是一

---

* 希尔斯负责搜集资料(有许多是约翰生提供的,他可能还口述了其中一些文章),并完成了几乎整本著作的撰写工作。由于希尔斯还是个无名之辈,出版商想出一条妙计。据约翰生说,他们给西奥菲勒斯·西伯(当时他因为欠债不还被关进监狱)付了十个金币,让他同意为这部著作"斧正、勘误和润色",并在此书扉页上印上"作者为西伯先生",这样公众会误以为作者是他父亲,即名气更大的科利·西伯。(出版商的合约也验证了约翰生的说法,这份合约现存于海德藏品;但合约中付给他的报酬却是二十一英镑。)[7] 有关希尔斯的《博伊斯传》,参见上文页 211。

位杰出的政治家。他担任过上议院议员，驻海牙大使，不久前还被任命为爱尔兰总督。爱尔兰总督这个职位十分棘手，他在任职期间表现出罕见的能力和正直的品格，以至于爱尔兰人民回忆起他短暂的任期时，都畏威怀德，不胜怀念。切斯特菲尔德不仅地位显赫，还兼具贤明、手腕与优雅，也熟悉古今多种语言，因此在英国广受尊敬，成为品味的裁定人。罗伯特·多兹利与他私交甚笃。多兹利认为，如果切斯特菲尔德伯爵这样的大人物能够出任这部词典的庇护人或恩主，这部词典必将受到公众追捧。切斯特菲尔德从爱尔兰回国（1746 年 4 月） 246
后就养病了几个月。但在秋天回到伦敦之后，他又担任了新的职务（首席国务大臣之一）。多兹利试探了他的态度，发现他欣然接受，便转告了约翰生。约翰生正奋力编纂英语词典，但却忽视了《英语词典编写计划》，而出版商还等着这篇作品出版。多兹利提议，将这篇文章献给切斯特菲尔德，约翰生答道："这就是这篇文章我一直拖着不交稿的理由，我觉得应该把它写得更好一些。"而且他还告诉理查德·巴瑟斯特："如果公开向切斯特菲尔德爵士致辞有什么好处的话，那要归功于审慎，实际上，这不过是懒惰的托辞。"[8]

这个想法很可能对他产生了极大的吸引力。除了能带来实际好处之外，还有一个因素，而且这一因素的象征意义更为重大，因为切斯特菲尔德不仅是小科尼利厄斯的朋友，还是他的恩主。小科尼利厄斯为约翰生树立了模范（至少青少年时期的约翰生对他甚是服膺）。约翰生发自内心地模仿这位榜样，一生都将其内化为内心的一部分。诚然，约翰生永远不会主动去抓住这个机会，也不会自称小科尼利厄斯的穷表弟，冒昧地前去攀附切斯特菲尔德。但此时是多兹利而非约翰生主动与爵士接洽。因此他能够鼓起勇气，开始实现这种象征意义。他觉得自己最终通过这部无出其右的巨著，实现涉猎每一学科领域的梦想,这个梦想始终与小科尼利厄斯密不可分。他孜孜以求的梦想终于功德圆满。正是因为这些感受,他才对实际或想象的挫折更为敏感。约翰生将《新英语词典编写方案简述》修改为正式的《英语词典编写计划》之后,便将这份《计划》寄给了好友约翰·泰勒,当时泰勒正好要来伦敦。不幸的是,就在泰勒抵达伦敦后不久,他把一份誊清稿留在了自家桌子上。诗人威廉·怀特海(他后来成为桂冠诗人)到泰勒的住处做客时看到了这份稿件,他十分钦佩作者的文采,便将稿子带走了。他后来将此稿件给了另一位朋友,这位朋友又将稿件出示给切斯特菲尔德欣赏。这自然让约翰生十分恼火,他原打算找一个合适的场合,郑重其事地亲自将稿件呈递给切斯特菲尔德。这一次与当年老约翰生将儿子的译作(约翰生翻译的亚历山大·蒲柏的诗作《弥赛亚》)寄给蒲柏如出一辙,当时约翰生曾咬牙切齿地说,要不是这个人是他父亲,他"非宰了这人不可"。但约翰生并不想责备老朋友泰勒马虎大意,他只是说,这份计划"要不是被人提前看到,本来可以更加轰动地发表"。[9]

247 切斯特菲尔德虽然日理万机,但表示对此书感兴趣,他也提出一些小小的建议,还送来价值十英镑的礼物。《英语词典编写计划》发表(1747 年 8 月)之后,约翰生礼节性拜访了切斯特菲尔德,却发现这位爵士不仅"是位儒雅的谦谦君子",而且"比我预想的还要博学"。在这段时间,约翰生又上门拜访了一两次,他在那封著名的书信中提到了这一点:"我多次被冷落在您的门厅里,抑或是被您拒之门外。"有一幅著名的历史绘卷,现在仍然用来对这部词典做宣传。在这幅画中,约翰生端坐在切斯特菲尔德的办公室外,心情阴郁、愤懑。关于此事,有传言称到了最后一天,约翰生在外面的房间里等待时,方得知切斯特菲尔德已经有约在先。苦等一小时之后,可怜的科利·西伯走了出来,这位诗人就是蒲柏此前发表的《愚人志》的主人公。看到这一幕,约翰生转身就走,再也没有来过。鲍斯威尔曾问过他这个故事是不是真实的。约翰生一向对事实严格把关,他给出了否定的答案,并称真正的原因是切斯特菲尔德“一直疏忽大意”,只不过(由于约翰生的骄傲),他所说的“一直疏忽大意”门槛可能很低。此时,切斯特菲尔德就与他毫无瓜葛了,两人再次产生交集要等到几年之后,即这部词典即将出版之时。[10]

五

为了便于读者想象《约翰生词典》的编纂工作,我们应当知道,即便是编写一部中等规模的词典,也要付出大量艰辛的劳作,尽管在此之前已有几十部词典可供依赖、借鉴或往往只是修订、微调有争议的细节。此外,还要从各个基金会获得资助;集结数十位学者,其他帮助不计其数,还有机械化文件编排系统。

所有这些都与高夫广场阁楼里的情景大相径庭。约翰生并没有图书馆可供使用,却写出了四万多个词条(他不单是写出词条,还要写出每个词条的不同含义)。为了编写词典,他从前两个世纪以来(从伊丽莎白女王执政中叶一直到当时)的各个学科领域摘录了十一万四千条英语例句,以阐述这些词语在各种场合使用时的不同意义。(他实际收集的例句数量可能还要多一倍,不得不放弃一大半例句,因为他担心“大部头的词典会让学生望而生畏”。)在此过程中,他借鉴了意
大利秕糠学会编纂意大利语词典的方法,只不过他所涉及的领域更为 248
广阔(这部词典不限于“文学”领域,还从哲学、科学与技术领域的著作中撷取范例)。法兰西科学院曾反对过这种做法,并称法兰西科学

院院士的身份就是“权威”，因而不必引述其他权威。很久之后（1778年），伏尔泰在临终前不久，还打算催促法兰西科学院学习约翰生的方法，以修改他们的编纂程序。[11]

这部词典从酝酿到完稿，约翰生始终牵肠挂肚的并非其“原创性”，而是如何在有限时间内尽可能高质量地完成，他从前人编纂的重要词典中学习借鉴了各种高明创意与做法，例如希腊语和拉丁语的词典。詹姆斯·斯莱德与格温·科尔布强调，如果把重点放在追求这部词典的创新性、原创性或与众不同之处，是错误之举。这部词典的成就在于，它是前人所编纂词典的“发展和延续”，“尤其是学院派词典”。旨在汲取前人传统中的精华并将其发扬光大。这部词典动工后不久，亚当斯博士曾拜访过约翰生，他想知道约翰生怎么会认为短短三年内就能完成这样的鸿篇巨制，因为“法兰西科学院合四十位院士之力，还花了四十年时间方完成编纂”。无论是对亚当斯还是任何人（尤其是约翰生）来说，当时一般都是学院派编写出了伟大的词典。约翰生并没有纠正亚当斯的说法，因为法兰西科学院实际上花了五十五年时间，而是答道：“让我看看，40 乘以 40 等于 1600。1600 除以 3，所得结果就是一个英国人与一个法国人能力之比。”[12]

六

约翰生是采用什么方法完成了如此海量的工作呢？人们自然对此兴趣极大。约翰生使用了约八十本大型记录本。鲍斯威尔通过了解约翰生的工作程序，推断出他首先借鉴其他词典，写出一份单词总表，并在每个单词之间留出足够的空白，再收集代表性的例句，然后将例文和定义都加到留出的空白中。但是如珀西主教所说，如果要列出

一份单词总表，再对每个单词都“搜罗各种英语文献，寻找它们的各种 249
含义，光是这件工作就要耗尽任何一个人一生的时间”。[*] 实际上，“据他本人”对珀西的说明，他的工作程序截然不同：

> 他首先孜孜不倦地细读语言运用最为精当的各位英语名家的作品，然后在他打算摘录的每一句话下面，他都会打上一道横线，然后在页边空白处注明这个单词的首字母，好将它放在词典的相应位置。然后，他就把这些书籍交给文书，让他们将每一句话都单独誊写到一张纸条上，并将其贴在这个词条下面。通过这种方法，他收集到了许多词条及其各种不同的含义。整个编纂工作按照字母表顺序排列好之后，他就开始撰写单词的定义，然后再收集其词源……

完成这件工作之后，还要将材料按照字母表顺序排列好，最后才会翻阅其他词典，“以检查自己是否漏掉了一些词条”。[13]

W. K. 威姆萨特言简意赅地表明，约翰生的初期工作相当于“浩大的阅读计划，涵盖了英语诗歌、戏剧、散文、历史、传记、科学与艺术作品”（除了其他特点之外，这部词典还是当之无愧的“当代科学的万花筒”）。据霍金斯称，约翰生使用的书籍“都是他自己的藏书，他的藏书汗牛充栋，却都破破烂烂的”，他还从朋友那里借来各种书籍供编纂词典之用。根据幸存下来的书籍来看，他并未按照珀西的说法，在摘录的整段文字下面打上横线。而是通常用竖线标出需要誊写的段落的开头和结尾，然

---

* 霍金斯的评语也表明了相同的反对意见（页 175），他认为约翰生利用“贝利的词典”作为他所收集的信息与例文的出发点和“仓库”。此外，尽管他有时可能确实使用了贝利的词典，但却很难为八十本大型记事本提供各种零碎材料。

后再对关键词语打上下划线。尽管他用一支黑色铅笔画线，并认为画上的横线很容易擦掉，但是这些书物归原主时，“却已经变得破损不堪，根本不值得收藏，但他的许多朋友收到书之后都非常开心，并将这些书当作珍品”。[14]很多时候，很不容易找到诗人的著作，这时他就会凭借记忆写出原句。筛选例句，他有两个标准。主要标准自然是能阐明词语的意义。条件允许，他还希望例句能体现出语言的质量或思想的内容。（他
250 在前言中写道：“因此，我从哲学家的著作中选取了科学的原理；从历史学家的作品中摘录了重要的史实；从化学家的著作中挑选出整个化学过程；从神学家的作品中挑选出振聋发聩的布道词；从诗人的诗篇中撷取优美的诗句。”）他实际使用的引文数量约为十一万四千条，他收集的引文有一大半都被舍弃，因此他收集的引文总数很可能高达二十四万条。文书助理将原文誊在纸条上之后，就将纸条粘贴在八十本大型记事本相应的关键词条中。这里还要最后补充一个特点。为了表明词语的历史，约翰生会根据原文撰写的时间来排序。

在粘贴这些纸条之前，约翰生先写下词源（也许后来偶尔也会加一些）和重要的定义。在历史语言学取得发展之前，词源部分必然是这部词典最没有价值的部分。* 到了二十世纪，每一位研究这一领域的资深人士（这时的词典编纂者已经无须再和约翰生竞争了），都不禁赞同 H. B. 惠特利的看法，即这些定义“已经找不到任何词语来赞美了”，“永远无法被超越”。在约翰生之后涌现出一部又一部的重要词

* 在十八世纪，人们喜欢引述麦考莱的评论，认为“约翰生是一位可怜的词源学家”，而不去想一想当时有谁能超过他。这样指责他的人往往并非重要人物，他们也未能通过开创历史语言学的新领域，从而认识到约翰生所做工作的意义。这些人只知道语言学研究正在取得进展，并希望表明自己对此并非一无所知。即便约翰生面临种种掣肘，但据斯莱德与科尔布的论述，他还是想办法收集到了“最好的资料来源，并能比许多号称是专业人士的人更好地使用这些资料”。[15]

典,约翰生的定义都是它们的开山鼻祖。[16]

约翰生正是通过这些定义和愉快地挑选权威引文,使这部词典实现了自己的目标,即为正确、得体的用词提供实用的标准。很多人曾说,这部词典中有许多离奇的定义。他们常举的例子(这经常只占到词语定义中的一小部分)是:**燕麦**——“一种谷物,在英国通常用来喂马,但在苏格兰却给人吃”;**恩俸**——“每个人都能获得的津贴,但金额不等。在英国,人们通常知道这指的是犯下叛国罪行的公务人员所获得的报酬”;**恩主**——“提供支持、资助或保护的人。他通常是可鄙的人,提供资助时傲慢无礼,并且对阿谀奉承很是受用”;**词典编纂人员**——“创作词典的作家,他的辛勤工作没有坏处……”**网络**一词有一个著名的多音节定义,可能是因为他反对贝利词典中对**网**所下的定义,他并没有将**网络**定义为“捕捉鱼类、鸟类等动物的装置”,而是“由 251
网格组成的物体,每个网格的距离相等”。还有一个著名的笔误,他对骹骨的定义是马的“膝盖”,而不是马的距毛与马蹄之间的部位。这个定义之所以出名,是因为他曾解答过普利茅斯一位女士提出的问题。这位女士问他为何这样下定义,并希望给出学术性的解释。约翰生的回答很简单:“夫人,无知,纯属无知。”但所有此类定义加在一起——极少疏误,大多嬉讽——总共也就十五条左右,而总词条有四万条。读者如果刻意寻找这样的词条,需要翻上几十页才能找到一个。[17]

约翰生取得了辉煌的成功。一个多世纪以来,没有一部词典能与之媲美。其他词典只不过是对约翰生词典的修改或对其中一部分进行发展。诺亚·韦伯斯特编写的各种版本的《韦氏词典》即是典型。[18]他一生的心血都倾注于此。此外,他是在约翰生词典的基础上编纂《韦氏词典》的,并从中获得巨大帮助。虽然他总是不无嫉妒地辩称自己的原创性,并找出各种理由贬损约翰生,但他从约翰生词典中借用了数千条定义，稍加改动，而且还使用了约翰生词典中的大量例句。

重要的是，最终出现了一部词典取代了约翰生词典，目前它已成为其他所有英语词典的鼻祖。这是通过大量的人手和长时间的辛勤工作所取得的成果，就像此前科学院所编纂的词典一样，只不过这部词典动用人手更多，耗费时间更长。这就是伟大的《新英语词典》，共有十卷之多(1888-1928)。自此以后，这部词典就成为所有英语词典的鼻祖。这部词典起初是由哲学学会策划，并认为是对约翰生词典及此后其他词典的补充。后来这项编纂计划得以扩大，决定对英语中使用过的每一个词提供自十一世纪中叶以来的演变历史。《新英语词典》之“新”是因为这是在约翰生词典之后，唯一一部真正的“新”词典(第二版改名为《牛津英语词典》，共有十三卷)。《新英语词典》于1858年动工，到了十九世纪八十年代，参与这部词典编纂工作的学者已达一千三百人之多(最终完稿时，至少还有一千位学者参与了此项工作)，足足花了七十年时间方完成。而约翰生在逼仄的房间里，以最
252 简陋的条件和最匮乏的资源完成了此书，他不仅没有什么帮手，而且只用了九年时间就完成了这部里程碑式的巨著。这部词典不仅每一卷都是他独立创作的成果，而且他还不是专业的辞典编纂人员，他的情绪躁动，想象狂乱，心理问题和其他各种问题也都使他无法专注于此，况且他在编纂词典的同时(当时才编了不到一半)，还对人生和人类经验写下有史以来最深刻的反思。从各方面来说，这项任务似乎都需要编纂者“以极大的耐心克服重负，持之以恒，铺筑字母之路”。考虑到《约翰生词典》在相对较短的时间内完成，而且所需才能极为广泛，因此这部巨著实际上是“真正的天才”副产品。按照约翰生本人的定义，这指的是“出类拔萃的通才，偶然会下定决心朝某个方向发展”。[19]

七

到了 1750 年 10 月 20 日,词典的首批一百二十页(包括字母表中 A、B、C 的词条目录)出版。其实,约翰生的进度比这更快。权威例句都已收集完毕,此时的工作主要是给词条写定义。约翰生始终秉持一个理念(这也是其作品的主题之一),即各项工作相辅相成;并且万事开头难,一旦确立工作方向,具体工作就容易得多。这肯定契合他自己的经验。编纂《约翰生词典》,几乎没有影响他在别的方面的工作。用他的话说,这始终使他“处于紧绷状态”[20],也证明这项工作激发了他的想象力。

从《论人类愿望之虚妄》(1749)开始,约翰生的每一部道德著作都极为重要,本书将专门论述。但在本章还是要对其他作品作一番介绍(1747 年创作的《在特鲁里街戏院开业时发表的序幕》等作品就不再赘述)。例如,他曾给罗伯特·多兹利帮忙写了两篇文章。他可能一想到“庇护人”就心生反感,但对于像多兹利这样的热心人来说,情况就不同了。他曾经在另一场合说过:“你知道的,多迪(多兹利的昵称)是我的庇护人,我不会把他一脚踢开。”[21] 有一次,“多迪”希望利用公众对“家”或自我教育日益高涨的兴趣,推出一部作品,将教科书和文集合二为一,标题是《导师》(1748),其中的章节涵盖了文学、演说、数学、伦理 253
等领域。约翰生熬了一夜,为这部著作撰写了书序。还有一天晚上,他晚上外出回来之后,飞快地为该书的一个章节完成了撰稿任务,这就是短篇讽喻文《特纳利夫岛隐士西奥多如是说》。这篇文章的主要寓意是习惯的隐患。在约翰生笔下,人类在攀登“生存的高峰”时,“习惯”是一位能使道路更加平坦的侏儒。习惯侍奉理性与宗教时,习惯就可贵而驯良；若与激情和欲望沆瀣一气，就会变得既狡诈又不可靠。如果有人要与它作斗争，它就会摇身一变为巨人。（即便在这段极为忙碌的时期，约翰生依然与之前一样对惰性的力量忧心忡忡，担心这会使人们陷入忧愁与绝望，这一点很有意思。）除了热衷于在约翰生的各种作品中挖掘其优点的人士之外，大部分读者读完《特纳利夫岛隐士西奥多如是说》，通常会大失所望，因为有人评论称（鲍斯威尔复述珀西主教的评论），约翰生曾说“他认为这是他写过的最佳作品”。*

这里还发生了一个小插曲（但后来有些人存心让约翰生难堪，因而小题大做），他曾短暂地卷入所谓的“劳德争议”中。威廉·劳德是研究拉丁文的苏格兰学者，他性格特别扭曲，喜欢向公众宣传《失乐园》是弥尔顿从一批现代拉丁文诗歌中剽窃得来。实际上，劳德找来《失乐园》的一篇不太出名的拉丁文译本（威廉·霍格译），从中摘录了一些篇幅，然后以此为证据诬陷弥尔顿抄袭了前人作品。劳德找到了凯夫，询问《绅士杂志》是否愿意发表自己的发现。凯夫便让他去联系约翰生，约翰生虽然全神贯注于字典编纂工作，但他一向喜欢研究各种伟大著作的创作背景，他丝毫没有意识到其中的骗局，而是认为劳德“饱含热情，不可能去造假”。他写了一篇简短的随笔文，并将其与劳德的《建议》（1747）一同发表。之后，劳德出版了相关专著（1750），并将约翰生的这篇文章当作书序。不久他的骗局被戳穿，约翰生逼着劳德在撤稿声明上签字，他本人也发表了一篇致歉声明。多年以后，约翰生已成为著名文
254 学评论家，但人们总会引用约翰生的这篇书序，以证明他很容易相信有

---

* 这番评价极为荒唐，但也可以理解，其原因可能有两点。这有可能是珀西在赞扬约翰生所使用的讽喻，他的确对此推崇备至，而约翰生作出这番评价可能纯属戏言。也有可能约翰生指的是东方故事与讽喻，并称自己认为这篇文章是此类题材中最出色的一篇（作出这番评论时，他尚未创作《拉塞拉斯》）。[22]

关弥尔顿的负面信息。事实绝非如此。他当时确实疏忽大意了,但不管他的兴趣多么广泛,他始终关注"天赋在创作过程中的演进",即他注意的是"一旦确定了创作方案,怎样对此进行改进,通过什么帮助完成稿件"。实际上,劳德著作出版当月,约翰生就说服了加里克举办一场义演,为弥尔顿穷困潦倒的外孙女募集善款,义演的剧目是弥尔顿的假面剧《科摩斯》。他还为劳德著作写了后记,呼吁为弥尔顿的外孙女捐款,他说:"一个伟大的民族应回报这位诗人,他们以他的名字为豪……即便英国所有伟大的纪念碑都被摧毁,我们还有他的著作可以阅读。"[23]

他在这些作品上花的时间并不多。其中较为重要的是1747年的作品。据约翰·尼克尔斯称,他继续为《绅士杂志》担任编辑工作,尽管他正忙于编纂词典,但"也时常被请去审稿"。[24]此外,他重新开始为《绅士杂志》撰写稿件,一直持续到1754年。根据我们不久前的发现,这些稿件数量惊人(至少有八十篇,只不过大部分稿件篇幅都很短)。*

八

到了1751年,词典的编纂速度开始放慢,这令出版商很不安。这段

---

* 其中至少有六首诗歌,有一两首是他求学时的习作,也可能是他二十出头时的作品(塞缪尔·约翰生:《诗集》,页80-87,页367-371);《绅士杂志》"外国历史"栏目中的稿件,见1747年十一月号、1749年二月号以及1750年十二月号;约翰生撰写的短篇传记《罗斯康芒伯爵传》(1748年五月号);他为弥尔顿的《科摩斯》义演所撰写的序幕(1750年4月);他针对"弥尔顿抄袭现代拉丁诗歌"之争所发表的编者按(1750年12月);他提议出版安娜·威廉姆斯作品的《征订启事》(1740年9月);截至1755年,他发表了五十多篇评论或短篇告示(尤其是对爱德华·摩尔的《吉尔·布拉斯》、威廉·梅森的《埃尔弗里达》、夏洛特·莱诺克斯的《女性堂吉诃德》,以及贺加斯的《美的分析》所发表的评论);他还创作了《绅士杂志》前二十卷的总目录序言(1754);在老东家爱德华·凯夫去世后不久,他还为凯夫写了一篇精彩的短篇传记(1754年二月号)。[25]

时间也是约翰生悲伤逾恒的日子,等我们介绍完他的个人生活,就会发现个中缘由。泰蒂病得很重,她此前四年的花销超过了约翰生的预料。约翰生已经将编纂词典所得的大部分收入糜耗一空。泰蒂辞世(1752年3月28日)后,他又花了好几个月时间才恢复常态。

255 最后,他迸发出惊人的动力,完成了词典的第一卷(1753年4月)。与此同时,他以罢工相威胁,迫使出版商同意加付稿酬,但这次计件付酬,一页稿纸一个金币。有一段时间,他的供稿速度超过了出版商的排版速度。又过了十四个月(1754年7月),他完成了第二卷。距离约翰生签署合同已过去了八年多。当最后一张稿纸匆忙地交给安德鲁·米勒(他代表参与此项工程的所有出版商处理相关事务)之后,约翰生很想知道米勒说了什么。信差答道:“先生,他说,感谢上帝我终于不用再和他打交道了。”约翰生笑眯眯地答道:“他还会为这事去感谢上帝,这可真让我欣慰呀。”[26]

他此前一直打算去牛津大学,利用那里的图书馆查阅资料,同时准备撰写“前页”,即论述英语语言的历史与语法。亚当斯博士好几年都没有住在牛津。但年轻的托马斯·沃顿刚刚在三一学院开始他漫长而又著名的研究员生涯,他非常希望为约翰生提供方便,而且安排他住在凯特尔堂,这里当时属于三一学院的设施。约翰生住了五个星期,但据沃顿说(他每天都与约翰生见面),约翰生并没有在图书馆收集任何资料。经过两年的马拉松式的编纂工作,他将最后一张稿纸交给安德鲁·米勒,顿感如释重负。(他显然把撰写英语语言的历史与语法这项工作推迟到返回伦敦之后,而且飞快地完成,还不忘解释称这部分并非关键内容。)

他将近二十五年没有回牛津大学了,自然迫不及待要故地重游并拜访故旧。他当年在这里求学时,最后几个月曾饱受焦虑的煎熬,最终不得不在一天清晨默默离开。据泰勒说,他起初“用一双大靴子把脚趾藏得严严实实”,这段经历并没有在他心中留下对母校的怨恨之情。他多年来始终未将当年留在这里的书籍运回去,这同样也表明他对心中圣地的珍视(这里也是他一生珍视的地方)并为此献上自己的心意。他拜访了时任彭布罗克学院教师的约翰·拉特克利夫。约翰生在牛津求学时,拉特克利夫曾担任财务主管,据沃顿说,拉特克利夫“对待他非常冷漠”。但约翰生却很高兴,因为这些学院里的老仆人依然记得他。约翰生与约翰·米克进行了“最推心置腹”的会面,两人当年同学期间,米克的“优越感”曾让约翰生无法忍受。米克自 1731 年一直任彭布罗克学院的研究员。* 约翰生觉得,虽然自己没能留在牛津“以研究员为业”,但他过上了截然不同的生活,相较而言也不算差。 256
他与沃顿长时间徜徉在牛津校园和附近的地方,这使他想起了当年求学的岁月。沃顿介绍约翰生认识了一位新朋友,这就是弗朗西丝·怀斯,她是拉德克里夫图书馆馆员。通过怀斯与沃顿多方奔走,也因为自己的词典即将出版,几个月之后,约翰生被授予文学硕士学位(1755 年 2 月 20 日)。多年以来,缺少学历的硬伤一次又一次显现出威力,也给他带来痛苦的遭遇。直到此时,约翰生终于获得了学位,总算赶得上在即将出版的词典上印上自己的头衔。怀斯曾告诉沃顿,授予荣誉是双向的。“实际上,他给我们带来的荣誉要胜过我们给他授予的荣誉,这样一部伟大的作品出自牛津校友之手,我们备感光荣。”[27]

九

到了这一年秋天,中断联系七年之后,切斯特菲尔德爵士重新进

---

* 参见上文页 97。

入约翰生的生活。此时他在任上忙得不可开交,而且有其他公务缠身,更不用提还有许多人想请他做恩主,显然他早已将词典的事情抛诸脑后。要不是一直满怀希望的多兹利找到了他,为这部词典担任恩主的事情也就无疾而终。多兹利告知切斯特菲尔德,这部伟大的著作即将问世。不管怎么说,出版计划中是将这部词典献给切斯特菲尔德的。既然这部词典已经完工,切斯特菲尔德为什么不能给一点褒奖或推荐呢?

此前一年里,切斯特菲尔德大部分时间都在养病。不仅关节炎让他几乎走不了路,听力也越来越差,他可能得了美尼尔综合征一类的疾病,或者说半规管出现了紊乱。当时他曾写过一封信,信中称:“仿佛所有曾令人头疼的抱怨,统统都来折磨我,让我无法忍受。我感到噪声、头疼、眩晕和无法根治的耳聋始终不断……”[28]年迈而又疲惫不堪的切斯特菲尔德之所以要施恩于多兹利,并非是想借这部著作沽名钓誉,更多的是出于礼节和打消良心的不安。他偶尔也为周报《世界》写文章。此时,他给《世界》写了两封信(11 月 28 日与 12 月 5 日),称赞这部即将出版的词典。多兹利开心地将词典获得伯爵首肯的消息告诉了约翰生。

257 结果约翰生创作出一封流传千古的回信,虽然大家都对这封信非常熟悉,但还是有必要摘录其部分内容:

> 大人阁下,从我第一次候立于贵府门下,或者说被您拒于门外算起,已经七年了。七年多来,我一直苦苦地撑持着我的编撰工作。这些苦楚,多言无益。而今我的劳作终于快要出版,在这之前我没有获得过一个赞助的行为,一句鼓励的话语,一抹称许的微笑。我固然不曾指望这样的礼遇,因为我从未有过一位赞助

人……

大人阁下,有的人眼见落水者在水中拼命挣扎而无动于衷,等他安全抵岸之后,才多余地伸出所谓援手,莫非这就叫庇护人?大人而今忽有雅兴来关照在下的劳作,这原本是一桩美意,只可惜太迟了一点。迟到我已经意懒心灰,再无法快乐地消受;迟到我已经是孤身一人,无从与家人分享;迟到我已经名扬海内,再不需阁下附丽张扬。我既然本来就没有得到过实惠,自然毋须胸怀感恩之心;既然是上帝助我独立完成这桩大业,我自然不愿让公众产生错觉,似乎我曾受惠于某一赞助人。

切斯特菲尔德看完这封信之后,表现得很有雅量。他也被这封信深深地触动,直接把这封信放在桌子上,让每一位来宾都能看见。切斯特菲尔德曾向多兹利朗读这封信,并称:“这个人拥有才华横溢。”“他还指出了最严厉苛责的段落,并评论其中的语言表达是多么的精彩。”伯爵还说,他“如果早知道门房将这样一位尊贵的客人拒之门外,他宁愿将自己最好的仆人扫地出门”。我们没有任何理由怀疑这番话的诚意。当亚当斯博士向约翰生转述这番话时,约翰生只是答道:“这不可能是切斯特菲尔德说的话,他是世界上最骄傲自大的人。”亚当斯答道:“非也。至少还有一个人不亚于他。根据你的说法,我觉得你比他还要高傲。”约翰生答道:“但我的骄傲属于**自卫**。”[29]

如果认为这封信是约翰生觉得自己遭到忽视而表达的怒火,那就误读他的用意了。这封信更不是在发牢骚。约翰生早已习惯于被人忽视。要不是切斯特菲尔德拖了很久之后才写出两篇推荐文章,约翰生是决不会给他写这封信的。斯莱德与科尔布指出,他之所以要写这封信,真正的原因是伯爵姗姗来迟的肯定使他陷入两难境地。因为他

“很快就要宣布，他这部伟大的著作的创作并没有得到‘大人物的恩顾’，也许他的书序早已写好”。公众可能会推测，既然他在原先的出版计划（1747 年）中已将这部作品献给了切斯特菲尔德，而且切斯特
258 菲尔德现在也推荐了这部作品（1754 年），那么切斯特菲尔德肯定一直在资助这部词典的编纂工作（即便在约翰生写出这封信之后，确实有人作出了上述推测。当时有一篇评论就指责约翰生并没有采用原先的出版计划〔因为这完全可以当词典的书序〕，而是重新写了一篇书序，目的只是为了抹煞切斯特菲尔德对他的恩情）。[30]不久之后，约翰生对切斯特菲尔德的态度有所松动。鲍斯威尔多年以来一直想从约翰生手中获得这封信，但约翰生却一直对他敷衍了事。最终（1781 年），约翰生作出让步，对鲍斯威尔口述了这封信（显然，约翰生将这封信的内容铭记心头）。但这种情况很少见。在约翰生临终前一年，他的友人约翰·道格拉斯时任索尔兹伯里的主教，他也想获得这封信，于是劝说约翰生道：“公众希望一睹这篇名作，使之留存于世。”约翰生称自己并没有信稿（但他没透露自己能口述出信件内容），后来道格拉斯得知切斯特菲尔德在临终前给他送来一封信，“使这位斥责信的作者最终冰释前嫌”。[31]

十

1755 年 4 月 15 日，约翰生四十六岁时，《约翰生词典》出版了。显然，有些人迫不及待表达保留意见甚至不满，还有些人假装自己的标准极高，对此不屑一顾，以此掩饰妒忌心理（不仅自欺，而且欺人）。约翰生曾说过，最常见的现象，莫过于人们认为“难以取悦”足以显示自己的审美与品味之高，而且人们经常对自己乃至生活感到不安，所以总是“更

容易找到理由去排斥而非赞美”。[32]但是,他的成就毋庸置疑,因为这部著作关系到英国的民族自豪感。即便英国的民族主义没有因之膨胀,至少也再无担忧之虞。尽管约翰生此时仍需为生计而穷首皓经(更何况在此后七年里,他一度因债台高筑而差点被捕入狱,这一点很重要),但他已经打响了名号。不久之后,知识界就达成共识(再过十年,会有更多的人认同这种观点),这类似于秕糠学会会长尼克利尼侯爵在这部词典问世后立刻作出的评价,赞美之情溢于言表。秕糠学会早在一个世纪之前就已推出欧洲第一部伟大的词典,而此时它的会长称“这部高贵的作品”将为“作者树立起一座不朽的丰碑,尤其是为他的祖国增光添彩,也对整个欧洲的文学界作出了巨大贡献”。[33]

至于约翰生本人,他感觉到过去这几个月里充满了矛盾。一方 259
面,他终于看到了希望的曙光;另一方面,由于泰蒂早在三年前(1752年)就已去世,这种矛盾感更加强烈。在高夫广场那栋几乎空荡荡的房子里,泰蒂早已过世,阁楼工作坊中的文书助理们也已各奔东西。约翰生为博取功名付出的长期努力终于获得回报,堪与科研机构取得的成果相媲美,但在他看来,这一切仿佛梦幻泡影。他此时所撰写的书序,依然是英语散文发展历程中的一座丰碑。他先对自己所从事的整个事业作了一番介绍,之后话锋一转,简要介绍了个人的处境,这也是在他所有正式作品中,几乎唯一一次讲述个人的遭遇。即便是最嫉妒他成就的批评者——现在已被人遗忘的语文学家霍恩·图克——也不得不承认结尾这段话使他的泪水夺眶而出:

> 在这部著作中,人们会发现有许多疏漏之处,但请不要忘记,书中同样也取得了很多成果;虽说没有人会出于对作者的仁慈而放过任何一本书,全世界也不关心他们所谴责的错误是怎样产生

> 的，但我可以满足一下大家的好奇心。这部英语词典在编写过程中几乎没有得到学者襄助，也没有得到大人物任何资助。作者既没有在舒适的环境下信笔闲书，也没有在学术界的庇荫下完成编纂工作，而是一边克服种种困难与干扰，一边在贫病交加和悲伤中写成的。

如果说古希腊语词汇与拉丁语——尽管它们如今已是死语言，因而僵化不变——在几百年的工作后依然需要修订；意大利学者通过二十年的携手努力，依然免不了在细节方面受到抨击；法兰西科学院的各位同仁经过五十载共同奋斗，最终还是不得不对原作进行修订。

> 因此，即便人们没有给我至高的赞誉，我依然会深感满足。即便我能够在孤独的阴霾中获得这一殊荣，于我又有何益？我的这项工作太过漫长，待到完成之时，我希望取悦的人都已远赴黄泉，无论是收获功与名，还是遭受挫与败，这些在我看来都是空洞的声音。此时，我已淡泊了这些宠辱，心如止水。无论是受到批评还是赞扬，我都将不悲不喜。

约翰生之后的作家深受此文影响，人们可以发现许多作品与这篇文章的结尾有异曲同工之处，这更凸显出约翰生生平中这段时期极为重要。最佳的例子莫过于诺亚·韦伯斯特在七十三年后为自己的词典所写的《广而告之》。在这篇文章中，韦伯斯特谈到自己的一生都在撰写学术巨著的过程中“不知不觉地”度过了。然而约翰生的这部著作更加庞大，更富有创造性，而所花的时间只有后者的一小部分，更何
260 况在编纂词典期间，约翰生经历的痛苦远远超过韦伯斯特，甚至是后

者难以想象的。但约翰生的榜样作用对韦伯斯特产生潜移默化的影响,无论他怎样抨击约翰生,如何对约翰生吹毛求疵,他还是情不自禁地与约翰生振聋发聩的书序结尾产生了共鸣。他这样写道:

> 漫长的一生不知不觉地度过;此时我将这部著作交给全世界评价。我一想到自己付出的这些辛勤的汗水,我就淡泊了批评与赞扬。

注释

［1］鲍斯威尔:《约翰生传》,第一卷,页182;第三卷,页405。在撰写本章时,我要特别感谢斯莱德与科尔布关于这部词典撰写的权威著作(1955),还要感谢W. K. 威姆萨特在一篇文章(《约翰生新论》,F. W. 希尔斯编〔纽黑文,1959〕,页65-90)中提出的建议。

［2］鲍斯威尔:《约翰生传》,第三卷,页405。

［3］现存于海德藏品。

［4］鲍斯威尔:《约翰生传》,第一卷,页328,注释1。《约翰生杂录》,第二卷,页259。

［5］鲍斯威尔:《约翰生传》,第一卷,页536;第二卷,页379。《塞缪尔·约翰生书信集》,第四六七篇。

［6］《达尔布莱太太日记与书信》,第一卷,页112。鲍斯威尔:《约翰生传》,第三卷,页37。

［7］鲍斯威尔:《约翰生传》,第三卷,页29-31,尤其是注释31。出版商与西伯的这份协议现存于海德藏品。

［8］鲍斯威尔:《约翰生传》,第一卷,页183。

［9］《詹姆斯·鲍斯威尔创作〈约翰生传〉所用相关信函与文件》,页105-106。

［10］鲍斯威尔:《约翰生传》,第一卷,页256-257。

［11］詹姆斯·H. 斯莱德与格温·J. 科尔布:《约翰生博士的词典》(芝加哥,1955),页161。

［12］同上,页32(和第一章,多处);鲍斯威尔:《约翰生传》,第一卷,页186。

［13］鲍斯威尔:《约翰生传》,第一卷,页188。《约翰生杂录》,第二卷,页213-214。如需对文书的介绍,参见尤金·托马斯,《约翰生学会公报》(利奇菲尔德,1974),页20-30。

［14］威姆萨特的文章,见《约翰生新论》,页69、81。约翰·霍金斯爵士:《约翰生传》,页175。

［15］斯莱德与科尔布:《约翰生博士的词典》,页37-40。

［16］H. B. 惠特利:《收藏家》,第十一卷(1885),页11-12。

［17］鲍斯威尔:《约翰生传》,第一卷,页293、378。乔治·A. 斯特林格的《高夫广场的休闲时光》(布法罗,1886)对"引人入胜"的定义收录最全。

［18］尤其是大卫·利特尔约翰的《约翰生博士与诺亚·韦伯斯特》(伦敦,1971)。另一方面,约翰生引用贝利词典的定义时,会加以说明(标注为"贝利"或"词典",即指的是贝利的词典)。

［19］塞缪尔·约翰生:《出版计划》,《约翰生文集》(十一卷本;牛津,1825),第五卷,页Ⅱ。塞缪尔·约翰生:《诗人传》,第一卷,页2。

［20］斯莱德与科尔布:《约翰生博士的词典》,页107。《鲍斯威尔的赫布里底群岛之旅纪行》,页29。

［21］鲍斯威尔:《约翰生传》,第一卷,页326。

［22］同上,页192,尤其是页537。

［23］同上,页228-231。艾伦·T. 黑曾:《塞缪尔·约翰生的书序与题献》(纽黑文,1937),页77-84。唐纳德·格林,见《美国现代语言学协会会刊》,第六十四期(1959),页83-84。J. L. 克利福德,见《文献学季刊》,第五十四期(1975),页342-356。

［24］鲍斯威尔:《约翰生传》,页532。

［25］亚瑟·谢尔博,见《英国与日耳曼哲学期刊》,第四十二期(1953),页543-548;《约翰生研究》,M. 瓦巴编(开罗,1962),页133-159。唐纳德·格林,见《美国现代语言学协会会刊》,第六十四期(1959),页75-

85。格温·科尔布,见《英国文学研究》,第一卷(1961),页77-95。

[26] 斯莱德与科尔布:《约翰生博士的词典》,页107-110,页227-230。鲍斯威尔:《约翰生传》,第一卷,页287。

[27] 鲍斯威尔:《约翰生传》,第一卷,页271-283。

[28] 同上,页262,注释1。

[29] 同上,页261-265。《詹姆斯·鲍斯威尔创作〈约翰生传〉所用相关信函与文件》,页21-22,页62。

[30] 斯莱德与科尔布:《约翰生博士的词典》,页100-104。

[31] 鲍斯威尔:《约翰生传》,第一卷,页260;第四卷,页128(另见《詹姆斯·鲍斯威尔创作〈约翰生传〉所用相关信函与文件》,页25)。斯莱德与科尔布:《约翰生博士的词典》,页102-103。

[32] 塞缪尔·约翰生:《漫步者》,第三十九期。

[33] 斯莱德与科尔布,《约翰生博士的词典》,页110。如需相应的版本,参见页105-133。

第十六章　个人生活;泰蒂病亡;流浪者

一

261 约翰生编纂词典的动机之一与他的个人情况直接相关。有了这笔收入,他就可以让泰蒂过上之前的生活,弥补自己开办艾迪尔堂学校使泰蒂亏损的一大笔钱。约翰生想让她住上属于自己的房子,也许还能过上与其婚前生活相当的日子,那是她为了他而放弃的。

从一开始,约翰生就认识到,对于这位沃里克郡乡绅之女来说(她对他坚贞不渝),在四十九岁蜗居城市一隅、难以适应,意味着什么。但无论约翰生对此多么懊恼与愧疚,他别无选择。他只能将挣来的每一个先令都交给妻子以博取欢心,自己尽量省吃俭用,他的穿着就仿佛是一位苦行僧,这令他的朋友格外惊诧,因为这比乞丐也强不了多少。但到了此时,形势愈发紧迫。泰蒂临终前几年里愈发憔悴,这对他的良心不啻一种折磨。泰蒂已年近六十,她所剩无几的时光在飞速流逝。她除了成天待在床上,从鸦片酊、杜松子酒以及骑士小说中寻求麻醉之外,还开始以健康不佳为借口,有一段时间一直住在汉普斯特德,这里在当时已逐渐成为度假胜地。来此度假的人都是中上阶层,他们买不起乡间别墅,但又想躲避城市的烟尘与喧嚣。约翰生本人认为乡村生活甚是无趣(他很快就开始创作讽刺素描,讽刺的对象奔向乡村寻找心灵慰藉,却发现那里的生活很无聊,此举也是他对泰蒂的行为作出的反应),他不认为乡村本身甚或乡村空气有什么吸引 262
力。实际原因是,空间局促,她住得没有尊严。最终,在她即将迈入花甲之年时,约翰生终于能够为她提供像样的房子了。

这座房子位于高夫广场 17 号,哪怕他编《约翰生词典》的收入翻一番,他也决不会考虑为自己买过这样的房子,至少和富有的小商人的房子一样大,也一样体面。约翰生最终租下了这座房子。毫无疑问,这使他想起哈利·波特在伯明翰的住宅,宅子的地下室是厨房,旁边还有两个小地窖,可以当储藏室。一楼是餐厅和客厅,两者之间是一扇折叠门,可以在举办娱乐活动时合并成一间大客厅。二楼是一间卧室和另一间客厅,专门供泰蒂使用。三楼是两间卧室。最后是顶楼,这是一间巨大的阁楼,可用来做研究和举办工作坊。它距二楼和三楼的卧室很远,因此约翰生觉得泰蒂一定会很喜欢这间房子。它的市场价约七百英镑,年租金约五十英镑。[1]

二

至少有一段时间,他似乎并没有想到泰蒂之所以去汉普斯特德,除去养病的借口之外还有一个目的。这就是远离这位心怀感激、一心为自己付出的丈夫。这样就更方便她逃避现实,无须再不断地找借口(此举对泰蒂来说不啻一种折磨),因为两人不仅年龄相距甚远,她也始终对此耿耿于怀;她的自信心逐渐消磨殆尽,而且越来越想逃避现实,只想让自己裹在一层厚厚的茧中,以防受到伤害。此外,在楼梯中往来的文书助理都是穷困潦倒之人,假如她依然像以前那样热衷于戏剧,她会感到仿佛身处莎士比亚剧作中的那一幕,即福斯塔夫雇来参战的一帮穷鬼和流浪汉(莫尔迪、夏斗等人),而且“工作坊”这个想法也使她想起老约翰生当年创办的“制革厂”。

泰蒂似乎一再以身体有恙为借口,很少在高夫广场的房子里居住,至少她临终前一两年(1751 年至 1752 年)一直如此。她在汉普斯特德租了一间小房子住,它位于教堂后面。(一直到十九世纪九十年
263 代,这座房子仍然矗立在这里。当时这座房子名叫普利奥利旅社,也许从约翰生的时代一直沿用至此。)这样约翰生实际上要租两处房子。此时他手头还算宽裕,因此泰蒂很快又请了一位陪护,这还不算之前请的苏格兰女佣。这位陪护名叫伊丽莎白·斯文芬,他是约翰生的教父斯文芬博士(约翰生曾在精神崩溃之后用拉丁语给他写了一封信说明病情)之女。伊丽莎白在伯明翰时就认识了泰蒂,此时她三十出头,人们一般称她为德穆兰夫人,因为她后来嫁给了胡格诺派教徒、写作教师德穆兰。

很久以后(1783 年),在约翰生逝世前一两年,鲍斯威尔与另一位友人毛里求斯·劳找到了采访德穆兰夫人的机会,并询问了约翰生与泰蒂的关系。这次访谈获得的史料极为详尽,鲍斯威尔决定不予公开。此次采访直到现在仍然没有发表,只是标注为“需要保密”(“与众不同的约翰生——**绝密**”)。在《约翰生传》中,鲍斯威尔只是说,据德穆兰夫人称,泰蒂“沉迷于乡村空气和奢侈生活,花钱如流水,而她的丈夫却在伦敦的雾霾中皓首穷经”。[2]其实,德穆兰的意思是泰蒂此时在大量酗酒,而且借口身体不适,好多年都没有同约翰生行周公之

礼。这次访谈还表明，尽管疲惫不堪、郁郁寡欢的泰蒂想要自己清净一会儿，但约翰生的热情丝毫未减，因而渴望关爱。[*]

约翰生时常会每周离开伦敦，前往汉普斯特德住上两三天。（在1748年年末的一天上午，他就是在这里写下了《论人类愿望之虚妄》的前七十行。）泰蒂整天待在床上，每天很早就睡觉了，因此约翰生备感孤独，只得在晚上与好友理查德·巴瑟斯特一直聊天到凌晨两三点钟，因为巴瑟斯特有一段时间就住在这附近。等约翰生回到家时，女佣早已上床睡了，于是德穆兰夫人便会起床，用一盘炭火把约翰生的床铺烤热，再给他开门。约翰生准备休息时，会经常在上床后将德穆兰夫人唤入自己房间，然后让她坐在床上与他聊一会天，直到约翰生困意已浓方作罢。坐在床边时，德穆兰夫人偶尔也会躺在他的枕头上。一听到这个信息，鲍斯威尔立刻问她，约翰生是否有过暧昧举动。 264
德穆兰夫人回答确有此事，并且立刻补充说，在她看来，她"总是把他当作敬爱的父辈"（实际上，她只比约翰生小七岁）。鲍斯威尔与劳竭力想询问约翰生是否在性方面有单刀直入的举动。德穆兰夫人反驳道："他从来都是发乎情止乎礼。"两人继续询问年迈的德穆兰夫人，后者坦言称如果约翰生的要求再强烈一些，自己与他的关系就会更进一步。但是，约翰生战胜了自己，将德穆兰推开，请她出去。

显然，这种境遇一度对约翰生产生了影响。但除了德穆兰夫人，也许还有他的朋友巴瑟斯特之外，只有约翰·泰勒知道此时他心中的煎熬。很久以后，泰勒告诉几位朋友，泰蒂"是约翰生一生的痛，她总是一副酒鬼相，令人生厌……约翰生经常向我抱怨娶了这样的妻子之

---

* 耶鲁大学与麦格罗-希尔图书公司都同意本文复述和引用上述需要保密的内容。这篇采访即将出版，并收录在鲍斯威尔日记读本第十一卷（即将出版）中，这是耶鲁大学出版的詹姆斯·鲍斯威尔的私人档案。

后，他的生活糟透了"。[3]泰勒自然是偏袒约翰生的，他认为约翰生是在死要面子活受罪，纯属愚蠢。此外，他对于微妙心理或种种借口比较迟钝或不感兴趣。他虽不事声张（不管怎么样，他并不喜欢这样做），却也表达了坚定的态度，即拒不参加泰蒂葬礼并为其布道，因为他认为布道祷文中的赞美之词过于虚伪，而这篇祷文其实是约翰生写的，并希望泰勒能够宣读此文。*

由此可以得知泰蒂当时的情况，表明她越来越深居简出，甚至于她没有出席《艾琳》的首次公演（1749 年 2 月 6 日晚）。[5]因为这对于约翰生全家都是至关重要的场合。此外，泰蒂也十分了解这部戏，约翰生写这部戏的初衷几乎纯粹是为了泰蒂；在两人婚后的第一年里，这部剧作占了很重的分量；当时，没有一家戏院愿意上演这部剧作，泰蒂还与约翰生一同为此而伤心难过。

265 现在，至少大卫·加里克已经让这部剧作走上了舞台，他利用自己担任特鲁里街戏院经理的权力，给他之前的老师帮了个大忙。早在利奇菲尔德镇时，约翰生动笔写这部剧作。当时他二十八岁，对剧院知之甚少。而此时约翰生已近不惑之年，这部作品对于伦敦观众来说似乎早已过时，再加上其他一些原因，加里克希望对剧本作一些改动。剧名也要修改，改成了《穆罕默德与艾琳》。针对剧本的改动，两人产生了激烈的争论。例如，约翰生称加里克"想让我把穆罕默德写成一个疯子，这样他就有机会大展身手了"（加里克确实在剧中扮演了一个

* 参见下文页 273。还应补充一点，泰勒在泰蒂去世时，也对自己的婚姻不满并为此大伤脑筋。有趣的是，当泰勒的妻子离他而去时（1763 年），他还认为应当在金钱上慷慨一些。约翰生开始给他现身说法，不仅告诉他如何承受婚姻中常见的问题（例如"每天，都有成千上万的人发现自己的婚姻不合适或不幸福，你必须努力承受它，就像其他深受婚姻困扰的人一样……"），而且还反对通过花钱来息事宁人，因为这"相当于（她）闹得越欢，得到的钱越多"。[4]

角色)。但是,加里克找来了约翰·泰勒居间调停,最终使约翰生同意了一些改动,有一处改动最终证明效果不佳(加里克认为,如果让艾琳当着观众的面绞死,要比在台下处决更能产生栩栩如生的效果)。[6]

约翰生本人认为这部剧作的首映式是重要的场合,自己要符合剧作家的身份,就需要"考究的衣着",于是他穿上了一件带金色蕾丝的深红色马甲,戴上了一顶镶着金丝的礼帽。亚当斯博士也出席了首映式,他称在幕布拉开之前,传来了喝倒彩的嘘声,还有人在吹口哨。约翰生的开场白"平息了观众的躁动,这部剧作演得一直差强人意"。但到了结尾时,艾琳的饰演者汉娜·普利查德出现在绞刑架前,将绞索套在脖子上,准备接受绞刑。此时,观众席传来了雷鸣般的怒吼声:"杀人犯!"最后,汉娜不得不走下舞台,在台下完成了处刑。之后的演出中,剧本便相应作了修改。[7]加里克将这部剧作连续上映了九个晚上。据鲍斯威尔称,后来有人问加里克"对这部悲剧的失败有什么感想,他答道,'我觉得这就像一座纪念碑',意思是就像纪念碑一样坚定,不为所动"。但是,九个晚上足以表明他对这部新剧作给予了足够的重视。约翰生总共赚了不到三百英镑,其中剧本的稿酬为一百九十五英镑,罗伯特·多兹利后来出版了这部剧作(2 月 16 日),这样他又赚了一百英镑的稿酬。除了《约翰生词典》外,他此时还没有哪一部作品能获得如此丰厚的稿酬。更何况这部作品的稿酬几乎等于泰蒂结婚时嫁妆的一半。不用想也知道,约翰生把这笔钱全交给了泰蒂。

三

泰蒂大部分时间都住在汉普斯特德,高夫广场的这栋房子到了晚上自然十分冷清。到了 1748 年秋天,据约翰生的一位朋友说,协助编 266

写词典的助手们几乎都完成了誊写权威例句的工作。[8]这条信息并未得到证实,因为在收集了二十多万条例句之后,不断阅读,反复斟酌,又会产生新的想法。此外,至少有些助手还需要完成其他工作,况且约翰生出于同情心也不太可能解雇他们。除了有一两个人需要由约翰生提供食宿,这座房子到了晚上就变得空空荡荡。不管怎么说,这座房子都不仅与工作相联系,而且是与极为繁重的工作相联系,需要他承受巨大的压力并压制强烈的抵触情绪,这是他的一部分自我在面临持续的自我要求时的惯常感受。

为了舒缓这种孤独感并使自己从编纂词典的氛围中有所调整,约翰生在1749年冬天创办了一个小型俱乐部。俱乐部成员每周四晚上聚会一次,聚会地点在王之首(有时也称为骑士酒店),这是位于常春藤巷的酒肆兼牛排餐厅,距圣保罗大教堂不远。霍金斯称,“约翰生在这里经常流连忘返,而且他天生喜欢让众人开心,也喜欢让别人把自己逗乐,他会通过轻松自由地交流观点度过欢聚的时光。如果他待在家里,心中就会充满痛苦的反思”。在这里,他终于发现如何实现当年小科尼利厄斯对谈话所持的理想(即便只是一周一次),此前他从未做到。在座的诸位都才华横溢,又各具特点,因此交谈的话题五花八门。约翰生能应对这一挑战,据霍金斯说,“他立下规矩,一定要在交谈中充分发挥出自己的水平”。只不过他每次都会改变立场。最重要的是,在欢度聚会的时光时,“他为**欢快的**交谈作出了巨大贡献”,并展示出“幽默的天赋”,极大地感染了在座者。[9]

与约翰生晚年参加的著名俱乐部(The Club)不同,常春藤巷俱乐部的气氛更具青春气息。俱乐部的十位成员大多都在某一专业或知识方面有研究,都是二十多岁、三十出头的年轻人。其中有三位内科医生。一位是年轻的苏格兰医生威廉·麦吉,据霍金斯说,约翰生“据说很可能对他倾注了感情”,他“没能在专业上实现更进一步的愿望,气极而亡,还是靠朋友捐款才得以安葬”。另一位是埃德蒙·巴克,他当时二十八岁,是一神论者。他博览群书,却故意在穿着上不修边幅,之后飘忽无踪。最后是理查德·巴瑟斯特,他是约翰生的挚友。还有一位成员是牧师塞缪尔·索尔特,他比其他人年龄大得多。据霍金斯 267
说,年轻一些的俱乐部成员曾经遇到过一个问题,即“如何使约翰生对索尔特博士的年龄、性格、职业保持敬意,因为约翰生特喜欢和索尔特对着干,时常考验他的学识、判断力甚至诚信”。[10]

有几位成员成为约翰生一生的好友。特别是年轻的出版商约翰·佩恩,他既讨人喜欢又才华横溢。他将在十年之后出版约翰生随笔丛书,其中就收录了这位作家道德著作的核心作品(在《漫步者》《探险者》《闲人》等杂志上发表的文章)。佩恩还为英格兰银行工作,不久便成为该银行的总会计师。约翰生与佩恩体型迥然不同,佩恩是“小个子”。两人相聚时都很开心,彼此之间的真挚友情在他人看来甚至有些滑稽。还有几位也是约翰生一生的好友,例如约翰·霍金斯,我们在上文详细介绍过他。约翰·瑞兰德来自西印度群岛,是一位年轻的商人;还有塞缪尔·戴尔,他来自富裕的异见家庭(他父亲是著名珠宝商),尽管当时只有二十四岁,却已经将学养与谦虚、高雅的品格融为一身,霍金斯曾说,约翰生“很可能说过,自己对他十分景仰”。后来他加入约翰生创办的俱乐部,伯克称他“学识渊博,博览群书;同样也睿智,明事理”。约翰·霍克斯的魅力就没那么大了,他是位作家,作品五花八门,曾为《绅士杂志》工作过。他认为约翰生前途远大,并以他马首是瞻,而且非常擅长模仿约翰生的文风。约翰生不再为《绅士杂志》撰写《议会辩论》之后,他接续担此重任,最终通过写作发家致富。雷诺兹认为霍克斯“很矫情,很虚伪”,有些华而不实,类似“纨绔子弟”。即便约翰生对老朋友持死忠态度,也不得不承认,霍克斯“被俗世的成功宠坏了”。[11]

四

理查德·巴瑟斯特英年早逝(1762 年),他在约翰生的朋友中有其特殊地位。人们对两人的关系知之甚少,这也是因为约翰生几乎从不愿提起他。据亚瑟·墨菲说,约翰生“每当提起巴瑟斯特,泪水几乎
268 都会夺眶而出”。但约翰生曾对斯雷尔夫人提起过两人的关系。约翰生提到自己在孩提时代的想法,即寻找“有关启示真相的证据”(参见页 42)。他补充说,自己“除了对泰勒博士曾吐露真相之外”,从未将这个故事告诉任何人,“就连我亲爱的巴瑟斯特也没有告诉,巴瑟斯特可是我最亲爱的好友,只可惜可怜的巴瑟斯特早已辞世!!!”据斯雷尔夫人说,“他说到这里,停顿了很久,不禁潸然泪下。”斯雷尔夫人想让约翰生开心一点,就没有再深究,又回到了原先的故事。上述内容就是她自己的《轶事录》中的原话。但她还对原始记录补充了下列内容,以表明约翰生一直对巴瑟斯特情真意切:

> 一次,谈起他对我的友情,他友善地说,我对你的爱自然胜过对世间任何人,我认为甚至要胜过对可怜的、亲爱的巴瑟斯特,而且我更敬重你,只不过这也是不公平的,因为我从没有看到你伤心难过的样子,在我见过之前,我无法把你和身处逆境、忠贞不屈的男子相提并论。——(他补充说)如果你愿意在我的引荐下和巴瑟斯特见上一面,你一定会像我一样喜欢上他的,但我决不会这样做,因为这样我会或多或少失去你们两个。[12]

约翰生这段话饱含深情,他几乎没说过这样的话,人们自然很想知道巴瑟斯特究竟何许人也。他一家人早在十七世纪六七十年代就移居牙买加做种植园主,父亲理查德·巴瑟斯特上校是奥兰治河的种植园园主,但不擅经商,尤其痛恨奴隶制。在老巴瑟斯特去世前不久,全家回到了英格兰,居住在林肯郡(1750 年)。此时,他的儿子巴瑟斯特已经在剑桥大学彼得学院(1738 年至 1745 年)取得了医学学士学位,正在伦敦,希望取得行医资格。小科尼利厄斯曾在彼得学院担任过研究员。无论是这个原因,还是其他原因,约翰生被他的"禀赋与富有魅力的言谈举止"打动,不禁将他与小科尼利厄斯联系在一起。尽管老巴瑟斯特深陷财务困难,但他一家人依然是拥有田产的士绅。据霍金斯说,巴瑟斯特"穿着考究"(约翰生尽管自己不修边幅,却喜欢衣冠整洁的人士);他在文学与科学领域博览群书,而且鄙视"虚伪"和自私的行为。最重要的一点在于,他酷似小科尼利厄斯,但幸运的是,他又不像后者那样沾染上赌博与酗酒的癖好。巴瑟斯特将以下四种品质融为一身:对人类天性有着清醒认知(例如,约翰生曾引用过巴瑟斯特的一句话:"结交了任何新人之后,人们很少会希望或愿意再 269
次见到他");热情、乐天的性格;尤其是他兼有"高雅"的举止与"丰富"的想象力。霍金斯曾说,这使他深得约翰生的"欢心"。[13]

自此以后,约翰生的交际圈扩大到格拉布街以外,我们注意到约翰生乐于结交的人身上都带有小科尼利厄斯的影子(或者说这是约翰生十五岁时塑造的小科尼利厄斯理想化形象)。如果对方的不良嗜好也与小科尼利厄斯酷似,约翰生仍能予以包容,这着实令人惊讶。巴瑟斯特没有什么缺点,他是第一位酷似小科尼利厄斯的人,也是与之最相似的人。当他走进约翰生的生活时,约翰生刚刚步入中年。人到中年,不仅开始质疑自己所做的一切,而且会更加严肃地质疑生活。

此外,巴瑟斯特还以某种方式填补了泰蒂性情变化后所产生的空白。两人的亲密关系一直持续到约翰生四十多岁,当时他正经受一系列残酷的考验。巴瑟斯特英年早逝*对他打击巨大,这反映在上文引用的斯雷尔夫人的原话中,也体现在约翰生存世的日记中,他曾提到自己去教堂做了一次特别的祷告,并引用了巴瑟斯特与他的直系亲属的话:“我有一次祷告专门为泰蒂而做,另一次祷告则是为我的父亲、母亲和巴瑟斯特而做。”[14]

五

约翰生还结识了其他朋友,最突出的在于,他们形形色色,其中有三十岁左右的女演员夏洛特·莱诺克斯,她此时希望转型当作家。还有两位很有意思的流浪汉,他们后来被约翰生收留,分别是罗伯特·莱韦特与盲人安娜·威廉姆斯。

莱诺克斯夫人的背景极为复杂。[15]她出生在纽约州奥尔巴尼的边防哨所,父亲詹姆斯·拉姆塞在那里担任军官(莱诺克斯后来还谎称父亲是总督或副总督,她的版本五花八门)。她十五岁那年回到英格兰求学,结果负责照顾自己的婶婶精神失常且无药可救。与此同
270 时,父亲也撒手人寰,她不得不独自打拼。她的演员生涯很失败,结识约翰生前刚嫁给了威廉·斯特拉恩(他供职于《约翰生词典》的印刷商手下),并且写了一部薄薄的诗集。此时,她即将完成自己的第一部小说《哈丽雅特·斯图亚特》,并将由约翰·佩恩出版(1750 年 12

* 巴瑟斯特在伦敦行医很不如意,深受打击之下,他回到了西印度群岛(1756 年 12 月),在海军中担任内科医生。在远征古巴哈瓦那途中,他与数百名海军官兵一同死于热病(1762 年 10 月)。

月)。约翰生提议,俱乐部应举行"一整晚的狂欢",庆祝莱诺克斯夫人"作品诞生"。这个故事是霍金斯讲述的,他认为这场狂欢有些"浪荡"。当天晚上八点,俱乐部成员在魔鬼酒店欢聚一堂,到场的还有莱诺克斯夫妇和其他一些人:

> 我们的晚餐十分丰盛,约翰生要求晚餐中要有热的苹果派,他吩咐在苹果派里面加上月桂树叶,因为莱诺克斯夫人是名副其实的女作家,而且写出了诗集;此外,他还为莱诺克斯夫人准备了一顶桂冠……到了五点左右,约翰生脸上便绽放出夺目的光彩,可惜他只喝柠檬水;我们中大部分人都放弃了饮酒,一起喝着咖啡艰难地提神,天亮之后,咖啡几乎就没有停过。[16]

约翰生认为莱诺克斯夫人勇气可嘉,也很钦佩她不畏艰难,勇于开创文坛地位。他一直都很欣赏她,也不断为她提供帮助,后来还为她的著作写过六篇题献。* 约翰生后来给别人写的题献越来越多,总共帮其他作家写了五十多篇题献和书序,还为他们的著作作了其他一些贡献。这使我们关注他此举背后的心理,此举显然能通过替代机制产生快乐。同时他采用了迥异的标准,拒绝为自己的任何一篇著作写题献(只有一个例外,即献给切斯特菲尔德的《词典出版计划》)。

鲍斯威尔将罗伯特·莱韦特称为"下等人中默默无名的医师",他

---

* 他曾为莱诺克斯夫人的代表作小说《女堂吉诃德》(1752)写过题献和其中的一章(第一卷第二章),这部作品的女主角是一位阅读骑士小说走火入魔的女青年。约翰生还为她的下列作品撰写了题献:研究莎士比亚作品来源的论著《阐释莎士比亚》(1753),案头剧《登徒子》(1757),《亨丽塔》的第二版,萨利《回忆录》译本(1755),皮埃尔·布鲁默伊《希腊剧院》译本(1760),约翰生还翻译了《希腊剧院》其中两节。

举止粗鄙,但为人坦诚,沉默寡言,约翰生与他相识是在 1746 年。与安娜·威廉姆斯一样,他后来为约翰生的生活增添了舒适与安心(而且他一生都悉心照顾约翰生)。要不是有他们在,约翰生定会独自在家,忍受着孤寂的痛苦。莱韦特出身于约克郡一个贫苦农民家庭,他
271 先到伦敦工作,也许是当佣人,之后又去巴黎当咖啡馆的服务生。有些法国外科医生经常光顾他供职的咖啡馆,这使他对此产生了兴趣。通过他们的帮助,莱韦特获得了旁听药学与解剖学授课的许可。他回到英国之后,就在伦敦的穷人中广为行医,他每天都要从猎犬沟渠街(这里几乎是伦敦城的边缘)出发,长途跋涉前往位于伦敦另一头的马里波恩。他给那里的穷人看病只收取少量费用,病人如果看不起,医疗费就只能看着给了。他挣来的报酬经常只有一杯杜松子酒或白兰地。他不愿自己的劳动得不到回报(但他也从不主动索酬),于是静静地将这杯酒一饮而尽。他实际上并不贪杯,但偶尔也会喝醉(约翰生说:"也许全世界只有他才是因为谨慎而喝醉的")。他去世之后,《绅士杂志》曾报道过他的生平(1785 年),称他是一位瘦削、中等身材的男子,脸膛黝黑,"布满皱纹"。"脱下医装,他会被误认为是炼金术士,因为他的皮肤被坩埚的烟熏伤了,他的衣服上也满是破洞,这是火炉迸出的火星所致。"[17]

约翰生成名之后,认识他的人越来越多,其中大部分都觉得他在家中收留食客与老人之举不可思议,生活富裕、具有一定社会地位的人尤其这样认为。他们会想方设法让约翰生介绍一下这些人。他们对莱韦特尤其好奇,因为他始终保持沉默,而且行为举止"粗鄙",在约翰生乐于结交的朋友中似乎格格不入。据霍金斯说,无论是谁在中午拜访约翰生家,"都会发现他和莱韦特在一起吃早餐,约翰生穿着随意,似乎刚起床,莱韦特则给约翰生和自己分别泡好茶,两人之间毫无

交谈”。约翰生新结交的朋友注意到莱韦特出现在他家中的主要原因是,对不幸的人约翰生乐善好施,当然,也不排除其他原因。有一次,鲍斯威尔曾向哥尔德斯密斯问起莱韦特(1763 年),哥尔德斯密斯说:“他很穷,但为人诚实,这就足以让约翰生青睐有加。”[18]此外,有些人还注意到,此举可以让约翰生家中不至于孤寂冷清。但约翰生还发现莱韦特能发挥中流砥柱的作用。他尽管身处逆境,却为社会贡献力量,也是位乐善好施之士。更何况他的慈善之举既不是心血来潮也不是偶尔为之,而是一如既往地一贯坚持。相较脆弱的人类天性,莱韦特不啻树立起模范的榜样。约翰生总是热衷于有关天赋的寓言,在他最精彩的短篇诗作《罗伯特·莱韦特医生之死》中,他这样写道:“他 272
虽默默无闻,却充满智慧,虽举止粗鄙,却为人善良……他只有一种天赋,却运用得当。”

安娜·威廉姆斯后来成为约翰生的女管家,她父亲是年迈的威尔士内科医生撒迦利亚·威廉姆斯,他当年来到伦敦,是为了研究出一种更好的方法来确定海上的经度,希冀获得议会的大奖。* 但多年过去,他早已一贫如洗。同时,他的女儿创作了诗作,也通晓法语与意大利语,但却得上了白内障。泰蒂从露西·波特那里听说了安娜的情况,便和她结为好友。泰蒂在弥留之际,专门拜托约翰生要照顾好安娜小姐。约翰生郑重地接受了这一嘱托,将安娜接到了高夫广场的家中,并安排她做了手术(但无济于事),还帮助她修改诗作并将其发表。[19]

* 参见下文页 318。

六

1751 年前后,泰蒂的病情愈发严重,她搬回高夫广场的家中。安娜小姐讲述了此时发生的一个感人至深的故事,因为当时她经常去探望泰蒂。泰蒂有一个儿子叫杰维斯·亨利,官拜海军上校,他这些年一直信守当年对母亲发出的威胁,从不去看望母亲,他曾说过,如果母亲要嫁给约翰生,就不认这个母亲。他已发家致富,继承了叔叔约瑟夫·波特的遗产。有一天,他前来敲门,询问女佣女主人是否在家。女佣答道:

> “是的先生,但她正卧床养病。”来人惊呼:“哦!如果是这样,请禀报她一声,就说她的儿子杰维斯来看过她了。”说完就要走了。女佣央求称自己可以跑过去禀报女主人,于是没等他回话,就赶紧上楼。泰蒂得知儿子在楼下的消息后欣喜若狂,希望女佣告诉儿子,自己想抱一抱他。等女佣下楼时,杰维斯已经走了,这件事对可怜的泰蒂打击很大:这是她儿子唯一一次特意前来看她。[20]

生命即将终结时,泰蒂又回到了乡村。约翰生在自己辞世前三周时曾对范妮·伯尼提到过这一点。我们可以推测出,先前在汉普斯特德租的房子已经退租,此时泰蒂租住的是另一处房子。范妮说:“他告诉我”,

273 他要尝试一下住在乡村会对自己产生什么影响。他还说:“我记得我妻子在临终前不久也被建议搬到乡下去住，可怜的女人呀，等她搬到为她准备好的住所时，她就抱怨说楼梯的条件很差，因为好多地方的石膏都已经从墙上脱落。房东说：‘哦，这不算什么，这只不过是之前有人在这所房子中去世时，棺材撞到墙上导致的破损。’说到这里他笑了，只不过很明显隐隐掺杂着痛苦的情绪。”[21]

七

泰蒂于1752年（旧历）3月17日去世，这个打击使约翰生失魂落魄。妻子去世后他写的一篇祷文中，提到自己在妻子弥留之际，为她所下的决心（保证对自己不规律的生活和宗教信仰“痛改前非”），而且“她在我面前咽气时”，他还不断重复着这个决心。之后，尽管已经入夜，他还是请来老朋友约翰·泰勒，将他当作救命稻草。当时泰勒住在威斯敏斯特修道院，他称这封信很快就送到自己手中，信中“表达的悲伤强烈至极”。泰勒立刻打点行装（大约是凌晨三点），飞快赶往约翰生的住处。赶到时，他发现约翰生“哭成了泪人，情绪极为激动”。两人一起做了祷告。第二天，约翰生又写了一封信给泰勒，信中简短地说：“请你来陪伴我，帮帮我吧。不要离开我。我实在是太痛苦了。”[22]

情绪稳定之后，约翰生为泰蒂写了一篇布道文，并希望由泰勒在葬礼上宣读。但我们在上文曾提到过，泰勒认为这篇布道文对泰蒂美德的赞颂实在是过了头，自己若是宣读恐怕会当场反胃，于是谢绝了这一请托。约翰生也没有理由与他争辩，便将这篇文章束之高阁。约翰·霍克斯沃思后来为约翰生负责处理殡葬事务，他将泰蒂安葬在自己所在教区的教堂中，这里位于肯特郡的布罗姆利。霍克斯沃思不久前刚刚将自己的妻子安葬在这里,他的妻子与泰蒂也是好朋友。据霍金斯说,约翰生此时心中充满悲痛之情,“这是最黑暗、最深入肺腑的那种悲痛”,有时似乎“难以承受”。只有“他人的陪伴与交谈”才能给他些许慰藉。否则“他就会柔肠寸断”。每当常春藤巷俱乐部的活动在夜里十一点结束时,他就会徜徉在街头。据威廉·肖说,有一段时间,他似乎“对人们通常所关心的事情漠然以对”。[23]

此后多年,约翰生一直在日记中记录他对亡妻的悲痛之情,其中
274 还有他为亡妻写的祷文(尤其是到了每年她的忌日、耶稣受难日以及复活节时)。例如1752年4月25日:“让我开始兑现并实现我对她承诺的改正吧。”1753年3月28日:“今天是我的泰蒂的忌日,我一整天都在祷告和哭泣……”1756年3月28日:“您已经从我身边将我的妻子夺走了,我求求您,不要再让我的心中充满多余的悲伤,不要再让我的心中充满对亡妻的记忆……”1760年9月18日:“我决心……将我的决心铭刻在泰蒂的棺木上……”1764年复活节:“我眼前全是泰蒂的音容笑貌,亲爱的泰蒂,可怜的泰蒂呀。”1770年3月28日:“当我回忆起我们俩一起度过的时光时,她的逝去给我造成的悲伤久久不能平息,我对任何喜事都无动于衷,因为她再也不能与我共享。当我看到布莱特赫尔姆斯通的那片大海时,我总希望她能和我一起登高观海。”1782年3月28日:“也许泰蒂知道我在为她祈祷……我们结婚之后共同生活了近十七年,从我们离别到现在也有三十年了。”[24]

显然,强烈的悲痛一直在煎熬着约翰生,经久不息。有几个因素共同造成了这种心情,其中肯定包含了负疚感与悔恨之情。他悔恨的是泰蒂在两人结婚之初为他付出了巨大的牺牲(但他后来也加倍补偿了泰蒂付出的代价);更大的悔恨在于,泰蒂为了约翰生而不得不十七年来过着与自己的期望截然不同的生活(这是约翰生永远也无法弥补

的）。此外他心中还有歉疚之情，即他本人有时也怨恨泰蒂多年来抛开自己独自生活的做法，而他的另一个自我却可能认为这样做也情有可原。到了约翰生的晚年，尤其是到了泰蒂的忌日等特殊场合，这种自我强化的悲痛情绪变得极为严重。我们都很熟悉这种感受，因为当我们人生中的一项重要任务就是对另一个人担负起直接责任时，如果我们淡忘了这种责任感，就不啻背叛行径。如果约翰生发觉自己的悲痛之情在逐渐褪去，便会狠狠地自责。这就仿佛他本人在放任泰蒂消逝在他心头一般。

但这里的核心问题在于，此时，约翰生自二十六岁之后第一次失去了人生的目标。此前，他的人生目标很明确，就是为了他人而奋斗。在泰蒂走进他的生活之前，谁会需要他呢？而到了此时，又有谁会需要他呢？他失去的恰恰是他生命中无法替代的部分。十七年来，泰蒂一直是他奋力拼搏的主要责任所在，这俨然成为他的人生动力，同样也成为他一切行动的根源。对自己定下的标准他几乎不可能达成，若不是要对泰蒂履行责任，他会写出自己不愿署名的一大批作品吗？约 275
翰生长年累月地衣着褴褛，看上去就是个叫花子，而且一直压抑自己的物质需求，以至于除了最基本的生活必需品，他几乎没有任何消费（此后依然如故）。在此之后，要不是住满了无处可去的穷人，他甚至都不会继续住在这座房子里。此外，他原先对泰蒂所肩负的责任感，突然荡然无存，就仿佛当年他从牛津归来的那五年，他一直深受绝望煎熬，一事无成。他几乎又要陷入结婚之前的状态了。至少他可能觉得自己仿佛又回到了那段日子，这也是可以理解的。不可避免地，他的悲痛之情部分是为了自己，最深入肺腑的悲痛总是如此。但是，他内心的道德抑制机制不允许他这样，至少有一段时间如此。他更倾向于直面痛苦并将其直接吸收，而不是向外投射。他正是这样做的，只不过刚好够他舒缓所经历的变故。上文中他对妻子的追思,还有一个动机,就是使自己将思绪集中到泰蒂身上。

八

与此同时,约翰生对自我的整个认识在此后一两年里发生了改变。自此他认为自己是“流浪者”(straggler)——此后也以此自居。他曾告诉年迈的爱德华兹先生:“我是个流浪者。我可能会离开这座城市,前往开罗。这里没有人会记得我,那里也没有人会注意我。”玛丽·海德也曾说过,约翰生在泰蒂去世之前似乎都是“青年约翰生”,之后在短时间内突然变得非常成熟,更像我们所熟知的那个约翰生,更像各种回忆录和描写中那个晚年约翰生。[25]某种程度上,他一直到临终都能永葆青春(这是他晚年生活引人入胜的一个方面),这就像他在二三十岁时一直显得比实际年龄要老成一样,这是他大量汲取自己人生阅历所致。但是,这次突如其来的变故也影响到我们对他的认识,原因之一在于这改变了他对自我的认识。毋庸置疑,要不是这种认识已经存在于他解决问题的方法中或**他的潜能**中,并在他来到伦敦后(正因为此,应该说是在他离开牛津之后)的生活中不断积累,这种改变就不会如此迅疾。但他对泰蒂担负的责任一直保持着平衡。现在,这种平衡被永久地打破了。

276 据斯雷尔夫人说,有三本书他百看不厌,分别是《鲁滨逊漂流记》《天路历程》和《堂吉诃德》。他会说“呜呼!很少有书能让人看完**最后**一页”,而且“在人类书写的作品中”,有没有什么作品能让人希望篇幅超过这三本书呢?[26]他可能会继续阅读这几本书,永远都不会感到厌倦,因为他对它们的认同感几乎无与伦比(其他任何著作都达不到如此地步)。这三部著作的主人公都漂无定所,一位坐船遇难后漂泊海岛,一位前往远方朝圣,还有一位在追求不可能实现的目标。在约翰生看来,他们都是自己人生的原型。

注释

[1] 约翰·伯内特:《生活消费史》,页176。

[2] 鲍斯威尔:《约翰生传》,第一卷,页238。

[3] A. L. 里德,见《伦敦信使报》,第二十一卷(1930),页248。

[4]《塞缪尔·约翰生书信集》,第一五七至一五九篇,第一六一篇,第一六五篇。

[5] 她没有公开露面,确实不同寻常。所有人都知道,如果泰蒂到场的话,约翰生就她的出席会发表讲话。

[6]《詹姆斯·鲍斯威尔创作〈约翰生传〉所用相关信函与文件》,页22、106。

[7] 鲍斯威尔:《约翰生传》,第一卷,页196-198,页200。《约翰生杂录》,第一卷,页286。

[8] 这是托马斯·伯奇在8月6日的书信中所说(大英博物馆附加手稿,35,397,f. 140)。

[9] 约翰·霍金斯爵士:《约翰生传》,页219-220,页252-253,页258。

[10] 同上,页220-222,页232-233。

[11]《约翰生杂录》,第二卷,页396。约翰·霍金斯爵士:《约翰生传》,页222-232,页252-253。鲍斯威尔:《约翰生传》,第四卷,页II,注释1;第一卷,页253,注释1。

[12] 赫斯特·皮奥齐:《已故塞缪尔·约翰生轶事录》,见《约翰生杂录》,第一卷,页158。《赫斯特·林奇·斯雷尔夫人日记……1776-1809》,第一卷,页205、601。

[13] 阿林·里德:《约翰生拾遗》,第二卷,页I-II。鲍斯威尔:《约翰生传》,第一卷,页190、242。约翰·霍金斯爵士:《约翰生传》,页234-235。

［14］ 塞缪尔·约翰生：《日记、祷文、年谱》，页79、92、150、156。

［15］ 米里亚姆·斯莫尔在《夏洛特·拉姆塞·莱诺克斯》（纽黑文，1935）一书中对她的讨论最为详尽。

［16］ 约翰·霍金斯爵士：《约翰生传》，页286-287。

［17］ 鲍斯威尔：《约翰生传》，第一卷，页243。《绅士杂志》，第四十五卷，第一期（1785），页101-102。

［18］ 约翰·霍金斯爵士：《约翰生传》，页435。鲍斯威尔：《约翰生传》，第一卷，页417。

［19］《约翰生杂录》，第二卷，页171-176。约翰·霍金斯爵士：《约翰生传》，页321-325。关于安娜的诗作，参见艾伦·黑曾：《塞缪尔·约翰生的书序与题献》，页213-216。

［20］ 源自奈特女士（她从安娜小姐那里听来这个故事），见《约翰生杂录》，第二卷，页173-174。

［21］《达尔布莱太太日记与书信》，第二卷，页270。

［22］ 塞缪尔·约翰生：《日记、祷文、年谱》，页46。鲍斯威尔：《约翰生传》，第一卷，页238。

［23］《约翰生杂录》，第一卷，页476。约翰·霍金斯爵士：《约翰生传》，页316、320。威廉·肖：《已故约翰生博士生平与著作回忆录》，页112-113。

［24］ 塞缪尔·约翰生：《日记、祷文、年谱》，页46、50、61、71、79、127、319。

［25］ 鲍斯威尔：《约翰生传》，第三卷，页306。玛丽·海德，会长致辞，《约翰生学会公报》（利奇菲尔德，1957），页44-45。

［26］ 赫斯特·皮奥齐：《已故塞缪尔·约翰生轶事录》，见《约翰生杂录》，第一卷，页332。

第十七章　道德图景：《论人类愿望之虚妄》与《漫步者》

一

编纂词典的同时，约翰生还开创了另一项事业。这并非他刻意选 277
择，他只是比之前更为深入地探索人类的环境与生活中的核心问题。此类作品的创作持续了十二年(1748-1760)，约翰生最终凭借这些作品跻身于一流的近代道德作家之列。其中能在作品中探询人类生活与命运的为数并不多，而约翰生就是一个，并体现出人类的良知。其实在之前介绍其他作品时，他就已经开始创作此类著作，但此类著作具有核心要义，我们在上文中说放到后面再介绍，因为必须将其作为一个整体进行讨论。

首先是他的诗作《论人类愿望之虚妄》，这是他模仿尤维纳利斯的《第十讽刺诗》创作而成，具有神奇的力量。它写于1748年秋，此时约翰生编纂词典已有两年半了。动笔写这部作品时，约翰生已经三十九岁,正在汉普斯特德探望泰蒂。这段经历不断使他认识到,实际的生活与预想的生活迥然不同。他在汉普斯特德曾告诉乔治·史蒂文斯,他“在教堂后面的一座小房子里面,用了一个上午的时间”就写出了开篇的七十行诗。[1]创作这部作品时,他来回踱着步,在脑海中构思出这部分的内容,然后再写于纸上,这是他创作诗作常用的方法。* 他奋笔疾书,到了11月25日就已完成,并以十五个金币将版权出售给罗伯特·多兹利。

278 他只要聚精会神地创作这部诗作,就能迸发出惊人速度,这充分表明这首诗传达出了他的心声。首先,多年以来他将尤维纳利斯的所有讽刺诗作“铭记于脑海”。[2]与他所完全消化吸收的其他事物一样,他针对这些讽刺诗作积累了息息相关的经验并使其不断丰富。其中,《第十讽刺诗》尤为突出,它与约翰生的思维方式密切相关,而且这可以追溯到他的牛津岁月,甚至可以追溯到他在性格形成期阅读过的劳的《对虔诚圣洁生活的严肃召唤》。他专门为这部作品写过《年轻的作家》一诗,这俨然是《论人类愿望之虚妄》的雏形。**

他最终写出了这部优秀诗作。伯克曾说,它宛如耀眼的星辰,比寓言更能打动古板、博学的老雕虫;它又像煽动暴民作乱的野心家,扣动了聪明而又有教养的读者的心弦。这部诗作属于简明扼要的启智诗类型,即便是到了此类作品已过时的浪漫主义时代,沃尔特·司各

---

* 他曾告诉鲍斯威尔,撰写诗作时,“通常我一边在房中来回踱步,一边在心中打好腹稿,也许一次能构思好五十行诗;然后我就把它们写下来,况且我这个人很懒,经常只能写下一半的腹稿。我记得我在写《论人类愿望之虚妄》时,曾经一天写了一百行诗”。(鲍斯威尔:《约翰生传》,第二卷,页15)这部诗作的手稿(现存于海德藏品)证明了他所说“写下一半的腹稿”确有其事。因为在许多诗行中,前半部分的墨水痕迹与后半部分的截然不同。

** 参见上文页107-111。

特爵士依然称赞它具有丰饶想象力和道德深度,并称:“即便是厌倦了情感描写的诸多读者,读到此诗也不禁潸然泪下。”[3]到了二十世纪,文坛对诗歌作出了成熟的重估,并力求探询它们与过去的新关系。T. S. 艾略特基本上就是立足于《论人类愿望之虚妄》,振聋发聩地证明约翰生是一位伟大诗人,并在诸多方面具有独到之处。到了我们这一代人,普遍将这首诗视为里程碑式的作品,这个评价很公道。在英语作品乃至全世界各种作品中,实际上还没有一部作品与之类似。有一件事可以表明约翰生本人对它的看法:它在出版时(1749 年 1 月 9 日),是约翰生在扉页上署上自己姓名的第一部作品。

二

《论人类愿望之虚妄》完整地揭示了他内心的真实风景,胜过其他任何一部作品,表明他的经验如何同化于此。正因为他对事物有着清醒认识,谈论或创作更加具体的话题时,他经常能够故意岔开话题,但 279
这也同时决定了他对这些话题所论述的内容。他的其他著作也体现了同样的愿景,只不过在他之后一部作品中得以全面表达,这就是他十年之后创作的《拉塞拉斯》。虽然长篇小说可以包含更多人物并讨论更多话题,但《论人类愿望之虚妄》能让约翰生更加深入地探讨更复杂的问题。原因很简单,这是一部诗作。实际上,与散文作品相比,《论人类愿望之虚妄》具有更加缜密、更为活跃的织体。字里行间可以表达更多活力,词句之间的联系也更加密切。所有这一切都有助于我们理解约翰生的想象,它通常的进程和视野。

尽管《论人类愿望之虚妄》是高度个人化的著作,但它也继承了前人的传统。对于习惯于浪漫主义和后浪漫主义模式的读者而言,刚读到这部作品时,必然会留下毫无个性特征的印象。这部作品大体上仿照了尤维纳利斯的讽刺诗,并采用了德莱顿与蒲柏的封闭(不跨行)英雄双韵体。这部诗作的论题也很传统,属于宗教护教学领域,该论题曾在圣经《传道书》和其他宗教著作中有过论述并给人留下难忘的印象,包括奥古斯丁的《忏悔录》、杰里米·泰勒的《神圣的生与死》及威廉·劳的《对虔诚圣洁生活的严肃召唤》。这个论题认为,无论是这个世界还是世俗生活,都根本无法实现真正或永久的满足,而且我们需要远离这个世界,方能实现宗教信仰和天国中的平安和喜乐。《论人类愿望之虚妄》虽然源于传统,但并不能抹煞约翰生的个性。首先在于,约翰生的特点是个人对已知、熟悉事物展开再度经验化的过程,这是成就他伟大的核心因素。他在人类的实际需求中牢记传统的立场,以此证明了传统。此外,传统并不一定就使诗歌作品非个人化。它们同样能引导诗人表达自己的洞见与情感。当然,诗人也可以通过修改传统中的结构,体现出自身特点。例如,约翰生就将尤维纳利斯的粗糙意象尽数删去,且语言不像后者那样充满怒火与鄙夷。他也不像德莱顿与蒲柏那样喜欢突出游戏和睿智,而是更为沉思厚重,也更能直接迸发出情感力量。这部诗作在形式上是讽刺诗,但它的反讽与大部分古典作品或奥古斯都时代的作品有着本质区别,因为它表达出的看
280 法基本都是悲剧性而非喜剧性的。在大部分讽刺作品中,反讽在于作者,因此作者以俯视的眼光看待自己所描写的人物。在《论人类愿望之虚妄》中,约翰生也经常采用这种手法,但整部诗作中的反讽在于世界,在于万物之道,而且作者与他所描写的人物一样,在万物之道面前无能为力。在此方面,约翰生更接近于哈代而不是蒲柏。

这些视角相互重叠。这部作品仿照的是尤维纳利斯的《第十讽刺诗》,因此它与古罗马时期的斯多葛学派有着强烈的联系,它对所有人

心中的美好事物，对人们努力借此实现幸福的事物，无情地揭露出其中的无常与空虚。同时我们也注意到，这部作品体现出宗教话语的传统模式，力求表明世俗世界无法给人以任何持久或深切的满足，以此使人类的内心与希望远离这个世界。对于这两个视角而言，后一个视角在这首诗开篇时包括了前一个视角，概括总结的段落与具体的例子相互交错，其中有一些打破了固定程式，例如诗中对沃尔西和瑞典的查理十二都概述了他们的事业。之后，这部诗作逐渐介绍了各种可能实现的人类生活，展示了人们"获取幸福的企图"均遭到失败，其中有富人、政治家、军人、学者、美女、长寿之人，甚至是始终乐善好施者。通过无情地增加这些事例，这首诗激起了越来越强有力的回应，但它的结构却是开放的，其中的事例在理论上可以无限延续。但在临结尾的倒数第三十五行，暗中贯穿于整部作品的问题突然浮现于人们的眼帘：

那么，希望与恐惧将在何处找到自己的主人？

无论是这个问题的含义，还是它所牵涉的方方面面，都在诗中通过一系列更为深入的问题进行阐释，以表明如果希望与恐惧无法找到真实有效的主人，人类的处境将会怎样：

无聊的悬念将侵蚀迟钝的思想吗？
无助的人，无知地端坐，
会在黑夜中从命运的激流中滚落？

这一段逐渐界定出斯多葛的状态甚至是虚无主义的冷漠，他们缺乏对生活的热情。在约翰生看来,如果没有宗教信仰,这种状态将会成为普遍现象。约翰生此前一直在诗中扮演发问者的角色,此后他突然与发问者划清界限,因为他对发问者所说的内容表明他仿佛是另一个人(“发问者,别再提问题了,但你要继续恳求”),然后他在诗中现
281 身,提醒几乎陷入绝望的“发问者”,宗教的仁爱与信仰非但不是毫无用处,相反将带来唯一牢靠的希望:

来自仙境的智慧把心灵安抚,
还带来了难以寻觅的幸福。

三

这首诗探询的是人所处的环境,其中有两个主题给我们留下深刻印象,这尤其体现出约翰生的特点。首先,他重点关注个人在社会背景下无助的脆弱性。在错综复杂、波谲云诡的计谋、蠢行、虚荣和自私自利的欲望交织形成的丛林中,任何人都有可能遭到算计,无论是无辜者还是品德高尚者,甚至是心肠歹毒之人,概莫能外。约翰生所效仿的尤维纳利斯的讽刺诗,已经体现出这一特点。但我们也发现,约翰生在描写这种尔虞我诈的场景时,反映出自身性情的另一侧面。他笔下的人物都“渴求财富”,“一心要飞黄腾达”。即便是学者,“博取功名的热情”也“将全身的血液炙烤到沸腾”。他们在出人头地的过程中相互倾轧,即便他们最终获得梦寐以求的财富、权力或功名,但竞争对手的妒忌与憎恨也会接踵而至,很快就让他们身败名裂。

其次,约翰生对于“人不可避免走向毁灭”的认识远远超过之前秉承这一传统的作家,他探寻了这个问题的内部原因和心理原因。他强

调的是人欲壑难填，而且无法长久满足于同一事物，这也是《传道书》的作者在很久之前就表明的道理。但他更进一步。他描写了外部世界中人与人之间的相互倾轧，"希冀与恐惧，欲望与仇恨"掺杂在一起，纯粹是因为人性的基本冲动出现了冲突，人们将彼此拦截下来，心灵无法获得满足，这一点与约翰生本人的天性也有相似之处。不仅如此，约翰生还表明人类必然会自我欺骗，进而步入荒途。我们是透过自身情绪的迷雾端详事物，追逐或憧憬的也是扭曲的形象，即"幻想的不幸"或"空虚的幸福"。我们狂热地追名逐利（在无意识状态下被这种欲望所支配），以此取代我们真正追求的对象而不自知。即便是虔诚的心灵，也可能陷入不可救药的地步，并以自我欺骗的方式置身于险境中，从而受到"华而不实的祷告"的"秘密伏击"，同时深陷于此。
约翰生表明，人类痛苦的主要根源在于自身的内在天性，这立刻给人 282
留下了深刻印象。他指的就是心理反应的多元化，在他看来，正是这种心理反应使人类的愿望受到了伏击。但无论是这首诗的力量还是包罗万象式的论述，都并不仅限于罗列细节（这首诗总共只有三百六十八行），而是将这一主题的心理化过程有机融入这种方法：

> 然后感叹希冀与恐惧、仇恨与欲望，
> 如何为阴云密布的命运迷宫覆上天罗地网，
> 让举棋不定的人怀着冒失的骄傲……

上一句是从这部诗作开篇部分节选出的精彩佳句，其中指出布设罗网的并不是疾病、罪行或战争（但它们在本诗的其他部分非常突出），而是人天生的情感。约翰生将它们安排在对仗中，加强了对其中观点的认可，即所有情感同样具有致命性，无论是像希冀一样的积极、天真的情感，还是像恐惧与仇恨一样的消极、负面的情感，概莫能外。约翰生继续写道，人类的天性具有神奇的魔力，它在与外部世界相互作用过程中，每一个愿望，甚至于每一个“天赋”、每一种“才艺”，都将成为灾难的源头。由于蛊惑来自人的内心，人类在它面前似乎毫无防卫能力。当然，约翰生永远不会承认，“心灵”是无法“管理”的，至少某种意义上确实如此。但他凭借直觉发现了人类心理中内在的致命弱点并对此突出强调，因此他预见到必将产生的自我背叛，这具有悲观的意义，这一点日后将由叔本华与弗洛伊德在其著作中充分阐述。

在这首诗的结尾，约翰生认为宗教是唯一真实、持久的希望源泉。读者预计到约翰生会改变他的感受与论点，他气势恢宏地加以改变，但这也引发了核心的阐释问题。它们最终都是阐释约翰生宗教观特点过程中出现的问题，自然无法仅仅立足于这一首诗进行探讨。因为在这首诗中，约翰生关注的是基督这个人物，或者说他将关注焦点放在天国或永恒上，以此与现世相对立，但此举会违背自己对古罗马讽刺诗所树立的原型。问题在于，这个原型使他产生了何种程度的模仿，或者说，这个原型最终使他能够以怎样的程度表达他信仰中某些更加本质化的原动力（也许是无意识的表达）。

我们并不打算在本章回答这个问题，但我们可以在这首诗中发现，这种宗教观从本质上说是一种负面做法。换言之，这首诗并没有提到信仰有任何积极的动机，例如基督之爱，而是重点指出除了宗教
283 之外，任何方法都无法将人类从束手无措、命中注定的状态中拯救出来。这是一种经验主义和分析性的宗教观，并且它认为当人们丢弃所有幻想，剩下的就只有真理。这种观点是基于不信任的态度实现信任，无论怎样证明这种做法合理，显然都需要付出心理代价。此外，尽管这属于宗教论证，但约翰生的处理是将关注焦点放在人世间的幸福

问题上。诚然,解决之道是顺从上帝意志、信任、耐心、服从、爱以及信仰。他强调的重点在于,人们要放弃希望与恐惧,让自己顺从上帝意志;通过上天的帮助能够获得尘世间的幸福喜乐。这仍然是他的想象所关注之处。(此外我们应当注意,“幸福”是约翰生自己的说法。实际上尤维纳利斯只是说,我们应当将所有一切都交给神祇,由神祇“给我们最好的结果而不是最快乐的结果”。)约翰生笔下的人物都十分痛苦,因为他们无法实现自己努力追求的目标,或者说即便实现了也无法长期保持,即便能够长期保持也无法长期珍惜。但是,如果我们认为沃尔西主教能够一生都处于权力的巅峰,而且始终能够对自己的权力保持幸福感(当然,这两种情况都是不可能实现的),他就不会成为证明人类愿望之虚妄的典型案例了。

如果以另一首宗教诗歌,T. S. 艾略特的《四个四重奏》与此作比较,我们就可以迅速阐明这一点。我们在这首诗中发现,同样的“负面”论证模式此起彼伏地展开,而且相互间差异极大。但是,这首诗的核心焦虑(最为渴求的对象,而且在宗教以外无法找寻到它)并不在于幸福,而在于意义;也就是说,整个信仰的结构将把不幸与剩余的人生相整合,并赋予它积极的内容或目的。约翰生本人在这首诗中认为幸福问题是根本性问题(而且并非因为这首诗的特点而不得已这样做),他当然还是立足于他所处的时代,直接论述的是那个时代的核心关切。

四

约翰生的每一部作品,通常都在重点突出的总结概括部分,集中论述对事物的看法。此外,他的诗歌通常工于修辞、慷慨激昂,而且强有力

284 地迎接已知和熟识的事物关联，但这一点同样适用于许多新古典主义派诗人。尤其能体现约翰生风格之处在于，他将有重点、概括性的慷慨陈词与积极主动、变化多样、难以预料的结构相结合，同时迫使读者认真关注并不断调整感受。有一个小小的例子可供管窥，这就是他在切斯特菲尔德事件之后所修改的一个著名的联韵句（1755 年）。他原先写的是"苦干、嫉妒、匮乏、阁楼与监狱"，后来改为：

这些都是学者生活中种种不幸遭遇，
苦干、嫉妒、匮乏、**恩主**与监狱。

在这些抽象名词中，他新换的词"恩主"出人意料地收到了讽刺的抨击效果。

约翰生将各种力量结合在一起，形成了他的诗歌结构，这最突出体现于他的形容词和动词，并用于修饰具有概括性的名词。一方面，诗歌中有大量现成的名称，这表明约翰生对所继承的文化的智慧具有信心。这些名称将人类的经历概括成典型的、反复出现的要素，例如"相互竞争的国王""阴险的竞争对手""不安分的愿望""年轻的狂热分子""德高望重的友人"等等。但另一方面，他同样可以通过一个称号抓住读者的注意力，同时将典型的场景加深或使之具有个人化色彩。例如，他谈到勤劳的政治家时，称"继承人**打着哈欠**"。这个主题在讽刺作品中很常见，但是具体的词语"打着哈欠"却暗含着可怕的意义：从字面上讲，这位继承人很可能是个满口胡言乱语的糊涂鬼，从引申义上说，这是个半休眠的坟墓的意象，它饥饿地张开嘴巴要将父亲吞吃。

这些名词通过与动词搭配使用，往往产生栩栩如生的力量。我们可以称之为拟人，但如果只是看作一种修辞方式，这还不够。约翰生曾写过“国家在沉没”，“产生了嫉妒心理”，“恐惧来袭”，“命运之轮快速转动”，“仇恨接踵而来”，“辱骂在愚弄”等等，并使对这些抽象事物的反应具备了深度。换言之，无论是约翰生的典型要素，还是这些措辞产生的强力效果，都取决于约翰生将这些抽象的事物转换为具体存在的程度。也就是说，他将其他作家笔下的抽象内容转化为具体的描写和感受。这里还有他不断使用的讽喻式的隐喻和阐述性的意象：

> 爱止于希望，这位政治家已经倒台， 285
> 一上午再也没有人拥入大门崇拜。

这些文字都体现出典型的约翰生风格，因为它们进行了抽象的概括，同时立刻将此与人类的具体行为相联系。尽管这种意象可以称作“阐释”，但我们不应认为它是从抽象论断中派生或附属的。约翰生风格，其特点之一肯定是将抽象内容转化为具体内容，但这并不表明他给读者留下具体印象时，其动机要比稳定的概括更强烈。其实，这两种倾向同样强大，而且始终处于相互冲突之中并由此产生出色效果。

约翰生通常将语言同恰当、简洁有力、令人惊奇的意象相联系。在他的批评著作中，他反复感叹在他所处的时代，诗歌相对缺乏具有原创性的强大意象。而且，二十世纪之前的批评家中，没有一个人比他更频繁地使用“意象”这个术语。在《论人类愿望之虚妄》中，意象无处不在，它们凝练具体，宛如画卷，而且表达出他的癖好。例如，我们此前曾引用过这首诗结尾部分的一个意象，它萦绕心头难以忘怀：

无助的人,无知地端坐,

会在黑夜中从命运的激流中滚落?

约翰生的典型特点在于,他发挥了想象力并完成了传统的隐喻(命运的激流)。因此在这句诗中,他刻画出人类正在滚落的情景。"黑夜中"(黑暗中)对此场景又增添了一个要素,这同时也是约翰生典型的双重手法,因为它将"无知"中赋予的意义转化为具体的术语。同时,在"端坐"这个词语中,突出了一股异样的感觉。如果一个人在无知地端坐着,而且正处于极为可怕的环境中,他的这种做法就是极为荒唐的。当然,"端坐"在这里也保留了它的拉丁语的词源含义"坐",因此这种无知就变成了他的小船,就仿佛人可以继续在这种情况下漂荡并获得保护(只不过是暂时的)。这种意向十分具体,其中体现了复杂的互动,具有意义的堆积,并引发多重含义与感受,这些都是极具约翰生特色的。

阴云密布与黑暗是反复出现的意象,它们贯穿于整部诗作,掩盖了暗藏的危险。在这首诗的开头,读者看到人类在"阴云密布的迷宫"中前行,"走在令人疲惫的道路上,没有向导指引",同时受到"迷雾中狡诈
286 的幽灵"的诱惑。随着意象的堆积,它们揭示出能够看到的危险地形。读者之后可以看到,沃尔西走上"命运的巅峰",尔后坠入"下方的深渊"。在这首诗的意象中,表现的地形大多是城市地形,其中反复提到了蜂拥的人群相互推搡,竞争对手在各个方面展开较量。这首诗发现男人和女人都在"由祈求者组成"的暴民中,他们既脆弱又缺乏独立,就仿佛古罗马时代贵族的"门客"。"数不胜数的祈求者拥向发迹的大门",但在沃尔西倒台后,"他的祈求者对他投来鄙视的目光"。在这首诗的结尾,人作为祈求者这一主题又回到了宗教主题。在宗教需求的语境下:

"仍然永远地提高了祈求者的声音。"

在贯穿于整首诗的意象中，另一个主题是人类内心世界与外部生活不断的沉浮。无论男女老少，都对财富和功名孜孜以求并难免失足，在此过程中，"眼看他们起高楼，眼看他们宴宾客，眼看他们楼塌了"。值得一提的是，人类的天性产生了心理的不稳定性与不满足感，这更加有害。我们看到投票人备好了竞选啤酒，一时间觉得自己是个人物，他吩咐道："把酒满上。"在社会的另一个极端，沃尔西出现时"雍容华贵"，他此刻权倾朝野，"他光是点一下头"就能转动"荣耀的溪水……光凭他的微笑，就带来了安全感"。但是，他仍然"欲壑难填"，觊觎着"新的权力高峰"。这个主题并不仅仅是人的飞黄腾达与落魄，而是更具普遍性，即内心与外部世界之间永不停息的转换，这不可避免地导致人类追求永恒与安全的努力遭到挫败。

五

约翰生具有一种极为突出的品质，海兹利特称其为"嗜好"，也就是一种想象性把握与回应，它是如此强烈，以至于用一个名称无法将其充分表达。当它集中出现在一个名称或意象中时，还会蔓延到与之相邻的语境中。海兹利特曾谈到弥尔顿用词中的"嗜好"，他注意到，弥尔顿"将自己的打击重复两遍，与自己描写的人物展开较量并使对方精疲力竭"，然后他引用了一句诗作为例证：

> 或在那里，中国人
>
> 乘风破浪驱赶着**轻便的竹**马车

287 还有一个例子：

> 超越规则或艺术之上的狂野，强烈的欢乐。[4]

在《论人类愿望之虚妄》中，最能体现这一特征的部分莫过于对"倒台的政治家"的描写。上文已经引用了开头的联韵句：

> 爱止于希望，这位政治家已经倒台，
> 一上午再也没有人拥入大门崇拜。

强有力的动词使读者看到崇拜者蜂拥而至，"崇拜"这个词用得很夸张，它突出了这些"祈求者"的愿望是多么强烈，也表明他们的努力方向是多么错误：

> 周刊记者为大人物满纸谎言，
> 题献者奔向贪求无厌的金钱——

颇具讽刺意味的是，人们通常认为，三流作家自然会说谎，题献人自然奉承，政治家倒台失势之后，其追随者自然摘下其画像（如下文所示）：

> 他的画像从每一间房子的墙上取下，
> 原先就在最显眼的地方悬挂，
> 它们被送到厨房烟熏火燎，或者出售于拍卖会上，
> 金质相框里面也换上了更好的肖像。

撤换画像产生了强烈的讽刺效果。画像此后沦落到厨房和拍卖会的命运,这是作者通过想象补充描写的,产生了尖锐的批评力量和戏剧效果。之后又出现了反讽式的辩护:

> 扭曲的形式证明了垮台的合理,
> 憎恨清除了充满怒火的墙壁。

“憎恨”(detestation)一词有四个音节,它充分传递出这种情绪,但约翰生饱含力量地使用了这个词,使之传递到墙壁,就仿佛墙壁也满怀怒火地排斥这幅画像。在这个联韵句中,人类的情绪不断“在阴云密布的命运迷宫中布满罗网”,人们不得不行走其中,读到这里我们一定想到了**命运**不仅是**迷宫**,而且是**阴云密布**的迷宫,况且还是暗藏罗网又阴云密布的迷宫,实际上也确实**布满了**罗网。

对这首诗的任何一段进行深入分析,都会发现其中的联韵句由两部 288
分有机组成,每一部分是一行,这些诗行通常都通过节律的停顿,划分为两个半行。此外,通过节律形成的每个部分又恰好与句法相吻合,同时每个部分又通过押头韵和押尾韵以及句法修辞保证了完整性。

> 命运射出痛苦的镖枪,伴着每一个愿望
> 每一份自然的馈赠,每一种艺术的恩惠。

我们在读到约翰生对十八世纪诗歌艺术的批评与苛责时,应当牢记他的这种坚定又具有艺术性的范本。例如,他对无韵诗能否充当诗歌载体持怀疑态度,而且他认为蒲柏虽然远远称不上英国最优秀的诗人,但代表了诗歌韵律的最高水平。

最后，在约翰生气势磅礴的概括段落中，名词与形容词往往用于表达出某种语气和感受，即便它们脱离了语境。例如在《论人类愿望之虚妄》中，他首先用一段宏伟的诗篇宣布了这首诗的主题：

> 看那每一份焦灼的辛劳，每一场热切的奋争，
> 看一幕幕目不暇接、庸庸碌碌的人生；
> 然后感叹希冀与恐惧、仇恨与欲望，
> 如何为阴云密布的命运迷宫覆上天罗地网；
> 让举棋不定的人怀着冒失的骄傲，
> 踏上那人生荒途而无人向导；
> 如变幻莫测的幽魂困惑于迷雾，
> 躲闪幻想的不幸，或追逐空虚的幸福。

在这几行诗中，出现了辛劳、奋争、人生、希冀、恐惧、欲望、仇恨、命运、人类、骄傲、不幸及幸福等抽象名词。与其他诗人相比，约翰生作品中的抽象名词很多，这一点不同寻常。而且这些名词共同营造出对人类生存中终极、普遍的特点所表达的严肃关切。这些名词产生了悲观的氛围，因为"辛劳""奋争""恐惧""仇恨""不幸"的数量大大超过了"希冀"与"幸福"。本诗中的形容词表明了情绪上的躁动不安，例如焦灼、热切、忙碌、拥挤、密布、举棋不定、冒失的、沉闷的、变幻莫测的、幻想的、空虚的。此外，这些形容词经常可以互换。约翰生完全可以这样写："看到每一份热切的辛劳，每一场焦灼的奋争"，或者是"沉闷的辛劳"和"变幻莫测的奋争"等等，只不过这样互换后，定会损失一定的张力或导致用词不太恰当。当然，它们可以通过这种方式变
289 换位置，并不表明作品松散，而是表明这种主导性、普遍性的感受在控

制着整段诗。最后,这些形容词表明了约翰生对其所描写人物的态度,因为它们修饰了这些人物。如果专注于每一个形容词会非常枯燥,那么通过这种方法对整个段落进行考察,我们就能发现:一方面,形容词交替表达了约翰生的同情心与参与程度;另一方面,也表明了他的判断与警告。在第一种情况下,我们发现形容词表达出深陷辛劳或奋争中的人有什么感受,即焦灼、热切、沉闷等等。在第二种情况下,我们看到了变幻莫测、幻想、空虚等形容词,它们表达出旁观者的判断,旁观者不仅看到了热切、辛劳的个人,也看到了他们付出努力所处的整个背景,并且相应表达了他晦涩却始终坚持的真理。正是通过这种组合,这两种倾向都以极端形式出现在作品中。用柯尔律治的话说,形成了"战争与拥抱"的局面。这种组合正是约翰生作为道德作家之所以伟大的本质因素。

六

此后十年,道德创作贯穿了约翰生的不惑之年,可以说是以散文形式对《论人类愿望之虚妄》所作的延续。他在报刊上发表了两百多篇随笔文,其中很大一部分(接近一半)都体现出这一特征。他从1750 年开始为《漫步者》杂志创作这些文章,每周写两篇。[5] 这本杂志从 1750 年 3 月 20 日至 1752 年 3 月 14 日连续出了两年,每周二和周六发行。无论有多忙,他都坚持为此杂志撰稿,即便生病也不休息。有好几位书商共同为他的这份杂志提供资助,包括老朋友凯夫,新朋友、常春藤巷俱乐部成员约翰·佩恩,佩恩的搭档约瑟夫·布凯。

据约翰生说,他之所以为《漫步者》杂志撰稿,一是编纂词典之余放松自我,还有就是缓解经济紧张的窘境。但他也希望自己的作品能产生严肃的道德教化作用。对于此类杂志来说,《漫步者》这个名称始终有些古怪。但是,这样的名字却能使读者轻松愉快,这也是自《闲谈者》(1709 年至 1711 年)与《观察家》(1711 年至 1712 年)以来的报刊传统。无论约翰生的其他出发点有多么严肃,他还是希望自己的作品能够畅销。况且如果一开始就公然宣布这本杂志是本道德作品论丛,就会立刻与流行的新闻作品划清界限,后者的形式依然是他希望利用
290 的。亚瑟·墨菲还提出了一个精辟的观点,他认为约翰生想到了塞维奇的诗作《流浪人》。多年以来,约翰生始终认同于塞维奇这样的人,而塞维奇生活在社会的边缘。因此,这也是约翰生对上文所提到的三部著作百看不厌(《天路历程》《堂吉诃德》与《鲁滨逊漂流记》),并与书中浪迹天涯的主人公相认同的缘故。朝圣者"朝着既定方向"或目标前行,而他打心底里就认为自己处于"流浪者"("**漫无目的地漫步之人**")(上述定义均取自《约翰生词典》)的状态,即"漫步者"。他不会提出明确的方向,但也不排除有时候有目的、有方向地前进。约翰生本人对此标题作过唯一一次说明,当时他对雷诺兹发表了一番感言,称他"不知道该起什么标题",于是他有一天晚上坐在床边,下定决心:"如果我定不下来标题,就不上床睡觉。'漫步者'似乎是我能想到的最合适的标题,于是我就决心用这个题目了。"[6]

这些随笔文一开始销量并不理想,约翰生一度考虑写满一年就罢笔,但这些文章很快就广为流传,因为其他报刊也开始转载这些文章(没有付稿酬)。* 此后十五年里,这些文章成了经典佳作。从

---

* 售价为每本两便士,每期销量很少超过五百本。但这对于当时的杂志来说司空见惯,因为它们都是相互转载,也从不给版权方付稿酬。之后,许多报刊还将之前刊登过的专栏甚至整本杂志全文重印,有些甚至发行到波士顿和新斯科舍省。不久之后,《漫步者》也将约翰生的十期杂志重印发行。(耶鲁版约翰生文集,第三卷,页 22)

此人们经常将约翰生称为“《漫步者》撰稿人”。塞缪尔·罗杰斯曾引用约翰生本人的评价:“我的其他著作是掺了水的酒,但我的《漫步者》是如假包换的美酒。”但他实际上指的是这些作品中最优秀的文章(其他文章也算是上品),因为这个系列的文章质量参差不齐,这也是很正常的。他曾经在最后一篇随笔文中写道,给杂志写稿相当于每周要自虐两次,“方可在指定的日期交稿,经常出现注意力难以集中的现象,记忆力也日渐衰退……心灵饱受焦虑的困扰,身体遭受疾病的摧残”。他需要迅速找出写作的话题,而且每周两次,这经常很难做到。况且如果一个话题已经充分挖掘,还要及时更换话题,更要在截止日期之前修改好文章。此外,他觉得自己应当变换花样,还要让自己感觉更加轻松一些(在这一点上他通常并不能如意)。

与其他重要的道德作家所创作的作品相比,约翰生在为《漫步者》创作随笔文时,写作速度必定更快,而且拟定提纲、行文思考或修改润色的时间也更紧张。约翰生的许多随笔文在付梓之前,就连
他自己都没有再读过一遍。斯雷尔夫人曾说,在英语作品中,探讨 291
闲适和拖延症最出色的作品之一就是他“仓促写就的”(第一三四期),这种情况很常见。在“约书亚·雷诺兹爵士的客厅中,书童就在一旁等候着将稿件送到印刷厂”。但是在《论人类愿望之虚妄》中,他运用了自身积淀的大量阅历和反思。其中最出色的文章就饱含他的思想(这实际上是他大部分此类作品的核心部分),自弗朗西斯·培根以降的任何英语散文作家都无法超越他。鲍斯威尔曾说过:“没有一部作品能在思想的形式与内容方面(奎宁与铁)超过他”,这绝非其一家之言。[7]

约翰生的与众不同之处在于,他将对心理的敏锐洞察与痛苦的加

剧相结合，将幽默与丰富的经验相结合，将反讽与同情相结合。因此，即便是单个句子，读起来也像谚语一般，被人们反复引用：

> 无知给我们带来的痛苦要比教诲带来的快乐更甚……人类的心灵自然翱翔，并非从快乐飞向快乐，而是从希望飞向希望……人们更需要的是提醒而不是被告知……医治悲伤的一剂安全良药是工作……功劳受到人们敬重，但并不能吸引人们青睐的目光……对于许多人来说，如果要引起别人的仇恨，最好的方法莫过于认为自己卓尔不群……当别人出于信任向你吐露一个秘密之后，虚荣心通常是你透露这个秘密的主要动机之一……年轻的心灵还犯下了许多有趣的错误，其中之一是过高地估计了自己的重要性。他虽然并没有说出来，但却认为同时代人都在关注他，认为所有的目光都投向自己，并幻想每个接近他的人要么是与他为敌，要么是以他马首是瞻，他们不是他的崇拜者就是妄图刺探他情报的密探……无论人类有多么痛苦，解决问题的良药并不是激进的方法，而是舒缓的疗法……无论提出的建议是什么，找出拒绝的理由总是比找出采纳的理由更容易……几乎所有的人都与一位名人产生了真正的联系或幻想与他们有联系……不一致通常在小事情上产生作用；它的原因……更多是品味上的差异而非原则上的不同……每个人都非常想自吹自擂，以至于批准法律与遵守法律之间的差异经常为人们所遗忘；他承认道德的责任，并通过对他人道德绑架满足自己的虚荣心，最终认为自己十分热心于推进道德事业。

这种格言警句式的力量使约翰生的语句经常为人们所引用，因此这是他书面和口头语言风格中与众不同的特征。他希望将经验浓缩为凝练的普遍原理,以此“管理”自身经验。早在斯陶尔布里奇就读时,他的诗歌习作就体现出这一特点,从此时开始,我们就从他身上注意到这一愿望。但一直到他为《漫步者》创作随笔文时,我们才发现这 292
并非主要体现在诗歌方面。与此相反(尽管只是对比),他早期的散文中尽管偶尔有些段落体现了这一特点,但似乎很罕见。

朗吉努斯曾谈起,伟大的模范人物通过发挥影响力,使我们从善如流。对于约翰生来说,他在性格形成期所受的影响使他成为英语语言表达与风格方面的大师。约翰生自打为他的词典收集权威例句开始,就一直在阅读弗朗西斯·培根的作品。他说:“光用他的作品,就足以编出一部英语词典。”其实,他一度计划编写培根作品集,并附上“这位伟人的生平传记”。虽然他并没有公开承认培根对他产生的巨大影响,但从他创作《论人类愿望之虚妄》(1748 年)一直到完成《拉塞拉斯》(1759 年),他在这段时间的主要创作主题之一,就是针对培根对人们在憧憬与希望时各种心理的处理,展开进一步论述,尤其是人类喜新厌旧与贪得无厌的心理。* 但最重要的一点在于,培根为约翰生的风格树立起理想的榜样,即将凝练与隐喻相统一,将实用智慧与想象相统一。他曾赞美过《培根随笔集》,雷诺兹引用了他的原话:“它们的优秀与价值在于,这是对**强大的内心如何作用于生活**的观察。”[8] 这一点突出体现于《漫步者》和他此后所写的所有伟大著作。

《漫步者》停刊一年之后,约翰生开始为《探险者》撰稿(1753 年 3

---

* 例如《拉塞拉斯》中有一段很著名的描写,分析了修建宏伟的金字塔的动机(参见下文页 299),还有“人类的欢乐”相比较人类“匮乏的”想象力而言“还不够”,这也是培根的随笔文《帝国》开头部分对国王的阐述。

月3日至1754年3月2日,大约每两周一次)。这是常春藤巷俱乐部成员约翰·霍克斯沃思仿照《漫步者》创办的一份杂志。其他撰稿人还包括约翰生的好友理查德·巴瑟斯特。约翰生为这份杂志创作了二十九篇随笔文,它们在风格和主题上与《漫步者》中的文章(至少是部分文章)很相似,但这些可能是约翰生为巴瑟斯特捉刀而作(也许是部分文章),我们可以视之为《漫步者》的延续。*

七

293 尽管我们要在下一章再讨论约翰生道德著作的整体特点,但在这里还是要对《漫步者》多作一些说明。毕竟在《论人类愿望之虚妄》这部巨著之后,它是第一部也是篇幅最大的一系列道德著作。约翰生对此产生了特殊的奉献精神。他甚至在这部作品创作之初写下了一篇祷文:

> 万能的上帝呀……如果没有你的仁慈,一切智慧都会沦为愚蠢之举。在我完成这项事业期间,我恳求您不要让您的圣灵离我而去,恳求您允许我谱写您的荣耀,使我本人和他人都能获得救赎。

---

* 安娜·威廉姆斯曾告诉鲍斯威尔,这些文章实际上是为巴瑟斯特写的。巴瑟斯特当时经济状况很窘迫,"他将这些随笔文都**赠给了**巴瑟斯特医生,再由巴瑟斯特以每篇文章两个金币的价格转卖,他永远不会给这些文章署上自己的名字;应该说,他从来没有承认过自己写过这些文章:但实际情况是他口述了这些文章,负责抄写的是巴瑟斯特"。鲍斯威尔向约翰生询问这种说法的真实性,"他一笑了之,不置可否"。(鲍斯威尔:《约翰生传》,第一卷,页254)在我看来,这种说法确有其事,可以认定为事实(斯雷尔夫人也对此予以证实)。但《探险者》杂志的著名编辑 L. F. 鲍威尔却反对从字面意思解读这种说法。[9]

还有一个事实也表明他对《漫步者》具有特殊的感情，他在创作之初就决定对自己的作者身份保密（只不过几周之后，这种想法最终成为徒劳之举）。他清楚地认识到，无论是自己的衣着外表还是生活方式，可能在他人看来都与他的论述极不协调，而且两者放在一起很是古怪。他希望人们能够客观地接受这部著作的纯粹性，而不要将它与作者本人进行比较，因为人们很自然会去比较道德作家的作品与他自己的人生是否一致。就在五年多以前，凯夫曾邀请约翰生赴宴，并要在宴会上向他引荐一位《塞维奇传》的崇拜者，而约翰生却躲在屏风后面用餐，因为他的衣着实在太有失体面。在为《漫步者》写出了第一批稿件之后，有一位绅士写了一封信，信中称凯夫“吩咐《漫步者》杂志邀请约翰生去自己家……让他多结交一些朋友”。约翰生接到邀请后很是窘迫，他推辞了这次聚会，然后又对此举很不安，于是写下了他一生中最出色的名篇之一（第十四期）。在这篇文章中，他认为作者如果有意识地在作品中展现自己最好的一面，作家的人生与他的作品之间必然存在分歧。[10]

他采用这种“外在的”形式不啻一场小小的赌博，这就是十八世纪的报刊随笔文。这种形式当时极为流行（在十八世纪，有三百多本不同的报刊出版），而且非常灵活，通过这种形式作家很有可能写出很严肃作品，只不过没有人能像约翰生那样一直写出严肃作品。此外，如果这些作品的销量还过得去，那么约翰生除了撰写专著，还能有额外收入（约翰生每周为杂志撰稿能获得四个金币的稿酬）；况且如果作品十分畅销，还能为自己的专著带来读者。另一方面，经过多年撰写“时 294
事新闻”，他对本质主义的渴望，对“当前与当地”的鄙夷越来越强烈。但他此时的创作截然不同。从整体上说，他很少作出让步，转型创作

“更轻松”的报刊随笔文类型*，并且他在最后一篇文章中能够强硬地宣布，自己“从没有屈服于一时的好奇心”，也没有尝试过挖掘“当天的话题”。他之所以回避这些，是为了尊重报刊随笔文的灵活性，也是出于对读者的尊重。但我们还必须认识到，文学史家在对作品划分“文类”时常常忽视一点。即在认识《漫步者》的文学起源与类型时，如果我们仅仅关注报刊随笔文，那么我们就会认为《漫步者》是一部平凡的作品，维多利亚时代的大多数人就是这样做的。他们对报刊随笔文已经形成固有认知，这是他们在艾迪生的《观察家》及其诸多仿作的基础上得出的结论。之后，他们发现《漫步者》在基调上迥异，在思想上也厚重得多，于是他们认为约翰生“遭受了失败”，即他没有取得“成功”。无论是在学校课堂上，还是在大学教科书中，这种观点屡见不鲜，就连约翰生的崇拜者都秉持这种观点。他们通常根据鲍斯威尔的描写，认为约翰生具有狄更斯式的性格。

实际上，他在报刊随笔文方面取得了创新，使这种形式具有永久的普遍性。他将好几个方面融为一体，其中之一滥觞于古希腊格言警句家的“睿智文学”与福音书的传统，经过文艺复兴时期人文主义者的发扬光大，再流传到十七世纪。约翰生在二十岁时就曾打算编写波利提安的作品集。从此时开始，我们就注意到他一直对文艺复兴时期的人文主义者产生强烈认同，而且沉迷于他们的作品。《漫步者》中有数百条文学引喻与引言，很多来自人文主义者（例如伊拉斯谟、法布里丘

---

* 《漫步者》的所有文章中，近一半都是直截了当的道德随笔文。其余文章中，也有很大一部分是短篇叙事素描或“人物描写”、讽喻以及“东方故事”。但在这些作品中，大部分都不仅仅与道德随笔文间接相关，而且是纯粹的道德教化文。还有几篇之所以纳入这一范畴，只是因为它们是总的讨论框架中的某个部分或示例。大约有七分之一（十三篇）随笔文完全属于文学评论。它们通常专业性很强，注重分析（例如对弥尔顿诗歌节律的论述），或者是讨论最广泛意义上的道德（例如关注文学界和学术界的问题与挫折）。

斯、蓬塔诺、利普修斯、斯卡里格与雅克·奥古斯特·德·图)的作品以及自文艺复兴到十七世纪末的作家,这一点与众不同。[11]他写作速 295
度很快,因此这些引文绝非心血来潮,而是反映出他脑海里最先想到的内容(引用时他通常凭借记忆)。“睿智文学”的传统与十八世纪的报刊随笔文构成了《漫步者》的经纬线。此外,他的作品还包含了布道文的要素,尤其是十七世纪的布道文(A. N. 怀特海在二十多年前认为,约翰生“仍然是十七世纪的精髓所在”)。他的作品风格来源丰富,我们不仅能追溯到培根的传统,还能发掘出培根所处的整个时代(正如约翰·霍金斯爵士所说,如果我们希望了解约翰生的风格是怎样形成的,就应当去发掘培根所处的时代)。同时威姆萨特也表明,约翰生根据自己编纂词典时所阅读的材料,将科技词汇融入这些作品,并将这些词汇以隐喻手法应用于心理和哲学概念。这些词汇就此成为我们现代语言的组成部分。[12]

最后,这些“肖像描写”具有永恒的特点,这超越了十八世纪报刊随笔文的外在形式。在整体构思上,通过十七世纪的“泰奥弗拉斯托斯式人物”①,它们可以追溯到创作典范人物的古典作家。这两类作家的“肖像描写”虽然在目标上迥异,但约翰生早在二十年前在牛津第一次读到这些作品时,就留下极为深刻的印象,因此这两类作品所产生的影响力共同塑造了这一特点。其中就包括威廉·劳的《对虔诚圣洁生活的严肃召唤》。还有伯纳德·曼德维尔(斯雷尔夫人称他为“约翰生旧日的导师”),他的讽刺还原主义始终影响着约翰生,很久之前

① 泰奥弗拉斯托斯是公元前四世纪的古希腊哲学家和科学家,先后受教于柏拉图与亚里士多德,后接替亚里士多德,领导其“逍遥学派”。据说是亚里士多德见他口才出众而替他起的名。泰奥弗拉斯托斯以《植物志》《植物之生》《论石》《人物志》等作品传世,《人物志》尤其有名,开西方“性格描写”的先河。

就已被他吸收掌握，成为他表达的习惯与动力之一，最终使之成为他自己的独特风格。要讨论这一点，就不能将其与他的整体天赋相割裂，尤其是他的幽默感。实际上，他进一步发展出一种新的写作形式，它在《论人类愿望之虚妄》中已经初露头角，我们可以称之为“未能达成的讽刺”。在这种形式中，抗议与讽刺、嘲讽甚至愤怒在作品开头都是关键性元素，之后便进入更大也更宽容的背景，开始转换为其他内容。*

注释

［1］《约翰生杂录》，第二卷，页313–314。

［2］鲍斯威尔：《约翰生传》，第一卷，页193。

［3］沃尔特·司各特爵士：《散文著作杂录》（伦敦，1827），第三部，页288。

［4］海兹利特：《论嗜好》，《作品集》，P. P. 豪编（伦敦，1930–1934），第四卷，页79–80。

［5］杂志共有二百零八期，他写了其中的二百零一期。他的好友为他撰写了四期，分别是第三十期（凯瑟琳·塔尔伯特作）、第九十七期（塞缪尔·理查森作）、第四十四与一百期（伊丽莎白·卡特作）。此外还有三期，其中有部分内容是赫斯特·马尔索（后来的沙蓬夫人）写的，其余部分由查普万（第十期）、加里克（第十五期）、约瑟夫·辛普森（第一〇七期）完成。下文对《漫步者》的讨论中，有一些细节在我的耶鲁版约翰生文集的绪论部分（第三卷）被较为详尽地论述。我从中引用了一些段落。如需其他论述，参见列奥帕德·达姆罗什，《英国文学史期刊》，第四十卷（1973），页70–89。

［6］泰尔斯与墨菲，见《约翰生杂录》，第二卷，页350；第一卷，页391。鲍斯威尔：《约翰生传》，第一卷，页202。

---

* 参见下文页494–496。

[7] 赫斯特·皮奥齐：《已故塞缪尔·约翰生轶事录》，见《约翰生杂录》，第一卷，页178。鲍斯威尔：《约翰生传》，第一卷，页215。

[8] 鲍斯威尔：《约翰生传》，第三卷，页194。《约翰生杂录》，第二卷，页302、229。

[9] 耶鲁版约翰生文集，第二卷，页333-335。

[10] 塞缪尔·约翰生：《日记、祷文、年谱》，页43。《塞缪尔·理查森书信》，A. L. 巴鲍德编（伦敦，1804），第一卷，页164-170。

[11] 耶鲁版约翰生文集，第三卷，页xxx-xxxiv。

[12] W. K. 威姆萨特：《哲学词汇》（纽黑文，1948）。

第十八章　人类的境况：道德作家约翰生

一

296 约翰生自认为是一位道德家(广义而言)。从三十九岁(1748 年)开始创作《论人类愿望之虚妄》到五十一岁(1760 年),他这一时期的道德著作使我们认识到他的真谛。因此,有必要在本书中单列一章,专门对这些作品展开讨论。研究这些作品的过人之处时,不应将其相互割裂。例如,研究《漫步者》的中心思想,我们立刻就会想起他的其他道德著作,这一点十分明显。如果人为将每一部作品相互割裂,就会忽视这些作品整体表达出的中心思想,就会主要关注写作日期和其他外部细节,就会在研究他此后的报刊作品时重复论述这些思想,例如《闲人》杂志(1755－1760),尤其是《拉塞拉斯》(1759)。《拉塞拉斯》属于散文诗,它给此类著作画上完美句号。同样,《论人类愿望之虚妄》为此类著作谱写出序章。此外,我们不应等到他历时十二年的道德著作创作结束,再回过头来盖棺定论,而应现在就对此展开论述,因为四十多岁时，他的作品就已非常准确地体现出其内心生活。我们之所以在这里就对此展开讨论，也是因为他的道德著作大部分已创作完成。

二

约翰生关于人类的生活与经历的写作，最与众不同之处在于，它
们使人的心灵产生极大的宽慰与信任。因此，一代代后人读他的作品 297
时，不仅感到心灵受到净化，内心更加坚定，有时深受感动，而且因为感受到“宽慰”而微笑，甚至哈哈大笑。当前，我们这一代人饱受各种困扰，他们对抽象的愿景与口号产生了怀疑，对系统与理论也产生了怀疑，他们不愿相信任何未经自己亲身试验的任何事物，喜欢对此冷嘲热讽。而约翰生的道德著作之所以对他们产生深深的吸引力，奥秘正在于此。

约翰生有能力立即激发并永久保持人们的信任感，就此而言，历史上任何一位道德作家都无出其右，甚至无法比肩。首先，很少有道德作家能有他这样丰富的生活经历，因为这在许多方面都接近人类经验的极限。我们在此说的经验，采用的是它在拉丁语中栩栩如生的意义，即历经艰难困苦真正赢得某样事物——这就是 ex periculo，指“来自危险中”或“来自磨难”。（它源自希腊语的 peran〔指“克服”〕和 peira〔指“考验”或“风险”〕；它的同源词包括“遭遇”，即旅途中的经历，还包括“海盗”与“朝圣”。）他的叙述因此笼罩了一层权威的光环。我们知道，他本人经历过真正的风险或磨难，而且他善于消化吸收的天性也使他从自己的经历中充分汲取了经验教训（在涉及个人的问题上，他就能论述自己的大部分经验教训，例如教会人们“怎样去生

活”)。这也说明,他为何能在英语世界中成为除莎士比亚之外被引用最多的作家。但他之所以能在道德作家中脱颖而出,还有一个原因,即他涉猎的范围广阔得让人难以置信(在这一点上,人们必须抛开职业的道德作家,而将莎士比亚与他作比较,这一点很重要),无论是内心世界的希望与恐惧,还是在世间生存时最实用的关切;无论是每个人都会出现的焦虑,还是在学术界、专业领域和政治领域更加专业化的理想与慷慨、策略与妒忌。几乎没有他未曾涉猎的领域。在他讲述完这些之后,我们会发现人性如此之复杂,我们在短暂的人生之路中具有如此多的共同之处,我们此前的认识是多么的肤浅。

最后,约翰生具有同化的力量,沃尔特·罗利爵士称其为“体验的天性”,它由约翰生性格中的四种品质融合而成,并始终对他的经验产生影响。这四种品质分别是:为人坦诚,勇气无与伦比(只是经常孤注一掷),具有同情心,幽默也令人耳目一新。这些品质产生的合力要超过各部分之和,因此人们曾企图将他的道德著作归纳为系统或程式,但都失败了。这一点同样适用于他的批评著作。我们即便出发点很好,但在剖析、抽象、归类、划分的过程中,也不可避免丢失最本质的内容,这就是这四种品质相互间产生的积极作用,即同情心与愤怒相
298 交织,幽默与深邃的道德相交织,广博的知识与特殊的关注相交织,超乎寻常的坦荡与对技术或心理的敏锐感知相交织。无论在约翰生与别人的交谈中还是在他的道德著述中,这些品质都交织在一起,令人耳目一新并感到宽慰。

例如,从约翰生的随笔文中,我们可以发现他对人类状况的悲观认识超过了所有人。如果只考虑这一点,我们自然会困惑不解,因为约翰生总能别出心裁地产生**令人振奋的**影响。但是,如果我们将其纳入整个格式塔,或者是约翰生在生命的旷野中担当道德探索者或朝圣者时,将

其视为他整个人性的组成部分，我们就会认识到，他对邪恶的认识，恰恰就是他引发信任与宽慰时不可或缺的基础。在他看来，人类所处的境地在本质上就是由邪恶编织而成，他也认识到，自私自利、贪婪与嫉妒无处不在，令人心生恐惧。最重要的在于，他之所以认识到他所说的“人类心灵中的狡诈”，是因为人类几乎有无限能力就自己的行事动机自欺欺人（同时也幻想是在欺骗他人）。如果从古希腊的犬儒主义开始研究，我们会发现有一大批作家，他们以最敏锐的洞察力，关注人类天性中过度以自我为中心之举。但我们会发现，他们中间很难有人在这个方面超过约翰生。十七世纪的情况十分复杂，早在约翰生创作道德著作之前，就涌现出许多目光犀利的著名道德作家，例如托马斯·霍布斯、拉罗什富科、斯威夫特及伯纳德·曼德维尔，他们比约翰生更为“悲观”，但也更为片面。总体来说，约翰生采纳了他们的说法，并将其纳入自己的观点。他在两个方面十分突出。首先是他对人类动机的怀疑和他对无意识的掌控，甚至他的观点在心理学上更为全面（我们将会注意到，这在许多方面更接近二十世纪的精神分析）。其次，他对邪恶的认识进一步扩展到人类天性以外，扩展到对整个生命与宇宙更加全面的态度中。因此，阅读了他的著作之后，我们的信心从不会动摇，他从不会忽视、无视或歪曲任何事实，任何作家都无法在这一点上超越他。

三

在《拉塞拉斯》中，王子与一群同伴要出门远行，希望更为全面地认识人类的本性和世界。他们参观了埃及的大金字塔，返程之前，他们进行了休整。哲学家依姆拉克推测出修建这座巨大纪念碑的原因。299
如果动机是为了隐藏墓穴或财宝，就应该采用代价更低、更有效的方式。那么,法老的"财宝早已超过他的一切真实需求乃至幻想的需求",是什么促使他"监督成千上万民工一刻不停地劳动,以使他在即将逝去的生命中消除枯燥乏味之感呢"?答案带有典型的约翰生风格:这座金字塔

似乎只是为了满足**想象的饥渴,它无休止地折磨着人们的生活**……对于已拥有一切荣华富贵之人,他们必然产生更大的欲望。如果建造一座建筑物是为了使用它,那么在使用的目的得到满足之后,必然为了满足虚荣心而去建造……我**认为这座宏伟的建筑物就是表明人类缺少欢乐的纪念碑**。

"想象的饥渴"以强烈的隐喻表达了约翰生的观点,贯穿其道德写作的始终:"人的一生,很少能让他的心灵产生满足感的时刻"。这使人们想象出自己的愿望,并因此希望实现这一愿望,但当前远远无法满足,"以至于我们每时每刻都必须从过去和未来中寻求更多的满足"。我们几乎无时无刻不在期待着下一刻、下一天、下一周的到来,或者以同样的方式回忆往昔。"没有一个心灵能够专注于当下:我们几乎无时无刻不在回忆过去与憧憬未来。"斯雷尔夫人注意到,约翰生在为人类的本性开脱时,一次又一次提到这种看法。这类说法出现在他的每一篇文章中:我们不得不"通过回忆……或憧憬即将发生的事件,缓解我们的空虚";财富无法"填补人生的空虚";人们企图在夏季游览度假胜地,以此"消磨时光";大打笔墨官司是许多人"缓解人生的空虚"的方式:

[斯雷尔夫人说]约翰生早年时,人生的**空虚感**给他的心灵留

> 下强烈的印象，以至于在反复的作用下，成为他最热衷的命题……例如，有人放荡不羁、狂蜂浪蝶，抑或是穿梭于赌桌之间。夫人，人生何必充实，既然这男人除了享乐纵欲一无是处？还有人很积极地管理着自己的田产，并对家庭的经济形势很满意。人何必**有所作为**？为何不能让狭隘之人积攒五便士的硬币，然后等着将它们兑成一先令的银币，这样做不是很容易吗？[1]

这是约翰生从精神分析的角度探索人之为人的出发点——人类
想象的本质，想象的力量超越任何可能的享乐。从本质上说，这就是 300
《圣经·传道书》开篇之章的主题：“眼看，看不饱；耳听，听不足。”无论我们拥有什么，我们总能想象出更多的欲望（或者说不同的欲望）；想象愈广，奢求愈多，即便绝望或疲惫能防止我们的心灵再次迷恋欲望，但至少我们会失去当前的乐趣。幻想就具有这种无穷无尽的能力（并且通过它产生愿望），它是人类几乎所有欲望的根源，并阻碍了一些生物方面的欲望。如果幻想是人类实现幸福必不可少的要素，当我们对它毫无约束，它只“受现实条件制约”，那么它也就成为人类大部分不幸的源泉（因为还存在惊人的灾难与真正的贫困或损失）。人们很容易坠入这种状态，“他的各种能力只能使自己深受折磨”，同时也折磨他人。对财富或财产、功名利禄和荣誉的争夺无处不在，其中最严重的莫过于各种心理情结，例如“嫉妒”或“将别人踩在脚下”的欲望。因为想象总让我们跃入他人的境地，并将我们对他人局面的想象与我们对自己的直接而全面的觉知进行比较。约翰生动态地思考了整个过程，并在《漫步者》第二期中指出：“人类心灵的自然翱翔并非从快乐飞向快乐，而是从希望飞向希望。”

在古典道德作家中,我们从未见过像约翰生这样,以如此深邃的洞察力提前预见到我们在十九世纪与二十世纪对心理的大规模发现,这些发现从浪漫主义时代一直延续到弗洛伊德对无意识展开的临床研究。也就是说,人们发现心灵远远不是一个宁谧、客观、理性的工具(或者说,按照激进的唯物主义思想,心灵是一台记录仪,外部经验通过触动这台记录仪的按钮,使之完美地合为一体),而是无法预测的自在之物。当外部事物激活或引发心灵的行动时,它就可以以任意一种无法预见的方式展开运动,而绝不是与外部事物融为一体。

四

约翰生对此的认识始终是广博而又悲观的。这是他无法对人类
301 天性迅速得出答案的原因之一。据柯尔律治说,这些答案"只能获得**哲学的幻想**……它们可以阐释并理解符号,使毛毛虫的体内形成翅膀,使蝴蝶仙子日后能飞翔在空中……他们不仅知道,而且也感受到对自身产生潜在作用,就像对他们实际产生影响一般"。[2] 通过探寻欲望本身的积极主动过程,约翰生更深入地了解到普遍规律,并摒弃了传统的道德作家和朴素的心理学家所加的标签与陈腐概念,因为这些人将情绪的过程同欲望或执念恰好所针对的某些客体相混淆。抓住关键问题之后,长期以来他始终面临的问题就在于,如何利用好这种难以满足、折磨人心的能力(即人类的幻想),最大限度地获得幸福、远离痛苦。

正是在这一背景下,他不断地考察人类在短暂的一生中争夺的对象,人类为之痛苦憔悴的对象,或者使人类陷入嫉妒与憎恨中的对象;在此过程中他与他观察到的人感同身受,这不仅防止他陷入犬儒主义

（最严格意义上的犬儒主义），而且使他的思想带着悲天悯人的情怀。因此，在他论述人们对财富的欲望并为之奋斗的随笔文中，我们发现他对于财富所产生的空虚，给出的回答与众不同。他曾经说："我在这个镇子上跑步时，还是个一贫如洗的小伙子，我能在辩论中出色证明贫穷带来了一大堆好处，但与此同时，我心中却对贫穷失望透顶。"他也无法忍受人们若无其事地谈论贫穷（这种现象很常见），因为这些人从没有贫穷之虞。他同样也不能忍受人们对贫穷产生怀旧感，因为这仿佛认为穷人的生活获得了令人艳羡的补偿，宛如玛丽·安托瓦内特扮演的牧羊女。加里克有句台词，"简朴会让我心生喜悦，我愿和穷人同吃同住"，富有的斯雷尔夫人曾被这句话"逗得花枝乱颤"，约翰生忍不住打断了她："可怜的大卫呀！我愿和淳朴的人一同欢笑！这是什么蠢话！有谁会主动与穷人同吃同住呢？不，根本没有；要我说，我愿和聪明人一同欢笑，我愿和富人同吃同住。"哲学家用轻松的口吻讨论贫穷，约翰生态度也是一样，尤其是通过大学和教堂的资助摆脱穷困潦倒境地的人。他认为贫困是"美德的真正障碍"，因为它"使心灵无法承认其他任何关爱"。我们也不应忘记，许多人很是高傲，甚至于不去追求财富，也不把财富放在眼里，这并不是因为"他们不重视财富，而是他们更讨厌勤奋或危险"。约翰生指出，如果有一天财富从天而降，这些人很少会主动拒绝。[3]

五

因此，他在道德著作中深入探寻人类的信心，即寻找"幻想的谬误"，这些谬误与财产或财富的形象联系在一起。换言之，他之所以要针对这个问题说服别人，是因为他并不仅仅是痛斥能够催眠想象力或 302

扭曲判断力的因素。再举一个例子,他曾反复讨论结婚还是单身这一话题,这证明在日常生活经历中,幻想对于许多人来说始终是摧垮或降低幸福感的利器,因为它通常会投射出过度简化的镜像(无论是结婚还是单身),进而使人们产生失望的心理。结了婚的人会十分怀念自己单身的时光,并且“怪自己当年的选择过于草率”,但他们并不知道,他们希望回忆的过去“并不仅仅是单身生活,而是自己的青春岁月,是充满新奇感和……希望的时光”。真实的情况却是“婚姻产生了许多痛苦,但是单身也很少能带来快乐”;“每一种动物都将自己的痛苦怪罪到碰巧在他身边的事物”;“我们在生活的各个层面都看到了相同的不满,而且我们无法改变这一点”:

> 每个人都会述说自身境况的种种不便,并且认为其他人的处境要比自己更好,因为他并没有设身处地地体会到他人的感受。因此,结了婚的人就会称赞单身状态既轻松又自由,而单身人士则会因为饱受孤独之苦而飞快地去结婚……无论是谁,只要感受到巨大痛苦,通常都会希望改变自身境况,以此寻求慰藉……[4]

约翰生还以更为轻松的口吻,论述了他感兴趣的另一个话题,以这一示例来证明幻想所产生的作用。他评论道:“对于莫名感到不安的人来说,通行的解决之道是换个环境。”在他的随笔文中,我们总是能看到形形色色的人逃离了自己所处的环境,寻找私密的环境,但又对此觉得厌烦。遇到来自原先环境的人之后,他们又突然感到轻松。他们会抱怨旅途之苦和旅馆服务之差,但到了第二年又继续这样做。在上述所有评论中,约翰生都采用了强烈的喜剧口吻,见解又入木三分,这就使麦考莱在他评价约翰生的那篇著名随笔文中,称约翰生“以

无知的方式，激烈而又狂躁地鄙视了”旅行。麦考莱的这篇文章在数
十本教科书与文选中多次出版，对公众关于约翰生的看法起到了推波
助澜的效果。这种观点直到目前依然十分普遍，他认为约翰生是一个
顽固的伦敦佬，他离不开舰队街。其实，如斯雷尔夫人所言，“他实际 303
上酷爱旅行”，而且“一路上都是令人钦佩的旅伴，他很自豪于自己从
不感到任何不便或鄙夷住宿条件”。*

在此，他再度阐述想象的作用，并挑选了一些普遍而广为人知的例子，因此，人们不怕坦白承认。约翰生在《漫步者》第六期中曾对此作了最精辟的论述，他在文中讨论了当时几乎被人遗忘的诗人亚伯拉罕·考利的宣言。考利发现名声使自己一刻无闲，于是打算乘船前往西印度群岛的一处种植园，“永远舍弃这个世界，也远离世间各种虚荣与苦恼，躲进人迹罕至的地方隐居并埋葬在那里”。其实，如约翰生所说，他本可以埋葬在自己的祖国。人类出于骄傲，决不会与忽视自己的人为友。但是考利由于公众的关注或社交生活而受到干扰，疲惫不堪，他开始觉得自己无法完全远离他所认为的“令自己不安之源”，却让自己在幻想中产生了对闲暇与归隐景象的憧憬，忘记了

> 孤独与宁静所带来的快乐源于他极力想要消除的痛苦……以至于无论是白天还是黑夜，劳动还是休息，匆忙还是退隐，两者都是相辅相成的……我们产生愿望，我们追求愿望，我们实现愿望，我们得到满足。然后我们又产生其他希望，又开始新的追求。
>
> 如果他有所进展……就可能怀疑自己对生活中的各种名利

* 如需了解约翰生对旅行的总体态度，参见下文页461–462。

> 保持距离,是否能使他远离苦恼。对于一个感到痛苦的人来说,他会幻想自己可以在其他方面更好地忍受痛苦,这是司空见惯之举。考利知道某种环境导致的问题和困惑,他准备说服自己相信,情况不可能再糟糕了,每一次改变都会带来某种改善。他从未想过,他的不幸源于内心……[5]

六

除了大多数人共同经历过的简单事物外,职业,事业心,对权力“功名”的饥渴,对于“将自身重要性强加于他人”的可悲愿望也是如
304 此。这个主题仍是想象怎样从波谲云诡中确定某种目标,并认定这个目标将满足内心欲望。希望以及随之而来的恐惧便开始强行收缩。

约翰生此举也是在提醒自己,因此他必然喜欢关注作家或学者。作家或学者通常认为自己的动机更加纯粹,但却暗中“将幸福视为人们对自己名号的称颂”。正因如此,约翰生津津乐道“摧毁写作的普遍阴谋”(很少有哪位作家比约翰生更有资格这样说),在任何时刻都在成千上万的房间中上演着。一个人一旦认为“出名是自己实现幸福必不可少的要素,他就立即使自己的幸福落入最软弱、最胆怯的邪恶之手,即便他没有失去满足感,至少有所牵掣”。不管怎么说,我们总是会忘记,能实现的“名誉”是如此之少,人们普遍关心的是自己的希望与恐惧,他们“谋划躲避厄运,或者缩短与某些新的财产的距离”。如果这位作者停下来反思片刻,就会记得“图书馆的每一份编目”都写满了“人们的名字,他们现在虽然已被人遗忘,但曾经和他本人一样进取和自信”;这些名字“希望能够在各个王国广为颂扬……最终只剩下修道院和大学还记得它们”。在这些“名声的最终归宿”中,“少数孤寂

的学生”可能阅读或抄写下来一个名字，即便如此，他们的注意力也是漫不经心的，除非“当前的研究模式恰好需要注意到这些作者”。[6]

《漫步者》第二期是约翰生写出的最优秀的随笔文之一，他在文中称我们每个人都与堂吉诃德很相似，因为我们都对事业抱有幻想，夸大回报，也都活“在理念中”。“我们的内心提醒我们，他和我们一样，都没有值得取笑之处，区别就在于他**说出了**我们的**想法**。”但与此同时，他也指出，“如果我们没有像堂吉诃德那样夸大优点的能力”，就不会付出努力，也不会承担风险。这并非压制或抨击幻想的愿望。首先这是不可能的。斯多葛学派认为，这可以做到，也应当做到，但这本身就证明了“幻想的谬误”。我们不可能完全无视自身天性。其次，作为一种道德存在，我们通过幻想获得了有效激励，也就是说，我们通过切切实实的愿景使自己激情澎湃。“没有希望，就没有努力”，而且“有必要去燃起希望，只不过希望总是受到欺骗；因为希望本身就是幸福，
而且，如果在实现希望的过程中遭遇挫折，无论多么频繁，都没有完全 305
丧失希望可怕”。[7]这个问题依然存在，即我们在接受了自身境况之后，应当怎样做？“那么，希望与恐惧将在何处找到自己的主人？”

七

在我们所论述的大部分作品中，在一定程度上都存在真正的无辜（只是这种无辜岌岌可危）。人类的幻想有个不可救药的习惯，即喜欢憧憬财富与安全的景象，“换一个环境”的景象，或“充实他人心灵”的景象（无论是在浪漫的爱情中，还是在“满怀期待”的观众的思维中），但没有人受到伤害，我们自己也不会受到致命伤。人们经常泰然处之，例如考利就梦想到一个海岛隐居；或者像道德作家的想法一样：

“他获得的掌声越来越多,他的内心也在不断膨胀,最终却证明掌声毫无价值”(与此相反,约翰生本人曾坦承,“一个人获得的掌声具有重要影响”);或者像举办讲座的人一样,他幻想着观众都对他充满崇拜的期盼,全场鸦雀无声,目光全部投向他,于是心中便产生了折磨。他“担心让他们失望”,在恐惧心理的驱使下,他绞尽脑汁,竭力要证明:

> 他的声誉并非偶然;他认为他的一言一行都将流芳百世。盛名恶名都在于他的每一个音节,他任何方面都经得起时间考验。在这种焦虑心理中,有谁能想到他晕了头……?有人受名气所累,当他们听说自己的担忧毫无必要,也许并不会因此感到安慰……虽然我们看到众人在我们面前经过……我们应当牢记,我们同样也迷失在这人群之中;当前恰好投射在我们身上的目光,不久之后就会转到随后的他人身上……

因此,他为这位年轻作家画出了一幅令人忍俊不禁的素描。(《漫步者》第一四六期)这位作家在作品出版之日心潮澎湃,走出门外,径往咖啡馆,“就像一位微服私访的君王”,准备探听人们怎样以深思熟虑的态度关注自己的作品,怎样以良好的心态接受自己的作品,怎样对自己的这部新作给出评价,但却发现根本没有人注意到他这本书,他们都在讨论其他问题。诚然,幻想能简化我们的目标,指引我们的工作或迎合我们的奋斗之路,但之后我们就会发现这并非通往幸福之路(因为此时就会产生空虚),因此通过这一过程,人们便能对极为严
306 肃的问题证明,最终的结果是悲剧性的。一定程度上,麻烦与失望依然属于我们自己的问题,并不需要牵涉他人的生活,也不会给他人造成不幸。[8]

但是，人心中的不满与挫败，很少能始终保持简单或不再重复的状态。除非通过道德或宗教原则将其净化（只不过在《论人类愿望之虚妄》中，指出了人类经历中的一个痛苦教训，即“理性很少能对顽固的选择作出指导”），或者说，除非用其他因素加以补充，以使我们更接近更为广泛的现实背景，否则它们就会退回到自我之中并进一步恶化。斯雷尔夫人指出，约翰生曾“孜孜不倦地研究过医学的每一个领域，却对**幻想症**给予特别的关注”。[9]约翰生也开始注意到，人类的幻想和欲望在受到阻碍或压制时，怎样长出獠牙，并怎样将此转化为各种形式的嫉妒与敌意，同时他又说服我们相信，我们是在支持美德或标准（在道德行为、艺术、思想著作或其他方面），这一论述使他的道德著作愈发产生入木三分的效果。

他通过淋漓尽致的洞察力，剖析了“人类本性中复杂的狡诈”，及其如何摧毁自身的宁静与自身对现实的认识，这一点使他成为弗洛伊德的前辈，而我们才刚刚认识到这一点。[10]心理医生长期以来都喜欢引用他的名言：“儿童总是很残忍的……只有通过培养理性，方可使他们获得和提升同情心”；“大慈大悲是对幻想中的罪恶进行赎罪”；“我们很少力求或希望像强迫自己一样强迫他人”；“急切的洁癖……是水性杨花的妇人的特点；这是因为她们负罪感过于深重，不仅害怕别人发现，而且要躲避怀疑”。约翰生的这些论述虽然为心理分析开辟了道路，但并不仅限于揭穿人类本性中傲慢的多愁善感。无论是对内心的“抵抗”，还是对心理分析领域中所说的“防御机制”（或者用约翰生的话说，“自卫的谋略”），在约翰生对此展开深入研究并富有同情心的认识过程中，都能发现这一点。尤其是他在分析到人类的幻想在寻求满足的过程中遭到挫败时，发现其加速演变为压抑并创造出“暗中的不满”，或不祥地转变为各种形式的幻想投射，此时他便提前预见到

"压抑"的概念。当然,其结果并不是一系列正式的分析。道德著作由对各种论题的反思构成。它们所包含的洞察力取决于其中主题与模式的出现频率,就像约翰生在论述只是表面看来有所不同的问题一般。

307 我们可能首先会注意到,约翰生重点关注各种形式的竞争与暗中的憎恨,它们使人类产生隔阂,无法实现真正的追求。他对嫉妒与恶毒进行了全方位考察,无论是乡村生活中人们天生的怨念,还是上流社会中"有教养的人采用的恶毒谋略";无论是各行各业人们的相互憎恨(例如"军人或海员的相互憎恨"),还是作家、学者、批评家之间的文人相轻心理和嫉妒心理,这些都很自然地吸引了他,并促使他作出某些最为犀利的讽刺。我们发现谣言很容易转化为对他人的轻蔑或责难(只不过出发点来自其他动机,即我们想不到其他表述,我们希望避免可能引发争论的话题,我们需要填补"生活中的空虚")。如果对不在场的某人作出赞扬与崇拜,同伴常常是可以忍受的。责难更"容易被纵容,因为它总是表明了某种优越感",无论是我们具有发现错误的能力,还是我们向自己和他人表明其违反了较高的标准,都会纵容我们产生责难。尤其值得关注的是,约翰生发现人类心理中存在躁动的责难需求,它会变得更加显著或专注,这确实是"我们内心某些更深层次的弊病所表现出的症状",它防止"暗中不满"的心理对自身产生影响并将其投射到别处,从而保护了我们。例如,我们自身存在易于恐惧和焦虑的天性,如果将其强有力地压抑,就很容易将它投射为对他人持续不安的怀疑心理。这种怀疑态度实际上会暴露出我们自身的倾向(除非我们过去受到的伤害尤为严重)。或者说我们自身存在投射的过程,使我们有意无意要"对他人"造成伤害,而这种伤害就是他"原先自己遭受的伤害"。约翰生对此评论道,这就仿佛要驱散他自己的疑虑——他的苦难会遭到浪费。或者说还有一些人，他们自己曾经违反过道德或法律责任，或是对需要遵守的这些责任暗中怨恨，却又力图去加强他人的道德或法律责任。他们起初是"模糊和笼统地攻击他人"，或散布更具体的怀疑，希冀人们(包括他们自己)将注意力"集中到除自己以外的任何人身上"，这样就能"减轻自己的负罪感"或憎恨。但是，幻想可以采取更加"艺术化的掩饰过程"。人们可以通过夸大或详细描述与自己截然不同的错误或习惯，来减轻自己的负罪感："然后，他通过自己相对的纯洁无辜取得了胜利，并使自己能够心安理得。"即便在这种情况下，约翰生也指出，我们对他人的责备，本质上通常与我们自身"相反的错误"属于同一类，就仿佛是我们希望将自身的不足转化为一种美德似的。[11]

八

所有这些行为，根本动机是针对我们与他人之间的差异，减少对 308
自己产生任何不利的认识。我们无须"贬低他人"，而可以努力提升我们自己，或者说我们至少可以努力去更加客观地衡量这种差异，以确认它是否真正存在。同时，如果它确实存在，我们就要找出我们受此损害的严重程度。但是，贬低他人要容易得多，尤其是对于贬低他人的动机，我们几乎拥有无限能力欺骗我们自己。

约翰生指出，除了懒惰，所有的邪恶至少都需要特殊机缘。但嫉妒的优势在于，它可以"随时随地"产生作用。即便是在幸福谷中，人们可以满足所有欲望，可拉塞拉斯还是发觉自己对动物产生了嫉妒心理，因为与这些动物不同，他自己已经"无欲无求"。另一引发嫉妒的因素在于，当它发挥作用时，通常可以"无需代价，也不会带来危险。

如果传播怀疑……扩散丑闻，就既不需要辛勤劳动，也不需要勇气”。只有当一个人“没有产生恶毒心理，而是力求超越他人”时，他才会发现在自己追求的过程中，“人的憎恨情绪还是无法完全安抚”，他才“对他此前只是付之一笑的诡计深恶痛绝”，并发现“如果能铲除人心中的嫉妒，我们的生活会变得多么幸福快乐”。[12]

无论在职业生涯还是在社交生活中，约翰生都指出嫉妒心理是怎样导致人们碌碌无为的，并指出嫉妒促使人们“更加自恋”。仅仅是“听到他人赞赏的掌声”，经常就会激起文学批评人士的严厉批评；在客厅中，嫉妒会使人们将掌声送给交谈“枯燥无味，令人难以产生嫉妒心”的人士。在专业领域，人们在无法客观衡量绩效时，而且主要的外部奖励是（或者人们认为是）最难以捉摸的事物——“声誉”时，自然就会引发嫉妒。商人的业绩可以通过收入衡量，医生的业绩可以通过治愈的病人衡量，但作家与学者除了真正心胸宽广者之外，他们的心思与“名媛”相同，因为两者“都依靠他人的注视获得自身的幸福，他们都只能通过比较而获得自身价值，两者……都不断地采用计谋拦截
309 他人的赞誉”。而且万物始终存在争议，无法严格衡量或量化评估，因此人们更有可能就自身动机来欺骗自我，并表现出好斗的一面，因为我们很快就说服自己相信，这是正义之举。但是，“他知道人类的内心是多么狡诈”，也意识到“我们经常打着争取达到优秀标准的幌子，满足自己的骄傲或嫉妒心理”。[13]

在所有缺点中，嫉妒心最接近“纯粹的邪恶”，因为它的目标是“削弱他人，但我们这样做并不利己”。从这个意义上说，它比“自私自利”更加违背“人类伟大的仁慈友爱法则”。我们可能会对此辩解称，嫉妒也能带来一定的利益（道德“败坏”的人或理应受到严惩的人认为这样做会带来利益，或者说如果我们头脑不正常的话，也会认为

阻止他人获得公众的关注，就能使自己更容易获得别人的崇拜和快乐，从而获取利益）。但“嫉妒中冷漠的恶毒”，其真正动机“并非将自己的快乐建立在他人的痛苦之上”。约翰生反复提到这一点，我们能感受到，在“充满原罪与悲伤的世界”，人们这样对待彼此是难以置信的，因为所有人都面临相同的命运。《拉塞拉斯》中的一个插曲，反映出约翰生对这种做法难以置信。依姆拉克将自己早年的经历告诉了王子。在他第一次加入商队经商时，他发现同行的商人故意算计自己，或者让自己被官员找茬，由此惹上麻烦。在此过程中“他们并没有得到好处，但却因为了解的情况比我多，他们就从中获得了快乐”。青年拉塞拉斯无法相信，一个人竟然会做出“损人不利己”的事情。尽管人们在感觉自己高人一等时肯定很开心，但依姆拉克的无知与幼稚“仅仅是偶然的”，他的同伴也“没有理由给自己鼓掌”：“他们所拥有的知识，也就是你所缺少的知识。如果他们对你提前发出警告，也能收到与算计你一样的炫耀效果。”但是，依姆拉克无法给出答案，他只能说：“骄傲总是丑恶的，它通过非常卑鄙的优势来取悦自己；嫉妒本身并不能获得快乐，而是通过与他人的痛苦进行比较而获得快乐。”[14]

九

在约翰生研究嫉妒的方式中，有一个特别值得我们关注的心理问题。我们在上文中曾指出，约翰生有个很吸引人之处，这就是他几乎完全消弭了嫉妒心理。但我们还指出，嫉妒心理的诱惑出奇地强 310
烈——尤其是约翰生天性中具有强烈的攻击性和竞争意识。他在十八九岁时曾发现，自己的许多同学虽然才能远不及自己，却一个接一个地上大学去了，而他自己却只能守在自家书店中。虽然当时嫉妒心对他产生了强烈的诱惑,但在他屈辱地离开牛津回家时,这种嫉妒心反而变得十分微弱。此外,我们发现他从牛津回来后的五年里,表现出与嫉妒截然相反的心理:他竭力将自己的攻击性对准自己,而不是对准他人,而且要消化吸收"将自己与他人进行比较的病症",而不是将这种心理转化为对幸运者的嫉妒和敌意,更不是对整个社会体系的仇视。同样,在他三十多岁时,除了因年轻的加里克通过"模仿"与"表演"的艺术飞黄腾达而表示过怨恨(并没有造成实际伤害)之外,他依然不受嫉妒心理的影响。

他是怎样做到这一点的?他又是怎样成功地消除嫉妒心理的?这始终是他令人鼓舞和值得钦佩的品质,我们自然十分好奇。答案就在于,有两种因素共同使他实现了这一点,即骄傲与慈悲。他曾说,只通过一种手段,很少能使人"洗心革面"。有些场合下,消除一种"情感",唯有用另一种情感取而代之。骄傲固然很可怕,但骄傲也可能提升人们的素质与目标(这一点与"嫉妒"完全不同),使之鄙视"嫉妒的恶毒"并避免自己坠入其中。他通过自己二十多年来的经历,论述了这一问题,并称已证明哲学对根除"头脑中顽固的杂草"没什么帮助。因此,不管采用什么方式,即便不能将此根除,只要能对我们有所帮助,至少能"压制和镇压它",那么它就是有道理的:

> 迄今为止,我已经避开了危险的经验主义的道德,它们通过一种邪恶来治疗另一种邪恶。但是嫉妒心是如此卑劣……以至于几乎任何一种品质都比它强……因此,人们应当永远记住,无论是谁,只要对他人产生了嫉妒心理,就应当承认自己的长处,然后凭借骄傲感来改正自己的背德之举。[15]

这只是一种方法，不能轻视它。但此时令他不安的——也是多年来令他不安的——是，这在本质上是“古典主义”与“异教思想”对更高贵的自尊心的诉求。真正的基督徒将通过耶稣一生示范的谦卑来祛除嫉妒。在约翰生本人充满辩证的天性中，曾创造性地将骄傲用于治疗，但这始终与基督教宣扬的谦卑和慈悲的教诲互相抗争，因为在 311
“充满原罪与悲伤的世界”，所有人都面临着“相同的命运”。因此，从《论人类愿望之虚妄》开始，一直到《拉塞拉斯》，约翰生道德著作中最重要的一个方面在于，他始终对他自己和他人发出振聋发聩的提醒，“没什么好嫉妒的”。如果我们能够明确自己嫉妒的对象，就会发现无论是嫉妒心，还是嫉妒心促使我们采取的各种“忙碌”的活动，最多也只是人们另一种“自我防卫的计谋”，这是自我设置的牢笼或罗网，它主要通过推测、恐惧和匮乏修建而成。在这个牢笼中，欲望“对我们自己的影响要超过对他人的影响”，而且由于“无助的人”深陷其中，他的能力“只会让自己受到折磨”。

四十多岁时，他在考察人类境况时所采用的全景式笔触已经根深蒂固，成为习惯，并出现在每一场合，具备深度，产生共鸣。在此笔者只举一个例子。他曾围绕睡眠问题写过一篇轻松的随笔文。（《闲人》第三十二期）他提到人类需要遗忘，至少一天一次，此时他想起了亚历山大大帝的一番话，后者曾说过，仅凭他需要睡觉这一点，就知道自己是人而不是神。约翰生让我们所有人牢记，所有人（无论贵贱，无论得宠还是落魄）都需要有一段时间进入“无欲无求”的状态，而这不仅仅通过睡眠这种方式实现。他想知道，是否有什么能比这种做法更有助于净化心灵并“压制扰乱世界安宁的各种情感”。即便是亚历山大，为了确保“世界之主”的地位，也不得不通过大肆饮酒，增加每天的睡眠时间：

> 如果人们都认为没有人可嫉妒，那么所有的嫉妒都会消失；人们若对自身不满，自然也不会被人嫉妒……我们如此渴望转移自己的注意力，以至于很少有人满足于身体需要强加给心灵的麻醉。亚历山大大帝就通过大肆饮酒来帮助睡眠，并通过酒精来安慰世界之主。几乎每个人都有某种本领，使自己的思想悄悄摆脱当前的状态。[16]

十

我们在思考宗教对约翰生的意义时，产生了一个关联的问题。在他的道德随笔文中，明显缺少对宗教问题的讨论，这表明，一方面道德
312 随笔文使我们能深入了解约翰生的思想，但这些文章并不能代表他的全部思想。我们还应当探寻其他方面。就**具体**讨论而言（这与一般的告诫不同），道德著作更多关注需要关注的问题和需要避免的问题，而不是应当采取什么积极行动。当然，从《圣经・十诫》开始，所有严肃的道德著作都迅速地阐明和暗示了价值观。问题就在于如何避免道德滑坡，因此采用了告诫手法。即便如此，根据约翰生对生活中难题的结论，这些难题通常会积压到惊人的地步，以至于整个形势实际上就是“人类无论生活在哪里，都需要忍受很多痛苦，而且很少能获得快乐”。[17]

因此，道德著作的整体效果更加令人惊讶，尽管它们希望认识到人类内心和生命中产生阻碍和造成黑暗的所有因素，但其效果却是使人产生希望和信任，我们在本章一开头就提到过这一点。之所以产生了希望，是因为我们从约翰生自身的坚定信念中获得了希望，发现人类天性中纷繁芜杂的混乱并非不可救药。无论是男女，

都能因之更加睿智，更明事理；此外，他们作为理性生物能改变情感和本能的运作，这在一定程度上为它们提供了说明与指导。但这不仅仅是通过论证希望的存在，有效地给人带来希望，更重要的是作者个人的整体风格。

约翰生正是如此。他不仅通过自己的思考，而且通过他的思考方式，使人们重燃希望之光。此外，他借助榜样产生了希望，这就是对人类本性的希望，也是对我们自己的希望。这些随笔文讨论的是人性的弱点和人类经受的诱惑与考验，这些论题实际上就是他本人穷尽一生与之展开斗争的问题。他的天性不稳定且变化多样，因此这些论题的名单很长，无论是渴望声望或赞誉（“声誉”或“地位”），还是阅读逃避现实的骑士小说（他可能连续好几个小时沉迷于此）；无论是愤怒造成弄巧成拙的蠢事（人们被愤怒冲昏头脑时，俨然成为自己的主要敌人之一），还是幻想无法满足于现状。他认为人们要大步向前，即便心中无法满怀希望，至少也要预见到未来的灾难（他自己一直就是这样做的），并使自己强大起来，能够抵御灾难。对于忧伤或绝望，悔恨与愧疚，无聊、厌倦与猎奇，骄傲、积极竞争以及“为了取胜”而辩论等习惯，他对这些问题的论述与他自身的做法保持了言行一致，因为他本人都经历过这些问题，但始终敬而远之，这样才能发现其真面目。他之所 313
以能洞悉懒惰心理，是因为他单枪匹马就能编写出《约翰生词典》，但他也知道，一连好几个星期坠入空洞的冷漠状态会产生什么影响（况且二十多岁时，他就一连好几个月坠入这种状态），而且他可以诚实地说，他并不只是偶尔感觉到这一点，而是“**总是**感觉到自己希望什么也不去做”。虔诚的詹姆斯·贝蒂曾向他忏悔称，自己“时常受到令人震惊的离经叛道思想所困惑”。约翰生的回答虽然让他大吃一惊，但也会令他感到宽慰：“如果我将自己的人生划分为三个部分，其中有两个部分已经充满这种思想了。”因此，在生活中的每一个方面，在他讨论“管控”思想的必要与方式时，他都明白这样做有利于同内心的抵制和混乱的幻想作斗争，也明白这样做有利于自己保持精神正常。

但是，他从来没有被击垮过。他会站在这个问题的另一边，凝视之，然后跳出其范围，直击更为根本性的问题，并以同样的勇气直面这一问题，甚至包括下面这个问题：

> 我不知道看清人生的真相是否会带来安慰，但出自真理（如果有）的安慰是牢靠而持久的。来自谬误的安慰，必然如其来源一样，错误而善变。[18]

他在剖析人类心理与需求中的核心问题时，论证的方式体现出令人振奋的勇敢无畏，同时他对所有这些问题进行了思考，搁置了人们针对肤浅的观点和标签所展开的持续争论（但也对它们发表了令人净化和难以忘怀的评论），这种争论总是在知识界不断进行。即便他措辞激烈，体现出具有喜剧效果的焦躁，但也对我们产生治愈作用。我们感觉他仿佛就像一位排雷工兵，在前方开路，将我们此前心生恐惧的危险从道路上一一扫清。或者说，即便危险依然存在，业已大幅减少，因为约翰生神奇地将两种形式的视角相结合，即喜剧化的还原（除非我们也意识到他没有忽视任何方面，否则这一点永远不会使我们获得胜利）与充满同情的理解（除非我们知道这是他历经千辛万苦实现的，否则我们无法相信，也无法证明它的感染力）。最后还有一个例
314 子，我们只能称之为他思想的**纯粹性**。尽管他的作品充满自身的经历与情感，但他始终能防止它们造成主观上的歪曲。

十一

因此，在道德写作中，我们总是能感受到两种根本性的价值观（无论是他更伟大的作品，还是他整个的人生寓言，都是如此），这并不是因为约翰生在宣扬它们，而是因为它们为我们树立了榜样。一种价值观是人类自由的潜力：他相信，人类很大程度上是“自由的主体”，或者说至少人类的自由程度可以超出自身认识的范围，即便所有事物都联合起来反对他（包括人类天性中永远为自己设置的陷阱），亦是如此。

在他论述完之前，我们就已赞同他对各种信仰所产生的敌意。例如霍布斯在一个世纪前所宣扬的信仰，即人类的动机由一系列机械的、内部的快乐决定，并通过它管理我们的自我。在《漫步者》的早期作品中（第四期），约翰生立刻对斯威夫特的言论（即认为人类要“感激自己的怨恨”）展开论述：

> 无论是这一原则，还是属于同一类型的其他原则，都假设人类只依从无理性的冲动行事……没有对客体进行任何选择……而对于人类而言，揭露并批驳这种倾向的立场至关重要。

针对一切决定论乃至各种扼杀人类实现自由选择希望的思想，约翰生都予以“揭露”和“批驳”，这体现在约翰生对人类生活所撰写的著述的每一个方面。

第二个价值维持了第一个价值并使之具有实用性，它体现于约翰生最简洁、最精彩的警句中：“通往伟大的第一步是要诚信。”他曾在早期作品《弗朗西斯·德雷克传》(1740)中阐明了这一点。不久后,他就去了伦敦,开始了漫长的奋斗历程。他奋勇前进并实现了诚信,这一点比其他任何品质都更能使他摆脱充满束缚的自我牢笼,也使他摆脱自己二十多岁时那段最可怕的日子,当时强大的超我或自我要求使他陷入麻木状态。人们虽说很容易对实现诚信的理想不屑一顾,但事实在于,许多品质对于真正的诚信是十分必要的,这就是为什么很难
315 实现约翰生所指的诚信("通往**伟大**的第一步")。没有一种态度,就不可能让我们超出自我(这已不仅是态度,而且是对价值做出积极的想象性与情感性回应)。没有幽默是可能的,但若是没有幽默,我们真诚的潜力就会迅速触及天花板,无法超出急切的状态。同时,如果只有纯粹的急切,将不可避免地导致我们目光短浅。如果没有勇气,诚信肯定是不可能实现的。因为如约翰生所言,"除非人具有这种美德,否则他就无法保持其他任何美德。"最重要一点在于,我们不可能没有慈悲和同情心。在英语中,有必要使用这两个词语,尽管它们意思有些重叠,因为博爱的理想(关心他人并有责任感)在传统上(约翰生也持这种看法)属于宗教原则和道德原则。如果包含"同情心",就会涉及更多内容,而且正因为包含更多内容,就会指明方向与价值。另一方面,"同情心"(或"感同身受")属于心理行为,它涉及怜悯或移情,即跳出自我并为他人设身处地着想的能力,但它依然不完整,除非它实现真正的关爱和责任。约翰生说:"他人的幸福或不幸所产生的所有快乐或悲痛,都是经由幻想产生……因此使我们一度思考他人的境遇。"[19]幻想的这种**投射**能力是约翰生笔下的重要主题,我们也一直在详细关注这一点。约翰生不断地表明,我们都替代性地生活在"理想"之中,并希望令他人惊讶或给他们留下深刻印象(而且他人也对我们产生此类印象)。在一篇讽刺性素描中(《探险者》第八十四期),六

名旅行者“一副傲慢自大的神态”，走进一辆马车，“颐指气使”，努力要给旅伴留下深刻印象。他们逐渐开始扮演某种角色，屠夫谈起自己一位有爵位的朋友，股票经纪人的文书一边浏览报纸，一边大谈自己的投资之道，开小餐馆的女性抱怨起旅馆的内部服务，并与自己所习惯的环境相比较。关键在于，他们以后再也不会见面，因此他们通过某种形式的表演，更加生动地模仿出自己所渴望的生活，给对方留下的印象就是他们替代性地生活在这种状态下，但除了一时满足之外他们别无所获。换言之，我们讨论的是人类天性中根深蒂固的方面，无论环境如何，它们都会以某种形式体现出来。但是幻想中的这种外部跳跃既导致马车中的人做出上述举动，也使我们期盼着下一个小时、下个月，乃至盼望我们未来的境况与利益（或者说让我们带着怀旧的
心理去回顾往昔），这种外部跳跃同样也能对他人、对道德价值观或对 316
使人从自我的主观牢笼中解放出来的其他任何事物产生同情的认同。问题在于，要以一种合乎道德的方式使用这种渴望，这种向前跳跃的能力，或者说向其他任何方向跳跃的能力：即以“现实”去“规制”它。

十二

这就是对心理解放与自由的追求，领先弗洛伊德一个多世纪。弗洛伊德将此称为“现实原则”，而约翰生在《莎士比亚作品集前言》中称为“稳定真理”。诚然，人们想当然地认为，人类虚弱的自我只能使他们随时（即便只是无意识之举）准备反对承认真理，而且在此过程中，采用了不光彩的方法，他们的诡计多端着实令人惊诧。而且在最广泛意义上说，他们“内心依然是天然热爱真理的”。至少说，它天然就缺乏安全、宽慰，也无法以事实为导向，这只有现实才能提供。当

然,我们可以永远就“现实”展开诡辩。因此,尽管约翰生尤其对“形而上学式的论证”乐而不疲,但针对贝克莱以理想主义的观点反对物质存在这一做法,约翰生最终的回答是对此加以摒弃,并称:“**因此**我驳斥了这种论调。”此时,约翰生就像海兹利特提到的哲学家,对争论“芝诺悖论”感到了厌倦,最终站起身来走出房间。我们阅读约翰生的作品之后,便会赞同他的信念,即“对于管理人生必不可少的真理而言,人们总是在诚实地寻找过程中才能发现它”。[20] 这里的关键就是“诚实地寻找”。当然,这是一种过程,而且在追寻它的过程中,我们会发现自己只是朝圣者与探索者。但正如怀特海所言,在他追求现代科学与哲学的伟大宣言中,“过程**就是**现实”。我们所面对的每一次新的经历,某种意义上都是不同的。

在约翰生的道德写作中,我们读到的不啻一场戏剧,他的不同自我在其间展开对话,这部戏剧对人生这幕剧作坦诚地作出了评论。在人生中,无论是怀疑、彷徨、压抑、豪情,还是慈悲,都是“一个无助的人”在朝圣之旅中所面对的各种境况,无论他将自己视为“漫步者”“探险者”还是约翰生在他最后一部道德论丛中所说的“闲人”,概莫
317 能外。正如 T. S. 艾略特在《东科克》中所言,“对于我们,唯有尝试”。但是,信念最终涌现时(希冀达成我们憧憬或希望实现的目标),由此产生的诚信使我们开始消除自己防御性的麻木,化为合作性的自信,这更接近于我们唯一可能实现的自由,即通过内心生活与真理的和谐共存而实现自由。

注释

[1]《拉塞拉斯》,第三十二章。《漫步者》,第四十一期(耶鲁版约翰生

文集，第三卷，页221）。《赫斯特·林奇·斯雷尔夫人日记……1776-1809》，第一卷，页179。粗体部分为笔者所加。在这一章第一部分中，浓缩了许多素材，笔者在拙作《塞缪尔·约翰生的成就》（纽约，1955）中详细论述了这一点，见第二至四章（页63-147）。如需对约翰生道德思想的其他论述，参见罗伯特·弗伊特：《道学先生塞缪尔·约翰生》（马萨诸塞州剑桥，1961）。保罗·阿尔康：《塞缪尔·约翰生与道德规训》（伊利诺伊州埃文斯顿，1967）。亚里耶·赛克斯：《激情的智慧》（巴尔的摩，1967）。列奥帕德·达姆罗什：《塞缪尔·约翰生与悲剧意识》（普林斯顿，1972）。

[2]《传记文学》，肖克罗斯编（牛津，1907），第一卷，页167。

[3] 鲍斯威尔：《约翰生传》，第一卷，页441；第二卷，页79。《漫步者》，第二〇二期（耶鲁版约翰生文集，第五卷，页289-290），第五十八期（耶鲁版约翰生文集，第三卷，页310）。

[4]《漫步者》，第四十五期（耶鲁版约翰生文集，第三卷，页243-247）。

[5]《漫步者》，第六期（耶鲁版约翰生文集，第三卷，页32-35）。

[6]《漫步者》，第一四六期（耶鲁版约翰生文集，第五卷，页13-17）；第二期（耶鲁版约翰生文集，第三卷，页13）；另见第二十一期。

[7]《漫步者》，第二期（耶鲁版约翰生文集，第三卷，页11）。《闲人》，第五十八期（耶鲁版约翰生文集，第二卷，页182）。

[8]《漫步者》，第五十四期（耶鲁版约翰生文集，第三卷，页290），第一五九期（耶鲁版约翰生文集，第五卷，页84），第一四六期（耶鲁版约翰生文集，第五卷，页13-14）。

[9] 赫斯特·皮奥齐：《已故塞缪尔·约翰生轶事录》，见《约翰生杂录》，第一卷，页199。

[10] 尤其见凯瑟琳·格兰奇，《神经与心理疾病》，第一三五期（1962），页93-98。

[11]《漫步者》，第七十六期（耶鲁版约翰生文集，第四卷，页34-47）。

[12]《漫步者》，第一八三期（耶鲁版约翰生文集，第五卷，页198-199）。另见《漫步者》，第二〇五、二〇六期。

[13]《探险者》,第四十五期(耶鲁版约翰生文集,第二卷,页 360-361)。《漫步者》,第九十三期(耶鲁版约翰生文集,第四卷,页 134)。

[14]《拉塞拉斯》,第九章。

[15]《漫步者》,第一八三期(耶鲁版约翰生文集,第五卷,页 199-200)。

[16]《闲人》,第三十二期(耶鲁版约翰生文集,第二卷,页 99-100)。

[17]《拉塞拉斯》,第十一章。

[18] 鲍斯威尔:《约翰生传》,第一卷,页 539(《塞缪尔·约翰生书信集》,第一一六篇)。

[19]《漫步者》,第六十期(耶鲁版约翰生文集,第三卷,页 318-319)。

[20] 赫斯特·皮奥齐:《已故塞缪尔·约翰生轶事录》,见《约翰生杂录》,第一卷,页 201。鲍斯威尔:《约翰生传》,第一卷,页 471。《拉塞拉斯》,第十一章。

第十九章　不惑之年将尽：困难渐增；从事莎士比亚研究；《拉塞拉斯》

一

1755年九月，《约翰生词典》出版，约翰生已经四十六岁了。出版 318
商分期付的酬金（一千五百七十五英镑）他都已经花完，他为《漫步者》（1750年至1752年）撰稿所得报酬也都已花完。其他许多作品属于为他人帮忙的性质。其中一部作品写于词典刚上市之际，无论在同情心还是令人意想不到的才华方面，这部作品都很有代表性，这使它成为不朽之作。这部作品是为年迈的威尔士医生撒迦利亚·威廉姆斯所写，他的女儿就是盲人安娜·威廉姆斯。约翰生曾答应泰蒂要照顾好她，并在1752年将她接到家中。自1714年以来，议会提供丰厚奖金，鼓励人们研究出更精确的方法来确定海上的经纬度。威廉姆斯在空闲时一直研究航海导航，他根据罗盘磁针在世界上不同地方的变化，研究出一种导航方法。于是他来到伦敦，提交了自己的计划，但无人问津，他很快就在这座城市茫然地漂泊，只不过一度被允许住在卡尔特修道院并领取“穷教友津贴”。自 1746 年起，他就得了重病，一直卧床不起，这时他已经八十二岁高龄。

约翰生曾为威廉姆斯捉刀了好几封写给海军部的信件和请愿书，但都没有奏效。为了让病入膏肓的威廉姆斯感受到自尊，约翰生很快就深入研究了航海导航领域，并将威廉姆斯的见解写进一本篇幅较短
319 的著作中——《对确定海上经纬度方法的说明》(1755)，作者威廉姆斯的名字赫然出现在扉页上。之后，他还让朱塞佩·巴雷蒂将其译为意大利语，两种版本一同出版(为了让这部著作取得国际地位)。与此同时，他安排好友“多迪”将此书付梓，相关费用几乎肯定是约翰生自掏腰包，但他此时除了编写《约翰生词典》简写本所得酬劳，差不多没有任何收入。到了这一年六月，就在威廉姆斯去世之前不久(6 月 12 日)，他还匆忙去了一趟牛津，将一本《对确定海上经纬度方法的说明》存放在波德林图书馆。据托马斯·沃顿(当时他陪同了约翰生)称，“他担心发生任何疏忽或错误，亲自将这本书的扉页内容录入到馆藏编目中”。[1]

截至 1755 年年底，约翰生发现自己已入不敷出。如果继续住在高夫广场的大房子里面，无疑是愚蠢之举，当初租这栋房子纯粹是为了取悦泰蒂。但这座房子中留下了他过去八年太多的记忆。在这里，约翰生希望能为泰蒂营造新的“体面的住所”；这里还留下了他编写《约翰生词典》的回忆，他曾与其他的誊写员一同在阁楼奋力工作；这里还留下了他创作《漫步者》的回忆。就在此时，到了孤独寂寥的圣诞节，约翰生得了严重的支气管炎，甚至很可能是肺炎，他“咳嗽得非常厉害”。他曾在 12 月 29 日告诉一位朋友，他的身体极为虚弱，“曾经因为惊厥而昏倒”。而且祸不单行，他那只正常的眼睛也发了炎，医生

诊断为急性结膜炎，结膜炎持续了数周方痊愈，这使他既不能看书，也无法写作。几乎整个二月，他饱受病魔折磨。

二

十二月下旬，也就是患病期间，他得到了一个令他震惊的消息。他在三年前曾希望迎娶的女子得了重病，也许有性命之虞；这就是虔诚、高尚的希尔·布思比，她相当于“另一个奥利弗·劳埃德”。约翰生在1739年与她邂逅，当时他住在阿什伯恩的约翰·泰勒家中。约翰生第一次去伦敦并在那里住了一年，之后就返回利奇菲尔德应聘教职。他迟迟不愿回到伦敦，在阿什伯恩住了很久。[*]

我们直到最近才得知，早在1753年（即泰蒂去世后一年），约翰生就郑重考虑过续弦之事。我们现在是通过两篇短篇日记得知此事，约
翰生曾在他人生的关键时期写过日记（1753年至1765年），这本日记 320
也许在他所写的日记中是坚持时间最长的。这本日记和其他许多日记都在约翰生去世之前被他付之一炬。但鲍斯威尔有一次（1776年5月5日）曾在约翰生家中偷偷誊写了其中几篇，它们才得以存世。但鲍斯威尔决定不公开这两篇日记，也许是因为其中感情过于细腻，而且他认为可能会使人们怀疑自己对约翰生首次婚姻的描写。第一篇日记的时间是复活节（1753年4月22日）：

> 我打算在周一寻觅新的妻子，但又忘不了亲爱的泰蒂的音容笑貌，因此我打算在今天上午的圣礼上庄重地向上帝赞颂泰蒂的

* 参见上文页182-186。

灵魂,作为我对她的告别。

到了第二天(4 月 23 日),约翰生称自己去了泰蒂安葬的地方布罗姆利,“布道文我听得不是太清楚”,布道过程中,他为泰蒂做了祷告,接着又做了另一番祷告,内容是“反对不贞、游手好闲和忽视公祭”。他在日记中还说:“整个宗教仪式期间,我一次都没有分神,没有去想别的女人,也没有动过续弦的念头。”显然他在急切地说服自己,续弦之举绝不是对泰蒂不忠,但负罪感与自我保护式的忠诚唤醒了他的另一个自我,他开始强烈地想念泰蒂,以至于他在几天后(4 月 29 日)写道:“我陷入了这种毫无意义的思念中,我不知道我是否陷得过深。”[2]

他打算迎娶的妻子肯定就是希尔·布思比。[3]但他很快就打消了任何续弦的念头。布思比小姐的挚友玛丽·梅内尔嫁给了威廉·菲兹赫伯特,并于 1753 年 3 月去世。布思比小姐担任了梅内尔的遗嘱执行人,她在很久以前就答应梅内尔,为菲兹赫伯特做管家并照顾好他们的六个孩子。与此同时,她也与约翰生通了信。实际上,约翰生曾告诉约翰·泰勒(1756 年):“除了亲爱的布思比小姐之外,我从未与别人定期保持过通信。”同时他也很抱歉地说,这是因为自己并不擅长写信(因为他从不喜欢写信)。这些私人书信大部分都没有留存下来。约翰生在晚年时,曾有各种机会让菲兹赫伯特将这些信件还给他,再将其销毁。更有可能是布思比小姐自己就把这些信件销毁了,因为关乎她的隐私。但在她临终前患病期间,有几封信保存了下来,她已病入膏肓,无力将其销毁。在这些信件中,约翰生用语极为温柔,这在他的其他任何信件中都很罕见(“我甜美的天使”,“最亲爱的人”,“除了你之外,我的心灵别无归宿”)。尽管约翰生自己也生了病，但那段时期他几乎每天都给布思比写信。在他最后一封信中，约翰生不再称她为“我甜美的天使”或“最亲爱的人”（他的情感总是极 321
其强烈，这导致他会本能地采用正式措辞，力求控制情感），而开始改称“尊贵的女士——我请求您全力以赴地同病魔作斗争……如果您可以在回信中给我写上只言片语，鄙人将不胜欣喜”。但他随后在结尾部分写道：“我害怕自己会唠叨，但在我最亲爱的人身处危险时，我不可能没有任何表示。”[4]

布思比去世前后，朱塞佩·巴雷蒂经常能见到约翰生。据他说，布思比去世当天（1 月 16 日），约翰生“几乎悲痛欲绝”，他的朋友“费了好大的劲，才将他悲伤逾恒的情绪稳定下来”。[5]

三

到了三月中旬，约翰生突然因为欠债而被逮捕（债务为五英镑十八先令）。在十八世纪，负债人监狱十分可怕，令人难以想象那里面的条件。尤其是到了冬天，马歇尔西负债人监狱的犯人会几十个人挤在一起，他们食不果腹，只能躺在地上，身上只有一条薄薄的毯子御寒，当然更没有取暖设施。这里的关押条件让约翰生瞠目结舌，他陷入了孤独与忧愁中。他立刻想方设法联系好友威廉·斯特拉恩，即此前负责印刷《约翰生词典》的商人，但未能找到他。约翰生也许是由于尴尬，不好意思去找这部词典的其他出版商帮忙，于是给塞缪尔·理查森写了封信，因为理查森的小说大获成功，而且他以前曾经借钱给约翰生，还答应他下次如果再缺钱，尽管开口。理查森得知此事，立刻给约翰生汇来了六个金币，换言之，这比约翰生所欠的债款还要多八个先令。理查森十分慷慨，他没有按债务的实际金额汇款，而是凑了个整数，这显然表明理查森为人古道热肠。理查森本人与他在小说中刻画的人物截然不同，他非常亲切，但也无疑意在表明自己不斤斤计较于金钱的潇洒。同时，这也解释了约翰生为何不向他人，而只向理查森求助，他太了解理查森的为人了。约翰生从没有忘记这次恩情，尽管此时他还处于人生谷底，但他始终认为理查森是位正人君子。在理查森与其他小说家有争议时，约翰生会积极地站在他这边。

显然，约翰生需要做些事情，并不只是因为他缺钱花。他还需要
322 一项工程来帮助自己。由于希尔·布思比的去世，约翰生在泰蒂去世之后感受到的孤寂感变得更为强烈。他曾经在编写词典的过程中通过明确的工作来排遣这种感受，之后又通过与常春藤巷俱乐部成员举行聚会来舒缓这种感受，但此时词典已经完工，俱乐部成员也都各奔东西。[6] 当然，他也一直在结交新的朋友。其中有三位尤为重要，在这里值得一提：他们分别是亚瑟·墨菲、贝内特·兰顿和约书亚·雷诺兹。他们的特点各不相同。墨菲是富有进取心的年轻人，他出身于都柏林的商人家庭，是一个天资卓著的演员，日后又成为著名的戏剧家。他后来对约翰生的生活与幸福产生了重要的间接影响，因为他介绍约翰生认识了亨利·斯雷尔夫妇。墨菲第一次遇见约翰生是在 1754 年夏天，当时他二十七岁，正单枪匹马地仿照《观察家》创办一份报刊，它名叫《格雷旅馆》。但他同时还对舞台表演产生了强烈的兴趣（第二年秋天，他在科文特花园饰演了奥赛罗）。1754 年 6 月初，他前往乡间游览，并告诉朋友自己不得不仓促回到城镇，因为要准备编写下一期的《格雷旅馆》。同行者有一位是演员塞缪尔·富特，他说无须如此，并指着一本法国杂志说，其中有个“非常吸引人的东方故事”，建议墨菲只要将它译成英语并寄给出版商即可。墨菲接受了这个建议，但他

回去之后，却发现这篇法语故事恰恰是从《漫步者》的一篇文章（第一九〇期）翻译而成的。他觉得自己有必要拜访约翰生，当面作一番解释。墨菲到了晚年喜欢谈起这次见面的经过，有一次还当着约翰生的面讲述了一番。当他赶到约翰生家时，约翰生恰好在做一个化学实验。他

> 发现约翰生在一间小房间里面，浑身上下都是煤灰，散发出一股怪气味，房间里的温度也极高，就仿佛他刚刚在［本·琼生的剧作］《炼金士》中扮演了肺这个角色一般，但他实际上是在制备乙醚。“（约翰生博士说，）过来吧，亲爱的墨菲，这个故事现在并不算精彩之作；今天你头一次到我这里来做客，我感到非常开心，这个错误对于《漫步者》来说也是件好事。”[7]

年轻的贝内特·兰顿也是约翰生一生的朋友，只不过当时约翰生几乎没有想到。兰顿是一位认真负责、热心还有一点古板的青年，他对学术事业很感兴趣，出身于林肯郡的一个富裕世家，晚年约翰生亲昵地称他为“兰基”。兰顿使我们想起新英格兰古老家族的成员，乔治·桑塔亚那曾在《最后一个清教徒》中对他们进行过描写。兰顿 323
甚至在外貌上都酷似这些人。他们都是身材瘦高，长着长脸。据一位友人说：“拉斐尔有一幅漫画刻画了鱼群奇迹般地流动，兰顿很像画中在海边单腿站立的鹳。他的举止最为彬彬有礼，他的谈吐非常文雅、沉稳，而且总是令人愉悦。”早在十四五岁时，他就已经拜读过《漫步者》中的文章（当时这本杂志刚开始出合订本），并对作者极为钦佩。大约一年之后（1754 年或 1755 年年初），他一边苦读准备报考牛津大学，一边抽空去了伦敦，主要是希望见一见作者约翰生。他对房东太

太诉说了这个愿望,得知自己运气很好,莱韦特经常来他租住的房子做客。于是房东太太就向莱韦特引荐了兰顿,并让莱韦特带他去见约翰生。兰顿此前并不知道约翰生的长相,而且莱韦特为人沉默寡言,他在带着兰顿去高夫广场的路上,也不会将此告诉兰顿。兰顿此前在阅读《漫步者》时,想象约翰生的外表:

> 体面,穿着考究。一言以蔽之,他是极为高雅的哲学家,其实不然。大约在中午光景,从他的卧室中走出一个高大魁梧的粗人,仿佛是刚起床不久,戴着一顶深色假发,假发不大,几乎盖不住头发,衣服松松垮垮地披在身上。但他的谈吐很渊博,交谈极为活泼愉快,也极具说服力。他的宗教与政治理念也与兰顿极为投缘……因此,在兰顿心目中,一切尊敬与佩服之情都献给了约翰生。

兰顿的父亲在林肯郡掌管着重要的教区。1756 年,兰顿说服父亲,如果约翰生希望改行做牧师,就给他提供这个职位。约翰生虽然生活艰辛,但他还是拒绝了兰顿的好意,这不仅是因为他依然对伦敦恋恋不舍,还因为他知道自己无论是性格还是整个生活方式,似乎都与牧师这项职业格格不入。此外,他的顾虑与缺乏信任感也妨碍了他在道德著作中讨论宗教(以任何具体的方式讨论宗教问题),这同样也必定会使他认为自己当不了一名合格的牧师。[8]

第三位新朋友是相对年轻的约书亚·雷诺兹,他刚三十出头。此后十年间,他将成为英国重要的肖像画家。[9]雷诺兹的家人住在丹佛郡,他曾在意大利住过两年半(他在梵蒂冈绘画期间,得了一场重感冒,听力因此受损,这也是他家族的遗传病,这个病症折磨了他一生)。

他在1753年年初定居伦敦，先是住在圣马丁巷，到了这一年的下半年，又搬到大纽波特街的一栋房子中。妹妹弗朗西丝此时二十多岁， 324
与他住在一起，并为单身的哥哥当了好几年管家。最后，弗朗西丝情场受挫，搬到别处去住了，但约翰生却始终对“亲爱的雷妮”（这是他对弗朗西丝的昵称）忠心耿耿，而弗朗西丝也为约翰生写了一篇《回忆录》，但她不敢将这篇文章出版。在有关约翰生的短篇回忆录中，这也许是最轻松的一篇，肯定也是最有趣的一篇。

约翰生与雷诺兹初次见面是在查尔斯·科特雷尔海军上将的两个女儿（弗朗西丝和夏洛特）家中。约翰生与这两位女士相识多年，还与她们举办过沙龙。当时，这两位小姐都因恩公去世而悲痛不已。雷诺兹对此评论道：“但你们终于从感恩的重负中获得了解脱。”这两位小姐听了此言甚是震惊，但约翰生就喜欢抨击这种矫揉造作或夸大的悲痛，认为纯属虚伪之举，这就是他本能的防御之举。他努力通过这种做法控制自己的感情，并对雷诺兹的评论中“展示”的“**思想**”甚是愉悦。因为这表明雷诺兹“养成了独立思考的习惯”。雷诺兹一直对《塞维奇传》甚是钦佩，他前不久刚读过这本书，并发现约翰生大大超出了自己的期望值。当天晚上，约翰生回到家中，与雷诺兹共进晚餐，两人的友谊很快就蓬勃发展。不久之后又发生了一件事情，这还是在弗朗西丝与夏洛特小姐家中，雷诺兹与他妹妹都认为这件事情很有趣，也很有代表性。当时约翰生前来做客，他跟在几位女士身后上楼梯。女佣注意到约翰生衣着褴褛，一把抓住他的肩膀，想把他拽回来，嘴里还喊着：“**你**往哪里走？”约翰生大吃一惊，又羞又怒，像头公牛一样怒吼：“干什么？”就在此时，约翰生身后的一位绅士制止了女仆，约翰生“用尽全力咆哮着一路冲上了楼梯”。他已经非常沮丧失望，两位贵妇（阿盖尔公爵夫人与菲茨罗伊女士）突然到来时，他感到受到了更大的伤害,因为弗朗西丝与夏洛特忙着招待有头有脸的宾客,却忘记了为约翰生或雷诺兹引荐。约翰生推测,这是因为她们耻于同自己和雷诺兹这样的“下等人”为伍,于是他静静地坐了一会,陷入沉思,然后“他下定决心,打算给这种自以为是的傲慢当头一棒”,于是大声呼喊雷诺兹:“假如我们从早到晚都极为卖力地工作,我想知道我们俩谁能在一星期内通过工作赚更多的钱。”弗朗西丝·雷诺兹说:“约翰生博士曾经非常愉快地提起这件事情,介绍他是怎样让夏洛特小姐下不来
325 台,他同时也承认,与那位小姐的伟大友谊以及从她那里获得的敬意都到此为止了。”[10]

雷诺兹在这段重要时期与约翰生相识。他日后凭借对约翰生的深入了解,为约翰生画过肖像。无论是约翰生晚年的朋友,还是他的著名朋友,都很少有人像雷诺兹那样了解得如此详尽。此时正是约翰生人生中最黑暗的时期之一(一直到他 1764 年结识斯雷尔夫妇),他将雷诺兹称为“几乎是我唯一能称之为朋友的人”。雷诺兹日后对约翰生的所有描写,都源于对他长达三十年人生的直接了解。鲍斯威尔伟大的作品《约翰生传》付梓时,也题献给了雷诺兹,这一点很重要。

四

当然,约翰生与这些朋友的交往时间很有限(兰顿实际上回到了林肯郡,之后在 1757 年前往牛津深造)。他和所有朋友在一起的时间加起来都很有限,但我们也在上文指出,他的朋友很多,而且来自三教九流。朋友与家人不同,无法随叫随到。正因为如此,约翰生才倍感孤独。当时虽然也有人住在他家中,但还不像后来那样多。除了威廉

姆斯小姐和泰蒂留下的苏格兰“女佣”（她有点像《大卫·科波菲尔》中米考伯家收养的奥弗琳），他家中显然还有一名厨师。沉默寡言的药剂师莱韦特先生可能也住到了他家中，但莱韦特主要在伦敦的贫民区行医，可能只是每天来拜访而已，并在中午时分和约翰生共进早餐。最后还有弗朗西斯·巴伯（弗兰克·巴伯），他是十二三岁的黑人青年。他在童年时，约翰生的好友巴瑟斯特之父（即巴瑟斯特上校）将他从牙买加带到英格兰（1750 年）。巴瑟斯特上校痛恨奴隶制，早在他们离开牙买加时，实际上就给了弗兰克自由（他之所以将这个孩子带到英格兰来，显然只是因为他是个孤儿），而且还在遗嘱中重申了这一点（1756 年），以防弗兰克今后遇到麻烦。他将弗兰克送到学校上学，弗兰克却不喜欢这里。于是上校便让儿子理查德·巴瑟斯特来教育他。但巴瑟斯特在伦敦行医的计划失败了。他自己只能过着勉强糊口的生活，后来又孤注一掷决定加入海军当船医。泰蒂去世后，巴瑟 326
斯特知道约翰生住在高夫广场的这栋大房子里一定非常孤独，于是让弗兰克（此时大约十岁）住到约翰生家，这样即便约翰生没钱供他上学，至少能让他有份工作，即给自己做贴身男仆。

无论当时还是之后，巴瑟斯特为约翰生派来一名男仆的想法都是可笑的。约翰·霍金斯爵士称：“第欧根尼本人从来没想过要个仆人。”约翰生在接受对弗兰克的监护责任时，并没有将他当作仆人。对于富有同情心而又孤单寂寞的约翰生而言，弗兰克完全是他的家人。约翰生对他越来越看重，这不仅是因为弗兰克自身的品质，更因为他是约翰生深爱的巴瑟斯特介绍来的。约翰生很快就觉得，自己应当将弗兰克安排到一所更友好的新学校就读，这就是胡格诺派写作教师德穆兰先生开设的学校。德穆兰先生刚迎娶伊丽莎白·斯文芬（约翰生的教父斯文芬医生之女）不久。约翰生感受到，此举不仅能帮助弗兰克,也能帮助奋力打拼的德穆兰夫妇。但弗兰克却很不安分,他希望给药剂师法伦先生做学徒,到齐普赛街上的药店工作。这就是此时的背景(1756 年)。

弗兰克日后成为约翰生家中的永久一员,因此我们还应对此前几年的情况多叙述几句。如果要让弗兰克成为学徒,就需要交一笔钱。到了 1756 年下半年,约翰生安排妥定。但弗兰克又觉得药店生活十分无聊,也痛恨学徒的待遇,于是他偷偷溜走,到海军里当了一名水兵(1758 年 7 月),服役了两年。当时水兵生活很悲惨,经过一次长途航行,一艘船上有三分之一的水兵都会送命。这种生活使温文尔雅的弗兰克深感震惊,因为他一生都习惯于受人善待,前不久又在高夫广场的家中习惯了波西米亚式的放纵和散漫。约翰生后来这样说道:“如果一个人诡计多端到足以让他进监狱,那么他是不会去当水兵的;因为待在船上就等于是蹲监狱,还可能被淹死……牢房里起码空间充足,伙食也要好一些,而且通常同伴也更好一些。”这番话并非戏言。约翰生为弗兰克操碎了心,到了 1759 年,他不顾尴尬,竭力想让弗兰克从海军退役(这需要臭名昭著的约翰·威尔克斯帮忙,他在海军部
327 很有影响力)。弗兰克在 1760 年 8 月退役后,除了他五年的求学时光(1767 年至 1772 年),一直跟在约翰生身边。威廉姆斯小姐曾抱怨称,送他去上学花了约翰生三百英镑。弗兰克后来在 1776 年迎娶了一位英格兰姑娘,约翰生在遗嘱中将他定为主要受益人。*

---

* 约翰生曾向小说家托比亚斯·斯摩莱特(他对海军的情况很了解)求助,斯摩莱特便请威尔克斯从中斡旋。约翰生后来送弗兰克就读的学校是一所一流的语法学校,位于赫特福德郡毕晓普斯托福德镇(塞西尔·罗兹后来也在这所学校就读)。[11]

五

他的几位"家人"除了给了他带来各种慰藉之外，还有其他价值，即他们令约翰生产生了责任感。这一年的一月和二月，约翰生都陷入绝望，他偶尔努力振作起来。希尔·布思比去世（1756年1月16日）之后，他在一次祈祷中曾请求上帝帮助自己，"让我迫切地承担起您放在我肩头的责任"。他眼部的炎症基本痊愈（2月15日）之后，实际上只过了四天，他就做了另一次祷告："全能的上帝呀，请让我的眼睛重见光明……通过视力下降来教导我，我知道我的一切都是上帝的馈赠。"于是他要利用好上帝的赠礼。他因为负债而被逮捕（3月16日），这次打击最终使他产生更为坚定的决心。

他决定不再拖延，立即动手展开两项工程。其中一项更为紧迫，他之所以选择这项，目的是尽快挣钱，为自己开展另一项更大的工程做好准备（《莎士比亚作品集》），即创办一份新的杂志。前一年，他就已经产生类似想法，即创办一种包罗万象的文集（Bibliothèque），这在法国已经发展得很完善，或是通趣读本加作品评论，尤其是来自国外的作品和各个学术领域的作品。亚当斯博士称，约翰生对此事十分慎重。约翰生曾经编写过浩如烟海的《哈利图书馆馆藏目录》，这段经历证明，此类工作不仅在其能力范围之内，而且无须占用他过多时间。但是，他必然需要资金支持，而当时没有一个出版商感兴趣。

但是，有两三个出版商与约翰生接洽，请他参与《文学杂志，或者万象评论》）的编写与审稿工作，于是他作出了一定的妥协。商业方面的具体事务将由威廉·法登负责，他曾是《漫步者》的印刷商。此外，

尽管约翰生从不喜欢在公开场合以“新闻工作者”的身份出现，但他对
328 匿名发表此类作品近乎迷恋，因此法登还可以担任名义上的编者。第一期杂志于 1756 年 5 月 19 日出版。几个月之后，约翰生与该杂志的老板就产生了政治分歧。“七年战争”爆发后，约翰生在政论文中强烈抨击了帝国主义和商业扩张政策。在他看来，英国与法国在美洲的争斗不啻“两个强盗”在劫掠了印第安人之后，又对抢来的赃物展开一场火并。这两个强盗中，法国至少在关心受害者（即当地土著）方面还值得称道一些。他还在两期刊物中为海军上将约翰·拜恩发表了热情洋溢的辩解，驳斥了公众和舆论的普遍看法。拜恩企图为遭法军围攻的梅诺卡岛解围，失败了，之后他遭到舆论抨击，受到起诉并被斥为“懦夫”，最后在 1757 年 3 月被军法处决。约翰生准确地指出，拜恩只是无能的海军部为自己开脱所找的替罪羊，无论是媒体还是法庭，都没有公正对待拜恩的证词。约翰生的政治立场很快就给杂志老板造成了困扰（老板显然也换人了），约翰生开始失去兴趣，但他仍继续撰写一些评论。不管怎么说，这本杂志并不太成功，创刊后仅一年半就夭折了（1758 年 7 月停刊）。[12]

鉴于约翰生愿意或能够挤出的时间十分有限，他为《文学杂志》所做的工作无论在范围还是类别上都属于精品。与博顿相似，约翰生首先希望扮演所有的角色，每一个论题他既当撰稿人又当编辑，其中就包括为腓特烈大帝撰写的传记。这本杂志的特殊之处在于它的评论，这来自他编写**文集**的计划。在第一年，尤其是前六个月，他至少写了三十四篇作品评论，内容五花八门，既有艾萨克·牛顿爵士证明上帝的存在，也有弗朗西斯·霍姆的《漂白实验》；既有乔纳斯·汉韦对茶叶消费的抨击（约翰生此时已嗜茶，自然要讨论这个话题），也有霍德利与威尔逊的《对一系列电学试验的观察》。评论的对象包括养蜂图

书、船用通风装置、海水蒸馏、本·琼生、奥古斯都大帝的皇宫、与莫霍克印第安人的交易、波利比乌斯以及国债。其中有两篇重要评论，它们是约翰生著名短篇随笔文中的上品：一篇是对约瑟夫·沃顿的随笔《蒲柏的作品与天赋》所作的评论，另一篇更为重要，是对索姆·杰
宁斯的《自由探索邪恶的本质与起源》所作的评论。我们在下文论述 329
约翰生的宗教态度时，必须深入讨论后一篇随笔文。*

除了《文学杂志》之外，约翰生还创作了其他各种作品。完成《约翰生词典》后不久，他就向某些出版商提议了一项工程，即编写一本关于贸易和商业的专业词典，可能他当时已经开工。但最终结果是，已经有人完成了这部词典，即理查德·罗尔特的《新编商贸词典》(1756)。这部词典的出版商请约翰生为该书作序。后来有人曾问及此事，约翰生答道，他“从未见过作者，也未读过此书。书商希望我为此书作序……我对这部词典应当实现的目标非常清楚，于是就作了序”。除了这篇书序以及为撒迦利亚·威廉姆斯的经纬度测算法所写的一本小册子(本章开头作过介绍)之外，约翰生还为好友朱塞佩·巴雷蒂的《意大利语入门》(1755)、威廉·佩恩的《国际跳棋入门》(1756)、夏洛特·莱诺克斯对萨利公爵回忆录的译著(1756)撰写了题献。他还修订了托马斯·布朗爵士的《基督教道德》，并撰写了作者传记附在此书开头。这篇传记写得仓促，目前人们认为其价值主要是对布朗的写作风格的犀利评论。约翰生还有位不幸的朋友克里斯托弗·斯玛特，他于1756年创办了一份杂志(《通趣访客》)，但当年就停刊。约翰生为这份杂志撰写了三篇文章，它们包罗万象。此举既是为了挣钱，更是为了给朋友帮忙。其中一篇是《对农业的进一步构

* 参见下文页 375-376。

想》,他之所以起这个题目,是因为它是接着上一期另一位作者的话题作进一步论证。还有两篇文章,一篇是《论蒲柏的墓志铭创作》,另一篇是精辟的随笔文《对当前文学状况的反思》,我们将在下文对此讨论。[13]

六

但是,无论约翰生的一部分自我如何抗拒其自我期望,此类作品并不符合他对自己的预期。这也不是他人所期望的。(他曾给牛津的一位友人写信,称自己希望给他寄去几本《文学杂志》,"但你决不能告诉别人我在这上面发表过文章"。)他认识到,即便他同意为《文学
330 杂志》撰稿,他真正需要的却是另一种鸿篇巨制,即在某种意义上可以与《约翰生词典》相提并论的作品。

1756 年 6 月 2 日,《文学杂志》第一期发行后,约翰生签署了一份合同,承诺在十八个月内完成八卷本莎士比亚作品集的编写工作,即每两个月出一卷,最后只能留两个月时间完成全套书的收尾工作,加入所有需要增加的注释,并完成书序。在这套丛书的准备阶段,约翰生于 6 月 8 日出版了《莎士比亚作品集征订启事》。自他首次萌生此项工作的想法,已过去了十年。这项计划当初之所以搁浅,是因为威廉·沃伯顿的出版商准备出版莎士比亚作品集,并威胁要起诉约翰生的书商爱德华·凯夫。但此时情况截然不同。由于词典大获成功,约翰生取得了语言大师的权威地位,在英格兰无人能与之媲美,正是沃伯顿的出版商向约翰生伸出了橄榄枝。约翰生当初是想一边编写《哈利图书馆馆藏目录》,一边完成词典编纂工作(这是最重要的工作),同时利用对莎士比亚时期的语言与作品的了解,迅速完成莎士比亚作

品集的编写工作。实际上，他已经完成了这项工作的很多内容。*

即便如此，十八个月的期限依然紧张得令人匪夷所思，这似乎表明约翰生故意苛求自己，他更关心的是与自己心中的敌人作斗争（即他内心对自我强加的要求所产生的反抗），而不是这项工程的要求。他觉得自己在为别人捉刀时，就总能一气呵成。例如，他在为别人作序，撰写题献、布道文或其他任何文章时，或者是为凯夫或其他出版商匿名创作"定题"雇用作品时，都能很快完成任务。在这种情况下，他可以避开人们一切可能的"责备"。这其实就是"自我责备"，因为正如他所说（没有人比他对这一点的论述更精辟），全世界没有人会关心其中的疏漏、错误或不足之处。

此时，约翰生从自身经历中受益匪浅。他在《艾琳》上花费了大量时间，他曾有意识地创作每一个诗行（所耗心血与作品价值不成比例），这仅仅是他自身经历中比较有说服力的例子之一。这个例子与议会辩论文等作品形成了鲜明对比，因为这些作品的创作速度之快堪称人类历史上罕见，但议会辩论文与他在《漫步者》中发表的某些文章一样，都体现出公正和平衡的特点。此外，《漫步者》中的作品在创作 331
时，出版商的书童也是在门外等候，此举体现了他的精确计算和"胆大妄为"。我们发现，在《论人类愿望之虚妄》之前，还没有一部作品能达到他的署名发表标准。约翰生也许过于专注这部诗作，他几乎就像是为自我辩护一般握紧了拳头。他已洞悉人与自我的斗争（这仿佛就是与自己的影子战斗一般）。他在写到人对"名誉"的过分关注时，心

---

* 约翰生为《约翰生词典》收集的索引词条，实际只使用了一半，其中光是引自莎士比亚的词条就有数千条，以证明莎士比亚对词语的运用炉火纯青。而且如伯特兰·布朗森所言，这是"比较完整的莎士比亚用语表"。此外，还有征兆表明，早在他数年前筹划《莎士比亚作品集》时（当时受到沃伯顿的出版商的阻碍），他就已经完成了部分工作。[14]

中又是多么酸楚(因为他曾通过苦苦努力,参透个中三昧)!当然,在这种内化的理想与期望中,这并非真正是“其他人”的期望,而是他自己的期望。诚然,没有人比他更清楚地了解“理性很少能对顽固的选择作出指导”——即便是最坦率的反思,也很少能够改变长期形成的习惯(无论这种自我保护多么盲目和愚蠢)。他曾谈到要下定决心或洗心革面的“计划”,即“每个人都很自然地说服自己,他可以保持自己的决心毫不动摇,他也不相信自己愚蠢。这只有通过长期的时间与频繁的考验方能显现出来”。[15]

但此时情况又有所不同。因为约翰生找不到理由加快写作速度。约翰生为编写词典准备了海量词条,他已借此准备了所需的大量资料。他一次次看到,作家与学者毫无必要地恫吓自己,并对这个问题进行了充分论述。他最终将做到言行一致。十八个月的最后期限将确保他能做到这一点。与那些“为名所累”的人不同,他会降低自己的威望。无论是他自己还是他人,都不会假称自己为这部作品付出了异乎寻常的心血,以激起读者的良知,促使其认真阅读。约翰·霍金斯曾“恭贺他此时开始创作一部能充分发挥他天赋的作品”,并认为他至少将“满怀热情地完成”这部作品,约翰生的话则令其大吃一惊——“我认为这就和我所编写的词典一样:它纯粹就是工作而已,我之所以要创作这部作品,并不是对名声的爱好或欲望,而是缺钱。据我所知,这是我创作这部作品的唯一动机。”[16]

他迸发出了工作热情。每完成一部剧作,他就将材料送到印刷商那里,有几部剧作已经完成了排版工作。与此同时,他还写了我们此前提到的一些短篇作品,包括为《文学杂志》所写的大量评论。即便如此,据亚瑟·墨菲说,约翰生在这一年的创作只占用了他少量的时间。他会陷入倦怠，也不爱运动。他两点钟起床，然后就接待到访的朋友们。许多长久被人遗忘的作家都在焦急地等待着他，就仿佛他能带来神迹，约翰生从批评的角度给了他们答复。他倾听着许多水平有限的作家向他抱怨，透露他们的打算、希望与恐惧。用罗杰·阿斯卡姆的话来说，“人们不知道 332
这些人是怎样生活，又是怎样默默无名地逝去，他们不知何时才能成名”。他认为，自己是全世界最熟悉格拉布街历史的人。他的家中门庭若市，宾客们一个接一个地来访，一直持续到下午四五点。接待他们时，约翰生就高坐在茶桌前。

之后到了1757年，约翰生编写《莎士比亚作品集》的速度开始放慢。到了这一年十二月，他迎来了最终的交稿时间。他告诉新结识的朋友查尔斯·伯尼，他要到第二年三月方能完成这部作品。他此时有了一个特殊的理由，促使自己继续加紧编写这部作品集。1758年2月，他再次面临欠债入狱的境地，他告诉《莎士比亚作品集》的出版商雅各布·汤森，债务“约为四十英镑”。汤森在前一年（6月8日）就借给约翰生一百英镑，偿还利奇菲尔德镇老宅的抵押借款，之后在九月又付给他二十六英镑五先令（这也许是《莎士比亚作品集》的预付款）。到了此时（二月），他又要为挽救约翰生而给他还债。汤森立即预支了四十英镑给他救急。约翰生决心加紧工作赚钱，他写信告诉伯尼，《莎士比亚作品集》肯定能“夏天之前”出版，而且在伯尼不久后来伦敦时，约翰生又向他展示了“已经付梓的几卷文集，以证明自己恪守了承诺”。此后，他似乎再也没有告诉任何人这部文集将于何时问世。[17]

七

这就是五年来的情况，此时约翰生又差一点面临严重的心理危机。只要他需要完成纯文学的作品（这就与他痛下决心，要对自己做一番“道德”改造如出一辙），他就会一拖再拖，不断推迟截止日期，然后再次违反承诺（只是他从不向其他人提及），但这完全不是他的行事风格。

显然，在他自身的想象中，《莎士比亚作品集》无论是深度还是本质，都属于他所下的“道德”决心，并对自我产生了巨大的要求，以至他内心的抵抗几乎要与之抗衡。当然，其他因素也产生了影响。无论他对“为名所累”者作出了多么精彩的嘲讽，他此时定然也体会到这种感
333 受。他想要达到《约翰生词典》的水准，但词典出版之后，情况截然不同。开始编纂词典时，他刚刚步入中年。此时已经过去了十年，中年问题不断积累。动工编纂词典之后，他又产生了个人激励方面的动力（即他挣钱是为了给泰蒂过上好日子），这麻醉了他的心态，并使其摆脱为追求完美而产生的犹豫不决。但此时，情况截然不同。

虽说他开始放慢速度，并最终在编写这部文集上陷入僵局，但此后五年（1757 年至 1762 年）他在其他作品创作中却喷涌出磅礴的动力，就仿佛是对这部作品创作迟缓的补偿。因为创作此类作品并不涉及“自我责任”，就仿佛作为兼职。其中有些作品为他带来急需的稿费，但它们也经常是为了慈善或友谊而创作的。无论何时，他很少拒绝别人求助。而且，此类作品五花八门，但都展示出他广泛的天赋，就像他在三十多岁时为朋友捉刀之作，或者是他在四十至四十五岁期间为他人所写的作品一样。

例如，他曾为年轻的威廉·钱伯斯（之后成为英国著名建筑师）的《中国建筑、家具及服饰设计》（1757）作序。另一篇作品表明他对工程学中的压力问题也很熟悉，这实在是出人意料，更何况他当时没什么空闲去研究这个问题。我们是在三封书信中发现这一点的，当时他写信支持另一位建筑师发表的《黑修士桥计划》（发表于 1759 年的《每日公报》）。此人就是他的好友约翰·格文，格文想成为著名桥梁设计师，他计划建造一座圆拱桥，而他的竞争对手、设计师罗伯特·米尔恩则主张建椭圆板拱桥（米尔恩的设计作品最终获选）。此外，他还为好友约翰·佩恩（当时在英格兰银行供职）的《新利率表》（1758）作过序；为夏洛特·莱诺克斯的布鲁默伊《希腊剧院》译本（1760）与小说《亨丽塔》撰写过题献；为出版商约翰·纽伯里的一部航海游记集《展示世界》（1759）写过绪论（至少还是有报酬的）。他的一位新朋友名叫朱塞佩·巴雷蒂，他出身于都灵的建筑师家庭，并于 1751 年来到英格兰，时年三十二岁，他开办了一所小型学校。还教授意大利语。夏洛特·莱诺克斯是他的学生，巴雷蒂通过她结识了约翰生（1753 年）。许多人似乎都不喜欢巴雷蒂，因为他当时很胆小，又任性，且容易产生强烈的偏见，但约翰生却很愿意袒护他，不久之后，这种保护的感情演变为两人的友谊。除了 334
我们在上文中提到的，约翰生为巴雷蒂的《意大利语入门》（1755）写过书序之外，他对巴雷蒂的《意大利文库》（1757）也给予了一定的帮助，这本书叙述的是意大利作家的生平与作品。他还为巴雷蒂计划发表的一部诗集写了《征订启事》（1758；这部诗集显然没有发表），并为他的《英意词典》（1760）撰写了题献。

八

但是,约翰生在完成《约翰生词典》后,这一时期的重要作品(不过他无论何时都认为它们并不是“重要作品”,他在创作时肯定更不会这样想)是另一批报刊随笔文,即《闲人》,这个系列的随笔文比《漫步者》篇幅更短,也更轻松。此外还有哲理故事佳作《拉塞拉斯》(1759)。

约翰·霍金斯爵士曾机智地猜测到,开始创作《闲人》时约翰生的主要动机是“厌烦了他所创作的作品”,即《莎士比亚作品集》。早在两年前他就发表了《征订启事》。但约翰生还是坦言自己需要金钱。(“只有傻瓜才不会为金钱写文章。”)与《漫步者》不同,这些随笔文更加轻松,也更简短。他从未像撰写《漫步者》那样富有责任感。动笔撰写这个系列,他并没有做“祷告”,而且还有另一不同之处,即他很乐意让他人撰稿(有十二篇稿件是他人所作,占总数的八分之一)。[18] 与《漫步者》不同,他也不希望将这些随笔文视为重要的工作,因而不会单独发表。因此,某些出版商朋友(他们也许会首先邀请约翰生撰写随笔文,然后再根据自己的意愿对写出的文章进行裁剪)创办了一份新周报——《总体编年史》。他的老朋友、常春藤巷俱乐部成员约翰·佩恩当时供职于英格兰银行,但依然对出版保有兴趣,他就是撰稿人之一。另一位撰稿人是热心的约翰·纽伯里,哥尔德斯密斯在《威克菲尔德牧师传》中描写过他(“红脸膛,好心肠,总是风风火火的样子”);其他人随后也加入其中——罗伯特·史蒂文斯,后来威廉·法登也加入了(他曾是《漫步者》的印刷商,并协助管理《文学杂志》)。
335 这份报纸自1758年4月15日创刊,每周六出版,1760年4月5日停刊。每一期先刊登主随笔文，之后是一周要闻和股票报道栏目。公众对于这些附属栏目兴趣不大甚至毫无兴趣，在这方面做得更好的报纸比比皆是。但是，《闲人》系列随笔文却吸引了人们的目光，以至于它们刚一出版或再版（许多报刊都对其再版，而且不付稿酬。这不仅有伦敦的报刊，而且遍布整个英国与爱尔兰），就被一抢而空。《闲人》创刊之后，约翰生曾以温和的反讽口吻刊登了一则“广告”，告诫称如果友商再继续这样做，《总体编年史》就要以牙还牙，也从存在侵权现象的报刊中盗版一些文章。但他并没有因此而心生怨恨。

约翰生对标题的选择，证明了他决心更随意地对待这些随笔文。与“朝圣者”不同，“漫步者”在旅行时没有“既定方向”，而“闲人”根本不会对本人或他人宣布自己要去旅行，甚至不愿做任何事情。为了落实这个决定，约翰生故意尝试在主题和风格上有别于《漫步者》。《漫步者》曾坦诚地放弃“当地和当下”，追求放之四海而皆准。《闲人》则甫一创刊就讨论当天的事件，并对随意的话题展开论述，还故意加入异想天开的内容（例如在第六期中，介绍的是一位女士用了一千小时骑马一千英里，从而打赌获胜）。大约有三十期保持了这种风格。

但也有六期例外。因此，约翰生研究学者发现它们很古怪。但后来约翰生又开始回归人们所熟悉的风格，也许是习惯使然，也许是能感到宽慰，他不仅回归，而且之后每一期都保持原有风格。即便如此，《闲人》与《漫步者》还是存在诸多差异。例如，《漫步者》中很少有人物的“肖像描写”算得上是正面描写。这其中暗含着恼怒之情，非常接近愤怒，只是慈悲之心使其略为缓和。但是在《闲人》中，“肖像描写”经常是正面描写（而且经常根据真实人物所作），即便存在讽刺，通常也是温和甚至和蔼的。

《闲人》创作之初，约翰生就尝试新的风格，力图模仿艾迪生与斯梯尔那种轻松的谈话风格。与《漫步者》不同,《闲人》用词简单,句子也很短。即便在三十期之后论题变得深沉厚重,这种新风格依然如故。与《漫步者》和《探险者》一样,《闲人》中也充满英语语言中最高明的谚语式智慧。但《闲人》用词更加简单,不像原先那样深究,形而上的色彩也淡化了许多:

> 336 从未付出过辛勤劳动的人,可能会深知闲人的痛苦而非快乐……这种巨大的差别干扰了人心中的宁静,这并非是目的上的差别,而是手段上的差别……快乐比痛苦更易导致随意的表达……人天生就拥有一种专门为痛苦准备的表达模式,但是他却没有专门为快乐准备的表达模式,因为他从来就不曾有过日常语言能表达或超越的快乐。在种种计划中,实现快乐的计划是最没有希望实现的。
>
> ……无论是纯粹的美德,抑或是单凭理性,很少能产生洗心革面的效果……人类的诸多痛苦与快乐都来自每个人对他人想法的臆测……没有什么(除非纯粹邪恶的事物)能让我们心安理得地说,这就是最终目的。

九

1759年1月13日(星期六),约翰生突然收到露西·波特的来信,得知自己年迈的母亲(已是八十九岁高龄)得了重病。他一贫如洗,最终打算搬出高夫广场的大房子。他已经打发厨师走了,贝内特·兰顿给他寄来一件礼物(礼物是某种游戏),他转赠给其他朋友,因为“我已经不再打理房子了”(1月9日)。得知母亲病重,他第一个念头就是筹集旅费，然后前往利奇菲尔德看望，并为她支付治疗费用。约翰生只能筹集到十二个金币，他立刻将这笔钱都寄给了母亲。

与此同时，约翰生还与出版商威廉·斯特拉恩（已是他的老朋友）商定，在一两个星期之内完成一篇哲理故事，并采用流行的“东方故事”形式。读者很喜欢《漫步者》中的“东方故事”，尤其是埃塞俄比亚贵族塞格德的故事。（第二〇四、二〇五期）他给这篇新故事起名为《生活的选择》或《阿比西尼亚王子________的故事》，因为他还没有给故事的主人公想好名字。他知道自己可以迅速写完。长期以来他一直在酝酿这部作品，故事的背景也是他所熟悉的。他早在翻译洛沃神父的《阿比西尼亚之旅纪行》时，就不断阅读有关十七世纪的著作，心中早已准备好详细的素材。无论是历史还是地理方面的素材，此时都恰好可以充当这个故事的具体内容。其实，即便是他后来挑选的主人公名字“拉塞拉斯”（Rasselas），也确有此人，而且是阿比西尼亚一位王子的名字。但约翰生之所以选择这个名字，是因为它具有普遍性（Ras 在希伯来语、阿拉伯语和闪米特语系中意为“领导”）。约翰生为此书的酬金举行了短暂的谈判，最终商定为一百英镑，但第二版出版 337
时他又收到了二十五英镑的酬劳。1 月 23 日，他甫一完稿（也许在完稿前不久），就得知母亲早在几天前已去世，而且几乎当即举行了葬礼。他再回利奇菲尔德已毫无意义。因此，威廉·斯特拉恩告诉鲍斯威尔，约翰生撰写此书是为了“偿还母亲的丧葬费用，并将母亲留下的少量债务还清”。但这只道出了他创作此书的结果而非目的，因为此时他已无须急于筹钱，他也没有动力增加此书篇幅，而且结尾可能比他创作之初所定的更加仓促。[19]

因此，他后来告诉约书亚·雷诺兹爵士，他实际上“用了一个星期晚上的时间来撰写此书，然后将书稿分批交给出版社，完稿之后也再没有通读一遍”，一直到1781年（此书出版二十二年后），他才偶然与鲍斯威尔一同在一辆驿递马车上发现了这本书，然后细细地阅读了此书。[20]

十

尽管此书创作环境恶劣，创作速度也极快，但并不妨碍其成为世界短篇文学作品的经典之作。它名叫《拉塞拉斯：一个阿比西尼亚王子的故事》，出版于1759年4月19日或20日。读者几乎立即就迷上了这本书。此后二十年里，这部作品在英语世界的几乎每个角落都广为流传，并始终保持着巨大的魅力。据估计，这部作品首次出版之后，几乎每年都会新推出英国版或美国版。与此同时，这部作品几乎立即翻译成法语（1760年）、荷兰语（1760年）、德语（1762年）、俄语（1764年）和意大利语（1764年）。此后又翻译为其他语言，包括西班牙语、匈牙利语、波兰语、希腊语、丹麦语、亚美尼亚语、孟加拉语、日语和阿拉伯语。

约翰生曾对露西·波特称这是“一部微不足道的故事书”，它的开头就像是童话故事，区别在于它有一定的历史背景。这番介绍十分坦诚，并非故作谦虚。[21]这部作品讲述的是拉塞拉斯王子的故事，他和姐姐妮卡雅及其他同伴一同被软禁在幸福谷中。在接到为家族效力的召唤（他是皇帝的第四个儿子）之前，他要一直住在这里。在幸福谷中，人们所能想象到的每一种欢乐都能获得满足，同时能引发焦虑或悲伤的每一种外部诱因都销声匿迹。在这种超理想的世界中，拉塞拉
338 斯与同伴长期以来都无精打采，厌倦了这种生活，他们希望逃出去。依姆拉克是一位哲学家，他游遍各地，发现了幸福谷，在他的帮助下，

众人终于走出了幸福谷，然后就迫不及待地去探索世界，去寻找幸福。他们探索了各种生活状况，发现富人受到种种焦虑或烦恼的折磨，总是不安分地去追求新的利益，想让自己的生活更具吸引力，同时这也受到了他人的嫉妒。对于这些年轻的旅行者来说，他们认为政治权力似乎是成就善举的理想手段，结果证明政治权力不仅充满变数，而且与他们此前的想法大相径庭，它远不能改变人的境况。这些奉行理想主义的青年起初认为学术界是一条康庄大道，但却发现这个世界也出现了竞争与既得利益的撕裂。虽然闲散快乐的社交生活最终证明是空虚荒唐的，但隐士在努力远离这种生活之后，却发现自己与一心追求社交快乐的人一样不满。哲学家勇敢地叙述了对抗死亡与灾难的方式，结果却发现自己与他人一样脆弱。最终，这群人决定回到阿比西尼亚（并不是返回幸福谷），希望通过更透彻的理解，面对生活中的责任。

简言之，《拉塞拉斯》讲述了一个“朝圣”的故事，其中求索的理性与不安的心灵探求人生的“目的”或“意义”。但是在整篇故事中，暗示的是（只是暗示而从未明言）：根本错误在于，我们自以为是地将“幸福”等同于某种具体的目标或状况。因为如果我们去寻找“幸福”，就不可能获得幸福。当我们趋向它，却发现这不过是海市蜃楼。我们顿悟并体会到幸福的感受时，就会发现它只是一种副产品。只有当我们积极主动地让关注焦点超越我们自身的境况，并使在其他事物中泯去自我，方可产生这种感受。约翰生对这一点只是暗示而非明确地表态，其原因之一在于，这个故事结尾过于匆忙（考虑到他当时的处境，情有可原），但与此同时，它也在结尾部分假装具有“开放性”。（最后一章的标题为“没有结尾的结尾”。有些证据表明，约翰生曾考虑过为这个故事撰写续作。）本书之所以对道德问题采用暗示的手法，另一个原因在于约翰生内心的禁忌，即他在作品中不愿亲自参与任何具体的宗教讨论，我们已经在《论人类愿望之虚妄》与《漫步者》中注意到这一点。他深感自己没有资格去明确地讨论这个问题，这至少体现在以他名义发表的作品中（例如，他代人捉刀的布道文就不存在这
339 个问题）。此时，这一禁忌愈发明显，因为他已年近半百，即将面临人生中最为艰难的心理阶段之一（这仅次于从牛津返乡之后漫长的心理崩溃）。

这部作品之所以极具魅力，秘诀之一在于它将多种原型融为一体。约翰生的头脑具有极强的消化吸收经验的能力，因此每一种原型都可能对人类的心理产生强烈的吸引力。更何况这些原型在这部作品中相互融合，相互强化，产生了更加炽烈的吸引力。这些原型分别是：(1)传统的童话故事。(2)童话故事的复杂变体——“东方故事”，它具有明确的道德目标，经过半个世纪的流行，人们已十分熟悉。它通过遥远的故事背景产生了“距离感”。不仅如此，它通过模仿圣经的故事背景，在读者心中预先产生了庄严感。根据许多法国作家的评价，英格兰全体国民都阅读过圣经（德国人亨德尔在英国归化，他很快就发现，根据圣经创作出的清唱剧，对英格兰观众产生的吸引力没有任何歌剧可与之媲美）。此外，通过模仿圣经的背景，作者不必进行具体的宗教讨论。引发读者讨论就足矣。(3)“朝圣”，这个想法深藏于约翰生本人对文学的深刻体会中（例如，约翰生三部“最喜爱的”作品分别是《堂吉诃德》《天路历程》和《鲁滨逊漂流记》）。(4)还有一种“形式”是“未能达成的讽刺”，它本身就是一种混合形式。即通过比较的手法对讽刺进行弱化，然后再转化为其他形式。这是约翰生道德作品中极为不同的特征，也是他整体幽默风格的一大特点，因此下文将专门讨论。（这也解释了《拉塞拉斯》与伏尔泰的名著《老实人》的

主要差别，《老实人》几乎与《拉塞拉斯》同时出版，世人经常将其放在一起比较。伏尔泰对《拉塞拉斯》赞不绝口，他认为其中的"哲理"非常温暖、可爱，特点是"**和蔼可亲**"而非讽刺，这一点很重要。）*（5）此外，我们在这部作品中还看到了**成长小说**的缩影，十九世纪最伟大的小说家们很快就能利用这种形式充分发挥想象力。需要获得教育之人（拉塞拉斯与他的姐姐）找到了一位好老师，即哲学家依姆拉克，他 340
已经认清了这个世界。他自然相当于约翰生的代言人。依姆拉克在此书开头向拉塞拉斯讲述了自己的生平，这相当于拉塞拉斯等人学习过程的引子。但他显然无法将自己的经验移植给他人，最多只能对他们的追求和思考给出建议。他们必须自己亲身学习。这就是拉塞拉斯与他的姐姐所做的（只不过依姆拉克经常现身，对发生的事件评头论足一番，就仿佛古希腊戏剧中的合唱队一样）。到了故事的后期，他们都已取得长足的进步，因此他们无论在思考还是在谈论人生经历时，都仿照了依姆拉克。最后，这篇故事看似简单，实则不然。在结构上，约翰生还采用了更多不易察觉的"艺术手法"，即便是他最热情的崇拜者亦未能洞悉其中真谛。[22]

约翰生创作《拉塞拉斯》所花时间极短。除了济慈的"伟大颂歌"之外，它比文学史上任何一部经典作品的创作时间都短，但它迅速成为经典之作（现在依然是）。其主要原因在于，我们在这篇充满沉思的简短

---

* 针对"未能达成的讽刺"，参见下文页494-496。《老实人》于当年一月在日内瓦出版，但直到五月才在英国出版。这两部作品在整体布局上十分相似，就连约翰生本人也说，如果《拉塞拉斯》的出版时间再晚一点，此时"若有人指责后一部作品是对前一部作品创意的抄袭，可能就有口难辩了"。（鲍斯威尔：《约翰生传》，第一卷，页342）但是，两者的差异要比巧合更值得关注（例如，《老实人》节奏很快，它采用高超的戏谑口吻，而且哲学家邦葛罗斯与依姆拉克恰好相反，他喜欢讽刺人）。如需伏尔泰对《拉塞拉斯》的评价（1760年），参见《伏尔泰全集》（1880），第四十卷，页390。

故事中,了解到作者心灵的各种特点。在曾撰写过人类经历的作者当中,约翰生的务实最别具一格,他也最具反思特点。他的特点是具有兼容并蓄的力量,知识渊博,头脑机智,充满人性魅力,整体风格与口吻也令人耳目一新。约翰生曾称赞弗朗西斯·培根的特点为"一个强大的心灵对生活的观察",我们几乎在这部作品的每一页都能看到这一特点。飞快的创作速度往往是约翰生的一大长处,他得以抛开犹豫或怀疑,立即发挥内心积累的经验与丰富的表现力。虽说这也对他构成了挑战,但飞快的创作速度所带来的价值总是更多一些:作品的主题会鼓励他毫不停息地猛攻人类经验的正门,以便通过"旋梯"进入这扇大门(这是培根的原话)。《拉塞拉斯》值得我们重点关注,对它的讨论与对他整个道德思想的讨论并无轩轾。《拉塞拉斯》将各种原型统一起来,其中也包含了约翰生的整体道德思想。如果说《论人类愿望之虚妄》是约翰生十年道德写作的前言,那么《拉塞拉斯》就是它的后记。

注释

[1] 鲍斯威尔:《约翰生传》,第一卷,页274-275,注释2。

[2] 塞缪尔·约翰生:《日记、祷文、年谱》,页52-53。

[3] 唐纳德和玛丽·海德在《约翰生博士的第二任妻子》(1953)中对此问题作了权威论述,该文目前经过修订与再版,收入F. W. 希尔斯编:《约翰生新论》,页133-151。

[4]《塞缪尔·约翰生书信集》,第七十八至八十二篇。

[5] 赫斯特·皮奥齐:《已故塞缪尔·约翰生轶事录》,见《约翰生杂录》,第一卷,页257。

[6] 约翰生暗示称,俱乐部在1751年至1753年间解散,而霍金斯称解散时间是1756年。(鲍斯威尔:《约翰生传》,第一卷,页191,注释5)G. B. 希尔认为俱乐部苟延残喘到了1756年。(《塞缪尔·约翰生书信集》,第二卷,页364,注释5)

[7] 赫斯特·皮奥齐：《已故塞缪尔·约翰生轶事录》，见《约翰生杂录》，第一卷，页306-307。鲍斯威尔：《约翰生传》，第一卷，页356。亚瑟·墨菲，见《约翰生杂录》，第一卷，页407-408。

[8] H. D. 贝斯特，见《约翰生杂录》，第二卷，页390。鲍斯威尔：《约翰生传》，第一卷，页247-248，页320、476；第三卷，页304。

[9] 鲍斯威尔以为约翰生与雷诺兹在1752年相识。但F. W. 希尔斯证明，两人最早也是在1755年见面，但1756年相识的可能性更大。此时，雷诺兹已是三十三岁了。参见F. W. 希尔斯：《约书亚·雷诺兹爵士的文学生涯》（纽黑文，1936），页12-13。

[10] 弗朗西斯·雷诺兹，见《约翰生杂录》，第二卷，页261。鲍斯威尔：《约翰生传》，第一卷，页246，注释2。

[11] 阿林·里德：《约翰生拾遗》，第二卷，页12-24，页27-28。鲍斯威尔：《约翰生传》，第一卷，页348。《詹姆斯·鲍斯威尔创作〈约翰生传〉所用相关信函与文件》，页164-165。约翰·霍金斯爵士：《约翰生传》，页327-328。

[12] 唐纳德·J. 格林，见《英国研究评论》，新系列，第七卷（1956），页367-392。另见艾伦·黑曾：《塞缪尔·约翰生的书序与题献》，页125-128；爱德华·A. 布鲁姆：《塞缪尔·约翰生在格拉布街》，页88-112。如需更多约翰生与七年战争的综述，参见唐纳德·J. 格林，见《十八世纪英国作家》，J. H. 米登多夫编（纽约，1971），页37-65。J. L. 克利福德，见《法律与科学》，第二卷（1975），页72-88。

[13] 如需了解罗尔特的著作，参见鲍斯威尔：《约翰生传》，第一卷，页19，注释2。艾伦·黑曾：《塞缪尔·约翰生的书序与题献》，页198-200。如需了解上述题献，见艾伦·黑曾：《塞缪尔·约翰生的书序与题献》，页12-13，页146-151，页110-116。（萨利公爵的回忆录虽然出版日期标为1756年，但其实是1755年11月出版的。）如需了解《通趣访客》，参见爱德华·A. 布鲁姆：《塞缪尔·约翰生在格拉布街》，页117-135。

[14] 耶鲁版约翰生文集，第七卷，页xvi-xix。亚瑟·谢尔博，见《莎士比亚季刊》，第九卷（1958），页426-428。

［15］ 塞缪尔·约翰生:《日记、祷文、年谱》,页14。

［16］ 约翰·霍金斯爵士:《约翰生传》,页363。

［17］ 亚瑟·墨菲,见《约翰生杂录》,第一卷,页414。《塞缪尔·约翰生书信集》,第一一二至一一三篇。鲍斯威尔:《约翰生传》,第一卷,页324、329。如需了解汤森对他借款的详情,参见大卫·弗里曼:《图书贸易研究:纪念格雷厄姆·波拉德》(牛津:牛津书目学会,1975),页214。我看到这篇宝贵作品太晚,无法充分使用,对此我深表歉意。

［18］ 在《闲人》的这十二篇随笔文中,有三篇是雷诺兹写的(第76、79、82期),三篇是托马斯·沃顿写的(第33、93、96期)。兰顿(第67期)、邦内尔·桑顿(第15期)及威廉·艾默生(第98期)各写了一期,还有三篇随笔文的作者后来被约翰生遗忘了。如需《闲人》创作时的整体背景信息,参见笔者的绪论部分(耶鲁版约翰生文集,第二卷,页xv-xxviii)。

［19］《塞缪尔·约翰生书信集》,第一一八至一二七篇。鲍斯威尔:《约翰生传》,第一卷,页340-341。R. W. 查普曼为他编辑的《拉塞拉斯》(1927)所写的介绍。扉页关于出版商只列出了多兹利兄弟和威廉·约翰斯顿,斯特拉恩显然决定做一个"无名的合作伙伴"。如需详情,参见格温·科尔布,《文献学研究》,第十五卷(1962),页256-259。

［20］ 鲍斯威尔:《约翰生传》,第一卷,页341,注释2(马龙);第四卷,页119。他说自己"从此再也没有读过它",他指的是自此书第二版出版之后。第二版很快就出版了(6月26日),只做了少数几处文字修改。

［21］ 如需关于埃塞俄比亚与圣经的背景,参见D. M. 洛克哈特,《美国现代语言学协会会刊》,第七十八期(1963),页516-528。T. R. 普勒斯顿,见《美国现代语言学协会会刊》,第八十四期(1969),页274-281。

［22］ 参见格温·科尔布,《美国现代语言学协会会刊》,第六十六期(1951),页698-717。F. W. 希尔斯:《约翰生、鲍斯威尔及其交际圈:L. F. 鲍威尔论文集》(牛津,1965),页111-121。《英语研究评论》,新系列,第十八卷(1967),页387-401。E. 琼斯,M. 瓦巴:《两个世纪以来的〈拉塞拉斯〉论文集》(伦敦,1959)。

第二十章 知天命;恩俸;鲍斯威尔;俱乐部

一

尽管高夫广场的大房子承载了过去十二年的回忆,但约翰生还是 341
决定搬出去住,这表明他的境况很不妙。他原先租下这座房子就是为了让泰蒂适应伦敦的生活,但泰蒂辞世后他又住了七年。在廉价的住所之间颠沛流离多年,约翰生终于在这座房子中找到归宿与安定。这座房子与他编写《约翰生词典》和撰写道德著作的经历也息息相关,那是他一生中最高产的一段时期。在这座房子里,约翰生从下层跃升到中上阶层。如果舍弃这里,再搬回廉价寓所,无疑是他失败的明证。这就仿佛是又回到了起点,只不过他已年过半百,远不如三十七岁时那样前景光明。

但是,他别无选择。他在斯塔普勒旅馆办妥了租赁事宜,这是位于法院巷的一座半木质的老旧旅馆,此时它已属于格雷旅馆。威廉姆斯小姐就住在附近,这样约翰生可以天天去拜访她。3 月 23 日,约翰生写信告诉露西·波特称:“我今天把我的东西都搬好了。”(他的新住所非常小,我们可以猜到,高夫广场住处中的大部分家具可能是送给了房东或其他人,但更有可能是卖给了别人。)不久之后(还是在 1759 年),他搬到了格雷旅馆。过了六个月,他又搬到内坦普尔巷 1 号的二楼,这里的住
342 处要稍大一点。他在这里住了五年(从 1760 年 8 月住到 1765 年 7 月)。这是他人生的关键时期,我们将在本章中进行介绍。[1]

搬到斯塔普勒旅馆标志着他人生一段重要时期的结束。这段时期充满了各种辛酸的经历,而且象征意义更强,这是他不愿承认的。一年之后,他在《闲人》最后一期中写道:“没有什么(除非纯粹邪恶的事物)能让我们心安理得地说,这就是最终的目的。……最后一种具有隐秘的恐怖,它与具有思维能力的存在不可分割。”约翰生总是容易受到象征意义的情感波动,他采取的直接保护措施就是拒斥,以防它们对自己的情感产生过于强大的影响。最重要的一点在于,他总是立即鄙视“地点的改变”会影响人这一想法。这种想法仿佛承认自己会受到季节变化影响一般(“浮夸的想象”)。如果承认“地点的改变”对某人的作品或幸福产生了影响,除非是真正陷入“穷困潦倒”,否则就会产生真正的贫穷与匮乏,因为这意味着放弃人是“根据自由意志行事”的信念。约翰生曾告诉鲍斯威尔:“不要让自己习惯于相信**主观印象**……人可能会逐渐屈服于此,而且长期受其支配,因而无法按照自己的自由意志行事,或者会**认为**自己并不具有自由意志,两种情况效果一样。”对于他本人而言,他可能认为这种投降之举尤其荒唐。他是否始终是一个“流浪者”呢?他已经历过太多世事变迁,难道就不能对这次“地点的改变”泰然处之吗?尽管约翰生对“印象”采取了各种保护措施,但我们还是能在他深夜所写的祷文中体会到他的焦虑。这篇祷文写于他从高夫广场搬到斯塔普勒旅馆后不久,他在其中两次提到

“我现在体会到了**外部**事物的改变”（他在竭力控制感情）。在这篇祷文中，他希望通过强加于自己的这种改变，能通过真正的“改头换面”，同时对他的内心产生改变。[2]

真实的情况是他开始遇到一些极为严峻的问题，他也清楚认识到这一点。在中年时期，对整个人生进行反思是十分常见的，不可避免要遇到一些问题，此前很久他就预见到。约翰生已经考虑到了这些问题，预先在《论人类愿望之虚妄》与《漫步者》中对部分问题进行了消化吸收，以此作为自我保护式的准备。同时，他还通过一心编纂《约翰生词典》，设法将其中某些最严重的影响往后拖延。但他已年过半百，也更为脆弱。他似乎已快度过中年时代。在他动笔编纂词典并租赁高夫广场的房子时，他的人生才刚过半，此时即便乐观估计，也走过了三分之二，而 343
且大部分光阴都已虚度。在他的人生中，失望、挫折、悔恨、错误的选择交织在一起，他没有办法责怪这个世界，只能责怪他自己。

最糟糕的是，《约翰生词典》完工之后，他的麻木感越来越强烈。诚然，他时常会迸发出工作激情，其原因既可能是为生计而奋斗，也可能是对他人伸出援手。但事实上，这些工作始终没有占用他多少时间。无论在什么情况下，他迸发出工作热情的情况都越来越少见，此时，他甚至都不愿意为生计而奋斗，他搬出高夫广场的房子就足以表明这一点。他为自己安排了一项严肃的工程，即编纂《莎士比亚作品集》。这本来在一年前就应该完工，他也一直在告诫自己，这项工程的工作量远不能与编纂词典相比，充其量相当于后者一个附录。他很久以前就知道，自己唯一的敌人就是他自己，并谨慎留意，采取措施防范自己。但他未能取得进展，结果只能使他产生更多的自责。而且谴责他的自责只是另一种形式的自我斗争，使他深陷自我而不能自拔。在约翰生刚刚度过生日的那天，他觉得自己又浪费了“一年的缓刑期”，于是在祈祷中祈求上帝帮助他“提高自己对时间的利用……今年我希望能变得勤奋”。而在此时，由于“外部事物”的变化，他不允许自己再出现任何犹豫不决：“[4 月 15 日]请您保佑我打破邪恶习俗的锁链。让我能够改掉游手好闲与懒惰……使我能养活自己，减轻他人负担。”[3]

他仍在创作《闲人》(只不过这个系列很快就要永久停刊)，而且花销也更少，应该不会再出现入不敷出的问题。(斯塔普勒旅馆的房租最多只有高夫广场的三分之一[4]，而且威廉姆斯小姐尽管收入很低，但这也足够她支付房租费用。)但是在 5 月 19 日，约翰生却又不得不从约翰·纽伯里那里借了四十二英镑十九先令十便士。这笔债务的金额很奇怪，它不是个整数，显然是他用来偿还欠别人的债务。这笔钱和高夫广场的房租费很接近，因此很容易推测出这笔钱是之前一年所欠的房租，可能还有一些利息，这就是他找纽伯里借钱的原因。(我们知道，在此前一年，他就曾因为同样金额的一笔债务[“约四十英镑”]而被捕入狱，最终不得不向他的出版商雅各布·汤森预支了稿
344 费。)他有一段时间肯定是入不敷出，主要是因为他为人慷慨。虽说他的算术十分优秀，而且能给他人提供很高明的理财建议，但他的自我中却有一种傲气。在他看来，对自己的花销斤斤计较是可鄙之举。他更愿意抛开物质，尽量过上简朴的生活，他认为这样做更符合自己的傲气。他本人唯一体现出奢华之处就是他租的大房子，但此举有情感和象征方面的原因。不过，这种精打细算仅仅是为了节约开支，对于不断受他帮助的友人来说，他一点也不小气。

搬入斯塔普勒旅馆之后，为排遣由此引发的悲伤情绪，他于六月动身前往牛津做客，小住了几周。他的老朋友托马斯·沃顿已是诗学教授，可以安排他住在凯特尔堂，并随时欢迎他的到来。做客牛津期间，约翰生有时和新结交的朋友罗伯特·范西塔特在一起。范西塔特是位年

轻的法学学者,家世显赫,当时是牛津大学万灵学院的研究员,几年后又成为牛津大学民法学瑞吉斯教授(Regius Professor;1767 年)。范西塔特即将三十一岁,小科尼利厄斯刚到利奇菲尔德镇并将十五岁的约翰生带到斯陶尔布里奇镇时,年龄也与之相仿。与小科尼利厄斯一样,范西塔特也是出名的浪荡子,而且他实际上是著名的地狱火俱乐部的成员。约翰生很喜欢和他来往。后来,约翰生在与他欢度一晚之后,向他发起了挑战,要和他一同翻过万灵学院的围墙。尽管范西塔特比约翰生年轻十九岁(约翰生两个月后就要年满五十),但他还是谢绝了这场挑战赛。[5]

范西塔特除了与小科尼利厄斯相似之外,还有一点也吸引了约翰生。他与青年约翰生的第二位榜样吉尔伯特·沃姆斯利也很像,只不过相似之处是研究领域而非性格。此前一年,范西塔特就获得了民法学博士学位,约翰生之前一直渴望获得这一学位,以便从事民法领域的工作。由于缺少这一学位,他只得去编纂词典。他绝没有因为这些年轻人实现了自己未竟的愿望而心生嫉妒,大度的天性使他由衷地为他们高兴,并赞赏他们的机遇。约翰生对待更年轻的法学学者罗伯特·钱伯斯亦是如此。约翰生上一次牛津之行时,弗朗西斯·怀斯向他引荐了钱伯斯,怀斯曾帮助约翰生获得牛津大学文学硕士学位。约翰生喜欢与这位勤奋的本科生钱伯斯讨论法律,但钱伯斯与范西塔特截然不同。此前一年,约翰生就曾为钱伯斯写过推荐信,帮助他成为 345
瓦伊纳学者的候选人(1758 年)。钱伯斯后来作为瓦伊纳法学教授,继承了布莱克斯通的衣钵(1766 年),那时他将在约翰生的人生中发挥更重大的影响。约翰生后来还帮钱伯斯准备了他的讲座,这令他受宠若惊。* 钱伯斯此时正在牛津大学大学学院就读,也许在钱伯斯这

* 参见下文页 418-420。

里，约翰生通常十分节制，但也显露过小科尼利厄斯的著名绝招：他能喝三瓶波特酒，一点醉意不显。约翰生在这里仿佛将自己代入到大学生和大学教师的生活，将自己想象为当年在斯陶尔布里奇求学的青年，甚至提议攀爬万灵学院的围墙。与此同时，他穿上了自己的新学袍（他最终获得了文学硕士），很是得意。据威廉·斯科特后来说，约翰生来牛津做客时，他“对自己在各方面的学术成果引以为豪，并且几乎是**招摇过市一般**穿上了自己的硕士长袍”；新任名誉校长上任时，他还参加了盛大的硕士游行活动，并在典礼结束后威廉国王讲话时，“不停地鼓掌，手都拍疼了”。[6]

二

约翰生在这几周里充满活力，还去游泳了，这可是多年来头一遭。贝内特·兰顿此时是三一学院的学生，他也与约翰生一同游泳，并提醒他“当心一个水池子，大家都认为它特别危险。一听这话，约翰生径直就去这个池子游泳”。约翰生每周都要放下别的事情，为《闲人》杂志写一篇随笔文，然后将稿件寄给伦敦的印刷商。据兰顿说，有一天晚上，兰顿得知邮局最后一趟马车将于半小时之后出发。约翰生说：“这样我们就能做得很好了。”

> 他一听到这话，立即坐了下来，写完了一篇《闲人》的稿件。这份稿件必须在第二天送到伦敦。兰顿先生表示希望拜读这篇大作，“（他说，）先生，连我自己还没来得及通读一遍呢”。说着，他就把稿子折起来寄走了。[7]

通过兰顿引荐,约翰生又结识了一位终身好友托珀姆·博克莱
尔。他的外祖父是圣奥尔本斯公爵(Duke of St. Albans),即查理二
世与妮尔·格文之子。博克莱尔在某些方面酷似查理二世,尽管他
已是个纨绔子弟(才十九岁),却“对文学有炽热的爱好,理解力敏
锐,温文尔雅”。因此,不仅严肃的兰顿,就连约翰生本人也很快原 346
谅了他的孟浪之举。约翰生曾评论博克莱尔道:“他的身体里充满
罪恶,他的心灵中却充满良善。”博克莱尔虽然擅长辛辣的讽刺,但
却天性开朗、慷慨,与他交谈非常轻松,而且他的谈吐中也不乏睿智
之语。对于约翰生而言,他几乎就是小科尼利厄斯的化身。加里克
听说了这两人的友谊之后,称“这是多么铁的关系,我的老朋友抛弃
了圆屋剧场”。大约一年之后,兰顿与博克莱尔都来到了伦敦,这两
位年轻人坐在酒肆中畅饮到凌晨三点,然后决定把约翰生喊起来一
同“漫步”伦敦。他们用力叩击约翰生住所的房门,却发现他起床后
穿上了一件衬衫式长睡衣,手拿一根哨棍,原来约翰生误以为有恶
徒来寻衅。看清楚来人之后,他不由得笑了起来,说道:“原来是你
们这两个小鬼呀!我可要和你们俩好好聚一聚!”他换好衣服,立即
与他们一同前往科文特花园。“那里的蔬菜和水果商贩刚开始备
货,因为蔬菜和水果才从乡下运到。约翰生打算去帮助他们。”但他
的身材和举止惊吓到了这些商贩,他们狠狠地瞪着约翰生,他只得
作罢。三人来到一间酒肆,畅饮了一款名叫主教的潘趣酒,约翰生
很喜欢喝这种酒,它是由葡萄酒、橘子和糖调制的。之后三人又去
了泰晤士河边,找来一艘小船荡舟,小船一直行至比令士门。约翰
生与博克莱尔希望一整天都在一起游玩,但兰顿与几位女士约好一
起吃早饭。约翰生便说:“这群没头脑的可怜女孩。”[8]

三

回到伦敦,约翰生继续住在斯塔普勒旅馆的孤寂住所中,他在写给露西·波特的一封信中承认,无论他在牛津大学受到了多么盛情的款待,“我在任何地方都无法获得足够的快乐”。他需要面对一个问题:他原打算以此次“外部事物”的改变为契机立即落实“改头换面”,但由于这次七周之旅(他已经尽可能地推迟归期),不得不又往后推延。再过一个月,他就要年过半百。每当生日到来,他总要深刻反思。此时,这一点尤为突出,因为他的人生已经走过了半个世纪。但是,无论此后的反思,还是一年之后的反思,他都记录在日记中,并在临终前付之一炬。

他已来到伦敦生活了二十三年。完成最后一篇《闲人》的随笔文
347 (1760 年 4 月 5 日)之后,他实际上第一次停下了写作工作。但到了这一年三月,他又不得不向约翰·纽伯里借钱(三十英镑)。十一月(1759 年)他又搬到新的环境中(格雷旅馆),但并没有振作起来,半年之后,他又搬到内坦普尔巷居住,同样于事无补。此后三年,他所做的主要是慈善性质的工作,或者说是为朋友写一些前言和题献。* 应当特别注意其中两部作品。一部是关于《继续推进委员会对捐赠给法国

---

* 夏洛特·莱诺克斯当时正在翻译布鲁默伊的《希腊剧院》,但突然患病。为了将这部译著完工,约翰生翻译了两节,并撰写了题献(1760)。除了为巴雷蒂的《英意词典》(1760)撰写题献之外,约翰生还为夏洛特·莱诺克斯的《亨丽塔》(1761)、约翰·胡尔翻译塔索的《耶路撒冷的解放》(1763)及古怪的约翰·肯尼迪(他是约翰生多年前〔1739 年至 1740 年〕去约翰·泰勒家做客时结识的)的《天文学编年史的完整体系——解密〈圣经〉》(写于 1762 年,但 1763 年才出版)都撰写过题献。有两篇短篇作品可能给了他报酬,包括《乔治三世在继承王位时对画家、雕塑家与建筑家的讲话》(1761)、约翰·格文的《加冕礼思想》中的开篇几段,以及应约翰·纽伯里之邀为朗格莱·杜弗雷努瓦的《通史编年表》(1762)撰写的前言部分。[9] 如需了解短篇《公鸡巷欺诈案的侦破经过》及对威廉·柯林斯的讨论,参见下文页 353、383。

战俘衣物的管理》(1760)的简短介绍。国际红十字会在二战之后得知了这篇作品,并为其中的善意与慈悲心肠所打动,将其翻译为法语,并在《国际评论》(日内瓦,1951)中出版。国际红十字会认为这篇作品高瞻远瞩地预见到红十字会的根本原则。[10]不久之后,好心的托马斯·戴维斯(他后来将鲍斯威尔引荐给了约翰生)使约翰生注意到了詹姆斯·贝内特所处的困境。贝内特是赫特福德郡的一位穷教师,他一直在艰难地编纂《罗杰·阿斯卡姆英文作品集》(阿斯卡姆是伊丽莎白时期的重要作家,他关注教育问题)。贝内特进展迟缓,也缺乏信心,而且他的一大家人急需帮助。约翰生为这部作品加了一些简明扼要的注释,还写了一篇充满真知灼见的短篇传记《阿斯卡姆传》作为前言。这部作品的大部分酬劳(也许是全部)都归贝内特所有。[11]

四

九月(1760年),约翰生在五十一岁生日时,为自己列出了一份不可为清单:"决心……认真作研究。恢复想象力……研究宗教。去教堂……**通过完成所有必要的工作**,消除自身惰性",并暗示长期戒酒之 348
后,最近对酒的嗜好又出现了反弹,开始"饮用度数不太高的利口酒"。他最后立下四条具体的,决定立刻执行:

从明天开始,

尽量早起床。

收集战争史方面的著作。

整理书籍。

规划人生。

这里的“战争史”可能是关于七年战争的书籍,当时这场战争依然没有结束。此举表明他准备开始新的工程(但依然尚未开始)。他决心“整理书籍”,这是他结束乱糟糟的生活的第一步。他在抑郁症发作时,就非常讨厌这种生活,并认为这是他混乱自我的投射。他不断提醒自己,这些小事情决不能姑息(例如,几年后,他在耶稣受难日的一次郑重的祷文中写道,“我希望将我的房间整理得井井有条”,并视为需要立即采取的务实之举。之后又补充了一句“我发现混乱是导致懒散的一个重要原因”)。[12]

他的朋友也对他此时陷入的慵懒状态吃惊不已,他们这种态度很正常。有些人认为,这反映出更严重的原因。据雷诺兹的妹妹说,约翰生只对少数几个人(例如雷诺兹兄妹)吐露过心声:他“从他父亲身上遗传了生理与心理方面的病态特点”,即“恐怖的忧郁气质”。她补充说:“约翰生有时担心这会演变为精神失常。”[13]与别人交谈时他能完全控制住自我,与他人在一起时他妙趣横生,这自然使上述这番话的可信度大打折扣(就仿佛它们是大而化之的评价)。人们只是认为,孤身一人时,他容易产生严重的间歇性抑郁症,但依然可以管控。这是困扰他一生的问题,他始终必须面对,而且这始终是个慢性症状。在人们看来,有人陪伴在他身边,定能有效地给他带来宽慰,至少当时是有效的,他们也尽量去陪伴他。

这些朋友中,有一位是约翰·道格拉斯,他日后成为索尔兹伯里主教。据墨菲称,他“力图通过持续的关心,抚慰约翰生心灵中的顾虑,他知道这个心灵饱受黑暗的忧虑折磨”,而且他特别重视邀请约翰生到他家中参加聚会,这样就能让他见到许多人。道格拉斯希望此举
349 能引发他的兴趣。在他家的一次聚会中,道格拉斯向约翰生引荐了著
名耶稣会士鲁杰尔·博斯科维奇,博斯科维奇最近刚把艾萨克·牛顿

爵士的数学研究成果引荐到罗马。他此时恰好在英国,并刚成为英国皇家学会的院士。博斯科维奇不会说英语,因此他与约翰生的交谈一开始使用的是法语。约翰生法语阅读甚至写作能力虽然都很强,但由于是自学成才,法语听说方面的语言技能则较为薄弱。约翰生觉得听力水平跟不上对方,而且“无法得体地表达自己的思想”。因此,谈话后来改用拉丁语进行。经过这段短暂的插曲之后,约翰生“谈吐自如,仿佛在使用母语”。约翰生在详细谈论牛顿的成就时,“既言辞庄重典雅又能言善辩,令这位来自异邦的饱学之士大为惊讶”,而且约翰生认为牛顿的成就超过了其他科学家与数学家。博斯科维奇本人就是著名的拉丁语学者,他实际上还为牛顿的哲学成就写过一首绝妙的拉丁语诗歌,但无论是此次交谈,还是两人在雷诺兹家的第二次会面(也是用拉丁语交谈的),都给他留下了“惊诧”之感。[14]

五

此时,约翰生住在内坦普尔巷。亚瑟·墨菲经常来看他,称这里体现出“清贫、彻底的慵懒和文学的傲岸”。他认为,威廉·菲兹赫伯特的故事最典型地体现出这三个特点。菲兹赫伯特一天上午路过此处,“登门拜访约翰生,打算在他的书房中写一封信寄出去,却发现这位大作家家中竟然没有钢笔、墨水和纸张,他大为惊诧”。当然,原因之一是他的“傲岸”,即他内心对继续动笔写作的抗拒,他无法克服这种抗拒,同时也不希望想起自己曾下过重新奋发工作的决心,这些感受交织在一起。此外,他骄傲和做作地表现出对艺术的淡漠,“忙碌地”“毁坏纸张”,从中寻求慰藉,或是掩盖上述这些感受。约翰生对路边乞丐施舍很多钱,这几乎每天都会超过笔墨纸张所需的费用。他也有钱去戏院看戏，实际上他也经常去看戏，因为他告诉巴雷蒂，“比原先去得更多”，“我去那里只是为了逃避自我”。1761 年至 1762 年
350 间，他还回到利奇菲尔德镇小住了五天。他在镇上“发现街道比我走的时候更短、更窄，这里的居民也换上了新面孔，我不太认识。我小时候的玩伴都已是垂垂暮年，我不由怀疑自己的青春早已逝去”。[15]

对于这个问题，据珀西主教说，约翰生在这些年里至少可以立即买得起一套新衣服，只不过更有可能这是很久之前买的，一直放着没穿，所以在珀西看来他的衣着相比之前而言就是“新”衣服。因为据雷诺兹小姐说，约翰生获得恩俸之前，“他的衣着实际上和乞丐没什么两样”。珀西主教指的是 1761 年 5 月 31 日，当天，奋力打拼的年轻作家奥利弗 · 哥尔德斯密斯邀请宾客到舰队街红酒坊的住处用晚餐。经过在欧洲大陆的漂泊之后，哥尔德斯密斯来到了伦敦，他想以写作为生，却陷入赤贫。珀西曾在 1759 年发现哥尔德斯密斯（约翰生也是在这一年结识了他）“在简陋、肮脏的房间里”创作出了《古典教育状况探赜》：“房间里只有一张椅子，他出于礼貌招呼客人坐在这张椅子上，自己只得坐在窗户上。”而此时他已是而立之年，经济状况略有缓解。这顿晚饭在 5 月 31 日举行，这是他第一次宴请好友。珀西在内坦普尔巷驻足，想接上约翰生一同前去，却惊讶地发现约翰生衣着“故意”光鲜考究——“他穿上了一身新衣服，戴上了崭新的假发，假发上施了粉”，于是便问他为何如此。约翰生答道，他此前听说“哥尔德斯密斯是个邋遢王，他总是拿我做例子证明他这种行为理所当然……我今晚就想给他做一个好榜样”。[16]一年之后，英国文学史上发生了一桩著名的故事（1762 年）。约翰生收到了“哥尔迪”（两人认识不久他就给哥尔德斯密斯起了这个昵称）托人带来的口信，得知“他的境况很糟糕”，并恳求“我要尽快见到他”。当时还是上午，约翰生还没有起床。

约翰生立刻让来人捎去了一个金币,然后穿好衣服,飞快地赶到哥尔德斯密斯家中。此时,房东太太因为哥尔德斯密斯拖欠房租,将他扣住不放:

> 我发现我给他的那个金币已经变成了零钱,他面前摆着一瓶马德拉白葡萄酒和一个玻璃杯。我把酒瓶塞塞好,希望他能冷静,然后开始与他商量怎样摆脱困境。后来,他告诉我他已经写好了一部小说准备出版,并拿出来给我看。我浏览了一遍,发现了其中的闪光点,于是告诉房东太太,我去去就回,然后我就到书商那里,以六十英镑的价格售出了这部作品的版权。[17]

这部小说就是《威克菲尔德牧师传》。在英国文学史和英国文学 351
作品集中,常常会收录一幅著名的历史画,画中的约翰生由于视力不好,将这部即将大放异彩的作品捧在眼前阅读,哥尔德斯密斯则站在那瓶马德拉白葡萄酒旁,眼睛盯着约翰生,房东太太则皱着眉头从门口盯着里面看。出版商之所以愿意买下这本书的版权,是因为约翰生打了包票。但约翰生当时也说:“经过他的一番谈判之后,获得盈利的希望很渺茫。”哥尔德斯密斯并不出名,这部作品却与众不同。在他的诗作《旅行者》(1764;约翰生在这首诗的创作过程中也提供了帮助,并且还写了结尾的几行诗)畅销之后,出版商才对出版《威克菲尔德牧师传》产生了信心(1766 年)。

六

中午时分,形形色色的人都会来到内坦普尔巷拜访约翰生,因为这时他才会起床。经常是他们来的时候,约翰生还睡在床上。霍金斯说:“他住在拐角处的邻居告诉我,他住在这里的时候,总是有人到自己店里来打听约翰生先生,打听内坦普尔巷和中坦普尔巷的人加在一起,都没有打听他一个人的人多。”威廉·麦克斯韦是坦普尔地区的牧师,他说:

> 通常上午就会来一大堆客人等着见他,主要是文人墨客,有霍克斯沃思、哥尔德斯密斯、墨菲、兰顿、史蒂文斯、博克莱尔等人,有时还有学问高深的女士。我对一位法国女士[鲍伏勒斯太太]印象很深,她既睿智又时尚,特地屈尊前来看望他。在我看来,约翰生简直就是社交界的奇迹,每个人都认为自己有权去拜访他并征求他的建议……我不知道他哪里有时间搞创作。

下午四点左右,约翰生会外出溜达。如果他不去别人家中做客,就会随便找个人一起去旅馆用餐。他常去的地方是舰队街的米特里酒馆。麦克斯韦说:“他经常把口袋里的所有银币都送给穷人,这些穷人就在他家和他用餐的旅馆之间的路上守株待兔。”据雷诺兹说,约翰生在饭后一小时之内就会品茗,而且一直品到半夜。他还会顺路拜访威廉姆斯小姐(她“总是觉也不睡,就坐在家中等着他”)并与她一同
352 品茗,至少要到凌晨两点才能回到家中。此举既是因为他不愿回到家中忍受孤寂的煎熬,也是出于对威廉姆斯小姐的关心。偶尔,他也会邀请与他同在旅馆用餐品茗的朋友,一同深夜去造访威廉姆斯小姐。鲍斯威尔在结识约翰生之后不久,就曾嫉妒哥尔德斯密斯拥有这项特权。当时与约翰生畅谈了一晚上之后,哥尔德斯密斯又与约翰生一起出去。他“趾高气扬地走了,还以一副得意的神情向我打招呼……‘我

去威廉姆斯小姐那里啦’……但不久之后,我也获得了这项与众不同的特权”。[18]

艺术家奥奇亚斯·汉弗莱在写给兄弟的一封信中,介绍了自己第一次拜访约翰生的情景,从中我们可以了解到内坦普尔巷的一些端倪:“我们穿过了三间脏兮兮的房间,来到了一间小房间,这间房子看上去就像是古老的会计室。”(在高夫广场的那间房子里,约翰生曾在阁楼中完成了词典的编纂工作,阁楼的外观也像是个“会计室”,约翰生很可能将内坦普尔巷的房子也布置成了这样,好回忆起之前度过的岁月。)汉弗莱说,家具包括“一张巨大的写字台,一张陈旧的胡桃木桌子,以及五把破破烂烂的椅子,而且分属四种不同的款式”。约翰生就坐在这里“吃着早餐”(已是下午一点时分),他穿着一件脏兮兮的褐色外套,裤子也是褐色的,但汉弗莱看得出来,这条裤子原本应该是深红色的。约翰生的领口与袖子都没有扣扣子,“他的长筒袜褪在脚上,就搭在鞋子上。这是一双旧鞋子,约翰生把它当拖鞋穿”。就在他默默地吃早饭时,汉弗莱“不禁觉得他就是个神经病”,但等到约翰生突然开始交谈,并展现出不俗的谈吐后——“他说的一切都**很正确,与之前的形象判若两人**”。他多年来收集的书籍汗牛充栋,这间小房子里面根本堆不下。沿着楼梯往上走四层之后,就能看到两个阁楼都用来存放这些书籍。书商亨利·林托特此前曾将这两间阁楼当作仓库。在这里能够俯瞰圣保罗大教堂。莱韦特曾带鲍斯威尔参观过这两间阁楼(1763 年 7 月),当时这些图书就乱糟糟地堆放在这里,落满了灰尘,地板上满是“手稿,上面写有约翰生本人的手迹”,“我看到了用来做化学反应的仪器,约翰生一生都对化学实验兴趣盎然”。[19]

七

1762 年年初，发生了一件小小的风波，即“公鸡巷幽灵”，人们经
353 常过于重视这件事情。其原因在于，流行讽刺作家查尔斯·丘吉尔对此进行了歪曲的叙述，以表明约翰生存在迷信倾向。这种歪曲报道后来加入有关约翰生的传闻，自此之后，对约翰生的叙述要么采信了这种论调，要么就不得不对这种误解作出澄清。

当时有一位男子，名叫威廉·帕森斯，他家住在史密斯菲尔德的公鸡巷中。有时他会听到神秘的敲门声和刮擦声。人们认为这是范妮·莱恩斯女士的冤魂作祟。她几年前去世，现在想通过这种方式告诉世人，她是被姐夫威廉·肯特毒死的，帕森斯对肯特怨恨不已。其实，帕森斯是让十一岁的女儿假装冤魂附体。她躺在床上，在半梦半醒中问了一些问题，并得到了答案(敲一下表示肯定，敲两下表示否定)。这个故事广为流传，还吸引了大量的人前来这里。于是克勒肯维尔的圣约翰教堂教长史蒂芬·奥尔德里奇就邀请了一些人，和他一同调查此事，其中就包括约翰生、约翰·菲尔丁爵士和约翰·道格拉斯(他是“对诈骗案了如指掌的一位伟大的侦探”)。他们得出了正确的结论，认定神秘的声音是帕森斯的女儿发出来的。约翰生之后为调查此事的众人写了一篇简短的《公鸡巷欺诈案的侦破经过》，发表在《绅士杂志》上(1762 年二月号)。与此同时，查尔斯·丘吉尔因为约翰生曾对自己的诗歌不感兴趣而怀恨在心，便抓住这个机会将约翰生描写成一个轻信的人(化名为“庞普索”)，并对此事信以为真。约翰生自然不屑一顾。但是，在这一年出版的《幽灵》中，丘吉尔的漫画式描写肯定令他深受伤害。丘吉尔在文中将约翰生描写成面目可憎、笨拙的人(“既不是纯粹的野兽，也不

是纯粹的人”），提到他迟迟未能出版的莎士比亚作品集，也提到约翰生的许多朋友都订阅了这部作品集：

> 他以这本书为诱饵，招徕**订购者**，
> 然后攫取他们的钞票——但书在哪里呢？
> 不管在哪里——我们知道，**明智的**畏惧，
> 能防止敌人的强取，
> 但是，为了满足我们的私利，
> 如何防范朋友的凌欺？[20]

到了7月，亚瑟·墨菲突然来到约翰生的住处，给他带来一个消息，约翰生费了好一番工夫才了解了内情。时任首相比特伯爵希望代表国
王，授予约翰生三百英镑的恩俸。直接促成此事的人是比特首相的挚友 354
亚历山大·韦德伯恩，他是著名律师，后来担任副总检察长，并作为拉夫堡爵士担任了民事诉讼大法官，最后担任了英国上议院大法官。据说一开始是墨菲和托马斯·谢里丹请韦德伯恩帮忙，为约翰生授予恩俸。谢里丹是爱尔兰演员兼戏院经理，他对学术很感兴趣，他的儿子理查德·布林斯利·谢里丹后来成为大名鼎鼎的演说家与戏剧家。约翰生对托马斯·谢里丹的昵称是“谢里”，后来改成“谢里德里”。谢里此时已是语音学与演说领域的权威。无论是他在此后两年里（1762年至1763年）发表的著作，还是后来出版的发音词典（1780），都一直是这一时期发音和演说方面最丰富的信息来源。谢里丹之所以能说服韦德伯恩授予恩俸，是因为他具有特别有利的优势，即他能经常见到韦德伯恩。韦德伯恩对自己的苏格兰乡音很不好意思，师从谢里丹已有一段时间。鲍斯威尔在晚年时竭力想让韦德伯恩说出谁是“主要促成这件事情的功

臣”。韦德伯恩只是回答说“所有参与此事的他的好友”，但是当鲍斯威尔提到了谢里丹的说法之后，韦德伯恩承认“他是最大的功臣”。

在比特伯爵同意授予恩俸之后，韦德伯恩请墨菲通知约翰生。在《约翰生词典》中，“恩俸”的定义广为人知且被广泛引用（“指每个人都能获得的津贴，但金额不等。在英国，人们通常知道这指的是犯下叛国罪行的公务人员所获得的报酬”）。韦德伯恩又半开玩笑地补充说：“我听说了他的独立精神，也听说了书商奥斯本的破产。但他不知道，自己的古道热肠可能终将获得回报，即获得一张对开纸的奖赏。”实际上，韦德伯恩对这笔恩俸想得越多，就越觉得这是个好主意。他并不希望约翰生头脑发热，为了昭显自己的独立性而拒斥这笔恩俸。此前，比特伯爵就曾因损公自肥，将恩俸授予不够资格的人而受到过批评，尤其是将有些恩俸给了他在苏格兰的亲朋好友。此时，政府可以通过此举，以较小的代价改善自身形象，并以公正的文学与艺术领域的赞助方自居。《约翰生词典》已成为民族骄傲的源泉。而约翰生的窘迫境地不仅急需帮助，伦敦的大人物也都心知肚明。最重要的一点在于，这样的人具有无可争议的品德操守，获得政府恩俸当之无愧。而他对“恩俸”作出了贬损的定义，已使之成为一条流行谚语，这就更保证了政府此举动机纯正，
355 而且绝无偏见。政治方面的考虑因素至少不会产生任何障碍，只是相比授予对象的成就而言，可能就稍逊一筹了。*

墨菲与韦德伯恩一样担心约翰生对此的反应，只不过二人原因有所不同。他第一次去内坦普尔巷的寓所时，留下的印象是真正“可怜

* 约翰生过去表达的感情并不是与政府作对（尤其是他反对七年战争，而比特正全力结束这场战争）。对于年龄更大、更具独立性的托利党人来说，他们并没有对政府满怀热情，这次授予恩俸在他们看来可能是善意之举。（唐纳德·J. 格林：《塞缪尔·约翰生的政治主张》，页 189-190）

的住所”。他以为约翰生“伤春悲秋”很大程度上是因为贫穷和没有属于自己的房子，这是可以理解的。因此，无论从哪方面说，约翰生比任何一位英国人都更有资格获得恩俸，这将标志着他人生的转折点（实际上确实如此）。因此，他“有条不紊地缓缓”透露了这个消息。约翰生沉思良久，先问“这是否慎重”，然后“陷入深思”。过了一会，他提到了自己在词典中对“受恩俸之人”所下的定义，墨菲对此答道：“至少他不属于这个定义的范畴。”约翰生安排第二天下午与墨菲在米特里酒馆见面，在那里给出答复。与此同时，他也去了位于莱切斯特广场的约书亚·雷诺兹家。雷诺兹在人生的最后几年取得了巨大成功。他的年收入已高达六千英镑，这是一笔巨款，尤其对于一个画家而言，因为当时的生活费用极低。他已在伦敦的知识界如鱼得水。约翰生将恩俸之事告诉了他，这笔钱在雷诺兹看来可能微不足道，但约翰生还是说他希望“咨询自己的朋友，了解是否应该接受皇家的恩俸，因为他曾在《约翰生词典》中对**恩俸和受恩俸之人**给出了负面定义”。他知道自己如果接受这笔恩俸，就会被人攻击为虚伪，实际也确实如此（例如，丘吉尔称“他一边谴责恩俸，一边又接受恩俸”）。但他对此并不在意。他担心的是，这种攻击是否有一定道理。他给了雷诺兹时间考虑，然后第二天又去找他询问考虑之后的意见。雷诺兹称，自己不需要时间考虑，这件事情在他看来再清楚不过：这是对约翰生“在文学领域所取得成绩”的褒奖，约翰生在词典中的定义（后来的版本中约翰生并没有修改这一定义）“并不适用于他”。

约翰生当天下午见到墨菲时，他“打消了一切顾虑”。第二天，墨 356
菲在九点多一点赶到他家，“等了一些时候，让约翰生起床并穿好衣服”，然后带他去见韦德伯恩。韦德伯恩接着又带他去见比特伯爵。约翰生表达了谢意，并称他觉得自己“分外受宠若惊，因为这并不是自己偏袒政府而获此殊荣”。比特答道，实际也确实如此：“并非是因为你偏袒政府而授予你恩俸，也不是为了让你偏袒政府而授予你恩俸。”其实，他将这句话又重复了一遍，以防造成任何误解：“将恩俸授予你并不是要让你做什么，而是奖励你过去的贡献。”[21]

八

尽管三百英镑在雷诺兹或加里克这样阔绰的朋友看来可能微不足道，但对于约翰生而言，这就是一笔巨款。长期以来，他已经习惯于简朴的生活，因此这笔恩俸中花在他自己身上的只占很小一部分。甚至于三年之后，他才搬出内坦普尔巷的寓所，再次租了一整栋房子。

但是，他也采纳了雷诺兹的建议。恩俸授予之后，雷诺兹立即建议他们一同去自己的故乡德文郡，进行为期六周的旅行。约翰生一直想去旅行，他终于可以如愿以偿了。他从未去过德文郡。诚然，他可能需要别人怂恿，因为他早已习惯于剥夺自己一切需要花钱的乐趣。此外，他有一段时间明显郁郁寡欢。实际上，雷诺兹极为担心他的心理状态，编《莎士比亚作品集》时出现的拖延症只是其症状之一。雷诺兹可能早就希望通过这次旅行，使约翰生认清获得恩俸的现实，让他体会到新的**生活方式**带来的种种可能性，并帮助他警醒或诱使他走出自我的牢笼，进入更加充满希望的心理状态。此外，雷诺兹可能告诉过约翰生，想请约翰生帮自己一个忙，即雷诺兹希望这次旅行前往自己的故乡，并欢迎他同行。

约翰生在写给身处米兰的巴雷蒂的信中（7 月 20 日）提到了这次旅行，他产生了一定的自我保护式的疑虑。他提到了前一年冬天前往利奇菲尔德的五日之旅，这令他十分沮丧。他补充说：“我考虑在几个星期后尝试另一次旅行；只是其目的何在？”最终他还是去了。这次旅

行实际上帮助他走出了自我,还给了他一次快乐的经历,使他在此后 357
黑暗的四年里,每当回忆起此次旅行都获得慰藉。因为这次经历与其他任何一次经历一样,都牢记在他心头并与他融为一体。而且,这次旅行意义深远,据约翰生说,这给他提供了“一大堆新的创意”。

约翰生一行人于8月16日出发,当天夜里和第二天都在温彻斯特度过。约翰生一定是希望拜访好友约瑟夫·沃顿,他时任温彻斯特学校的助教。之后他们又去了索尔兹伯里(8月18日),并在这里游览了威尔顿,这是彭布罗克爵士的乡间别墅所在地,雷诺兹曾为他画过肖像画,一行人在这里可以参观别墅中收藏的绘作。当天晚上,他们就住在朗福德城堡中,这里是福克斯顿爵士的住所,他也收藏了大批绘作。之后,约翰生等人又去了金斯敦拉齐,并前去约翰·班克斯家中拜访,欣赏了他家族中所收藏的肖像画。约翰生等人到来之后不久,约翰生就令班克斯大为惊诧,因为他的强迫症很是古怪,会突然发作。

据弗朗西丝·雷诺兹说(她是从哥哥雷诺兹那里听说这个故事的),班克斯带领他们进了第一座公寓。当时约翰生开始

> 将两条腿轮流尽量抬高;与此同时用脚竭尽全力跺着地板,就仿佛要努力把地毯弄得平整一些,但其实把地毯弄得皱巴巴的。他用尽气力不时跺击地板,显然是想在地板上发出巨大的撞击声。

班克斯看到这一幕不禁瞠目结舌,过了一会才说:“虽然这不是新房子,但地板好歹非常结实。”这番话就仿佛在安慰自己一般。约翰生恢复了正常,但并没有回答他。他们之后又到了另一座公寓,班克斯让大家格外注意一幅绘画,其中刻画光与影的手法十分高超。约翰生视力不佳,他可能感到有些尴尬。据说他回答道:“无论是光亮还是黑

暗，对我来说效果都一样。”他们接着去了多尔切斯特，之后又去了布里德波特与埃克塞特。我们不必详细介绍整个旅行路线，因为詹姆斯·克利福德已根据雷诺兹的记录作出了详细介绍。[22]但在此还是应当介绍一下为期三天的托林顿之行。他们在这里拜访了雷诺兹的两个姊妹，分别是玛丽（约翰·帕尔默太太）和伊丽莎白（威廉·约翰逊太太），她们都已婚配。帕尔默一家住在精美的帕拉第奥式建筑中，这座房子留存至今。当时它比较拥挤，因为夫妇俩生了五个孩子，弗朗西丝·雷诺兹也来他家做客。孩子们记得他们的母亲曾经问约翰生，正餐时想不想吃煎饼。约翰生答道：“好的，太太。但我怕煎饼无法填饱我的肚子。”于是帕尔默太太做了一大堆煎饼，约翰生足足吃了
358 十三个。弗朗西丝·雷诺兹也记得一桩轶事。当时他们一行人坐在马车中，经过了托林顿城外威尔村的教堂墓地，弗朗西丝提起这里曾建造过一座醒目的墓碑，这是一位孀妇在自己唯一的孩子墓前所建。当她讲这座墓碑的由来，正说着时，突然听到了约翰生的抽泣声。她定睛一看，发现他已泪流满面。

约翰生一行人抵达普利茅斯后，在雷诺兹昔日同窗约翰·马奇博士家中住了三个星期。马奇是一位开朗、健谈的内科医生，他兴趣广泛，家中有许多小孩子。他的父亲名叫撒迦利亚·马奇，是圣安德鲁斯的教长，也是英国西部最有名的牧师之一。他专门作了一次布道，想让约翰生见识一下。撒迦利亚博学、高尚、好善乐施，不矫揉造作。他很接近约翰生心目中理想的牧师形象。撒迦利亚几年之后去世（1760 年），约翰生还为他写了一篇悼词，发表于伦敦《纪事报》。[23]也许是为了与超凡脱俗的撒迦利亚形成互补，他的妻子不仅务实，而且据她儿子说，过于悭吝。约翰生来她家做客，时常要大量饮茶，这令她心疼不已。但为了不影响丈夫和儿子的好心情，她还是会为他泡茶，

只不过有一次，约翰生已经喝完了十七杯，然后又把空茶杯递了过来。她再也忍不住说：“约翰生博士，您怎么还要喝茶呀？”约翰生答道：“太太，您这样可就失礼了。”[24]他也不光是喝茶，至少有一次饮了酒。据雷诺兹说，一天晚上吃完晚饭，约翰生喝了三瓶葡萄酒，然后发现“自己在谈话中没办法说出一个复杂的单词”。他试了三次，都没有成功。他最后终于成功地说出了这个单词，然后站起身来说，显然“该上床睡觉了”。据雷诺兹说，这是他头一次见到约翰生显露醉态。

与此同时，普利茅斯的海上生活使他在全新、迥异的环境下体会到人类的天性与礼节，见到了“声势浩大的海军，兴旺发达的造船业以及各种景观”，还有繁忙的商业往来。造船厂专员弗雷德里克·罗杰斯与他坐上一艘特制的帆船，从普利茅斯港出海，并途经了海军舰队。约翰生喜欢与普利茅斯的一位高级执法官亨利·托彻交谈。托彻“充满活力，十分健谈，而且雄心勃勃。对于开始怀疑自己已经衰老的人来说，看到七十四岁的人还像个年轻活泼的小伙子一样，着实令人开心”。造船厂规模日益扩大，因而在旧城之外两英里处又崛起了一座新城，并对旧城形成了竞争，这引起了旧城的嫉妒。为了迎合托彻，约
翰生“坚定地站在旧城一边……并认为支持旧城是自己责任所在”，还 359
表示反对“造船厂的那帮家伙”，称他们是“暴发户”。例如，“造船厂或新城”想要从普利茅斯老城引水，而托彻就是持保留意见的人士之一。约翰生表现出了滑稽的架势，这经常令其好友也大吃一惊：“装作鼓动当地的情绪，故意表现出强烈的反对意见，然后半认真地嘲笑自己假装出来的热情，这事与他本无半点关系，大喊：‘哦，不！我反对**造船厂的这些人**；我是普利茅斯人。这帮流氓！就让他们渴死好了。他们别想弄走一滴水！’”[25]

雷诺兹小姐讲了一个有趣的故事，约翰生在故事中将狂欢性情表

现到了极致。当时他和一大群人同去乡间别墅做客（正是在这里，女主人在用餐时问他为何将马的骹骨定义为“马的膝盖”，约翰生答道：“夫人，无知，纯属无知”）。在房前有一块巨大的草坪。有人评论说这块草坪非常适合赛跑，这时在场的一位年轻女士扬言现场所有人都不是她的对手。约翰生立即站起身来，“夫人，您可赢不了我”：

> 这位女士起初占了上风，但这是因为约翰生恰好穿了一双拖鞋，而且拖鞋太小，很不合脚。于是约翰生把它们扔到一边，然后跑着跑着……就将这位女士甩到了身后，接着……回到了原地，牵着她的手，一副极为得意、开心的神情。[26]

九

到了9月22日（星期三），一行人动身返回伦敦，当天晚上就住在普林普顿，这里是雷诺兹出生和上学的地方。他们参观了当年的学校，雷诺兹失陪了一会，去学校旁边的果园里摘了一个苹果。当年他在这里读书时，就经常溜进来摘个苹果。然后，一行人乘坐特快马车，9月26日抵达伦敦。

回到内坦普尔巷的住处后，约翰生再次陷入慵懒的状态。冬天不断临近，他的慢性支气管炎越来越严重，最终转成急性支气管炎，“有时会非常剧烈地”咳嗽。到了十二月，传来了他深爱的好友理查德·巴瑟斯特的死讯（他在围攻哈瓦那之战中死于热病）。* 约翰生希望
360 能振作精神并改善健康，于是动身前往牛津。去牛津之前的这几个

* 参见上文页267-269。

月，约翰生的生活非常艰苦，但他就是不愿换个住处。他已获得了恩俸，完全负担得起房租，此举不禁很令人好奇，这也可以解释为一种自我惩罚。他本来应该住上更大的房子的。弗兰克·巴伯现在回来和他住在一起；威廉姆斯小姐可以搬过来和他永远住在一起；莱韦特先生经过与一名妓女兼扒手的短暂而又惨痛的婚姻之后（她以为莱韦特是个有钱的医生，而莱韦特也对她很可能继承一大笔钱的说法信以为真），很快就回到了漂泊的状态，他需要家庭的慰藉。

到了5月16日（星期一），约翰生造访了好友汤姆·戴维斯开的一爿书店，并在这里结识了詹姆斯·鲍斯威尔，这是文学史上一次著名的会面。鲍斯威尔后来创作出脍炙人口的《约翰生传》（1791），这成为世界文学名著。鲍斯威尔对约翰生仰慕已久，他是位苏格兰青年，父亲是奥金莱克的领主亚历山大·鲍斯威尔。亚历山大与约翰生年龄相仿，曾在莱顿学习法律，此时在苏格兰法院中担任法官。尽管因为写出了这部杰作，鲍斯威尔的大名在去世后不久便家喻户晓，但一直到当代，人们对他个人的评价都存在严重低估。至少，他证明自己比人们想象的更为复杂。人们在本世纪发现他留下了大量的日记（有很多卷），这是本世纪文坛最有名的发现之一。日记记录了他大部分的生平，并且极为坦诚地记录了他的个人经历，更重要的是，还记录了与他相识的知名人物的谈话与访谈。这些日记后来以《马拉海德城堡所藏詹姆斯·鲍斯威尔私人文件》（1928-1934）之名出版，总共十八卷，后来又补充了其他材料。[27] 无论是《约翰生传》中的谈话，还是鲍斯威尔在《与塞缪尔·约翰生的赫布里底群岛之旅纪行》（1785）中记录的谈话，素材都来自这部日记巨著。

我们应当提醒自己（人们经常会忘记这一点），青年时代的鲍斯威尔在结识约翰生时相当极端。他时年二十二岁，而约翰生已有五十三岁。我们还应当提醒自己,鲍斯威尔兴趣甚广,成年以后,他大部分时间都是在爱丁堡当一名忙碌、能干的律师,只在假期才来伦敦。在某些方面,他甚至还不到二十二岁,他本人通常比实际年龄更显年轻。青年时期的鲍斯威尔所追寻的身份(此后也一直在追求这一身份),恰恰与他父亲奥金莱克领主截然相反。他父亲性格坚毅,是位道学先生,也是辉格党人和长老会信徒,他傲慢地操着一口浓重的苏格兰口
361 音。与此相反,他儿子体现出父亲完全不具备的特点:浪漫而又充满想象,在男女关系上放荡不羁,冲动而又充满理想主义,为人开明、圆滑,他还是个模仿天才,给人留下了深刻印象。

在追寻自己身份的过程中,他的心理也出现了一丝阴影。一想到这一点,他总是惴惴不安。他的家族在心理上都缺乏稳定,鲍斯威尔的弟弟约翰十九岁之后就一直饱受精神失常的折磨。鲍斯威尔本人也一直在追求精神的稳定,他喜欢与人相处的天性只能通过他人方可实现。最令鲍斯威尔感到快乐的一点,正是他所景仰的长者给了他陪伴、垂范和认可,即便一开始并非如此,但过了些年之后就已凸显出这一点。这位长者的地位是公认的,他本人也很有趣,深谙世事,而且也像约翰生一样代表着坚定的道德操守。鲍斯威尔一心要以这位长者的坚定意志,克服自己任性的天性。

因此,他在日记中告诫自己要认同于自己景仰的模范人物,并努力实现更强大的内心和性格(“**要像**约翰生一样”)。起初,这些理想表明了传统意义上的教养与高雅。例如,抵达伦敦之后他写道:“我感到自己强烈地渴望**成为艾迪生先生一样的人**。”几个月之后,他已结识了约翰生并和他畅谈了很久,这位诚惶诚恐的青年很快要动身前往哈里奇,然后坐船前往荷兰学习法律。此时,他心中的楷模彼此间存在根本性差异(即他竭力躲避的父亲,切斯特菲尔德伯爵以及约翰生),

这表明他实际上最希望获得的是内心的强大、稳健、冷静与勇气：“[要]像父亲一样，严肃……镇定……像个男子汉一样毅然决然地出国……决不能绝望……[要]学着像切斯特菲尔德伯爵一样**成为男子汉……要像约翰生一样……你的内心就会变得强大**”(1763年8月)；这一年年底，他写道：“**要像萨利公爵一样。**”他迈入而立之年前后，获得了满足感(他所称的“你”指的是他自己，这是他日记中常用的一种手法，通常用来表明他超然的态度)：

> “你感到你自己……与之前相比**更像约翰生**。”(1766年)“像约翰生一样**强大**，而且对我自己非常满意。”(1767年)“我**觉得自己仿佛是埃德蒙·伯克**，并以此来约束自己。”(1774年)“将我自己想象成伯克一样，然后很有节制地饮酒……”(1775年)

一则感人的日记出现在最后，这时他已接近人生的终点。他已有五十岁，之所以会绝望，很大程度上是他觉得自己内心再也没有力量去应对困难，他比年轻时更迫切地需要这种力量，这使他在即将走完 362
人生之路时说：“我与约翰生博士等许多名人的友谊，并没有对我的品格有任何增益。”[28]

十

这是鲍斯威尔第二次来到伦敦。他在两年前曾成为天主教徒，这意味着按照当时的法律，他不能从事某些职业，例如法律行业、议会议员或是军官。父亲严肃地将他召回，他却逃到伦敦，并一度萌生去法国当僧侣或牧师的念头。埃格林顿爵士是他家的世交，他说服鲍斯威尔打消了这个念头，并让他产生了去禁卫军中当军官的念头。他的天主教信仰只坚持了一个月。他在伦敦纸醉金迷的世界中纵情声色时，禁欲生活的理想也就一去不复返了，他还因此染上了淋病。父亲决定亲自来伦敦把他带回家。鲍斯威尔不情愿地回去学习法律，却将侍女搞怀孕了，然后又与其他希望改掉自己苏格兰口音的苏格兰青年一同去托马斯·谢里丹那里学习演讲课程。谢里丹当时在爱丁堡教书。鲍斯威尔于七月(1762 年)通过了民法考试，这才勉强说服父亲同意他前往伦敦。他还获得了一年两百英镑的生活费。他于这一年十一月抵达伦敦，面对家族压力，他不得不继续从事法律行业，但他的愿望之一是在此之前先成为一名作家。他最希望遇到的人中就包括约翰生。

青年鲍斯威尔通过阅读约翰生的作品，在心中已形成了约翰生的特殊形象。鲍斯威尔曾“心怀神秘的崇敬之情”，“在心中勾勒出高大、庄严的抽象概念，而且我认为他住在伦敦那广阔的大都会”。托马斯·谢里丹在爱丁堡为他纠正发音时，就向他提起过自己和其他朋友是怎样同约翰生交谈到凌晨两三点钟的。谢里丹还告诉鲍斯威尔，如果他也去伦敦，很有可能也有机会和约翰生这样交谈。但此时谢里丹却和约翰生不来往了。谢里丹获得了两百英镑的恩俸，这是对他编写《发音词典》的肯定。而约翰生总喜欢挖苦“表演”艺术，诸如演员和
363 演讲等，他有一次评论道：“什么！**就凭他**也能获得恩俸？那我还是把我的恩俸放弃算了。”这番话纯属戏言。詹姆斯·麦克弗森曾写过“莪相”式的诗歌，他将约翰生这番话告诉了谢里丹，但却没有告诉他约翰生之后说的一句：“但是，我很高兴谢里丹先生能获得恩俸，因为他非常优秀。”“谢里”曾经为约翰生获得恩俸出过不少力，听到这番话自然很伤心。他又好记仇。虽然他的儿子赫赫有名，但父子俩在儿子的

婚姻问题上闹翻之后，他曾经好几年都不和儿子说一句话。因此，谢里丹拒绝再与约翰生相见。

但是，演员汤姆·戴维斯帮了鲍斯威尔大忙。戴维斯的副业是书店老板（位于科文特花园，罗素街 8 号），约翰生偶尔会来他的书店做客。为了向约翰生引荐鲍斯威尔，戴维斯不止一次地邀请他做客，但约翰生的心理状态愈发恶化，过了几个月，还是未能接受戴维斯的邀请。到了 5 月 16 日，约翰生碰巧来到书店，鲍斯威尔正和戴维斯在书店后厅中饮茶。戴维斯透过后厅与书店之间的玻璃门看到了约翰生，当即宣布了约翰生的到来，“他就仿佛在饰演赫瑞修一般，哈姆雷特父亲的鬼魂现身时，对哈姆雷特说：‘看呀，殿下，它来了’”。鲍斯威尔在被引荐给约翰生时十分惶恐，他记得曾听说约翰生对苏格兰人“存有偏见”，于是对戴维斯说：“不要告诉他我的家乡在哪里。”戴维斯却大喊：“来自苏格兰。”鲍斯威尔赶紧说：“约翰生先生，我确实来自苏格兰，但这并非我选择的。”约翰生给出了著名的回答——“先生，我发现你家乡有许多年轻人都无法选择这一点。”这番回答让鲍斯威尔瞠目结舌，不知如何回答是好。但谈话仍在飞快地进行，约翰生谈话时，所展示的活力全在鲍斯威尔想象之中。鲍斯威尔离开时，戴维斯送他到门口，并向他保证：“别紧张。看得出他非常喜欢你。”八天之后（5 月24 日），他“勇敢地去约翰生府上造访”，这是他第一次前去拜访约翰生。

鲍斯威尔在伦敦只待了约两个月。到了八月，他就要动身前往荷兰，还要在乌德勒支大学学习法律（对于苏格兰青年来说，这很常见，因为荷兰的大学是学习罗马法律的圣地，而苏格兰法律又与罗马法律密切关联）。尽管他忙于其他的安排，还要应付“他水性杨花的同居女友”（这是他此时对女友的称谓，表达出不满），他还是抽空拜访了约

翰生几次,还与他畅谈了很久。谈话之后,他经常彻夜不眠,将谈话内
364 容事无巨细全记录下来。鲍斯威尔将自己的人生,将自己不道德的行为、愚蠢的行为乃至今后的决心都向约翰生和盘托出。(例如6月18日的一条日记记载:“一点钟时去拜访约翰生。你要好好表现,并与他约好下周共进晚餐。你要告诉他你的愚蠢、你对嘲讽的爱好,还要接受他的建议。”)约翰生认为鲍斯威尔是位彷徨、孤独的青年,尽管为他感到惋惜,但还是喜欢与他泛泛而谈。约翰生知道,很少有人能做到从善如流。他最后提议,某天一同去格林尼治出游,并承诺在这次旅途中要与鲍斯威尔畅谈他的未来。根据此次谈话的记录,约翰生并没有提供太多“建议”。为了进一步提升鲍斯威尔的道德水准,约翰生还与他同去了哈维奇(8月5日至6日),鲍斯威尔就是从这里乘坐邮船前往荷兰。[29]

十一

两年半之后,鲍斯威尔学成归来。在乌德勒支学习的这段时间,他游遍整个欧洲大陆。他记录了自己对卢梭、伏尔泰及其他名人的访谈,这是他日记中的重要部分。他还在科西嘉岛住了六个星期,为的是采访科西嘉岛独立战争的著名领导人帕斯奎尔·帕欧里。他回到英国后不久,就在1766年2月回到爱丁堡从事法律工作,但他经常会去伦敦。许多读者认为他经常与约翰生相伴,但在他结识约翰生的二十一年中,两人在一起的时间总共只有三百二十五天。而两人同游苏格兰与赫布里底群岛就一同度过了一百零一天。[30]

即便如此,截至1772年(即他结识约翰生十年之后),鲍斯威尔已积攒了“约翰生不同时期谈话的大宝库”(他这番评价很中肯),并决

心要利用这些材料日后写一部约翰生传记。这是一种新型的传记，“在场景中展现生平”(life in Scenes)，就仿佛是戏剧一般。而且“场景中展现的生平”最终问世之后，便成为这种传记类型的开山鼻祖，它将才华、机遇以及主题与众不同地融为一体，这是后人无法模仿的。即便有作者能够拥有像鲍斯威尔一样的机缘去结识自己的传主，他们也不具备鲍斯威尔的种种过人天赋。即便他们拥有这些天赋，也没有像他一样的机缘。这些天赋包括他的移情天赋与戏剧模仿能力，他能够诱导别人向他敞开心扉，他对谈话内容的记忆力惊人，他饱含热情， 365
又涉猎广泛，毫不吝于对他人表示出崇拜之情，他作为记录者也非常勤奋。任何人都不可能兼具所有上述品质。他之所以将这些品质融为一体并始终勤奋不已，是因为他深感“美好的事物如果不留存下来，就会白白浪费”。由于生活的敌人——时间在发挥作用，人类的经历正在快速地消褪、逝去，有必要通过记录下言行尽量挽救这些经历。但是，在鲍斯威尔的这部巨著中，最终不可缺少的要素正是约翰生本人。鲍斯威尔对其他人的访谈录也很吸引人，例如大卫·休谟、伏尔泰、卢梭以及老皮特，但在同等篇幅下，无论在话题还是个人兴趣方面，都很少能与约翰生的谈话相媲美。

无论是美化还是丑化，这部经典作品都永久性地奠定了约翰生的形象。由于环境使然，这不可避免地专注于某些方面。最重要的一点在于，这是约翰生晚年时期的肖像描写。约翰生人生的前半部分只占这部作品的十分之一略多。约翰生五十三岁之前的生平也只占到全书篇幅的四分之一不到，而这段人生的长度却占他整个人生的三分之二以上。约翰生人生的最后八年生平(六十七至七十五岁)占到全书的一半内容。即便在五十三岁之后，约翰生也有很多个人情况是鲍斯威尔所不知情的，但有人了解，或是能猜出个大概(其中最突出的莫过于斯雷尔夫人），只不过他们不愿公之于众。此外，鲍斯威尔表现出的是约翰生极为强大的男性气概的一面，即在俱乐部与酒肆中的表现。而且，他从自身浪漫主义的托利派思想出发，对约翰生作出观察。结果导致人们将约翰生视为“超级保守”之人（也许他始终如此）。即便是鲍斯威尔略带戏剧色彩的笔触，也证明具有永恒的魅力：例如，他在约翰生许多言论的开头，都夸张地加上“先生”，就仿佛给这些言论加上了一种强有力而又正式的权威性；他决定将称呼由“约翰生先生”改为“约翰生博士”，结果导致在获得博士学位的伟大作家中，大部分人都只记得约翰生一个人拥有博士头衔。（据霍金斯说，约翰生本人非常不喜欢别人称他为约翰生博士，这一点颇具讽刺意味。即便是鲍斯威尔也承认，至少约翰生在正式的便笺或卡片上几乎从不使用这个头衔——“而是称自己为约翰生**先生**”；有一次，鲍斯威尔注意到一封写给他的信中称他为“绅士”，并称自己认为这个头衔要低于“博士”，约翰生“制止了我，他看上去似乎很喜欢这个头衔”。）[31] 但是，无论这部作品的局限性如何，在一位传者为一位传主所撰写的传记中，它始终具有独特性。鲍斯威尔决定作为一位成
366 熟的人完成这部传记时，就预见到了这部作品的独特性，即它的戏剧性、忠实性，以及在谈话中展现的广泛的兴趣爱好，这部传记的传主也是历史上最具魅力的人物之一。

十二

在继续介绍晚年约翰生的生平之前，还应提到另一件事。这件事发生在鲍斯威尔与他相识的这一年，也有助于刻画约翰生的形象，实际上自十八世纪九十年代以降，有数百万人曾经描绘过他的形象。这件事就是成立俱乐部（The Club），这是通过聚餐交谈的各种俱乐部的原型。

约书亚·雷诺兹于1763年与1764年之交的冬天首次向约翰生提议此事，当时两人坐在约翰生家中的炉边闲谈。雷诺兹肯定了解约翰生的心理状况，也明白若能让他定期与谈话高手聚会，定能改善他的心理。原先创办的俱乐部规模较小，而且性质上和这个新的俱乐部（它很快就声名斐然）也存在差异。在俱乐部的首批会员中，除了约翰生与雷诺兹外，还有哥尔德斯密斯，年纪相对较小的埃德蒙·伯克（他还没有后来那样大的名气），托珀姆·博克莱尔，贝内特·兰顿，内科医生克里斯托弗·纽金特（他是伯克的岳父），“不善交际”的约翰·霍金斯。霍金斯来自之前的常春藤巷俱乐部，新的俱乐部甫一成立，约翰生就邀请他加入，因为约翰生十分重视与老朋友的友谊（但霍金斯后来退出了）。成员中还有安东尼·查米尔，他是股票经纪人，对文学很感兴趣，出身于胡格诺派家庭。俱乐部的计划是每周一晚上七点，在苏活区杰拉德街的突厥头领酒馆举行聚会。俱乐部经过几年发展，成为英国人最热衷、最重视的非正式社团。再过几年时间，它将迎来各种人才的加入，并成为优秀人才最知名的聚会。他们频繁举行聚会，纯粹是为了畅谈。*

一月时（1764年），即新的俱乐部即将于二月举行聚会之前，约翰生最终接受了年轻的贝内特·兰顿的邀请，前往他位于林肯郡的家中做客。约翰生需要度假。实际上，他很快就遇到了心理危机，此前最害怕的一切似乎最终还是发生了。但没有人能猜到这一点。约翰生非常仔细地观察自己。他的魅力吸引了兰顿的父母，而且他与每个人 367
的交谈都令人叹为观止。当然，他拥有巨大的资源来使自己保持弗洛伊德所说的“现实原则”：最重要的是勇气，免于自怨自艾，精神富足以及幽默。与别人在一起时，他可以一次次地跃出深恶痛绝的自我牢

---

* 参见下文页504-505。

笼，并展现出热情洋溢的感情，像个孩子一样喜爱快乐。斯雷尔夫人评价称，她从未见过有人比他更突出。在这次做客中，发生了一个小插曲，这很具有代表性。不知是什么原因，兰顿从未将这件事告诉鲍斯威尔，但却将其他很多情况都告诉了他，也许兰顿只是认为鲍斯威尔无法理解这件事。他一直将此事牢记心中。有一次出门散步并走到非常陡峭的小山顶上时，他以一位长者的口吻，将这个故事告诉了儿子的一位朋友。他记得在1764年，约翰生与兰顿一家也到这座山顶上散步，约翰生对这座陡峭的山很是喜欢，称他希望从山上“滚下去”。众人竭力制止他。但是约翰生却说自己“很久都没有滚下去了”。说着，他从口袋中掏出钥匙、铅笔、钱包以及其他物品，躺到地上，让身体与山丘的边缘平行，然后从山顶滚到了山脚。“他不停地滚着，一直滚到了山脚。”[32]

注释

［1］《塞缪尔·约翰生书信集》，第一三〇篇。鲍斯威尔：《约翰生传》，第三卷，页535(附录F)。

［2］鲍斯威尔：《约翰生传》，第四卷，页122-123。塞缪尔·约翰生：《日记、祷文、年谱》，页68。

［3］塞缪尔·约翰生：《日记、祷文、年谱》，页63-89。

［4］他在内坦普尔巷的寓所通常租金为十六英镑(鲍斯威尔：《约翰生传》，第一卷，页546)；但这些房间是转租给约翰生的，应该是给了他折扣。斯塔普勒旅馆的住处不好，而且约翰生迫不及待地从这里搬走，因此这里的租金肯定比内坦普尔巷的寓所更低(也许是十至十二英镑)。

［5］鲍斯威尔：《约翰生传》，第一卷，页347-348；第三卷，页245。

［6］同上，第一卷，页347-348，页347，注释2。

［7］同上，第二卷，页299；第一卷，页331。

［8］同上，第一卷，页249-251。

［9］艾伦·黑曾：《塞缪尔·约翰生的书序与题献》，页6-8，页41-42，页62-66，页74-77，页84-89，页91-94，页98-102。

［10］唐纳德·J.格林：《塞缪尔·约翰生》，页84-85。

［11］鲍斯威尔：《约翰生传》，第一卷，页464，页550-552。R.W.查普曼，见《英国研究评论》，第五卷（1929），页69-70。

［12］塞缪尔·约翰生：《日记、祷文、年谱》，页71、77。

［13］《约翰生杂录》，第二卷，页257，注释2。

［14］亚瑟·墨菲，见《约翰生杂录》，第一卷，页416-417。鲍斯威尔：《约翰生传》，第二卷，页125、406。

［15］《约翰生杂录》，第一卷，页416。《塞缪尔·约翰生书信集》，第一四二篇。

［16］《约翰生杂录》，第一卷，页259。鲍斯威尔：《约翰生传》，第一卷，页350，注释3；页366，注释1。

［17］鲍斯威尔：《约翰生传》，第一卷，页416。

［18］约翰·霍金斯爵士：《约翰生传》，页383。鲍斯威尔：《约翰生传》，第二卷，页118-119。《约翰生杂录》，第二卷，页401。鲍斯威尔：《约翰生传》，第一卷，页421。

［19］奥奇亚斯·汉弗莱，见《约翰生杂录》，第二卷，页400-401。鲍斯威尔：《约翰生传》，第一卷，页435-436。

［20］《幽灵》，第三卷，页801-806。参见道格拉斯·格兰特：《公鸡巷幽灵》（伦敦，1965）；查尔斯·丘吉尔：《诗学著作》，道格拉斯·格兰特编（牛津，1956），页482-485，页499，页497-498。

［21］《约翰生杂录》，第一卷，页417-419。鲍斯威尔：《约翰生传》，第一卷，页372-379。

［22］J.L.克利福德：《约翰生在1762年的德文之旅》，发表于《为纪念唐纳德·F.海德所作的十八世纪研究》，W.H.邦德编（纽约，1970），页3-28。针对上文和下文引用的雷诺兹兄妹的原话，参见鲍斯威尔：《约翰生传》，第一卷，页145；《约翰生杂录》，第二卷，页275、279。

［23］1789年5月2日。见鲍斯威尔：《约翰生传》，第四卷，页77、484。

［24］詹姆斯·L. 克利福德：《青年约翰生》，页17（见注释22）。

［25］《塞缪尔·约翰生书信集》，第一四六篇。鲍斯威尔：《约翰生传》，第一卷，页378-379。詹姆斯·L. 克利福德：《青年约翰生》，页18-20（见注释22）。

［26］《约翰生杂录》，第二卷，页278。

［27］分别是杰弗里·斯科特编（第一至六卷）与弗雷德里克·A. 波特尔编（第七至十八卷）。第一卷以标准传记的形式出现：F. A. 波特尔：《詹姆斯·鲍斯威尔：早年岁月，1740-1769》（纽约，1966）。如需这些文稿的历史，参见大卫·布坎南：《奥金莱克的宝藏》（纽约，1974）。如需对约翰生此次会面的叙述，参见鲍斯威尔：《约翰生传》，第一卷，页390-395。

［28］《伦敦日报》，F. A. 波特尔编（纽约，1950），页62。《马拉海德城堡所藏詹姆斯·鲍斯威尔私人文件》，第一卷，页151-152。《鲍斯威尔在荷兰》，F. A. 波特尔编（纽约，1952），页80。《马拉海德城堡所藏詹姆斯·鲍斯威尔私人文件》，第七卷，页72-103；第九卷，页156；第十卷，页91；第十八卷，页71。粗体字为笔者所加。

［29］波特尔：《詹姆斯·鲍斯威尔：早年岁月，1740-1769》，页119。鲍斯威尔：《约翰生传》，第一卷，页457-472。

［30］P. A. W. 柯林斯，见《注释与问询》（1956年4月），页163-166。

［31］约翰·霍金斯爵士：《约翰生传》，页446。鲍斯威尔：《约翰生传》，第二卷，页332，注释1。

［32］H. D. 贝斯特，见《约翰生杂录》，第二卷，页390-391。

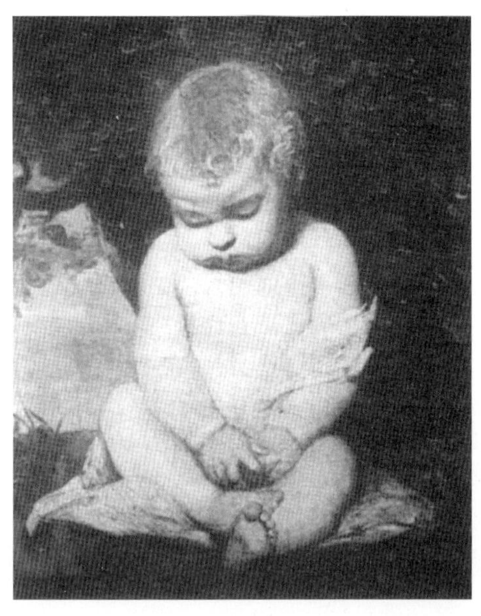

凭想象创作的婴儿约翰生画像

迈克尔·约翰生

利奇菲尔德语法学校

贺加斯的版画《午夜的现代讨论》，
右三的男子是小科尼利厄斯，时年三十五六岁

斯陶尔布里奇的学校

吉尔伯特·沃姆斯利

利奇菲尔德的主教府邸,沃姆斯利就住在这里

亚历山大·蒲柏,1730 年

牛津大学彭布罗克学院,1744 年

博斯沃思市场学校

塞缪尔·约翰生已知最早的肖像,1756 年

莫莉·阿斯顿

伊丽莎白·杰维斯·波特，此时是她嫁给约翰生几个月前的肖像

艾迪尔堂

大卫·加里克(左)及其朋友威廉·温德姆

爱德华·凯夫

圣约翰之门,《绅士杂志》的办公场所就在这里

坦普尔酒吧

汉普斯特德的普利奥利旅社,泰蒂曾在此居住

维多利亚时代的高夫广场

在高夫广场的别墅中,通往阁楼的楼梯

约翰生正在等候求见切斯特菲尔德伯爵，此画作系画家凭想象创作

（本图与下图中，约翰生的形象更接近于他二十年后的相貌）

约翰生在阅读《威克菲尔德牧师传》的手稿，此时哥尔德斯密斯
即将因债务而坐牢，此画作系画家凭想象创作

安娜·威廉姆斯

三十七岁至三十九岁的约翰生

弗兰克·巴伯

圣詹姆斯广场，1752 年，约翰生记得他和塞维奇曾绕着它走了一整晚

贝内特·兰顿晚年肖像

托珀姆·博克莱尔，时年十七岁

内坦普尔巷，约翰生刚迈入半百之年时曾住在这里

内坦普尔巷1号,1763年5月24日,鲍斯威尔首次拜访约翰生

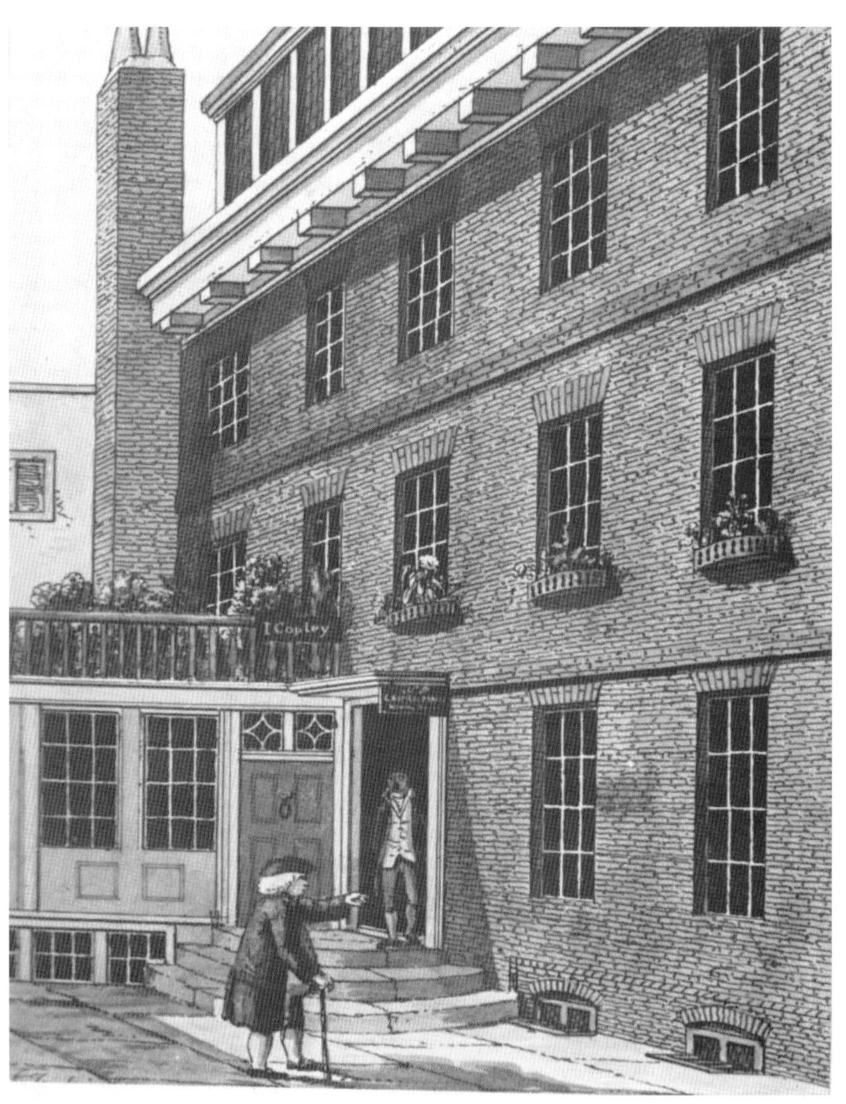

约翰生在博尔特胡同的住所。约翰生靠近台阶，弗朗西斯·巴伯在门口

二十五岁时的鲍斯威尔

俱乐部某些成员在雷诺兹家中聚会的情景，此画作系画家凭想象创作。自左向右依次为：鲍斯威尔、约翰生、雷诺兹、加里克、伯克、帕欧里、伯尼、沃顿与哥尔德斯密斯

约书亚·雷诺兹爵士,早期自画像

约翰生

晚年的查尔斯·伯尼

埃德蒙·伯克

约翰生的天井，他在这里居住的时期为 1765 年至 1776 年

赫斯特·斯雷尔,此时是她初次结识约翰生时的相貌

四十五岁时的亨利·斯雷尔

斯雷尔家族的酿酒厂，位于萨瑟克。图中为“圆形塔楼”的部分景观，约翰生的房间就在这里，位于路灯后方的右侧

约翰生和鲍斯威尔在爱丁堡,1773 年

约翰生身着旅行服装，与鲍斯威尔前往赫布里底群岛旅行，1786 年印

斯雷尔夫人及其女儿奎妮

朱塞佩·巴雷蒂,奎妮半盲的、脾气暴躁的家庭教师

加布里埃尔·马里奥·皮奥齐,1793 年

蒙塔古夫人

范妮·伯尼，之后的达尔布莱夫人

斯特里汉姆庄园

斯特里汉姆庄园

约翰生在博尔特胡同 8 号的住所，
他从 1776 年至辞世一直居住于此

约翰·泰勒

年过古稀的约翰生

1793 年的皮奥齐夫人

1810 年的皮奥齐夫人，时值其第二任丈夫过世一年

约翰·霍金斯爵士

约翰·霍金斯爵士

阿什伯恩堂今貌

雷诺兹创作的最后一张约翰生肖像
(1782–1784)

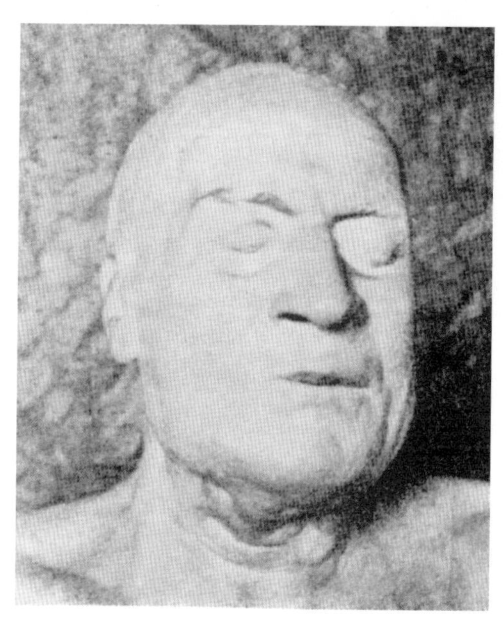
约翰生的遗容面模

第四部分　约翰生传奇

第二十一章　濒临崩溃;宗教抗争;恐惧疯癫

一

我们终于要介绍约翰生人生的最后一部分,这是他五十五岁 371
(1764 年)直到辞世的二十年时光。他即将成为一批作家回忆录的传主,其回忆录无论在数量还是引人入胜的程度上都超过了其他传主。鲍斯威尔也赞叹道:“不仅是他的性格……还有他的形象与举止,我认为几乎没有人比他更家喻户晓。”此言并无夸张。但是,对于大多数要为约翰生创作传记的作者来说,此时的他与我们在回忆录中所看见和听到的他之间还需要一个过渡。

五十一岁(1760 年)之后,他就逐渐让自己处于痛苦心境,而且始终如此。这时,他实际上已经搁置了写作工作。在日记中,他吐露出越来越强烈的无助,因为他无法“驾驭我的习惯”;到了 1761 年之后,他就开始深陷于这种麻木感,这一状态与焦虑和绝望之情交织在一起,让我们想起他在三十年前出现的心理崩溃。

1761 年复活节前夜："自从去年复活节圣餐礼之后，我就一直在虚度光阴，一事无成。**我的恐惧与彷徨越来越严重，使我深陷严重的抑郁之中**……'请让我奋发努力吧。'**我曾经下过决心……现在我都害怕再次下决心**……万能的上帝呀，仁慈的天父呀，请垂怜我的痛苦吧……"

372 在这部日记中，除了第二年春天在泰蒂忌日所写的一篇（1762 年 3 月 28 日），再没有提到此后三年的任何情况。约翰生在临终前烧毁了许多文件与日记，他尤其希望销毁的是 1762 年至 1768 年这段关键时期的资料，包括两卷四开本的日记。据他说，看到它们被销毁，自己快要"疯掉了"。从 1764 年春开始，也还有一些日记留存了下来（此时俱乐部已成立，约翰生每周都定期参加它的聚会）。1764 年 4 月 21 日凌晨三点整，他写道："**我得了一种奇怪的健忘症，以致我不记得去年发生过什么**，而且我觉得不管发生什么事情，还是我想到了什么创意，最后都忘得一干二净……**但我决不会绝望**。"1764 年复活节前夜凌晨三点整："万能的天父呀，最仁慈的天父呀……请不要让我再陷入痛苦了……请将我从徒劳的恐惧和悲伤中解救出来……"1764 年 9 月 18 日："我什么也没做；因此我迫切需要开始工作，留给我工作的时间不多了。"1765 年复活节（"大约凌晨三点"）："自从去年复活节开始……我的人生……就仿佛梦境一般，什么也没留下。**我的记忆变得乱如麻，我不知道我是怎样浑浑噩噩度过这些日子的**。"1766 年 3 月 28 日："我两次来到教堂，做完了祷告，心中波澜不惊。"1766 年 3 月 29 日："哦，上帝呀！……请让我再也不要受怀疑的困扰，再也不要为无用的恐惧所惊扰。"[1]

二

从1764年一直到此后至少三年时间里，他始终处于崩溃边缘。只有通过日复一日最英勇的努力，他才能使自己保持正常状态。朋友无论对他的状态多么怀疑、多么焦虑，在他开口谈话之后顿时烟消云散。之后，他们都觉得欣慰。年轻的艺术家奥奇亚斯·汉弗莱初次结识约翰生时，也产生了相同的感受。两人是在内坦普尔巷的约翰生寓所邂逅的。汉弗莱认为眼前这个人就是“神经病”，但最后约翰生开口交谈之后，“我相信……他说的一切都**很正确，与之前的形象判若两人**”。*

但也有些时候，他会害怕看到自己并不完全信任的人，他不仅仅在夜晚会独自一人在家中，白天也一度如此。亚当斯博士在约翰生辞世之后，曾向鲍斯威尔讲述过这样的情况，而鲍斯威尔在转述这个故
事时作了淡化处理。此前，亚当斯有一段时间没见约翰生，他到了伦 373
敦之后便前往他的寓所拜访。威廉姆斯小姐给他开了门，并说，“这些天来，他除了兰顿先生之外没有接待过任何人。但他愿意见亚当斯博士”。亚当斯进门之后，发现兰顿与约翰生静静地坐在一起。约翰生“看上去很是痛苦；他的嘴角在抽动，但他并没有在说话；他无法久坐……于是在房间里来回踱着步，有时会走进另一间房间，然后又立刻走回来”。最后，他向亚当斯博士转过身来，只说了一句：“如果能让我的精神恢复正常，我宁愿斩断一条胳膊。”据亚当斯说，整个场面“看起来相当恐怖”。[2]

---

* 参见上文页352。

三

如同他二十多岁时的心理崩溃一样，约翰生此时病情极为严重，但这并非只是某一因素的作用（对于任何人来说，人生中如此沉重的打击都不会如此简单），而是多个因素共同作用，而且这些因素会相互加强。

首先，他正在自食恶果——自我防卫固习（无论这多么狡诈且自毁）的恶果（他知道后果在积聚，但他中年之初的忙碌生活却推迟了其影响）：他惯于预先想象未来，通过预测（自以为理当如此）并吸取可能导致失望和伤害的一切因素，来未雨绸缪，防止受伤。这种习惯的深层次原因在于，他决心不再受到愚弄，也绝不会再猝不及防。我们看到，只有二十岁时，约翰生就在《年轻的作家》中坚定地表达出这种决心。在创作这部作品时他就知道自己很快就要离开牛津，回到利奇菲尔德，即将面对人生的惨败。在《论人类愿望之虚妄》的开头部分，他就以痛定思痛的口吻抨击自己的理想与希望，以此来痛斥他自己。此时，我们已经见证到这种形式的自我防卫，它产生的威胁不仅在于它能够内化，而且具有灵活性，神通广大，因此很危险。而且它导致约翰生此后遭受了漫长的心理崩溃，并不可避免地导致他自我分裂并粗暴地将攻击矛头对准自己。我们一直都注意到，这个心理习惯的加深（无论约翰生如何抗争都无济于事），直到它成为《论人类愿望之虚
374 妄》乃至他所有道德著作中重要的辩证法要素之一。诚然，在我们开始评估道德著作本身时，只有这种**辩证思想**才是重要的。他一次次地论述人类面对的诱惑（这对于人们来说都很常见，对他来说更是长期存在）是如何狡诈；应当拒绝向当前境遇妥协，以防我们丧失耐

力并不知不觉被其击倒，这使我们对未来的灾难反应过度。没有人比他更清楚这一点，而且他艰难地发现，超出某个临界点，这种做法会侵蚀而非增加他的耐力；他还发现，如果能学会在当下好好生活，就能在明天更好地生活；他还发现，在实现希望的过程中遭遇"挫折"时，"无论多么频繁，都没有完全丧失希望那样可怕"。但是，他在道德著作中给出的答案与道德著作本身一样具有说服力、振聋发聩，其原因正在于，它们需要回答的内容每时每刻都强有力地体现在约翰生身上。终其一生他都在强迫自己以精明、现实的方式，提前预见到一切可能出现的邪恶，同时将其化为习惯性的应对之举，以防自己丧失作为"自由行为主体"的能力，以免束手无策地沦为时运、不测或邪恶的牺牲品。对于天性更加胆小或有些悭吝的人来说，他们常常会因为这种防卫而产生各种常见的副产品（偏执狂式的怀疑，嫉妒，等等，这些都涉及对其他个体的猜疑，但约翰生从来没有忘记，其他个体与自己是同舟共济的关系），但约翰生却不属于这种情况。这种态度（还有与之伴生的愤怒与抗议）跃过与他共赴人生者，扩展到普遍的宇宙。

他的这种强烈态度是对生活的完全不信任，也是内心对生活的抗争（简言之，就是关于邪恶的全部问题），这种态度将产生约翰生在宗教抗争中遭遇的最大难题，并使他既无法"顺从"也无法"信任上帝"（因为他担心自己无法做到这一点）。人们在讨论约翰生的宗教态度这一话题时，甚至很少提到心理影响，但我们应当承认这一点。它就是令人惊诧的**愤怒**（程度更轻的词语无法充分反映出这一点），只要有人否认（甚至于只要没有承认）人类生活中存在强烈的不幸，他就会突然对任何人倾泻怒火。这种突如其来的鲁莽几乎是暴烈行为，只是到了晚年，约翰生才学会通过幽默或机智，对自己和他人缓和这种情绪。

他的怒火很容易倾泻到别人头上（据斯雷尔夫人说，“他深爱的一位朋友”只是因为一句无心的话，就引发了他的这种怒火）*，这表明他内心深处始终存在挫折感。

375 “只要一想起自己属于这个世界，就注定要想到悲惨，而且注定要从青年时代过渡到产生恐惧或承受灾难的年龄。”只要一想到这个事实，他就会通过有效的抗争（而非努力吸收与内化）释放出强烈的憎恨，这令他备受打击。正是这种憎恨，使他的另一部分自我对这部分自我产生恐惧，这也说明了他为何不愿成为乔纳森·斯威夫特那样的人（“他并不是一个值得爱戴或嫉妒的人。他似乎将一生都浪费在不满之中……”）。由于他竭力反对以此来抨击启迪众生的正统宗教，因此这通常体现为振聋发聩的内心抗争，这一抗争虽然竭力要挣脱出来，但始终受到他严密管控，就仿佛《论人类愿望之虚妄》中的情景。但如果将这种抗争体现在他认为伟大的事业中，那么这种痛苦就会变成坦诚与雅量。我们在他的一篇著名评论（1757）中见证了这一点，这是他最出色的短篇作品之一，是对索姆·杰宁斯的作品《自由探索邪恶的本质与起源》所发表的评论。诚然，杰宁斯的这部作品十分愚蠢，而且在许多方面都很拙劣。但假如这部作品中巧舌如簧的乐观主义体现在自然神论或“自然”宗教的框架中，而非希伯来-基督教教义中（这属于古老的观点，认为恶是必要的，通过对比能彰显善，同时个人遭受的苦难益于更广大的善），很难相信约翰生居然会特地对这部作品大动干戈。这种观点企图为生活中的邪恶找出理由，或是在更大的背景中调和，因此面对这种观点，约翰生立即抛开所有禁忌。杰宁斯很不幸，他希望实现哲学上的“超然”，并幻想成为俯瞰人间（以及人

---

* 参见下文页490。

类彼此间的斗争和整体的生活境况）的“高级生物”，就如同我们俯瞰低等动物一样。约翰生进行类比时，首先将论证推向更广阔的范围，并认为杰宁斯本应进一步作出论证：

> 他可能已经表明，这些猎人的猎物就是人类，他们的娱乐活动与人类相似。我们人类会将小狗小猫淹死，他们寻开心的方式则经常是让一艘轮船沉没；他们还会站在布莱尼姆的战场周围或布拉格的高墙周围，就像我们围着斗鸡场一样。他们也会趁一个人工作或娱乐之中选中他，然后用中风将他击垮，就仿佛我们将飞鸟射落一样。他们中有些人也许是艺术名家，并且喜欢采用哮喘的手段。他们利用充气让某人膨胀，就仿佛人类哲学家在试验气泵的效果时，将一只青蛙吹足气一样。这种做法使这些快乐的人处于疟疾一般的反复无常中，并且他们的快乐源自看到一个人像得了癫痫一样倒下，然后恢复正常，之后再度倒下，而且此人对
> 这一切莫名其妙。他们比我们更富有智慧，也更强大，因此他们 376
> 会有更精妙的消遣娱乐。因为这种影响极为剧烈、持久，就仿佛痛风与结石的周期性发作一样，这毫无疑问产生极度的欢乐，尤其是在这出人生大戏中，主人公像盲人和聋人一样跌跌撞撞、疑惑不解，使游戏中增添变数，产生的欢乐尤为突出。[3]

毫无疑问，在他所经历的这场危机中，一个要素就是他在宗教抗争中涉及激烈的自我冲突，篇幅所限，我们要在下文中才能讨论约翰生的宗教态度，这样可以更加全面地思考这一问题。* 这场冲突从本

* 参见下文页449-460。

质上说就是基督教的忍让、顺从以及“信仰上帝”，与无意识中强大的需求（他向来存在这种需求，即他会尽其所能采取措施，以防遭到突袭时猝不及防）之间的冲突。如果说步入中年时，他这种根深蒂固的心理习惯无论在哲学范围还是视野上都有所扩大，并且由于我们每个人都要面临“人类共同命运”而产生同情心，那么在“没有希望，就不会有努力”的世界中，约翰生长年累月形成的心理习惯几乎同样难以承受（这本身形成了非常稳固的内化，并成为他的组成部分），而且在这个世界，“希望本身就是一种幸福，也许是这个世界所能提供的主要幸福”。当然，可以说这是人类意识的先驱不可避免要付出的代价，这些先知并没有对宗教产生充足的信心，他们遵循着苏格拉底对“自省生活”的告诫，并且展开了深入、诚恳的考察，没有错觉，但依然具有价值判断，用《李尔王》的话说，是“由衷地注视着它”。

四

但是，约翰生承受的特殊负担在于，他决不愿放弃对自己思维模式的责任。据斯雷尔夫人说，“对于他人，他合情合理；对于自己，他常怀无谓之望，欲行难行之事”。无论他对人生（苦多乐少）压抑的怒火多么强烈，他都不会“抱怨”。他不会怨天尤人，也不会将不满投射到他人或社会，更不会投射到整个宇宙，此举无异于控诉上帝。

这就需要他自己将这些感受消化，然后将它们驱赶到道德与心
377 理层面，就像他需要震慑嫉妒心或控制内心强烈的攻击冲动一样。此
举可能对他造成痛苦的折磨，就像他此时需要消化一切心理冲突及其副产品一样。很久以前，他在打算实现“自我管理”时，就曾用拉丁文将自己的病情告知斯文芬医生。因此此时据斯雷尔夫人说，多年以来

他一直亲身研究"医学中的每一个领域,但却对**幻想症**给予特别的关注,他怀着焦虑的心情关注着自己出现的症状,这种心情破坏了他内心的宁静,对于他所信任的人来说也是无法忍受的"。他曾经绝望地问道:"是否有人能将这种内心的显微镜放入自己的心灵中,并承载它对心理的影响呢?"[4] 他对自己内心状态的探索越是仔细,他所发现的与他所要求的状态之间的鸿沟就愈发令他绝望。只有他人的陪伴方能舒缓这种心理。他在夜间经常会独自一人、无所事事,但只要他一进入这种状态,据墨菲说,"他的灵魂就无法专注于外部,而是转向**内心自我敌视**"。在《闲人》的一篇随笔文(第三十一期)中,他曾写过一篇"冷静"的素描(这主要是他的自画像),他的"主要快乐来自与人交谈",这使他"暂时摆脱了自我责怪":

> 但有一个夜晚,他还是得回家,因为朋友要休息了。可怜的冷静先生一想到这一幕,就不寒而栗。虽然这样的时候令人生厌,会给自己带来痛苦,但他也有许多方法加以缓解。他说服自己相信手工艺术受到了不公正的忽视……并且弄来了木匠工具,并用这套工具出色地修好了自己的煤炭箱……
>
> 还有些时候,他尝试过鞋匠、洋铁匠、管道工、陶艺家的手艺,他最终都没能学成这些技艺。但他每天的娱乐项目是化学。他有一个小小的壁炉……抽来了油和水……他知道此举毫无用处;他坐在那里数曲颈瓶中流出的液体有多少滴,却忘记了每滴下一滴,就有一段时光飞逝而去。

这一幕发生在六年前,即 1758 年,距《莎士比亚作品集》最终交稿日期只剩下几个月了。但此时,夜晚令他越来越恐惧,因为他的一部分自我努力保持清醒状态,无法放任他企图利用客观现实作为稳定心理的唯一途径,也不得不时刻保持警惕和“自我管理”,以防他的另一部分自我一心要使他陷入无意识状态(正是前一部分自我所恐惧的)。

此时就仿佛是他二十多岁时那样。那时他不得不离开牛津,当时
378 遭遇的是他天性中强大的攻击性力量,全都对准了他自己发动打击,只有通过同情和哲学才得以减轻,而不会转嫁给他人。墨菲曾睿智地察觉到这一点,并谈到约翰生在独自一人时所遭受的“内心敌视”(inward hostility)。唯一能击倒约翰生的就是他自己,这使他战栗不已,连续好几个月无法反抗。按照恐惧一词通常的含义,约翰生的反应似乎是无动于衷,许多了解他的人都反复证明过这一点。无论是恐惧,还是人类天性容易惧怕的事物,他都会自发地立即直面。但是,此时的“恐惧”是由自我所产生并用于打击自我。它们拥有约翰生本人性格中的一切力量。在约翰生分裂的天性中,能够对抗这些恐惧的力量却十分害怕采取抵抗,因为它担心所抵抗和反击的对象就是自己的“良知”。而且他心理中的这种严重分裂必然会导致恐怖,这也是需要对抗的对象,但他又担心这种恐怖是理所当然的,于是就产生了进一步的恐惧。

五

诚然,**工作**可以带来巨大的变化,对此他最有发言权;他本人可能认为工作具有真正的价值(只不过他的另一部分自我永远不会忘记,人所做的事情似乎只有很少一部分能对世界产生一定的影响)。弗洛伊德晚年曾在《文明及其不满》中指出,只有通过工作与爱,人性才最能企及幸福,避免痛苦。[5]当然,弗洛伊德又补充说,绝少有人真正在

"爱",尽管他们自以为在爱着。更为人忽视的是,人们对另一种必要的治愈形式即"工作"的反感,若再加之有闲,就会"导致更加严峻的社会问题"。约翰生确实在爱——几乎终其一生。诚然,从**两性**之间的爱情经历(即"浪漫的爱情",他会这样辩称)来说,除了他与泰蒂之间极不寻常的爱情之外,他二十岁以来的外表与整个人生都使自己被爱情拒之门外。他的每一次爱情经历都短暂而又不同寻常,例如他对德穆兰夫人所作的可怜的表白。即便并非如此,它们也很少能成为男欢女爱或替代"浪漫"的爱情;而年过半百之后,由于在这方面的长期压抑与挫折,再加上他长期以来坚信自己实际上并"不可爱",这便产生了心理代价。他仍然能够区分"爱"与"被爱",并重视对他人的爱, 379
而不索取同等回报,即索取他人的关爱。他的爱情概念绝不狭隘,这一点很重要。即便如此,这些年来他还是极为孤独。(所有挚友中,他还能推心置腹的除了雷诺兹还有谁呢?何况雷诺兹此时境况大不一样,他一年能挣六千英镑,而且身处与他截然不同的世界。斯雷尔一家接纳约翰生时,他迸发出强烈的感情与信心,这表明他心中筑起的堤坝是多么高深。)

但是,即便他可以去爱,他也无法通过"工作"产生有益的释放或健康。长久以来,他最希望从事的职业是律师,但这项事业却向他关闭了大门。他不得不从事的"工作"正是写作,这也是他年过半百时唯一能胜任的,这是令他最为痛苦的讽刺。我们都知道他可以超水平地完成这项工作,但这并不重要。问题始终在于,对于约翰生这样的人来说,他们会定下极为苛刻的标准,并通过铁面无情、孜孜不倦的自我要求对此标准予以加强,只有极少数的工作会不断导致他们自我分裂并使一部分自我与另一部分自我相互攻讦,写作正是其中一项。约翰生每写出一个句子,在他分裂的自我中,一部分自我就会将另一部分自我打入自我审判的囚笼。诚然,约翰生可以打破这些限制。我们曾反复注意到,他可以飞快地完成工作,伴着一种恼火与不耐烦的情绪,有时还带着单纯的豪气(尤其是在早年),显然是为自己能完成此项工作而深感自豪。如果他对创作出的作品并不是太在意,或者他是为别人帮忙而匿名创作(他的许多作品都是如此),他就可以轻松胜任这项工作。但事实在于,如果他真要强迫自己创作出一部重要作品并署上自己的名字,他的一部分自我就会十分在意。此时,他内心的抗拒就会极为强烈,尤其是他内心经历了极为漫长的抗拒,早已积累了强烈的疲惫感时。他可以说:“一个人倘若让自己**坚持**写作,那么无论何时都可以动笔写作。”这番话确实是认真的。但就像柯尔律治一样(但二人在其他方面截然不同,就连对待这个问题的方法也存在差异),自我要求产生的千钧重担几乎和其他一切快乐的活动形成鲜明对比。同理,与柯尔律治一样,他无比喜爱与他人交谈。因为这时,他就可以放飞自己的表达能力,而不是让它停留在纸上去责备自我。正因为此,他才不愿修改完稿后的作品,迫不及待(并虚张声势加以掩饰)要将稿件发给出版社,而不愿再通读一遍,此后也不愿再读一遍(有个明显的
380 例外,那就是他十分珍视的《漫步者》随笔文。他对这部作品是以奉献和祷告的精神进行构思和创作,因此同意进行修改)。

但此时他只要孤身一人,就会立刻深陷自我审判的囹圄。没有必要再对此加以掩饰。即便他在创作《论人类愿望之虚妄》(这是他第一部愿意署上自己名字的作品)时,他也会停下来,计算一下完成了多少行,还需要完成多少行。这早已是十五年前的情景了。鲍斯威尔缺乏自省,他说:“我猜想你并未从写作中获得更多快乐。”约翰生答道:“先生,你**可以**这么想。”

六

他事先就对这一切十分熟悉，并且在作品中精辟论述过，但却从未获得慰藉。

有一句历史悠久的告诫："医生，治愈你自己！"在约翰生此时需要消化吸收的所有事物中，这也许是最痛苦的一件，而且这是他当前的状态与他二十多岁时的崩溃之间的区别之一。此时，无论哪件折磨他的事情，他都已通过心理洞察力与均衡的判断力，坦诚地在作品中进行了讨论。这里只举最基本的一个例子。最常见的老生常谈是，幸福可遇而不可求，如果我们有意识地去寻觅（并在期望与想象的天平上衡量）幸福，我们永远找不到它，只有当我们在其他事物中泯没自我时，它才会作为副产品出现。但是，在写毕这一切之后，在一次次重拾此中真谛之后，他自己却反复将"幸福"作为衡量和评价人生的尺度。他如此热切地坚持将"幸福"作为目标本身之无益，恰恰说明其执念之顽固。更何况，他所踏上的道路是一条康庄大道吗？最重要一点在于，至少这属于"工作"或就业吗？"生性反感空虚"；"幻想只有在心灵无所事事时，才会如此占据人的心灵"；努力本身"就可以获得回报"。

但此时，正如霍金斯所说（他指的是《莎士比亚作品集》），"这样一种懒散的状态抑制了他的才华，朋友的一切劝谏都无法使他恢复常态：这适用于某些心灵，他们就像腐蚀剂一样在灼烧，但约翰生并不这样认为"。[6]即便存在他愿意从事的其他种类的工作，他的良知也不 381
会以此作为理由。大部分人都可以找出这类理由。事实始终在于，他的工作并不是过于繁重，而且"一个人倘若让自己**坚持**写作，那么无论何时都可以动笔写作"。如果说他对工作的抗拒心理超出了大多数人

（或者说他抗拒因工作产生的自我要求），这也不是借口，但却是他此时绝望的心理状态所表现出的另一个信号。他的忧郁症也是如此：他所患的生理疾病，即便并非心理因素所致，但肯定因之恶化。这种疾病本身引发了他的心理状态，导致他无法采取任何措施宣泄。

他最终的境况（尤其是他在夜晚茕茕孑立之时）并不代表他在道德著作中阐述的**内容**遭到了失败。相反，这些著作是对他自己乃至他所做事情的控诉。而且在他孤身一人与自我冲突、麻木、内心抗拒展开斗争时，他又一次（就像在二十多岁时一样）发现自己不得不与大量心理副产物作斗争，尤其是狐疑、警惕地对付"控制"和"自我管理"而产生的心理副产物。它们可能体现出强烈的强迫症，但又属于微不足道的琐事，以至于约翰生认为它们对自己的折磨本身就是一种"疯癫"。某种程度上说，"踌躇"一词暗示了这一点（它源自拉丁语scrupulus，意指"一小块锋利的鹅卵石"），这个词在他的日记中非常重要，表明了犹豫和怀疑，以及他执着地专注于琐事，从中可以感受到良知与自我要求所致的疾病。实际上，它们使约翰生**纠正**自我的冲动病态地增长，而且使他一直在"纠正"自我，直到纠正之举本身成为目的，此时精神承受过度重负，认为再没有可纠正的了。1759 年（未注明日期）："使我能**打破我自身原罪的锁链**……并克服和压制无用的踌躇。"1764 年 9 月 18 日："我决心……**扫除无用的踌躇**……愿上帝帮助我……战胜这些踌躇。"1766 年耶稣受难日："踌躇使我无法聚精会神，但在教堂时，我表达了战胜它们的愿望。"1766 年 3 月 29 日："踌躇依然给我带来痛苦。通过我的决心，再加上上帝的祝福，将要与它们展开斗争……"1766 年复活节："我在人群中做了祷告……请求从踌躇中获得解脱；这种解脱是我祷文的主要主题。哦，愿上帝能听到我的祷告。我现在正努力战胜它们。"[7]

约翰生后来给斯雷尔夫人讲的一个故事可以表明,他的理性(自
我)如何看待他与之挣扎的“徒劳的顾虑”。在故事中,一位疯疯癫癫 382
的书记员在他的住宅周围徘徊不去,长达五个星期。后来他发现这个书记员有个习惯,即他有时去他老板那里偷纸和打包带,而不是自掏腰包购买这些东西。约翰生让这位书记员告诉他的老板,认为他的老板无疑觉得这是小事一桩。这位书记员说,他已经告诉了老板,但老板让他自己想办法。书记员仍然为这件事而困扰。最后,约翰生发现这个人在晚上七点下班,而在半夜就寝,他勃然大怒:

我至少对此很了解……如果每天二十四小时中有五个小时无所事事,就足够让这个人发疯了;因此,先生,我建议你去学习几何……你的头脑将不会那么**愚钝**,而且你也不会用纸和打包带再来折磨你的邻居。我们都生活在这个世界上,这个世界充满了罪过与悲伤。

据斯雷尔夫人说,约翰生“经常提起这个拿着打包带而又小心谨慎的人”,意在提醒他自己而非他人。他曾将这一幕应用在一位朋友身上,这位朋友星期天上午曾在斯特里汉姆广场看到一些捕鸟的人,并感慨“时光的邪恶”:

虽然有一半的基督教世界允许唱歌跳舞,并将星期天作为节日欢庆,但受到轻浮和空虚的冒犯,将对你的清教精神产生什么影响?无论是谁,只要让生活中产生不必要的踌躇……就会对自己的特立独行产生责难,无法因皎然的美德而获取相应的回报。[8]

与此同时，他的抽搐症与其他习惯性的强迫症愈发严重。我们注意到，早在他二十多岁的那场精神崩溃时，这些症状就开始严重困扰他，其背后的强迫性神经症表明，他在无意识中存在一种强大的需求，力图通过秩序、模式或节奏来释放压力，防止其压垮自己的精神。换言之，他需要将主观感受中的纷繁芜杂进行“切割”，并还原为便于管理的单元，我们在他持续不断的算术和计算中也能发现这一点。* 例如，他会在经过栏杆时挨个触碰，如果漏掉一个，还会回过头来补上；他会调整脚步，以便某个时刻踩到门槛上；在进行了漫长的发言或辩论之后，他会像头鲸鱼一样大声吐气，就仿佛是要给这番话画上圆满的句号。他会踩踏地板，就仿佛在用脚掌和脚后跟丈量尺寸，如雷诺兹小姐所言，“他似乎在竭力构成一个三角形或某种几何图形”。[9]

383 他这种下意识地对主观经历“构建秩序”的强迫症，就是要将其切割、打磨，并赋予它“可管理的”模式，在他看来自然非常荒唐，而且和老约翰生的习惯一样“疯癫”。即便制革厂的后面已经摇摇欲坠，而且任何人都可以从后面进入工厂，老约翰生依然会谨慎地、强迫症式地锁上制革厂的大门。因此，他在日记中下决心“避免一切特立独行”，并强烈地反感“当着众人的面做手势”。有个人曾经在发言时做手势，约翰生甚至抓住他的双臂，把他的手放了下去。[10]

七

五十五六岁时，他发现自己的人生与他需要自己实现的人生之间

---

* 参见下文页415。

存在巨大差异,而且这一差异还产生了更多心理副产物,这些都使他感受到自己从老约翰生身上遗传的“疯癫”终于纠缠他了。这会导致“人类最大的痛苦”。

简言之,他陷入的状况就是“负面身份”(negative identity),他对此深恶痛绝,一开始就心生恐惧。他已经将此压抑了很长时间,从他步入而立之年到年过半百一直如此。他始终不惜一切代价要**避免**这种情况。他陷入这种境况的证据在于(这种境况可能自始至终都注定要将他控制),他对此完全陷入了麻木状态。由于持续不断的自我抗争,巨大的疲倦感产生,让他开始为自己的心理状况担忧。在1763年,约翰生就已经发自内心地为诗人威廉·柯林斯写了一篇短篇“人物素描”。这位诗人经历过心理崩溃,英年早逝。约翰生在其中提到:“内心的沮丧禁锢了才能,却未将其摧毁;于是,理性能明辨是非却无力追随。”[11]他的作品一定程度上也抒发了约翰生的心声。例如,约翰生内心存在“管理经验”的强迫症,这就仿佛是坐在驾驶员的位置掌控一切:他难道不知道,这种可怕的做法如果过了头,就可能产生严重的后果吗?他曾描写过《拉塞拉斯》中那位疯癫的天文学家,这位天文学家最终相信,自己要负责指导全世界的天气,他不敢擅离岗位,生怕因此产生混乱。在描写这位人物时,他难道不是在滑稽地模仿自己吗?诚然,与这位疯癫的天文学家不同,约翰生仍然能“明辨是非”,只是他似乎与柯林斯一样徒劳地“追 384
求”内心的真理。但是,在他仍然能让“明辨是非”的这部分自我抵御压倒性的疲惫,并使整个“负面的”自我涌出并永久吞没自己之前,谁知道这种状态能持续多久呢?

他甚至发现自己抓住负罪感不放,作为将自己拉回水面的救命稻草。诚然,这样做可能非常不牢靠。他曾在《拉塞拉斯》中写道:“想象之疾,若加之负疚之惧,最难治愈;幻想与良知对我们产生的作用可以互换,而且两者的位置经常互换,以至于一方产生的幻觉与另一方产生的指引密不可分。"想象力引诱我们去做不道德或不符合宗教的事情时,我们至少可以力求将这些想法驱散。倘若它们"披上**责任**的外衣",便会毫无抵抗地控制我们的思想,因为我们"害怕排除或驱赶它们"。《拉塞拉斯》出版已近五年,由于观察自己、惩罚自己的行为使他越来越疲倦,他开始因为自己没有产生足够的负疚感而感到内疚:"我[1764 年 4 月 21 日]产生了一种麻木与沉重。负罪感对我的压迫比平常要少,而且我的懒散所产生的羞愧感也有所减少。但是我不会绝望。"第二年,他再次力图在祷告中更加显著地强行产生负疚感,以防旧病复发(1765 年 4 月 7 日):"**请让我对虚度时光感到懊悔吧**,好让我改正我的人生。"[12]

约翰生年事已高,但他却认为自己什么也没有学到。他指的是自己没有学到任何真正有用的东西,以便将此与自己的人生融为一体并运用于其中。其原因在于,经过三十年前在伯明翰度过了可怕的自我惩罚与绝望的时期,约翰生竭力要将原始素材(这是他从老约翰生和爱发牢骚的萨拉身上遗传的性格)塑造为"正面身份"(positive identity)。他一次次通过还原主义式的激烈嘲讽,指出所有不幸的根源都只存在于"头脑之中"而非"**真正的**剥夺",这让旁人大吃一惊。这就是他此时所面对的问题。他的不幸确实存在于"头脑之中",而且令他深为恐惧。"在我们当前状态的不确定性中,最可怕、最令人警醒的就是理性的不确定的延续。"

八

斯雷尔夫人辞世之后,她的藏书和其他财产于 1823 年售出,当时

出售的物品目录中有一个挂锁，锁上贴着一张她亲手写的便笺：“**约翰** 385
生的挂锁，于 1768 年交给我保管。”如果我们力图了解约翰生在这些年（1764 年至 1767 年）的处境，我们就必须针对 1768 年交给斯雷尔夫人保管的这件物品，发掘其意义，还要针对她在 1779 年的日记中所写的一条暗语式的脚注，弄清楚个中含义——“镣铐与挂锁将告诉后人真相”。[*]

在此期间，人们依然经常用锁链将疯人拴起来。显然，约翰生对疯癫的恐惧，对他的想象力产生了催眠作用，并且程度极为强烈，以至于他最终在精疲力竭的绝望中买来了镣铐与挂锁，以防心中的强敌取胜，摆脱控制。这是一个重要信号，它标志着约翰生的自信已分崩离析，而且内心充满恐惧的自我谴责。只是在他信任了斯雷尔夫人之后（这是他在理查德·巴瑟斯特之后唯一信任的人），他才将自己的经历向她和盘托出，并将这些物品交给她保管（1768 年），以备不时之需。斯雷尔夫人在 1779 年曾写过一段话，并没有付梓，但一度广为人知。她写道：

> 约翰生在 1767 年或 1768 年——我现在已经记不清了——将一个天大的秘密告诉了我，这个秘密比他的生命更重要：他是如此高贵，如此偏倚，这使我真诚地相信，他自从那天起就从未后悔过他对我的信任……他与拉罗什富科的箴言格格不入，后者认

---

* 凯瑟琳·鲍尔德斯顿在她编写的重要著作《赫斯特·林奇·斯雷尔夫人日记……1776-1809》中，使人们了解到这个挂锁和日记的相关段落，尤其是第一卷，页 384-385，页 386，注释 2，页 415，注释 4；第二卷，页 625。但是，在鲍尔德斯顿小姐的著名文章《约翰生可恶的忧郁症》（发表于《约翰生时代》，F. W. 希尔斯与 W. S. 路易斯编〔纽黑文，1949〕，页 3-14）发表之前，这一点都被人们忽视。此后人们虽提到这个问题，但并未承认鲍尔德斯顿或其对整个背景的认识。

> 为贴身男仆眼中的主人不可能成为英雄人物——在我看来，没有什么英雄人物能够与约翰生比肩——无论什么人的贴身男仆，对他主人的熟悉程度都比不上我对他的了解。[13]

无论是古希腊时代，还是十八世纪末，只要一提到某人与“私密”或“负罪”相关的任何话题，我们就会想到性的方面，这反映出严重的历史幼稚性。人们对斯雷尔夫人日记中的这段话作出了错误的阐释，就很具有代表性。我们会发问，不管是什么人，他们会因为其他问题而深感私密或羞耻吗（除了谋杀等严重犯罪行为之外）？我们的父辈和祖辈难道不是这样吗？他们难道不代表“过去”吗？一提起传记家，就会加强这种推论，他会将“现代的”心理分析式的
386 理解融入对传主的刻画。不幸的是，这种希望的依据是对心理分析非常幼稚的认识。其实，它挑战了心理分析的核心洞见之一，而且这一洞见尤其适用于约翰生的整个心理历史：即普遍的、不可救药的“负罪感”（它与具体的“悔恨”截然不同），它是人类心理的结构性特点的必然后果，心理中的攻击性被一部分自我掌管，然后内化，并通过“超我”将矛头对准剩余的自我；以严厉的内在化过程，使压抑转变为自我要求，对脆弱的自我实施惩罚。这本质上是通过长期的“负罪感”实现的。“超我”越发达，越会提出严厉的苛求，自我的惩罚也就通过非理性的和长期的“负罪”，更加永不停息（当然，除非将其投射到他人身上，但约翰生一般无法做到这一点）。因此，与弗洛伊德所强调的一样，对“美德”贯彻最到位的人，甚至于达到圣徒程度（神圣）的人，必然会长期感受到最强烈的负罪感。这并非是其行为使然（因为自我在这场抗争中永远无法取得胜利），而是其性格中的结构使然。其实，根据弗洛伊德在其临终之前曾苦思冥想出的

结果,它们充当了矛头,并阐明“我们在文明进步方面所付出的代价,就是负罪感的增加使我们丧失了快乐”。[14]

在约翰生的事例中,一个新的传说已经在我们这代产生,它起初依据的是凯瑟琳·鲍尔德斯顿的假设,但现在已经凝聚为一种看法,而且不再考虑实际证据。这种看法认为,约翰生天生具有强烈的受虐狂倾向,寻求情欲的表达。同时约翰生已经与斯雷尔夫人达成一项安排,让她将自己用锁链拴起来,也许还要用鞭子抽他,或者约翰生竭力(至少是在无意识情况下)使她进入一种状态,促使这种局面发生。这种看法的证据主要如下:(1)斯雷尔夫人日记中摘录的段落以及这把挂锁的存在。(2)《日记》(1771)中一篇简短的日记,其中只提到“对脚镣和手铐产生了疯癫的想法”。此时,被拖入深渊和铐上镣铐与锁链的意象是反复出现的修辞表达,它表明约翰生在谈到自己**恐惧**的对象时内心的恐惧之情:例如,抑郁症(“心灵的抑郁**桎梏**了他的才能,但却没有将其摧毁”)或习惯的力量,人们必须通过奋斗方可摆脱习惯的束缚(例如,《漫步者》中的侄子在等待他富裕的阿姨去世,“拖动了期望的镣铐”;在悲痛中“才能用锁链固定在某一个客体上”;“习惯性 387
作恶的镣铐”;或者说约翰生的祷告与《公祷书》的内容交相呼应,以便“从我的原罪锁链中获得释放”)。与此相似,日记中提到了“脚镣与手铐”,表明对心理麻痹和失去自由的恐惧,而不是色欲或肉欲。换言之,这使他失去了自己最珍爱的对象,即成为“自由主体”的能力。(3)用法语写给斯雷尔夫人的一封信,人们经常提到这封信,但显然没有好好读过它,这封信是约翰生几年后写的(1773 年),其时已年近六十四岁。

我们将在下文的合适时机，对这封信展开详细讨论。* 我们只能立足于这封信写作时的特殊背景（斯雷尔夫人的母亲病入膏肓，约翰生因而感到了强烈的竞争，就仿佛是儿童在生病或孤独时受到怠慢而生闷气，并感觉受到伤害一样）加以理解。若是脱离写作背景，对此信的解释就会谬之千里，不仅会将其解读为约翰生请求始终将自己锁在自己的房间内，而且还会将斯雷尔夫人在回信中的评论解释为对肉体惩罚的恳求。如果我们通过这种方法对待这封信，毫无疑问将给约翰生传记带来强烈的吸引力，而且如果能得到事实的证明，当今的传记家绝不会对这样一个话题无动于衷。这封信中不太生动的事实（但在心理上更具有吸引力）在于，信中展现出强烈的幼稚病特征。对于始终受"超我"所要求的人来说，这总是潜在的特征。这种要求多年受到压抑，并最终在约翰生迈入花甲之年后得到展现的机会。斯雷尔夫人已经了解到约翰生心中的这种要求，于是在回信中使用的口吻就仿佛是女家庭教师或继母在教训孩子一般。在此过程中，她增加了一句天
388 真而又修辞化的评论："再见，**你要听话**；不要因为没有吃够棍棒的苦头，就和你的女家庭教师争吵。"这指的是她此前没有对约翰生采取严厉的立场，现在她要全力以赴地照顾自己奄奄一息的老母亲，而约翰

---

* 参见下文页440。为了完整起见，我们还要提到最后一件物品作为论据，但它显然只是有利于整体论证，因为这几乎无法充当"证据"。我们应当牢记，《赫斯特·林奇·斯雷尔夫人日记……1776-1809》是一部仅供家人阅读的日记。在这部日记中，斯雷尔夫人提到名叫詹姆斯·哈克曼的男子痴迷于一位女子，并因为她拒绝嫁给自己而将其杀害。这位女子（是三明治爵士抛弃的情妇，并为他生了九个孩子）极其缺乏魅力，斯雷尔夫人补充说："但约翰生说，一位女子在二十五岁和四十五岁之间，便拥有巨大的力量，以至于她只要乐意，就可以将男子拴在杆子上，用鞭子来抽他。他本人就知道这一点，而且我能确定确实如此。""This he himself knew"是一句英语成语，指的是"他本人就知道这一点"，而不是"他知道本人是这样的人"。此外，他这番话只是说一位女子拥有巨大的力量（至少是对于哈克曼这样的男子来说），她甚至可以对男子做出违背他意愿的事情，而不是说约翰生渴望这种行为并以此作为一种宠溺或快乐。（《赫斯特·林奇·斯雷尔夫人日记……1776-1809》，第一卷，页386）

生就在家中四处游荡着，给她捣乱。如果对这段带有戏谑色彩又略有些幼稚的评论（“因为没有玩够棍棒”）断章取义，就必然将其作为证据，因为这封法语信本身就具有迥异的暗示。

这个“证据”不仅非常单薄，而且联系较少，因为它几乎等于不存在，如果我们觉得很有必要将它与**肉欲**联系在一起，它也挑战了心理可能性与实际判断力。约翰生表现出的肉欲感情通常更接近于安娜·苏厄德所说的“食橱之爱”（即渴望获得食物和关怀）。苏厄德是在提到约翰生对斯雷尔夫人的好感时，提出了这种残忍的观点。最后，如果我们对此过度发挥想象力，我们就应当牢记，约翰生总是拥有感恩之心的人，他对亨利·斯雷尔夫妇心怀强烈的尊敬与亲情。多年以后，斯雷尔夫人曾提到，约翰生实际上对她丈夫的“爱”要超过对自己的爱，这番话绝非夸大之词。我们还应加上一点，即约翰生非常喜爱他们家的孩子，他还十分喜爱他们的家庭生活。他实际上也不可能做出任何隐秘的勾当，尤其是古怪的事情，因为家中全是佣人和孩子。诚然，如果我们希望使用这个词的修辞含义，约翰生本人确实会强烈地鞭笞自我。但是，这是分裂的灵魂所承受的重担之一，他的一部分自我惩罚了另一部分自我，并取得了令人惊骇的成功，以至于它不需要他人出手便可以完成鞭笞。约翰生需要的是他人的陪伴、尊重或关爱，这将帮助他摆脱自我，并使他从自我惩罚的强大力量中解放出来，以免弄得精疲力竭。

九

但是，无论我们希望进行怎样的补充性推论，他告知斯雷尔夫人“**这个**秘密”，显然都表明他认为自己实际上已经精神失常了好一段时间（这个秘密使约翰生“在我看来是一个无人能及的大英雄”，而且她相信约翰生“自从那天起就从未后悔过”告诉她这个秘密）。因此，她在读到托马斯·泰尔斯的一番评论时才有所担心。这番评论发表于
389 约翰生去世后不久，载于泰尔斯为《绅士杂志》写的一篇文章：“他害怕自己的错乱会主导自己的头脑，而且采取了一切预防措施，防止心智产生错乱……他的想象力似乎经常过于强大，挣脱了自己理性的掌控。”斯雷尔夫人在日记中这样写道：

> 我认为他们将**知无不言**，而这正是我长期以来一直保守的秘密。而且我非常敏感，竭力要隐瞒他想象中的精神失常，以至于我没有对此保留过任何证据，或者说几乎没有保留过［这番话的意思是，在1785年写这篇日记时，她只保留了一把挂锁］，也从未在这些记录中提到过这件事情，以防有一天自己突然去世，这些记录就会被人出版，使**这个秘密**（我认为这就是个秘密）被人们发现。[15]

当然，约翰生保持了高尚的正面形象。他此时所写的信件以及他的谈吐对大多数人来说依然如高山仰止，用奥奇亚斯·汉弗莱的话来说，“**与之前的形象判若两人**”。只有亲身经历过心理崩溃的人，而且不仅是短时间，更要是经历长达数年心理崩溃的人，才会知道伪装自己的境况来骗过他人的目光是多么容易，除非他一直和他人住在一起（即便这种情况下，也可以做到惊人的隐瞒程度）。很少有人相信其可能性，因为这与他们的经历相去甚远。但事实上大多数人无论巨细都过于关注自身的问题，以至于无法密切关注他人的问题，除非这些问题就摆在他们眼前。约翰生也常常这样说。对于约翰生来说，他专门在别人眼前拉上了一道窗帘，尤其是他完全不信任的人（这样的人并不多）。但也有特

例，亚当斯博士就曾发现他处于崩溃状态“看起来非常恐怖”。莱韦特与失明的威廉姆斯小姐将这个秘密带到了坟墓中：他们亏欠约翰生太多，而且全世界都崇拜他，因此不能将这个秘密随随便便透露，以防被热衷于打听约翰生各种情况的人所知。但至少还有一位朋友，约翰生经常与之交谈，也许还向他袒露心声，这就是品德高尚、为人善良的托马斯·劳伦斯医生。但我们只知道劳伦斯有一句令人绝望的评论：如果约翰生“每周来揍他一次，他也心甘情愿，但如果听到他抱怨，就超过了人所承受的范围”。[16]

注释

［1］塞缪尔·约翰生：《日记、祷文、年谱》，页73–74。鲍斯威尔：《约翰生传》，第四卷，页406。塞缪尔·约翰生：《日记、祷文、年谱》，页77–81，页92，页105–107。粗体为笔者所加。

［2］《詹姆斯·鲍斯威尔创作〈约翰生传〉所用相关信函与文件》，页24、161，其中标注的日期为1766年。如需经过鲍斯威尔淡化处理后的叙述（他将日期标注为1764年），参见鲍斯威尔：《约翰生传》，第一卷，页483。

［3］《约翰生文集》，第六卷，页64–65。

［4］赫斯特·皮奥齐：《已故塞缪尔·约翰生轶事录》，见《约翰生杂录》，第一卷，页199、207。

［5］参见《文明及其不满》（纽约，1961），J. 斯特拉奇译，页27。

［6］约翰·霍金斯爵士：《约翰生传》，页435。

［7］塞缪尔·约翰生：《日记、祷文、年谱》，页70、82、99、105、108。

［8］赫斯特·皮奥齐：《已故塞缪尔·约翰生轶事录》，见《约翰生杂录》，第一卷，页300–302。

［9］雷诺兹小姐对此及其他强迫症的表现提供了最详细的叙述，见《约翰生杂录》，第二卷，页273–275。另见鲍斯威尔：《约翰生传》，第一卷，页484–486；第四卷，页322–323。

［10］鲍斯威尔：《约翰生传》，第四卷，页322-323。

［11］刊登于《诗学日历》，F. 福克斯与W. 沃蒂编，第十二卷（1763年12月）；《绅士杂志》重印（1764年1月），页24。

［12］塞缪尔·约翰生：《拉塞拉斯》，第四十六章。塞缪尔·约翰生：《日记、祷文、年谱》，页78-79，页93。

［13］《赫斯特·林奇·斯雷尔夫人日记……1776-1809》，第一卷，页384-385。

［14］《文明及其不满》，页70-81。

［15］托马斯·泰尔斯，见《约翰生杂录》，第二卷，页338-339。《赫斯特·林奇·斯雷尔夫人日记……1776-1809》，第二卷，页625，注释4。

［16］赫斯特·皮奥齐：《已故塞缪尔·约翰生轶事录》，见《约翰生杂录》，第一卷，页199。

第二十二章　莎士比亚

一

在这场危机中(1764 年至 1767 年),约翰生通过英雄般的壮举, 390
最终完成了《莎士比亚作品集》,并写出了气势磅礴的《莎士比亚作品集前言》(1765),这不啻文学批评史上的一座丰碑。鲍斯威尔将此写作过程称为"剖腹产手术",但他远远没有认识到约翰生当时的境况,而是错误地认为查尔斯·丘吉尔的嘲讽抨击起到了"手术刀"似的效果。但即便这是"剖腹产手术",也是由约翰生本人完成的。

约翰生在 1756 年时计划只用十八个月完成《莎士比亚作品集》,而且在此期间他还完成了其他各种作品,尤其是为《文学杂志》所撰写的稿件,但他一开始确实进展神速。到了 1758 年 4 月,他可能至少已完成三分之二的篇幅,但标准并不是太高。但他面临诸多困难,除了我们一直在梳理的他越来越严重的心理痛苦之外,他还开始对这部作品采用前所未有的高标准。这不限于解释性注释,这些注释极为出色,并且直接利用了他对词语的知识储备，确立了完善的**文本**标准。在他的《征订启事》(1756)中，他敏锐地归纳出创作一篇完善的文本所需采用的所有方法。但这需要获取莎士比亚戏剧的早期版本，再认真展开校勘。简言之，需要时间与耐心，这必不可少，无论多么才华横溢，都无法取而代之。
391 他的责任心不可避免地对自己产生苛求，而他的内心开始反抗更高的自我要求时，进展便停滞不前，于是他开始创作《闲人》随笔文，标题中也颇有自嘲意味。不久之后，文本与注释便由出版方威廉·斯特拉罕付梓，并没有作太多改动或增补。这些作品遍布于约翰生的住处。但至少有些地方还是进行了勘误。到了1761年，距他原先承诺的截止日期已过去四年。根据出版商的账户记录，在总共需要出版的八卷作品中，六卷已完成校对，书商为这六卷作品向约翰生支付了稿酬(合计约二百七十英镑)。[1]也许前六卷中的大部分作品都是约翰生在第一年里飞速完成的(1756年6月至1757年12月)。

到了1762年，查尔斯·丘吉尔已写出了他著名的嘲讽："他以这本书为诱饵，招徕订购者，然后攫取他们的钞票——但书在哪里呢？"但并不是丘吉尔激发了约翰生短暂的斗志，力争重新开工。而是因为他收到了恩俸，在他看来，似乎不得不通过自己的成果来证明自己获取恩俸是名副其实，否则将因此蒙羞。在他收到第一笔恩俸的第二天，他就写信致谢比特伯爵(1762年7月20日)，称自己希望提供力所能及的"唯一报答"，就是"我想让您知道，您给予我的恩情并无不妥，我谨以此表达我的谢意"。在同一天，他还写信给米兰的朱塞佩·巴雷蒂，信中他第一次提到了这部作品集，并称"我希望你很快就能收到莎士比亚的这部作品集"。[2]

但是，关于恩俸的想法有两方面。如果说这是一个激励因素，那么就会对自我期待进一步产生负担。因为在完成莎士比亚的这部作品集之后，他可能还要活二十年，那时，他还有什么真正的事业可做呢？如果他因为心理状态不佳，几乎无法将完成一半以上的工作收尾，那么他又怎样才能启动另一项同样艰巨的任务呢？最好就是努力完成手头工作，然后调整心态，使自己能够启动另一个项目。这又需要几个月。

一年之后（1763 年），一位年轻的书商给约翰生送来这部作品集一份新的征订启事，他惊讶地发现约翰生并没有在"印出的订户名单"中记录订户的名字与地址。约翰生"极为突兀地"说："我没有印出任何订户名单。"之后，他注意到这位书商的惊讶，于是解释自己这么做有两个原因："一是我已经遗失了所有名单，二是我已经花光了所有稿费。"[3]这一做法极为反常，根据他的为人，他通常在资金和商业问题 392
上恪守诚信原则。当然，这反映出他无意识中存在强烈的欲望——他力图遗忘甚至故意破坏整个事情。他弄巧成拙地遗失了订户名单，这不可避免地令他产生了不安之情（正常情况下他会将名单交给出版方妥善保管），并且与他这句防御性的、漫不经心的说法格格不入。

二

霍金斯可能对约翰生的"懒散"发表过评论，并认为这"抑制了他的才华"。约翰生的朋友也对他能否完成这部作品表示了担忧。但与约翰生自己的焦虑相比，他们的担忧不值一提。他们担心的只是他的声誉。而约翰生担心的却是自己可能会精神失常。1763 年 11 月，雷诺兹让约翰生到自己位于特威克纳姆的房子中住上几个星期（也许三四个星期），以便"完成"这部作品，约翰生应邀前往。据珀西主教说，他"决心不完成此书就决不回伦敦"。他有所进展，但打算在十二月初之前回到伦敦。之后，俱乐部得以成立，这是雷诺兹的另一个愿望，借此从心理上帮助约翰生。再往后便是约翰生前往贝内特·兰顿位于林肯郡的家中做客。在这次旅行中，约翰生从山丘上滚了下去，给众人留下了深刻印象。

之后到了1764年6月，约翰生应珀西之邀，前往北安普顿郡的伊斯顿-莫迪特，在珀西家中做客了几周(6月25日至8月18日)。他原打算完成《莎士比亚作品集》部分章节，也许他在这里还能受到珀西勤奋精神的感染，因为珀西本人正在孜孜不倦地完成编辑工作。他在珀西家中做客时，确实修订了有关《奥赛罗》的部分材料。但他在这段时期仿佛不愿让自己受到压力，将时间主要用于社交活动。约翰生当时与威廉姆斯小姐同行，且前六周都在珀西家中做客。两人曾多次乘车前往乡村，珀西一一作了记录。两人的出游颇具戏剧色彩，约翰生视力极差，而威廉姆斯小姐则双目失明。约翰生对珀西收藏的大量古老的骑士小说和歌谣爱不释手，每天都要花很长时间阅读这些作品(“他每天必读的”是古老的西班牙骑士小说《菲利克斯马特》)，这一点尤其值得关注。在约翰生看来，这些骑士小说与莎士比亚的作品截然不同。或者说莎士比亚已经超越了这些作品，因为莎翁刻画出真实的“生命绘卷”，展示出“世态人生”的“真正”状态。约翰生说这番话时，
393 也许是他向珀西坦言，自己一生都有阅读“这类天马行空的虚构作品”的习惯，并称他认为这些作品导致自己产生“不安分的思想”。

与此同时，珀西除了要通过社交获得乐趣之外，还有一个盼望约翰生前来做客的原因。他此时正在给自己著名的《古英语诗歌拾遗》(1765)一书收尾。这部作品出版以来一直是英格兰与苏格兰早期歌谣的主要来源。珀西希望从约翰生那里获得具体帮助和道德支持，因为约翰生是第一个鼓励他出版这部著作之人，还帮助他完成了词汇

表,并为这部著作撰写了题献。我们应当牢记这一点,因为好几十本著作都提到约翰生对歌谣的“偏见与无知”,认为他“鄙视”当时出现的歌谣复兴,还提到他主动仿造了一首歌谣(表示**极为憎恶**):

我将我的帽子戴上头,
　　径直向着斯特兰德走。
我在这里遇见另一个,
　　他将自己帽子拿在手。

当然,约翰生只是和珀西及其他古物研究学者开个玩笑,因为他在雷诺兹小姐家中与珀西品茗时也曾提到,编写歌谣就如同谈话一样简单,然后便开始以歌谣体与她谈话(“亲爱的雷妮”),直到珀西请求他高抬贵手方作罢。[4]

三

早在1765年(1月9日),约翰生就邂逅了斯雷尔一家,这次见面对他的一生乃至他的幸福至关重要。这次见面后第二天,我们就在他的日记中发现他这些年来第一次提到了《莎士比亚作品集》,这是很简短的一句话:“对一张卡片进行了勘误。”到了二月,约翰生利用一个周末前往剑桥,想从以马内利学院的好友理查德·法默那里获得一些帮助,法默当时正在撰写《论莎士比亚的学养》这篇论文。但法默还忙于公务,只能答应在下半年抽空给予帮助。这段时间里,约翰生不仅在撰写最后两卷戏剧集,还想方设法修改已完成的部分。八卷作品全部完成之后,他总共又新增了五百五十多个注释。到了这一年春季,再 394

加入新的注释已经来不及,除非作品再次印刷;于是此后新增的注释(约两百二十条)都集中在附录部分。到了7月,他从都柏林的三一学院获得了法学博士学位。约翰生曾在6月发布一篇广告,称《莎士比亚作品集》将于8月1日面世。这部著作最终在9月初完稿,并于9月29日付梓。

在最后这几个月里,年轻学者乔治·史蒂文斯主动请缨,愿意为约翰生提供帮助。此人有强烈的进取心,为人却缺乏魅力。他迅速发现了约翰生的境况,而且在1765年所剩不多的时间里,他发挥出重要作用。史蒂文斯并非为了赚钱。(他父亲是东印度公司的一位主管,为他提供了丰厚的资金支持,而且两年后他就要继承父亲的遗产。)但他自告奋勇前来帮忙也并非完全不求回报。他迫不及待要在文学界出人头地,而约翰生早已声名鹊起,史蒂文斯知道自己找到了一个机遇。他早已在汉普斯特德荒野的家中建起了一座完善的珍本书图书馆,由表姐玛丽·柯林森母女俩打理。他虽说只有二十八岁,但已经养成井井有条的习惯。他每天都会很早起床,然后步行前往伦敦,在七点之前到达斯塔普勒旅馆,学者艾萨克·里德在这里为他准备了一间房间。他会用一上午的时间展开研讨,先是与里德,然后与另一位学者约翰·尼克尔斯,之后便前往著名的钟表匠马奇与达顿那里,让他们检查和调校自己的钟表。然后再去拜访别人,其中就包括约翰生,约翰生中午时分才会起床。之后,史蒂文斯便步行回到汉普斯特德的家中,在自家图书馆研读。

似乎很少有人喜欢史蒂文斯。他天性刻薄,嫉妒心强,很容易和别人争执,步入不惑之年后,手段真正恶毒。但如果他要达到某个目的,就会很好地控制自己。此外,他确实真心崇拜约翰生,认为他是"年迈的雄狮"。同时,他动手开始了这项工作。他并未因此大肆宣扬自己。在他出版的自序中(1785 年),曾提到约翰生通常在夜晚写作,并指出《莎士比亚作品集前言》大部分篇幅"都是在白天完成的,而且他聘请了一位友人,让他在一个房间里协助他完成查证工作",却对自己的贡献三缄其口。这里的"友人"自然就是史蒂文斯,约翰生对史蒂文斯就像对霍金斯一样给予坚决的支持,并认为事实证明他就是真正的朋友。无论是他在自己备受煎熬的这段时间所提供的帮助,还是日后提供的更大的帮助*,都令约翰生十分感激;1774 年,约翰生甚至助 395
他当选俱乐部成员。[5]

到了 10 月 10 日,《莎士比亚作品集》终于出版,全名为《八卷本莎士比亚戏剧作品集,由塞缪尔·约翰生作注》。印数一千,一时间洛阳纸贵(订阅者近千人,出版之后他们都拿出收据来取书),几乎立刻出了第二版。

四

即便我们对约翰生在与这场心理危机作斗争时的心理状态一无所知,《莎士比亚作品集》依然是了不起的成就(尤其是考虑到 1765 年时的境况),我们讨论的不仅是其中那篇伟大的前言。如果要正确评

---

* 经过"塞缪尔·约翰生与乔治·史蒂文斯"大幅修改之后,新版本以十卷本形式面世(1773 年;后于 1778 年修订),这使约翰生此前的《莎士比亚作品集》焕发新生,同时也奠定史蒂文斯的文坛声誉。史蒂文斯为两人共同完成的这项事业精心准备了很久。1766 年,即约翰生的《莎士比亚作品集》完稿后一年,史蒂文斯便推出了他自己勘校的二十部莎士比亚戏剧,并以四开纸出版。这项工作并不是为了与约翰生的作品展开竞争(例如,前者并没有批评性的注释)。但它的目的也是通过更为准确的文本,一心超越约翰生的作品。完成这项工作之后,两位编纂者便公开联手,这也实现了史蒂文斯的夙愿。约翰生认为自己的这部莎学著作已有些过时,欣然同意由史蒂文斯改进,只不过他本人也修改了某些注释并新增了约八十条注释。

价这部作品,我们只须明白约翰生所作的贡献即可。这部作品几乎汇集了理想的情况下此类著作中应有尽有的优点,除了耐心。如果不是他在这段时光中经历了如此巨大的痛苦,即便他无法改变自己缺乏耐心的性情,也能对此有所控制。

首先,他对文艺复兴至他所在年代中每一个知识领域的书籍都十分了解。早在他三十多岁时参与编写《哈利图书馆馆藏目录》时,我们就详察到他的知识领域。具体来说,他通过阅读过程(并且飞快地洞察到意义的细微差别),为《约翰生词典》准备了二十四万条引文,但只使用了其中不到一半。对于这一点,我们还应加上他过人地领悟了
396 语言的格式塔与句法,能够迅速洞察作家所言的真谛,而且无论他读到的版本多么不完整或篡改得多么严重,他都能抓住细微的变化。正因为他广泛了解了人类的天性和人生,方能活用这些品质。就此而言,没有一位莎学批评家或编者能与他比肩。显然,不仅在他一般性的批评中,而且在他的注释中,都体现了这一点,此外还应当包括他对编者自身心理的洞见,能够一次次避开编者给自己或相互间挖掘的陷阱。

在所有现代文学学者的恩主中,埃德蒙·马龙是一位典范。他在二十五年后曾说,约翰生最终通过"强大、全面的理解能力,使自己对这位作家的阐述超过了此前任何一位评论家"。如若不是和前人比较,而是和他创作此书之初(1756 年)宣布的理想以及此后的版本相比,那就只有一个错误或是缺憾。约翰生所编辑的戏剧并没有经过莎士比亚本人核对。我们所获得的版本最多只能算二手资料,这无法避免,而且经常连二手资料都不如。约翰生曾称自己的作品

> 是为演员编写的,他们可能很少能理解这些戏剧作品。这些剧作

> 由外行人抄给演员；但抄写员同样不能理解，而且抄写过程中错误百出。演员有时也许会删减原作，以减少需要背诵的台词量，最后出版社没有经过校勘就出版了。

在整个现代文学史上，没有一部经典著作像这些文本一样遭受破坏，错误百出。约翰生认识到造成这种状况的种种原因，曾在征订启事中称："将通过认真对照最初版本，更正这些文本错误。"我们此前也曾指出，依托于现代编目学，约翰生对编写此书所使用的方法形成了技术性认识，并且这种认识在他逐一编写戏剧的过程中不断加强和明确。[6]虽说他的心理状况整体上影响了缺乏耐心的性情，但如果拥有最初版本的人士愿意借给约翰生，让其在内坦普尔巷的住所中研读，那么他就可以更好地处理文中的棘手问题。但是，这些人听说过约翰生在编写《约翰生词典》时是怎样对待借来的书的，因此决不会愿意他借走这些书籍。

仅凭加里克收集的珍贵藏书，就能使约翰生获得巨大的帮助，可惜他的傲气使他无法放下身段。加里克曾向约翰生保证，自己随时欢迎他前来使用这些藏书，还将藏书室的钥匙留给仆人，"并吩咐要生起
火，为他提供各种方便"。约翰生没有理会这番好意，他认为一个演员 397
拥有如此多的莎士比亚作品，不啻故作姿态，纯属僭越。加里克一心想让约翰生来家中研读，不过希望约翰生来"求"自己。约翰生断然不会这样做。如果加里克真想帮助自己，他就会"心甘情愿地将自己收藏的戏剧作品"打包好之后送上门来。即便约翰生能轻松地采取防御性的方法（这与他原先在征订启事中所说的相冲突），无视此举的重要性，但他此后一直对无视加里克的好意而深感良心不安。爱德华·坎佩尔的版本面世时，在这方面要胜过约翰生的版本。据乔治·史蒂文

斯说,有人曾问起约翰生,他如何看待坎佩尔的才能。他答道:“刚好够他从白头发中找出黑头发,以供假发生产厂商所用。假如我和他一同参加比赛,数一数一蒲式耳的小麦中有多少粒小麦,他肯定能赢得比赛。”[7]

约翰生版本的一大特点是注释尤为出色,即他能从一篇艰深晦涩或残缺不全的文章中立刻洞悉其意义。即便早期版本的誊写员还没有删减或歪曲莎士比亚的原文,但还是存在一些因素,它们共同使现代读者通常认为莎翁作品佶屈聱牙,尤其是这些作品还使用了当时常见的口头语言,这就使其中的引喻、省略或谚语等表达对于当代读者十分陌生。“还有一点,就是思想的丰富性,这有时会使他的语言负载着难以言传的情感,而且莎翁还具有快速的想象力,这可能导致他还没有充分解释完第一个想法,另一个想法又飞速地涌现出。”约翰生并没有像研究伊丽莎白时代的现代专家那样拥有各种设备,据沃尔特·罗利在半个世纪之前(1908 年)所言,约翰生只能一段一段“单刀直入地剖析莎士比亚的意义,此时文献学与珍本书评论家却在黑暗中互相攻讦”。这样的注释最终被面向广大读者的优秀莎士比亚作品集借用,势所必然。但是,罗利又补充了一点,并称这依然适用于我们这个时代所有重要的莎学学者与编者:即通过使用集注版本,经验丰富的学者“很快便养成一个习惯:遇到一段晦涩难懂的原文,首先去查阅约翰生的注释”。[8]

有时,约翰生会停下来,概述一段话或戏剧中情节的变化。其中有两个典型的注释,分别代表不同的评论手法。在《皆大欢喜》(第五幕,第三场,页 21)中,一切都在加速,而且人们将这一点解释为莎翁
398 的天才手法。但约翰生却通过常识写下这样一番话:“莎士比亚正仓促地给这部戏剧收尾,他发现所写的内容已足够剩余的场景所需,而

且……压缩了作品的对话并直接叙述人物的行动。”约翰生指出，文中线索依然十分松散，并补充道：“莎士比亚不可能对此一无所知，但他希望给这部戏剧收尾。”在《一报还一报》中，公爵的某些台词（第三幕，第一场）与内容浓缩或凝练的《漫步者》风格截然不同：

你既无青春，也未衰老；
两者都不过是你饭后入睡时的
梦境

这是非常奇妙的想象。我们在年轻时，往往忙于对未来制订出种种计划，却错失眼前的欢乐；我们垂垂老矣之时，就会回忆起年轻时的快乐或功绩，以此祛除年迈后的疲惫。因此，我们的人生就仿佛我们饭后入睡时的梦境一般，梦里，我们不关注当下，而是梦见早晨的事件混杂着夜晚的筹划。

五

但是，只要一提起《莎士比亚作品集》，人们自然想起《莎士比亚作品集前言》。它大致分为四节：(1)莎士比亚的伟大，当今世人可能将其视为超越历史上一切诗人的经典作家。这一节重点放在莎士比亚从各个方面对人类天性的刻画。莎翁笔下的人物“符合整个世界的原貌，真正体现了普遍的人性”，并且“他们的言行都体现普遍的感情与原则，扣动所有人的心弦”。(2)之后，他开始论述错误或弱点（莎士比亚“为了行文方便而牺牲了美德”，并且忽视了道德功用；其情节经常构建得较为松散、仓促，语言有时也不够灵活）。这一节令浪漫主义学派及其维多利亚时期的门徒很是反感,他们认为对莎士比亚的作品只能高唱赞歌,否则就不正确,他们甚至听不得任何人指出莎士比亚可能存在的错误或缺憾。这一节之所以对当今世人产生极大的吸引力,是因为约翰生在其中并不赞同莎士比亚对新古典主义"时间与地点的统一律"的忽视,并认为这是一个错误。(3)之后,约翰生立足于自己同时代的诗歌与戏剧评价莎士比亚。(4)最后,他考察了莎评
399 的历史,收录直到十八世纪中叶的批评作品,并对自己的编写方法作了介绍。

通过引用两位截然不同的人物的言论,就足以证明约翰生所处时代认为这篇前言具有重要意义。亚当·斯密尽管很不喜欢约翰生,依然认为这篇前言在"世界各国出版的批评作品中最具阳刚之气"。埃德蒙·马龙认为,这篇前言无论是语言的丰富还是其风格的力量,都是"用我们的语言所写成的最优秀的文章",这意味着它是各类散文作品中最优秀的名篇。[9]虽然这些评价略有夸张,但约翰生确实是英语散文中最优秀的大师之一,而且《莎士比亚作品集前言》仅仅从散文角度评价,就已超过了约翰生所写的一切作品,只有《诗人传》的部分章节可媲美。在此,连续多页都有我们此前在某些特定语句和段落中发现的特点:面对强大的内心压力,约翰生竭力要实现确定性、掌控、平衡与秩序。我们认为他的整个机体都参与到这一过程中,就仿佛他竭力要从溺水状态挣扎着浮出水面一般。因此,在紧凑的结尾中,他提出自己的信念建立在一生的经历之上。但之后,他又同样合理地提出了其他想法,作为对比或补充。这强调了他的成熟风格中与众不同的一大特点,即积极地实现平衡。它会采用各种平衡与对仗的形式,正反两方面辩证阐述,并在论述到下一点之前先将当前这一点充分论证。这产生了一个有趣的副产物,约翰生频繁使用的一种句形,这在

他此后的著作中更为常见。* 我们在其中看到了向心式的追求，有待进一步的解释或微妙的差别逐渐扩展到整个句子中。之后在句子进一步开始修饰之前，逐步将其拉回并合并。简言之，这一过程就是顺向同化——即展开、返回、进一步展开、再次返回的过程。例如：

> 因此，这是对莎士比亚的赞美，即他的戏剧像镜子一样反映了生活；如果有人在想象中产生了困惑……通过用人类的语言阅读人类的情感，通过文中的场景，在这里就可以解开自己的困惑……久不闻世事的隐士也可以通过文中的场景估测出这个世界的行事风格，而忏悔者则能预测出情感的变化。

但是，这一过程可延续到不断扩大的一系列平衡的措辞中： 400

> 批评的伟大观点在于，找出当代人的错误和古代人的魅力……但是，有些作品尚未达到绝对优秀的程度，而是渐进和相对优秀的作品；有些作品并没有超越明显和科学的原则，而是整体上诉诸观察和经验。那么对于这些作品，唯有长期的存在与持续的尊敬能够检验。

或者说，再引用文中一些论述，就可以看到更全面的例子：

> 对于准确、定期地推出作品的作家而言，他们的著作就像是一座构筑合理的花园，并且辛勤地种植了花草，光影斑驳，花香四

* 参见下文页542-544。

> 溢；莎士比亚的作品就仿佛是一座森林，橡树在其中伸展着枝干，松树则屹立在空中，树木之间夹杂着杂草与荆棘，时而盛开着桃金娘与玫瑰；他使这番壮丽的景象浮现在眼帘之中，并通过无穷无尽的多样性，使人类的心灵获得满足。[①]

401 我们这一代人在讨论到《莎士比亚作品集前言》时，时而会觉得深受打击，这正是这部作品成为英语散文史上一座丰碑的原因之一。人们至今仍然对十九世纪形成的趋势（约翰生则对此十分理解并认为其理所当然）伤心不已，并以如梦初醒式的惊讶，聚焦于约翰生对莎翁的缺憾所作的简短讨论。但是，人们怎样表现出《莎士比亚作品集前言》的丰富性呢？人们无法用更凝练的语言，将约翰生所提炼出的内容出色地展现出来。人们很自然地希望引用其中的内容，通过引文尽可能不证自明。但是，如果要从中节选出几句话，这种做法（因为人们不可能引用整篇作品）不禁使我们想到约翰生自己发表的言论——每个人都竭力通过节选引文来阐述莎士比亚，此时“就会像《西耶罗克勒斯》中的学究那样取得成功，他在将自己的房子租给别人时，口袋里装了一块砖头当作房子的样本”。

六

T. S. 艾略特曾将《莎士比亚作品集前言》称为“一位诗人从后人那里获得的最大殊荣，莫过于伟人给予的巨大荣耀，而约翰生对莎士

① 以上三段引文贝特教授作了分行处理，以展示约翰生行文思路与节奏，中译文很难采用同一形式。

比亚的评论就是巨大的荣耀”。实际上,任何诗人“都欣然愿意放弃在教堂中安葬这一殊荣,而宁愿选择以下这段文字,因为这代表更高的荣誉,这段文字的作者就是一位伟大的人物”。艾略特继而从《莎士比亚作品集前言》的开头部分开始引用:

> 我已开始修订这位诗人的作品,他目前可能已成为一位著名的古代人物,并且享有不可置疑的名声,获得人们的顶礼膜拜。他已经超越他所处的时代,而这番评价通常专指对文学贡献的衡量。无论通过个性化的引喻、当地的习俗抑或是短期的看法获得多少优势,多年之后,这些优势也已丧失殆尽;而且无论人类生活的模式为他提供的是快乐的话题,还是悲伤的主题,它们现在都只能蒙蔽而不是立刻阐释出文中的场景。喜爱也好,竞争也好,影响都已结束,无论与他是敌是友,关系也都已消弭。他的作品中既没有通过论证证明任何观点,也没有通过恶言谩骂提出任何反驳;它们既无法纵容虚荣心,也无法让歹毒之心获得满足,阅读这些作品纯粹只是为了获得快乐,因此只有在获得快乐之后,才会受到赞扬;但这也导致兴趣或激情无法对其提供支持,这些作品经历了品味的变化与世态的改变,而且随着它们一代接着一代演变,已经在每一次传播中获得新的殊荣。[10]

艾略特的论述表明,在《莎士比亚作品集前言》中,我们目睹了两 402
位具有丰富经验的伟大人物之间的神交,这也许是研究这篇作品的唯一途径,除非我们忘记了我们正在阅读一部传记,而且转移了我们的语境,同时像笔者此前多次所做的那样,聚焦于技术上与更加专业化的背景中最为相关的问题。托马斯·泰尔斯在约翰生逝世后指出,尽管他在这些方面出类拔群,但他并不属于批评界,甚至不属于学术界,而是“属于整个世界”。[11]

这自然是因为约翰生的整个自我都完全投入这一主题,除了道德著作以及很久之后创作的《诗人传》之外,他还没有像这样全身心地创作过任何作品。就此而言,他在青少年时期的所有理想主义思想都与小科尼利厄斯的世界相联系,当时后者就曾称赞过“他对**人生世态**的熟悉”:“莎士比亚超过了所有作家……这位诗人向他的读者举起了一面忠实的镜子,映现出**人生世态**。”无论是他从牛津返乡之后经历的心理崩溃,还是他在格拉布街谋生的经历,他撰写道德著作的时光,抑或是此前(十八世纪六十年代)濒临心理崩溃的岁月,他始终追求着这一理想。因此,针对“现实生活”,他也将其与小科尼利厄斯相联系。他不仅此前就反复运用过这一点,这一次在他研究诗人莎士比亚(“他从**现实生活**中获得了自己的思想”)时,他又运用了这一点,并使之蕴含了一生的意义。

这种**本质主义**(其他词语都无法替代它)总能够充分实现,而且不是通过一种方式,而是通过各种方式。因此,他在一段令人惊讶的文字中,突然提到自己的初衷。约翰生曾告诉珀西主教,数百本骑士小说与“天马行空的虚构作品”使自己一生都“不安分”,当时他这样说道:“将奇幻的创造力进行不同寻常的组合,可能会产生暂时的快乐。生活中常见的厌倦促使我们探寻这种创新手法,但突如其来的奇迹所产生的快乐感很快就消耗殆尽,而思想只能建立在真理的稳固磐石之上。”我们发现他长年累月地阅读这些作品,自我得到无拘无束的解放。

七

《莎士比亚作品集前言》通过创新、瑰丽的手法，无处不体现出这
种无与伦比的价值，即“真理的稳固磐石”。* 在这些不同凡响的剧作 403
中，依然体现出形式上的迟疑与不安，对此他的做法是从其背后抽取出静态的前提，即它们的立足点，然后用一种更加功能化、动态的方式将其取代。诗歌的关键功能（这超出了其他任何功能）是“寓教于乐”：换言之，就是通过语言中最强烈的神奇力量，提高人们对生活的认识，并加深或拓展对生活的体验。在此过程中，我们发现了从亚里士多德一直延续到十八世纪下半叶的批评的“经典传统”。约翰生沿袭这一传统之后，变得更加活泼，更加善于纠正自我。他在挽救和复兴古典主义价值观时尤为典型（即通过艺术获得知识，换言之，即获得更深刻的体验），他破除了“新古典主义”理论中的三项重要规定，即所谓的“得体”原则，这些原则一百五十年来束缚了戏剧理论的发展。它们是文艺复兴晚期文学批评活动的副产品之一，当时人们一心追求古代的古典主义梦想，力图创造出“新古典主义”并使之成为系统化的思想，以实现这一梦想。这种系统化的过程经常取代对总体目标的构想，尽管这一做法受到了抗议与反驳，但这种束缚即便在实践中不具

---

* 正因为此，文学批评史家有时会直接得出结论，认为约翰生通常对于“形式”不太感兴趣，因为这与文学的“表征”价值观相悖。但是，我们应当牢记两项因素：(1)《莎士比亚作品集前言》虽然十分复杂，但却只是他诸多批评著作中的一种，而且是在极为特殊的条件下创作而成，约翰生在创作此文时极其强烈地追求着弗洛伊德所说的“现实原则”。(2)约翰生出生时，正是英国文学史上最漫长、影响最大的文学形式主义如日中天的时候（他在写作时，则是这一时期临近尾声阶段）。这一时期就是从十七世纪六十年代至十八世纪五十年代的“新古典主义模式”。因此，他理所当然地认为形式与风格价值（除传统之外）与舞台表现与剧院实务相关。（参见下文页 534–542）

有可行性，却依然存在于理论中。

“得体原则”中有一条是“类型的得体”，它需要体现在对人物的刻画中。在一部戏剧中，作者应当竭力强调人物的一般“类型”，赋予其“普遍性”，同时无论人物的个人癖好如何，都要坚持这一原则。这一原则在理论上是很好的想法，它源于“简练”“总体意义”与“形式”这三项价值，它们有说服力地融为一体。但是与其他每一种笼统的想法一样，常见的简单方法就能对其进行解读。因此，大批批评家与作家认为，如果你描写的是一位罗马人，你就应当将重点放在构成“罗马人”的特征上，或者说，如果描写的是一位守财奴，就要重点刻画他的吝啬特点；而如果要描写一位国王，就要聚焦于他适合**担任**国王的品质：

404 他追求整体的本质，受到了批评家的攻讦，因为批评家根据更具体的原则作出判断。丹尼斯与莱默尔认为他笔下的罗马人并不足以体现罗马人的特点，而且伏尔泰批评他笔下的国王并不完全是高贵的人物。丹尼斯认为，罗马元老院元老米尼聂乌斯居然是一位丑角，这令他十分气愤；而[《哈姆雷特》中]丹麦的篡位者则被塑造为酒鬼形象，这也许也让伏尔泰认为破坏了体面。但是，莎士比亚总是让性格决定意外的事件；而且如果他刻画出本质特点，就不会太过关心额外的、偶然的区别……他知道，罗马拥有各种性情之人，其他城市亦是如此；他希望刻画一个丑角，于是便在元老院中物色这样的角色，因为元老院中必然找得出。他喜欢对篡位者和杀人凶手不仅突出其面目可憎的形象，而且刻画出为世人所不齿的形象；因此，他在这个人物的特点中又加入了醉汉形象，并且他知道国王也像普通人那样嗜酒，知道美酒自然也

> 能对国王产生影响。上述指责就是这些格局狭小的人提出的吹毛求疵之举，无论是诗人还是画家，他们都会忽视田野与环境中的细微差别，他们一心追求的是令人满意的人物形象，会忽视布料上的褶子。[12]

“新古典主义”原则反对在同一部戏剧中将悲剧与喜剧的要素相结合。这原本基于两种观点，它们听上去都很有道理，如果深究，结果就大相径庭：(1)形式与文类的纯净；(2)产生的影响应具有想象与情感的统一。悲剧明显不同于喜剧。因此，如果在描写一位悲剧人物或悲剧事件之后，突然又开始采用喜剧描写，难道不会有损效果的统一并同时抵消“喜剧”与“悲剧”的效果吗？据约翰生说，这种思维方式具有条块化的形式主义特点，事实证明这种看法吸引力极大，因此批评人士依然在不断重复这一观点，但他们根据“日常经验”（如果他们愿意采用自己的日常经验），就能知道此举是“错误的”。在我们对生活中的方方面面所作的反应中，悲剧与喜剧始终是相互交融的。如果我们同意戏剧的目的是“寓教于乐”，那么莎士比亚的“混合式戏剧”通过展示生活的真实面貌，“教育”了更多的人——在生活中，“把酒言欢之人在豪饮美酒，悲伤的人则在掩埋好友的尸体”；与此同时，莎翁的戏剧也更令人“快乐”，因为它更贴近我们的日常经历，而且“所有的快乐都由多种多样的要素组成”。

因此，“时间与地点的统一”最终在一个半世纪以来决定了批评人士的想象。根据“**时间**的统一律”，在理想情况下，戏剧所展现的内容本身发生的时间，就应当与我们观赏这些内容所用的时间一样（例如
三个小时）；或者说最多不超过一天。这里的目标依然是纯净和影响 405
的统一，但是新加入了**可信度**的问题。我们知道，在这三小时时间内，

并没有发生总共长达五年的事件。“地点的统一律”与之相似。如果我们的戏剧从亚历山大拉开序幕，然后场景跳转到罗马，那么这就与人们的信任度产生了极大的张力。我们知道，我们坐在剧场的座位中时，并没有突然离开亚历山大前往罗马。这种推理过程居然对批判思维产生了强烈与漫长的催眠作用，这在我们看来难以置信。但是与其他许多艺术评判标准一样，与“形式”的理念相结合，它就会变得神圣不可侵犯。若要攻击艺术的“形式”（或者说攻击许多人心中等同于“形式”的事物），就仿佛是在攻击“美德”。通过运用常识快速分析“诗学幻象”，约翰生彻底破除了横加于其上的标准。他指出，我们坐在特鲁里街戏院的座位中观看戏剧时，如果我们有能力想象自己就位于亚历山大的话，那也不费什么劲就能想象我们在前往罗马。有时，其他人也小声谈到了类似事情。但是没有人会过多注意。约翰生的做法如 T. S. 艾略特所言，“只有约翰生才能做到”。他做的效果非常好，以至于六十年后，司汤达在《拉辛与莎士比亚》（1822）中，还借用约翰生所写的，并将其融入自己的“浪漫主义宣言”。

八

约翰生具有永恒的价值，即**真正的**问题依然不会消亡。真正的问题并不是特别体现出形式主义的问题（约翰生极为有效地对此进行了挖掘），而是“想象的饥渴”，通常是为了更大的目的（这不仅存在于批评界，也存在于其他各个方面）追求某些特质时所采用的方式，而且在此过程中，文学更广泛的用途变得复杂与枯竭。

约翰生的文学批评体现了戏剧性，即他作为天性容易恐惧与困惑之人，通过自身的力量，能够立即实现这样的人最难以实现的成果。

这也与他的道德写作一样。这种净化或宽慰作用存在于一切优秀的戏剧中,因为在发现被人们遗忘的显而易见之处时,他并没有忽视任何问题。他的专业知识与细读文本的分析力量不亚于其他任何批评家,但他善于通过争论和提出不同观点,掌控批评中的心理诱惑,从而 406
聚焦于局部而非整体,或者关于经验的大量书面记录(我们称之为"文学")之间筑起壁垒。就此而言,无人可与之比肩。《莎士比亚作品集前言》是对文学中最高雅的表现所作的一次伟大而经典的肯定。但是,这一肯定属于真诚之举,因为我们还从中发现对其他各种表现的共同感受(无论它微不足道还是至关重要,无论它是恶意的还是慷慨的),即文学可以表现于这些用途中,而且是每天都表现。早在他刚开始编写《莎士比亚作品集》时(1756 年),他就在《对当前文学状况的反思》中指出,"无论快乐的原因是什么,都同样可能成为痛苦的原因",而且"无论天生的天赋或艺术的效果对于人类多么有益",它们都必然堕落为微不足道、负担或有害的结果。如果人们将人文学科视为"仅仅是一种获取快乐的途径,若公正评估,就很可能质疑这一点;但若是称之为**必不可少之物**,就能结束争议;很快人们就会发现,尽管有时文学可能会妨碍我们,但倘若缺少它,人类生活就很少能提升到高于动物生活的存在"。对于每一种文明而言,在它出现之前都有一段时间,如果没有文学提供的(整体的)"知识的光芒",就无法孕育出文明。这种"知识的光芒"肯定能"使我们看到我们不喜爱的方面,但谁会为了逃避这一点,希望自己堕入永恒的黑暗之中呢"?[13]

注释

[1] 耶鲁版约翰生文集,第七卷,页 xxii。如需总体的时间表与详情,参见伯特兰·布朗森与亚瑟·谢尔博在耶鲁版约翰生文集第七卷中的绪论

与注释以及谢尔博的《塞缪尔·约翰生：莎士比亚的编纂者》（伊利诺伊州乌尔班纳，1956）。

［2］《塞缪尔·约翰生书信集》，第一四二至一四三篇。

［3］鲍斯威尔：《约翰生传》，第四卷，页111。

［4］同上，第一卷，页49、486，页553-554；第二卷，页136，注释4。乔治·史蒂文斯，见《约翰生杂录》，第二卷，页314-315。

［5］如需了解史蒂文斯，参见J. 尼克尔斯：《文学轶事》，第二卷，页650-663；《文学史》（伦敦，1828），第五卷，页427-443。《约翰生杂录》，第二卷，页328。谢尔博：《塞缪尔·约翰生：莎士比亚的编纂者》，页10。

［6］耶鲁版约翰生文集，第七卷，页93、55。R. E. 斯科尔斯，见《莎士比亚季刊》，第十一卷（1960），页163-171。

［7］鲍斯威尔：《约翰生传》，第二卷，页192。乔治·史蒂文斯，见《约翰生杂录》，第二卷，页316。

［8］沃尔特·罗利爵士：《约翰生论莎士比亚》（牛津，1908），页xvi。

［9］鲍斯威尔：《约翰生传》，第一卷，页496，注释4；第四卷，页499（引自马龙为其莎士比亚作品集所作的前言〔1700〕，第一卷，页lxviii）。

［10］T. S. 艾略特：《莎士比亚批评：一、从德莱顿到柯尔律治》，载于《莎士比亚研究指南》，H. 格兰维尔-巴克与G. B. 哈里森编（纽约，1960），页300。耶鲁版约翰生文集，第七卷，页61。

［11］《约翰生杂录》，第二卷，页362。

［12］耶鲁版约翰生文集，第七卷，页66-67。

［13］塞缪尔·约翰生：《作家职业的工程》，《约翰生文集》，第五卷，页355-356。

第二十三章　日渐康复：斯雷尔一家；法律讲座

一

此后几个月，长期困扰约翰生内心世界的绝望情绪与日俱增，这 407
种状况持续到第二年的六月（1766 年），此时发生了令人痛心的一幕。有一天上午，他新结交的朋友斯雷尔夫妇出乎意料地上门来拜访他。斯雷尔夫妇通过亚瑟·墨菲结识了约翰生，他们相识已有一年多，经常设宴款待他，而且他们觉得与约翰生在一起时非常开心。

这一天，斯雷尔夫妇目睹了可怕的一幕，他们发现约翰生跪在牧师约翰·德拉普博士面前，而德拉普则在“恳求上帝能让他继续保持他的理解能力”。德拉普见有客人造访，迅速解释此举的目的，而约翰生则催着他来做祈祷，然后声嘶力竭地对斯雷尔夫妇说了一番自谴的话，斯雷尔夫人“不由抬起一只手捂住了他的嘴巴”。不久之后，夫妇俩便将约翰生接到斯特里汉姆的乡村别墅中住了三个月，悉心照料，使他渐渐恢复了健康。[1]

二

此前一年里，约翰生从未能提振精神。他甚至等不及《莎士比亚
408 作品集》完稿，就开始了下一阶段的工作，此举意在余生洗心革面。在他创作《莎士比亚作品集前言》之时（八月或九月初），他最终采取了这一举措，因为这项工作已拖延很久了。他搬回到一座别墅中，地址是舰队街约翰生胡同7号，地名中的约翰生纯属巧合。他与弗兰克·巴伯住在一起，威廉姆斯小姐住一楼，莱维特先生住顶层，这是他六年来头一次搬回别墅居住。搬回别墅标志着他将在五十六岁时迎来人生新的开端。顶楼的大房间成了他的书房，这也许会使他想起高夫广场的顶楼，当时他就在那里笔耕不辍。

与此同时，他决心不仅要一鼓作气地开展创作，而且要采用新的形式，以便真正"稳定"自己的心灵，并使之找到目标。他在9月26日写的祷文揭示了这种新的创作形式，当时《莎士比亚作品集前言》正在印刷之中。这篇祷文题为《[开始]研习法律之前》，过了几星期，他又写了题为《与H------n一同参政》的祷文。

他开始从事的新工作实际上是担任威廉·格拉德·汉密尔顿的非正式顾问。汉密尔顿当时十分出名，人称"单人演讲"（Single-Speech）汉密尔顿，他在英国历史上留下了自己的名号。他之所以被人称为"单人演讲"，是因为早在1755年，他就已通过一次长达三小时的演讲，在议会中开始了从政生涯。此次演讲得到了广泛赞扬（即便是从来都吝于给人赞扬的霍勒斯·沃波尔，也认为这次演讲无论是风格还是论证都"完美无瑕"），当时也是英国演说的黄金时期；经过这次伟大的演说之后，汉密尔顿害怕此后的讲话有损威名，很少再发表

演说，但为期很短。托马斯·伯奇的消息十分灵通，他称这次不同凡
响的演讲就是约翰生为他创作的。[2]不管怎么说，汉密尔顿都有一双
识才的慧眼。他聘请埃德蒙·伯克担任私人秘书已有几年时间。但
伯克不愿让汉密尔顿一直攫取自己的智慧成果，他自己也想进入议
会，于是辞去了这份工作。汉密尔顿希望再找一位秘书。据马龙说，
新的秘书至少要“就议会常讨论的宏大政治话题，为他提供相应的观
点”。从 1765 年 9 月至第二年 4 月，约翰生为他提供了巨大的帮助。
伯克之所以对汉密尔顿不满，原因之一在于他善于像挤海绵一样压榨
他人。约翰生为何会担任汉密尔顿的秘书？除了马龙半个世纪后在 409
汉密尔顿的文件中找到几页题为《对玉米（即〈谷物法〉）问题的思考》
的便笺之外，没有任何书面记录留存下来。但是，汉密尔顿没有理由
将约翰生的所有便笺都保留到自己辞世，而且约翰生的很多帮助可能
都采用了谈话的方式。上文提到的两篇祷文表明，约翰生迫不及待要
开始这项工作，这也反映出这种持续的“法律研习”具有感人的理想主
义：“使我有资格去指导满腹狐疑之人，教导懵懂无知之人，预防错
误……行善事，止邪恶。”[3]

三

与此同时，他开始“研习法律”。由于他对“自我管理”产生了富有攻击性的执念，他分裂的自我希望至少能通过某种方式将其克服：“将祷告行为视为**顺从于上帝的意志**并将我的一切都交到他的神圣之手中。”

此前多年他曾一直决心早起，然而除了偶尔几天之外，从未成功实现这一决心。但从此时开始，无论每天多晚睡，他都坚持八点起床。

这是他能够预防整个人崩溃的一个标志，也是一个检验。如果他连这件小事都无法做到，那么他实际上已经无可救药。到了3月29日，他感觉自己可以从这个事实中获得一定的宽慰，因为三个月来“我每天早晨都是八点起床，最起码不会超过九点。我此前从未能战胜我的习惯”。他还戒了葡萄酒。多年以来，他几乎完全戒了酒，并觉得戒酒要比过上有规律的生活容易得多。而到了半百之年，他又开始频繁地饮酒。例如，鲍斯威尔于1763年归国之后，约翰生在与他交谈时喝了整整一瓶波特酒，但他同时又谈到了酒精对于“忧郁症”患者的危害。鲍斯威尔经过国外的长期生活之后，回到了英国。前往爱丁堡途中他在伦敦稍事停留（1766年2月），并从约翰生那里得知（因为约翰生并没有给他提供任何详情），“此时他的生活方式大为不同。他患病了，因此医生建议他不要饮酒。从此，他就戒了酒，只喝白开水或柠檬水”。[4]

他还下决心“今年读完某个语言版本的《圣经》”，并坚持完成这一目标，他每个星期日都留出一定时间专门读《圣经》。另一方面，等
410 到第二个星期日，他缺乏耐心的天性就会原形毕露，此时他就发现这是一项任务而非兴趣或慰藉。因为，为了锤炼意志力，他开始恢复过去长年养成的习惯，即将“工作”划分为较小的各个部分，这样更容易“把控”。他发现，只要每个星期天读完二十一页，就能在一年之内读完《圣经》。给自己定下读完此书的时间之后，他便计算出所需速度为“每分钟六行”，这样就能留下充裕的思考时间。为了“让自己过上更有条理的生活”，他还在二月将顶楼的书房重新装修，这也标志着全新的开始，因为在一次特殊的祈祷中，他希望将这些作为“方便研修的条件”（3月7日）。[5]

四

约翰生除了为汉密尔顿撰写演讲稿之外，甚至还进行了一些创作工作，但纯属帮助他人。他创作了一篇前言，几篇布道文，一些短篇题献，更重要的是，还为威廉姆斯小姐捉刀。

早在约翰生初次结识威廉姆斯小姐时，他就曾为她当时创作的一部诗集撰写过征订启事（1750 年），以此援手。威廉姆斯小姐自然认为这是权威人士的认可，误以为这些诗作完成之后，无所不能的约翰生就能立即安排出版。但一年过去了，约翰生始终未将其出版，这令她十分恼火。然而，无论她何时提起这个话题，约翰生“总是让我等待很久，却迟迟未能出版，**我们思考该如何解决这个问题时**，哥尔德斯密斯说道，**交给我吧**”（这是她向奈特女士倾诉的不满之情）。约翰生无法狠下心来告诉她，这部诗集无论是数量还是质量都不足以引起出版方的兴趣。最后到了 1766 年初，在她的催促下，约翰生终于让步，对她的诗集作了修改，加入自己的一些诗篇，并将这些作品伪装成她的作品，还弄来了一些朋友写的稿件（自然都是些匿名作品），例如斯雷尔夫人、弗朗西丝·雷诺兹及约翰·胡尔，以及珀西主教的一篇流浪商籁诗。之后，约翰生又安排好心的汤姆·戴维斯将此书出版（4 月 1 日），题为《诗文杂录》，作者为“安娜·威廉姆斯”。[6]

但在付梓之前，约翰生认为这部作品依然过于单薄。据斯雷尔夫人说，“为了充实”此书，他又加入了《喷泉》，这是一篇苦乐参半的古怪童话，当前人们很少注意到它，它的结局也十分不吉利。人们只有将它作为约翰生当时心理状态的一个指标，才给予注意。他在创作这 411
个故事时采用了具有欺骗性的温和口吻，意在使人们放下戒心，但这个故事表达了对人类生活的复杂的绝望之情，并认为唯一的解脱方式就是死亡。* 我们可以将这个故事当作儿童版的《论人类愿望之虚妄》，但其中没有对宗教慰藉的暗示（我们也许可以认为，他已经视之为理所当然）。这个故事表面上十分幼稚无辜，但却证明了斯雷尔夫人在第一次结识约翰生时所发表的一番评论，即他看上去就仿佛"已经厌倦红尘"，并已看破红尘，对进一步深究"表现出真诚的厌恶之情"。所有误以为这篇故事是威廉姆斯小姐所作之人，必定大吃一惊，甚至惊诧无比。伊丽莎白·卡特就是一例，她认为这篇故事"结论不够理想，也太忧郁，以至于在我心中只留下阴森森的印象"。[7]

五

据斯雷尔夫人说，到了四月，也很可能到了五月初，他的病情发展到"极为严重的地步，一连几个星期他都无法走出房间，走进别墅的院子里，我觉得这种状况恐怕持续有好几个月"。她对此心知肚明。一年多以来，夫妇俩在镇上居住时，约翰生始终每周都与他们聚餐一次，有时还会更频繁，例如 1765 年与 1766 年之交的冬天。之后，约翰生再也没有拜访过他们。

* 一位名叫福洛丽塔的女孩救了一只小鸟（它实际上是一位仙子）。仙子为了报答女孩，让她发现了两座喷泉，一座是"快乐"，另一座是"悲伤"。如果喝了第一座喷泉里的泉水，就会实现她的希望（一部分而非所有希望），倘若喝了第二座喷泉里的泉水，就会使实现第一座喷泉的愿望时意外产生的恶劣影响得以消除（这一过程可能十分痛苦）。福洛丽塔希望获得魅力（这使她遭其他女性嫉妒与敌视）、财富（这带来乏味的生活，他人口是心非地对她阿谀奉承）、聪慧（这使他人感到不安，往往也令她受人排挤，同时也使她更加敏锐地意识到生活的虚伪与理想的空虚）。于是，她只留下了聪慧，放弃了其他所有愿望，因为无论多么痛苦，她都无法放弃这个愿望。长寿的愿望带来了老气横秋、缺乏朝气甚至朋友的死亡。最终，她连这个愿望也放弃了，以便能接受正常的"自然进程"（死亡）。

约翰生很喜欢与朋友们聚在一起，因此斯雷尔一家自然对他的这次变故忧心忡忡，开始前往他的住所做客。约翰生则已信赖他们，吐露“自己糟糕的心理状况，并称这几乎是心乱如麻”，与此同时，针对他吐露的内容，约翰生还请求他们“对他作出奇怪的郑重承诺，保证为他保守秘密”。[8] 斯雷尔夫人所介绍的状态与亚当斯博士描写的情况相仿。即便他有几次能前去参加俱乐部，也能偶尔写一封信且不在信中 412
提到自己的状况，还能为他人创作出三篇短篇作品（为詹姆斯·福代斯的《致年轻女子的布道文》〔1766〕所写的序言，以及两篇题献），也无法对此加以证伪。* 我们只能再次提醒自己，在大多数过着正常生活的人看来，有些事情是不可思议的，但对于经历过漫长的绝望或抑郁的人士来说，它们却是再平常不过的。即便这些人缺少像约翰生一样的勇气，他们也可能坚强地完成某些任务，直至濒临崩溃。

对于斯雷尔夫妇而言，他们发现“他的心理状态十分可怕”，他们不敢相信这一点。一直到六月的某一天，他们发现约翰生跪在德拉普博士面前，由德拉普“恳求上帝能让他继续保持理解能力”。这种状态下，约翰生通常不会向德拉普寻求帮助，因此这说明他的心理控制能力面临更加糟糕的崩溃。德拉普虽是位牧师，却相当浅薄，他关心的主要是如何在文学界出人头地，并幻想自己是诗人和剧作家（据约翰·菲利普·肯布尔称，晚年时，他的悲剧《俘虏们》上演，“引发了哄堂大笑”）。

斯雷尔夫人认为需要立刻采取措施。有个办法很容易想到，这就

---

* 福代斯是长老会牧师，他曾将这些布道文交给约翰生审阅，约翰生建议他将这些文章结集出版，并对书的标题提出了建议（这部著作在整个十八世纪十分畅销）。福代斯请他为此书作序时，他无疑觉得责无旁贷。这两篇题献，一篇是为他的老朋友、建筑家约翰·格文的《论伦敦与威斯敏斯特的修缮》（1766）所写，另一篇是为乔治·亚当斯的《论地球》（1766）所写。

是将约翰生送到他们位于斯特里汉姆的乡间别墅。约翰生正处于绝望和崩溃之中，他似乎没有表示反对。他在斯特里汉姆住了三个多月（从六月下旬到10月1日）。此后，他实际上已成为斯雷尔一家的亲人。斯雷尔夫人曾提到自己“照顾过他的健康”，此言绝非夸张，而且这是漫长而又渐进的过程，她“很荣幸，很开心地帮助约翰生恢复了健康”。斯雷尔一家“帮助”他恢复了“健康”，不然，约翰生根本不可能恢复。

六

斯雷尔夫人婚前名叫赫斯特·玛利亚·索尔兹伯里。她当时只有二十五岁。我想提醒读者一点，如果我们要真正了解约翰生此后几
413 年里与斯雷尔夫妇的关系，就要明白斯雷尔夫人相对于约翰生（他此时已年近五十七岁）来说年龄太小，人们经常忘记这一点。她出身于一个威尔士家庭，对血统十分自豪（这个家族的先祖是亨利·都铎），但家道渐渐败落。作为家中独女，斯雷尔夫人小时候就是位神童。七岁时她就能熟读法语文章，不久后又学了拉丁语、希腊语、意大利语与西班牙语。她还能作诗，十六岁那年就翻译过一些西班牙语著作，包括《堂吉诃德》的部分篇章。她长得小巧玲珑、小鸟依人，鼻子很高，嘴巴很大，还生就一双大手（她称之为“索尔兹伯里之拳”）。她即便算不上是位美人，但也活泼可爱、富有魅力，是位热心肠的人。

她的父亲却性情急躁，也没有生意头脑，使家里沦落到濒临破产的境地。她的母亲与舅舅便开始安排她嫁给有钱人，他们认为比她大十二岁的亨利·斯雷尔是个不错的人选。亨利的父亲是个自强不息的人，他继承了生意兴隆的酿酒产业，并将其发展壮大，最后还当上了

议员。他一心要让儿子成为绅士，于是先把儿子送到牛津求学，并鼓励他在那里与贵族子弟结交，然后将他送去参加周游欧洲大陆的“壮游”。他不仅支付了儿子的旅费，还承担了儿子的同伴威廉·亨利·利特尔顿（即后来的威斯科特爵士）的旅费，此举不无炫耀之意。亨利回国后，鲜衣怒马，活跃于交际场，直到父亲去世（1758 年）。父亲将财产和酿酒产业都留给了他，酿酒厂位于萨瑟克区，就在环球剧院的位置。亨利于是洗心革面，一心扑到生意中，并开始物色妻子的人选。在索尔兹伯里夫人鼓励下，他决定迎娶赫斯特小姐。简言之，这桩婚事并非自由恋爱婚姻，也不像十八世纪的许多婚姻一样，夫妻双方在众人撮合下产生了感情。此外，斯雷尔此时已经与舞蹈教师之女波莉·哈特有染，后来又与其他女子出轨。斯雷尔夫人像当时的其他女性一样默认了，至少在外人看来，此举似乎并没有让她受到太大伤害。

赫斯特的父亲反对这门婚事，他认为斯雷尔配不上女儿。但他很快就去世了，于是两人在 1763 年 10 月举行婚礼。第二年九月，第一个孩子出生，她是赫斯特·玛利亚，约翰生称她为“奎妮”，意指以斯帖王后。于是，斯雷尔一家后来都称她为“奎妮”。多年以来，斯雷尔夫人不停地重复着怀孕生子这一枯燥过程，她实际上为丈夫生了十二个孩子，其中有八个在襁褓期或幼年就已夭折，一个儿子（名叫亨利）曾被当作接班人培养，斯雷尔希望由他来继承酿酒厂。

斯雷尔夫妇初识约翰生时，两人结婚已有一年多。待字闺中时， 414
斯雷尔夫人就已从父亲的好友威廉·贺加斯那里听过约翰生的大名。贺加斯对《漫步者》大加赞扬，并将约翰生的谈话与其他人的作品进行比较，结论是“这就像拿提香的画作与哈德森的作品作比较一样”（托马斯·哈德森是位二流画家，但当时颇有名气）。此时，亚瑟·墨菲（早在斯雷尔先生结婚前，他就是其挚友）提出将约翰生介绍给斯雷尔夫妇认识,并提醒他们“不要对他的身材、衣着或举止大惊小怪”。斯雷尔夫人尤其迫不及待想见一见约翰生。斯雷尔身材高大、器宇轩昂,他本人并不擅长谈话,但他有个优点,无话可说他就会保持沉默。曾有一位朋友向约翰生问起斯雷尔如何木讷寡言。为了维护两人的友谊,约翰生略带夸张地为他辩解道:“从他的谈话中可以发现,他并不像分针那样嘀嗒嘀嗒响个不停,而是像时针那样一语中的。”但是,寡言鲜语的斯雷尔确实喜欢倾听他人高明的言谈。通过与约翰生的交往,他又结识了其他名士,很快就对聆听这些人的高论乐不知疲。[9]

斯雷尔夫妇想找个理由邀请约翰生来做客,于是决定同时也邀请詹姆斯·伍德豪斯(“鞋匠中的诗人”),他是时尚人士的座上宾。夫妇俩认为,约翰生定会在好奇心驱使下,想一睹伍德豪斯的尊容。这次聚餐十分顺利,不久之后,只要斯雷尔夫妇来镇上的房子里住(即啤酒厂旁边的萨瑟克区),约翰生每周四都会应邀前来。约翰生一度与斯雷尔夫人一同参与了一个小型文学项目,负责将波伊提乌的《格律》译为英文诗歌。在约翰生每周四前来赴宴之前,斯雷尔夫人都会完成一首译作,有时两人还会分工合作完成同一首诗。后来,两人准备将这部作品出版。但约翰生发现,一位清贫的作家正在翻译这部作品,他“害怕自己出版此书会妨碍他的翻译工作”,于是作罢。与此同时,斯雷尔决定竞选议员,他于 1765 年 12 月当选(约翰生为他写了一些竞选演讲稿,并发表于《公开广告》)。[10]

七

斯雷尔夫妇在六月发现约翰生的境况极其糟糕,便将他送往他们
415 的乡间别墅斯特里汉姆庄园休养,庄园距市区六英里。约翰生一度喜

欢将自己关在房间里，努力集中注意力。也许就在这时，斯雷尔夫人发现每当约翰生感到想象“混乱无序”时，他就求助于学习数学（尤其是算术）。当时斯雷尔夫人来到了他的房间，想看看他在做什么，结果发现他正在进行数学演算。约翰生是在计算国债，得出的结果是一亿八千万英镑，然后就开始计算它“如果兑换成银子，这堆银子最高是否能达到整个地球的直径，但我忘记银子的宽度了”。[11]但不久之后，在斯雷尔夫人温柔的鼓励下，约翰生开始走出房间，去熟悉这座别墅和花园。

斯特里汉姆庄园是一座大型的三层砖瓦房，周围环绕着一百公顷土地。别墅后方是温室、马厩以及其他农场建筑物，还设有用于种植香瓜、桃子及其他时令水果的架子。（约翰生爱上了这里的桃子，早饭之前总会吃上几个，晚饭之前再吃上几个。）随着收入增加，短短几年间，斯雷尔就将这里改造成展览馆。这里的房间也重新修葺了一番，约翰生的房间也不例外，还新建了一座大型的图书馆配楼。斯雷尔在地面上建了一片湖，湖心还有一座小岛。

连续几个月约翰生都享受着各种便利，处处受人关注，这是他人生头一次获得这样的待遇（不包括为时几天的短期待遇）。这就仿佛他孩提时期做客斯陶尔布里奇一般，那次经历给他的心灵留下了不可磨灭的印记，成为原型一般的记忆。即便是小科尼利厄斯，也没有过上这样的生活。诚然，约翰生已迈入不惑之年，他憧憬过的大多已不复存在。即便如此，他的处境似乎依然比较理想。他可以享用珍馐美味。他还可以随心所欲地支配自己的时间。无论有什么需要，他都可以吩咐佣人来满足（只不过他很知趣，不愿滥用这项特权）。只要他愿意，随时有专车为他服务。

斯雷尔夫人对他的关心无微不至，这一点更加重要。她无论是身材还是整体长相都与他的母亲萨拉·约翰生不无相似之处。她随时准备好为谈话做好服务，甚至会熬到凌晨三四点钟，随时为约翰生沏茶。这对她来说可不轻松。约翰生双眼“呈淡蓝色，有时非常狂野，有时非常凶狠。因此，我认为任何人见到他，最先产生的情绪都是恐惧”。但是，斯雷尔夫人却认为他是自己家中真正的雄狮，并引以为
416 豪。她所做的工作也物有所值。此外，约翰生极其需要他人帮助，因此哪怕是他比自己要大三十一岁，她也要像照顾小宝宝一样照顾他。约翰生通常谨小慎微、善于自省，却开始不自觉地接受这种照顾。由此产生的一大后果在于，他像个小孩子一样希望博得斯雷尔夫人的关注，他并不会与斯雷尔夫人的女儿或之后所生的孩子们争夺这种关注，因为他对这些孩子产生了强烈的父爱或祖父般的爱，他只会同与自己年龄相仿的妇人展开争夺，即斯雷尔夫人的母亲索尔兹伯里夫人。两人很快就互相看不顺眼，并且都向斯雷尔夫人抱怨对方的不是。当时俄国与土耳其正在交战，约翰生利用索尔兹伯里夫人对国外政局的强烈兴趣，编造出作战细节，或者用斯雷尔夫人的话说，“为她提供有关波兰分裂的新报道”，但依然于事无补。此后，索尔兹伯里夫人的重病引发了约翰生的同情心，两人成为挚友。[12]

在这一年夏天，斯特里汉姆发生了一件事，使约翰生的生活发生了巨变。他在四五十岁时虽然闻名遐迩，但依然漂无定所。说斯雷尔一家收养了他也不为过，不到一年时间，他就将他们居住的镇子和乡村别墅当作“我的**家**”（**着重号**是他本人所加）。他对亨利·斯雷尔表现出满怀感激的热爱之情，几乎就像是孩子对父母充满孝心一般。约翰生经常将他称作“我的主人”，而将斯雷尔夫人称为“我的女主人”。但凡斯雷尔先生遇到烦心事，约翰生便会守在他身边，“不给他一刻安宁，想方设法逗他开心，还通过各种摆事实讲道理来安慰他”。他会欣

然接受斯雷尔先生对自己仪态的任何纠正，而对其他任何人的意见都拒不接受。如果他在饭桌上过于钻牛角尖，斯雷尔先生立即就会严辞制止："算了，算了，约翰生博士，我们已经听够了您的教诲。您能不能让我们吃完饭再接受您的教育呢？"斯雷尔先生甚至让他改善仪表，说服他经常更换衬衣，想方设法让他保持衣物整洁，还在他的鞋子上装上了银质鞋带扣。他还让约翰生在吃饭时戴上一顶特制假发。约翰生在夜晚总是在床上读书。他视力很差，因此会将头向前倾，尽量凑近蜡烛，这时他的假发（因为他经常忘记将假发取下来）就会烧焦。换上新的假发之后，这一幕还是会重复发生。最后，斯雷尔先生只得将自己的衣架放在餐厅门外，上面挂着约翰生的"交际"假发，每当约翰生走进餐厅时，仆人便将假发递给他，之后再将假发从他头上取下来。[13]

这一年的夏末时分，约翰生回到了伦敦。他的余生至少有一半时 417
光将与斯雷尔一家共度。如果他或者斯雷尔夫妇没有外出旅行，他们就会住在一起。总体来说，他每星期有一半时间和斯雷尔一家在一起。后来，他经常是每周有五天和他们住在一起，即周一晚上俱乐部的聚会结束后赶来，住到周六才离开，回到自己家中，照顾寄住在家中的朋友们。这些人越来越多，年龄也越来越大，相互之间也更容易发生争执。斯雷尔一家在萨瑟克区住的时间至少与在斯特里汉姆庄园住的时间一样长，于是就在萨瑟克区专门为约翰生准备了一套新的公寓，它位于账房的楼上，名叫圆形塔楼（Round Tower）。[14]

简言之，斯雷尔夫妇对约翰生的晚年生活十分了解，这一点无人能及。但我们并没有认识到这一点，因为约翰生在我们心目中的形象通常是由鲍斯威尔刻画的，有时则由反对他的麦考利等作家所刻画。尽管鲍斯威尔通过斯雷尔夫妇逐渐深入了解了约翰生，但他起初对约翰生知之甚少，之后他又产生了竞争心理，尽量淡化约翰生与斯雷尔夫妇一同生活的经历，玛丽·海德在其《不可能的友谊》(1972)一书中证明了这一点。

八

疗养过程从移居斯特里汉姆开始，是一个渐进的过程。疗效来自多重因素，如果说约翰生自童年以来第一次拥有真正的家，那么这一点就可以涵盖所有。这一点最终充实了他的心灵并使他摆脱了自我，这在他之后的岁月中尤为明显，斯雷尔夫妇的孩子不断地诞生，使约翰生产生越来越强烈的责任感，并关心整个家庭的幸福与福祉。此外，这种感受对他来说也可谓姗姗来迟。他已年近花甲，他也需要时间方能适应与此前截然不同的人生。尽管这种有利于身心健康的疗效是渐进的，但等他10月1日返回原先的家，他的健康状况已经大为改善。当然，他其实并不算“返回”家中，而是每周在家中住上几天。

另一方面，他的学术兴趣也促进了他的康复，虽然没有上一个
418 原因重要，但也很重要。这激发了他长期的抱负，即研习法律。即便是他为汉密尔顿撰写演讲稿这份工作，也没有激发他的抱负(此时他又开始帮助汉密尔顿了)。他对这份工作看得过于理想，认为可能涉及“法律”。其实只是为汉密尔顿担任总顾问，并针对他感兴趣的各种政治问题提供建议。但此时，一个与法律更直接相关的问题(只是他起初并没有意识到其结果)出现了。这使他全身心地投入到极具挑战性的领域，也使他树立起信心，确信自己虽然此前几年心力交瘁，但依然保持着心理控制能力。其他任何一项工作都无

法做到这一点。

这就是约翰生即将帮助法律教授罗伯特·钱伯斯完成为期三年的系列讲座，而且亲自口述了大量内容。钱伯斯刚刚如愿从威廉·布莱克斯通手中继承牛津大学瓦伊纳讲席。应约翰生的要求（当然，钱伯斯也强烈希望如此），钱伯斯答应对约翰生帮忙一事保密。鲍斯威尔从未听说过此事。只有斯雷尔夫人（无疑也包括她丈夫）知道此事。即便是这对夫妇，可能也没有认识到约翰生给予的帮助是多么巨大。直到当代，E. L. 麦克亚当才根据斯雷尔夫人日记中的线索，揭开了这个秘密。[15] 即便此时，上述事实也并未广为人知，而且瓦伊纳讲席（1958 年）的官方历史叙述到钱伯斯时，并没有提到约翰生所做的任何工作。

现在我要简要介绍一下当时的背景。威廉·布莱克斯通用查尔斯·瓦伊纳的遗产创立了法学教授席位，并成为第一位担任此讲席的教授（1758 年）。他的巨著《英格兰法律评论》（1765）第一卷就是在他担任瓦伊纳讲席时所作讲座的基础上扩充而成的。无论是谁接替他，都很容易被前任的杰出成就所震撼。布莱克斯通后来辞去这一讲席，回到法律界从事实务工作。此讲席的下一位人选就是罗伯特·钱伯斯，他只有二十八岁，但已是布莱克斯通的候补人选，而且人们都认为他前途一片光明。

约翰生早在 1754 年重访牛津时，就结识了这位年轻人，当时他还在为《约翰生词典》收尾。每当遇到从事法律行业的年轻才俊，他总会心生沮丧，因为他自己未能如愿进入这一行。这促使他对这些年轻人产生了认同（例如罗伯特·范西塔特，他也使约翰生想起小科尼利厄斯），并且对他们的职业生涯产生了代入感很强的巨大满足。他后来又去牛津时，见到了钱伯斯。两人有时会通信，他还为钱伯斯写过推荐信。

九

419 钱伯斯于1766年5月被任命为瓦伊纳讲席教授，并担任新旅馆堂（之后与贝利奥尔学院合并）的主管。此时，约翰生的心理崩溃达到极点。钱伯斯全力以赴，力争第二年开始授课。更糟糕的是，瓦伊纳讲席教授需要授课。如果他做不到这一点，每少作一次讲座，就会被罚一次款。如果他所有讲座都未能开设，那么他的全部薪俸都会被罚没。

夏天，钱伯斯开始陷入恐慌。他拼尽全力，依然无法启动这项工作。不管怎么说，他是个胆小的人，而且容易怀疑自己。* 一想到人们要将他的讲座与布莱克斯通相比较，他就吓瘫了。此外，由于布莱克斯通已成为整个法律界的权威，他怎样才能避免对布莱克斯通东施效颦呢？他面临两种选择，人们通常都会想到，但都不值得尝试。要么是放弃全面性，退守到某个专业的角落，并努力开拓这一领域；要么是为了求新而努力推翻布莱克斯通的某些论述，并不断与他展开辩论。约翰生早在十五年前就提出了这个问题（《漫步者》第八十六期），他引用普林尼的话称，“由于前任的出色表现，亲王感受到越来越沉重的治理重担”，之后又指出，在知识界与文学界亦是如此。

到了初秋时节，新的学期即将开始，钱伯斯孤注一掷，决定向约翰生求助，约翰生刚从斯特里汉姆的别墅返回（10月1日）。之后，约翰生便乘坐马车前往牛津，在新旅馆堂与钱伯斯一起住了一个月，仔细

---

* 钱伯斯非常胆小，因此即便在他三十年后（1798年）致孟加拉亚洲学会的会长致辞中，也不得不炒冷饭，重新使用他在担任瓦伊纳讲席教授并举行首次讲座时的内容，即约翰生为他写的开头几段。（S. 克里希那穆提，《现代语言评论》，第四十四卷〔1949〕，页236–238）

阅读了钱伯斯的参考书，帮助他归纳出四次绪论讲座（分别关于法律
综述、封建政府的崛起、封建法律以及“英格兰法律的大致划分”）。 420
为了让讲座一炮打响，他口述了第一次讲座五分之二的内容。与此同时，他几乎忍不住反省自己对讲座这种教育形式通常所持的消极看法。他不久之后也称，他怀疑听讲座可能没有“阅读关于讲座内容的书籍”效果那么好。当然，并不是所有到场聆听讲座的人都会劳心劳力阅读这些书籍。即便如此，他还是认为“除非是实验演示”，否则讲座并非最佳教育方式。“你可以通过讲座来教授化学——你还可以通过讲座教人**如何制鞋**！”[16]

约翰生离开之后（11 月 8 日），钱伯斯再次惊慌失措。他觉得需要更多帮助。与此同时，他又产生了新的恐惧，因为如果人们知道，接替布莱克斯通教授担任牛津大学瓦伊纳讲席教授的人选，不得不依靠这样一个人来完成讲座，这将是他的奇耻大辱。因为这个人不仅没有接受过法律训练，而且大学只上过不到一年。约翰生完全理解钱伯斯这种处境，他和蔼可亲地给钱伯斯写了一封信（12 月 11 日），随信寄去自己作的注解与法律书籍。两人将继续合作，而且“我毫不怀疑我们将完成这些讲座。你决不能错过下一个学期”。[17]（尽管约翰生小心谨慎地销毁了钱伯斯的所有来信，但钱伯斯甚是不安，不管出于什么原因，他从未销毁过约翰生的来信。）钱伯斯取得了开门红，他回到牛津大学，希望保持良好势头。

但钱伯斯很快就遇到了另一个障碍，于是又向约翰生求援。约翰生意识到，自己不得不向钱伯斯提供更多帮助，否则他将永远无法面对下一个学期。因此，这次（1767 年 1 月 22 日）“我必须准备充足的材料……不会有危险，也没必要恐惧”。他们一同准备了下个学期的讲座，而且校方已经公开宣布将于 3 月 17 日开始授课。整理这些材

料的过程中，约翰生展现出意想不到的天赋，这已不足为奇。此外，对于这一系列讲座以及之后两个系列讲座，约翰生都口述了部分内容（上文已提到），以便这些讲座具有普遍性，成为关键的过渡。无论是干净利落的逻辑，还是强有力的效果，这些段落都与钱伯斯本人杂乱无章和散漫的风格恰成对比。[18]对于第一个系列讲座（1767 年春），上文已提到，它有四个绪论讲座，之后是关于“公共法”的十六次讲座，也就是对宪法的论述，其中有四次讲座专门论述议会，三次讲座介绍君
421 主制，其余讲座则讲授了司法制度、英格兰的民事法庭，与苏格兰组建联盟，还包括与北爱尔兰政府及美国殖民地政府相关的宪法问题。

十

两人的合作还要持续两年，这里我们要打断对此的叙述，介绍约翰生的健康状况。在斯特里汉姆休养的几个月里，他的健康状况大幅好转，而且不断在改善。就连折磨他多年的失眠症也在逐渐消失，他惊讶地发现，自己享受到久违的高质量睡眠，他怀疑这是否算得上是自我放纵。（1867 年）新年伊始，约翰生就做了一次祈祷，这次祷告与以往不同，并没有自我激励的内容，他只是请求使自己“从不合时宜、毫无节制的睡眠中”解脱出来，结果他在第二天晚上只获得了“很少休息”。此举的背景是他希望“有节制地享受各种快乐”。[19]此外，尽管他只具体提到了睡眠问题，但他确实是在有节制地享受“快乐”，这表明他的人生观发生了剧变。

他还频繁外出，有时会步行前往白金汉府，到那里的辉煌的图书馆中看书。也许是为了查阅某些法律书籍。年轻的图书馆员弗雷德里克·巴纳德想尽一切办法给约翰生提供方便和营造舒适环境，他将

约翰生来到图书馆的消息通知了英国国王。国王表示想见一见他。于是在二月时节，约翰生再次来到图书馆时，巴纳德偷偷溜到国王府邸，告诉他约翰生正在图书馆的火炉边看书。然后，巴纳德举起蜡烛，带着国王穿过几间房间，通过便门走进图书馆，将约翰生引荐给国王。整个会面中，约翰生都不卑不亢，回答时既彬彬有礼又声音洪亮，不像一般人见到国王时那样卑躬屈膝、毕恭毕敬。国王向他询问了牛津与剑桥的图书馆情况，还问起许多学者。最后，国王问到了为人古怪但才华横溢的江湖郎中约翰·希尔，他已是臭名远扬。约翰生便介绍起希尔的所作所为，但突然觉得自己“在国王面前对他这样评头论足过于贬损他了，便认为自己应当谈一谈对他更有利的方面”。接着，话题便转移到比较文学杂志的价值上。

国王在谈话中曾经问他，他是否在创作什么作品。约翰生答道，“我已经将自己的很多知识都告诉了世人”，而且“认为自己已经完成 422
了作家的使命”。国王说：“要不是你的作品如此优秀，我也会这么认为的。”后来有位朋友问他，他是否对这句赞美之词作出了回应，他给出了否定的答案：“我还没有资格和国王陛下相互吹捧。”在这次谈话的最后，国王“表示自己希望看到本世纪最出色的文学传记，并建议约翰生博士创作出这样的传记”。约翰生称自己欣然遵旨，他的《诗人传》将比其他任何人的作品都更接近这个目标。[20]

十一

这一年的春天，约翰生又去了两次牛津给钱伯斯帮忙（分别是三月下旬和五月上旬）。钱伯斯此时正飞快地讲授瓦伊纳讲席课程。此外，约翰生还为朋友们撰写过几篇题献，一篇是为威廉·佩恩的《几何学》(1767),另一篇则为约翰·胡尔的译著《梅塔斯塔西奥作品集》(1767)。这两次做客之间,他得知利奇菲尔德镇老家中,年迈的佣人得了重病,几乎可以肯定命不久矣。她名叫凯瑟琳(或“吉蒂”)·钱伯斯,她正在呼唤约翰生的到来。约翰生在五月迅速赶到了利奇菲尔德镇,尽其所能给她安慰。他还赶到牛津住了几天,以便最后关头为罗伯特·钱伯斯提供帮助,使其完成本学期最后的讲座。

约翰生抵达利奇菲尔德镇时,发现吉蒂几乎陷入绝望。此后几个星期,约翰生一直在继女露西·波特的新家中陪伴着吉蒂。露西很多年来一直陪伴在约翰生的老母亲身旁,还帮助她打理书店。后来她哥哥杰维斯·波特上校(他在母亲嫁给约翰生之后,曾发誓决不再见她)去世了,去世时将他叔叔约瑟夫·波特当年留给他的一大笔遗产转赠给露西。露西用这笔钱修建了一座美丽的新房子,前不久刚搬到那里住(1766 年),吉蒂也搬了进去。露西一直都对约翰生非常好,但她有一点神经质。约翰生根据自己的年龄推算,觉得她(虽然她比自己还要小六岁)已经“因单调的独居生活而黯然失色”。

为了打发时间,约翰生开始重新阅读荷马作品,但并没有真正入心。他平时无所事事,因此对自我的强烈不满开始涌上心头。夏天一
423 天天过去,约翰生迫不及待要摆脱这种“流放生活”。“忧郁症在我身上复发了,病情很严重,有时难以忍受。”但是他心肠很软,无法狠下心来置吉蒂于不顾。到了八月,吉蒂看上去已经病入膏肓。约翰生虽然非常喜欢以自我保护的口吻说,忧愁是“一种闲适”,但却深受震撼。他与吉蒂举行了圣餐。“我一度心神不宁,但最终还是镇定下来。”之后,她的病情似乎有所恢复(她直到 11 月 3 日才撒手人寰)。[21]

最后,到了 10 月 17 日,约翰生觉得自己真的不得不告辞了。他已在利奇菲尔德住了五个月,他在日记中这样写道:

我一心想离开，于是告诉她我们将要永别了，我们都是基督徒，告别时应当做祷告，如果她愿意的话，我愿在她身旁做一次简短的祷告。她表示非常希望听我做祷告，并且一边躺在床上，一边举起她可怜的双手，心潮澎湃，而我一边跪在她身旁，一边做祷告，内容大致如下……

然后我吻了她。她告诉我，离别是她一生中最痛苦的经历，她希望我们还能重逢在更美好的地方。我的双眼又红又肿，情绪激动地表达了同样的愿望。我们吻别了，我心中有个小小的愿望，希望我们还能再见面，而且再也不要告别。

五十年后（1816 年），斯雷尔夫人已是风烛残年，读到这篇日记时，她在空白处写下这样一段文字：

约翰生曾泪流满面地告诉过我这个感人的故事；他哭喊道：“**可怜的吉蒂！可怜的亲爱的吉蒂！**”那天晚上他反复哭喊着这句话。我喜欢看到新的面孔进来，转移他的想法。[22]

十二

与此同时，约翰生一如既往地对罗伯特·钱伯斯鼎力相助。整整一个夏天，钱伯斯似乎在他的第二个系列讲座上都进展甚微（这次的主题是刑法）。约翰生从利奇菲尔德返回的路上，还专程去了一趟牛津，两人携手完成了这项工作。约翰生也许还去过几次牛津，也许钱伯斯也去过几次伦敦。钱伯斯预定于第二年 2 月 20 日开始这个系列讲座。这一年年底，约翰生还为哥尔德斯密斯新创作的喜剧《好心人》

写了一篇简短的序幕。这部作品读后令人心情沉重,它于1768年1月20日上演。

约翰生的境况并不太妙,但他还是在责任感驱使下,于二月来到牛津,帮助钱伯斯完成了新的系列讲座。在牛津期间,他还为亨利·
424 斯雷尔撰写了竞选演讲稿。这次牛津之行十分漫长,足有两个多月,期间约翰生得了重病,导致"刑法"系列讲座要比原先计划的更简短。即便如此,他和钱伯斯还是想方设法完成了十四次讲座,首先是介绍刑罚的概念与历史,然后有重点地迅速概述了英国刑法的全貌,特别突出了哲学层面。第一个系列讲座在结构与主题上都与布莱克斯通的讲座十分相似。但第二个系列讲座明显体现出独立性,并且观点鲜明。

阔别两年之后,鲍斯威尔于3月22日来到了伦敦,此时约翰生还在牛津。鲍斯威尔的目的之一是治疗淋病,另一个目的是来炫耀新取得的作家头衔。他撰写的《科西嘉岛纪实》刚出版不久,并且受到了好评。他希望人们称他为"科西嘉的鲍斯威尔"。他期盼着约翰生为自己的成功喝彩,却没有料到约翰生最终给他写了一封很简短的信,信中称:"我希望你能够将科西嘉从大脑中清除,我觉得它在你的大脑中占用了太长的时间。"约翰生已有很久没有给他回信了,而且以为他还在苏格兰。鲍斯威尔来到约翰生家中,却惊讶地得知他正在牛津和钱伯斯在一起。鲍斯威尔根据此前两次伦敦之行,对约翰生的生活形成了固定的认识,以为约翰生要么待在家里,要么就在酒肆中与朋友谈天说地。于是,他赶到牛津(3月26日),并在那里住了几天。约翰生对他专程前来看望自己十分感动,两人畅谈了一番,鲍斯威尔记录了这次谈话。可能是在此时,也可能是他返回伦敦治病后不久,他第一次听说了斯雷尔夫妇,并对他们极为好奇。到了六月上旬,他动身前往苏格兰之前不久，再一次来到约翰生家中，发现他正在门外等斯雷尔夫人乘马车前来接他去斯特里汉姆。马车赶到之后，鲍斯威尔也跳进马车。他后来向斯雷尔夫人解释称，自己这么做是因为“这种平易近人的亲和力使他忘记了礼数”。于是，约翰生将他引荐给斯雷尔夫人，他的谈吐仿佛要“向她表明，我和她一样都是约翰生的拥趸”。[23]

十三

为了陪伴弥留之际的吉蒂，约翰生前一年曾在利奇菲尔德镇住了
很久，这次故乡之行严重干扰了他新的生活方式。而且 1768 年的 425
整个春天，约翰生身心俱病。虽然比 1766 年的状况要好得多，但经过此前的大幅改善，他又开始担心会旧病复发。

到了这一年九月，斯雷尔夫妇带着他一同游览了肯特郡，并希望这次旅行对他有所帮助。在他生日的当晚(9 月 18 日)，一行人来到肯特郡的唐莫林，约翰生在日记中写道：

> 我已经度过了人生的第六十个年头。我不愿去回忆我是怎样度过这一年的，这会让我心慌意乱。我惴惴不安地度过了这一天。我在教堂里心神不宁，这很不寻常，而且我始终感到痛苦。

旅行结束后不久，斯雷尔夫人曾去检查过约翰生的房间，她把一个敞开的抽屉关上时，发现了他的日记，并阅读了其中一些内容。可能约翰生是故意让她发现日记。不管怎么说，无论是此时，还是此后几星期，斯雷尔夫人都与约翰生讨论了他的心理状态，而且约翰生以前所未有的坦诚，向她讲述了自己对精神失常的恐惧，而这也是他一直在努力避免

的,“这个秘密比他的生命更重要”。在她的请求下,约翰生将此前一直存放在家中的镣铐与挂锁都交给她保管。[24]

第二年的生日当天,约翰生在日记中写道,这一年他在“缓慢地康复”。他在十二月再次来到牛津,开始帮钱伯斯完成第三个系列讲座,也是最后一个,这次的主题是“私法(即民法)”。完成系列讲座的过程中,他于二月再次出行。这次的系列讲座分二十二次,钱伯斯最终树立起自信心,约翰生的帮助也不像之前那样必不可少了,这种状态一直持续到此系列讲座的收尾阶段(五月下旬和六月)。之后,约翰生再次前往牛津,并与钱伯斯一同隐居,只不过他此次的心情是欢庆大功告成,他还把威廉姆斯小姐一同带来。后来,鲍斯威尔竭力要探寻这次神秘之旅的缘由,他从威廉姆斯小姐那里得知,“他很少甚至从不在外面吃饭。他似乎全身心地投入到某项文学事业中”。[25]与此同时,他在新成立的皇家艺术学院获得了荣誉职务。该院院长是雷诺兹,他建议在这所学院中设立荣誉教授一职,约翰生便担任了“古代文学教授”。这个职位既不用履行职责,也没有报酬。此后几年里,每当觉得茕茕孑立之时,约翰生就会参加该院的一些展览和年度宴会。哥
426 尔德斯密斯也获得了该院的荣誉教授职位,他称这样的职位就仿佛是“隔靴搔痒”。

十四

这里还要介绍一下这些系列讲座后来的情况。钱伯斯之后又讲授了六次。他不久便被公认为英国最杰出的律师之一(他于1777年被封为爵士)。在他获得孟加拉最高法院法官的任命时(1774年),国王的图书馆员巴纳德在他离开之前,请他将瓦伊纳讲席教授的一部讲

座抄本(现存于大英博物馆)送给皇家图书馆。这部抄本依然保留了大约一千六百页的手稿。

钱伯斯自然不愿将这些讲座出版。斯雷尔夫人的《已故塞缪尔·约翰生轶事录》问世之后(1786 年),她曾提到约翰生“在为他人提供文学帮助”时是多么慷慨大方,她又补充了一句:“他有求必应,帮别人写过不计其数的书序、布道文、讲座和题献。”钱伯斯知道,约翰生从没有帮别的人完成过讲座,因此读到此处时他很可能大吃一惊,并且想知道当时的传言到底是什么。但是,斯雷尔夫人并没有透露更多实情,此举是为了尊重约翰生的愿望而不是钱伯斯的感受。这个秘密一直不为人知,只有钱伯斯的家人才知道(也许只是有可能知道)。钱伯斯去世二十一年后,他的侄子查尔斯·钱伯斯爵士(也是一位律师)只挑选了其中十二次讲座结集出版,并将此书命名为《论财产与土地》(1824),选入此书的均为约翰生很少参与甚至完全未参与的讲座。这些讲座均选自钱伯斯的抄本,此书出版后,钱伯斯的私人抄本显然就被销毁了。

注释

[1] 赫斯特·皮奥齐:《已故塞缪尔·约翰生轶事录》,见《约翰生杂录》,第一卷,页 234。《约翰生杂录》,第一卷,页 423。

[2] 大英博物馆,手稿 354000(塞缪尔·约翰生:《日记、祷文、年谱》,页 98)。

[3] 塞缪尔·约翰生:《日记、祷文、年谱》,页 96-98。W. G. 汉密尔顿:《议会的逻辑》(伦敦,1808),ix,页 239-253。唐纳德·J. 格林:《塞缪尔·约翰生的政治主张》,页 197-199。

[4] 塞缪尔·约翰生:《日记、祷文、年谱》,页 106。鲍斯威尔:《约翰生传》,第二卷,页 8。

［5］塞缪尔·约翰生:《日记、祷文、年谱》,页102-103。

［6］奈特女士,见《约翰生杂录》,第二卷,页172-173。艾伦·黑曾:《塞缪尔·约翰生的书序与题献》,页213-216。

［7］《赫斯特·林奇·斯雷尔夫人日记……1776-1809》,第一卷,页206。《系列书信……卡特……塔尔博特》,M.彭宁顿编(1809),第三卷,页135。

［8］赫斯特·皮奥齐:《已故塞缪尔·约翰生轶事录》,见《约翰生杂录》,第一卷,页253-254。

［9］同上,页233、240。G.基尔斯利,见《约翰生杂录》,第二卷,页169。

［10］赫斯特·皮奥齐:《已故塞缪尔·约翰生轶事录》,见《约翰生杂录》,第一卷,页232-233。詹姆斯·L.克利福德:《赫斯特·林奇·皮奥齐(斯雷尔夫人)》(牛津,1941),页57-58。

［11］赫斯特·皮奥齐:《已故塞缪尔·约翰生轶事录》,见《约翰生杂录》,第一卷,页200。

［12］同上,页235。詹姆斯·L.克利福德:《赫斯特·林奇·皮奥齐(斯雷尔夫人)》,页67,注释2。根据斯雷尔夫人在《已故塞缪尔·约翰生轶事录》(见《约翰生杂录》,第一卷,页344)中的评论,约翰生的双眼是灰色的。之前出版的《赫斯特·林奇·斯雷尔夫人日记……1776-1809》对此作了说明,该书的叙述通常更加准确。人们认为他的双眼应该是浅灰蓝色的。

［13］赫斯特·皮奥齐:《已故塞缪尔·约翰生轶事录》,见《约翰生杂录》,第一卷,页339。A.海沃德:《皮奥齐夫人……自传》(伦敦,1861),第一卷,页16。

［14］赫斯特·皮奥齐:《已故塞缪尔·约翰生轶事录》,见《约翰生杂录》,第一卷,页205。詹姆斯·L.克利福德:《赫斯特·林奇·皮奥齐(斯雷尔夫人)》,页68。

［15］E.L.麦克亚当:《约翰生博士与英国法律》(锡拉库扎,1951),页65-122。

［16］鲍斯威尔:《约翰生传》,第二卷,页7-8。

[17]《塞缪尔·约翰生书信集》，第一八七篇，注释1-3。

[18] 麦克亚当：《约翰生博士与英国法律》，页81-120。其中列出了大部分问题，并删除了约翰生可能修改过的部分。如需比较两人的风格，参见该书页71-73。

[19] 塞缪尔·约翰生：《日记、祷文、年谱》，页112。

[20] 鲍斯威尔：《约翰生传》，第二卷，页33-42。

[21]《塞缪尔·约翰生书信集》，第一九一至一九二篇。塞缪尔·约翰生：《日记、祷文、年谱》，页115。

[22] 塞缪尔·约翰生：《日记、祷文、年谱》，页116-117；取自鲍斯威尔的版本，空白处的评论是斯雷尔夫人所作，E. G. 弗莱切编（1938），第一卷，页389。

[23] 玛丽·海德：《不可能的友谊：鲍斯威尔与斯雷尔夫人》（麻省剑桥，1972），页12。詹姆斯·L. 克利福德：《赫斯特·林奇·皮奥齐（斯雷尔夫人）》，页77。

[24] 塞缪尔·约翰生：《日记、祷文、年谱》，页122-123。詹姆斯·L. 克利福德：《赫斯特·林奇·皮奥齐（斯雷尔夫人）》，页75-76。

[25] 鲍斯威尔：《约翰生传》，第二卷，页67-68。

第二十四章　初入花甲

一

427 亨利·斯雷尔的父亲在布莱顿给他留了一栋房子。他从孩提时代就去那里度假。前不久,他又买了一座更大的房子,这样他们一家人就可以每年夏末到那里度假。斯雷尔很喜欢去唐斯打猎,而他夫人则喜欢洗海水浴。这一年夏天(1769 年),斯雷尔一家自然又邀请约翰生与他们同行。约翰生更愿意和他们一同前往斯特里汉姆。但他又不愿孤身一人住在那里,因此赶紧应允。他先短暂地游览了利奇菲尔德,并去阿什伯恩拜访了老朋友约翰·泰勒,之后便与斯雷尔一家一同在布莱顿住了六星期(从 8 月 21 日到九月底)。当时的天气虽然十分温暖,但他患有慢性支气管炎,而且病情日渐恶化,此外他还有肺气肿。最后,“我的肺似乎给我造成大麻烦,如果过度用力,我就无法呼吸”。

即便如此,约翰生依然去游泳。他还与斯雷尔同去打猎,即使骑行五十英里甚至更远，也从不叫苦叫累。他去打猎时，会感慨道："由于人类快乐的匮乏，我们将打猎也当作一项快乐。"（他后来得出结论，"因为人类在从事某件事情时，要比无所事事更容易忘却心中空虚"。）威廉·格拉德·汉密尔顿有一天曾来布莱顿的唐斯拜访约翰生，他惊叹道："在我看来，约翰生的马术竟然能和全英国最目不识丁的人一样出色。"这让约翰生很是受用。有一次，斯雷尔飞身跃过一张凳子，以证明即使纵马追逐猎物已达五十英里，他依然精力旺盛。约 428
翰生也立刻这么做了，以此表明自己同样不知疲倦，"但他跳的姿势非常怪异，也非常笨拙，我们都担心他会摔断骨头，甚至都忘记了他滑稽可笑的样子"。[1]

与此同时，大卫·加里克一直忙于在斯特拉福德筹备"莎士比亚庆典活动"（9月6日至8日），此举是要引起人们对本民族这位文豪的关注。此次活动将举行宴会、游行、音乐会、化装舞会，还要举行赛马会并争夺"庆典奖杯"。他还在埃文河畔建起了圆形建筑物。加里克原本希望约翰生为此活动写一首颂歌，并在活动当天演说。但约翰生对此漠不关心，加里克便亲自写了这首颂歌。他还为游客设计出特殊的"莎士比亚带板"，像彩虹一样五颜六色。他从约翰生此前为自己写的《在特鲁里街戏院开业时发表的序幕》（1747）中，摘录了对莎士比亚的一句评价："他根据**五彩斑斓**的生活，刻画出各种变化。"

在斯特拉福德举行庆典活动之前不久，鲍斯威尔来到了伦敦。他还需要继续治疗十五个月前染上的性病。此外，他还打算结婚，希望聆听约翰生对婚姻的一般看法。用他的话来说，这是要"聆听神谕"。他从威廉姆斯小姐那里得知，约翰生去了布莱顿，这令他大吃一惊。约翰生压根就没想过去参加此次庆典活动。在鲍斯威尔看来，约翰生的举动很反常。鲍斯威尔认为，约翰生"和莎士比亚和加里克的关系都很密切,他没有理由不现身于这次庆典……人们会惊讶他为何没有到场”。化装舞会这项活动深深吸引了鲍斯威尔,他决定独自前去参加,便将治疗推迟了几天。他打扮成科西嘉战争中的首领形象,戴着头巾,头巾上用金色字母写着“自由万岁”,以此纪念去年发表的《科西嘉岛纪实》一书。[2]

约翰生之所以留在布莱顿,不仅仅是因为他恃才傲物,将此次庆典视若无物。还因为他最终体会到“缓慢的康复过程”(9 月 18 日)。他在斯雷尔家中感受到了“家”的温暖,这一点最为关键。诚然,他想当然地认为这次庆典活动并不重要,也许就是一场荒唐的闹剧。之后的情况证明了他的想法。首先,尽管当地行政长官希望通过这次活动营造声势,但当地百姓却持怀疑和敌视态度。加里克从伦敦请来了许多工匠建造圆形建筑物,但却缺少工具,当地的工匠则认为舞台机械是魔鬼的发明,因而拒绝出借工具。加里克还将特鲁里街戏院的灯具
429 送到斯特拉福德,但旅途颠簸,全部都打碎了。蜂拥而至的游客也使当地住房奇缺,他们只得在棚户或马厩的地上铺一张毯子睡觉,还得为此付出天价。最糟糕的是天气阴晴不定,大雨导致埃文河水位暴涨,几乎与圆形建筑物所在的开阔地平齐。

第一天是多云天气,天刚破晓,就传来礼炮的轰鸣声,特鲁里街戏院的演员们身着华服,隆重登场。他们漫不经心地弹着吉他,唱着纪念莎士比亚的歌谣(“让美与日月同辉,让我们歌颂莎士比亚……”),漫步在大街小巷。之后是欢快的早餐,加里克获得了一枚大奖章,它是用一棵生生不息的桑树的木料制成的,据说这棵树是莎士比亚亲手栽种,但这枚奖章是加里克之前订购的。之后上演了托马斯·阿恩的清唱剧《朱迪斯》,但观众显然不知道这部戏与莎士比亚的关系。再之后是舞会。第二天原计划游行,但下起大雨。这让当地民众很开心,

觉得这不啻正义的裁决。游行不得不取消，人们飞奔着拥向圆形建筑物，加里克在这里发表了《莎士比亚颂》。约翰生后来曾不得不对这首颂作出评价，说它“**挑战了**批评界”。不幸的是，当天上午给加里克理发的发型师在前一天晚上的舞会上酗酒无度，不小心将他脸上刮了一道硕大的伤口，顿时血如泉涌。无论是加里克夫人，还是来自特鲁里街戏院的女士们，都想方设法用各种止血药给他止血，但却无济于事。之后举行的是宴会，众人分食了一头大海龟，它重达三百二十七磅。

此时，埃文河的水位已漫过河堤，马儿不得不涉过齐膝深的水，赶往圆形建筑物。幸运的是，圆形建筑物还没被淹，还有可能举行化装舞会（从晚上十一点到凌晨四点）。游客们十分期待，因为这项活动能够充分展示创意，许多人都为自己设计了服饰，以扮演莎士比亚作品中的人物。其中就有彭布罗克女士和她的两位朋友，她们是出现在《麦克白》剧中的三位女巫。鲍斯威尔一直等到子夜时分才华丽登场，他扮演的是“科西嘉的鲍斯威尔”。他在日记中写道，“我一身科西嘉行头引来了全场的目光”。第三天是此次庆典最后一天，雨停了。赛马大会如期举行，马儿们要争夺“庆典奖杯”，但赛道上却积满一英尺深的水。最后，众人在湿漉漉的地上观看了焰火表演。[3]

二

约翰生于九月底回到伦敦，鲍斯威尔再过一个月就得回苏格兰， 430
但他还是专程前去看望约翰生。两人重逢于米特里酒馆。鲍斯威尔故意引用当时的名句“野蛮生活能带来无与伦比的幸福”并论证之，他一方面确实认同这种观点，另一方面也想了解约翰生的看法。约翰生对此观点嗤之以鼻。野蛮人的“健康并不见得比我们更好；而且在关注的问题或心理上的不安方面，他们不但没有我们出色，而且像熊一样低等”。鲍斯威尔仍固执己见：“我有时萌生出去荒原隐居的念头。”约翰生则反唇相讥：“先生，你在苏格兰可有的是荒原。”

鲍斯威尔还随时能见到著名的科西嘉领袖帕斯奎尔·帕欧里将军。在法国征服科西嘉之后，帕欧里将军流亡英国。在鲍斯威尔的安排下，他见到了约翰生（10 月 10 日）。两人后来成为莫逆之交，并都给对方留下深刻印象。（约翰生后来曾说，“在他见过的人里面，帕欧里举止最为高贵”。）但是两人初次见面时，彼此间沟通却十分困难。一方面，帕欧里说的是意大利语，约翰生虽然能听懂，但却不会说。另一方面，约翰生说的是英语，而帕欧里只能听懂一部分。约翰生于是改说法语，但发音并不标准，有时还不得不写在纸上才能让对方明白。几天之后（10 月 16 日），鲍斯威尔在旧邦德街的住所举行宴会，并请来了约翰生、雷诺兹、加里克、哥尔德斯密斯等人。加里克对约翰生未能出席庆典并未心生芥蒂，而是“在他身边以讨人喜欢的活泼劲儿四处游荡。他抓住了他上衣的胸口，抬起头活泼、狡黠地盯着他的脸看，恭维他的气色看起来真好”。而约翰生则“直摇头，用一种高贵的傲慢眼神睥睨着他”。[4]

对于到场的这些朋友来说，他们有一位共同的好友不久前被指控犯有谋杀罪（10 月 6 日），他就是任性、近视的朱塞佩·巴雷蒂。两周之后，对他举行了短暂的审判。这次审判之所以被人们铭记，是因为有一大批知名人物出席，为这位可怜的意大利语教师作证。在“群星闪耀的天才”中，有约翰生、伯克、雷诺兹、博克莱尔、哥尔德斯密斯及加里克。其他人都是通过约翰生才认识巴雷蒂的。事情的经过是这样的，巴雷蒂在返回苏活区的路上，遭到镇上一名女子的搭讪，他想摆脱纠缠，却不料让她的手碰到了自己的裤裆。于是这名女子抓住他的

生殖器不放，这使他痛苦万分。惊慌中他打了这名女子。此时三名恶 431
霸循着这名女子的叫声赶来，开始袭击他。巴雷蒂拼命跑着，想甩掉他们。在此过程中，他从口袋里掏出一把短小的水果刀（他在意大利住时习惯在口袋里装一把水果刀，因为他去旅馆吃饭时，旅馆只提供叉子，这个原因是加里克向陪审团介绍的）。这些歹徒追上他之后，他便举刀刺向他们，有一个人受伤后不治而亡。警方将巴雷蒂关进新门监狱。有一名意大利语教师是他的竞争对手，很快就来看望他，并说明了来意。此人称希望在他被处死之后接手他的学生，想请他给自己写一封推荐信。约翰生与伯克也去狱中看望了他。巴雷蒂握住两人的手，说道："握着这样两位大人物的手，我还有什么好害怕的？"在审判当天（10 月 20 日），约翰生简明扼要地将巴雷蒂介绍为"凭借学识谋生的人……据我所知，此人向来性格温顺，我甚至觉得他胆小怕事"。"他的视力如何？""他现在看不见我，我也……看不见他。""要不是遭到挑衅"，巴雷蒂本来是不会"袭击任何路人的"。证据对巴雷蒂具有压倒性优势，他最终获得无罪释放。[5]

在这个月，鲍斯威尔还有机会一睹斯特里汉姆庄园的风光。斯雷尔一家接受了约翰生的建议，邀请鲍斯威尔前来赴宴（10 月 6 日）。这是第一次由外人记录约翰生在这里生活的情景。鲍斯威尔认为斯特里汉姆是"优雅的别墅"，这里"各种环境都让社交活动心旷神怡"。斯雷尔一家对约翰生的关爱给他留下了深刻印象。"看到他如此开心，我感到十分欣慰。"这次谈话的内容五花八门，从苏格兰的园艺师，一直谈到怀特菲尔德的布道，从历史一直谈到谐趣诗。历经坎坷，约翰生终于坐在了这座"优雅的别墅"中。阔绰的女主人对加里克的谐趣诗大加赞赏，他忍不住揶揄了她几句。他以"别样的兴致"，挑选了加里克一首歌曲中的一行歌词："我愿和淳朴的人一同欢笑，我愿和穷人同吃同住。”我们此前讨论另一问题时就曾引用过约翰生所作的评论:“非也,亲爱的女士,这可不对。可怜的大卫呀!**我愿和淳朴的人一同欢笑**!这是什么蠢话!有谁会主动**与穷人同吃同住**呢?不,根本没有;要我说,我愿和聪明人一同欢笑,我愿和富人同吃同住。”[6]

三

由于约翰生的到来,斯雷尔一家的社交生活发生巨大变化,这令
432 他们心花怒放。他们收留约翰生时,他已身陷绝境,这促使他们将注意力主要放在他的健康状况上。他们远远没有认识到,约翰生能够将他们家变为思想的中心。当然,他们乐见于此。他们家虽说家财万贯,但这里位于萨瑟克区的酿酒厂旁,并非时尚之处。总体来说,这对年轻夫妇的宾客仅限于斯雷尔在二十多岁结婚前结识的朋友,当时他以浪荡子自居。但到了此时(1769 年至 1772 年),他们发现往来的朋友中出现了伦敦文艺界中天资卓著的名流,其中有最著名的画家约书亚·雷诺兹爵士,最出色的演员大卫·加里克,才华横溢的奥利弗·哥尔德斯密斯,还有这一代人中最出色的政治家埃德蒙·伯克。为了纪念斯特里汉姆新修建好的图书馆辅楼,斯雷尔聘请雷诺兹为这些新结交的朋友画像。在与他年龄与家境相仿的人当中,还从来没有人享受过这种待遇。斯雷尔夫妇对此心知肚明,这都拜约翰生所赐。

起初,前来做客的宾客几乎全是男性,斯雷尔夫人并不介意。在维多利亚时期,人们执着于让男士和女士“成双成对”,过于追求男女比例相等,就仿佛是在两性之间签署正式“协议”。而在当时,无论是一名男子,还是两三名男子,都不会想去和一群女子一同用餐、喝茶,就连吃早饭也无须女子作伴(约翰生就是这么做的)。反之亦然。而

且,无论在什么情况下,俱乐部的著名成员已经是斯特里汉姆的常客,这使得此处产生了巨大的吸引力,知识女性很快就趋之若鹜,渴望获得邀请来此做客。

倘若我们认为约翰生在斯雷尔的两处府邸(分别位于斯特里汉姆与萨瑟克区)中的生活只是频繁地举行沙龙,那就大错特错了。他还一直积极地参与到家庭生活中。九年间,斯雷尔夫人几乎每年都要添丁进口。到了1769年秋,他们家已有五个孩子,其中一个出生不久就不幸夭折。其余四个孩子,赫斯特(“奎妮”)已经五岁了,亨利两岁半,安娜·玛利亚一岁半,露西·伊丽莎白只有四个月大(他们看在约翰生的面子上,给她起名“伊丽莎白”,因为约翰生希望用泰蒂的名字给一个孩子起名)。此后,孩子们继续以每年诞生一个的速度陆陆续续来到这个家庭:苏珊娜诞生于1770年5月,索菲娅诞生于1771年7月,佩内洛普诞生于1772年9月,拉尔夫诞生于1773年11月。这些孩子牵扯了斯雷尔夫人的大量精力,她不得不将大量时间花在育儿方面。很快,她又全身心投入到对他们的教育。此外,由于家中孩子太 433
多,生病是家常便饭。1770年3月,年幼的安娜·玛利亚在长期患病之后不幸去世。

所有这些也都成为约翰生生活中的重要组成部分,并反映出他性格的一个方面,我们很少能在鲍斯威尔或其他人的叙述中窥见这一面,因为他们通常都重点描述他的谈话。实际上,鲍斯威尔最著名的一个喜剧场景,给人们留下了截然相反的印象。他向约翰生发问(“我不知道我脑子里怎么产生这样古怪的想法”):

> “先生,如果您被关在城堡里,身边有一个新生儿,您会做什么呢?”约翰生答道:“先生,我可不喜欢我的这位同伴。”鲍斯威

尔又问道："但您愿意承担起抚养他的责任吗？"他似乎不愿再讨论这个问题，但我坚持要对这个问题问到底，于是他答道："是的，先生，我愿意，但我必须得到各种便利条件。"

谈话继续进行，最后：

鲍斯威尔："您愿意将所有知识都教给刚才那个孩子吗？"约翰生："不，我不喜欢教他。"鲍斯威尔："教育他不也能让您快乐吗？"约翰生："不，先生，我教育他可得不到任何快乐。"鲍斯威尔："教导成人难道不让您快乐吗？我了解您，您教导成人得到的快乐，和我教导孩子们得到的快乐一样多。"约翰生："嗯，有一定道理。"[7]

但是，这番话背后隐藏着鲍斯威尔的目的，即找出斯雷尔一家对约翰生产生吸引力的源泉（此时，距离他第一次去斯雷尔家做客已过去了几个星期）。约翰生在鲍斯威尔心中树立的形象是在米特里酒馆中畅谈人生的智者，但他在斯雷尔家中的日常生活却与此格格不入。鲍斯威尔知道，斯雷尔家的孩子年龄都很小。这座"城堡"指的就是斯雷尔家在萨瑟克区为约翰生准备的新公寓（称为圆形塔楼）。约翰生对鲍斯威尔关心的问题心知肚明，于是想岔开话题（他说："你一个接一个地追问我极其无聊的问题，似乎并不关心这个话题"）。后来，鲍斯威尔注意到约翰生"对小孩子的喜爱"，也提到了这一点。但这个话题并不能留下脍炙人口的名言，也不能刻画出生动形象的场景。他只是在《赫布里底群岛之旅纪行》中叙述了一件极富魅力的轶事。约翰生当时遇见了小女孩斯图亚特·达拉斯，他假扮成大巨人，而且用"故弄玄虚的声音”告诉她，自己要把她抓走，带到自己住的山洞中。“山洞里有一张床，还可以在床对面给她做一张小床。”这逗得小孩子非常开心。斯雷尔家的孩子都非常喜爱约翰生，把他当作自己的好朋友，434
还把他当成玩具大象。每年奎妮（9 月 17 日出生）都和约翰生（9 月 18 日出生）一同过生日，举办一场盛大的派对。在其他时候，约翰生总是最先“加入孩子们的娱乐活动，生怕他们不带自己一起玩幼稚的游戏”。[8]

四

尽管年事已高，但他依然拥有海量资源——幽默、同情心和充满想象力的理解，他还会有意识地做一些工作。此时，他已迈入花甲之年。他长年累月累积了巨大的心理痛苦，希望自己能最终摆脱这些痛苦。抛开这点不谈，他的身体状况也不甚理想。第二年春天，他同时饱受三种疾病的折磨，分别是腰肌劳损、腰腹部肌肉发炎，还得了支气管炎并蔓延到了气管。他不得不服用鸦片酊缓解痛苦。他非常清楚地意识到，他已迈入人生的最后阶段。在此期间，单是健康问题就必定变得极为严重，遑论其他。

此时，罗伯特·弗罗斯特的一句诗可以表达他的深深困扰，诗中提出的想法是“怎样让衰微之物发挥作用”。他很久之前就已经认识到，这就是衰老所产生的核心问题。早在中年时期，这就已经形成问题，如约翰生所言，当时我们就必须开始与“确定的存在”达成妥协。此时，他的生命至少已经走过半程。但随着我们从半百之年迈入花甲，这个问题愈发尖锐。早在第一次遇见约翰生时，鲍斯威尔就曾想方设法请他谈一谈如何“管理”自己的心理，他答道：“正是通过学习

微不足道的事情，我们才实现了伟大的艺术，使我们尽量减少痛苦、增添幸福。”他这番话重复了几年前在《漫步者》（第68期）中发表的感言，即“生活主要由**琐碎的**事件组成”，但此时他体会更深。我们在生活中之所以感到痛苦，通常源于不切实际的期望与要求。由于期望落空的苦涩，或由于我们把自我要求投射到他人身上，“拒绝快乐”几乎成为他的执念。无论他多么缺乏耐心，多么容易发脾气或陷入绝望，
435 快乐都是他需要避开和与之斗争的对象。据斯雷尔夫人称，他喜欢说“圆滑世故并不一定就不能获得快乐”。据她说，不久之后，“约翰生甚至迷上了扑克、服装和舞蹈”。至少从理论上说是这样，据其行为判断，他和以往一样古怪地超然离群。他希望将“很容易获得快乐”作为更加积极的人生原则，他所在的环境最终给了他帮助。当然，斯雷尔一家也并非无忧无虑。但此时，这个家某种程度上已成为**他的**家。泰蒂二十年前逝世时，约翰生才刚迈入中年不久，在此之后，他第一次产生了责任，这帮助他摆脱了自我苛求与自我谴责的牢笼。这种责任不同于他对带回家中收留的可怜人所担负起的责任，例如莱韦特与安娜·威廉姆斯。在这个新的家庭里，成员之间相互信任，并形成越来越牢固的羁绊。

像他这样大年纪的人，住在有很多小孩子的家中，一般都会轻轻走路，这至少对自己有好处。他从来没有忘记自己是他们家请来的客人。无论是对于亨利·斯雷尔的任何批评或负面反应，还是对他管理家庭或个人事务的方式，他都充当了全方位的屏障，这一点更为重要。

五

约翰生以斯雷尔家为立足点，开始了一些旅行。他心中的需求不

像之前那样强烈,也不像之前那样容易失望。他走访了利奇菲尔德镇的露西·波特和阿什伯恩镇的泰勒,再也没有以前那种终日漂泊无定的感受了。此后三年里,每一次旅行的时间都越来越长(1770 年 7 月,1771 年 6 月 20 日至 8 月 5 日,1772 年 10 月 15 日至 12 月 17 日)。他知道自己还要回来,他也知道自己已迈入花甲之年。在一次旅途中,他在写给斯雷尔先生的信中畅所欲言,并请他让正在改造这栋房子的建筑工人留出一百块砖头,这样他就能在厨房的花园中修建一座特殊的炉子,用于做化学实验。在他做化学实验时,孩子们和佣人们都会簇拥在一旁观看。炉子中迸发出熊熊烈焰。约翰生乐不知疲,沉迷于实验,完全没有意识到随时有爆炸的危险。最后,斯雷尔先生突然回 436
到家,发现了这场极其危险的实验,不由担心约翰生会有生命危险,决定再也不让他做任何实验了。[9]

与此同时,约翰生在斯特里汉姆的生活也体现出他的某些侧面,没有人比斯雷尔夫人更熟悉这一点。有一次,他们家请他阅读《论人类愿望之虚妄》中关于学者生平的段落,于是他“饱含激情,噙着眼泪”读完了这段话。当时在场的除了斯雷尔一家之外,只有乔治·斯科特,他是位彪形大汉,体格与约翰生相仿。他突然拍了拍约翰生的背,说道:“亲爱的先生,您怎么啦?众所周知,您,我,赫拉克勒斯,都深受**忧郁症**的困扰。”听了这番“古怪的俏皮话”,约翰生很是开心。于是他抹了把眼泪,向前大步一跃,给了斯科特一个拥抱。约翰生还与斯雷尔夫人一同去科文特花园看了清唱剧(1771 年),因为他讨厌孤身一人。他在演出时通常会谈天说地,而且他天生就耐不住性子,总是在演出时坐立不安,但此时他却“出人意料地安静”,纯粹是为了讨好斯雷尔夫人。她觉得约翰生听得很入神。但是等他们回家之后,约翰生就将他在看戏时刚用拉丁文写出的一首十六行诗念给她听,诗的主题是戏剧演出无法“充实”思想与感情。所有朋友都知道他生性喜爱炫耀,但在他的时代,此举甚至要比我们这个时代更为普遍,尽管我们假装已经摆脱了十九世纪的束缚,但他对斯雷尔夫人和孩子们的关爱尤为直白。“这位既伟大又令人敬畏的约翰生博士已经吻了我的手不知多少遍了,哎呀,还有我的脚不知踢到他的膝盖有多少遍了。”只不过她怀疑这主要是“利益”使然,即她照顾了约翰生并为他做了其他事情,她还以愤愤不平而不是确凿无疑的语气补充说:“他更喜欢雷诺兹小姐。”[10]

当然,他“爱上了”斯雷尔夫人。他性情极为坦率,因而无论多么年迈,无论多年的经历和梦想的破灭给他多么大的打击,他总能迅速“爱上”别人。当然,我们在之前曾指出,这其中存在一个强有力的因素。安娜·苏厄德用了一句谚语,将其称为“食橱之爱”(cupboard love),即为了回报“食橱”中的伙食而表达爱意。但苏厄德小姐也发现,这其中存在理想主义的“柏拉图”之爱,这也是约翰生对她大献殷勤式的关心和关注所作出的回应。但是,从家庭的意义上说,这就是“食橱之爱”。终其一生,约翰生大部分时间都缺少并渴求这种爱,此
437 时他将这种爱与感激之情相结合,当年他对泰蒂也怀着这样的感情。我们发现,在他不顾一切和极其包容的天性中,这种感激之情是极为强烈的因素。

六

到了六月,斯雷尔一家遭到了沉重打击。他们突然发现,有可能倾家荡产。

化学家汉弗莱·杰克逊是斯雷尔的一位老朋友,他认为自己发现

了一种新的酿酒方法,这种方法无须使用麦芽和啤酒花。斯雷尔多年以来一直盲目信任他。此外,尽管表面上性情倦怠,他做决策时却雷厉风行。他决定抓住这个机会赶超竞争对手,但却没有告诉家人,因为生意上的事务一直都是由他全权负责。他大肆举债,在东史密斯菲尔德购置土地,又斥巨资建造了三十个巨大的铜桶,每个桶都能装一千桶酒。这项计划使他损失了一年的产出,这还不算他购置设备所消耗的资本。除非他能借到一笔巨款,重新开始酿酒,并渡过这几个月的难关,否则他就要破产。但到了 1772 年 6 月,就在他刚开始意识到自己深陷绝境,伦敦的大型银行尼尔·福代斯公司(Neal, Fordyce, and Company)突然倒闭,这导致伦敦出现了金融恐慌,一家接着一家公司迅速倒闭。斯雷尔需要庞大的信贷金额,此时这几乎是不可能借到的巨款。

斯雷尔损失了啤酒,丢掉了客源,也借不到贷款,他似乎被打了个措手不及。不久,他众叛亲离,手下的职员准备离这家公司而去,但他的总管约翰·珀金斯依然在苦苦维持生意运转。斯雷尔本人则坠入麻木不仁的颓废状态,萌生自杀的念头。尽管斯雷尔夫人已有六个月身孕(孩子于九月出生,但几小时后便夭折),但她在约翰生的帮助下,毅然投身于拯救酿酒厂的努力中。她母亲拿出了一生的积蓄(三千英镑),约翰生大为感动。斯雷尔夫人也平息了职员的骚动,并迅速赶到布莱顿,从一位友人那里借到了六千英镑。不久,她又筹集到一万一千英镑。这些钱足够酿酒厂继续经营,但也欠下高昂的债务(十三万英镑),很多年后才还清。从此以后,斯雷尔仿佛变了个人。他的自信
心被击得粉碎。约翰·珀金斯在斯雷尔夫人支持下,成为酿酒厂事实 438
上的总经理,而斯雷尔夫人则与约翰生一同积极地监督珀金斯的管理工作。

祸不单行,斯雷尔一家突然在报纸上发现(1773 年 3 月至 6 月),斯雷尔本人成为一桩丑闻的主角。亨利·斯雷尔早在牛津求学期间,就认为自己是时尚界的一员,我们曾经提到,他有时也包养情妇。《威斯敏斯特杂志》深度挖掘出他早年的绯闻,并大肆渲染,以充分展现他的荒唐。遭到这一打击,斯雷尔更加意志消沉,陷入孤寂的沉默,而他妻子早已为生意问题疲于奔命,此时也是极为震惊。另一家报纸发现读者对斯雷尔的丑事很感兴趣,于是决定对他的家庭生活下手。这家报纸在四月初发表了一篇简短的叙述,称“一位著名的酿酒厂老板非常嫉妒对开本(即词典)作家,他觉得长子长得酷似这位作家”。[11]

七

与此同时,斯雷尔夫人的母亲索尔兹伯里夫人饱受乳腺癌折磨,病入膏肓。癌症进入晚期,她始终处于痛苦之中。

斯雷尔夫人除了照顾孩子和为酿酒厂筹措资金之外,希望将时间用于照顾母亲,这也是人之常情。这种情况下,约翰生继续待在斯特里汉姆就碍手碍脚了,他能帮上的最大的忙就是待在自己家中。他确实也认识到这一点,他不会怨恨斯雷尔夫人将精力放在她母亲身上。其实,约翰生对索尔兹伯里夫人早已产生强烈的同情心。但是,他的一部分自我像小孩子一样,从一开始就和与他年龄相仿的人争夺斯雷尔夫人的关心。此时,这部分自我使他产生了一些症状,这可能需要斯雷尔夫人给予同等的关照。圣诞节来临,约翰生得了重感冒,他起初不当回事,病情拖了两个多月。慢性支气管炎因而转成急性,他不停地咳嗽。到了四月、五月份,他想努力“学习低地荷兰语”,但因为阅读小字体所产生的眼部疲劳，他唯一一只正常的眼睛也开始严重发炎。

眼部发炎使他无法正常阅读，他向斯雷尔夫人抱怨起此事。眼部 439
发炎（5 月 29 日）使他无法阅读斯雷尔夫人送来的便笺，“我希望你能来接我……我希望住在自己的房间里”；并向她保证，自己“不会给你添麻烦……我希望得到你的关心”。[12]尽管这给她造成了干扰，她还是动了恻隐之心，派来马车将他接回斯特里汉姆。此时，亨利·斯雷尔将自己幽闭在萨瑟克的房子中。

八

回到斯特里汉姆，约翰生立即发现这里与别处不同。没有人和他说话，也没有宾客应邀而来。斯雷尔夫人几乎无法坐下来给他沏茶。他自然觉得自己仿佛是入侵者，他的良知告诉他的确如此。自我防卫使他生起闷气，他故意将自己关在房间里，却发现几乎没有人注意到他在有意识地退隐。他很是委屈。与此同时，他的眼睛在发炎（但不管怎么说，症状在好转），他在房间中茕茕孑立，自我谴责如潮水般涌上心头。他觉得在这样的关头，自己这样做对斯雷尔夫人是强人所难，他很内疚，并需要别人给他慰藉，证明他并没有强人所难。实际上，他的想象力使他具有建立联系的能力，他非常清楚自己长期以来让她勉为其难地做各种事情，并为此感到愧疚。因此，他需要双重慰藉。最后，他用法语给斯雷尔夫人写了一封信，一方面是防止佣人偷看信件，另一方面是让自己显得“生疏”，因为他不得不说一些自觉尴尬的话。

我们应当花点篇幅来讨论这封信，因为无论是这封信还是斯雷尔夫人一句回复，都是人们猜测他与斯雷尔夫人之间关系的主要依据，并认为这体现出受虐狂式的性爱。* 这是一份与众不同的文献，其中
440 展现了他的自我防卫、反讽、忸怩作态、过度客气和自贬表象之下的假意抱怨，并且充满了请求慰藉的暗示，以显示他非但没有造成妨碍，还是深受重视的家中成员。信件开头他不无委屈地提到她近来对自己的忽视，自称“必须在浓重的孤独中度过几个小时”，然后用反讽的语气发出询问，是否可以允许自己“**自由自在地**闲逛”（言下之意可能是“受到了轻慢或忽视”，也可能是“无需他人照料，完全自由自在”），还是说他应该将自己关在家中，“在规定的范围内软禁”（就像他此时一样），这样他就不会打扰到她的其他工作和关注的事务。如果她愿意的话，她只须让他自生自灭即可，她一直就是这么做的。但如果她依

* 参见上文页386-391。法语原文如下：“Madame trés honorée / Puisque, pendant que je me trouve chez vous, il faut passer, tous les jours, plusieures heures dans une solitude profonde, dites moi, Si vous voulez que je vogue a plein abandon, ou que je me contienne dans des bornes prescrites. S’il vous plaît, ma tres chere maîtresse, que je sois lassè a hazard. La chose est faite. Vous vous souvenez de la sagesse de nôtre ami, *Si je ferai & c.* Mais, si ce n’est trop d’espcrer que je puisse être digne, comme auparavant, des soins et de la protection d’une ame si aimable par sa douceur, et si venerable par son elevation, accordez moi, par un petit ecrit, la connoissance de ce que m’est interdit. Et s’il vous semble mieux que je demeure dans un certain lieu, je vous supplie de m’epargner la necessite de me contraindre, en m’ôtant le pouvoir de sortir d’ou vou voulez que je sois. Ce que vous ne coûtera que la peine de tourner le clef dans la porte, deux fois par jour. Il faut agir tout a fait en Maîtresse, afin que vôtre jugement et vôtre vigilance viennent a secours de ma faibless. / Pour ce que regarde la table, j’espere tout de vôtre sagesse et je crains tout de vôtre douceur. Tournez, Madame tres honorèe, vos pensèes de ce côte la. Il n’y a pour vous rien de difficile; vous pourrez inventer une regime pratiquable sans bruît, et efficace sans peril. / Est ce trop de demander d’une ame telle qu’est la vôtre, que, maitresse des autres, elle devienne maitresse de soymême, et qu’elle triomphe de cette inconstance, qui a fait si souvent, qu’elle a negligèe l’execution de ses propres loix, qu’elle a oubliée tant de promesses, et qu’elle m’a condamnè a tant de solicitations reiterèes que la resouvenance me fait horreur. Il faut ou accorder, ou refuser; il faut se souvenir de ce qu’on accorde. Je souhaite, ma patronne, que vôtre autoritè me soit toûjours sensible, et que vous me tiennez dans l’esclavage que vou scavez si bien rendre heureuse. / Permettez moi l’honeur d’être Madame Vôtre très obeissant serviteur.”[13]

然认为他是“之前那样美妙、和蔼可亲的灵魂，值得关心和保护”，就希望她能给自己送来便笺，告诉他“什么事情可以做，什么事情不允许做”。如果她的决定是不要打扰她，就待在自己房间，那么他就不会烦扰到她。他更希望由她来主动提出，这就“使我不必再克制自己了”。此举只会给她“带来一个麻烦，也就是每天要开两次锁”。约翰生确定，她可以为自己制订好每天的安排。他接着又以委屈的反讽语气补充说，这不会对家中的和谐带来“危害”。之后，他便为她开脱，以缓解歉疚感，自称此前在如此不合时宜的时机到来，给她添了麻烦。如果她要成为这个家的“女主人”，她可以努力成为“自己的主人”，并从中受益，而且要努力驾驭她天性中的“反复无常”。正是这种“反复无常”，导致她忽视了她之前管理家庭事务时的所有原则，也忘记了自己承诺过的帮助。最糟糕的后果是让他颜面尽失，不得不“像这样多次 441
反复地恳求她的关注”。他提醒她不要忘记这些原则，因为此举使他的自尊心饱受折磨，也使他心生恐惧。通过使用法语，约翰生在这封信的结尾尴尬地显示出自己的绅士风度。就连十分欣赏他的雷诺兹小姐，也认为此举十分滑稽，尽管此中不无受伤的自嘲：他将斯雷尔夫人当作“女恩主”，并希望她能继续让自己处于“这种奴役状态，你非常清楚如何让我快乐”。

当然，这封书信就仿佛是天资卓越的孩子在内疚或悔恨的情绪下写出的作品，前提是他具有这样的才华和词汇量。此举是希望对方给自己回信，无论是什么样的答复，都能给自己信心和慰藉，即表明自己还有用处，并不完全是个累赘。他的康复速度很快，没过多久，他就去了赫布里底群岛，这表明他的实际境况远没有到窘迫的地步。斯雷尔夫人尽管操心于其他各种事务，还是在回信中表明，自己已充分认识到约翰生真实的渴望（“关心”“照顾”“关注”）：“亲爱的约翰生先生，我此前怠慢您了,我可以向您承诺怎样的关心呢?您还需要什么样的照顾呢?”另一方面,“您对我寄以厚爱,这使您将所有的关心都倾注在我身上……这使得您忽视了自己”。她感觉到约翰生在耍性子,实际上确实如此。于是她很策略地将约翰生对自己说的话又回敬给他,即“成为自己的女主人”。如果他希望她这样做,他就可以继续接受这里的管束(她迅速对他的来信作出这样的解读,或者是假装如此,因为约翰生在信中明确表明,不想再像现在这样待在自己的房间里)。但是,对于他来说这根本不是最佳选择。他最需要的是转移注意力,“而且我认为鲍斯威尔先生终将是我最好的良医”,这指的是他和鲍斯威尔不久将动身前往苏格兰和赫布里底群岛。斯雷尔夫人在回信的结尾处仿佛是在教训小孩子:“再见,你要听话;不要因为没有吃够棍棒的苦头,就和你的女家庭教师争吵。”[14]

九

困难很快就迎刃而解。约翰生获得了他所需要的慰藉。不久之后,索尔兹伯里夫人于6月18日(星期五)病故,约翰生当时就在她的房中。她去世当晚,约翰生在日记中写道,“在这些日子,她已丧失说话能力”:

> 442 昨天,我触碰到她的手,我吻了她的手,她用双手把我的手紧紧地握着,她可能希望以此诀别。到了晚上,她渐渐能说一些话了……这天早上九点左右,有人叫我去给她把脉,离别时我说了一句,看在耶稣的分上,愿上帝保佑你。她微微一笑,很开心的样子。也许一直到弥留之际,她依然十分清醒。[15]

与此同时,鲍斯威尔已经安排好两人的旅行,他们要游览苏格兰的部分地区和赫布里底群岛。鲍斯威尔一直期盼着这次旅行,并担心约翰生会在最后时刻爽约。他还担心约翰生的眼部发炎,不管怎么说,对于年近六十四岁的老人来说,这样的旅行都极为艰辛。但约翰生决定动身前行,两人很快就敲定,八月初在爱丁堡见面。

注释

[1] 塞缪尔·约翰生:《日记、祷文、年谱》,页 123。赫斯特·皮奥齐:《已故塞缪尔·约翰生轶事录》,见《约翰生杂录》,第一卷,页 150、288。《约翰生杂录》,第二卷,页 405。

[2] 鲍斯威尔:《约翰生传》,第二卷,页 68-69。F. 布雷迪与 F. A. 波特尔编:《鲍斯威尔寻妻记》(纽约,1956),页 269-283。

[3] 本杰明·维克托:《剧院史》(伦敦,1771),第三卷,页 204-232。珀西·菲兹杰拉德:《加里克》(伦敦,1899),页 328-338。玛莎·英格兰:《加里克的庆典》(纽约,1964),页 3-65。

[4] 鲍斯威尔:《约翰生传》,第二卷,页 73-75,页 80-83。

[5] H. W. 利伯特在《天才云集》(纽黑文,1958)中记录了审判的整个经过。

[6] 鲍斯威尔:《约翰生传》,第二卷,页 78-79。

[7] 同上,页 100-101。

[8]《鲍斯威尔的赫布里底群岛之旅纪行》,页 62。鲍斯威尔:《约翰生传》,第五卷,页 87。赫斯特·皮奥齐:《已故塞缪尔·约翰生轶事录》,页 287。

[9] 詹姆斯·L. 克利福德:《赫斯特·林奇·皮奥齐(斯雷尔夫人)》,页 90-91。

[10] 赫斯特·皮奥齐:《已故塞缪尔·约翰生轶事录》,见《约翰生杂录》,第一卷,页 180、196。《赫斯特·林奇·斯雷尔夫人日记……1776-1809》,第一卷,页 415。

[11] 亚伯拉罕·海沃德:《皮奥奇夫人自传》,第二部,页25-26。詹姆斯·L. 克利福德:《赫斯特·林奇·皮奥齐(斯雷尔夫人)》,页92-99。《马拉海德城堡所藏詹姆斯·鲍斯威尔私人文件》,第六卷,页92。

[12]《塞缪尔·约翰生书信集》,第三一一篇,注释1。玛丽·海德:《不可能的友谊:鲍斯威尔与斯雷尔夫人》,页20。

[13]《塞缪尔·约翰生书信集》,第三〇七篇之一。

[14] 同上,第三一一篇之一a。

[15] 塞缪尔·约翰生:《日记、祷文、年谱》,页157。

第二十五章　约翰生的著作;持续不断的宗教抗争

一

约翰生写了四部著名的"政论小册子",分别是《虚假警报》(1770)、《对最近福克兰群岛协议的思考》(1771)、《爱国者》(1774)和《税收不是暴政》(1775)。这是他在斯雷尔家中创作的主要作品,也是他与积极参政的亨利·斯雷尔议员之间友谊的结晶。 443

多年以来,人们将这些小册子单列出来给予特别关注,而且对它们尤其不欣赏。原因似乎有三个:(1)直到前不久,我们才粗浅地认识到约翰生的大部分政论作品,而这些作品是他很久之前创作的。(2)与《议会辩论》或瓦伊纳讲席讲座等作品不同,这些属于辩论性的短篇小册子。如果不作一番认真的考察,似乎可能会以十九世纪对他形成的成见来认识这些作品。这种成见源于鲍斯威尔推测的结论,即约翰生是"托利党人",他支持"托利党"政府(事实上这些小册子是在为辉格党政府的政策辩护)。(3)它们看似毫无写作动机,创作速度又很快，人们很容易误认为他是在人生的最后阶段“给自己挣退休金”。当时，人们还不会靠猜测作家的性生活，寻找“解密”的机会。虽然没有人证明这一点，但这种想法极具诱惑力，以至于经常被纳入约翰生传奇。

实际上，要不是斯雷尔一家催促，约翰生根本就不会写这些小册
444 子。萨瑟克区局势动荡，需要保守派议员参与其中，因此斯雷尔一家总是要参与到各种相关事务中。即便如此，约翰生依然需要一定的鞭策。巴雷蒂曾将此事告诉托马斯·坎贝尔（巴雷蒂于1773年担任了奎妮的意大利语教师，此时就住在斯特里汉姆庄园外），而且据巴雷蒂说，“要不是斯雷尔夫人和巴雷蒂用了激将法与他打赌”，约翰生根本不会写后两部小册子，即《爱国者》（1774）与《税收不是暴政》（1775）。[1]格林先生指出，即便我们忽视了当时的背景，依然一定要关注这些小册子中的政论内容，这些作品“涉及他的基本政治态度时，大多是在其他场合下表达过的思想”。[2]只有此前的作品再加上瓦伊纳讲席的讲座，才是讨论约翰生政治观点的合理背景。因此，对于这些小册子中所体现的思想或整体精神，我们之前就已讨论过它们更大范围的影响。*

第一部小册子是《虚假警报》（1770）。据斯雷尔夫人说，这部作品是“在我们家中写的，从周三晚上八点一直写到周四晚上十二点。写完后，我们念给斯雷尔先生听，当时他刚从下议院回家，已是半夜三更”。[3]这本小册子与众不同之处在于，它的强大气势与尖酸刻薄的抨击比其他小册子更突出。约翰生认为这部作品是这几部小册子中最出色的，这也告诉我们应该本着怎样的精神来看待它。我们应当如实

* 参见上文页191-200。

地视之为辩论作品,而不是深思熟虑的政论作品。《虚假警报》是对下议院所作决定的辩护,即不应接受米德尔塞克斯选民选举威尔克斯这一结果。此事牵涉到威尔克斯,他曾因诽谤罪和流氓罪受到公诉(流氓罪的指控是因为他的私人出版社出版了《女人论》,这是一部模仿蒲柏《人论》的下流作品,其中有博学的注释,据说是沃伯顿主教所作)。他当时身处国外,在巴黎他女儿家做客,因此没有回国接受审判。他最终被逐出议会。尽管他一次次让米德尔塞克斯的选民重新选举他为议员,而且选民们也为他加油鼓劲,还将他看作现有制度的挑战者,但议会坚持立场,不为所动。

《虚假警报》采用了嬉闹的风格,这种风格在约翰生年轻时更为流行。文中援引前人将议会权力授予议员的先例,并笼统地嘲讽了暴民统治和民粹主义。他对请愿的评论颇具代表性。请愿书从一个城镇向另一个城镇传递时,听说请愿书要"呈递给国王",居民会聚集起来, 445
盯着请愿书。签名很容易征集:

> 有人签名,是因为他痛恨天主教徒;有人签名,是因为他发誓要毁掉收费关卡;有人签名,是因为此举将给教区造成困扰;有人签名,是因为他不欠房东的钱;有人签名,是因为他很有钱;有人签名,是因为他一贫如洗;有人签名,是因为他要显示自己无所畏惧;还有人签名,是要显示自己肚子里有点墨水。[4]

我们发现,几年之后(即 1774 年,约翰生已六十五岁),约翰生本人成了一场小小的骚动的"始作俑者"(乔治·斯蒂文斯所说)。这时再看他当年对骚动和暴民所发表的评论,就更加有趣了。几年后,约翰生与斯蒂文斯前往马里博恩花园观看焰火表演。天气潮湿,来的人很少，再加上焰火受潮，主办方不得不取消这场表演。约翰生大喊道："这纯粹是找借口，他们想省下焰火，等着更有钱的一批观众到来。让我们一起举起棍棒，不举行表演，我们就要砸烂管弦乐队周围这些五颜六色的灯具，这样我们就能快点满足我们的愿望了。"一群年轻人听了他的煽动，立即闹起事来，只不过他们最终发现，焰火确实受潮了。[5]

学界对第二部小册子更感兴趣，它针对位于南美洲南部海岸的偏远之地——福克兰群岛，讨论了英国与西班牙为此产生的争端。英国政府最终与西班牙达成了和平协议，规定西班牙拥有这个群岛的归属权，英国则拥有管辖权。但一些反对此项协议的人士却叫嚣与西班牙开战。为了驳斥这种鲁莽的好战之举，约翰生写出了这部小册子，这几部小册子中最雄辩的一篇。他在《对最近福克兰群岛协议的思考》(1771)中提到了令人惊诧的无知，即大部分人乐于见到战争爆发。战争将产生毁灭性的恐怖与苦难，这完全超出了他们的经历。世人对战争知之甚少，仅有的一点认识也是来自"英雄小说"中对战斗的精彩描述：

> 在我们之前与法国和西班牙的争夺中，成千上万的人牺牲了生命，只有极少数人体会过敌军来袭的滋味；其他人都在帐篷里和军舰上忍受着痛苦，生活在潮湿、腐烂的气息中；人们变得苍白，迟钝，无精打采，无能为力；耳畔传来的是喘息声和呻吟声，长期缺乏希望和痛苦，人们变得冷酷无情，他们对这些都漠不关心；最终，这些人被埋入土中，或扔进大海，既没有人注意过他们，也没有人记得他们是谁。[6]

二

另外两部小册子中,《爱国者》(1774)实际上只用一天时间就完稿了,它是为亨利·斯雷尔所写的短篇竞选手册。这部作品之所以值得注意,是因为它为《魁北克法案》(Quebec Act, 1774)辩护,并主张宗教宽容。这部法案遭到了许多北美殖民者的反对,但依然力图保护加拿大法裔人民的宗教权利和其他权利。 446

最后是第四部小册子《税收不是暴政》(1775 年 3 月 8 日)。在这部作品中,约翰生以高超的手法将鲁莽、不耐烦的语气和结合在一起,力图回答美国国会中争论的问题。这部小册子很有名气,它讨论的问题具有历史意义,即大英帝国内部的纷争第一次产生了严重的威胁,因为宗主国与美洲殖民地之间的裂痕日渐加深。此后两个世纪,英国和美国的读者在读到这本篇幅不长的小册子时,都觉得自己对约翰生的认识遇到了小小的障碍。而且英国读者比美国读者更为明显,这不禁让人咄咄称奇。这部作品看似完全悖于史实,不仅有悖于此后的历史,在当时许多英国人看来,它也违背了史实。

我们应当记住两三点因素。首先,约翰生一生都在谴责殖民地扩张与帝国扩张的行径,他认为,对美洲的征服不啻欧洲人对土著人进行大规模的剥削和掠夺,我们此前已经指出过。我们还要再补充一点,即他对奴隶制度的仇恨,最典型的莫过于他著名的祝酒词。当时他突然说:“祝西印度群岛的奴隶下次再举行暴动!”“在场严肃的牛津学人”为之瞠目结舌。同时代人中没有人像他这样持之以恒地反对奴隶制,而且他认为美国国会运用程序宣扬抽象的人权,不啻高超的伪善之举(“我们发现,最响亮地呐喊自由的人,竟是驱使黑人为奴之人,这究竟是怎么回事?”)。此外,他觉得应该让殖民者自行支付防御其他殖民列强的费用。他认为,与留在本土的大部分国民相比,殖民者受到优待。他们不像当时大部分英国人那样被剥夺“代表权”,而且这些“没有获得代表”的英国人还要交税,以此为殖民者的安全埋单,
447 况且殖民者还享受着从绝望的土著人那里抢夺来的土地。最后,还可以将这本小册子看成一场辩论,对手是他在学识上最崇拜的人——埃德蒙·伯克(“全世界第一人”;“生来伟大者”;“他的思想永无界限”)。前一年,伯克发表了著名的《关于美洲课税的演讲》(1774),约翰生的这本小册子可以说是力图要对这部作品作出回答,只不过他并没有在文中对伯克指名道姓。伯克同样也十分敬重约翰生,他在一次伟大的演讲《与殖民地的和解》(1775 年 3 月 22 日)中,也没有提到约翰生的名字。这次演讲发表在《税收不是暴政》之后不久,系统回答了约翰生提出的每一个论点。

三

在这段康复时期里,约翰生相对比较轻松,但他的主要著作却与这些小册子截然不同。这项工作就是对《约翰生词典》的修订。约翰生断断续续才完成,从 1771 年夏持续到 1772 年 10 月。* 他几乎没有机会再对下一版作修订,因此在修订版的完稿阶段,他其实是在对自己唯一一项工作道一声永别,就仿佛他即将对自己的人生

---

* 该书第四版于 1773 年 3 月出版。约翰生还为威廉·佩恩的《三角学要素》(1772)撰写了题献,为亚历山大·麦克比恩的《古代地理学辞典》(1773)撰写了书序,还帮助约翰·胡尔的《东印度公司事务的当前状况》(1772)。《莎士比亚作品集》的修订工作(1773 年)则主要交给斯蒂文斯完成,参见上文页 394。

画上句号。在英语语言领域中,他所完成的是前无古人的事业。通过这部著作,他基本实现了自己旧日的理想,即成为文艺复兴式的学者和人文主义者。这个理想可以追溯到小科尼利厄斯对他的影响,还可以追溯到他从小科尼利厄斯家中回来之后,在老约翰生的书店度过的两年时光。

此时,他已经六十三岁了。今后何去何从?这个念头一直萦绕在他心头。完成词典修订工作之后,他用了几个星期时间去利奇菲尔德故地重游,也去阿什伯恩拜访了约翰·泰勒。十二月初,他坐着马车回到伦敦,创作出一首辛酸的拉丁文诗歌。这首诗是他回家后第二天完成的(12 月 12 日),它是非常私密的诗歌。约翰生本能地通过拉丁语与之保持距离感,也使其更为正式,题目为《认识你自己(在英语辞典的修订与修改工作之后)》。这首诗分为两部分,第一部分讲述他心中的榜样,即文艺复兴时期的伟大学者约瑟夫·斯卡里格(1540 - 448
1609)。斯卡里格不仅创作了很多著作,还编写了阿拉伯语词典。(约翰生在这首诗中写道,)他对此类著作所取得的"微不足道的成就产生了厌倦",他将编纂词典形容为"死刑犯人才会做"的任务。此言一语中的。斯卡里格"适合创作更伟大的著作",完成这些著作时,更广阔的新生活实际上已向他敞开大门。通过与这位榜样进行比较,约翰生审视了自己。显然,他对这位榜样的看法过于理想化,这主要是为了鞭策自己(其实在约翰生的词典面前,他的阿拉伯语词典相形见绌)。

与斯卡里格相反,约翰生从任务中解脱了出来,"等待我的是艰难的懒惰与倦怠,以及黑暗、阴郁的闲暇,它们比任何劳动的负担都更沉重……还有空虚的思想中产生的噩梦"。他"不得不更深入地了解自己",而且比此前更为坦诚——他要在垂垂暮年回到"散发着臭味的心灵废品店"(叶芝后来曾这样说起自己)。心灵告诉了他什么呢?"心灵,此时正在回顾自己的收获,却发现智慧宝藏并未增长。”也就是说,真正吸收并积极运用过的智慧。心灵充当了“它的裁判”,但并未(也没有能力)“接受”他人给予的荣誉。但是,“心灵”通过审视他自己的个人王国(即自我),“对夜晚广袤而又寂静的地区不寒而栗,空洞的表象与飞逝的阴影……透过虚空一掠而过”(此外,这个意象常常显著地存在于他的主要诗歌中,而在这首诗中更为明显)。时间所剩无几,“我应当做什么?我应该让慵懒的老年时光生活在黑暗中吗?或者说我应该勇敢地承担起更繁重的研究工作吗?或者说,如果这项工作过于沉重,我最终应当动手编写新的词典吗?”[7]

四

约翰生六十二岁时,距离他完成词典修订还有一年。他终于通过与斯雷尔一家开始新的生活,体会到由此产生的康复效果,而且发现这绝非短期之效。在他生日当晚(1771 年 9 月 18 日),他写道:“我就要迈入六十三岁了。在过去的一年里,我缓慢地从严重的老毛病中康复。”他说的老毛病是指长期的希望破灭,最终导致他无欲无求,临近
449 花甲之年坠入谷底,“而且我认为,我治好了我人生的整个疾病”。他的希望持续到第二年,在这一年,他完成了《约翰生词典》的修订。

但是,尽管他五十多岁时经历的痛苦似乎已成过往(即便是他人生中的“整个疾病”,也许亦是如此,他当时饱受的心理折磨属于其中的极端表现),但他的人生即将告终,这依然是他需要面对的事实。很久以前他就在评论中指出,我们进入中老年时期之后,希望就越来越多地被记忆所取代,因为人生中有可能孕育出希望的岁月开始锐减,他说这番话原因之一就是警示自己。他在之后的岁月中就体会到了

这种感受。尽管在他看来,这样做尤其荒唐,因为想起他度过的岁月很少能够给他带来什么乐趣。他的思想过于频繁地"认真对待过去的事件,这是**毫无用处的**。我还没有掌控我的思维"。[8]

他要在剩余的人生中,"证明自己笃信着宗教的真理",此举对他来说比以往更为必要。这通常首先要制订出一份"决心"列表("最迟八点要起床";"要制订出计划,用于**管理**我的日常生活"),这一点很重要。他采用了"决心"的形式,恰恰提醒我们注意,人们对约翰生形成的固有看法与真相相去甚远,这一点十分古怪。人们通常认为,约翰生是一位传统的英国国教教徒,与他人的不同之处仅仅在于他的信仰异乎坚定,他的宗派主义异常好斗(实际上,他认为"所有的基督教徒,无论是天主教徒还是新教徒,在基本教律上都是一致的,分歧是微不足道的,更多属于政治方面而非宗教方面",而且他也提醒过玛丽·诺尔斯:"我们可曾听说过孔子的门徒或穆罕默德的门徒讲述过所有的教义?")。[9]约翰生宗教生活图景只有一点确凿可信,即:宗教对于他的**重要性**。对于约翰生来说,宗教,至少在更深层意义上,意味着内心的挣扎(也包括更私人的关注),远非关于约翰生的惯常描述所示。约翰生的宗教观念根深蒂固,他从不觉得自己有资格在任何篇幅的作品中直接或详细讨论宗教问题,至少不会以他自己的名义这样论述,这一点很重要。对于宗教这个话题,他内心的良知发挥了完全的审查作用,胜过其他任何话题。因此,即便他专门针对宗教问题创作出作品,也仅限于"祷文与冥想",而且要么留存在私人日记中,要么就是为
别人捉刀的布道文。这些布道文(他称自己至少写了四十篇),大部分 450
都是为好友约翰·泰勒所写,并在泰勒去世后发表。[10]

五

在他宗教抗争的中心，有两件事情尤其突出，我们在其他背景下也都提到过。它们都不是决定性的障碍，但如果两者结合，就会极大地影响他对宗教理解与接纳所产生的希望，并更多地将其转化为一种工作（并因这种"工作"而进一步产生心理影响）。其一是他竭力要消化或吸收邪恶的问题，并将自己具有攻击性的抗争引向内部而非外部。早在他五十多岁时所经历的长期的心理痛苦中，这个问题就已成为强烈的因素。他比大多数人更加难以平静地接受以利户对约伯的抗争所作的回答——上帝的智慧与公正是人类的思想所无法企及的，我们必须将邪恶这一事实作为"神秘"来接受。约翰生并非没有去尝试（他在《论人类愿望之虚妄》中写道："求索的人们，停下来吧；**但**请愿依然继续，上天**可能会**听到……"）。但这种语言总是躁动不安的，并且随着内心的抗争而沸腾。此外，任何企图接受"神秘"之举，都与他内心的品质背道而驰。他多年来不得不一路奋力拼搏前进，这种品质已融入心中。根据斯雷尔夫人对约翰生的评价，"他天然怀疑所听到的一切"，并称这"近于病态"。显然，面对天启教，他会与之划清界限。若要完全克服一个根深蒂固的习惯，却并不容易，鲍斯威尔曾经指出，约翰生有一次曾得出"类似于休谟反对显灵的观点"。无论何时，这是他自己有意识地努力划出的界限，他可能非常接近于这条界限。在谈到利特尔顿爵士预测出自己的死期时，约翰生称："看到精神世界存在的各种证据，这使我非常开心，我愿意去相信它。"亚当斯博士："你已经有了足够的证据；非常好的证据，就不需要这些论证了。"约翰生答道："我还希望有更多。"[11]

天性使然,约翰生再也无法满足于“神秘”。多年以来,他的特点是牢牢抓住彼岸生活的想法,将其作为证明事实的主要途径甚至是唯一途径,即“对于这个星球上唯一能够思考的存在而言,他注定在思考 451
中度过悲惨的人生,并在恐惧或痛苦的苦难中从青年迈入老年”,而且这一特点在他迈入花甲之年后愈发明显:

> 难以想象,无限仁慈的上帝会创造出一种生灵,他当下的享乐远不能满足其需求,他天生善于通过回忆和预见恐惧延长痛苦,他的诸多才智只为造成他的痛苦——若非上帝创造他是为了某种更高贵、更美好的境界……

斯雷尔夫人称:“恐惧实际上是一种情感,约翰生先生却对此浑然不知,除非某种突如其来的恐惧,即,他觉得自己将要死。”但他的朋友注意到,这种恐惧感是从死亡的**念头**中产生的,因为与此同时,他在面对危险时,可以展示出一种镇定自若的勇气(鲍斯威尔说道:“如果说他畏惧死亡,那么他不会畏惧其他一切事物,包括可能引发死亡的各种因素”)。[12] 简言之,他从理论上或观念上对死亡进行思考时,这种感受就最为强烈,而且怀疑死亡究竟可以证明或证伪什么。他在讲述格劳秀斯的《真实的基督教信仰》时,曾告诉斯雷尔夫人,早在孩提时代,就忽略了对宗教的进一步探寻,这种“愧疚给自己带来的痛苦”促使他“得出灵魂不朽”的结论。* 通过对“不朽”进行构想(在他看来,这是“信仰最先**驻足**之处”),他突然更愿意接受有关宗教的真理。自此,多年以来他养成一种思维习惯,使他无意识地将证明不朽作为证

---

* 参见上文页 41。

明宗教真理的途径。

到了晚年,他对死亡的焦虑日益加深。因此,如果我们仅仅将此归结为他字面上对地狱的信仰(其原因是各种不为人知的原罪引发的愧疚感),就极大地忽略了真实的细节,而且我们在解读下文这样的段落时也会过于拘泥于字面:

> 约翰生:"……由于我无法**确定**我是否已满足获得救赎的条件,我恐怕我可能要下地狱。"(他的表情十分凄惶。)亚当斯博士答道:"你说的下地狱是什么意思?"约翰生(**激动且昂声**):"先生,就是被打入地狱,永世都接受惩罚。"亚当斯博士:"我可不相信这种教义。"……[约翰生]处于忧郁的烦躁不安中,说道:"我也没辙。"

但真相在于,对约翰生来说,有一种选择比下地狱还要糟糕得多。约翰·韦斯利曾在写给他兄弟查尔斯·韦斯利的信中(1766年),发表了这样一句评论,就反映出这种选择:"如果我产生过任何
452 恐惧的话,这并不是畏惧下地狱,而是害怕坠入空虚。"据亚瑟·墨菲说,多年以来,人们有时可以听到约翰生独自一人念叨着《失乐园》的诗句:

> 虽然心中充满痛苦,
> 但谁会愿意失去智慧……

有时则会喃喃地念着《一报还一报》的开头:

是的,可是死了,到我们不知道的地方去;

长眠在阴寒的囚牢里发霉腐烂……

安娜·苏厄德曾说,至少有一种对死亡的畏惧是毫无根据的,他答道:"对毁灭的畏惧,这只是一个令人开心的梦想罢了。它既不能令人开心,也不是睡眠;它就是虚无。现在,存在本身比虚无好得多,人们宁可在痛苦中生存……"[13] 此外,这些不安情绪在爆发时,他竭力让自己而不是其他人相信这一点("激动且昂声")。在这些不安情绪之下,是更深的焦虑感:他需要相信死亡之后依然有未来(无论有何风险),需要为人类在这个世界上所受的苦难找到明确的目标或意义;他怀着强烈的怀疑和存在主义式的焦虑,即这种目标可能无法找寻。约翰生需要不断压抑这个想法;对于这种更深厚的焦虑感,他需要通过更简化,有时是自我设定的恐惧来将它"转移",在这种恐惧中,虽然他本人可能已经权衡过并发现自己的匮乏,但宇宙至少是有意义的。

无论是天性使然,还是他一生习惯(无论他对这种习惯多么深恶痛绝),都总能使他考虑到最糟糕的一面,但是他几乎无法将彼岸生活的概念强加在自己多疑、狂暴的天性之上。对这种概念,他只能以一种自鸣得意的自我满足或草率的自暴自弃,想象出一种永恒的快乐状态,作为他经历了艰苦卓绝的炼狱式坎坷人生的回报。他的各种经历,使他学会了如何抵制幸福即将到来等类似想法。他将迈入今后的生活,只有当其中存在需要畏惧的对象时,他才会感受到它的**真实**。因此,他在一篇日记中(1777 年)草草记下了一句令人惊讶的评论,这句话出现得似乎十分突兀:"信仰与恐惧适成比例。"[14]

六

453 他还面临着第二个持久的障碍。即他一直对“公开礼拜”不胜其烦，他更依赖私下仪式，尤其是祷告。如果他的天性不那样狂暴和叛逆的话，产生的问题可能就不会那样多。此举自然表明，控制思想和保持专注的任务更加意味着一种自我的责任，而且通过表明自己的宗教虔诚，大幅提高了自我审视与自我责备的机会。此举公然挑战了人们对约翰生的刻板认识，即认为他坚决支持宗教仪式（他的一部分自我确实是这样做的，而且从理论上说，他有一大半的自我会这样做，因为他太了解“私下礼拜”的“危险”）。此举也挑战了人们对约翰生的认识，即他义正辞严地反对不顺从国教者，尤其是贵格教徒或某些卫理公会教徒，并认为他们信仰的是“内心的光明”（“与社会治安或公民安全格格不入的一种原则”；因为“如果一个人假装奉行某种行动原则，而我又对此毫无所知；不仅如此，我甚至不知道他**信奉**的是这种原则……那我怎么知道这个人可能会干出什么样的事情呢？”）。此举还挑战了人们对约翰生的另一种看法，即认为他像弥尔顿一样，驳斥了人们过于依赖于私下的信仰活动之举，并强调了社区众人一同参加礼拜仪式的重要性：“排斥教会之举十分危险。宗教所产生的回报遥不可及，只能通过信仰与希望方可产生；除非通过外部的仪式、规定的礼拜召集活动，并通过楷模的有益影响来加深印象和重新产生印象，否则宗教将逐渐从人们心中消退。”[15] 人们很容易找到其他评论，这些似乎都证明了上述刻板形象。约翰生在宗教生活中一直努力抵抗着过度自我依赖所产生的诱惑（这是他最根深蒂固的特点），而且这一抗争永不停息。

但是，他几乎从不愿向公众展示这场斗争，而且他人看到的是他取得的真实或表象的胜利，抑或是他坚持的理想，而不是他内心竭力反对的对象。例如，在 1773 年之前，他就已经前往圣克莱蒙丹麦教堂，并在布道坛上方的阳台找了一个座位参加宗教仪式。鲍斯威尔在春天来伦敦做客，他与约翰生一同来到这里，在耶稣受难节的当天参加了两次宗教仪式。鲍斯威尔在日记中写道："他的行为庄严、虔诚，与我所想一致。"约翰生也在日记中提到了这一天（4 月 9 日），并留下了不同的印象。他称自己今年冬天赴教堂做礼拜极其缺乏规律，但"并没有全然忽视这一点"。今天，"我发现宗教仪式既没有令人劳累也不枯燥，只不过我听不见教诲。我希望最终能够从公开礼拜中获得快乐"。雷诺兹小姐的说法与此相似，称他还经常喜欢说："男人的主要优点在于抵制天性中的冲动。"因此，他抨击了凯姆斯爵士，因为后者认为"美德是人天生具备的，如果我们聆听心灵的声音，我们就应当 454
从善如流。现在，在聆听了心灵的声音之后……我们发现我们当中很少有人是良善之辈"。尽管他决心抵制这种"冲动"并定期去教堂做礼拜，他的另一部分自我却认为，他只有在正确地接纳这种做法之后，才应当去教堂。而且据霍金斯说，"根据他所秉持的一种独特观点，他似乎在等待某些隐秘的冲动，以作为这种做法的动机"。[16]

"从公开礼拜中获得快乐"的愿望（有时更确切地说，应该称之为一种"决心"）贯穿于他的日记。但是，这种愿望恰恰与他一生所养成的习惯格格不入——他竭力要"管理"他自己的思想。他曾向鲍斯威尔袒露心声，称自己"在只做祷告的情况下，要比既做祷告也做布道的情况下更愿意常去教堂"。他补充说，他这么做的原因在于，人们通常在只做祷告的情况下"更需要榜样"，"对于他们来说，听布道文要比集中注意力做祷告容易得多"。给出上述原因时，他显然没有认识到他这番话所产生的影响——即他前去教堂的主要动机是充当他人的“楷模”。但是,这主要是一种推理过程。真实情况在于,对于像他这样思考过太多的宗教问题与人类生活的人来说,教堂中的大部分布道文都等同于对智识的公开侮辱,并干扰了他习惯性的做法(努力回答内心的反对意见并使内心镇定下来),至少使他极不耐烦。他有一次曾向乔治·史蒂文斯袒露心扉:

> 我相信,我应该比现在更常去参加神圣的仪式;但是无知的牧师们却在惺惺作态,他们使我**怒不可遏**,经常破坏了我心中的宁谧,影响了我接下来的祷告。但这时,我通常会低声自语——我们已经听过用最为圣洁、最为高贵的语言表达出的最崇高的真理,这个无知无识的家伙怎么能让人们集中注意力呢,这简直是做梦。

但是,他立即又补充了一句:

> **但请注意**——尽管我坦言了**自身**的情况,我并无意于**建议**别人也像我这样**苛刻**,从会众礼拜转向独自祈祷。[17]

“苛刻”(fastidiousness)一词具有典型性。他自然竭力要提醒自己(因为他的一部分自我在其他情况下也不停地发出这样的提醒),如果兴趣减弱之后就毫无用处,这也是对知识分子一时忘记了他们也在无
455 助地共同承担“人类共同命运”之举的一种鄙视(“优雅变为缺乏耐心”)。他在《论人类愿望之虚妄》中曾告诉那位年轻的学者,“也不要想着为了你去扭转人类的命运”。

七

约翰生也许是现代人当中最与众不同的模范,他以自身的品格,具体而又戏剧化地践行了奥古斯丁的个人主义和"内化"传统——即"人们恰恰必须在灵魂中寻找真理与确定性",但是,他绝不是欢迎这种做法或通过有意识的选择来接纳它,而是对此表示怀疑,并通过诸多方式竭力抵制。从这个方面说,他无论对阐述现代宗教生活中向内化过渡的过程,还是对随之而来的飘忽不定与自我怀疑等问题,都产生了浓厚的兴趣。他本能地同情某些新教派别,因为他们将奥古斯丁奉为圭臬,认为他是最符合其标准的早期教会作家,这正是因为奥古斯丁强调的是宗教经验中不可替代的主体性,而且从有自省意识的个体**个别地**皈依上帝的角度来看,这属于优雅的神学。[18]但是,如果要充分突出奥古斯丁对个人责任的强调,公开礼拜(约翰生根据自身经验,很了解甚至畏惧这种做法)就可以体现出干扰作用,至少也产生了淡化作用。个体祈祷者则要承受着负担,这对于约翰生来说极为艰巨。

但是,在各种信仰的表现形式中,"祷告"从定义上说是最容易受到"狡诈人心"影响。很久以前约翰生就曾在《论人类愿望之虚妄》中预言过"华而不实的祷告的秘密伏击"(The Secret ambush of a specious pray'r)。它来自主观自我,很容易带有非理性的沾染、印记以及积淀——即贪婪,自我毁灭的冲动,相互冲突且短视的痴心妄想与恐惧。我们此前曾注意到,詹姆斯·贝蒂坦率地称自己"有时为骇人听闻的亵渎想法所困扰",约翰生则十分坦诚地发表了下面这句评论:"如果将我的一生划分为三个部分,其中两个部分都会充斥这样的想法。"在"独自礼拜"中,除非真正分享到上帝的恩惠,否则人们最终就会竭力用主体性与主体性作斗争。

此外，对于约翰生本人来说，他过于依赖“独自礼拜”，这可能意味
456 着他要与习惯性的反对倾向不断抗争。露西·波特认为这种倾向是他最具个人特色的特质，即便不是为了抵制他人的观点或与之冲突，至少也要证明自己的资格；他还对人生中可怕的无常产生了强烈的怀疑感，他还产生了习惯性的自我责任感，需要事事都先做好检查并为下一次灾难充分做好准备。在此情况下，他知道自己面临着尤为突出的心理束缚危险：此时，他的个人责任就是要学会不要事事负责，学会（他在1765年将此列为一项“决心”）“将祷告行为视为顺从于上帝的意志，并将我的一切都交到他的神圣之手中”。

当然，有一种解决方法，这就是重新思考“祷告”的合理功用。即当它确实只是另一种普遍的“无病呻吟”时，要对其进行限制并突出其重点，以消除对祷告的滥用。实际上约翰生总是采用这种解决方法，因为他无法放弃“私下的”冥想与祷告，这正是他控制自己思想的主要途径。如果祷告只是心血来潮地投射出个人愿望中的不纯内容，那么它几乎不值得去将这种普遍的过程“扭转”。此外，如果祷告只是程式化地表达愿望，那么如果他真的探寻了自己的内心，谁会相信他的祷告百分之百真诚呢？谁会相信他全心全意地在做祷告而非心猿意马呢？如果确实如此，他就会像他在短篇讽喻作品《喷泉》中描写的女孩一样，并不急于补充、证明或纠正原先的愿望。无论在他的哪一部道德著作中，难道不是反复地提出《论人类愿望之虚妄》的标题所暗示的内容（“命运射出痛苦的镖枪，伴着每一个愿望”）吗？因此，约翰生从他极为敬佩的罗伯特·索思所写的祷文（应当是《依靠上帝之举》）中，形成了对祷文的看法，即他强调祷文的主要作用是“在心中保持对上帝永恒的依靠”。这句话摘录自他为约翰·泰勒所写的一篇布道

文。简言之,个人的"愿望"需要排除在外。如果说此举可能使祈祷成为极其简朴的理想,至少也避免了(或是可以帮助人们避免)"华而不实的祷告的秘密伏击"。此外,约翰生自己的祈祷(这不同于祈祷时经常作出的个人"决心")就遵从了这一理念,这也说明了它们为何经常给读者留下非常质朴的印象。整体上说,他在祷告中刻意避免提到具体的愿望,以防玷污祷告的纯洁性(即便是他几乎身患疾病,他通常也不太愿意在祈祷中请求自己早日康复,只不过康复后,他在祈祷中表 457
达了谢意)。与纯粹的正式祈祷或表达谢意的祈祷不同,在祈祷获取帮助时,几乎必然存在一个核心主题——即他通过学习"在生活中如何更加遵从上帝的法则",以寻求获得帮助,并因此寻求在实际行动中更加"依赖于上帝"。即便如此,他也小心翼翼地避免自己关注具体的道德改过之举,以防使它们变得琐碎(这种改过之举应该属于他个人的责任)。力图使这些祷告始终处于具有普遍性的层面上:即要学会忏悔,要学会充满希望而不是绝望,要学会不浪费自己的"余生",而是"利用您赐予的天赋实现您的荣耀",还要对上帝的"慈悲与宽容"产生更深刻的认识。

这种祷告观受到了严格限制,它还反映出他的一种愿望,即如果人们严格坚持这种做法,本身就可以**创造出**"对上帝的信任",这是他内心深处渴望探求的对象。在他为约翰·泰勒所写的布道文中,只有一篇是论述他对上帝的信任(第十四篇),因为他认为自己无法权威地论述这个主题。据我们目前所知,这篇祷文也最接近于他对自己的宗教信仰所发表的深思熟虑的声明。而且重要的是,即便在这篇布道文中,大部分篇幅实际上都是在论述为何无法实现其他任何信仰,无论是《论人类愿望之虚妄》,还是他的大部分普通作品,都体现出这一点。即我们没有其他任何地方可去。但是在这篇布道文中,他确实在努力陈述**怎样**实现这种"信仰",既是对他自己,也是对其他任何人诉说。我们只能通过最困难的方式才能实现:"希望通过信仰上帝寻求安宁的人,就必须**遵从**他。"

换言之,我们决不能提前要求将"信仰"作为遵守教谕的原因或激励因素。我们首先要本着良心**行事**,做到遵从,其结果是信仰随之而来,我们自己就是通过这种创新的方式赢得和实现信仰的。这种想法有点像著名的"詹姆斯-朗格情绪说",即感觉不必持续产生,但可以随之而来,而且它本身可以通过**行动**产生(即充满勇气的举动可以给我们带来勇气,或者说充满爱心之举可以让我们产生爱意)。据约翰生说,"这种永恒的、虔诚的**做法**,既是信仰上帝的果,也是**信仰**上帝的因"——这种想法表明,我们遵从了良知的告诫,对自己越来越具有"信心",便使我们能够更加"信仰"上帝。在这篇重要的布道文中,我们发现,约翰生本人为了"信仰上帝"所作的所有抗争活动,都处于不断变化之中——他迫不及待要寻找"恩惠",但又立刻产生警惕,以防主观自我受到诱惑;他抓住对下地狱和彼岸生活的焦虑,以此作为他
458 信仰虔诚的**明证**(他仿佛因此遭受了极度的痛苦,仿佛他的自尊心遭到了重创,也像在尤托克西特市场站在雨中的一幕一样,这些都将证明他并没有在"发愿",而是真正地在"畏惧"):

> 对上帝的信仰……只能通过忏悔、遵从和祈祷实现,它既无法通过在我们的心灵中树立对上帝之善的妄念而实现,也不能通过坚定地劝说我们在受上帝的恩惠而实现;有些人受到了这些做法的欺骗……当他人的未来受到各种焦虑的煎熬时,我们不能因为我们没有被这些焦虑所困扰,就幻想我们处于安全之中,但是这……远远不是斥责的证据……而更多属于虔诚的证据,是一种想要取悦上帝的诚心,是炙热的愿望。[19]

八

但是他知道,这只是一部分答案。无论这种祈祷观采用了多么严格的限制,他依然对"私下的"虔诚赋予更大的宗教责任。即便此举不是体现于理论上,也体现于实践中。

他可以感受到自己处于两难境地。他对宗教的基本态度具有强烈的道德色彩,因此这种道德色彩在某种程度上无法与自我责任相割裂,以至于这不可避免地充当了他本人与上帝之间的私下交流。从这个方面说,他的大部分自我感受到自己不再需要受催促,也不再需要借助于他人的帮助,甚至"集体礼拜"的"帮助给自己造成了妨碍",就像他当年不需要奥利弗女爵士的帮助,就能通过泥泞的道路从学校回家一样。但是,没有人比他更清楚地了解"独自礼拜"的义务。实际上,他曾心血来潮地给斯雷尔夫人写信,称"孤独的人可能是迷信的,但肯定是疯狂的"。[20]

对于生性惯于将对人生苦难的抗争吸收而内化的约翰生来说,情况更加复杂。一定程度上,对于这样一个具有自由意志的人来说,这种影响是他希望看到的。且只有在他愿意接受责任时,他才可能真正成为"德操高洁"的个体。但是超过这种程度,则变为"骄傲"的一种形式,甚至最终演变为疯狂的形式。这就像他在《拉塞拉斯》中刻画的那位天文学家一样,他最终觉得自己有责任控制全世界的天气。约翰生通过依赖于道德良知接近上帝(如奥古斯丁所说,"真理存在于人心中"),必然会出现某种投射,其中"幻想与良知……经常变换位置,以至于无法区分一个人的幻觉与另一个人收到的神谕"。对于约翰生来说,投射到上帝的并非"对上帝之善的妄念"(这是缺乏思考的自我满

459 足所致),而可能是他本人强烈的自我要求所产生的一种冷酷,他肯定始终处于这种危险之中。因此,良知的“顾虑”总是渐渐笼罩着他,以至于他不得不在内心与之展开搏斗。他只能祈祷自己获得帮助,学会**接受**上帝的“慈悲与宽容”这一事实,同时运用自己出色的判断力,竭力记住他通过依姆拉克之口告诉天文学家的话:“让这种想法始终广为流传,即你是所有人类中唯一的一粒原子,而且既没有善德也没有邪恶,所以不会把你单挑出来接受超自然的恩宠或折磨。”

九

约翰生别无选择,只能继续与这种境遇展开斗争。这场斗争年复一年,不啻英勇之举,尤其是在他看来,他参与这场斗争的资格远非理想状态。

如果他参加的是一场追寻或旅行,他在任何时候都不会觉得自己已经到达目的地。最不可能出现的情况就是他有资格教导他人,这是个至关重要的宗教问题,只是人们已开始将他视为教父级的人物。他不但可以做到这一点,而且也应该这样做。早在二十年前他刚开始创作《漫步者》时,他就已经想到要隐瞒自己的作者身份,以防他的作品给自己带来羞辱(第十四期)。但是,之后他只写到了道德方面的关切。论及宗教话题,他同样保持了惊人的沉默。只有在他可以用另一个声音匿名发表评论时,他才能够直接论述这一话题。而且他有能力自我责备,能够指出自己身上任何虚伪或自欺欺人的迹象。倘若他佩戴的这种人格面具与他自己的性格不同并令他满足,布道文的创作就尤其简单。无论是他为心宽体胖的亨利·赫维所写的一篇布道文,还是为贪恋红尘的约翰·泰勒(泰勒总是罔顾约翰生的心理问题,他精神飒爽,似乎不会感受到过度良知的负担)所写的所有布道文,都体现出这一点。

约翰生的生活方式就仿佛是一位年迈的"流浪者",约翰生很快就要将这一点告诉爱德华兹先生,早在半个世纪以前,两人就在彭布罗克学院相识。但是,无论他对自己的描写多么简练(先是"漫步者",
接着是"闲人",最后是"流浪者"),他多年来的人生实际上已成为"朝 460
圣"之旅,这就是他为何在内心深处对《天路历程》产生如此强烈的认同,我们也发现了这一点。他曾在《约翰生词典》中指出,"朝圣者就是漫步者,尤其是因宗教目的而出行的漫步者"。根据他本人所下的定义,直到临终之刻他始终是一位"朝圣者"。

注释

[1] 詹姆斯·L. 克利福德:《赫斯特·林奇·皮奥齐(斯雷尔夫人)》,页74,注释2。

[2] 唐纳德·J. 格林:《塞缪尔·约翰生》,页165。如需详细论述,参见唐纳德·J. 格林:《塞缪尔·约翰生的政治主张》,页204-219,以及他在耶鲁版最后一卷中的论述(第十卷)。

[3] 赫斯特·皮奥齐:《已故塞缪尔·约翰生轶事录》,见《约翰生杂录》,第一卷,页173。

[4]《约翰生文集》,第十卷,页27。

[5] 鲍斯威尔:《约翰生传》,第四卷,页324-325。

[6]《约翰生文集》,第十卷,页60。

[7] J. P. 沙利文译,见《塞缪尔·约翰生诗歌》,J. D. 弗里曼编(伦敦,1971),页146-149。

[8] 塞缪尔·约翰生:《日记、祷文、年谱》,页142、146。

[9] 鲍斯威尔:《约翰生传》,第一卷,页405;第三卷,页299。

[10]《约翰·泰勒出版的不同主题的布道文》(1789)。詹姆斯·格雷

在《约翰生的布道文》(牛津,1972)中,对这些布道文作了绝妙的解读与讨论,他和琼·哈格斯特鲁姆目前正在编写耶鲁版约翰生文集。

[11] 赫斯特·皮奥齐:《已故塞缪尔·约翰生轶事录》,见《约翰生杂录》,第一卷,页241-244。鲍斯威尔:《约翰生传》,第三卷,页188;第四卷,页298。如需对约翰生以及邪恶问题的简要讨论,请参见列奥帕德·达姆罗什:《塞缪尔·约翰生与悲剧意识》,页78-90。

[12]《闲人》,第八十九期。《探险者》,第一二〇期。赫斯特·皮奥齐:《已故塞缪尔·约翰生轶事录》,见《约翰生杂录》,第一卷,页330。鲍斯威尔:《约翰生传》,第二卷,页298。

[13] 鲍斯威尔:《约翰生传》,第四卷,页299;第三卷,页295-296。《约翰生杂录》,第一卷,页439。如需韦斯利的评论,参见列奥帕德·达姆罗什:《塞缪尔·约翰生与悲剧意识》,页71。

[14] 塞缪尔·约翰生:《日记、祷文、年谱》,页269。

[15] 鲍斯威尔:《约翰生传》,第二卷,页126。塞缪尔·约翰生:《弥尔顿传》,《诗人传》,第一卷,页155。

[16] 鲍斯威尔:《约翰生传》,第二卷,页214。塞缪尔·约翰生:《日记、祷文、年谱》,页153。《约翰生杂录》,第二卷,页285。鲍斯威尔:《约翰生传》,第三卷,页352。约翰·霍金斯爵士:《约翰生传》,页452。

[17] 塞缪尔·约翰生:《日记、祷文、年谱》,页153。鲍斯威尔:《约翰生传》,第二卷,页173。《约翰生杂录》,第二卷,页319。

[18] 如需了解奥古斯丁对约翰生的整体影响,参见D. J. 格林的论述,见《约翰生研究》,页61-92。

[19]《约翰生文集》,第九卷,页421-422。

[20] 赫斯特·皮奥齐:《已故塞缪尔·约翰生轶事录》,见《约翰生杂录》,第一卷,页219。

第二十六章　旅行：赫布里底群岛；威尔士

一

早在孩提时代，外出旅行的念头就一直萦绕在约翰生心头。父亲 461
给过他一本抄本，这是马丁写的《苏格兰西部岛屿介绍》(1703)。在彭布罗克学院求学时，老师有一天注意到他一边陷入沉思，一边自言自语地说起旅行的话题（"我要去国外的大学。我要去法国和意大利。我要去帕多瓦……"）。更何况约翰生的第一部著作就是《阿比西尼亚之旅纪行》译本，这也反映出他对旅行的痴迷。

但是，当他在半百之年获得恩俸时，旅行却绝无可能了。在十八世纪，旅行的费用要大大超过当今。自然，他不时为自己的命运作出辩护。他会称赞丰富多彩的伦敦生活，还评论大多数人所追求的旅行毫无价值（他通常指的是人们像羊群一样成群结队拥向热门的度假胜地）。正是根据这一点，在维多利亚时期，人们勾勒出了他的漫画像，直到今天，这仍然是流传于民间的约翰生传说之一。他的形象已成为

“坚定的伦敦人”,对旅行不屑一顾。用麦考莱的话说:“他强烈、大声地表示自己的鄙夷,此举折射出他的无知。”约翰生曾写过一篇文章,名叫《哈桑之子奥马尔》(《闲人》第一〇一期),差不多相当于他的自画像。其中的短篇素描反映出他更加真实的形象。奥马尔一生“都希望能看一看远方的国家”,他已是垂垂暮年,却“始终居住在同一城市”。

约翰生最终获得恩俸之后,指出:“如果我在二十年前就能领到这
462 笔钱,我就会去君士坦丁堡学习阿拉伯语。”此时,他已经绝对不会在自己身上花钱。况且在五十四至五十九岁期间,他承受了巨大的心理折磨,也不愿意离开斯雷尔家。当然,他也曾参加过短途旅行。据斯雷尔夫人说,“他实际上酷爱旅行”,而且“一路上都是位令人钦佩的旅伴,他很自豪于自己从不感到任何不便或鄙夷住宿条件”。与旅行所带来的种种好处相比,各种不便之处似乎都不值一提。因此,如果其他人对“下雨、阳光或灰尘”大发牢骚,或抱怨起旅馆糟糕,或埋怨长久地困在马车中时,他会嗤之以鼻,斥之为“胸无点墨的证据,这表明此人特别喜欢说话,但又找不到谈资。(他说,)磨盘中没有稻谷,说的就是这样的旅伴”。斯雷尔家的一位来客曾去过波西米亚,但他似乎并不想谈论任何事情,这令约翰生大吃一惊。他后来说:“这个人曾去过布拉格,他定能告诉我们一些新奇的见闻,而不用像这样坐在那里一言不发,等着别人用各种话题将他的嘴巴撬开。”他告诉斯雷尔夫人,资金足够的话,他将不顾年事已高,要做的第一件事就是去开罗旅行,然后坐船沿着红海前往孟加拉,再环游印度。他梦寐以求的旅行是游览中国的长城,他十分珍惜的一件物品就是长城上的一块石头。[1]

二

鲍斯威尔第一次来伦敦时，约翰生就告诉他（1763 年 7 月），自己希望能游览赫布里底群岛，并提到他在孩提时代曾阅读过马丁对那里风光的描写。他还提议，等鲍斯威尔从欧洲大陆回国时，两人就一起去那里旅行。鲍斯威尔认为这是“非常浪漫的想法”。据约翰生说，即便对于大多数苏格兰人来说，赫布里底群岛也是像“婆罗洲或苏门答腊岛”一样遥远。[2] 当时两人都面临巨大的压力和问题，这个想法自然就搁置一边了。

但过了几年，鲍斯威尔就意识到，不仅约翰生迫不及待要去那里，这次旅行也能给自己一个宝贵的机会。他正打算写一部约翰生传记，要尽量收录约翰生真实的言谈。但是相较他人，他没有那么多机会与约翰生见面，尤其比不上斯雷尔夫妇。倘若两人前往赫布里底群岛旅游，他至少能与约翰生相伴三个月。在风景迤逦的背景下，他可以通 463
过独家报道的方式，记录约翰生的谈话。此外，此举对鲍斯威尔的诗学想象具有极大的吸引力，还满足了他的虚荣心。这样的旅行似乎势必重演约翰生《拉塞拉斯》中的情形，即在智者的陪同下前往陌生的土地旅行。区别就在于，作品中由智者依姆拉克担任旅行的向导。而此时，则由年轻的“拉塞拉斯”当导游，并一路护送“依姆拉克”（实际上约翰生就是依姆拉克的原型），并在旅行过程中，撺掇他对“人情世态”（men and manners）发表看法。

到了 1773 年春，鲍斯威尔来伦敦小住了几周（4 月 2 日至 5 月 10 日）。此时距离约翰生第一次向他提起这个“非常浪漫的想法”已经过去了快十年。此时，鲍斯威尔三十二岁，约翰生六十三岁。如果单是因为约翰生年事已高,此次旅行还不至于推迟如此之久。鲍斯威尔看得出,约翰生的身体情况在这一年春天经常不甚理想。此外,进入苏格兰高地之后,旅程将极为艰苦。两人需要长时间骑马穿越荒芜、崎岖的原野。到达赫布里底群岛之后,暴风雨随时可能会到来。他们经常要在荒无人烟的地方跋山涉水,很难找到旅店歇脚。鲍斯威尔提出在这一年的八月动身。他已是一位律师,只有等苏格兰最高民事法院 8 月 12 日休庭之后,他才能有空。约翰生表示赞成。这次伦敦之旅对鲍斯威尔不啻幸福之旅。他开心地加入了俱乐部(4 月 30 日)。尽管伯克和其他几人曾质疑他是否具有相应的心理资质,但所有人都看重他温良敦厚的性格。

回到苏格兰之后,鲍斯威尔立即着手准备此次旅程,并安排好许多人物与约翰生见面。他担心约翰生那只完好的眼睛会严重发炎。但约翰生在斯雷尔夫人的鼓励下,毫无退缩之意。他写信告诉鲍斯威尔,自己将于 8 月 6 日(周五)动身。他将同罗伯特·钱伯斯一同前往纽卡斯尔。钱伯斯已获得孟加拉最高法院法官的任命,他希望动身去印度之前去纽卡斯尔探亲。到了纽卡斯尔之后,约翰生就要在另一位友人、律师威廉·斯科特的陪同下,前往爱丁堡。

三

约翰生于周六晚上赶到爱丁堡的博伊德旅馆,已是 8 月 14 日。他给鲍斯威尔写了一封便笺。鲍斯威尔接到便笺后立刻赶到旅馆来接他回家。斯科特告诉鲍斯威尔,在两人等他来的时候,约翰生刚刚体会到
464 糟糕的"苏格兰式的卫生条件"。当时约翰生点了一份柠檬水,之后又让服务生多加点糖。服务生用油乎乎的手指抓起一大块糖放进玻璃杯

中。约翰生一看到这一幕，顿时怒不可遏地将这杯柠檬水全都倒出窗外，斯科特担心他下一步就是将这个服务生打翻在地。

两人于是步行前往鲍斯威尔家，约翰生将留宿在他家。据鲍斯威尔说，当天“晚上爱丁堡臭烘烘的”，而且味道特别浓郁。在当时，下水道都在露天敞开。走在路上时，约翰生对他耳语了一句：“我能在黑暗中闻出你在哪儿？”到家之后，鲍斯威尔太太为约翰生沏好了茶，她周到的招待让他非常愉悦。更何况鲍斯威尔太太还坚持要将自己的卧房让给他，这也让他感动不已。但是，他毫无规律的作息时间很快就让鲍斯威尔太太感到困扰，而且他还养成了一些古怪的习惯，例如他喜欢将蜡烛倒过来，这样他看书时就能更加亮堂。鲍斯威尔太太不同意两人的这次旅行，并对她丈夫说了一些过激的话：“我只看过一个人领着一群熊走，但我从没见过一头熊领着一个人走。”此后三天，他们在爱丁堡市内游览。约翰生见了许多人，和他们畅谈了一番，其中就有著名历史学家威廉·罗伯逊，社会学领域的先驱亚当·弗格森，还有双目失明的诗人托马斯·布莱克洛克。[3]

到了8月18日（周三），两人动身启程，随行的还有鲍斯威尔的仆人约瑟夫·里特。他是波西米亚人，身材高大，能说几国语言。约翰生穿着靴子，身披一件宽敞的棕色厚大衣，上面有很多口袋，方便随身带上各种东西。他还拄着一根硕大的橡木拐棍，棍棒标上了刻度，这样还能当作测量工具（他在棍子上缀了两根钉子，一根标出一英尺，一根标出一码）。他还带上了马丁写的《苏格兰西部岛屿介绍》，这既相当于旅行指南，也满足了他的夙愿。苏格兰高地的环境此时已不再像马丁书中描写的那样严酷。当然，约翰生也读过此后出版的同类书籍，尤其是托马斯·彭南特写的《苏格兰之旅》（1772）。即便如此，他还是错误地认为他们将在路上遇到劫匪，便随身带了两把手枪和一些火药与子弹。鲍斯威尔劝他将这些装备都放在家中抽屉里，抽屉中还存放着他写的一本“翔实的、令人好奇的日记”。后来，约翰生将这本日记付之一炬（鲍斯威尔曾希望妻子能在强烈好奇心的驱使下，“将这本日记全都抄录下来……此举虽然无异于盗窃行为，但却是**为了普罗大众的福祉**，因而也是情有可原”，但他妻子连看都懒得看一眼）。[4]

此次旅行将为期约十二周。按照计划，一行人将一路向北，沿着
465 苏格兰东海岸经过阿伯丁，然后向西继续前进，沿着北部海岸前往因弗尼斯。之后，他们将由乘马车改为骑马旅行，沿着尼斯湖向西偏南方向一路游览。然后再渡过大海，前往斯凯岛和赫布里底群岛，最后穿过苏格兰低地回到爱丁堡，中途在奥辛莱克稍作停留，这里是鲍斯威尔的父亲家所在地。

旅途的第一站是圣安德鲁斯(8 月 18 日至 19 日)，约翰生一直盼望着能参观苏格兰最古老的大学，这里也是乔治·布坎南任教的地方。他是文艺复兴时期的人文学者，约翰生将他评价为英国最伟大的拉丁学者。这座大学的教授都十分亲切热情。但是，圣安德鲁斯早已失去往日辉煌，规模日渐缩小。自从苏格兰的宗教派别发生变化之后，大教堂也已被拆毁，沦为一片废墟。这座小镇的人口也不断外流。在旅途第一站，约翰生就看到一派衰败和减丁之象，这使他印象深刻，并在整个旅途中都萦绕心头。因此，在他后来撰写此次旅行的游记时，苏格兰高地的人口负增长成为贯穿全文的主题之一。

从圣安德鲁斯镇出发，一行人一路向北赶到了阿伯丁，中途停留了半天(8 月 21 日)，去蒙博杜爵士（詹姆斯·伯内特）的庄园拜访了他。他是一位苏格兰法官，也是人类学的先驱。他前不久刚刚写出了他的著名作品《论语言的起源与发展》(1773-1792)的第一卷。在这部著作中，他坚持认为人类与高等的猿类同属一个种群。他还是一位

满怀热忱的“原始主义者”，赞扬了原始生活中无与伦比的健康与美德，并认为人类与“天然的”生活割裂开之后，就处于衰落状态。他在乡间过着简朴生活，并以“农夫伯内特”自居。他穿得土里土气，戴着“一顶小圆帽”。约翰生在思考人类的自由意志时，总是本能地反对任何“衰落”的理念。于是两人进行了一番短暂而又友好的交锋，辩论野蛮人和伦敦的杂货店主谁过得更好。蒙博杜认为是野蛮人，约翰生则站在杂货店主一边。但约翰生后来也承认，“假如别人选的是杂货店主”，他很可能就会站在野蛮人一边。两人在辩论中谈及荷马，“风俗史”和传记的价值等问题。几周之后，约翰生便开始深情地将蒙博杜称为“蒙尼”（Mony）。[5]

到了阿伯丁之后（8 月 22 日至 23 日），约翰生与几位大学教授交谈了一番，并在这座城市中自由地活动。之后众人从阿伯丁出发，沿着北部海岸经过埃尔金和乔治堡，抵达了因弗尼斯（8 月 28 日至 29 466
日）。他们游览了这座城市，这是此次旅途中最令他们开心的时光之一，至少给读者留下了这样的印象。不知为何，鲍斯威尔并没有记录此次游览。也许他并不在场，也许他不想记录这段经历。在他们住宿的旅馆中，有些人曾在一个庄严的苏格兰周日晚上，前来拜会约翰生，其中就有亚历山大·格兰特牧师。在交谈中，格兰特称约翰生“兴致很高”，并称他还提到约瑟夫·班克斯（即后来的约瑟夫爵士）在澳大利亚发现了一种“奇特的动物，名叫**袋鼠**”。为了让自己的描述更加生动形象，约翰生从椅子上站起身来，“主动模仿起袋鼠。众人愕然……对于这位高大魁梧、一本正经的人物来说，再没有比站起身来模仿袋鼠的样子和动作更荒唐的举动了。他笔直地站着，伸出双手来模仿它的两只大耳朵，而且将自己那件巨大的棕色外衣的后摆归拢起来，模仿袋鼠的育儿袋。还在房间里用力跳了两三下！”[6]

四

一行人骑着马从因弗尼斯出发,沿着尼斯湖向南前行。他们在路上遇见了一位年迈的妇女站在小屋门前。约翰生想看一看里面什么样,结果发现这座小屋非常原始,点着泥炭作燃料,燃烧产生的烟就从屋顶的洞中排出。众人从因弗尼斯出发时,同行者多了两名苏格兰高地人,他们担任向导,而且能说当地一种通行的土语——厄尔斯语。约翰生环视小屋一圈,问这位老妇人睡在哪里。翻译将他的话翻译成厄尔斯语之后,老妇人顿时怒不可遏。她以为约翰生的意思是想和她上床。这个想法荒唐至极,却让约翰生乐不可支。但他不愿“伤害她的敏感”,再没有问其他问题。但是,鲍斯威尔却好奇心大作,他点燃一张纸,将头探进柳条隔断的后面,这里就是她睡觉的地方。

9 月 1 日,众人到达了格莱内尔格的西海岸,他们要从这里渡海前往斯凯岛。这一天让他们精疲力竭。他们需要翻过一座陡峭的山——麻姆拉塔产山。约翰生尽管很不服老,但还是头一次因之郁结。他自言自语发着牢骚,但一位向导却想方设法给他打气,就仿佛约翰生是个闷闷不乐的小孩子。他喊道:“快看那些美丽的山羊呀!”
467 然后吹起口哨,想让羊群一跃而起。约翰生则陷入沉默。等到众人开始下山,已是薄暮时分。他们还要再走几英里,鲍斯威尔于是策马向格莱内尔格方向疾驰,确保找到住宿的地方。他觉得无须向大家解释,但约翰生却“大吼着叫我回去,他恼火于我离他而去”。鲍斯威尔拼命解释,但约翰生却置之不理,说“这立刻让我想到,扒手在得手后”就是像鲍斯威尔一样溜之大吉,还补充了一句,“这样做只会让别人对他丧失信任,因为天晓得他还会干出什么”。[7]

第三天，众人乘船前往斯凯岛，这是内赫布里底群岛中最大的岛屿。除了短暂地游览了邻近的拉塞岛之外（9 月 8 日至 12 日），众人在这里度过了一个月的时光。他们在阿玛代尔登陆，招待他们的是吝啬的亚历山大·麦克唐纳爵士和他古怪的夫人伊丽莎白。麦克唐纳夫人深深吸引了约翰生，之后的旅途中，她不停地萦绕在约翰生心中。尽管她有时“蹦蹦跳跳”，仿佛要表达快乐之情，但她总的来说显得半死不活，或是“卷心菜雕刻出的”人。约翰生说：“她活着和死去只有一个区别。她活着时会要啤酒喝。她死之后，就再也没法要啤酒喝了。”实际上，这位女士令约翰生啧啧称奇，并将其列入模仿对象，学着她“身体向前倾，双手放在两个脸颊上，把嘴张着”。* 她喜欢一边嘴里塞满饭菜，一边在饭桌上说话。约翰生后来又开始模仿她一边嘴里塞满饭菜，一面和管家说话的样子（“汤姆森，上些红酒和水！”）。[8]

他们整个九月都在斯凯岛游览，这里经常暴风雨大作，一行人这才意识到行程足足晚了一个月或六个星期。如约翰生所说，九月标志着“苏格兰高地冬天拉开了序幕”，这里的冬季主要是刮风下雨，他们计划在十月游览几个小岛，但此时海面已是波涛汹涌。

五

尽管气候迥异（约翰生表现出藐视的豪迈），但这次旅行最终圆
满成功。他时常会感觉不适，但矢口不提。他若是体力消耗过，风 468
湿病和支气管炎就会发作，提醒他已不再是年轻力壮的小伙子。鲍
斯威尔“用他那种画蛇添足的善意”，提醒麦克劳德一家，9 月 18 日

* 如需对此的叙述，参见下文页 487。

是约翰生的生日，此举令他很是不快。他写信告诉斯雷尔夫人，一提起这事，“我心中就充满了某种念头，这种念头似乎是人类都想方设法逃避的对象”；而且一想到“我曾经爬过的山峦……我就感到满足，我知道我爬过了一座山，我还应该看看其他的山……”[9]但是，他正津津有味地投身于各种事情，对于像他这把年纪的人来说，这些活动几乎不可想象。

实际上，约翰生的谈话按照鲍斯威尔的愿望愉快地进行。他留下了翔实的日记，记录了约翰生丰富的谈话内容。因此，他明智地决定在约翰生仙逝之后，要先发表《与塞缪尔·约翰生的赫布里底群岛之旅纪行》(1786)，或是修改后先行发表。此举类似于试验气球，以决定是否发表他的《约翰生传》。约翰生在旅行中产生了丰富的感情，再加上接触到新的环境和新的人物，他前所未有地对各种话题侃侃而谈。他有时单独与鲍斯威尔交谈，但更多的是与见到的苏格兰高地人和低地人交谈。他会谈到法律和法学，天才的本质，以及邪恶问题；他会谈论懒惰，美食与烹饪，教育以及感激的心理；他还谈到了詹姆斯·麦克弗森，据说麦克弗森翻译了早期盖尔诗歌，于是约翰生探讨了译作的真实性(约翰生一直怀疑是伪作)*；其他话题还有“原始主义”与“浮夸”的效果，舞台表演，机械脱粒及茅草屋顶，经济学，三一律，以及传记的用途。经过他的一番谈话，即便最不起眼的小事也能绽放光芒。亚历山大·麦克莱恩是马尔岛上的一位内科医生，他对约翰生推崇备至，称“此人无所不通，无所不晓!”例如，有一次聊起了吸烟的话题。尽管约翰生并不抽烟，但他认为这有助于平复心理，“评价很高”。吸烟近来作为一种习惯突然开始衰落。约翰生不相信吸烟现象的减少

---

* 参见下文页519-522。

会持续很长时间（“只需花很少的力气，就能让心理完全摆脱空虚。我不能理解这种做法为什么竟会销声匿迹。每个人都有办法让自己镇定：也许就像是用脚来打拍子”）。

他们谈到了写作行为，谈到了阻碍作家写作的自我期望与完美主
义及由此产生的犹豫与负担，还谈到了作家的作品受到抨击或赞扬之
后给他带来的好处，因为“声誉就像是羽毛球。如果只在房间的一端 469
挥拍击打羽毛球，它就会很快落到地上。为了能让它一直在天空中飞翔，就必须在两边来回击打”。他可能有一次谈到了人们为何要将制作正餐作为一天的重要活动，认为除了填饱肚子，还可以填补“心灵的空虚”。他还谈到人们花大量时间打扮自己，“拿起一样东西，盯着它看，然后又放下来，然后再拿起来。每个人都会迅速养成这样的习惯”。他可以同样轻松自如地转换到更加严肃的谈话，谈论起经验理性抑或是先验理性，或是坚持认为人们在成长过程中可以养成好心情或好脾气。乌利尼什的亚历山大·麦克劳德称“聆听此人讲话就仿佛是在欣赏名曲”。鲍斯威尔从未像现在这样，将约翰生视为“一座伟大的磨坊，任何话题都能放入其中研磨”。至少有一次（9 月 7 日），他承认自己并没有努力“让约翰生先生说话，因而可能无法将他的谈话记录下来”。[10]

除了谈话之外，还有一些引人入胜的个人细节。约翰生在阴暗的地方喜欢吓唬鲍斯威尔；他会佩戴一把大刀，再戴上苏格兰军帽，在房间里耀武扬威地招摇。他在头上裹着一块花手帕，而不喜欢戴睡帽。他喜欢呼吸新鲜空气，这在当时很是罕见（“他在最寒冷的白天或晚上都要打开窗户，还要站在窗前”）；拒绝别人给予他老年人的待遇，他们在爱奥那岛登陆时，鲍斯威尔与阿兰·麦克莱恩都让力夫将自己从船上扛到岸上，但年龄比他们大很多的约翰生却“跳进大海，努力地涉水

上岸”;他还会以半开玩笑的方式,力图证明自己视力非常棒(例如,鲍斯威尔曾提到一座山的形状像“圆锥体”,约翰生则予以否认,称“它实际上顶部是尖锐的。但是它的一侧要比另一侧长得多”;或者说,鲍斯威尔提到一座“巨大的”山峦时,约翰生答道:“不,但它是相当明显的**隆起**”)。还有一些有关约翰生的场景,他在苏格兰高地舞蹈、微笑、谈话,有时还浏览胡克的《罗马史》。麦克劳德博士曾在拉塞岛上竭力向他们展示“外形奇异”的远古骨骼,约翰生却拒绝观看,并开始往回走,“明显面有惧色”。也有浅显易懂的时候,约翰生会详细谈论动物纤维制成的布料容易积累污垢的特点(例如羊毛),并将其与植物纤维作比较(例如亚麻),然后沉吟道:“我时常认为,我如果有一个后宫,那里的嫔妃都应当穿上亚麻布或棉布做的外衣,我指的是用植物做成
470 的面料。我不会让她们穿丝绸;你不知道它什么时候才是干净的。一想到这一点,我就觉得恶心。亚麻布不容易藏污纳垢。”他说出“我时常认为”之后,众人明显很是惊讶,于是麦奎因先生继续谈起这个话题,便问约翰生是否愿意让鲍斯威尔也进入后宫。约翰生大吃一惊,清醒地认识到现实,于是不怀好意地说(因为他很恼火鲍斯威尔告诉所有人自己很快就要过生日):“可以,前提是他得做好相应准备,他定能成为极为出色的阉人。”[11]

六

就在他们到达苏格兰西海岸,准备渡海前往斯凯岛之前,约翰生亲自作出决定,要对这次旅行写一部短篇著作。等到他回家并过了几个月,他才动笔创作。等到它出版,已是 1775 年 1 月。但是,这部作品主要关注的是旅行过程,而不是此后经历。他用三个星期左右的时

间完成了这本书的创作，并利用之前写给斯雷尔夫人的信件来唤醒回忆。

他的《苏格兰西部岛屿之旅纪行》显然采用了与鲍斯威尔的《赫布里底群岛之旅纪行》截然不同的文类。鲍斯威尔的著作巧妙地融合了三种文学形式：正统派“日记”，对约翰生的传记回忆录，一部谈话记录，最后一点尤为重要。约翰生的《苏格兰西部岛屿之旅纪行》则是纯粹的游记，他将关注焦点放在其他旅行者可能感兴趣的风土人情上，并探寻整个社会环境。这部作品体现出伟大作家的特点，因为其中有一个内在的关注，罗伯特·奥姆针对这一点告诉鲍斯威尔，这部著作中还有一些思想，“就像大海一样，在约翰生脑海中翻腾”。[12]

有一些主题相互重合。一个重要的主题是苏格兰高地上民生凋敝与一派衰败之象，这与苏格兰低地健康而又充满活力的社会形成鲜明对比。无论是谁，只要像约翰生那样关注这个领域（我们如今称之为社会学），都必然会突出这一主题。早在约翰生这次旅行前三十年，大批苏格兰人就已开始从苏格兰高地迁徙到别处，此后的一代人延续了这一趋势。这本身对于启蒙时期的道德作家就是一个印象深刻的教训，使他们认识到经济学对社会的影响。对于社会历史学家来说，这部作品还有一个令他们感兴趣的方面，这就是在不列颠群岛上，封建主义正与新兴的重商主义垂死搏斗，如此剧烈的社会转型必然会留下触目惊心的疤痕。

约翰生特别担心这些问题，而且也关心地方风俗习惯。正因为 471
此，当时的读者认为这部著作不同于其他游记作品。但是，这也使这部著作比单纯描写风景的作品更具争议性。如果让一位外国人来谈论某个民族的社会环境，总是有可能冒犯对方，除非在讨论中包含了赞美成分。约翰生的描写虽然比较笼统，却直言不讳。不过，这部作品也折射出苏格兰读者的智慧,他们大多数人对这部作品评价都很高。对某些细节感到不快的读者确实存在,但数量被严重夸大。总的来说,苏格兰公众能够认识到,他对社会问题的关心源于他更加深厚的同情心。如果将他与只热衷于名胜古迹的旅行者作比较,这一点尤为明显。这部作品的尾声十分感人,象征着这部作品的整个基调。在尾声中,约翰生讲述了他回到爱丁堡之后,提到赫布里底群岛有一样东西是"其他城市都没有的"——托马斯·布雷德伍德的聋哑人学校。这似乎让人们想到赫布里底的百姓不仅要忍受种种不利条件,还要承受命运的重创,但人们依然可以发挥主观能动性,他们确实也是这么做的。约翰生提到学校的孩子们在等老师来的时候,脸上含着笑,清澈的眸子看着远处。一位小女孩用颤抖的手指,迫不及待要在她的写字板上计算出约翰生考她的题目:

> 看到人类最令人绝望的灾难也能如此有益,真是令人欣慰:无论在什么情况下,只要有希望,就能给人带来勇气;看到这位聋人这样认真地学习算术,谁会不愿意去教导赫布里底人呢?[13]

七

到了九月下旬,科尔岛年轻的领主唐纳德·麦克莱恩(他不幸在第二年的一场暴风雨中溺水身亡)也陪同一行人旅行,并提出带他们去一些小岛游览。但一连好几天,天气都非常恶劣,没有一条船能离港航行。最后,他们终于动身前往科尔岛(10月3日),只是海浪依然很高。约翰生有些晕船,而鲍斯威尔却发现自己是"强壮的海员,而约翰生先生则快要完蛋了",不禁得意起来。他用煮羊肉和咸鲱鱼大快朵颐，并畅饮啤酒与潘趣酒。之后，他本人也开始晕船了，而且他们的船遇上了猛烈的暴风雨，这使他想起各种谚语都告诫过人们每年不要在这个时候出海，还想起谚语里提到的种种危险，其中就有弥尔顿所
说的“暴风雨肆虐的赫布里底群岛”。鲍斯威尔开始祈祷，他对天发 472
誓，如果自己安然无恙，必将改过自新。而另一方面，尽管风雨交加，约翰生却恢复了正常，静静地躺在铺位上，毫不担心，只有麦克莱恩的一条猎犬在身后为他取暖。

到了科尔岛之后（10 月 3 日至 14 日），依然是暴风雨天气。约翰生从未“在其他地方听过如此怒号的狂风”。但他们有时也从麦克莱恩家中出发，四处远足，游览当地城堡，然后乘船前往马尔岛，岛上的荒凉景象着实令众人大吃一惊。他们还骑马横穿了马尔岛，负责携带行李的扈从则跟在后面骑行。他们将约翰生那根硕大的橡木拐棍给弄丢了（也可能是私藏起来）。约翰生一直用这根拐棍来挑行李，马尔岛上几乎一棵树也没有，他便怀疑有人偷了这根拐棍：“在马尔岛上，无论是谁得到了这根拐棍，就不要指望将它还回来。先生，想一想**这根棍子**在这儿的价值吧。”之后，众人从马尔岛出发，在阿尔瓦岛短暂停留之后，接着又去了英奇肯尼斯岛，英奇在盖尔语中是岛屿的意思。他们在那里“看到道路上像不列颠本岛一样满是车轮的印辙，这可谓久违的景象”，他们欢欣雀跃。[14]

阿兰·麦克莱恩爵士是这里的族长。在他家中，约翰生“充分展现出苏格兰高地人的精神，赢得了阿兰爵士的青睐”。约翰生根本不急着离开。但是，鲍斯威尔却必须在苏格兰最高民事法院 11 月 12 日开庭之前赶回，他担心恶劣的天气会将他们困在赫布里底群岛。他甚至想要放弃自己最想去游览的一处景点——附近的爱奥那岛（或爱科尔姆吉尔岛）。公元 563 年，圣哥伦巴在这里创建了著名的修道院。

后来,传教士纷纷从这里出发,前往苏格兰与英格兰北部传教。约翰生觉得应当让鲍斯威尔来决定行程,于是鲍斯威尔还是决定前往爱奥那岛游览,他对此行深感愉悦。众人在晚上到达爱奥那岛(10 月 19 日),他们在谷仓中和衣而睡。第二天早上,他们便去参观古迹。约翰生在研究这些古迹,鲍斯威尔却径自去了大教堂,那里仍然保留了一面墙和塔楼。据他在日记中的叙述(正式出版的作品中却删除了这部分内容),他向圣科伦巴做了祷告,并希望"在去过这个神圣的场所之后,我就应当始终让自己的言行举止与楷模看齐",然后他又"朗诵了《雅各书》的第五章与奥格登博士的第十布道文"。(他在旅行中随身带着塞缪尔·奥格登的《论祈祷之布道文》,这部作品他推崇备至。)鲍斯威尔还说:"听到我自己的声音之后,我心中顿生欢喜。在我的声音中,充满了奥格登令人钦佩的雄辩,它回荡在爱科尔姆吉尔的这座古代大教堂中。"约翰生的反应则与众不同,他力图抵制这里产生的影
473 响。他觉得如果自己屈服于这样的"印象",不啻放弃了"自由主体"的能力。作为自由主体,就应该能在任何时间、任何地点追求正确的目标。他在爱奥那岛发表了一番著名的讲话,亲自作出回答:

> 要让心灵远离各种情绪,是不可能的。如果要这样做的话,即使能成功,也是愚蠢之举。但凡能让我们超越感官之力的事物,但凡让过去的,遥远的,或未来的凌驾于当下之上的事物,都在推进我们作为理性生物的尊严。教导我们对智慧、勇气、美德所支持的立场保持冷漠、无动于衷的刻板哲学,离我和我朋友远点。这样的人不值得嫉妒,爱国主义也无法让他在马拉松平原上获得力量,即使置身爱奥那岛的遗迹,也不会让他的虔诚更加炽烈![15]

八

之后，大家便踏上了返程之路。他们先经过马尔岛，然后渡海回到不列颠岛上的奥本（10月22日）。之后，迅速经过因弗雷里、卡梅隆、登巴顿及格拉斯哥，最后一路赶赴埃尔郡的奥金莱克。

此时，他们仿佛置身另一个世界。在因弗雷里，阿盖尔郡的公爵与公爵夫人招待了他们。公爵夫人直言不讳地说，她感兴趣的人是约翰生而不是鲍斯威尔。在格拉斯哥，大学里的一些教授前往约翰生下榻的旅馆中拜会了他，还与他一同用餐。约翰生得知鲍斯威尔安排他在三天后与埃格林顿伯爵的遗孀见面，格外开心。这位夫人是有名的美人，才智过人，是多位诗人的恩主，已有八十四岁。她的儿子亚历山大伯爵在四年前去世。她说，既然自己在约翰生出生之前就已经结婚，“她可以当他的母亲，现在就收他为义子”。约翰生告别时，她还与他拥抱，并对他说：“再见，我亲爱的儿子。”之后，在爱丁堡的亚历山大·迪克家中，鲍斯威尔当着众人的面提到这件事，但他却犯了一个口误，称伯爵夫人结婚是在约翰生出生“之后”而非之前。约翰生纠正了他，并称他这是在“玷污”伯爵夫人的清誉。“因为，倘若我是她的儿子，如果在我出生一年之后她才结婚，那我肯定是她的**私生子**了。”一听这话，“一位品行贤淑的年轻女士”（据马龙说，她是安妮·林赛女士）说道：“这儿子不是已经纠正这个错误了吗？”这句恭维话让约 474
翰生很是受用，他一反常态地略施小计，让她又重复了一遍（而且，每当听到别人提起埃格林顿夫人“收养了”他，他就愈发愉悦）。有时，他会与鲍斯威尔谈起这次苏格兰之旅，他还会问鲍斯威尔：“在亚历山大·迪克爵士家中，那位贤惠的年轻女士对我说什么来着？”[16]

经过一个星期的赶路，他们终于在奥金莱克度过了近一周时间（11月2日至8日），这让鲍斯威尔遂了心愿。他专横、暴躁的父亲就在这里等待他们到来。他对与约翰生见面不甚感冒。“他的年龄、他的职务和他的性格，长期以来都使他习惯于受到人们瞩目，无论他的同伴是谁都不例外；他几乎无法忍受人们对他的怠慢。他是一位乐观的辉格党人，笃信长老会，而约翰生则是托利党人，信奉的是英国国教。”鲍斯威尔曾劝说约翰生回避可能激怒他父亲的话题，约翰生一口答应，“既然你告诉我有些话题会让这位先生感到不快，那我定然不会讨论它们，毕竟人在屋檐下嘛”。但到了第四天或第五天，两人就产生了冲突，此时“一方支持辉格党和长老会，另一方则支持托利党和主教制度，两派观点产生了激烈冲突”。鲍斯威尔并没有详加叙述，并称自己不喜欢把他父亲与约翰生描写成“在思想的角斗场上搏杀的角斗士，以供公众娱乐”，此举也情有可原。之后，两人言归于好，他们在离别时都彬彬有礼。但老鲍斯威尔很快就给约翰生起了个绰号——“大熊”或大熊星座，这代表了他对约翰生的看法。据沃尔特·司各特爵士说，约翰生曾向一位朋友转述了老鲍斯威尔的话：“先生，詹米没指望了。詹米已经疯了。先生，你怎么看？他和帕欧里混在一起……先生，你知道他到现在为止一直靠谁来狐假虎威吗？”说到这里，他一副颐指气使的鄙夷之情，冷笑一声，说道：“先生，这是位**教师**，一位老教师，他是一所学校的校长，却称它为大学。”[17]

九

在爱丁堡的几天里，日程安排得非常拥挤，他们遭到了“请柬的轰炸”（据约翰生说，“但如果人们忽视我们的存在，那就更加糟糕”）。

之后，约翰生乘坐马车前往伦敦（11 月 22 日），并在四天后到家。他将这三个月的旅行永远铭记在心头，认为这是他一生中最开心的时光之一。的确，在他每年元旦例行的反省中（“大约凌晨两点”），他都会 475
提到这次旅行，并说：“我的心一刻不宁。”但是，这番话却一反常态地温和——“我的问题主要在于我一生都缺乏条理，没有规律……也许给我的幻想留下了太多闲暇空间。”[18]

约翰生甫一回家，就发现他的老朋友、书商汤姆·戴维斯正处于窘迫的境地。戴维斯还擅自做出了令绝大多数作家都会愤怒的行径。他出版了两卷本的匿名著作，名叫《杂录散记》，还在报纸上打出广告，称“《漫步者》作者所编写”。《杂录散记》中有一部分文章确实是约翰生所写，还有一些是他为别人写的短篇作品。但第二卷中还有一些文章是他人写的充数之作，此举最令人恼火，因为读者会误以为是约翰生所写。约翰生在斯特里汉姆的别墅中得知此事，决定必须找戴维斯算账，便动身前往伦敦。据斯雷尔夫人说，“他从未像这样金刚怒目”，下定决心和戴维斯大吵一架。但他发现戴维斯的境况极为窘迫，心肠立刻软了下来。回到斯特里汉姆之后，他就开始想方设法去帮助戴维斯，其中一个办法是给他免费提供更多的作品，让他推出此书的第三卷。这实际上就是“第一部”约翰生作品集的由来，这部作品筹划不周，还有点古怪，而且充分体现出约翰生的慈悲心肠。[19]

此时，约翰生得了重感冒，还诱发了支气管炎。支气管炎是他的陈年旧疾，随时可能发作，这让他在一月和二月咳嗽了好几个星期，他只得将赫布里底纪行的创作往后推。他在斯特里汉姆的这段时间主要是恢复健康。

酿酒厂再次生意兴隆，斯雷尔一家开始商讨一场远途旅行。起初他们想去欧洲大陆，因为约翰生与斯雷尔夫人都迫切想游览意大利。

但斯雷尔最终决定，他们应当暂时将这次长途旅行搁置，先去威尔士一趟。斯雷尔夫人的舅舅去世后，将位于巴赫格雷格的索尔兹伯里老宅作为遗产赠送给了她。斯雷尔希望获得这个产业，并确保老宅的一切都打理得井井有条。他们可以在七月初出发，只须九月底之前回来即可，一路上可以尽情观赏风光。与他们同行的还有约翰生和大女儿奎妮(她快十岁了)。其他孩子则留在家中，由朱塞佩·巴雷蒂和他们的保姆代为照顾。

476 到了六月，他们的旅行即将开始。约翰生认为，如果要写完《苏格兰西部岛屿之旅纪行》，就只能抓紧现在这段时间。倘若将这本书的创作拖到这次旅行之后，当时的印象就可能在他记忆中褪去，也许他那时还会忙于别的工作。因此，他全力以赴投入到这部著作的写作中。据托马斯·坎贝尔说，他用了二十天时间完成此书的写作，而且一边创作，一边将书稿分批交给印刷商，这意味着他没有机会对全书详细修改。[20](出发前他尚未完成这部书稿，因此他动身之后，此书的印刷工作也就搁置下来。直到第二年一月它才出版。)

十

我们无须详细介绍这次旅行。它不像苏格兰和赫布里底群岛之旅那样引人入胜。如果对这次旅行感兴趣，可以参阅两部作品对此的详细叙述。第一部作品可读性很强，它是斯雷尔夫人的日记，只不过文中并没有将有关约翰生的关键事实告诉读者。第二部作品是约翰生所作，他以日记的形式，对游览过的地方作出简要的记录。[21]

一行人于 7 月 5 日启程，约翰生有时会坐在马车中阅读西塞罗的《书信集》。第二天午夜，他们抵达利奇菲尔德，住在天鹅酒店。约翰生自告奋勇为斯雷尔一家担任他故乡的向导。他还希望斯雷尔夫人能够以最佳形象出现在乡党面前。因此，她第二天早晨穿着休闲服装出现时，约翰生就催她回去，“要我换上更加鲜艳、华丽的衣服”。他们见到了露西·波特、莫莉·阿斯顿、大卫·加里克的兄弟彼得，参观了理查德·格林收藏的著名博物馆，还与查尔斯·达尔文的祖父伊拉斯谟·达尔文共进了早餐。他们在阿什伯恩游览了很长时间(7 月 9 日至 20 日)，约翰·泰勒就住在这里，还将他们请到自家小庄园上，大方地招待了他们。之后，一行人向西前往威尔士，途中在康伯米尔堂驻足了几天，看望斯雷尔夫人的舅舅林奇·索尔兹伯里·科顿爵士。

进入威尔士之前，他们在切斯特(7 月 27 日)停车歇息。斯雷尔夫人已经厌倦了欣赏风光。还有一件事情让她恼火得很，过了就寝时间，约翰生总是不让奎妮睡觉，拉她沿着墙根散步。“那里黑漆漆的，我担心她会出事，也许他也会出事。”进入北威尔士之后，他们来到了巴赫格莱格，也就是斯雷尔夫人继承的宅子，却发现这栋房子年久失
修。他们在这里住了近三个星期，还游览了登比城堡和鲁斯兰城堡。 477
之后，他们继续向卡那封西行，并在中途驻足游览了博马里斯城堡。约翰生觉得这里引人入胜。他们还游览了斯雷尔夫人的出生地波德维尔。约翰生有几次感觉身体不适，而且脾气十分暴躁。斯雷尔先生和奎妮也经常不是理想的旅伴。有一次，约翰生说的一句话令斯雷尔夫人目瞪口呆：“你不管看到了什么东西，见到了什么人，为什么总是不加辨别地都给予慷慨的好评呢？”斯雷尔夫人答道：“怎么了，先生？让我来告诉您吧。我和您、斯雷尔先生、奎妮在一起的时候，我就得让我们四个人都能以礼相待！”[22]

他们途经什鲁斯伯里、伍斯特与伯明翰回到了英格兰，并在途中稍事停留。他们还去了伯克的故乡比肯斯菲尔德，参观了他的乡间别

墅。第二天,伯克就不得不和弗尼爵士一起告辞,外出处理选举事务。据斯雷尔夫人说,伯克与弗尼两人当天晚上回来,“喝得酩酊大醉”。拜访伯克之行是约翰生与斯雷尔都十分期盼的活动,但却不得不压缩成两天,因为此时议会突然解散,即将举行新的选举。斯雷尔决定立刻回到萨瑟克区的住处,投身于选战工作。这次旅行就此告终。回到萨瑟克区之后,约翰生迅速为斯雷尔写出了竞选演说,还为他写出了振聋发聩的小册子《爱国者》,又对《苏格兰西部岛屿之旅纪行》最后一批校样进行了修订。

十一

这次旅行中还有一件事让我们很感兴趣,这就是斯雷尔夫人在日记中所发表的评论。她在比肯斯菲尔德的伯克家做客时,得知他们都必须火速赶回萨瑟克区,她写道:“我宁可住在斯特里汉姆……在这里,我只能关在这座令人生厌的地牢中,没有人在我身边作伴,孩子们无法呼吸到新鲜空气,他们会生病的,**而且除了约翰生先生之外,我再也不想看到任何人**。哦,这样的生活糟透了! 我太讨厌这样的生活了!”[23]

这仿佛是厄运的先兆。但是,如果知道了之后几年发生的事情,这句话可谓一语成谶。我们不应过度解读。这次旅行已令她心力交瘁,一路上,他们一直在一起亲密地生活,同时,其中任何一个人的怒火或烦恼都会迅速传染给其他人。她一直在担心留在家中的孩子们,
478 她又怀孕了,她还对萨瑟克的住所深恶痛绝,一想到这里,她就不禁联想到嘈杂声、生意上的事务、各种问题以及附近的贫民窟。但问题就在于她写的这样一句话——“**除了约翰生先生之外,我再也不想看到任何人**”。

其实，约翰生已渐渐陷入一种境况。凭他对人性的洞察，他之所以可能不明白这一点，只不过是因为他彻底地向斯雷尔一家敞开心扉，他内心的防备自他住到斯雷尔家之后就消失了。或者说，即便察觉到这一点，他也无能为力。自从斯雷尔一家收留他，已过了十年。除了幸福感更强之外，他的性格本质上并没有改变，就像人们从五十五岁到六十五岁，性格不会有大的变化一样。但是，斯雷尔夫妇年纪要小得多，他们俩发生了一些变化。亨利·斯雷尔已过中年，赫斯特·斯雷尔则生了九个孩子，即将迈入中年。她开始感受到，曾经憧憬的生活正在离她远去。她实际上并不爱这个男人，而且觉得这个男人将她的付出都视作理所当然，但她曾勇敢地尝试去与他营造最美满的婚姻，而且仍没有放弃。但是，夫妻之间的紧张关系在日积月累。约翰生经常在场，因此她对斯雷尔先生乃至自己生活的所有不满情绪，自然都要宣泄到约翰生身上，或至少与他产生瓜葛。

与此同时，约翰生私下里认为，经过赫布里底群岛之旅后，刚刚参加的威尔士之旅其实令他很是扫兴。有一个原因是威尔士似乎与英格兰并没有太大差异。但还有一个原因，这次没有鲍斯威尔来打圆场，也没有找来有趣的人和他见面，更何况鲍斯威尔热情洋溢，脾气又好，总能活跃气氛。而在这次旅行中，与约翰生同行的这一家人并不习惯长途旅行，对食宿挑三拣四，随身还带着大量行李。斯雷尔夫人挂念着家中的孩子，斯雷尔先生和奎妮则经常性格拘谨，防备感强，而且很容易感到厌烦。当然，约翰生不允许自己对“他的”家人产生这样的想法。他更愿意为他们向自己辩解，他在写给约翰·泰勒的一封信中这样说道，威尔士“没有什么能引发人们的兴奋感或满足人们的好奇心。那里的生活方式与英格兰完全相同”。[24]

但是，他实际上努力想去享受这次旅行，假如他的旅伴更开心一些，他也许能成功实现这一点。即便如此，他也经常能够用热情去感染他们。正是通过这次旅行，斯雷尔夫人认识到，无论自己在上个月表现出“多么残忍的厌烦”，他依然是“一位极其令人钦佩的旅伴”。
479 在这群旅行者中，他虽然年纪最大，但却多次证明他才是最轻松愉快的人。有一个小小的插曲值得一提，它魅力巨大，我们无法将其忽略。但斯雷尔夫人并没有记录这件事情，或者说她当时并不在场。这件事发生在格维尼诺格，他们在这里拜访了约翰·米德尔顿上校，约翰生很欣赏他（“唯一一位和我探讨文学的威尔士人”）。据米德尔顿说，在他与约翰生交谈时，园艺师从土豆地里捉住了一只兔子，将它交给了米德尔顿。米德尔顿吩咐交给厨师做一道菜。约翰生一听到这句话，立刻请求让他抱一会儿这只受惊的兔子。“他刚接过兔子，就以迅疾之势冲到半掩的窗户旁边，将这只兔子放生，并朝着它的背影大喊，催它快点逃命。”[25]

注释

[1] 鲍斯威尔：《约翰生传》，第四卷，页27–28。赫斯特·皮奥齐：《已故塞缪尔·约翰生轶事录》，见《约翰生杂录》，第一卷，页273。鲍斯威尔：《约翰生传》，第三卷，页269、459。《塞缪尔·约翰生书信集》，第四一七篇。

[2] 鲍斯威尔：《约翰生传》，第一卷，页450；第五卷，页392，注释6。

[3]《鲍斯威尔的赫布里底群岛之旅纪行》，页11–32。鲍斯威尔：《约翰生传》，第二卷，页269，注释1。

[4]《鲍斯威尔的赫布里底群岛之旅纪行》，页8、309，页33–34。

[5] 同上，页53–58，页189。

[6] 同上，页98，注释6。

[7] 同上，页110。

[8] 同上，页113、192、304、121、242。

[9]《塞缪尔·约翰生书信集》，第三二六篇。

［10］《鲍斯威尔的赫布里底群岛之旅纪行》，页 342、39（另见鲍斯威尔：《约翰生传》，第一卷，页 392），页 45、390、122、231、122。

［11］《鲍斯威尔的赫布里底群岛之旅纪行》，页 297，页 363－364，页 133、142，页 176－177。

［12］《马拉海德城堡所藏詹姆斯·鲍斯威尔私人文件》，第十卷，页 148。

［13］《苏格兰西部岛屿之旅纪行》，耶鲁版约翰生文集，第九卷，页 163－164。

［14］《鲍斯威尔的赫布里底群岛之旅纪行》，页 246－252，页 309、313。

［15］同上，页 312－313，页 336。《苏格兰西部岛屿之旅纪行》，耶鲁版约翰生文集，第九卷，页 148。

［16］《鲍斯威尔的赫布里底群岛之旅纪行》，页 353－369，页 390－391。

［17］同上，页 369－377。鲍斯威尔：《约翰生传》，第五卷，页 382，注释 2。G. B. 希尔：《约翰生的足迹》（伦敦，1890），页 278－279。

［18］塞缪尔·约翰生：《日记、祷文、年谱》，页 162。

［19］鲍斯威尔：《约翰生传》，第二卷，页 270－271。赫斯特·皮奥齐：《已故塞缪尔·约翰生轶事录》，见《约翰生杂录》，第一卷，页 184。

［20］托马斯·坎贝尔，见《约翰生杂录》，第二卷，页 46。

［21］《约翰生博士与斯雷尔夫人》，A. M. 布罗德利编（伦敦，1910），页 158－219。塞缪尔·约翰生：《日记、祷文、年谱》，页 163－222。

［22］《达尔布莱太太日记与书信》，第一卷，页 130。

［23］《约翰生博士与斯雷尔夫人》，页 219。另见《赫斯特·林奇·斯雷尔夫人日记……1776－1809》，第一卷，页 316。

［24］《塞缪尔·约翰生书信集》，第三六〇篇之一。

［25］塞缪尔·约翰生：《日记、祷文、年谱》，页 191。《约翰生杂录》，第二卷，页 397。

第二十七章　幽默与睿智

一

480 约翰生的幽默感对于我们理解他的为人十分重要,因此我们需要停下来从整体上探讨幽默的意义,而不是零散触及。在约翰生的传记中,讨论这个问题的最佳时机是在他的晚年。原因之一在于,他晚年时期的资料十分丰富,因此我们决不能忽略这点。另一方面,如果我们在此前的章节详加叙述,就需要不断跳跃到之后的章节,如此方可合理评价其价值。还有一个原因,证明我们需要将对这一问题的讨论推迟到本章。过去一个半世纪以来,大部分读者对约翰生最熟悉的一面就是年过花甲的约翰生形象。他们对此感受到令人痴迷的吸引力,而他的风趣幽默(以及与之相关的常识)一直处于这种吸引力的核心。这种品质产生的魅力强烈而又持久,传者有责任全力以赴作一番解释,有条件时还要找出它与更大的背景(即约翰生的思想与性格)之间的关系。

幽默问题的重要性至少包含三个方面。首先，他的幽默包罗万象、各式各样，既包括戏谑式的，也包括攻击性的，既有幼稚的一面，也有睿智的一面，既有出乎意料的插科打诨和模仿天赋，也有形形色色的巧智。换言之，这并非是他人格中某种特殊或不太重要的方面，而是几乎整体上与其人格息息相关。其次，他的幽默与他某些最严重的心理问题产生了联系，他企图营造“距离感”，还企图遏制或“转移”这 481
种攻击性，而且他在最具考验性的环境下，通过一生的抗争以获得心理健康和才能，以保持对现实的把控。据弗洛伊德所说，幽默是针对心理考验与生活中的焦虑所作的“最高防御过程”。真正实现幽默，也是最有利于健康的。“神经过敏”式的防御形式很常见，它会让心理产生障碍，幽默则截然不同，并不会死板地压抑和否定——用弗洛伊德的话说，这样就退出了“正常心理范围”，相反，它会公开承认威胁与焦虑，允许它们露出势头，同时创造性地将其引向别处，“转移”到新的背景下。[1]

最后，约翰生的幽默与他成为天才的奥秘紧密联系，当然也与他的某些才华密不可分，也就是他的表现风格与表现力量，这在他晚年的谈话中尤为明显。实际上，在最具魅力的一大领域，约翰生可谓范式。心理学当前刚开始探索这一领域，它就是幽默与富有创造力的天赋之间整体的密切联系。这种联系本质上就是亚瑟·库斯勒在其巨著《创造的行为》中突出的主题：即思想的所有创造活动（科学探索、原创艺术或喜剧灵感），共同拥有基本的心理模式，幽默是该模式的原型，即对于两个或两个以上的参照系或经验矩阵而言，它们此前相互并无联系，甚至被认为互不相容，但此时两者之间产生了创造性、“双向联想”式的跳跃。人们通常认为某些经验框架或参照系相互独立，但若突然发生碰撞，就会产生喜剧。在科学或哲学探索中，经过这样的碰撞和产生令人惊讶的要素,将发生新的融合,并使新矩阵成为可能。在艺术领域,原理也相同,只不过发挥余地更大。因为,根据人们的审美趣味,我们高度重视艺术的原创性,它可能像幽默一样,涉及不同(母题和媒介的)矩阵之间的碰撞,或者更加庄严、纯粹审美的“对抗”,或者就像在古典艺术中那样,对抗或碰撞之后产生融合(即亚里士多德提出的和谐原则)。但是无论在什么情况下,即无论是在幽默、科学还是艺术领域,我们都会发现自己将在多个层面上体会到现实。因此,创造活动是“一种解放活动,即通过原创性来打破习惯”。[2]

二

据斯雷尔夫人说,约翰生经常会说:“若是用一个人的快乐来衡量
482 他的理解能力,总归是很公道的。”她又称,对于约翰生本人来说,“没有人比他更喜欢开怀大笑,他的幽默感根深蒂固,似乎取之不尽,用之不竭”。约翰生的大部分朋友都同意这种说法。

例如,亚瑟·墨菲是他三十年的挚友,他曾经想对约翰生的才华作一番总结,认为“他不仅才华横溢,而且无论是他的思想、智慧还是幽默,都拥有强大的力量”。墨菲身为喜剧作家兼演员,这一评判一语中的。他又补充了一句,称约翰生“在插科打诨方面无人能及”,这可让不熟悉约翰生的人大吃一惊。即便是性格阴郁的约翰·霍金斯爵士,也认为“在幽默方面,几乎无人能与他比肩,也许只有古典喜剧演员堪与之媲美”。但鲍斯威尔却是个例外,这一点很有意思。他非常熟悉约翰生的幽默感,但他经常坦率地表示自己对此感到困惑。此外,他虽然在记录的谈话中罗列出约翰生风趣的幽默之举,但他并没有论述过这个话题。约翰生的幽默并不符合他心中的形象,在鲍斯威尔看来,这位“《漫步

者》的作者”在他心中树立的是父亲的形象。此外,他曾在自己的日记中寻找素材,以便发展自己初遇约翰生的情景,他决定将日记中的一句话删掉:“他是伟大的幽默大师。”此外,鲍斯威尔虽然天生就是乐天派,而且天性放恣堕落,但幽默却并非强项。斯雷尔夫人曾经对三十八个人的不同品质进行了评分,满分标准为 20 分。在“通情达理”(good humor;即“性格温良”〔good nature〕)这一项给鲍斯威尔打了 19 分,而在幽默感这一项只打算给他打 3 分。*

约翰生的朋友提到他的幽默天赋时,认为体现在四个方面。首先,他们主要指的是他不仅慧心妙舌,而且将幽默信手拈来。托马斯·泰尔斯在其著作中称约翰生甚至能用“**最新颖的**方式”,道出“最司空见惯的内容”。另一位朋友曾告诉霍金斯,“一般来说,你有可能知道你的谈话对象下一步要说什么,但你永远不可能料到约翰生要说什么”。[4]一提到约翰生的幽默,后人立刻会想到他的睿智,而且想到的几乎全是他的睿智,因为在他仙逝之后,我们能直接看到的就只剩下他说过的隽语。近两个世纪以来,无论是在什么场合下,只要一提起“约翰生曾说过……”,还没等人说出引用的原话,听众通常就已露出笑容。例如,学问在苏格兰“就仿佛面包在遭敌军围攻的城镇里一
样,每个人都能品尝到一丁点,但没有人能填饱肚子”。“女人布道就 483
像是狗用两条后腿走路一样。虽然笨拙得很,但光是这样做就能让人大吃一惊。”卫理会教徒被逐出牛津之后,鲍斯威尔提到,有人告诉他这些人都是“好人”。约翰生答道:“田野上的奶牛也是很好的动物,

* 她在“幽默”这一项给约翰生打了 16 分,仅次于加里克(19 分),这并不是因为加里克“更喜欢开怀大笑”,而是因为他具有戏剧表演天赋。墨菲位列第三,得了 15 分。她打分的标准十分严格。例如,雷诺兹、伯克和她丈夫都只得了 0 分,但是她在“性格开朗”这一项给雷诺兹打了 10 分。[3]

但我们会把它们从花园里赶出去。”有人曾让他对德里克与斯玛特两人表态,谁的诗才更高明,他答道:“虱子和跳蚤之间是分不出高低的。”有一名妇女曾一直坐在他身旁,“一言不发”。约翰生评价道:“如果她立刻离开座位,就没有人再敢去坐她的椅子了。”再举一个例子,鲍斯威尔后来在发表时决定将这件事删掉。两人在赫布里底群岛的一座古堡的塔楼中游览时,鲍斯威尔发现了一间“卫生间”,这里有一根长长的杆子,可以将排泄物“送出城堡,扔在地面”。他发现这就是苏格兰早期的卫生设施,欣喜不已,将此事告诉了约翰生。约翰生听后哈哈大笑,说道:“你对人的这一头关注得可真仔细啊,但你却忽视了人的另一头。”如果将此类幽默趣事一一列举,很容易就能写出一章的篇幅,其中大部分都已人所熟知,早已收录到英语中成为经典之谈。但还是有必要在注释中再列举几件幽默趣事,方便读者领略其魅力。*

我们在这些评论中,看到了一个关于“双向联想”的简单例子。这个例子是约翰生在给智慧下定义时所说的:“**以出人意料的方式**将几个想法融合在一起,即在相去甚远的几个形象中找出某种不为人知的联系。”(例如,一方面是学问之于书籍匮乏的地方,另一方面则是面包之于敌军围攻的城镇;一方面是女人在布道,另一方面是狗用两条后

---

* 一位年轻人惋惜地说,“他已经将学过的希腊语丢得一干二净”。约翰生说:“先生,我觉得我和你同病相怜,我也将约克郡的大庄园丢得一干二净。”斯雷尔夫人曾提到一位熟人,他一直盼望得到大庄园,但现在却成了泡影,她非常失望。然后,斯雷尔夫人又充满同情地提到了另一位妇女,称她听到这个消息后,对“这位朋友的不幸”深感难过。“(约翰生却说,)你的奶牛流产后,你的马儿也许就和她一样难过呢。”据雷诺兹小姐说,在一次聚会中,有人请一位女士敬一位男士一杯,这名男子是她认识的人中间长得最丑的,曾经有一段时间名叫奥利弗·哥尔德斯密斯。刚敬完酒,坐在桌子对面的第二位女士就站起身来,向第一位女士伸出手来和她握手,“并表示希望与她结识,这只是两人的初次见面”。约翰生看到这一幕后,评论道:“所以说,过去人们在与他人结交时,都要宰一头野兽歃血为誓。”[5]

腿行走;一方面是沉闷的性格,另一方面是空荡荡的椅子。)这条普遍原则同样适用他的另一种睿智,即无论是多么微不足道的问题,他总能毫不费力、一针见血地找出两件事物的区别。在此情况下,他并非将不同要素生拉硬凑,而是让人们突然发现它们已经存有联系,然后将它们分开,让人们从反面观察。以伯内特主教为例,他曾细致入微
地描写了罗切斯特伯爵弥留的场景,并因此闻名遐迩。鲍斯威尔曾问 484
约翰生,伯内特是不是并未“对罗切斯特的生平写过优秀的传记”。约翰生答道:“我们已经看到了精彩的**临终**场面:就不要什么**生平**了。”鲍斯威尔又问:“巨人堤道难道不值得一游吗?”约翰生答道:“是值得一看,但不值得**大老远地过去**看。”亚当斯博士曾说,托马斯·牛顿的《论预言》“是他的一部伟大著作”。约翰生说:“哎呀,先生。这是**汤姆**的一部伟大著作,但说到它有多么**伟大**,或者说有多少内容是**汤姆所写**,那就是另一码事了。”雷诺兹提到伊丽莎白·蒙塔古的《论莎士比亚》时,称“我认为这篇随笔文给她带来了荣誉”。约翰生答道:“是的,先生。这给她带来了荣誉,但却没给其他人带来荣誉。其实,我还没有读过这篇文章。但我抓起网子的这一头时,就发现了它的包装线,我也就不想去深入了解它的绣工如何了。”之后又说:“蒙塔古夫人超过了我。先生,现在人们很想**赶超**一些人,却不希望**被他们反超**。”[6]

三

他的幽默的第二个方面始终让朋友啧啧称奇,乐不可支。据斯雷尔夫人说,“他的模仿行为”“形式更灵活”,“令人叹为观止”。实际上,模仿活动对人们产生的惊讶感与吸引力之间是极为高明的双向联想。对这一问题,柯尔律治认为,在模仿之前,模仿中使用的原始材料

与模仿的对象之间存在巨大差异。据威廉·库克(人称“会谈话的”库克,以下叙述取自他的一首诗《论谈话》)说,约翰生的面部“由巨大、粗犷的五官组成,如果故意扭曲起来,就会产生呆滞的效果,很可怕,也很像陷入沉思”。但他这张脸也“能做出夸张的表情”,而且五官与夸张的表情会突然形成鲜明对比,使他的模仿更加有趣,这一点他本人肯定也很清楚。约翰生曾在因弗尼斯模仿了当时新发现的袋鼠。此举使他前后判若两人,令在场众人大吃一惊。* 在赫布里底群岛之旅中,发生的另一件事也与之相仿。一天上午,约翰生对新的模仿手法进行了一番思考之后,将鲍斯威尔唤至床前,“然后开始模仿麦克唐纳夫人,这着实让我大吃一惊。他身体向前倾,双手放在两颊上,
485 张着嘴。这简直就像是个**毫无生气的纪念碑**,对理智与精神发出阵阵嘲笑。看到约翰生这样扮演一位美妇,这实在是太搞笑了。我告诉他,这是一场杰出的表演,他一定认真作过一番研究。他说:‘没错’”。

霍金斯曾说,“在幽默方面”,几乎无人能与约翰生比肩,也许只有“古典喜剧演员”堪与之媲美。这就是他的主要看法,即约翰生能立刻通过移情,抓住人物关键特征,然后用最“惟妙惟肖的准确性”来模仿他们(他与众不同的五官也起到了促进或妨碍作用)。他接着又提到,约翰生是怎样通过这种天赋,让不苟言笑、一本正经的威廉·沃伯顿仓皇失措的。而且在众人面前,沃伯顿特别希望大家认为自己是“诙谐幽默的人”。[7]

第三个方面使约翰生在学富五车的人中显得格格不入,这就是他的种种嗜好,它们能提振他的精神并产生感染力,也使他能孜孜不倦地投身到爱好中。即便到了晚年也丝毫没有减弱,而且他还乐意与他

---

* 参见上文页466。

人分享，一起参与其中。在赫布里底群岛之旅中，有一天上午发生的一幕就是很好的例子。当时，他听说詹姆斯·贝蒂获得了恩俸，于是笔直地坐在床上，将一块手帕打了个结缠在头上，做成一顶王冠的样子。他就像在演滑稽戏中国王接见的场景一样，开心地拍着手，大喊道："**乐死我啦！**"(*O brave we!*)据鲍斯威尔说，"这是一种特殊的感慨，用来表示他的愉悦之情"。这一幕深深吸引了范妮·伯尼，她对约翰生的看法(1779年)是："在我见过的人里面，还没有一个人像他这样搞笑，也没有人像他这样热衷自己的无聊之举。"他的做法之所以能产生吸引力，也是因为这种幽默与人们的预期有了对比，他的模仿才能亦是如此。只有与他熟识的人才知道他的这一面。直到他去世之后，有一本杂志登载了一篇文章，才向公众介绍了他不为人知的这一面。这篇文章提到了他会突然"从思考最深奥的问题，转换到最幼稚的戏耍"。文中还提到他酷爱赛跑、攀爬、跳跃，还讲述了关于他的一个很有意思的故事。在故事中，他曾在乡下向好友约翰·佩恩提出举行一场比赛。佩恩是个小个子，他曾出版过约翰生的道德随笔文，后来成为英格兰银行的总会计师。还没跑到一半，约翰生就将矮小的佩恩举起来，放到路边的一棵树上。然后，他"继续向前跑，就仿佛在和强大的对手展开殊死较量一般"，等他跑回来时，再"载欣载奔"地将佩恩从树上扶下来。[8]

两种或两种以上的幽默如果突然融合，尤其引人入胜。例如在赫
布里底群岛的旅行中，一天下午，有几名年轻女子谈论起约翰生有多 486
么丑陋，其中一人愿意打赌。她走到约翰生面前，坐在他的腿上和他接吻。众人都盯着他，等着看好戏。但没有人猜到他接下来说了什么，也只有他才能说出这等妙语，而且话语中体现出对世事变幻无常的清醒认识。他说："接着来呀，让我们看看谁会第一个败下阵来。"[9]

四

最后,他还具有令人捧腹的天赋。用斯雷尔夫人的话说,它的力量经常令人“无法抗拒”,其他人也会受到感染,即便他们并没有明白内中深意,也会跟着放声大笑,这“纯粹是因为他们毫无抵挡之力”。据加里克说:“与他相比,无论是拉塞拉斯,还是其他所有智者都犹如过眼云烟。他们可能会对你产生吸引力,但约翰生会用力抱紧你,然后不管你愿不愿意,都要把你的笑声给甩出来。”[10]

但有时候,根本就没有人附和他的意见,即便始终对人类心怀慈悲、常常原谅他人的加里克,有时也会一反常态,突然满是嘲讽地对他冷眼相看,这种态度使我们不禁想起斯威夫特等伟大的讽刺作家。“兰顿遗嘱”就是个很好的例子。这是鲍斯威尔讲述的一件轶事,它发生在1773年(5月10日)。鲍斯威尔认为在这个故事中,约翰生的形象与人们所熟悉的“忧郁、可敬的约翰生”形成鲜明对比。约翰生此时已生了数周的病。他强打起精神参加社交,并与鲍斯威尔一同拜访了罗伯特·钱伯斯。之前在约翰生的鼎力相助下,钱伯斯通过了瓦伊纳讲座,他已是赫赫有名的律师,在伦敦的坦普尔有了一套公寓。

当天,钱伯斯为约翰生的好友贝内特·兰顿立下了遗嘱。“兰基”在遗嘱中将其财产留给了三个姊妹(据约翰生说,三个“邋遢女人”),却没有留给与他血缘最近的男性亲属。约翰生半开玩笑地取笑兰顿的“封建”热情,接着仿佛忘记了自己的疾病,热情洋溢地谈论起为何需要在贵族家庭中保持男性继承制度,但又称,“如果是不久前做生意挣来的财产,你尽可以赠予他人,也可以赠给一条**大型犬**,然后将**自己的名号也送给它**”。之后就是关键的一段:

> 我知道他经常会格外关注一些小事，但在别人看来，它们不
> 值一提。他放声大笑，我们不知何故，他嘲笑我们这位朋友的遗
> 嘱。他还称这位朋友为**遗嘱人**，说道："我敢说，他一定是觉得自 487
> 己做了一件了不得的事情。等他回到乡下的家后，他不会一直干
> 坐着……他会拜访路边第一家旅馆的房东，然后先对人生苦短、
> 人生无常之类的话题作一番得体的谈论，之后就会告诉这位房
> 东，他应该尽早立下遗嘱。这时他就会说，先生，这就是我的遗
> 嘱，我刚刚立下的遗嘱，这是全英国最有才华的律师帮我立下的
> 遗嘱……(**他一直笑个不停**)。他觉得自己已经立下了这份遗嘱，
> 但并不是他立下这份遗嘱：你钱伯斯才是立下遗嘱的人。我相
> 信你的良知不会让他这样说：'请理解我'；哈哈哈……我要把他
> 的遗嘱写成诗歌，就像编一首歌谣一样。"
>
> 他就是用这种戏谑的方式滔滔不绝地说……钱伯斯先生……似乎失去了耐心，直到我们走了之后才恢复正常。约翰生难以抑制自己的欢乐之情，一直等我们走到坦普尔的大门口才作罢。然后，他突然开怀大笑，笑得几乎肌肉痉挛；他想找个地方靠一下，一把抓住了一根杆子……然后放声大笑，在寂静的夜晚，他嘹亮的声音似乎从坦普尔的酒吧传到了舰队街的阴沟。[11]

鲍斯威尔与古板的钱伯斯一样对此迷惑不解。据他说，自己之所以要提到这件事情，是因为他的读者"可以熟悉这位伟人最微不足道的特征"。但如果将这件事放入约翰生一生的大背景中，我们就可以有所发现，因为此时，他正全心于其他要事。在这件事的背后是他在《论人类愿望之虚妄》和道德随笔文中反复重申的道理，即在"人类命运"的大背景下，各种装腔作势与谋求"出人头地"之举都是微不足道

的。我们通过约翰生的眼睛,看到了此时依然十分年轻的兰顿。他刚成为“遗嘱人”就膨胀起来。此外,这种新的角色带来的责任使他清醒,迫不及待要告诉他人“人生苦短、人生无常”的道理(作为《论人类愿望之虚妄》的作者,他本人也一直是这样做的),但是却体现出一种虚幻的想法,即他立下遗嘱之后,就以某种方式“控制了”时间,并超越了自身的死亡。与此同时(“每个人都与一位名人产生过真实或想象的联系”),我们看到兰顿想对目瞪口呆的旅馆老板说,他刚刚“在全英国最有才华的律师的**帮助**下”,立下了自己的遗嘱,但其实,他并没有立下遗嘱——“你钱伯斯才是立下遗嘱的人”(因为钱伯斯著名的瓦伊纳讲座大部分也是约翰生“为他”写的)。约翰生又补充说:“我要把他的遗嘱写成**诗歌**,就像编一首歌谣一样”,此时他的情绪与他即
488 兴编写的一首歌谣时相同,当时,幼小的奎妮一本正经地对一位朋友谈起她参加集会时要穿戴的礼帽和礼服,约翰生向她唱道:

穿上礼服,戴好礼帽,
及时行乐,莫负金樽;
纵有九生,宛若花猫,
九生速殒,犹如一瞬。[12]

但是,他的嘲笑尤其针对他本人——他坐在那里,身患疾病,奋力与死亡的念头作斗争,还热情洋溢地讨论着男性继承制度和维系贵族家庭的需要。就仿佛从永恒的角度来说,此举非常重要,至少对他来说很重要。无论他的保守主义多么根深蒂固,他都知道,垂垂暮年、体弱多病的老者也可以做出一些荒唐可笑的事情。他一生都在抗争,他“几乎说不出谁是我的祖父”,或者是假装说不出来,但却“对统辖和

血统的尊贵如此狂热”。他已深深代入这一角色，我们从中看到了某种自嘲的意味。在他的赫布里底群岛之旅中，他就是以这种自嘲戴上了苏格兰的军帽。他的欢乐突然大爆发，同样令在场的人大惑不解。斯凯岛的麦克劳德曾提出，假如约翰生愿意每年去住上一个月，就将小小的伊塞岛赠送给他：“我看到他因为小恩小惠而感到非常开心，甚至只是想一想就很开心……他对这个小岛谈论了很多打算，例如他要怎样盖房子，他要怎样**加强**它的守备。”而且，他还幻想自己获得了贵族头衔，开始说道：

> 伊塞岛上……他将怎样安一门加农炮……他将怎样出发并**攻占**马克岛；然后他**乐呵呵地笑着**，让人很是惊诧，而他的笑声压根就止不住。我曾见过他对微不足道的事情捧腹大笑，当时他就是这样笑着，而在其他人看来一点也不好笑。兰顿告诉我，有一天晚上在俱乐部聚会时，他就这样笑着，他周围的人却都板着个脸。只有加里克睿智地对他说：“先生，真是太好笑了；太好笑了，先生。”[13]

斯特里汉姆也发生过这一幕。年轻的范妮·伯尼将这件事记录在日记中。当时许多人对她的小说《埃维莉娜》大加褒扬，她很是受用，但他们实际上只是视她为宠儿。这样的赞扬持续了几个星期，所有这些赞扬都记录在她的日记中，斯雷尔夫人与约翰生也是其中之一。约翰·奥佩在给约翰生画肖像时，曾问他是否真的认为《埃维莉娜》像他赞扬的那样好，还问他是否真的一晚上熬夜一气读完，约翰生
答道：“我根本就没有读完，但我不想让别人知道。”之后，有一天上午 489
吃过早餐，斯雷尔夫人又开始恭维范妮，并告诉她，她现在应当将她的

讽刺天赋运用到激动人心的"喜剧"中。突然,这两位女士注意到约翰生

> 将他坐着的凳子当跷跷板一样来回摇晃,兀自偷笑着,显得格外开心。他笑得很夸张,整个人和椅子几乎都在晃动。我们停了下来……希望他告诉我们他为何这样开心,但他只顾自个儿开心,全然没有注意到我们的好奇心。直到最后,他才说自己想到了一个念头,"伯尼小姐可以写一篇名叫《斯特里汉姆》的作品,走上戏剧创作生涯"。
>
> 他停了下来,更加开心地笑着,然后他的表情和声音都突然一下变得更加夸张,说道:"是的!《斯特里汉姆》——一出滑稽剧!"[14]

范妮对约翰生的幽默十分熟悉,但她并没有领悟到其中奥妙,自然怀疑约翰生是在嘲笑自己。但约翰生嘲笑的是整个场景,尤其是他自己——他也是这出喜剧中的角色,他也去恭维别人,但其实并没有读完这本书,而且他为人既古怪又疾病缠身,还害怕孤独。如果女士们去参加舞会时不带上他,他就会感到烦恼、焦躁,而且会编造出种种理由让众人陪伴身边。

五

约翰生最令人惊讶之处是他极擅讽刺,却从未转向讽刺写作。恰恰相反,如斯雷尔夫人所说,他"对讽刺很反感"。当时的整个氛围肯定是有利于讽刺的。在十七世纪六十年代到十八世纪四十年代,讽刺

很容易成为最耀眼夺目的写作方式，而且他是成长在这一阶段后期的作家，又具有斯威夫特和蒲柏那样的禀赋，因此讽刺的吸引力几乎是无法抗拒的。

说约翰生身上缺乏讽刺所需的某种资质，这让人无法苟同。他具有神奇的能力，能够洞察生活中方方面面的不协调和虚情假意。从这一点来说，他超过了蒲柏，堪与斯威夫特媲美。此外，他压抑已久的攻击性可能突然迸发出来，令人瞠目结舌，但他却竭力要将其遏制住。理查德·坎伯兰（坎比）曾将他与野蛮人进行比较，“只要靠近他有所怀疑的人，他手上总要拿上长矛，背后还要背上弓箭”。或者如斯雷尔夫人所说，“其实，敏捷的思维与飞快的表达是约翰生独特的天赋：他 490
的思想就像卡德摩斯所播撒的龙牙一般出现，它们穿上衣服，戴上鲜艳的甲胄，随时准备投入战斗”。我们如果去考察任何一位讽刺作家的整个人生，就会发现他们也具有这种随时准备好发动攻击的力量，与他们相比约翰生可能有过之而无不及。约翰生的个人性格同样如此，他很容易充分表现出这种力量。他易怒，缺乏耐心，也很容易和他人争辩，心中酝酿着巨大的不满，身体则承受着痛苦。他竭尽全力要控制所有这些情绪，但在此过程中产生的斗争自然进一步加剧内心的紧张。他能立刻拿起各种武器发动攻击，这纯属本能反应，而非三思而行（相反，他通过思考来削弱或抑制这种本能反应），这一点很重要。此外，这种情绪并非是在他有时间做好准备时爆发，而是在他没有做好准备时爆发，或是在他突然失去防备时爆发，这在小事上尤为明显。例如，他不喜欢无谓地谈论如何“在一个充满原罪与悲伤的世界中”获得幸福感和轻松。因此，斯雷尔夫人曾说，有一个朋友不停地论证这一观点，约翰生便激动起来。这位朋友似乎想对这个问题作出定论，便指着他妻子的姊妹，称她“**真的**非常幸福，并且让这位女士证明自己

所言无误”。于是这位女士自鸣得意地为他作证,还摆出一副目中无人的神情,约翰生忍不住爆发了:

> “如果你的小姨子真的像她自己说的那样心满意足……那么,她的人生证明,对人性所作的一切研究都是不真实的;因为她既没有健康,也没有美貌,还没有财富,更没有悟性,她居然还感到幸福。”[斯雷尔夫人后来]表达自己的恐怖:“(他说,)正是这种愚蠢,促使她开口称赞自己从未感受过的幸福感,这使她无法感受到你频繁的震惊。我告诉你,这位女士相貌丑陋,一副病恹恹的样子,人又愚蠢,还很穷;听到这样的人说自己感到很幸福,简直让人痛不欲生。”[15]

之后,就是他拥有**还原主义**的力量,即他只须恼怒地将手指轻轻一挥,一个事物立即分解为最小分母。还原主义就是讽刺的本质,而且无论是约翰生还是像乔纳森·斯威夫特这样最伟大的讽刺作家,都养成了这样的习惯。如果我们翻阅谈话记录,就会发现在值得留意的评论中,至少有四分之一体现出巨大的还原性,甚至具有强烈的还原性。这些回答或观察已成为约翰生传奇的组成部分。对于约翰生研究学者而言,下文这件事是他们耳熟能详的几十件事情中的一件。之所以选择这件事,正是因为它对于这个主题和约翰生都不公平。关键
491 在于,这种表达习惯具有随时发生的特点,因此他时常还没来得及思考问题,就会像现成的反应一样突然作出这样的评论。这件事发生在1766年,当时哥尔德斯密斯揶揄他,称他很少去戏院看戏了。(约翰生年轻时酷爱看戏,但此时他的听力和视力都非常差。)约翰生便答道:“怎么了,先生。我们的品味大不一样了。小伙子并不关心小孩子

的拨浪鼓，老年人也并不关心年轻人找的妓女。”这番抢白迅速果断，表现出他的急躁，其中不仅仅是一件事物被还原，而是整个都受到了还原。小伙子之于妓女，就相当于小孩子之于拨浪鼓，他们与看戏的人并无区别。在谈话记录中，这样的事情会反复发生，但经常需要斟酌一番后再补充(例如上文所引用的这句评论)。

我们已经发现，这种还原主义的诱惑始终弥漫在约翰生的道德随笔文中。因此，在提到学者与科学家的专业化与封闭化时，他写道："有人通过对小瓶子通电成为伟大而又幸福的人，他们认为无谓地商讨战争与和平问题无法解决世上的纷争。”在这里，我们发现了他的讽刺习惯。或者说，针对作家、学术界、批评界乃至书评界中出现的疯狂的热情与混乱，它们都符合这样一句华丽的短语："这是具有传染性的阴谋，目的是毁掉纸张。”这种还原手法经常针对实体，而且是针对最基本的实体，甚至是针对需要填补的空间。随便打开他的随笔文，就能发现：名声，就是“**填满**他人头脑的欲望”；“用当天的新闻**填满**头脑中的空虚之举”；或者是泽菲蕾塔，她在结婚后“还不到二十四小时就花掉了她积累的所有机智隽语”。也有对缺乏变通之举的讽刺，就像是对可怜的蒂姆·兰杰的叙述(《闲人》第六十四期)，他得知笑声是在社会中取得成功的必要之举之后，力图掌握开怀大笑的艺术，但却经常因为时机不对或笑声的音量与长度不符合要求而遭到失败，最后“我终于将肌肉控制得灵活自如，成为一位深受欢迎的听众”。

此外，还有一些残忍而又具体的动词。他曾论述到习俗与熟悉感对感情的影响，还指出由于这一影响，人们年龄越大，心肠越狠(《漫步者》第七十八期)：一个人在年轻时会因为每一位朋友的逝去而柔肠寸断，但上了年纪，再看到“前不久刚逝去的朋友安息的墓地，或是他自己今后的葬身之地……”就熟视无睹了。但更多的情况下，我们能

立刻发现浓缩的抽象(这就是他的整体风格),但却通过一个出乎意料
492 的动词,使其栩栩如生并凝聚为新的组合,例如“将优雅**提炼为**急躁”。有人曾说自己在一年中的某个季节能写出更好的作品,约翰生对这种想法嗤之以鼻:“浮夸的想象。”(结果,这种模式深深地影响了他的朋友。例如,斯雷尔夫人有一次曾说,“傲慢对愚蠢的人产生了作用。”)这种效果经常近于当头一棒:对于一心要发大财的人,在他有机会“前往交易所时,脸上的神情显得自己是位大人物”;“像大人物那样皱着眉头”。在《探险者》第八十四期中,旅行者们在马车中挤在一起,他们为了用得体的礼仪相互间打气,做的第一件事就是“努力让我们的气势显得就像**大人物**一样”。或者是讽刺巴斯特尔女士,“她没有做过错事,只是生活奢靡,她除了恪守妇道之外也没有任何善行”。他还讽刺过人们“不愿意表现出开心的样子”,这种做法经常让他很恼火,因为这样的人通常认为,如果表现出不以为然的神情,就能比赞扬更显出自己高人一等:即“培养反感的力量”;“以怀疑的眼光肆无忌惮地盯着看”;“着力培养出的恶毒策略”。

在约翰生的道德随笔文和谈话中,充斥着此类焦躁、尖酸的表述,时常还掺杂着更阴暗的方面,这表明约翰生与霍布斯、斯威夫特及曼德维尔等人颇为相似:即他们发现人类的个人主义与虚荣心产生了无休止的恐怖力量,因此感到浓重的悲观。有时,这种力量是没有什么害处的。例如在《漫步者》中,一群人吵吵嚷嚷地冲出门外,来到了乡下,而来自时尚界的其他人因为错过马车而失去了乐趣,因为“在我们经过时,用产生的喧闹声提醒村庄,并接着快速赶路来凸显我们的重要性,掩盖我们的微不足道”。道德哲学家与他的听众交谈时,“他一边在证明掌声是毫无价值的,一边在这番话博得掌声之后感到极度膨胀”。但他如果发现了自私自利的个人主义,可能给予更加犀利的

抨击。比如《漫步者》第一八八期,其中描写了一位既谦逊脾气又好的人。约翰生指出,人们之所以喜爱他,纯粹是因为不会对他产生嫉妒心:"他唯一能够让他人获得快乐的力量在于,他不会打断他们的快乐",同时他还通过保持安静来藏匿愚钝,这使他的同伴认为,他之所以沉默寡言,"不是因为他不会说话,而是因为他迫切地想听别人在说什么"——想倾听**他们**的声音。(这不禁让我们想到,约翰生自己努力要做到"通情达理",他还曾意志消沉地向亨利·斯雷尔坦言,自己"在三十岁之前甚至从未想过取悦他人,并认为此举不可救药"。)但在这里,我们提到的问题主要体现于短语或单个句子:批评家之所以"尖酸刻薄,纯粹是因为他见不得别人开心;看到他人在掌声中心花怒放,他内心便产生了痛苦";"人心的狡诈"之处可能就在于,批评家其实是满足了"自己的自豪感或歹念,但**表面上却装作**追求雅致或得 493
体";"许多人仅仅是因为自己的出色之举,即可招来他人的敌意";"我们倾向于相信不认识的人,因为他们从未欺骗过我们"。还有《漫步者》第一八三期中对嫉妒的大部分论述。沙蓬夫人在与约翰生进行了一番交谈之后,"惊讶地听说这样一个人,他凭借自己的行动证明他是个乐善好施的人,并且一直认为人心天生恶毒,还认为即便有少数人**一心**向善,也都是通过理性与信仰实现的"。此外,约翰生在《苏格兰西部岛屿之旅纪行》中,也否认了人类的感情会自动或"本能地"走向善良而非沦为"恶狼"之辈。据鲍斯威尔说,麦克劳德夫人"小声地"喃喃自语道:"这位可比斯威夫特更狠哪。"[16]最后,约翰生的智慧能够洞穿生活中大量存在的伪装与自欺之举,并将其放在具体背景下,毁灭性地碾压为微不足道之事,这时便能产生长时间的爆笑声(就像在兰顿立遗嘱这件事中)。

六

但是，约翰生并没有成为讽刺作家，他也无法成为讽刺作家。据斯雷尔夫人说，他不仅对此“深恶痛绝”，而且既憎恨又惧怕，这导致他极为仇视斯威夫特，不公平地对待了这位作家。在此背景下，约翰生一生都在奋力做到性格开朗（“希望自己开心”），同时又努力遏制或压抑突然涌上心头的无名之火。这些都表明，他并不敢将讽刺的冲动释放出来，一是因为这种冲动过于强烈，但也涉及其他因素——他总是给“茫然无助的人”带来慈悲与正义。他无法见死不救。他不得不加入其中，而且正因为他想要加入其中，妨碍了他进行讽刺。

因此，无论是嘲讽、愤怒还是讽刺的抗议，总是会经历转化的过程。这种过程至关重要。我们在此过程中发现了另一种文类或另一种写作形式，其本质根本就不是讽刺，而是首先从讽刺的要素与高度警惕的讽刺智慧出发（实际上，这就是一种想象，而且怒火涌上心头时，经常是最为丰富和具体的）。但作者此后仍然能充分认识到讽刺的潜力，依然将这些潜力全都充分加以考虑，然后突然开始转身后退，向着其他目标前进。在约翰生对人性和人生所创作的伟大作品中，有
494 许多都属于一种独特的文学类型，它能够出色地体现出他的特点，这就是我们所说的“未能达成的讽刺”，或者说“失败的讽刺”。它涉及某种双重行为，即讽刺的重击眼看就要毫无偏差地命中要害，立即伸出另一只胳膊，使这一击击偏或者落空。[17]它是根深蒂固的思维习惯，因而我们在约翰生成年后的整个人生旅程中都能看到这一现象。即便在他最早的诗歌中，这一点也已初见雏形。即躁动不安的讽刺与同情心和哲学上的“距离感”产生了争斗，这在《年轻的作家》中尤为

显著。创作这首诗时,他已明白自己将不得不离开牛津大学。这一点在他三十多岁时创作的与他本人联系最紧密的作品《塞维奇传》(1744)中也反复体现,但形式相对温和。

有一个例子很有说服力,它近乎是《漫步者》随笔文的缩影。这件事发生在创作《塞维奇传》时,约翰生以他的两个自我之间展开对话的形式,总结人类的天性与命运。其中,他谈到了塞维奇唯一一部被广为接受的作品(即诗歌《私生子》)。因此,塞维奇"总是提到这部作品的销量,作为无可辩驳的证据,证明人们普遍承认了他的能力":

> 但是,尽管他并没有错失此次成功给他带来的机会,借此为自己的能力出更高的价格。对于人类对他的偏爱给予必要的尊重,他不会将自尊建立在他人身上,也不觉得人们对他的审查批评有何神圣。之后,他毫不犹豫地表明,指望公众来做出正确判断是多么愚蠢,他谈到诗学的价值为世人接受是多么缓慢。看到品味出众之人给他掌声,他心满意足,却对赞扬之外的所有意见置若罔闻。
>
> 但在其他场合,他对人类的看法更为宽容,并没有认为世人对自己作品中的美学价值视而不见,而是将作品的滞销归咎于其他原因:出版时机不好,因为当时镇上的人都不在,或者说议会中的斗争吸引了公众的注意力,或者说其他的事件分散了他们的注意力;也可能是因为出版方的推广工作不够上心,人们忽视了这部作品;还可能怪他自己过于贪婪,没有打出足够的广告。总是缺少处理问题的高超手段、勤勉或慷慨,因此除作者之外,所有人都受到了责备。

但是,他的整个语气在此之后就发生了变化,我们发现他愈发强烈的讽刺揭露之举突然消失一空,而且出现了另一个框架,开头是这样几句话:

> 495 每一个人都以某种程度来践行这种艺术,而且它使生活中产生了宁谧。通过这样的艺术,塞维奇总能与他自己和平相处。倘若他只是利用这些权宜之计来缓解自己财富或声望的损失或匮乏,或利用它们获得单凭自身能力无法企及的其他各种有利条件,人们可能就会很公道地将此作为哲性思维的示例,而且非常合理地建议普罗大众加以效仿。但他们无法像这样灵活地转移自己的想象,因此尽管苦恼很容易消弭,他们仍会受到苦恼的煎熬……[18]

"未能达成的讽刺"的形式或过程充斥了他十年道德著作的创作时期,即从《论人类愿望之虚妄》(1748)到《拉塞拉斯》(1759)这段时光,这也是它最集中体现出的形式。无论是通过这种方式,还是通过其他方式,《论人类愿望之虚妄》都成为它的原型。在文学领域中,没有一部作品能像它这样,以全景化的视角,审视了人类对财富与权力的争夺,对名望与声誉的争夺,以及人类怎样在有生之年热衷于彼此倾轧,而且篇幅浓缩得如此之精练。但是,随着人们不断地大举展开贪婪的争夺,所有人都开始呈现出某种特征。他们开始犯错,显露出弱点;无论是疾病、嫉妒还是无情的岁月,都给他们沉重的打击,将他们引入疲惫、绝望乃至最终死亡的境地。(有人想起,约翰生有时曾自言自语:"然后他就死了,可怜的人类。")如沃尔特 · 司各特所说,通过这种古怪的"讽刺"手法,即便是鄙视感伤诗歌的人也禁不住泪水夺眶而出。此外，它通过深厚的同情心和广泛的理解来消融讽刺，弱化它嘲弄的力度。这一点同样适用于约翰生四十多岁时写的散文作品（自《漫步者》开始）。我们看到它在“讽刺肖像”中体现得最为明显，经常掺杂着同情或谅解的理由（例如，在《漫步者》第七十三期中，年迈的谄媚者一心追求遗产，他最终得到了这笔钱，但长期养成的这个习惯已永久地腐蚀了他，“欲壑难填的毛病早已根深蒂固”，使他在当下无法幸福地生活）。

但是，在直截了当的说明文中，也存在戏剧性的思想与表达。它们总是从还原性的转变为解释性的，并最终接近于道歉之举。在我们此前引用的急燥简短的词组中，它们几乎都不仅限于发挥补充作用。例如，“有人通过对小瓶子通电成为伟大而又幸福的人”，能说出这句话的人本身就对科学产生了浓厚的兴趣，唯有过去三百年来的少数人文学家方可与之媲美。对“名誉”（社会、思想或其他任何层面）的渴求与争夺，都反复受到嘲弄。有时是在肖像描写这样的具体例子中， 496
但更经常性地体现在某些语句中：年轻人认为，每个接近自己的人都必定“不是崇拜者就是密探”，但真相却很残酷——压根就没有人想到过他们。举办讲座的人十分痛苦，对自己是流芳千古还是臭名昭著忐忑不安，担心这悬系于讲座中每一个音节，实际上他所说的一切很快就会被人遗忘。在《漫步者》第一四六期中，作家在作品出版之日，怀着忐忑的心情走出门外，来到咖啡馆。他仿佛微服私访的国王，想探听人们对于这部著作如何评价，他已准备好以斯多葛主义或过人的雅量来对待任何批评意见。但他后来发现，人们甚至都没有注意到这部作品的问世。但是他很快就找到了理由，至少也属于解释：每个人都需要向自己掩盖自身的微不足道，而这种需要注定是一场失败的奋斗。事实很残酷，无论是过去还是现在，对于大部分人而言，他们都只有很少的时间来关心他人的“声誉”——约翰生提醒我们，他们关注的是如何找到捷径谋取新的财产，抑或是努力避开预计要降临的某些灾难。因此，人类的嫉妒心产生了邪恶，人类的兽性随时准备将他人摧垮，这在幸灾乐祸中（因此这是最邪恶的）体现得最为突出，它伪装良善或“坚守原则”却本质邪恶。如果人们不能一直通过理性或宗教信仰将其“纠正”，它就会成为人类日常生活中大部分焦虑与苦难的根源。但是（约翰生在《漫步者》第七十六期中得出这一结论），“人类堕落到不仅要欺骗全世界，还要欺骗他们自己，通常人类本意并非如此……”

从《莎士比亚作品集前言》一直到《诗人传》，约翰生后期的著作都十分伟大，其原因之一在于这是他思想的产物，也是他历经峥嵘岁月的心血之作。多年以来，这种产物始终对他产生某些最强大的诱惑，引诱他对一切主要的智慧展开嘲讽，同时还要超越它们。这还解释了为何他的谈话产生了戏剧性魅力，因为一方面，他缺乏耐心，简括，善于运用反证法展示种种荒唐之处，这些特点相互作用。另一方面，他还能够共情，体谅，慈悲，品味，以及迫切想学会“开朗”等特点。

我们一直注意到一个有趣的问题，不仅它本身很有趣，而且我们发现这是约翰生整个思想中最形象的例子：这就是思想的习惯，我们
497 姑且称其为“三向联想”。原先出现的是“双向联想”，即在两种不同的经验框架之间跳跃或将其合并。心理压力会进一步促使他去公开作出嘲讽，但即便不考虑这种压力，“双向联想”的过程仅凭其不可预测性，就能将熟悉的事物变成新的事物，这一过程已涉及某种幽默或睿智。托马斯·泰尔斯曾评论称，约翰生“以**最新颖的**方式道出最司空见惯的内容”，他指的就是这种表现。但是，他还提到其他方面：在

更深入的心理过程中，各种视角原先就混杂在一起，并早已通过我们忽视或遗忘的各种要素，令我们惊讶不已，此时又加上了来自其他经验矩阵的考虑因素，这些只能称为“道德”。也就是说，与人类的境况有关——与人类的希望与恐惧有关，与价值、目的或目标有关，与人们对“人类命运”从未忘却的共同认识有关，也与人类在思考具体的行为与生活方式时产生的无休止的现实紧迫性有关。

正是这种完整的过程，总能使约翰生令人耳目一新的**本质主义**浮现出来，这是他的“常识”的奥妙所在。之所以说令人耳目一新，是因为它总是通过新的背景与我们扑面而遇。如雷诺兹所言，它涤荡了人们的思想，“清除了大量的污物”，同时还使我们回到了根本性的方面，从而释放了人类的灵魂而非将其禁锢。

七

我们在本章中所讨论的问题，给约翰生的个人生活带来一个副产物，这就是约翰生感人至深的不竭的抗争，它力求实现的目标与幽默迥然不同，且经常与之相龃龉，这在他刚迈入花甲之年时尤为显著。这就是“通情达理”一词所表示的各种品质的集合，意指“性格温良”。早在二十五年前，他就在《漫步者》中将其定义为“一种**开朗的习惯**；一种持久的、多年形成的举止**温和**，**很好**相处，并且性情温良”。如果没有这一点，“学问与勇敢只能带来优越性，并使沙漠中的狮子内心膨胀，它会咆哮但却无人理睬，也会大肆破坏但却无人可挡”。[19]

对于我们大多数人来说，“通情达理”或“性格温良”通常包含了各种品质，理所当然也包括“幽默”本身，如果包含了幽默，脾气通常会好得多，而且其中也可以（并非必需）包括同情心或类似特点。但超过

498 了某个临界点，“幽默”与“同情心”从理论上说都开始违背或削弱“好脾气”，这在约翰生看来尤为明显。因为，“幽默”与“同情心”从定义上说都属于对现状的抗议，也是通过默许或开朗的不以为然来拒绝接受现状，只不过两者方式不同。在他看来，最难以培养的品质之一自然就是像这样微笑着接受，至少要在内心消弭抗议的情绪——这甚至比让自己学会“屈从于”上帝的意志并在这种“屈从”中寻找“倚靠”更加困难。他过去时常提到这一点，这时他可能体会到了真正的苦涩，就像他曾焦躁地说，“通情达理”本质上属于负面特征，这样的人既没有智慧也没有善德，但正因为缺少这两个优点，也打消了旁人的妒忌心，“之所以让别人感到开心，主要是没有冒犯到他们”。但其中同样也存在绝望之情，他曾向亨利·斯雷尔坦言，自己“在三十岁之前，从没有努力去讨好别人，也对此不抱希望”，这一幕感人至深。[20]

其实，约翰生在被迫离开牛津之后，无论在头五年的生活中遭遇了多少苦难，他从未丧失对他童年时期榜样的钦佩与怀念，这就是谈笑风生、性格随和的小科尼利厄斯。在这五年里，他的生活似乎始终是为了保持精神正常而展开奋战。在此后的岁月中，无论格拉布街的漫漫奋斗之旅多么残酷，他依然没有放弃这一信念。即将迈入花甲之际，他已从第二次心理崩溃中康复，此次崩溃持续了至少两三年，也是他人生中的一段黑暗时期。他又一次力图更加努力地实现“通情达理”。这是一种飘忽不定的品质，斯雷尔夫人曾对她所结交的朋友的各项特点给过评分，无论约翰生在“幽默”这一项的得分有多高，他在“性格温良”这一项只得了“零分”。另一方面，约翰生与斯雷尔一家的生活结束之后，便开启了自己的新生，但无论从中获得的帮助有多大，他依然能感受到，他在中年以前养成的大部分习惯都与这一理想产生了不可调和的冲突：他具有攻击性，经常只能将这种情绪引向自身方可将其控制;他还养成了“谈论胜利”的习惯;他本能地倾向于直面生活中的种种痛苦,充分强调其中的方方面面并时刻将其铭记;他还具有防御性的情感,即“凡事预则立”。但是,这并不是他度过一生的方式,因为他还有另一个自我始终持不同的观点。在他中年之后,我们越来越多地发现他会不顾一切地反对这些习惯,这种情绪在《诗人传》中迸发出来。当时他提到了斯威夫特,称:“人们既不爱戴他,也不嫉妒他。他似乎将一生都浪费在宣泄不满上,即他的自尊心由于受人怠慢而怒火万丈,也因为愿望未能得到满足而心生苦楚。”[21]对于约翰生来说,斯威夫特始终是令他心生畏惧的榜样,是他竭力避免效仿的对象。

上文提到了约翰生思想中养成的各种习惯。他清楚地认识到,对他 499
自身的幸福而言,最危险的是一种根本性的习惯,主要由它来维系其他习惯——这种习惯四十多年来一直根深蒂固,即他在内心的想象中认为人类生活普遍都是不幸的,一方面是为了削弱或压抑任何嫉妒他人的诱惑,另一方面也是为了控制对他人的攻击性,并认识到他们同样也是脆弱的。但最重要的是,此举是为了让自己再也不会受到愚弄,再也不会猝不及防,再也不会像二十出头时那样忍受种种恐怖。他在道德随笔文中一次又一次地努力控制这种“预见邪恶”的习惯。他意识到,如果放任这种习惯发展,就会产生危险的影响,他还力图将它替代为“开朗的习惯”。但长期以来,这种习惯与他自身对身份和自我保护的认识联系过于紧密。此时,他已是苍髯皓首,倘若人们在言谈中对生活中的邪恶表现得不以为然,他依然会暴跳如雷,我们已经注意到这一点。但有一次,他的这种举动即便没有遭到失败,也受到了阻击。据雷诺兹小姐说,有一天,他又开始宣称“人生的痛苦与悲惨远远超过了幸福与美好”。此时,他舒舒服服地坐在椅子上,周围的人也都很友好,他们都很讨人喜欢。在场的一位女士无疑也认识到了这一点，便很客气地问他，“他是否不允许将**我们常见的轻松**包含在幸福与美好之中”。一听这话，约翰生“显得**十分尴尬**（他很少出现这种情况），他给出了肯定的回答，并且立刻站起身来，免得人们对号入座”。[22]

由于约翰生的品味与幽默，也由于他的勇气和坦荡的心胸，他并未出于自卫而远离“知足常乐”——他认为这是好秉性的精髓。他不仅希望能够理解它，而且无论他的脾气多么顽固执拗，他依然要追求这一理想。这就是他当年在性格形成期产生的理想，他始终对这一理想展开慎重、激烈、迫切的思考，而且对它的珍视几乎超过了人类其他任何品质。

注释

[1] 西格蒙德·弗洛伊德：《诙谐与潜意识的关系》（莱比锡，1905），尤其是第七章，页7-8，以及之后发表的论文《论幽默》（1928），见《论文集》（纽约，1950），第五卷，页215-221。

[2] 亚瑟·库斯勒：《创造的行为》（纽约，1964），页96。

[3] 赫斯特·皮奥齐：《已故塞缪尔·约翰生轶事录》，见《约翰生杂录》，第一卷，页345、269、287。《约翰生杂录》，第一卷，页452。约翰·霍金斯爵士：《约翰生传》，页257。鲍斯威尔：《伦敦日记》，页260。《赫斯特·林奇·斯雷尔夫人日记……1776-1809》，第一卷，页329-330。

[4]《约翰生杂录》，第二卷，页366、19。

[5] 鲍斯威尔：《约翰生传》，第二卷，页363、463、187；第四卷，页193。赫斯特·皮奥齐：《已故塞缪尔·约翰生轶事录》，见《约翰生杂录》，第一卷，页289。《鲍斯威尔的赫布里底群岛之旅纪行》，页147。赫斯特·皮奥齐：《已故塞缪尔·约翰生轶事录》，见《约翰生杂录》，第一卷，页286、207。《约翰生杂录》，第二卷，页268。

[6]《漫步者》，第一九四期。鲍斯威尔：《约翰生传》，第三卷，页191-

192，页410；第四卷，页286；第二卷，页88–89；第四卷，页73。

［7］赫斯特·皮奥齐：《已故塞缪尔·约翰生轶事录》，见《约翰生杂录》，第一卷，页287。《约翰生杂录》，第二卷，页164。《鲍斯威尔的赫布里底群岛之旅纪行》，页121。约翰·霍金斯爵士：《约翰生传》，页257。

［8］《鲍斯威尔的赫布里底群岛之旅纪行》，页357。《达尔布莱太太日记与书信》，第一卷，页211。《约翰生杂录》，第二卷，页396。

［9］《鲍斯威尔的赫布里底群岛之旅纪行》，页226。

［10］赫斯特·皮奥齐：《已故塞缪尔·约翰生轶事录》，见《约翰生杂录》，第一卷，页345。鲍斯威尔：《约翰生传》，第二卷，页231。

［11］鲍斯威尔：《约翰生传》，第二卷，页260–262。

［12］赫斯特·皮奥齐：《已故塞缪尔·约翰生轶事录》，见《约翰生杂录》，第一卷，页260。

［13］《鲍斯威尔的赫布里底群岛之旅纪行》，页211–212。

［14］威廉·海兹利特：《与诺斯科特的谈话》，《作品集》，第十一卷，页265（关于约翰生对奥佩所说的话）。《达尔布莱太太日记与书信》，第一卷，页101–102。

［15］赫斯特·皮奥齐：《已故塞缪尔·约翰生轶事录》，见《约翰生杂录》，第一卷，页335。

［16］赫斯特·M. 沙蓬：《遗作》，第一卷，页73。《鲍斯威尔的赫布里底群岛之旅纪行》，页170。

［17］本章这一节中总结的示例均来自另一篇文章中的详细论述。这是笔者为《十八世纪研究：纪念唐纳德·F. 海德》（页145–160）所写的《约翰生与未能达成的讽刺》。

［18］塞缪尔·约翰生：《诗人传》，第二卷，页379。

［19］塞缪尔·约翰生：《漫步者》，页72。

［20］同上。赫斯特·皮奥齐：《已故塞缪尔·约翰生轶事录》，见《约翰生杂录》，第一卷，页318。

［21］塞缪尔·约翰生：《斯威夫特传》，《诗人传》，第三卷，页61。

［22］《约翰生杂录》，第二卷，页256。

第二十八章　晚年的幸福时光

一

500 自从迈入花甲之年，约翰生就开始度过一段晚年的幸福时光(Indian summer)。他已有六十五岁(1774 年)，这正是这段时光中最快乐的时刻。莎士比亚曾说过，“夏季时光匆匆，总是如此短暂”，晚年的幸福时光更加短暂。但即便是须臾间的快乐，对于约翰生来说都更加辛酸。他从来没有感受过这样一个夏天，至少没有体会过这样的个人快乐。

然而，无论他人生中这段时光多么短暂，它始终都为约翰生的生命带来了永恒的品质。如果说约翰生从五十多岁到去世的这段时间谱写出“约翰生传奇”，那么从他六十多岁到接近七十岁这段时间则是“传奇中的传奇”。在数百万人的想象中，约翰生的形象始终是端坐在酒肆中或斯雷尔家中，对一切话题都侃侃而谈。他所说的每一句话都将被反复引用，这俨然是历史上最翔实的谈话集，而且每年都会出版各种书籍，介绍他的这一段人生。

二

斯雷尔夫人说:“他热爱穷人。他有一种真切的渴望,想要让贫穷的人获得幸福,我从没有见过别人像他这样。有人曾说,如果施舍给普通的乞丐半便士,意味着什么呢?他们只会用钱去买烟买酒。(约翰生说:)‘为什么不准他们享受到生活中的美好?如果将他们通往快乐的道路全都堵死,并认为他们的快乐过于粗鄙而无法接受,这必定是野蛮之举。**生活就像一粒药丸,如果没有包上糖衣,我们中间就** 501
没有人能够忍受咽下它的苦涩……’”

她接着又说,约翰生正因为此,多年以来“在他家中收留了一大群人。其中有腿脚不便者、盲人、病人,还有伤心欲绝的人,他们都找到了一片安稳的乐土,躲避种种不幸。而他保护这些人所凭借的就是他那微薄的收入”。有一位女士曾问约翰生,为什么一直要给乞丐布施财物,他深有感触地答道:“夫人,我这么做是为了让他们有能力**继续**乞讨。”斯雷尔夫人曾对粥岛大街(这条街布满了面向穷人的廉价“小餐馆”)传来的难闻气味很是鄙夷,约翰生便忍不住斥责她:“亲爱的女士,有好几百名你的同胞都不得不绕道而行,这样他们就不会受到粥岛大街的奢侈生活所诱惑了,因为他们连这种生活都可望而不可即。”离开家门时,他会把口袋里的所有银币都施舍给守在他门口的穷孩子们。多年以来,每当他走在深夜回家的路上,他同样会给露宿街头、靠行乞为生的孩子施舍个把便士,这样他们早晨就能买饭吃。[1]

与以往相比,约翰生此时的家更像是贫困潦倒之人与年老体弱之人的收容所。这些年来,除了偶尔有些人员流动,他的家中始终收留六到八位食客,其中有两位年迈的佣人,他们只干一些轻活,差不多相当于在这里颐养天年。无论是从年龄还是从声望上说,名列翘楚者都非双目失明的安娜·威廉姆斯莫属,她比约翰生还要大几岁,是这座房子的女管家兼总管。莱韦特先生是“下等人中默默无名的医师”,即便在七十高龄上,他依然每天跋涉数英里,去给伦敦的穷人看病。据斯雷尔夫人说,他住在这所房子期间,会担起住家医生的责任,为“整条船上的人看病”。[2] 与以往一样,为人木讷寡言的莱韦特坚持在每天中午之前回到家中待一会,陪约翰生一起吃早饭。两人一般是静静地坐在一起,很少交谈,甚至毫无交流。莱韦特会给约翰生和自己分别泡好茶,而约翰生则穿着随意,准备好迎接新的一天。到了下午和晚上上床之前,约翰生会拘谨地与威廉姆斯小姐一同品茗。无论多么晚,她都会等待约翰生到来。与莱韦特和威廉姆斯小姐在一起时,特别能让约翰生感受到家的温馨,他与两人都已有二十多年的交情。这两人虽然有过争斗,但表面上已经和好,并将矛头对准了新来的食客。
502 与此同时(1776 年 3 月),约翰生搬到了他最后的家中,位于舰队街附近的博尔特胡同 8 号。这座别墅后面是一座小花园,他很喜欢在这里给花草浇水。威廉姆斯小姐住在一楼,莱韦特先生则住在顶层。

若是按照威望来排序,食客中仅次于威廉姆斯小姐与莱韦特的是德穆兰先生的遗孀,很久以前她名叫伊丽莎白·斯文芬,是约翰生妻子的闺蜜。约翰生即将迈入不惑之年时,曾因为妻子泰蒂不愿与自己行周公之礼,而试探性地想与她关系更进一步。德穆兰夫人已是花甲之年,不久前刚来投奔约翰生。她负责管理厨房,却令莱韦特深恶痛绝。莱韦特经常会向约翰生打小报告,称厨房“现在早已今非昔比”。约翰生除了要为她提供膳食和住宿,还给她每周半个金币的零花钱,这在当时可是很大一笔钱。她还成功说服了约翰生收留她三十开外的女儿。此时,家中已是拥挤不堪。用鲍斯威尔的话来说,他刚一到伦敦,“就得知原先分配给我的房间现在已用于慈善。德穆兰夫人,我认为还有她的女儿,再加上卡迈克尔小姐,全都住进来了!”[3]

波尔·卡迈克尔十分神秘,人们几乎可以肯定她是个娼妓。一天深夜,约翰生发现她病恹恹地躺在街上,动弹不得。对于这名娼妓,我们只知道德穆兰夫人曾在约翰生逝世后,不指名道姓地告诉鲍斯威尔,约翰生当时十分怜悯她,将她扶起来,背回家中,悉心照顾,一直到她康复。他照顾了“很久,花了很大一笔钱”,想方设法要“让她走上洁身自好的人生道路”。无论何时,只要斯雷尔夫人想去探听她的底细,约翰生都会三缄其口,如果她确实是娼妓,此举也就说得通了,他担心斯雷尔夫人会歧视她(即便如此,斯雷尔夫人可能还是打听到了真相,因为在她未出版的日记中提到波尔时称“他管这个娘们儿叫波尔”)。根据约翰生所写的一些信件,我们了解到波尔曾希望继承父亲的财产,但却被剥夺了继承权,于是约翰生请来大名鼎鼎的钱伯斯为她打官司,后来又请来已从事法律行业的亚瑟·墨菲。但是毫无成效,她始终寄住在约翰生家,住着他的房子,享用他提供的膳食,还从他那里领零花钱。[4]

争吵已成家常便饭,德穆兰夫人与波尔到来之后尤为严重。(约翰生在写给斯雷尔夫人的信中说:“威廉姆斯厌恶所有人。莱韦特讨厌德穆兰夫人,也不喜欢威廉姆斯。波尔和所有人都处不来。”)据斯雷尔夫人说,约翰生经常害怕回家,“因为他可以确定,自己还没走进家门,无休无止的抱怨就会扑面而来……他无论对谁好一点,都会引 503
来其他所有人的不满”。但如果斯雷尔夫人认为他们不知好歹,他立刻就会找理由为他们开脱,还会说:“我一遇到从未经历过的情况,就不知道如何处理是好。”据霍金斯说,曾有人追问他为何要一直接济他们,他的回答是:“如果我不帮助他们,就没有人会伸出援手,他们就会饥寒交迫。"有时矛盾激化到顶峰，他也会加入其中，想方设法将这一幕转变为一场喜剧。范妮·伯尼在日记中曾记录了在斯特里汉姆举行的一场讨论（1778 年 9 月），麦考莱曾将约翰生的食客们称为"动物园"，斯雷尔夫人想让约翰生谈谈对此的看法，他就用戏剧口吻描述了他们之间的明争暗斗，还介绍了德穆兰夫人所负责的厨房是多么混乱。斯雷尔夫人接着又让他谈谈波尔是怎样来到他家中的，但他守口如瓶：

> 斯雷尔夫人："但先生，请告诉我您提到的波尔是谁。以前她与威廉姆斯夫人争吵时，您不是站在她一边的吗？还大喊：'波尔，再反击呀！波尔，别害怕！'"
>
> 约翰生博士："哎，我起初也非常喜欢波尔，但深入了解她之后，就不这么认为了。"
>
> 斯雷尔夫人："先生，您是怎么认识她的？"
>
> 约翰生博士："哎呀，我记不太清楚了，但我们可以对她多多包涵。波尔是个没头脑的骚货；我一开始对她还抱有希望，但等我开诚布公地对她说了一番严厉的话之后，我就没法理解她了；她摇摆不定，我无法劝说她明确表态。我希望伯尼小姐也能和我们住在一起，如果她和我们住上一个星期，我们就能给她提供充足的素材，足够她在下一部作品中写出一个新的场景［这部喜剧就叫《偷奸耍滑之徒》（*The Witlings*）］。"[5]

弗兰克·巴伯在家中拥有特殊地位。1752 年，约翰生的好友理查德·巴瑟斯特将巴伯托付给他。此时，巴伯年龄在三十岁开外，他表面上是仆人，实际上是约翰生的随扈（他只做了很短一段时间），给他当门房,在约翰生举行正式宴会时随侍于左右,还负责采办家计物资。约翰生几乎将他视为己出,因此其他人对他也十分恭敬,但威廉姆斯小姐除外。她一直对约翰生为他花的三百英镑耿耿于怀,不停地埋怨"弗兰克玩忽职守",弗兰克也向约翰生抱怨"她对自己颐指气使,而且待他苛刻得不可理喻"。1776 年,他娶了英格兰姑娘贝特茜,夫妇
俩一度搬出去住在附近一座房子中,以免与威廉姆斯小姐产生摩擦。 504
她去世之后,二人才带着襁褓中的两个女儿搬回来。约翰生过世后,两人的第三个孩子诞生,他后来成为斯塔福德郡著名的卫理会牧师。[6]

最后,至少还有两人是真正的佣人。威廉姆斯小姐有一名女佣,她也许是约翰生之妻在二十五年前托付给她的苏格兰女佣。另一位是"可怜的怀特夫人"(斯雷尔夫人曾在日记中无情地这样称呼她),她是一位年迈的妇人,担任管家。约翰生总是特别在意他手下人的感受。例如,他养的猫叫霍奇(Hodge),它年事已高,一副病恹恹的样子,除了牡蛎之外什么也吃不了。他总是亲自出去给这只猫买牡蛎,确保弗兰克"发现使唤自己去伺候动物之后,敏感的内心不会受到伤害"。[7]

三

介绍完约翰生人生的这一面之后,就要介绍与之相应的一些内容。他每周至少花一半的时间和他的"另一批家人"在一起,这就是斯雷尔一家。他们相聚的时间是每周从周一晚上或周二上午一直到周五。此外,他还与好友在酒肆与各种聚会中高谈阔论。

俱乐部起初只有九位同仁(1764 年),此时规模已有所扩大。

十八世纪六十年代,珀西主教、罗伯特·钱伯斯及戏剧家乔治·科尔曼加入。七十年代,大卫·加里克,当时全欧洲最伟大的语言学家威廉·琼斯爵士,亚当·斯密,爱德华·吉本(此前他申请入会一直被拒),戏剧家理查德·布林斯莱·谢里丹,英国最著名的两位政治家查尔斯·詹姆斯·福克斯与威廉·温德姆,以及著名的自然学家约瑟夫·班克斯爵士加入俱乐部。(同时也失去了一位重要成员,哥尔德斯密斯于 1774 年 4 月不幸去世。)1773 年,会员人数已扩大到二十人。1777 年增至二十六人,1778 年增至三十人,1780 年增至三十五人。*
505 1772 年,俱乐部的召开时间由周一改为周五,并由每周举行改为每两周举行一次。主席由每名成员按音序轮流担任。约翰生始终认为,无论是什么组织,要维持正常讨论,成员人数最多九人。否则谈话就必然分为各个独立的小组进行,就像是大型宴会一样。随着俱乐部规模扩大,加上约翰生失聪愈发严重,他参加的次数逐渐减少。

即便如此,约翰生依然通过其他方式与俱乐部的好友见面,有时是在好友家中,有时是在双方共同的朋友家中,有时也在博尔特胡同的家中,还有时在斯雷尔夫人家中。鲍斯威尔的名著记录了其中一些社交场景,尽管部分原因可能是他觉得记录俱乐部中的谈话更受限制。讨论有时会火药味十足。最典型的莫过于在帕欧里将军家中的

---

* 除创始的九名成员之外,很方便就能查找到约翰生去世前俱乐部所有成员名单。各位成员的加入日期如下:塞缪尔·戴尔(1764 年),珀西主教与罗伯特·钱伯斯(1765 年),乔治·科尔曼(1768 年),加里克、威廉·琼斯爵士、鲍斯威尔、查尔蒙特伯爵及阿格蒙德珊·韦谢伊(1773 年),C. J. 福克斯、吉本、查尔斯·班伯里爵士、乔治·福代斯及乔治·斯蒂文斯(1774 年),亚当·斯密及后来任利默里克主教的托马斯·巴纳德(1775 年),约瑟夫·沃顿、R. B. 谢里丹、阿什伯顿爵士、上奥索里伯爵及理查德·马利(1777 年),约瑟夫·班克斯、威廉·温德姆、威廉·斯科特爵士及斯宾塞伯爵(1778 年),圣阿萨夫主教乔纳森·希普利(1780 年),埃德蒙·马龙、托马斯·沃顿、艾略特爵士、理查德·伯克及卢肯伯爵(1782 年),威廉·汉密尔顿爵士、帕默斯顿子爵及查尔斯·伯尼。[8]

宴会，大家论证着喝葡萄酒的好处，但约翰生已经戒酒很长时间了，他认为所有喝了葡萄酒的人都是醉汉，最后朝着雷诺兹大吼：“先生，我不会再和你争辩了。你喝得太多了。”（而雷诺兹一句话就让约翰生无地自容。他说：“先生，假如我像您刚才一样说话，我也会同意您的观点。”）[9]

至少有一个场景值得赘述，尽管它很长，却能说明在一场争论中，可能出现戏剧般的跌宕起伏。在珀西主教举办的一场宴会中，约翰生称赞了托马斯·彭南特的《苏格兰之旅》。珀西喜欢将自己幻想成诺桑伯兰郡珀西家族的亲戚，并私下里对他们产生了好感，于是他很痛恨彭南特，因为后者在提到奥恩威克城堡和珀西公爵的游乐场时大不敬。“因此，他迫不及待地对约翰生的观点表示反对”：

> 约翰生：“彭南特在提到奥恩威克时，说出了他的心里话，这让你非常气愤。”珀西：“他说花园是修剪过的，这使它看上去就像是平民百姓家的花坛一样，但它其实是一个巨大而又漂亮的草坪，里面还有鹅卵石小路。”约翰生：“先生，据你所说，彭南特说的并没有错。花园经过了修剪。这里的草坪修剪得很短，而且鹅卵石很光滑？难道没有修剪过吗？花园的大小与之无关，不管是一英里，还是一平方码，一样经过了修剪。你的说法让我想到了寻常百姓家举办的重要宴会，上的是两份烤牛肉，两份布丁。没有
> 什么花样，没有在地面布局上下功夫，也没有栽培树木。”珀西： 506
> “他假装介绍诺桑伯兰的博物志，但却没有注意到那里最近栽种了大量树木。”约翰生：“先生，这与博物志无关，这属于市民社会史。人们在介绍橡树的博物志时，并没有讲述这个地方或那个地方栽种了多少棵橡树。人们在介绍奶牛的博物志时，也没有介绍

伊斯灵顿有多少头奶牛供人们挤奶。无论是在帕克还是在伊斯灵顿挤奶,奶牛都是一样的。”珀西:“彭南特介绍得并不怎么样;就连洛蒙德湖边的挑夫都能比他介绍得更好。”约翰生:“我认为他介绍得非常好。”珀西:“我在他之后曾去那里游览过。”约翰生:“我在他之后也去那里游览过。”珀西:“亲爱的朋友,但你的视力很差,没有我看得那样清楚。”我对珀西博士说话如此直白而感到惊诧。约翰生博士当时一言不发,但他心中的怒火愈发猛烈,即将爆发。过了一小会,珀西博士又说了一些贬损彭南特的话。约翰生(尖锐地)说:“这就是一个心胸狭窄的人所散发出的怨恨感,仅仅是因为对方并没有发掘出诺桑伯兰的一切事物。”珀西察觉到这句话的攻击性,便说:“先生,你这话可就有些过分了。”约翰生:“先生,住口! 不要说我过分,别忘了,先生,你刚才就说(他开始怒不可遏地宣泄怒火)我视力不好。我们之间已经没有什么仁义可言。就让我们放肆地过分吧。”珀西:“我以我的名誉担保,先生,我压根就不想冒犯您。”约翰生:“先生,我看未必如此,因为我觉得你就是个不讲文明的人,所以我也不打算讲文明了。”珀西博士站起身来,快步走到他面前,握住他的手,满怀关切地向他保证,自己的意思是受到了误解。经过这一番解释,两人立刻冰释前嫌。约翰生:“亲爱的先生,我希望你能立刻绞死彭南特。”[10]

四

与以往相比,如今约翰生已经实现了他十五岁时的理想(也许是因为约翰生此时已经非常出名,有更多的人乐于记录他的谈话),当时是他崇拜的科尼利厄斯·福特促使他产生了这一理想,即“对每一门学科掌握一些普遍性原则”,以便“抓住知识的主干”并“了解百科知识”,然后在谈话中效仿小科尼利厄斯本人,他可以将这些作品中的精华很自然地注入我们的社会,仿佛“将一瓶葡萄酒注入醒酒器一样”。如果说小科尼利厄斯开朗的天性依然是他可望而不可即的理想,那么约翰生在机智与幽默方面远远超过了他的榜样。而且他涉猎极广,远在小科尼利厄斯之上。此时,约翰生获得了第二个博士学位(1775 年 3 月),这次是牛津大学颁发的民法学博士学位,这个学位在三十年前 507
曾令他望眼欲穿,如果当时获得了这个学位,他就能实现长期以来的梦想,即进入民法律师协会从事民法工作。但他依然称自己为约翰生“先生”,他也没有迫不及待地向朋友炫耀文凭,他认为此举过于轻浮,但这张文凭显然让他十分开心。[11]

早在他们一同前往赫布里底群岛旅行之前,鲍斯威尔就已经发现,无论是文学、语言、哲学、神学、心理学、医学还是历史,没有哪个领域是约翰生不能立刻阐述一番的(人们认为约翰生反对“历史”,但这只是他摆出的姿态,一是企图借此提醒自己和他人,我们是“自由主体”而非历史的被动产物,二是要抨击历史学究)。对于法律领域,约翰生已经对鲍斯威尔口述了第一篇诉状,以便他用于开庭审理案件时的辩论,约翰生后来又给他口述了许多篇诉状。但只有在鲍斯威尔日复一日地观察约翰生,也就是他们前往苏格兰高地与赫布里底群岛旅行期间,他才充分体会到约翰生其他友人的看法,即约翰生对科学、对“有用的艺术”、对实用的行业都积累了渊博的知识。我们注意到之前的一个例子,并且还能再增加几个:“他今天上午给我们讲述了造币的整个过程,晚上又给我们介绍了酿酒的整个作业过程”,麦奎因先生说得很清楚,他听到第一场讲解时,他以为约翰生从小是在造币厂长大的，但等他听到第二场时，他便认为约翰生是“酿酒厂里长大的”。在乔治堡，他与军官们详细交谈了黑火药的制造过程，之后，他受到良心的谴责，觉得自己的谈吐过于“哗众取宠”。或者是：“昨晚，约翰生先生给我们讲述了制革的整个过程，牛奶的性质，以及从牛奶中提炼乳清的各种方法……”鲍斯威尔此时竭力要（他想以此作为实验）将约翰生引到一个话题上，他认为这个话题距离一个诗人或哲学家最遥远，这就是“屠夫的行当”，但却发现约翰生尽管“畏惧屠宰行业”，仍然能详细地介绍一番。[12]

在文学史上，有三四位最伟大的批评家能为牛津大学威廉·布莱克斯通讲席的继任者写出法律讲座，或者能口述法律诉状，并能让诉状在英国上议院和苏格兰最高民事法院中诵读，约翰生就是其中之一，这也许并不让人过于惊讶。但有一点更令人惊讶，他竟然还能在皇家文艺制造商业学会面前大谈机械，并引发人们的景仰之情。该学会关注将科学运用于实际工作，也是英国在这一领域的主要团体。但
508 其实在此之前，他就已经在该学会的至少五个委员会中担任委员。其中一个委员会的委员是本杰明·富兰克林（1761 年），约翰生曾深入模仿过他的电学实验，他们首次见面是在 1760 年，当时两人都参加了一个慈善组织的活动。发明家理查德·阿克赖特爵士称，“自己发明出的最复杂的机械，也只有约翰生，只看上一眼就能弄明白它的原理与威力”——他指的是自己著名的纺纱机（我们在上文中曾提到，很久以前，约翰生就曾资助过路易斯·保罗，而保罗在阿克赖特之前就发明出了纺纱机）。到了晚年，约翰生更加刻意地努力通过“新的图像”和“新的话题”来防止自己“停滞不前”。他很少夸奖自己的任何品质，但有一次，他忍不住承认：

> “我很重视我自己的这个品质，也就是我的谈话中没有丝毫暮气。我现在已经六十八岁了，可我还是像二十八岁时那样充满朝气……斯雷尔夫人的母亲有句对我的评价让我很是受用。当时一位牧师曾抱怨说在乡下缺少社交活动……还说：‘他们谈论的都是小牛犊子的事情。’（索尔兹伯里夫人说：）‘先生，要是约翰生先生的话，他就会学着去谈论小牛犊子’”……他又补充了一句：“我认为我非常懂礼貌。”[13]

关键问题并不在于他拥有详尽的知识（但这一点也表明他学识渊博），而是他能够找出事物之间的联系，能够将人类的经历作为整体看待，能够还原到核心的前提和价值观，也能够将细节作为一种阐述整体思想的手段加以运用，每个听过他谈话的人都会承认他是这个时代最天资卓著的讲演者。例如，伯克也许是英国议会历史上最伟大的演说家，即便他的演讲稍逊于雄辩，但在语言和思想的丰富性方面无出其右。而且他同样擅长私下的谈话。每个人都知道他有天晚上向贝内特·兰顿说过的一番话。当时伯克谈论的话题是他最熟悉的，而且他在这个问题上的见解无人可媲美，但约翰生却“以最高明的方式”对此反复论证。伯克在回家的路上说，约翰生“非常伟大”。兰顿表示赞同，但又补充说，他情愿去“听一听另一个人的谈话”，他指的“另一个人”就是伯克。但伯克说：“非也。我能给他提鞋就不枉此生了。”[14]

五

另一方面，在约翰生去世后，对他的**思想**（即他作为人类灵魂的导师，后人可以从他身上获取勇气和智慧）伤害最大的就是他作为谈话 509

大师的名气。作为一流的谈话大师,他给人们留下了充满戏剧性的情景,这比起他的其他任何方面都更吸引人,也使人们忽视了他的著作,只关注这一方面。无论这个方面多么吸引人,多么生动独特,都导致他作为人类经历的参与者所具有的意义与价值遭到极大的削弱,只是到了我们这一代人,才最终重新发掘他的真正伟大之处。

到了十九世纪,人们用谈话大师约翰生的概念取代了他的著作,并从鲍斯威尔那里引用了大量谈话内容,同时也从斯雷尔夫人那里引用了一些。这些与约翰生的著作相比,在知识内容上必然更有局限性。即便他谈话中的所有内容都被记录下来,结果亦是如此。他始终认为,无论是哪一位作家,如果要了解他最精彩的言论,理所当然地要到他的著作中寻找,否则这位作家的作品就不值得一读。但是,如果人们想要记录他的言谈,就只能在谈话结束后再将其记录在案,因而不得不依靠记忆力来回忆当时的交谈内容,更凸显出这种局限性。他们所回忆的难免是简短、新颖的评论,通常闪烁着智慧的火花。否则,无论他的谈吐多么精辟,我们都只能从一般的证词中了解,而不是直接了解原话(例如“他今天上午给我们讲述了造币的整个过程,晚上又给我们介绍了酿酒的整个作业过程”,等等)。这些证词经常来自给人留下最深刻印象的消息人士,例如伯克。但是,我们只要稍微读一读他在二十年前为《文学杂志》所写的诸多评论,就能更直接地深入了解他渊博的知识。或者我们只要读一读他为《漫步者》所写的十几篇随笔文,就能发现他关于人类经历所发表的总体观点,这与我们人生的每一方面息息相关,也是旁人记录的谈话内容不可企及的。

正因为这一点,对于各类力图再现“约翰生思想”的约翰生研究文集或作品集而言,如果它只记录了约翰生的口头评论,那么篇幅都不会很厚。如果它还涉及约翰生的著作,无论它们多么肤浅,都不仅限于引发人们的好奇心。关键在于,并非是要贬低别人记录的他的谈话,笔者绝非此意,而在于它们的知识价值与道德价值很好地补充了他的著作。从这个角度来考察他的谈话,就经常可以从他的著作中提炼出更加丰富、更加强烈的思想或感情。更何况约翰生已走过了人生泰半(即他已经历了五十多岁时的精神崩溃),我们进一步对它们产生兴趣。因为在当时(五十多岁时),他所创作的所有作品都已通过最严厉、最直接的方式经历了考验。又经过十年或十二年,它们再次经受 510
了考验,因为他知道,自己的人生无可奈何地即将走向终点(他始终不停地提醒自己这一点)。他在日记中写道(1777 年 3 月 30 日):“当我回顾我所经历的一生时,我发现的只是虚度光阴,身体产生了各种失调,心灵也发生了紊乱,濒临疯癫。”但是,他不会绝望(“绝望属于犯罪”),而且继续坚持自己的决心。1778 年 4 月 20 日,他写道:“回顾 1777 年的复活节,我发现非常忧郁和可耻的空白……我的健康其实已经非常紊乱。每到晚上,不仅难以入睡,而且非常痛苦、疲劳……**我现在获得了上帝的眷助,使我开始了新的人生。**”1779 年 4 月 13 日(晚上十一点)写道:“我下过许多决心,但效果甚微,以至几乎精疲力竭,但在上帝的帮助下,我并没有丧失希望。我必须坚定执行。我快要迈入古稀之年,我没有时间再去失败了。”[15]

六

约翰生的身体越来越衰弱,这始终在提醒他,韶华正在飞逝。他付出了更大努力,力图获得各种神秘的品质,即“知足常乐”“很好相处”及“举止温和”,他认为这些就是“通情达理”的要素。他更加努力地抵制“为了获胜而去交谈”的诱惑,但他会一次次情不自禁地这样做。他会说:“什么是最快乐的谈话?没有针锋相对,没有虚荣,只有冷静地、静悄悄地交流情感。”他曾在赫布里底群岛发表了一番评论,其中表达出他不断提醒自己的人生信条:“一个人年龄越大,就越通情达理,因为他在积累经验。他学会将自己视为无足轻重的人,并发现小事无足轻重。因此他会更加耐心,也更加乐观,形成了通情达理与温良恭谦的性情。”五年之后(1778 年),他更加强烈地表达了这一点:“一个人通情达理与否,取决于他自己的意愿。”[16]

遇到鲍斯威尔不久,约翰生便告诉他:“正是通过**学习小事**,我们才实现了伟大的艺术,使我们尽量减少痛苦、增添幸福。”此时(1776年),距离说这番话已过了十三年,鲍斯威尔竭力想让他再谈一谈“如何管理思想”,他又重复了这个话题,认为我们必须“**转移**痛苦的想法,
511 而不是与它们**抗争**”。鲍斯威尔问道,您能不能“把它们淡化处理呢”?约翰生说:“如果**淡化处理**,你就会发疯。”唯一有效的是转移或取代它们。鲍斯威尔知道约翰生在深夜无法入眠时常常会去做化学实验,于是很巧妙地问道,如果一个人承受着痛苦的煎熬,那么“学习化学”是不是一个好主意呢?约翰生答道:“让他去学化学,或者去学**走钢丝**”,怎么都行,只要能让思想获得解脱就可以。只有将思想聚焦于具体的兴趣,简言之,就是要能活在当下,才能防止自己折磨自己,否则的话一定会落入这般田地。[17]

他反复不断地告诫自己,“生活主要”由“小事”组成,无论是幸福还是痛苦,都要在“美好”和“居家”细节中寻找,而不是在“宏大”抱负中寻找,因为宏大抱负不可避免地会遭到失败,进而伤心失望。他会引用爱德华·杨的名言:“积沙成山”。若是在以前,如果有人“从中午一直到半夜都在不停地洗牌和掷骰子,丝毫没有对任何新思想的追求”,他定会对此人怒不可遏,但此时他却说(无论他是否完全指的是

这一点），他“对自己没有学会打牌而感到遗憾”。打牌仅仅作为一种集体活动，就发挥出社会功能，通过这种方法，“产生善意并巩固社会”——巩固指的是让集体具有凝聚力，同时“围绕知识”的交谈会带来争辩、激烈的言辞乃至分歧，并产生任性的厌恶。鲍斯威尔曾抱怨称，在一次精美的宴会中，没有“一句谈话值得记住”，并补充说：“那么，人们为什么还要在桌旁见面呢？”约翰生答道：“可以吃肉喝酒呀，可以提高善意呀。而且先生，如果没有实质性的交谈，这样做效果反而更好，因为如果谈话具有实质内容，人们就会出现意见分歧，也会影响心情，或者说那些无法参与交谈的同伴就会受到孤立，并觉得局促不安。”他会说，女性很幸运，因为“全世界一致认为”，她们应该做些“小事，诸如编织、打绳结，却不会觉得这样丢脸”。他曾经告诉斯雷尔夫人，这些职业有利于“延长她们的寿命，并始终保持头脑清醒”。他本人私下曾“尝试过打绳结。邓普斯特的姊妹曾教过我，但我却学不会”。他甚至还买来一根小笛子，想学习怎样吹，最终还是放弃了，因为“我从来吹不成调”。但搬到博尔特胡同之后，他却在小花园的园艺上取得了很大的成功。据霍金斯说，“他很喜欢给园子浇水”，后来又
开始给葡萄藤修剪枝叶，并对照看葡萄藤蔓产生了新的兴趣。只有一 512
件事使他完败，这也是必然的。即他在谈话中，无法温文尔雅地详细谈论各种琐事，只能将它们转变为喜剧并展现出其滑稽可笑的一面。对天气的交谈尤其令他恼火。据查尔斯·伯尼说，不管是谁谈起天气，他都会大吼着说：“谁都知道你告诉我们的这些事情，除非是矿山或地牢里的人。”[18]

他一心要实现“性格温良”，认为这是人类生活的“灵丹妙药”。他准确地认识到这包含了两方面的内容，他的这项努力因此变得尤为复杂。一方面，他的心理状态中存在主观性要素，即要学会“乐观满

足”,这一点已经是足够艰巨地奋斗了。但“性格温良”还是一种**社交**品质,而且是最重要的社交品质(他有时也许也会认为,这是最重要的社交品质)。因此,它长期以来进一步与“优雅的举止”“良好的教养”和“彬彬有礼”等难以企及的概念混合在一起。对于像他这样生活的人来说,可能会认为这些品质尤其苛刻。他对“我们称之为底层或贫贱生活”(语出斯雷尔夫人)的了解极为丰富,也感同身受,因此,诸如雷诺兹等人在谈论上流社会时,如果使用了“这个世界”一词,就会令他深恶痛绝。但她补充说,有一点也值得注意,“对于约翰生博士来说,人们赞扬他的时候,最让他高兴的莫过于称他具有绅士的思想与风度”。[19]

他通过自我奋斗产生了一个有趣的结果,这就是他“对于人类的性情需要持久的**温和**与顺从这一问题,却讲出了许多**死板的**格言警句”。此外,他偶尔会主动追求“良好的教养”。在此过程中,他经常会做得十分到位,以至他那些老于世故的朋友觉得这与他平时的外表和举止都形成滑稽的对比。雷诺兹小姐曾举过几个例子:他有一天在餐桌旁“激动不已”(将餐桌礼仪完全抛在脑后),这时他看到了正在侍候他们的弗兰克·巴伯,便将盘子放在自己胳膊下面。还有一次,他对人们的举止表现出吹毛求疵的嫌弃。他们旁若无人地擤着鼻涕,却不知道在餐桌上应该使用手帕来擦鼻涕,这时他本人夸张地从座位上站起来,“走出一段距离,背对着餐桌上的众人,尽可能小声地做着这个动作”。他“只要知道真正的礼貌守则,就会立刻亲自示范”,尤其会“一丝不苟”地对女士保持着绅士风度。例如,如果有位女士要从他家走到她的马车上,他就一定要陪她走过去,即便在白天也不例外。但与此同时,他却完全忽视自己的穿着打扮,尤其是在上
513 午。以至于雷诺兹小姐曾惊讶地发现,“像他这样明事理的男士竟然

会穿着这样的衣服走出门外，甚至于在家中居然也这样穿”。人们会立即聚集起来，盯着看他穿的是旧鞋子而不是拖鞋，而且注意到他胸针的针脚耷拉着，他的假发歪戴着，“还有他那种旁若无人的神情（这实在无法形容）”。[20]

他对“优雅”的执着还产生了另一个间接后果，即让他变得十分古怪，就连斯雷尔夫人也大惑不解。他有一天曾说：“一个人不管受过什么样的教育，都宁可被称为无赖，也不愿被称为举止不**优雅**。”众人都大吃一惊。尽管约翰生本人“决不会”对他自己那粗鄙的外形与形象感到满意，“但他却喜欢花花公子一类的人”。外表的虚荣也许与他自身的经历相距甚远，因此他只是无法理解这一点，但是，他通过过度的共情，将这一点与优雅联系在一起。早在他于孩提时代拜访了斯陶尔布里奇的小科尼利厄斯时，他就钦慕这种优雅品质。斯雷尔夫人有一天曾批评两位朋友“特别喜欢照镜子”，（约翰生却说：）“在我看来，他们的做法根本不足为奇。他们看到镜子里的自己站了起来……这有利于他们的进步……而且我不知道他们为什么就不能照镜子。”[21]

鲍斯威尔正是利用约翰生对彬彬有礼的憧憬，创造出一项伟大的功绩，而这在其他人看来是不可能做到的。这就是他曾邀请约翰生来赴宴，并在宴会上与他多年的政敌约翰·威尔克斯见面。在约翰生看来，威尔克斯就是个彻头彻尾的流氓。为了促成这次会面，鲍斯威尔耍了个诡计，想看看会发生什么。当时，出版商查尔斯和爱德华·迪利举办宴会，邀请了威尔克斯、鲍斯威尔等人。鲍斯威尔立即发现这是个营造戏剧化场景的好机会。迪利兄弟也邀请约翰生了吗？他们没有，因为他们不知道会发生什么可怕的事情，但在鲍斯威尔恳求下，此事交给鲍斯威尔来做主。鲍斯威尔拐弯抹角地邀请约翰生参加迪利兄弟的宴会，约翰生接受了邀请。鲍斯威尔又说，众人看到他前来赴宴会很高兴,前提是他们邀请的众人"令您十分愉快"。约翰生一直在提醒自己要实现社交"优雅"的理想,便说他从未妄想要求别人"举行宴会时邀请什么样的来宾"。然后,鲍斯威尔便提到威尔克斯的名字,问他是否连威尔克斯也能接受。回答是肯定的,倘若约翰生认为他不愿见到某个来宾,那对他来说不啻侮辱。一切都进行得非常顺
514 利,不仅约翰生本人举止十分得体,就连坐在他身旁的威尔克斯也产生了同样的魅力。[22]

七

约翰生狂热地认为,"通情达理与彬彬有礼"可以后天"培养",但他却时常违悖自己鼓吹的这一理想。有一天在约书亚·雷诺兹家中,牧师托马斯·巴纳德也在场。他非常崇拜约翰生,日后成为利默里克主教。他无心说了一句:"人过了四十五岁,就不会再有进步。"约翰生在人生最黑暗的时刻,认同过这种说法,而且觉得人类就像犬类一样,通常在成长过程中变得越来越坏。但此时,约翰生却反对这种看法,强烈反对。于是他大喊:"我**不同意**你。一个人是**可以**进步的。"然后他又赶紧补充了一句:"你**本人**就有很大的进步空间。"为了对约翰生公平起见,我们还必须补充之后的情况。雷诺兹小姐私下里因此事而责怪他,于是约翰生立刻想方设法对巴纳德采取补救措施。他回到了客厅,坐在巴纳德旁边的沙发上,恳求他原谅自己,并且"实际上放平了自己的胳膊与膝盖——这是后悔的表示,巴纳德欣然接受他的歉意……这使约翰生博士感到十分高兴"。据斯雷尔夫人说,对于善良的人来说,他们无法"忍受在正常起床时间之外的时候被吵醒,或者错过一次固定的餐食",约翰生始终认为需要保持"乐观",并对此毫无

怜悯之情。鲍斯威尔在苏格兰高地旅游期间,曾提议带上柠檬,这样不喝葡萄酒的约翰生就能一直喝上柠檬水,但约翰生一想到在他去的地方自己获得的招待不能“令他开心”,顿时勃然大怒:“我不希望人们认为**我是软弱的人,做不到随遇而安**。先生,不管是到谁家中做客,如果带上日常用品,就显得对方无法将你招待好,这都是极其失礼的。”[23]

还有一些情况下,他内心的冲突令他大为光火(据鲍斯威尔说,他“声音洪亮得像炸雷”,通常就像“痛苦的炮声”),他对于自己言论的影响确实不为所动。据雷诺兹小姐说,约翰生有一次曾当着众人的面,对斯雷尔夫人说了一番粗鲁的话。女士们离开之后,有一个人表达了愤慨。但斯雷尔夫人很有雅量,她理解约翰生的心情,只是说:

> “哦,太好了!”……[另一位]女士抓住了机会第一个与他交
> 流,重复着她的责难……他似乎对此非常开心,过了一会儿,他坐 515
> 在自己的座椅上,仿佛半睡半醒一般,但很明显是在思考这个有趣的事件,然后大声地说:“哦,太好了!”[24]

但这是一个特例。据约书亚·雷诺兹爵士说,一般来说,约翰生是“第一个请求和解的人”,而且他会立刻羞愧地说:“我对此深表歉意,如果你愿意,我愿以二十种不同的方式来补偿你。”人们引用他暴躁的言论时,通常都忽略了其背景。例如,斯雷尔夫人的侄儿曾问了他一个愚蠢的问题:“您建议让我结婚吗?”约翰生立刻答道:“对于缺乏理解的人……我不会建议他去结婚。”但是,人们引用这句话时,只是表示嘲笑,很少提到此后发生的情况。据斯雷尔夫人说,约翰生离开房间之后,又转身返回,“将他的椅子搬到我们身旁”,“变得更加和

颜悦色……润物无声地将谈话引导到婚姻这个主题”,而且谈吐“大有裨益,非常优雅,完全依据对人类生活的真正了解……以至于没有人会想起之前的冒犯之举,只会享受这番话带来的好处”。此时,我们发现他能够从自我抗争中放松下来,转变为快乐的满足感。至少这些感人的、有趣的例子表明,他最终实现了性格温良这种品质,而这一直是他可望而不可即的理想。有一个很好的例子可以说明这一点,当时他和鲍斯威尔一起乘坐马车(他已有六十五岁),他突然对鲍斯威尔说:

> “先生,在生活中,通情达理是多么罕见的一种品质呀,我感到这很奇妙。我们很少能遇到通情达理的人。”我提到了四位朋友[雷诺兹、伯克、博克莱尔及兰顿],但他都不承认他们通情达理。他认为一位尖酸刻薄,一位过于深沉,他对其他两位也不苟同,还觉察到了我所忽略的方面。接着,他摇了摇头,坐在马车里伸了个懒腰,然后带着傲慢的神情笑眯眯地对我说:“我认为我自己就是个通情达理的人。”[25]

八

即将迈入古稀之年,他的境况颇具讽刺意味。他虽然有钱外出旅
516 行(食宿再简陋他都能随遇而安),但健康状况与年龄都使他无法孤身一人去长途旅行。早在二十年前,他还不像现在这样需要别人的陪同,也很容易找到旅伴。此时,他已不可能找到旅伴了。即便是年龄比他小的友人,也都步入中年,安居乐业。鲍斯威尔比我们想象中要更敬业,也更重视对家庭的责任。他曾经在1773年挤出时间,陪约翰生一同前往赫布里底群岛旅行。但即便对于鲍斯威尔来说,再来一次

同样规模的旅行也是不可承受之重。每当约翰生兴高采烈地提议他们前往巴尔干和斯堪的纳维亚国家旅行，他就更不愿意附和了。而且他在写给约翰生的信中，想方设法婉言劝说他打消去那里旅行的各种计划。[26]雷诺兹与伯克都过着忙碌的职业生活，而家资殷实的约翰·泰勒对国外的风土人情不感兴趣。只有斯雷尔夫妇有可能成为他的旅伴，但他们也有他们的问题。他们除了劳神于生意，还要牵挂家中的孩子们。斯雷尔夫人不希望与他们离别太久。

与此同时，约翰生还不断地提到前往印度旅行，对此充满向往。据托马斯·泰尔斯说，在其他的时候，他也会降低要求，满心期盼地谈起"前往波兰之旅，去看一看巴拉丁伯爵的领地"。他最想去游览的地方莫过于意大利。他说（1776 年）："我有一个宏大的旅行目标，就是去看一看地中海的海岸。这里曾诞生过世界上的四大帝国：亚述帝国，波斯帝国，希腊帝国和古罗马帝国。——我们的所有宗教，几乎所有法律，几乎所有艺术……都发源于地中海沿岸。"[27]他别无选择，只能不断地每年途经牛津前往利奇菲尔德旅行，然后再去阿什伯恩，在这里他会住在约翰·泰勒家，听他谈一谈对农业的兴趣和他那头得过大奖的公牛，然后在泰勒的宴会桌上与当地名流谈天说地。其中一次旅行长达两个多月，还有一次长达三个多月。*

但是，他在 1775 年秋也与斯雷尔一家一同游览了巴黎，为期两个月。在此期间，他们在往返于巴黎途中还游览了法国的一些城镇与城市。这并非是他憧憬的"旅行"，因为他心中的旅行反映出他孩提时期

---

* 1775 年 5 月 29 日至 8 月中旬；1776 年 3 月 19 日至 29 日（由于哈利·斯雷尔之死而匆匆结束），1777 年 7 月 28 日至 11 月 6 日，1779 年 5 月 21 日至 6 月底。此外，他还去了一次巴斯（1776 年 4 月）和埃塞克斯（1778 年 9 月）。尽管他比以前更加嫌弃布莱顿，但还是会经常与斯雷尔一家在秋天去那里度假（1775 年，1776 年，1777 年，1780 年）。

517 想看一看远方的冒险心理，也反映出他想探索迥异的生活方式。此外，他曾在威尔士之行中体会过与斯雷尔一家出门旅行的滋味，这并不是自由自在的漫步，而是事先安排好的一项工作，要带上大量行李，而且接触的对象必然只能局限于特定阶层。简言之，这就是“旅游”，富人心目中的旅游。但约翰生还是很高兴地接受了邀请。此次出行的人员与威尔士之行相仿，例如亨利·斯雷尔与赫斯特·斯雷尔，他们的大女儿奎妮（已有十一岁了），还有约翰生，但这次多了朱塞佩·巴雷蒂，他是奎妮的意大利语教师，也能讲一口很流利的法语，他担任了整个旅游的导游，并负责安排细节。一行人还带了一位男仆和两三位女佣。

在奎妮生日当天（9月17日），众人来到了加莱，此时距约翰生的生日还有一天。生日当天晚上他彻夜未眠，努力排斥这对他产生的影响，即他现在已经六十六岁了。一行人又经过了阿拉斯、亚眠和鲁昂。在鲁昂，斯雷尔夫人的一位老朋友查尔斯·斯特里克兰夫人陪同他们游玩。约翰生一路上在途经的每一站都作了一首押韵的联韵句（例如“加莱 / 花钱花得快”，“圣奥默 / 价格贵得有点过”，“阿拉斯 / 恐怖至极！”因为到了阿拉斯之后，斯雷尔一家对旅馆糟糕的条件目瞪口呆）。在鲁昂与巴黎之间的旅途中，发生了一场事故。马车从陡峭的山丘上下山时，马车夫从马上摔了下来，缰绳也弄断了，有一匹马被撞倒了。斯雷尔先生从马车上飞了出去，受了伤，但伤情并不重。约翰生对这次事故表现得非常平静，这令斯特里克兰夫人十分气愤。[28] 在出发时，约翰生就下定决心，这次旅行要尽量说法语，但他在法国与牧师和有学养的人士交谈时，说的却是拉丁语。他这样做并非像有人想象的那样，想表现出对法语的鄙夷。他只是觉得，自己应该使用最娴熟的语言。除了英语，拉丁语是他最熟悉的语言。这并没有什么不同寻常或古怪之处。当时的学者仍然在广泛使用拉丁语，并将它作为国际通用语言。

整个十月，众人都在巴黎市内和附近观光游览。他们游览了军事学院、查尔特勒修道院、皇宫、教会及博物馆，还去了凡尔赛，并在枫丹白露宫获准和一大群人一同观看了国王与王后的宴会（10 月 19 日）。三天之后，约翰生在雨中与巴雷蒂举行了赛跑，他虽然比巴雷蒂年长十岁，却取得了胜利。有一天，他们在锡安圣母会堂拜访了英国奥斯丁派修女。也许约翰生就是在这里对修道院院长发表了一番著名言论："女士，您之所以来这里，并不是因为热爱善德，而是惧怕邪恶。"修 518
道院院长和颜悦色地回答称，"她一生都不会忘记这句话"。尤其令约翰生感兴趣的是皇家动物园，这里汇集了各种珍禽异兽，例如犀牛，他还对制造工场很感兴趣，例如赛夫勒的陶瓷工场、A. J. 桑蒂瑞的大型酿酒厂、仿哥白灵挂毯工场。他还参观了法院两次，想去听一听辩护过程。与斯雷尔夫人一样，他也记日记，但只有一部分留存至今。两人的日记也存在差别，斯雷尔夫人的日记可读性很强，而约翰生的则简要记录了他目睹的事实与细节（这与他和斯雷尔夫人的其他日记都形成了对比），这些细节包括风土人情（教堂、教会、绘画）、制造业、道路、图书馆及社会状况。[29]

九

11 月 1 日，一行人离开了巴黎，取道尚蒂伊、杜埃、里尔与敦刻尔克回到家中。约翰生在一年后承认，他其实没有时间去了解法国。他所看到的只是"巴黎及其周边的**风景名胜**"。[30]

但是，斯雷尔夫妇对他们的此次出游感到非常开心，因此，他们开始筹划第二年赴意大利的长途旅行，并常常与约翰生讨论这个话题，这令约翰生甚是开心。巴雷蒂向他们保证，他们需要一整年才能游遍意大利，斯雷尔同意了，但斯雷尔夫人却希望将旅程压缩在六个月内（1776 年 4 月至 10 月），这样在他们的儿子哈利去威斯敏斯特学校入学之前就能及时赶回。巴雷蒂这次又要给他们当导游，他已经动手设计旅游路线。

他们打算在 4 月 8 日动身。就在第二年春天即将到来的三月份，约翰生决定前往牛津、利奇菲尔德及伯明翰，去和那里的朋友告别，他还要去阿什伯恩与约翰·泰勒话别。鲍斯威尔刚到伦敦，便与他一同动身（3 月 9 日）。据他说，约翰生一想到要去意大利游览，就"看似非常开心"。但是，他们还没有赶到利奇菲尔德，约翰生就收到了斯雷尔的酿酒厂总管约翰·珀金斯发出的消息，得知斯雷尔家唯一的儿子、九岁的哈利·斯雷尔得了急病，两天前暴毙（3 月 23 日），病因很可能是脑动脉瘤。得知这个消息时，约翰生正与露西·波特共进早餐。哈利的夭折对斯雷尔一家来说不啻晴天霹雳。据巴雷蒂说，斯雷尔得知
519 这个消息时，"站在那里全身僵硬，脸上露出恐怖的惨笑，一看就令人毛骨悚然"。斯雷尔夫人则崩溃了，她昏厥过去，醒来之后又昏死过去，周而复始。约翰生在露西·波特家中得知这个消息，他的评论令鲍斯威尔惊诧不已——"这是我一生中发生的最可怕的事情之一"——这使鲍斯威尔以为他指的是一件可怕的公共事件，例如国王遇刺或伦敦又全城燃起大火。于是他们问道："发生什么事情了？"约翰生答道："斯雷尔先生唯一的儿子夭折了……这相当于他们家断了子嗣，就仿佛他们沦为命运的俘虏。"鲍斯威尔提到斯雷尔家还有几个女儿，约翰生答道："你难道不知道自己的想法吗？先生，他希望传宗接代。"[31]

约翰生的这次旅行因此戛然而止,他迅速返回伦敦。他希望安慰好友,但他刚一赶到,就看到斯雷尔夫人带着奎妮坐着马车去巴斯了。据巴雷蒂说,她去那里是因为“她不想看到儿子的葬礼”,她觉得自己会触景生情,进而情绪失控。约翰生没有提出和她一起去巴斯,他觉得斯雷尔先生尤其需要安慰。但斯雷尔却将自己关在房间里,拒见任何人。他不想任何人打扰自己,约翰生也不例外。约翰生感到有点伤心,但完全理解他们的心情,于是回到自己家中。斯雷尔几天之后(4月5日)拜访了他,鲍斯威尔也在场。据鲍斯威尔说,“在我看来,他的来意是取消原定去意大利的旅行,但似乎不知如何开口”。但约翰生并没有意识到这一点。一提到这个话题,他就“神采飞扬”地谈论起他们要游览的地方,尤其是罗马、那不勒斯、佛罗伦萨和威尼斯。但过了一两天,斯雷尔私下里告诉他,这次旅行今年要泡汤了。约翰生欣然接受了这一决定,也赞成这样做。他对鲍斯威尔说:“悲伤尚记忆犹新,一切想要转移它的尝试只会令人愤懑。你必须等到自己尝透悲伤的痛苦,才可以让娱乐将它清除殆尽。”谈到他本人游览意大利的愿望,他说:“我肯定很失望,不过也不算太失望。”但是,他可能以为这次旅行并不是推迟一段时间,而是觉得斯雷尔夫妇再也不打算去意大利了。因为他补充了一句,他可能最后“要通过别的方式想办法前往意大利”。[32]

十

约翰生出版了《苏格兰西部岛屿之旅纪行》(1775 年 1 月),引发了文学史上一桩著名的公案,这就是詹姆斯·麦克弗森作出了愤怒回应。他之所以痛恨约翰生,是因为他号称翻译了盖尔诗人“莪相”的作 520

品，但约翰生却作出对他不利的评价，还给他写了一封著名的回信。早在 1760 年，他就出版了一本名叫《苏格兰高地古代诗歌拾遗》的著作，当时他只有二十四岁。他声称这些诗歌是从原创的盖尔诗歌中翻译而成。这部著作大获成功。到了第二年，他又称自己发现了一首描写凯尔特英雄芬戈尔的"史诗"，该诗写于三世纪，作者是芬戈尔的儿子、诗人莪相。这部作品的第一卷出版时，起了一个振聋发聩的标题——《六卷本芬戈尔古代史诗及其他诗歌集——芬戈尔之子莪相著》(1761)。第二卷在两年后出版，名为《八卷本特莫拉古代史诗及其他诗歌集——莪相著……》(1763)。他还在书中加入一篇随笔文，解释他收集到这些诗歌的经过，强调了它们的社会历史价值。

在这些所谓的译著中，麦克弗森的写作风格是音律整齐、半咏唱式的英语散文，它仿照了圣经风格。他希望通过这种风格，将突兀的力量(这是原始歌谣的特点)与耐人寻味的启发暗示相结合，但现代读者通常会认为这种风格呆板，缺乏流畅性。这部著作受到许多苏格兰人的好评，他们欣喜地发现这使苏格兰诗歌的历史变得更加悠久。这也吸引了整个欧洲的想象力，欧洲人不仅渴望诗歌中"清新"的力量，而且也推崇更"自然"、更原始的社会中的"崇高"。赫尔德与歌德就十分推崇这部作品。拿破仑曾在作战中得到这部作品的意大利语译本，有时还仿照它的突兀风格来草拟军事文书。此外，他还令人在自己书房的天花板上画上莪相作品中的场景。

约翰生从一开始就怀疑，这些作品并不是翻译自原始诗人的作品。他根据自己敏锐的文学直觉，认为作品中有太多证据表明，它属于现代的作品。这些作品的特点也没有给他留下深刻印象，他将其形容为"只是一部缺乏呼应的狂想曲"。休·布莱尔曾热情地称赞这些诗歌的率真，并问约翰生"现代人中是否有人能写出这样的诗篇"，约翰生的回答令他哑口无言:“当然有,先生,有许多男人,有许多女人,还有许多小孩。”后来,约翰生与雷诺兹交谈时又说:“一个人如果愿意**放弃**自己的脑子,也许就能一直写出这样的东西。”在他前往苏格兰高地旅行途中,他特地更加深入地研究了这个问题。他得出的结论是,麦克弗森所发现的“资料来源”,只可能是某些古老的歌谣和当地流传的故事中出现的某些人名与事件。他在《苏格兰西部岛屿之旅纪行》 521
中,曾简要地提出他的看法,认为莪相的作品“除了我们看到的这些之外,还从未以任何形式出现过”,换言之,除了麦克弗森所谓的“译作”之外,其他作品根本就是子虚乌有。“编者也好,作者也罢,都从未出示过原作;其他人也没有发现过原作。对于人们合理的怀疑意见,倘若要报复,又不肯拿出证据,这就是全世界闻所未闻的无礼之举,何况顽固的厚颜无耻是罪行最后的庇护所。”[33]这部著作还在印刷的时候,麦克弗森就听到了风声,他想方设法要让出版商威廉·斯特拉恩撤掉这篇文章。此举失败之后,他又要求约翰生公开道歉,以此“广而告之”,而且很勤快地提前写好了致歉声明。此举又以失败告终。之后,他便直接给约翰生写信。这封信并没有留存于世,据麦克弗森一位不知名的朋友说,信件是正告约翰生,“纯粹是看在你年老体弱的分上才放过了你”。但据巴雷蒂说,这封信中说的却是“不管你年纪有多大,身体有多么虚弱,照样要收拾你”。有证据表明,麦克弗森共写了两封信,第二封信威胁要动武,扬言要给约翰生造成人身伤害。

麦克弗森长得虎背熊腰,腿特别粗。为了掩饰这一点,他穿的是高帮靴子。此外,他比约翰生要小二十七岁。无论人们对约翰生的回信多么熟悉,还是有必要在这里引用这封信。它最精彩的版本(此信共流传下来三个版本)来自鲍斯威尔,这是他让约翰生口述的。最后,这封信的原件出现了,虽然这令人难以置信,原因也不详,但确实是麦克弗森将这封信保存了下来：

詹姆斯·麦克弗森先生。我收到了你这封既愚昧又鲁莽的便笺。无论你怎样诋毁我，我都会尽我所能加以抵制。就算我保护不了自己，法律也会为我主持公道。无论一个无赖汉的恐吓有多么可怕，我始终认为这纯属一场骗局，我是不会停止对此事的揭露的。

你希望我就此罢手。我要罢手什么呢？我从一开始就觉得你这本书是欺世盗名，等我找到了确凿的原因后，更加证实了我的想法。为了证明我的观点，我已向公众道出了我的理由，你尽可以对此进行反驳。

但是，无论我对你多么不齿，我都尊重事实。如果你可以证明这部作品不是伪作，我愿向你忏悔。我不怕你发怒，自从你翻译荷马［将《伊利亚特》翻译为"莪相"体散文的平庸译著］以来，你的水平始终平平无奇，而且我听过你的为人操守是怎样的，这使我不在意你提出的观点，我关心的是你怎样证明你的观点。

你尽可以将这封信发表。

塞姆：约翰生

522 之后，约翰生便随身带上一件武器，以防麦克弗森的恐吓是动真格的。这是一根粗粗的橡木棍棒，长度接近六英尺，棍棒的顶上是个巨大的圆球，有一个橙子那么大。他无论是坐在椅子上还是躺在床上，这根棍棒都触手可及，以防麦克弗森突然袭击。[34]

十一

除了《苏格兰西部岛屿之旅纪行》之外,约翰生在这一时期的作品乏善可陈,数量也不多,这种局面一直持续到其古稀之年。所有这些作品都是为别人帮忙而写的短篇作品,例如为他们作品所写的征订启事或题献,其中最有名的是为查尔斯·伯尼的《音乐史》(1776)和雷诺兹的《在皇家艺术学院发表的七篇[论艺术]讲话》(1778)所写的题献。* 他还用拉丁文为哥尔德斯密斯题写了墓志铭,刻在威斯敏斯特修道院中的纪念碑上。俱乐部的成员请他用英语再写一遍,因为哥尔德斯密斯的作品丰富了英语这门语言。约翰生却一口回绝,并称他"决不同意用英语来玷污威斯敏斯特修道院的墙壁"。也许是他觉得这篇墓志铭写出来之后,已经以最佳方式呈现出他想要表达的内容,他不希望再画蛇添足。他还为一部戏剧写了序幕,但他可能从未读过这部戏剧,作者业已去世,他也从未见过。这位作者就是休·凯利,他此前是束身衣作坊主,也当过剧作家。托马斯·哈里斯是科文特花园的房东,他有一天晚上上演了可怜的凯利写的《聪明人一点就透》(1777 年 5 月 29 日),以帮助凯利的孤儿寡母,他还请约翰生为这部戏写了序幕,以吸引观众。但无论约翰生多么慷慨,他这种显赫的文

---

* 除了为伯尼和雷诺兹所写的题献之外,他帮人写过的作品还有为夏洛特·莱诺克斯的作品(1775)和威廉·肖的《苏格兰凯尔特语言分析》(1775)所写的征订启事;为休·凯利的戏剧《聪明人一点就透》(1777)所写的序幕;为巴雷蒂的《供年轻女士使用的意大利语简明用语》(1775)所写的书序;为扎卡里·皮尔斯的《四福音与使徒行传》(1777)所写的题献;为他逝世的友人罗伯特·詹姆斯博士的新版书籍《论热疾》(1778)所写的广告;为亨利·卢卡斯的《诗集》(1779)所写的题献;为托马斯·莫里斯的《诗集》(1779)所写的书序;为亨利·斯雷尔写的竞选演说(1780 年 9 月 5 日)。

学名声还是给他带来了长期的困扰，即有志于文学的人士经常会来纠
523 缠他，让他阅读自己所写的书稿。据约翰生说，除了占用大量时间之外，还产生一种事实，即只有赞扬才能让人们真正感到满意，而且人们得到赞扬后还不知足，还希望他发挥对别人的影响力来支持自己的作品。他曾对汉娜·莫尔感慨道：“不管是谁，只要他让你一睹他的书稿，他就会希望你以赞扬作为回报。”换言之，人们不得不有违常情或言不由衷。有一个作者写了悲剧后，曾在他的房间附近逡巡了好一段时间（这就是亚瑟·墨菲写的戏剧），斯雷尔夫人曾问他对那人说了什么。约翰生答道：“我告诉他，这部作品中**蒂格**与**蒂里**出现得太多。”斯雷尔夫人听了不禁哈哈大笑，约翰生解释说，他只看了人物名单，“其中出现了提格拉尼斯和提里达提斯，还有提里巴祖斯等等。一个人只能说出他了解的东西，我看了第一页后就再也看不下去了”。[35]

在他当时帮别人所写的作品中，最著名的莫过于为威廉·多德牧师所写的一组文章。多德牧师被判了伪造罪，这在当时是重罪。根据宣判结果，将于 1777 年 5 月 26 日对他执行绞刑。[36] 多德时年四十八岁，他是伦敦最受欢迎的牧师之一。他在玛达肋纳之家的布道尤其出名。玛达肋纳之家是为从良的妓女设立的慈善机构。他布道时，听众会感动得青衫俱湿。贵族也经常会参加这些布道。他布道的教堂经常人满为患，连立锥之地都没有。他还自认为是一位作家，很轻松就能写出一些著作，但人们主要是出于好奇心才会去阅读。

不幸的是，多德树立了过高的社交抱负。此外，他执着于奢侈这一幼稚的想法，最典型的莫过于他在布道时穿戴着熏了香水的丝绸长袍和硕大的钻戒。他买下乡间别墅，采购马车与名画（包括提香、伦勃朗及鲁宾斯的一些作品），举行盛大派对，人们还给他起外号“时髦的牧师”。他的生活奢华靡烂，因此债台高筑。为了筹措资金，他在价值

四千二百英镑的债券上伪造了切斯特菲尔德伯爵的签名，并告诉经纪人，切斯特菲尔德伯爵秘密委托自己为他融资，以支付一笔私人的“信用借款”。这里的切斯特菲尔德伯爵并非之前提到的那位名人。那位老伯爵已在四年前去世（1773 年），他没有子嗣，因此现任伯爵是他的侄子，时年二十二岁。在他年幼时，多德曾是他的导师之一。多德觉得他为人慷慨大方，误以为即使自己没有及时归还这笔钱，他也不会告发自己。但这位切斯特菲尔德伯爵却毫不念旧，出面检举，于是多德被判处死刑。

虽然多德只见过约翰生一次，但他在落难之际，想到约翰生既富 524
有同情心又妙笔生花。有迹象表明，恳求约翰生是埃德蒙·艾伦帮他出的主意。艾伦是印刷商，也是约翰生在博尔特胡同的邻居和房东，约翰生非常喜欢他。艾伦后来拜访了约翰生，并带来了一封哈灵顿伯爵夫人的信，她对这个案件十分感兴趣，并请约翰生帮忙申请皇家勅赦。据艾伦说，约翰生在房间里来回踱着步，“看上去在经历激烈的思想斗争”。他最后说：“我会尽力而为。”这可能使我们想起约翰生的弟弟纳撒尼尔曾莫名其妙地给自己带来了耻辱，他也是犯了伪造罪，不久后自杀身亡。

约翰生积极投身于这项工作，他给英国大法官亨利·巴瑟斯特写了信（他以多德的名义所写），给首席大法官曼斯菲尔德爵士写了信，还将多德的一封请愿书转呈国王，又将多德夫人的请愿书转呈王后，还记录了多德在新门监狱的教堂中所作的感人肺腑的布道文（6 月6 日）《我怎样才能获救?》。这篇文章后来以《一名罪人有话要告诉不幸的教友》的标题发表。他还写了其他几篇文章，包括以他自己的名义写给时任陆军大臣的查尔斯·詹金森的一封信（6 月 20 日），因为詹金森与国王过从甚密。后来，詹金森称这封信由于种种原因而未能收到：

据我回忆,他是我们教会中第一位因违反道德标准而被公开处决的牧师。我们会用囚车将他押往刑场,然后当着这位牧师的仇敌的面,将他送上绞刑架,如果把这名罪犯悄悄地永久流放,我不知道是否更有利于我们的宗教。

无论在什么时代,最高权力者都会注意到人民的呼声;倘若这种呼声要求宽恕,是最应该听到的。此时,人们的普遍愿望是留多德一命。除此之外别无他求,此举也许并不过分。

与此同时,珀西伯爵向国王呈上了宽恕多德的请愿书,附有两万三千人的签名。所有这一切都徒劳无益。这份请愿书显然是根据曼斯菲尔德爵士的建议呈递的,但被驳回,多德也在 6 月 27 日被处刑。他走上绞刑架时,惨然一笑。此时一位名叫亚琛霍尔茨的普鲁士游客对朋友说:"英国人知道怎样从容赴死!"

注释

[1] 赫斯特·皮奥齐:《已故塞缪尔·约翰生轶事录》,见《约翰生杂录》,第一卷,页 204–205。威廉·库克,见《约翰生杂录》,第二卷,页 393。F. 雷诺兹,见《约翰生杂录》,第二卷,页 251。赫斯特·皮奥齐:《已故塞缪尔·约翰生轶事录》,见《约翰生杂录》,第一卷,页 218。

[2]《赫斯特·林奇·斯雷尔夫人日记……1776–1809》,第一卷,页 185。

[3] 鲍斯威尔:《约翰生传》,第三卷,页 222。

[4] 同上,第四卷,页 321–322。《赫斯特·林奇·斯雷尔夫人日记……1776–1809》,第一卷,页 532。《塞缪尔·约翰生书信集》,第二九二篇之一,第二九三篇之一,第三四三篇之一。

[5]《塞缪尔·约翰生书信集》,第五九一篇。约翰·霍金斯爵士:《约翰生传》,页 404。《达尔布莱太太日记与书信》,第一卷,页 113。

[6] 阿林·里德:《约翰生拾遗》,第二卷,页22-23,页32,页86-98。据里德猜测,第二个孩子是男婴,但霍金斯(页586注释)称前两个孩子都是女婴。

[7]《赫斯特·林奇·斯雷尔夫人日记……1776-1809》,第一卷,页532。鲍斯威尔:《约翰生传》,第四卷,页197。赫斯特·皮奥齐:《已故塞缪尔·约翰生轶事录》,见《约翰生杂录》,第一卷,页318。

[8] J. W. 克罗克版《约翰生传》(伦敦,1833),第一卷,页533-534[附录三]。

[9] 鲍斯威尔:《约翰生传》,第三卷,页327-329。

[10] 同上,页271-273。

[11] 同上,页331-333。

[12]《鲍斯威尔的赫布里底群岛之旅纪行》,页175、91,页208-209。如需对法律方面的论述,参见鲍斯威尔:《约翰生传》,第二卷,页183-185,页196-201,页242-246,页372-374;第三卷,页59-62,页201-203;第四卷,页74,页129-131。《鲍斯威尔、约翰生及詹姆斯·威尔逊的请愿书》,W. H. 邦德编(伦敦,1971)。

[13] 鲍斯威尔:《约翰生传》,第二卷,页139,注释1(约翰生曾说自己在该学会的讲话并没有取得成功,但不能从字面意思来理解这句话)。约翰·L. 阿伯特,见《皇家美术学院期刊》,第一一五卷(1967),页395-400,页486-491。约翰·布朗与J. L. 曼恩,见《现代语言评论》,第四十一卷(1946),页16-23,页410-411。乔治·史蒂文斯,见《约翰生杂录》,第二卷,页325。鲍斯威尔:《约翰生传》,第三卷,页337。

[14] 鲍斯威尔:《约翰生传》,第四卷,页26-27。

[15] 塞缪尔·约翰生:《日记、祷文、年谱》,页264,页291-292,页295-296。粗体部分为笔者所加。

[16] 鲍斯威尔:《约翰生传》,第四卷,页359。《鲍斯威尔的赫布里底群岛之旅纪行》,页169。鲍斯威尔:《约翰生传》,第三卷,页335。

[17] 鲍斯威尔:《约翰生传》,第二卷,页440。

[18] 赫斯特·皮奥齐:《已故塞缪尔·约翰生轶事录》,见《约翰生杂

录》,第一卷,页221。鲍斯威尔:《约翰生传》,第三卷,页272。《漫步者》,第八十期。《鲍斯威尔的赫布里底群岛之旅纪行》,页393。鲍斯威尔:《约翰生传》,第三卷,页57。赫斯特·皮奥齐:《已故塞缪尔·约翰生轶事录》,见《约翰生杂录》,第一卷,页328。鲍斯威尔:《约翰生传》,第三卷,页398。约翰·霍金斯爵士:《约翰生传》,页531。鲍斯威尔:《约翰生传》,第四卷,页360,注释2。

[19] 赫斯特·皮奥齐:《已故塞缪尔·约翰生轶事录》,见《约翰生杂录》,第一卷,页253-254。

[20] 同上,页246。《约翰生杂录》,第二卷,页276、260。鲍斯威尔:《约翰生传》,第二卷,页405-406。

[21] 鲍斯威尔:《约翰生传》,第二卷,页54。赫斯特·皮奥齐:《已故塞缪尔·约翰生轶事录》,见《约翰生杂录》,第一卷,页204-349。

[22] 鲍斯威尔:《约翰生传》,第三卷,页64-79。

[23]《约翰生杂录》,第二卷,页262-265。鲍斯威尔:《约翰生传》,第四卷,页431-433。赫斯特·皮奥齐:《已故塞缪尔·约翰生轶事录》,见《约翰生杂录》,第一卷,页328。《鲍斯威尔的赫布里底群岛之旅纪行》,页50。

[24]《约翰生杂录》,第二卷,页273。

[25] 同上,页223。赫斯特·皮奥齐:《已故塞缪尔·约翰生轶事录》,见《约翰生杂录》,第一卷,页213-214。鲍斯威尔:《约翰生传》,第二卷,页362-363。

[26]《塞缪尔·约翰生书信集》,第五四五篇。鲍斯威尔:《约翰生传》,第三卷,页456。

[27] 托马斯·泰尔斯,见《约翰生杂录》,第二卷,页367。鲍斯威尔:《约翰生传》,第三卷,页36。

[28]《斯雷尔与约翰生博士的法国之行日记》,M. 泰森与 H. 格皮编(伦敦,1932),页79,页88-89。

[29] 塞缪尔·约翰生:《日记、祷文、年谱》,页228-256。

[30] 鲍斯威尔:《约翰生传》,第二卷,页401。

[31] 詹姆斯·L. 克利福德:《赫斯特·林奇·皮奥齐(斯雷尔夫人)》,页136-137。鲍斯威尔:《约翰生传》,第二卷,页468-469。对哈利·斯雷尔病情的诊断,我要感谢玛丽·海德的帮助。据她说,他也可能是得了肺炎,当时儿童得了这种病很快就会夭折。最初的诊断结果是盲肠破裂,但这种可能性被排除,因为腹膜炎要持续三天时间。

[32] 鲍斯威尔:《约翰生传》,第三卷,页6,注释1,页19,页27-28。

[33] 同上,第一卷,页396;第四卷,页183。《苏格兰西部岛屿之旅纪行》,耶鲁版约翰生文集,第九卷,页118。如需对麦克弗森的整体介绍,参见贝利·桑德斯撰写的传记(1898;重印,1968)。

[34]《塞缪尔·约翰生书信集》,第三七三篇(另见鲍斯威尔:《约翰生传》,第二卷,页298)。约翰·霍金斯爵士:《约翰生传》,页491。

[35] 鲍斯威尔:《约翰生传》,第三卷,页81-85,页113-114。《约翰生杂录》,第二卷,页192。赫斯特·皮奥齐:《已故塞缪尔·约翰生轶事录》,见《约翰生杂录》,第一卷,页332。

[36] 鲍斯威尔的叙述(第三卷,页139-148)应该是参考了珀西·菲兹杰拉德的《著名的伪造罪》(伦敦,1865);J. H. 华纳,见《女王大学季刊》,第五十三期(1946),页41-53;E. E. 威洛比,《众薪集》(皇家文学协会),第二十九期(1958),页124-143,以作为补充。

第二十九章 《诗人传》

一

525 就在约翰生千方百计营救威廉·多德牧师的那几个星期，传记史和文学批评史上的一部巨著正在酝酿之中，这颇具讽刺意味。这部作品就是《诗人传》。约翰生在日记中曾提到过一次。在3月29日(周六)，也就是复活节前一天，他思考了其他很多事情，然后写道："我和书商们讨价还价了一番，但时间并不长。"几周后(5月3日)，他在写给鲍斯威尔的回信中介绍了这个新的立项。因为鲍斯威尔此前曾在出版商的声明中看到过这个，便询问他有关情况。约翰生的回答是："我要写一些短篇传记，它们将作为短篇前言，附在英国诗人的作品集中。"[1]

这次"讨价还价"其实是伦敦三十六家主要的书商或出版商迅速作出决定，推出英国诗人的作品合集。他们迫不及待要展开这项工作，是因为一家苏格兰书商已开始出版英国诗人的作品集。这家书商名叫阿波罗出版社,位于爱丁堡,老板是马丁兄弟。这套书采用的是口袋书的形式。伦敦的出版商竭力贬低此书,指责它印制低劣,错误颇多。其实,他们已坐不住了。这是一项规模浩大的工程(阿波罗出版社出版的"英国诗人"丛书共有一百零九部),因此马丁兄弟还聘请约翰·贝尔作为其在伦敦的代理商,贝尔时年三十二岁,但已是英国最雄心勃勃的出版商之一,这也给伦敦的书商们敲响了警钟。他们担心,如果这套书广为发行,就可能让英国的诗歌市场饱和。用爱德 526
华·迪利的话说,为了反击"对我们文学产业的这种入侵"行径,他和其他出版商决定,"针对从乔叟到当代的所有著名英国诗人,为他们推出一部真正高雅、准确的版本",以抵制爱丁堡的版本。这项工程很可能推出七十本甚至一百本全开本书籍。但是,他们几乎立即发现,此工程过于浩大,于是决定将诗人进一步限制在 1660 年至今的范围内,而且所有在世诗人都不收入。这样,这套书收录的诗人数量总共为四十七人。[2]

他们希望聘请约翰生"为每一名作者撰写一篇简短的生平",作为最大卖点。因此,他们想采用短篇传记前言的形式,也许只有两到五页篇幅。他们成立了三人委员会,恭请约翰生担此重任。这三人都是他的老朋友,分别是汤姆·戴维斯、威廉·斯特拉恩和托马斯·卡德尔,他们都参与过出版约翰生的《苏格兰西部岛屿之旅纪行》,目前也都是吉本《罗马帝国衰亡史》(1776-1788)的出版商。他们将这个选题交给了约翰生,请他开出条件。约翰生不仅满口答应,而且所提条件只是两百金币的稿酬,出版商们松了一口气。但他研究了出版商们选定的四十七位诗人的名单后,建议再加上苏格兰诗人詹姆斯·汤姆森。出版商们之所以将他排除在外,也许是因为他是苏格兰人。他们故意这么做,是为了报复竞争对手阿波罗出版社,因为它位于爱丁堡。

之后,约翰生又建议加入四位诗人(理查德·布莱克摩尔、艾萨克·沃茨、约翰·庞弗雷特和托马斯·亚尔登),他认为与出版商们选定的某些不太出名的诗人相比,这几位诗人水平不在他们之下。这就让收录的诗人总数达到五十二位。鲍斯威尔之后看到约翰生时,说他发现“他并不是这套丛书的主编”,而只是负责给书商们挑选出来的诗人写前言,顿时大失所望。“我问他,如果他们请他为一个白痴的作品写前言,他是否会同意”,约翰生的回答是,“是的,先生。而且他说他自己就是个白痴”。[3]

一

约翰生开价很低,区区两百个金币。对于时常将“若不是生计所
527 迫,没人会愿意写作”这句话挂在嘴边的他来说,这不免让人吃惊。据埃德蒙·马龙说,他本来可以要一千五百个金币,但即使是这样,即便出版商们以为他不过是按他们的要求去写短篇前言,他们也会立即答应他的要价。但约翰生最终交给他们的其实是沈博绝丽、字斟句酌的巨著,总字数约三十七万。要知道,历史学家威廉·罗伯逊写《查理五世史》的稿酬为四千五百英镑,在约翰生逝世后,亚瑟·墨菲写了一篇《约翰生生平与天赋论》,稿酬为三百英镑。诚然,约翰生需要某种外部激励因素,方可克服他内心对为博取“功名”而写作的抵触心理。这种激励因素既可以是金钱,也可以是对他人的布施,我们已经多次看到这种现象。不过,一小笔金钱就足以促使他动笔写作。此外,他在许多讨论中都将金钱作为一种激励因素(“要不是为了钱,傻瓜才会去写作”),这源于他喜欢揭穿某些人的“虚伪之词”,因为他们假装在从事更崇高的事业,其实不过是投身于“具有传染性的阴谋,目的是毁掉

纸张”。他喜欢将自己与格拉布街的文人联系在一起，他本人就曾经有过很长一段这样的经历，这些文人的写作仅仅是为了维持生计，而且他认为这些人的写作动机更加坦诚。在其他情况下，他决不会鬻文为生。鲍斯威尔有一句评价很公道，即总体而言，约翰生“不怎么在乎他的劳动所得，而更关心以文学为业的人”，也就是通过创作谋生之人。之后，出版商们主动在原先的稿酬上加了一百个金币，《诗人传》结集出版后（这不同于原先在每位诗人的诗集中单独充当前言），又加付了一百个金币。

这部著作篇幅越来越大，但约翰生依然认为他获得的微薄报酬是合理的。《诗人传》出版时，他曾说原先“只是给每一位诗人打一篇广告，就像我们在《法国杂记》中所看到的那种文章，其中只有一些事件的日期和对人物的笼统描写；但写着写着，就超出了原先的打算，我只想给读者带来有益的快乐”。换言之，这是他自行决定的，他觉得是自己违反了约定，没有理由仅仅因为自己在对方原先要求的基础上多写了一些内容，就要这些出版商加付稿酬。他对约翰·尼克尔斯说：“我始终认为，书商是一群慷慨大方的人。在这种情况下，我没有理由去抱怨。其实，并不是他们付少了，而是我写多了。”[4]

三

最终成书超出了他自己和出版商的计划，这是因为他在撰写过程 528
中内心并未产生强烈抗拒，而这种抵触心理此前一直让他的写作工作成为烦人的苦差事。其实，他从撰写第一篇传记（《考利传》）开始，就决定这样做了。

在过去，他的问题并不是一想到要写一篇重要作品就心生恐惧。

而是这个念头唤醒了他内心的宿敌(他的自我要求所产生的负担),从而唤醒了他的另一部分自我,对此采取顽固的叛逆或抵触。因此,"写作"比以往更意味着一种"坚持不懈"的努力,"出于生计或决心而身心投入,注意力也因而时刻转向更有趣的娱乐"。约翰生不得不既与自我需求作斗争,又要压制对自我需求的叛逆情绪。因而这种令人讨厌的工作自然就引发了他的烦躁情绪,他迫不及待要完成。另一方面,他所写的这些短篇传记,他并未视为重要著作,因而无须满足旁人和他自己过高的期望值。例如,它们与《莎士比亚作品集》对比鲜明。此外,这部作品的主题也很对他的胃口。他在多年前曾说:"传记文学是我的最爱。"更何况这五十二位诗人,大部分人的作品他都十分熟悉,其中某些作品可谓耳熟能详。最后,这部作品的性质也使他可以将其分成许多独立的部分。他可以将其中一篇传记写得长一些,也可以将其他几篇写得短一些,然后暂时放下写作工作,去追求其他的兴趣爱好。(1780 年 4 月,他曾在一周内写出四五篇短篇传记,但他写《弥尔顿传》却用了六周时间。)休息一段时间后,他又可以很快动手给下一组诗人写传记了。[5]

斯雷尔夫人说,有一次"他曾乐不知疲地写着,等他把这篇传记写完,又不禁怅然若失"。他真正动笔写作时,创作速度还是一如既往地快。这更多是他平日养成的习惯使然,而不是想赶在截止期限之前交稿,赶紧完事大吉。但是,他的创作速度(即实际动笔创作时的速度)此时并不像以往那样重要。即便他多年都未读过这些传主的作品,但他经常凭借惊人的记忆力,从脑海中找出了这些内容。(他把《劳传》
529 的书稿交给约翰·尼克尔斯付梓时,据尼克尔斯说,他"骄傲地发现他的批评属于上乘之作,要知道他足有三十年没有读过劳的剧作了"。)帕克牧师曾留下关于约翰生的一幅画作,在画中,他回到了利奇菲尔德,正在老朋友伊丽莎白·阿斯顿家中做客,奋力创作着《诗人传》。这是位于斯托山的阿斯顿家中,约翰生“坐在一扇窗户旁”伏案疾书,“身旁围着五六位女士,她们有的在做[针线]活,有的在聊天”。[6]《诗人传》中的有些传记是在斯特里汉姆写的,有些是在斯雷尔一家位于萨瑟克的住所中写的,约翰生的房间(圆形塔楼)面朝啤酒厂熙熙攘攘的院子,里面全是工人、马匹和马车。此后,由于斯雷尔一家发生了变故,他又回到了博尔特胡同的自宅,身边围绕着寄住他家的年老食客,在他们的吵嚷声中完成了剩下的传记。

动笔后的第一年,至少对其中一部分传记他是认真对待的。它们都是重要传记,如《考利传》《弥尔顿传》《德莱顿传》《蒲柏传》。鲍斯威尔介绍了一个有趣的例子(1778 年 5 月 12 日),他在这一年春季来到伦敦,与约翰生多次会面,从而记录了他最丰富的一批谈话。鲍斯威尔并不知道约翰生正潜心创作《德莱顿传》。约翰生认为,这篇传记是他整部《诗人传》中最精彩的篇章之一。鲍斯威尔想给他帮点忙,于是拜访了亚历山大·蒲柏的故旧马奇蒙特爵士。显然,《蒲柏传》将是《诗人传》中最重要的传记之一。此时,约翰生甚至还没有考虑到《蒲柏传》的创作。还要过一阵子他才能写到这篇传记。即便如此,鲍斯威尔还是立即从马奇蒙特那里了解到关于蒲柏的信息(并准备日后将这些素材交给约翰生)。其实,他也是为了满足自己的心愿,于是特地费了一番周折,告诉马奇蒙特,称他“应该改变”约翰生日后要撰写的《蒲柏传》。马奇蒙特精明干练、宅心仁厚,他摇了摇头说:“你这是在置我于险境。不要忘记,当年他是怎样猛揍那个书商奥斯本的。”

之后,鲍斯威尔正式代表约翰生与马奇蒙特伯爵约定,第二天登门拜访(“一点钟”),俨然以约翰生的特使自居。接着,他火速赶到斯特里汉姆,准备传达这个消息。他特地等到晚饭过后才告诉约翰生,

因为这时的心情最好。然后,他说明来意,并说“我今天可是为你奔波
530 了一天”,告知了他安排好的这次会面。但约翰生的回答让他十分震惊:

> “我明天不会去城里。我才不稀罕去了解蒲柏呢。”斯雷尔夫人(和我一样都很惊讶,她还有点气愤):“先生,我觉得鲍斯威尔先生是因为您要写《蒲柏传》,所以您一定希望了解他。”约翰生:“你们想当然了!为什么要了解?如果这种**了解像雨点一样落下来**,那我会伸手去接过来;但我自己是不会费那个折腾劲去寻找它。”此时,和他争辩无济于事。过了一会,他说:“马奇蒙特爵士要先来拜访我,然后我才会去拜访他。”

当然,这可能有点像小孩子在赌气,某种程度上说确实如此。但是,鲍斯威尔可能也对往事有所耳闻。大约五十年前,约翰生将蒲柏的《弥赛亚》翻译为拉丁文之后,老约翰生私自将译文印刷出来,寄给了蒲柏,约翰生大为光火。而约翰生本人之前希望以更具仪式感、更符合礼数的方式献给蒲柏。《诗人传》的第一部分出版时,约翰生寄给了马奇蒙特一本。马奇蒙特亲自登门拜访了他。约翰生已完全消除芥蒂,他也拜访了马奇蒙特(1779 年 5 月 3 日),并从这位伯爵口中了解到蒲柏的各种情况。这次访谈让两人都甚是愉悦。约翰生后来对鲍斯威尔坦言:“我宁可付给他二十英镑,也不愿错失那次机会。”[7]

四

约翰生通过自身的各种资质,使《诗人传》像《莎士比亚作品集前

言》一样,不仅成为批评史上里程碑式的著作,还是世界文学宝库中的经典名著。

首先,他对传记本身兴趣浓厚,这体现在道德与心理两方面。早在三十多岁时,他还在伦敦街头苦苦奋斗。这时他就已经创造性地摸索出这种写作形式的前进之路,他对此十分喜爱,因为只有这种写作形式才可以满足他的本质主义,即他希望寻找“绝望之人”能够“使用”的手段。他一方面为陆军和海军的英雄撰写传记,另一方面也是在寻找自己的道路,渴望寻找他可以“使用”的手段。他探索了“平
静”的人生,即学者、艺术家和科学家的生平,在许多人看来其中似乎 531
缺少惊世骇俗的事件,无法让人津津乐道,也缺乏戏剧的生动性。他在《漫步者》中指出,若能更仔细地考察这些生平,对于脆弱的人类天性来说有其特殊价值,使他们努力实现某个目标、目的或理想。

此时已过了三十年,他开始对这五十二位诗人作出全景化的考察。其中许多人正在被人们遗忘,我们察觉到约翰生有一种本能的愿望,力图从时光湮灭的长河中将他们解救出来,哪怕只是须臾片刻。在人类的种种努力、经验、冒险、希望和失望所组成的一整部大戏中,约翰生将他们视为其中的一部分,对他们的人生进行评价,即评说他们的生平经历。当然,他对于日期和其他细节略有些漫不经心(毕竟他要给五十二位传主立传),这种做法可能会令现代学者大惊失色。在后者看来,光是为其中一位传主立传可能就要花去五年时间,而且还会在写作过程中引用其他学者的研究成果。约翰生也没有假装在进行现代意义上的“研究”,但他描写了许多有趣的细节,并得到其他学者襄助,其中就有艾萨克·里德与乔治·史蒂芬斯。

无论如何,文学史上还是首次出现了一位拥有特别出众的品质与涉猎范围的学者,此前我们谈到他的早期传记时已指出过这一点。他

已在这三十年中进一步思考了传记,此时又回到这个问题。他创造性地揭示出思想家与作家传记的真正可能性,这是史无前例之举。在文学史上,传记艺术方面最闻名遐迩的著作是鲍斯威尔的《约翰生传》,这便是约翰生通过这种可能性所产生的一项直接成果。鲍斯威尔(仿佛是)师从于约翰生。诚然,两者存在差异,特别是戏剧化的场景,鲍斯威尔的传记在这方面名列翘楚,因为鲍氏写的是一位伟人的传记,他凭借的是观察和记录。而约翰生则是凭借回忆写作,他写的是过去的作家,他们没有留下谈话记录可供参考。但是,写作原则与核心关注是相同的。鲍斯威尔从约翰生那里受教匪浅。

我们还应补充一点,约翰生具有更为特殊的语言与文学资质,毕竟他撰写的是作家传记。他是英语语言大师,精通从伊丽莎白时代直到他所在时代的英语,多年以前,他就在编写词典过程中体现出这一点,并且从各种写作形式中摘录了数千词条。他凭借惊人的记忆力,始终深谙古典时期和当代的各种文学影响力与示例,而且将他惊人的
532 分析能力与博闻强记相结合,便能洞悉诗歌风格,文坛中很少有"传记"评论家或"历史"评论家能望其项背。

即便有文学评论家能够在这些方面与他媲美,即便有人能够达到他在哲学和文学方面的涉猎广度,也无法跟他对文学**实务**方面的直接了解相提并论。这既来自他四十年来浸淫于出版工作,也包括单纯的理论批评家总是遗忘的写作心理方面(包括作家在面对最令他畏惧的事物——等待他完成的空白稿纸时产生的犹豫不决和自我怀疑,即还包括他想起自荷马以降的大批著名作家后产生的心理压力,即便只是为了让自己的意见为众人所知,他都不得不与他们作一番较量)。[8]

约翰生凭借对批评史的了解,也为《诗人传》开辟了新的境界。他甚至考虑写一部"从亚里士多德到当代的……批评史",这在当时别具

匠心，而且直到约翰生去逝后一个世纪，依然没有人尝试过这个想法。其原因之一在于，他了解批评思想的各种历史，而且他一直在踏踏实实地研究"通过原则而非感觉作出判断之人所作出的评价"，因此，我们很难给他贴上标签，也无法简单地将他归入文学批评家的行列。在他那个时代，没有人比他更清楚地意识到，在艺术与人文领域中（这不同于"根据可证明的科学原则"创作出的著作），观点的分歧必然是因为需要考虑诸多不同的想法，而且"由于某个问题变得越来越复杂、牵涉面越来越广，并且延伸到更多的关系上，观点的分歧总是会越来越普遍，这并非因为我们缺乏理性，而是因为我们是存在局限性的个体，我们的知识类型不同，我们的关注程度也不同。人们会发现一个结果，却漏掉另一个结果，没有人能够领悟到整个因果关系的来龙去脉……每个人都将他所看到的内容与不同的标准进行比较，而且每个人都有不同的目的"。结果导致约翰生从未忘记，"与我们观点不一致的人并非总会与我们产生分歧"，而且我们"发现其他人与我们观点不同时，我们没有什么理由感到吃惊或受到冒犯，因为分歧对我们来说实在是司空见惯"。[9]

最后，约翰生兴趣广博，涵盖知识、道德及社会领域，这部作品的 533
视角因而十分全面。正因为此，我们才会总是将文学作品和作者生平放在更大的语境中，以此来界定文学。即便信笔闲谈中，我们也能体味到这一点。一个典型例子就是《格雷传》的结尾部分，约翰生提到了传主脍炙人口的《挽歌》："我很高兴地发现，我与普通读者的看法一致；因为读者的常识并未受到文坛成见的侵蚀……他们定能对所有事关诗坛荣誉的看法作出最终裁定。"只有像歌德或约翰生这样具有非凡心理高度的人士，才能说出这样的语句（"未受到文坛成见的侵蚀"）。这与我们当前的批评方法格格不入，以至于人们会认为这是印刷错误,误以为原文应该是“受到非文坛成见的侵蚀”。

我们发现他具有罕见的能力,能将文学看成是人类能够实现的几种模范之举之一,并对文学进行相应的褒奖与评价。如果放在其他时代,这一能力将更加罕见。约翰生无法忘记,这一点实际上与人类的其他成就一样来之不易,这进一步加强了他对其价值的认识:失去它实在是太迅速,重新得到它实在是太困难。约翰生作为道德作家,总是将人类看成是一个正在学习或努力学习的孩子,而且对此经常极度反感。这就是他对文艺复兴如此感兴趣的原因,在他看来,这代表着一个伟大的时刻,即“绝望的人类”在某种程度上能够在心理和想象力方面奋力实现突出的成就。通过这种视角,他认为文学与整个人类的成就成正比,这不是还原论的观点,而是维持了文学的尊严,以至于将其割裂出来不啻弄巧成拙,永远不会取得成功。

在约翰生逝世后的一个世纪中,“高雅文化”滥觞于浪漫主义,并自成一脉。托马斯·曼曾在《浮士德博士》中称其为“华而不实的故步自封,这是文化解放的结果,即将文化提升到替代宗教的地位”,他预言称,在这个位置上,它将很快“完全陷入孤独,孤独至死”。根据我们对二十世纪“高雅的现代主义”的认识,它只是在表面上与十九世纪的“文化”孤立相左,而且双方的争论已证明纯属两败俱伤。二十世纪
534 行将结束,我们可以再次学会不要将“高雅文化”视作理所当然,还要认识到我们是多么的如履薄冰。如果是这样,根据约翰生在他的整个文学观中所提供的这种视角,将有助于我们找到安身立命之处。对这一点的某些认识可能与二战时的 T. S. 艾略特心有戚戚,他想知道,“约翰生的文学影响”(指的是更深远的影响)“是否并不只是在等待能接纳它的时代到来”。[10]

五

一般来说,约翰生并没有对文学传记形成某种“理论”或“体系”。但他将庞大的学养储备倾注到这些前言的创作中,创造出传世佳作,同时创造出一种新的写作形式,即真正的“文学传记”,他的做法是在传记中融入对作家作品乃至他思想的格调与特点作出具体批评分析。经过两代人之后,才有另一位文学评论家能够像约翰生一样,在讨论大量作家的过程中将传记和批评方面的洞察力相结合,他就是圣伯夫。尽管圣伯夫在心理方面经常更加细致入微,但他无论在道德力量还是对诗歌形式与风格的洞悉方面,都难以望约翰生项背。

即便我们不考虑《诗人传》更大的目的,只关注书中的批评论述,这部作品依然令我们入迷。历史学家罗伯特·奥姆曾指出,《苏格兰西部岛屿之旅纪行》体现出“他反复思忖的伟大思想,就像海浪在来回翻滚一样”。[11]《诗人传》在此方面有过之而无不及。我们在此书中发现,约翰生思想中辩证和双向联想式的特点达到了最精妙、最睿智的地步,只有他在不惑之年所写的道德著作能与之媲美。在批评分析中,自亚里士多德开始,直到约翰生的时代甚至到我们的时代,有许多问题导致文学批评界产生了分裂。但我们在这部作品中发现,它们始终在相互作用,每一种都得到了公正的对待、探索,然后通常在更加动态化、功能化的综合中达成一致(并非总能如此)。这些问题包括想象与判断,一致与多样,笼统与具体,“古代人”与“现代人”,传统与原创,“优美文雅”与想象的力量和范围,模仿与现实(包括相联系的几个辅助问题,例如模仿与现实的问题之于诗歌形式的技术需求,道德 535
教化之于真实性,外部现实之于内心主观生活,等等)。[12]

我们似乎正在远离严格的形式主义时代,它可以与1660年至1760年的“高雅的新古典主义模式”相提并论,因此我们当前尤为感兴趣的一点在于,约翰生总是直面问题,他将其称为“人性旨趣”(流行的吸引力,当前的乐趣,可接近程度,以及“熟悉事物”的善德)之于思想、原创和技艺的合力。无论是此前还是此后的重要文学批评家,没有一位能做到如此接近于“普通读者”。我们看到了这种现象以各种形式得以体现,甚至于约翰生以令人耳目一新的方式,坦承自己很容易对阅读缺乏耐心,这在职业批评家中似乎极为罕见。他曾说,“作家的第一要务”就是要“激发读者的兴趣,促使其将他的作品**读完**”。他认为普赖尔的长诗《所罗门》就缺少这种特点,“由于少了这一点,其他所有优点都无足轻重了……**无聊乏味**是所有缺憾中最致命的”。对于汤姆森的《自由》,他认为“当它刚发表时,我曾试着要读一读,但很快便打消了这个念头。自此,我再也没读过它”。谈到康格里夫的早期小说《隐姓埋名》(这部小说曾一度受到批评界赞赏),他说:“我宁愿去赞扬它,也不愿去读它。”阿肯塞德的颂歌已经为人们所遗忘,约翰生称“若人们觉得它们整体上属于无聊的文章”,考察作品的细节就徒劳无益:“因为,如果作品根本没有人读,那么对它们批评还有什么用呢?”但如果说约翰生始终是“普通读者”的最高代言人,那么他一直在寻找各种新颖的内容;或者说即便作品受到忽视,但在想象力上具有创新性;或者说即便过于骈俪,技艺上仍可圈可点。他重新发掘“玄学派”诗人的意义便是一个例子。[13]

另一方面,他辩证、双向联想的习惯,给文学专业的学生带来难题。这些人与“普通读者”不同,显然力图对批评手法进行分类,贴上明确的标签,但却可能对这种变动不居的批评形式和评价优缺点的形式感到大惑不解。例如,所有人都记得他曾对《失乐园》发表了著名的评论——“没有人希望它的篇幅更长些”。当然,他准确地指出了弥尔

顿的至少一个问题。他说:

> 《失乐园》的计划造成了这个困扰,它既不包含人类行为,也
> 不包括人类习俗。无论是男性还是女性,他们的行为与苦难都是
> 其他人无法了解的。读者找不到他可以投身其中的事情;也没有 536
> 看到任何通过发挥想象可使自己置身其中的境况;因此,他自然
> 没有太大的好奇心或同情心……总是能感受到其中缺少对人的
> 关注。

但我们应当记住,他在讨论这首诗的"缺陷"时,得出的是怎样的结论("每一件人工都无可避免",而且"发现"这些缺陷自然是"公正批评的任务"):

> 这些就是神奇的作品《失乐园》中的缺憾,如果有人认为,这一点能与它的优点相提并论,那么他不是个好人,而是个笨蛋,我们更应该可怜他不明事理,而不是指责他不够坦率。

我们不应忘记一个事实,正是约翰生为这首诗写出了第一篇重要的批评作品。他对诗中的大部分内容都了然于心,而且从有些句子中,可以看出整篇文章洋溢着钦佩之情:诗的进程唤起的思想

> 如此强烈,只有最炽热、最活跃的想象力才能产生,而且通过不断的研究与无穷的好奇心,为此提供了种种素材。可以说,弥尔顿热烈的思想使他的学养得到升华,使他的作品产生了科学精神,但又摒弃了其中粗陋的成分。

> 无论他的话题是什么，他都从不忘记倾注这种想象力……他就是为完成艰难的工作而生，他的作品之所以不是最伟大的英雄诗篇，只因为它不是第一部。[14]

六

在批评史上，最受人非议的并不是普遍的理论，而是对某些作家，尤其是某些作品的评价。因为前者除了会冒犯持对立立场的理论家之外，并不会触怒任何人。歌德认为，他同时代的年轻作家大部分都是“病态的”，海兹利特的观点也不比这好多少。柯尔律治与阿诺德认为，1660 年至 1790 年间，大部分主要诗歌都不值得重视。到了二十世纪二十年代至四十年代，“玄学派的复兴”达到了巅峰，人们经常贬低整个十九世纪的诗歌。但最终证明，约翰生的批评观点尤为公道，尤其是我们不应忘记，他的《诗人传》需要涉及大量的作家和具体的诗
537 篇。自此以后，数十部文学史作都对这个问题作了阐述，并为我们铺平道路（但我们经常会忘记它们，依然会去读约翰生的评价），因此我们现在尽可以对当时的诗人或诗作作出至少“安全”的评价，后人也不会为此与我们发生争执。但我们应当想到，在约翰生之前，并没有人对这些诗人进行过评价。此外，他距他们还不算遥远。即便是年代最久远的诗人，也不过相当于丁尼生之于我们。T. S. 艾略特说：“人们在对当代作品作出判断时，面对着种种诱惑，而对不久之前的作家作出判断时，又面对着种种成见。有鉴于此，我认为约翰生的《诗人传》是批评界的鸿篇巨制。”（艾略特说这番话时，可能想到了此前他对十九世纪诗歌的抨击。）其实，约翰生反复获得过一句赞誉，其他批评家都没有获此殊荣。即人们认为，他讨论的某些诗人之所以今天得到人们

的关注尤其是艾略特等现代诗人的关注，纯粹是因为我们想知道约翰生为什么要论述他们。[15]

这五十多篇传记中，只有三篇曾受到人们的持续抨击，这就是《弥尔顿传》《斯威夫特传》和《格雷传》。约翰生对弥尔顿其人肯定存有敌意，因为他对清教整体持敌视态度。其根源在于，约翰生任性地认为，清教徒生性古板、自欺欺人（这也是约翰生的一己之见），并采用了崇高、严格、决不妥协的道德标准，在他看来，这其实是在掩饰他们固执己见的偶像崇拜。他认为，在弥尔顿的政论著作中，无论是语气还是偏见都体现了这一点，这是一种“乖戾的共和主义思想”，更关心“损有余而补不足”，而不是“提升整体水平”。因此在整个《弥尔顿传》中，我们发现约翰生经常与弥尔顿发生争执，而且想方设法寻找他的软肋。但弥尔顿作为一名诗人，他的伟大之处是不容置疑的。这篇传记本身非常翔实，而且弥尔顿的主要研究者自此以后也始终同意这篇传记的观点。对于格雷，我们当前并不像维多利亚时期那样会为他激烈地辩护，约翰生认为他是暴躁、胆怯之人，这可能有点尖刻，但绝非没有道理。现代读者对《斯威夫特传》的看法十分公正，他们认为只有在这篇传记中，传者的成见到了不可救药的地步。我们对此只有一个观点，即约翰生一生都对他天性中强大的讽刺挖苦能力心存恐惧，
这在他五十多岁时发生心理崩溃之后尤为明显，而且他厌恶（但他始 538
终生活在这种厌恶之中）嗔怒和生活中的空虚，他在斯威夫特身上都能找出这些特点。

如果我们看一看他对具体诗作的讨论，就会发现，他总共讨论了一千多首诗歌，但只有对弥尔顿的《利西达斯》所发表的几段著名论断，才始终令人恼怒。如果我们看一看重要评论家对各种诗人与时代发出的谴责，就知道约翰生的批评并不算是不良记录。我们之所以对

其他批评家忘记了这一点,却盯着约翰生对《利西达斯》的评价,是因为人们对他言论的引用要远远超过其他批评家。他发表的评价令这部伟大诗篇(无论是以什么语言评判,它都是最伟大的短篇诗作之一)的推崇者十分伤心,他们无法忘记或理解这种看法,也不知道该如何回答这种不可救药的反常看法(我本人觉得这应该是带有雅谑意味)。我们所有人都记得学校的课文(此时它们依然出现在课本中),如果课文中收录了《利西达斯》,约翰生就会产生惊讶的恐惧,然后他的"回答"只会让可怜的威廉·考珀愤怒回应:"哦!我可以拍打他的旧夹克,直到他口袋里的恩俸叮当作响。"不用说,在更高深的层面,人们经常能为约翰生的言论找出借口或解释:(1)他喜爱文学中的"真诚",这实际上是"浪漫主义"的理想。他认为,诗歌"不应视为是真实情感的流露……情感不采摘桃金娘和常青藤的浆果,也不召唤林仙泉和明乔河……只要有闲暇进行虚构,就很少会产生忧愁"。(2)长期以来他一直反感"田园诗"形式,视其为老掉牙的传统,还认为这是完全"矫揉造作的"叙述生活的方式。(3)针对现代人对"这些神话故事"的使用,他也产生了相应的反感情绪,我们认为他一直表现出这种情绪。就像他对另一首诗的评价一样,"古代给我们留下了神话故事,但它就像其他事物一样,就在那里供我们每个人使用,但价值却很低。有关维纳斯、戴安娜和密涅瓦的新故事,自然就无人在意了"。有人认为使用经典神话可能对现代读者产生一些真正的功用,对此他决不苟同。(4)他认为最糟糕的做法是将这些"陈腐""轻浮的故事"与"神圣的真理"相融合,"决不能通过这样的亵渎之举进行结合"。人们可以扩大这些企图或发现其中的细微差别,以便为约翰生的言论辩护。但他们无法说服任何人,除非这些人一心认为约翰生绝不会犯错。他们与约翰生本人不同,他们忘记了他说的一句话:"我们必须承认,自己喜爱的人也会犯错误,这才能让我们在赞扬他的出众之处时赢得信誉。”[16]

七

我们必须详细考察人们对《诗人传》的误解。历史证明,这种看法 539
很顽固,这有些不可思议。这种看法认为,从1660年至1760年这一个世纪中,《诗人传》涉及的诗人是约翰生亲自挑选的,或者说即便不是他挑选的,也是经过他同意的。因此,他们代表了他对理想诗歌的认识。有一个版本的《诗人传》至今依然广为流传,书序的作者问道:“乔叟在哪里?斯宾塞在哪里?赫里克、洛夫莱斯、坎皮恩、克拉肖又在哪里?我们很快就会发现,约翰生认为诗歌实际上是从沃勒开始的,而由蒲柏推向了巅峰。”[17]

在这部传记合集中,传主的时间跨度是由出版商限定的,我们已在上文指出了这一点。这部作品属于他们,而不属于约翰生。只是后来他们力图借用他的名气,以“约翰生的诗人传”为题出版了此书。约翰生也尖刻地提醒过他们,这是“你们的版本,若要称它为我的书,未免过于草率”。[18]鉴于他们的出版计划规模庞大(整部作品最终达到了六十八卷),他们已经抛弃了原先从乔叟开始的想法,因为他们担心丛书规模过于浩大,资金已经够紧张的了,这样做也许就会出现亏损。(丛书的截止日期也与此相似,它排除了所有在世诗人,这也不是约翰生“反现代”情绪的体现,而是出版商的决定,他们不希望影响在世诗人作品的销售。)

但是,即便人们明白遴选工作是由出版商完成的,依然不愿放弃这种想法,即某一类诗人表明了约翰生对诗歌真正赞赏的方面,这令人十分好奇。这些人中不仅有一般的文学史家,他们迫切地希望将约翰生归入批评家的行列,以便转到对其他问题的论述,而且还有许多酷爱约翰生其人的作家。有一种观点认为,约翰生既然如此赫赫有名,如果他真的想去做,就一定能说服书商,让自己来挑选诗人。但人们却忘记了一点,约翰生不仅是在撰写一批批评随笔文,因而当然是可以扩充的,但这还涉及《英国诗人作品集》这部浩如烟海的丛书,如果将起始日期提前到1600年,就会使丛书额外增加四五十卷。但这
540 种事实却没有给人们留下持久印象,因为人们迫切想要相信另一种观点。我们实际上面对的是一种情感,这与人们始终认为约翰生是典型的"托利党人"和"英国国教教徒"的情况相似:这种爱需要在"父亲的形象"中寻找错误或疏漏,以使我们能获得独立,补救或纠正他"负面"的缺憾,并通过雅量和屈尊来享受由此带来的快乐。我们已经看到,对于约翰生本人在道德随笔文中的论述,没有人能比他更一针见血地揭示出这种心理需要。

人们认为,约翰生的文学判断力与知识实际上是从创作《诗人传》开始的,这是一种特殊的反讽。在他所在的时代,没有人比他更醉心于研究文艺复兴到十七世纪末这段时间。他打算创作的一部著作是乔叟传,并附上他的作品全集。另一部著作是《欧洲学养的复兴史》,旨在对文艺复兴的文学史和思想史展开全面研究。我在为耶鲁大学版约翰生文集编辑《漫步者》时,尤其注意到它最突出的特点之一,就是对文艺复兴时期欧洲大陆的伟大人文学家耳熟能详、信手拈来,例如贝拉明、加尔加诺、卡斯蒂利奥内、居雅斯、伊拉斯谟、法布里休斯、伽森狄、格劳秀斯、尤里乌斯·利布里、利普修斯、波利齐亚诺、蓬塔努斯、戈维多、桑纳扎罗、斯卡利哲家族、图阿诺斯。他们是约翰生一生的兴趣所在。离开牛津之后,他着手完成的第一部重要著作就是波利

齐亚诺的拉丁诗歌集,这部作品学术气息浓厚,它之所以遭到失败,只是因为他无法招徕到足够的订户。据约翰·尼克尔斯说,在他去日无多之时,他还经常提出要翻译图阿诺斯的作品。[19]

他的这项兴趣从文艺复兴时期延伸到十七世纪后期的英国作家。我们此前就曾注意到,一般来说,他对这些作家的引用超过了对十八世纪英国作家引用频率的两倍。《约翰生词典》就引用了这些作家每一种写作形式的语句。“玄学派诗人”就是个很好的例子。他并没有像二十世纪二十至四十年代的“玄学派复兴”那样,用不符合实际的热情对他们进行颂扬。人们以为(现在依然广泛认为),他既不赞赏他们,甚至也没有充分了解他们。其实,他在词典中收录了他们的一千多条引文(光是对多恩就收录了四百多条),其中许多显然是他凭记忆写出的。[20]诚然,他对“玄学派”模式有强烈的保留意见,而且 T. S. 艾略特也承认,在 541
他竭力要评价这些人时,“不同意约翰生的观点就会带来危险”。他尤其认为,无论是“玄学派”风格,还是它对奇思妙想的重视,都与他尤其重视的两大诗歌特点格格不入:(1)“情感”(也就是直接吸引普通人的心灵或“扣动他们的心弦”);(2)“崇高”,即“思想的全面性与广度,它立即充满了整个心灵,而且第一种效果是突如其来的惊诧,第二种是理性的钦佩”。但是,尽管他有保留意见,这种诗歌形式还是强烈地吸引了他,因为“通过搜刮自然与艺术来进行阐释……他们的学养给人教诲,他们的巧妙令人惊讶……如果要按照他们的计划创作,至少必须进行阅读和思考”。这是约翰生作出的极高评价,他在评价距自己更近的新古典诗歌时,经常发现它们“不动**脑子**”。在赫布里底群岛之旅中,他就谈到了蒲柏的“凝练”力量,他无意中对鲍斯威尔吐露了这种评价,即“考利的一行诗要比蒲柏的一页诗更有**意义**(或者说一句话或十行诗——我记不清当时的具体表述了)”。[21]

因此,他寻找的是批评框架,以此来判断“玄学派诗人”而不是1700年之后大行其道的整个批评价值。在此过程中,他大获成功,以至于T. S. 艾略特与其他拥护“玄学派”风格的人士在一个半世纪之后继承了他提出的前提和术语,作为他们的出发点。他专注于这一派诗人最与众不同之处,即“睿智”的特点,并主张对“睿智”作出三种定义:(1)传统的“新古典主义”定义,它将睿智等同于语言的“品味”与“得体”,最典型的是蒲柏下的定义——“经常去思考,但从未很好地表达”。约翰生驳斥了这一观点,认为它将睿智“从思想的力量降低为语言的乐趣”。(2)为了取代这一定义,他提出了自己的定义——“既自然,又新奇”。但是,这并不是“玄学派”与众不同之处,因为他们通常为达到“新奇”的效果而牺牲“自然”。(3)之后,他又提出了第三种定义,即认为睿智是“更加严谨、哲性的思考”(也就是说,作为一种思维活动,它具有哲性思维,而且不同于“它对听者产生的效果”):“一种不和谐中的和谐;将不同的意象结合在一起,或从明显不同的事物中发现神秘的相似之处。”[22]

简而言之,尽管他提出的观点依然属于古典主义对“玄学派”的批
542 评,但他也提供了为他们辩护的依据。他对他们展开了详细论述,就像他评价约翰·尼克尔斯时一样。因为此前他们从未受到批评人士的审视,也因为约翰生对他们很感兴趣。他自认为在努力将一群诗人从几乎被人遗忘的状态中抢救出来,找出一种手段来理解和评价他们,并一分为二地来看待他们。他写完《考利传》时(1777年10月11日),已经耗费了大量的时间,以至于除了《蒲柏传》之外,没有哪一篇传记的创作时间如此之长。这是因为第一篇传记无论是篇幅还是质量都极为突出,以至于他对这项工程的整个认识已经发生改变,不再是他起初以为的次要工作。针对其他需要撰写的传记,他对自己设定

了一项标准。但他从未觉得他超越了第一篇传记,由于他讨论的“玄学派”此前从未受到批评界的任何考察,他始终认为《考利传》是《诗人传》中最出色的一篇。[23]

八

这里应当对他的风格进行一番论述。对约翰生而言,他在最佳状态下写出了最伟大的英国散文风格之一。他开始创作《诗人传》时,即将迈入古稀之年,完稿时已有七十多岁,正可谓是他的巅峰时期。

通过多年的谈话,他对英语词汇和句法的运用更加灵巧,充满活力。他的语言更加丰富、简单、直接,这在他创作叙事作品时尤为突出,而且还别具一格地带着谈话式的轻松。与此同时,约翰生依然保留了他中年时期那种更为正式的行文风格,尤其是他凭借天赋,通过平衡与对仗在论述中实现了结尾的紧凑性。但只有在他结束了传记叙事,转入对传主思想或诗歌风格的论述时,或者说他开始总结诗人的思想特点时,这一点才会显现出来。例如在《蒲柏传》中,就体现于下列段落:

错误若未能得以纠正,
他从不会对此熟视无睹,
也不会绝望地放弃它。

他奋笔疾书,
首先是要博取功名,
之后便要保住功名。

543 据约翰生说,对于蒲柏的思想特点,他认为主要品质体现于“练达”(good sense):

> 在自己的构思中,
> 他能立即发现哪些需要选择,哪些需要放弃;
> 在他人的著作中,
> 他能立即发现哪些需要避免,哪些需要复制。

我们此前就已注意到,他还有个习惯,即在他的句子中存在顺向同化的特点。即先论述一件事,然后对其展开或证明其特点,将其同化之后再回到原先的论述,再重新展开或重新证明其特点。* 除了“练达”之外,

> 蒲柏还有类似的天赋;
> 即他的头脑
> 十分活跃、
> 雄心勃勃、
> 热爱冒险,
>
> 总是在调查研究,
> 总是在追求;
>
> 在他最广泛的求索中,

---

* 参见上文页 399-400。

依然渴望向前迈进，
在他翱翔九天之上时，
依然希冀向更高处冲刺；

他的想象总是超越了他的知识范围，
总是力图完成他无能为力之事。

此后，他又将德莱顿与蒲柏进行一番比较：

对于天赋，
这种力量造就了诗人；
如果缺少这种品质，
判断就会冷酷无情，
知识就会陷入倦怠；
使人有精力去收集、综合、放大、活跃； 544

虽然我对这个结论有些犹豫，
但德莱顿定然更胜一筹。

他在《考利传》中对“玄学派诗人”展开讨论，结论是：

通过回忆或探索，
通过温习故知，
或考量新知，
发挥出思维的力量。

即便他们的伟大很少得到宣传，
他们的敏锐也经常让人惊叹；
即便无法始终满足想象，
至少也运用了回忆与比较的力量。

在约翰生晚年风格中，有一点与众不同，我们在他的谈话与信件中也发现了这一点，这就是他经常使用简短的从句。T. S. 艾略特注意到了这一点，并与当时正式文体的其他主要大师进行了对比。例如，伯克与吉本使用的是演说家风格的圆周句，句式很长。在艾略特看来，约翰生写作时似乎经常像说话“上气不接下气”。[24]诚如此言，而且我们不仅在轻松的叙事与反思性的段落中发现了这一点，在少量正式的散文中也有发现。在后者中，它的形式更紧凑、更紧张，更属于批评和哲理文章，而非传记或回忆散文。前者有一个很好的例子，这是《埃德蒙·史密斯传》中有趣的一段，他在文中向老朋友吉尔伯特·沃姆斯利表达了敬意，因为他很久以前曾向自己提供了史密斯的一些情况，供他用于这篇传记（“我很久之前就与他相识，他是我的第一批文友之一……他当时年事已高，而我只是个稚气刚脱的毛头小伙；但他从没有小看过我……我很尊敬他，他也对我很宽容”）。*

通过使用独立的短句，约翰生晚年的散文体现出另一个特点，尤其是在《诗人传》更正式的部分。这就是大量使用动词，使其风格产生非同寻常的力量与活力，在模仿他的人士中，没有一位能做到这一点。在主流的英语散文风格中，动词在文章总字数中的比例平均约为百分之十四。在约翰生的早期著作中，该比例就已很高（百分之十三），在

* 参见上文页80。

他的晚年著作中，我们甚至发现它达到了英语语言中最高的比例，约为百分之十七。笔者将以《蒲柏传》的一段为例，展示他的动词性从句，其中动词比例高达百分之二十三，几乎是英语散文正常比例的两倍。他在这段中讨论的是蒲柏诗歌中的“谨慎”（prudence）或“练达”，并将他与德莱顿作比较：

> 但德莱顿从未希望充分运用他的整个判断力。他在写作，并 545
> 表示他只为人民而写作；他取悦他人，同时自己也得到满足。他的时间并没有花在激发潜力上，他从未想过要让美好的事物更加美好，也没有经常修正错误之处。他告诉我们，他在写作时很少思考，若有境况或生计所需，他便将当时恰好想到的内容和盘托出，在它付梓时，他已将这些内容从头脑中清空……
>
> 蒲柏则从不满足，他希望出类拔萃，因此总是力求精益求精：他并不标榜正直，而是去挑战读者的判断，而且他不指望他人宽容，也从不对自己宽容……蒲柏也许拥有德莱顿的判断力，但德莱顿肯定缺乏蒲柏这样的勤奋。[25]

九

到了1779年，也就是他动笔创作后不到两年，首批二十二篇传记便分四本小册子出版。这部著作的名称为《英国诗人作品前言、传记与批评》，后又改为《最著名的英国诗人传记及其作品的批评集》。我们当前所使用的标题是《诗人传》，它沿用了一百五十年左右，是后一个标题的简称。

就在他即将完成第一批传记时，大卫·加里克之死（1779年1月

20日)给了他沉重打击。加里克殁年只有六十二岁,他的肾病已发作了一段时间,早早就退出了舞台事业。约翰生是他当年就读于艾迪尔堂时的恩师,此时很自然地回忆起当年情景,也想起两人在四十二年前一起动身前往伦敦,往事历历在目。他在《埃德蒙·史密斯传》中发表了著名的评论,即加里克之死"让全国的欢乐都黯然失色",这在我们看来过于冷酷无情、泰然处之。但这番话是推敲过的(他并没有说"戛然而止"),加里克的遗孀迫不及待地把这句话作为亡夫的墓志铭。理查德·坎伯兰也参加了加里克的葬礼,他永远也忘不了威斯敏斯特修道院中的情景,"年迈的约翰生站在他的墓旁,就在莎士比亚纪念碑的下方,哭成了泪人"。[26]

第二年夏天,约翰生便打算全力完成最后三十篇传记,此时他的
546 焦虑让他心神不宁,我们将在下一章加以论述。但十五个月之后,主要人物中只剩下斯威夫特和蒲柏的传记还没有完成,而且蒲柏传已经完成很大一部分了。蒲柏是他传记中最后一位真正"伟大"的传主。他特别重视这篇传记,无论在风格、叙事还是批评的广度上,它都是《诗人传》中最上乘之作。

最后,1781年3月的第一周,约翰生在日记中写道:"我完成了《诗人传》。我是按照自己一贯的方式创作这部作品的,速度时快时慢,有时我不太愿意写作,有时则精力充沛,一气呵成。"[27]最后这三十篇传记几乎立即分六卷出版,因为他在创作时就一直分批将稿件发给出版社。完成《诗人传》后不到一个月,他的个人生活将遭遇巨大的、永久性的变故,这可能是他一直担心的。

注释

[1] 塞缪尔·约翰生:《日记、祷文、年谱》,页264。鲍斯威尔:《约翰

生传》,第三卷,页109。

[2] 鲍斯威尔:《约翰生传》,第三卷,页100-101。

[3] 同上,页137。

[4] 塞缪尔·约翰生:《诗人传》,第一卷,页 xxvi。约翰·尼克尔斯:《文学轶事》,第八卷,页16。

[5]《探险者》,第一三八期。鲍斯威尔:《约翰生传》,第一卷,页425。《塞缪尔·约翰生书信集》,第六五八篇。《绅士杂志》,第五十五卷(1785),页9,注释1。

[6] 赫斯特·皮奥齐:《已故塞缪尔·约翰生轶事录》,见《约翰生杂录》,第一卷,页298。鲍斯威尔:《约翰生传》,第四卷,页36,注释3。《约翰生杂录》,第二卷,页401、414。

[7] 鲍斯威尔:《约翰生传》,第三卷,页344-345,页392。

[8] W. J. 贝特:《过去的负担》(麻省剑桥,1970),见全书。

[9] 鲍斯威尔:《约翰生传》,第四卷,页381,注释1。《探险者》,第一〇七期(耶鲁版约翰生文集,第二卷,页441-442,页445)。

[10] 托马斯·曼:《浮士德博士》,H. T. 劳-波特译(纽约,1948),页322。T. S. 艾略特:《论诗歌与诗人》(纽约,1957),页185。

[11]《马拉海德城堡所藏詹姆斯·鲍斯威尔私人文件》,第十卷,页198。另见鲍斯威尔:《约翰生传》,第二卷,页300。

[12] 如需对他整个批评手法的全面分析,包括《诗人传》中的批评,参见琼·哈格斯特鲁姆:《塞缪尔·约翰生的文学批评》(明尼阿波利斯,1952)。

[13]《莎士比亚作品集前言》,耶鲁版约翰生文集,第七卷,页83。《诗人传》,第二卷,页206、214;第三卷,页301,页419-420。如需了解"约翰生对新颖与原创性"的讨论,参见詹姆斯·恩格尔即将在《现代文献学》上发表的文章。

[14] 塞缪尔·约翰生:《诗人传》,第一卷,页180-183,页177-178,页194。

[15] T. S. 艾略特:《诗的用途和批评的效果》(纽约,1934),页64。

T. S. 艾略特:《论诗歌与诗人》,页 185。

[16] 塞缪尔·约翰生:《诗人传》,第一卷,页 163-165;第二卷,页 283。鲍斯威尔:《约翰生传》,第一卷,页 500。

[17] 亚瑟·沃,见《诗人传》(1964),世界经典著作版,第一卷,页 xii。

[18]《塞缪尔·约翰生书信集》,第六七〇篇。另见鲍斯威尔:《约翰生传》,第四卷,页 35,注释 3。

[19] 耶鲁版约翰生文集,第三卷,页 xxxi-xxxiv。

[20] 大卫·珀金斯,见《英国文学史期刊》,第二十卷(纽约,1953),页 210-211。

[21] T. S. 艾略特:《玄学派诗人》,《随笔集》(伦敦,1932),页 250。塞缪尔·约翰生:《诗人传》,第一卷,页 20。鲍斯威尔:《约翰生传》,第一卷,页 421。《鲍斯威尔的赫布里底群岛之旅纪行》,页 348。W. J. 贝特:《塞缪尔·约翰生的成就》,页 189-190,页 212-216。

[22] 塞缪尔·约翰生:《诗人传》,第一卷,页 19-22。

[23] 鲍斯威尔:《约翰生传》,第四卷,页 38。

[24] T. S. 艾略特:《诗的用途和批评的效果》,页 65。

[25] 上一节中对风格的论述引自塞缪尔·约翰生:《诗人传》,第一卷,页 22;第三卷,页 216-218,页 220-222。

[26] 理查德·坎伯兰:《回忆录》,第二卷,页 210。

[27] 塞缪尔·约翰生:《日记、祷文、年谱》,页 303-304。

第三十章　云聚；亨利·斯雷尔之死

一

自约翰生动笔创作《诗人传》以来，大约已经四年了。对于任何人 547
来说，这都是相当长的一段时期。在这段时间，很容易发生重大变故。济慈曾说："环境犹如乌云，时而聚拢，时而消散，永不停歇。我们在欢笑时，世事宛如耕田，其中已播下祸患的种子……它生根发芽，突然间长出剧毒的果实，我们却不得不将其摘下。"此外，约翰生当下的年纪也更容易受到巨大变故的伤害。动笔创作《诗人传》时，他已六十八岁，此时已七十一岁半。在过去一年左右的时间里，巨大的焦虑感困扰着他，他竭力要将其压抑。这就是他可能要失去他的家，这个家就是他十五年来与斯雷尔一家所建立的家庭，在过去的岁月里，这最接近于真正的"家"。《诗人传》完工时，他曾写过一篇日记，紧接着他在一篇日记中写道："（4月）11日，星期三，我亲爱的朋友斯雷尔今天下葬。他于[4月]4日（星期三）去世。随他一同安葬的是我的诸多希望与乐趣。"[1]

二

约翰生动笔创作《诗人传》还不到一年，斯雷尔家的问题接踵而
548 至。斯雷尔已年过半百(1778 年)，他又产生了不切实际的愿望，一心要击败竞争对手怀特布莱德与卡尔弗特。结果，他又一次囤积了过多的啤酒，导致资金紧张。同时，他在斯特里汉姆的改建中开支过大，此时又开始固执、鲁莽地投机(家里人都蒙在鼓里)，朋友们都大惑不解。到了 1778 年 7 月，他又爆发了财务危机，约翰生在斯雷尔夫人催促下，想要和他详细谈一谈酿酒厂的生意。约翰生搁置《诗人传》的创作，为斯雷尔拟定了一份计划，将酿酒产能限制为每年八万桶，约翰生认为这样就能确保利润。斯雷尔正处于抑郁状态，他最终同意了这项计划。[2]

大多数人都会在中年时急剧表现出对生活的不满，沉默寡言的斯雷尔更加受此困扰。他对这些不满作出一系列回应，甚至到了刚愎自用、冲动与自我毁灭的地步。在外人看来，他在二十五岁或三十岁时，就已经达到人生所能憧憬的所有目标。他拥有巨大的财富，他的家庭也是十八世纪许多资本家梦寐以求的(只是还缺一个男性继承人)，而且他还通过约翰生结识了许多英国最出名的人物。但是，所有这些方面都不足以让他克服中年时期的困扰。

他深陷与一位女子的婚外恋，她名叫索菲亚·斯特里特菲尔德。我们要对此作一番介绍，因为它对于理解斯雷尔夫人此后几年的反应十分重要，这种反应反过来又对约翰生的个人生活产生了巨大的影响。索菲亚当时二十出头，是一位标准的古典美人，她喜欢博取年长男性的注意。她受过良好教育，精通希腊语。她魅惑男性的手段也很

高明。她娇羞妩媚,夸张地表现出楚楚可怜的样子,柔情万种的泪珠随时可以夺眶而出,许多人都觉得她魅力不可阻挡,包括亨利·斯雷尔在内。可想而知,斯雷尔夫人十分痛苦,但她又要竭力表现出温文尔雅的风度,这颇有讽刺意味。她将索菲亚比作“白色的烤兔子”或一条“豆绿色的绸缎”。她告诫自己,这场婚外情不啻“一幕喜剧”:“我不会对这个竞争对手、这个S. S.(即索菲亚·斯特里特菲尔德)感到烦恼。不,我不会。”她发现,索菲亚魅惑男性的手段尤其可恶,尤其是双眼噙泪,一副楚楚动人的模样。无论何时,只要她愿意,泪水召之即来,以此表明她柔肠寸断的心情或离别时的惆怅。有时在斯特里汉 549
姆,斯雷尔夫人会压抑心头的鄙夷,故意请索菲亚当众表演这项本领。奇怪的是,索菲亚通常都欣然应允。范妮·伯尼记录了一个典型的例子,当时是上午,在斯特里汉姆,她本人、斯雷尔夫人及索菲亚三人正在与菲利普·克拉克爵士和德拉普博士共进早餐:

> 菲利普爵士:“……我已经听太多的人说起过您的泪水了,我宁愿放弃整个宇宙,也要亲眼一睹风采。”
>
> 斯雷尔夫人:“如果您想看,她就会哭给您看。”
>
> S. S.:“斯雷尔夫人,请不要这样。”
>
> 德拉普博士:“哦,请表演吧!请让我见识一下吧。”
>
> 斯雷尔夫人:“是呀,索菲亚(用一种劝诱的语气),给我们表演一下吧,拜托啦!要知道,你今天就要走了,如果你不让我们见识一下,我们会很难受的……”

斯雷尔夫人继续劝她,就仿佛是“一位护士在哄小宝宝一样”。据范妮说,突然,“两颗晶莹透亮的泪珠从S. S.楚楚可怜的双眼中落下,顺着她的脸颊轻轻滚落……可她一直在微笑”。范妮觉得实在不可思议,因为索菲亚居然忘记了斯雷尔夫人对她的成见,并认为这是因为索菲亚完全沉迷于自己的快乐之中,“表现出一种柔情,这使她的容貌愈发动人”。但索菲亚并不傻。她太清楚斯雷尔夫人的感受了,她其实是在暗中享受自己的胜利。(亨利·斯雷尔去世后,据斯雷尔夫人说,索菲亚“告诉我,她和斯雷尔先生曾重演过刚才那样矫揉造作的情景,这不禁使我胆战心惊”。)[3]

当然,约翰生也意识到了这一点。但这件事情太尴尬,不好公开讨论。首先,无论事态怎样严重,只要有可能破坏“他的”家庭和谐,他都不允许自己去想。任何麻烦事都必定是暂时的。斯雷尔过去就曾包养过情妇(但索菲亚绝不是情妇)。此外,约翰生对斯雷尔做到了绝对忠诚,而且他这位古板、沉稳、寡言的朋友似乎陷入越来越糟糕的境况,他对这位朋友却愈发地忠诚。无论什么情况下,无论说什么话,都会进一步加剧这个家庭的矛盾。斯雷尔夫人明白这一点,也尊重这一点,只是有一次她觉得太委屈,太受伤,因而对约翰生的沉默不语产生了深深的怨恨。三十年后,她将这件事告诉了爱德华·曼金牧师。当
550 时,在斯特里汉姆举行了一场盛大的宴会,她像往常一样坐在餐位上。斯雷尔从桌子的另一头突然告诉她,让她和索菲亚换个座位,因为索菲亚“喉咙痛,坐在靠近门的位置可能不利于她康复”。斯雷尔夫人顿时痛哭流涕,说“也许过不了多久,这位女士就要成为斯雷尔先生家中的女主人了”,她站起身来,冲进休息室。宴会结束后,约翰生与伯克都前去看她,她立即就问,对于刚才发生的一切,她说的这番话是否有错。约翰生答道:

“嗯,肯定没有错,你当时就是太气愤了。”我说:“是的,我气

坏了,我没办法淡定、温和地发表评论,结果让你看到我失态了。换作别人,您定然会怒不可遏。但对于这次宴会的主人和C,您就一点脾气都没有啦。”约翰生羞红了脸,而且我觉得伯克也看傻了;但两人都没有接过我的话茬。[4]

三

之后,亨利·斯雷尔突然中风,他已有五十岁了(1779年6月8日)。约翰生正在阿什伯恩的约翰·泰勒家做客,准备将最后三十篇传记完工。中风当天,斯雷尔正在他姐姐阿诺德·内斯比特夫人家中,她丈夫不久前刚破产。斯雷尔曾为他姐夫的投机做担保,此时他才得知,自己将承担二十二万英镑的连带责任。得知这个消息,斯雷尔几乎当即瘫倒在他姐姐身旁的餐桌上,中风发作了。[5]

斯雷尔的第一次中风从未完全康复。这一年的夏天对于全家来说都很沉重,但约翰生还是竭力要在斯特里汉姆营造出欢快的氛围,他还给奎妮和范妮·伯尼上拉丁文课。斯雷尔夫人怀孕已久,她于八月流产。与此同时,酿酒厂的问题越来越严重。斯雷尔已经无力回天。据约翰·珀金斯说,他只能去那里转悠,就仿佛他“心血来潮”一样。[6]

一连几个星期,酿酒厂都完全靠珀金斯、斯雷尔夫人和约翰生打理。约翰生已经放下《诗人传》的创作,专门抽出时间来照看生意。斯雷尔病情的恶化让约翰生心如刀绞,他不愿承认这一点。据斯雷尔夫人说,早在大卫·加里克弥留之际,“不管怎样辩解,不管怎样叙述我听到的事实,都无法说服约翰生相信他此刻的病情十分危险”。这并不是因为他淡薄人情,而是因为他的焦虑过于痛苦,他不愿意承认。551

他需要否定这一点，以保持精神正常，以防他的心理与这种不可避免的结果相勾结，使他陷入绝望。其实，斯雷尔夫人也补充说"他天生就秉持一种念头，即如果说一个人生病了，那就几乎相当于希望他生病"，而且在他认识的人中，即便提一下某人有可能去世，在他看来也是最令人气愤的。[7]他对斯雷尔先生的反应就是这样。他发自内心地感到恐惧，忘记了自己对医学的了解，而且他采用完全主观的做法，开始依赖于同自我进行争论，即我们的大部分困扰都是我们内心造成的，我们最需要的是"转移"注意力，以便摆脱自我。他认为，斯雷尔身边有人陪伴，这样对他很好，并鼓励他继续举办大型派对，不过斯雷尔在这方面不需要人鼓励。

2 月 21 日，斯雷尔的中风再次发作。病发前两天的晚上，斯雷尔举行了一场盛大的聚会。斯雷尔夫人痛苦地写道，斯雷尔就坐在索菲亚身旁，"将她的手按在自己的心脏处（这是她亲自告诉我的），说索菲亚，可惜此间欢爱难永驻，今晚就不要再将我**唯一的慰藉**骗走了"。他中风发作后，过了几天便恢复了意识，索菲亚来到他的床前，要坐在他身旁。斯雷尔抬头望着她，用宠溺的语气对她说："能得到**你的**垂怜，纵然已吃尽百般苦，我又有什么不能忍受呢！"他妻子在记录这番话时，心中备受煎熬，感觉不啻奇耻大辱，自然竭力掩盖自己的真情："他的姊妹们和他的女儿每天晚上都轮流来陪护他。听到这番话后她们都很愤怒，因为她们从来没有听他说过一句感谢的话。但**我**反正是不指望他的感谢，所以看到他在**某个**人面前还是**有些**明事理的，这样我的感受反而好一些。"[8]

过了两三周，约翰生的朋友托珀姆·博克莱尔英年早逝（1780 年 3 月 11 日），殁年仅四十岁。约翰生自打认识他之后，就很喜欢他，因为他发现此人仿佛是第二位小科尼利厄斯。劳伦斯的妻子不久前也去世了。约翰生在写给劳伦斯的信中说,很长一段时间以来,我们深爱的人次第去世,“**活在世上是一种折磨**”,承受着切肤之痛,心如刀绞。他很熟悉博克莱尔,并称赞他为小科尼利厄斯二十多年后的转世。他说博克莱尔将优雅与才华融为一身,是唯一让自己嫉妒的对象。“他的睿智和他的荒唐,他的敏锐和他的恶意,他的欢快与他的理性,此刻都已画上句号。”约翰生还写信给了爱丁堡的鲍斯威尔,因为鲍氏竭力向约翰生索取当年写给切斯特菲尔德伯爵的那封著名信件,
还希望请他讨论如何克制忧郁这个话题。约翰生又一次无视了他对 552
这封信的索取请求。约翰生正面临困境,面对鲍斯威尔对自身心理状况的抱怨,没有一点心情去安慰他:

> 你总是抱怨忧郁,我从你的这些抱怨中得出的结论却是你很享受这一点。没有人会去谈论他竭力要掩盖的问题,而且每个人都希望掩盖他觉得羞耻的事情……你要给自己制定必须遵守的规矩,即决不能提到你的心理疾病。如果你从不谈论这些问题,你就不会把它们当一回事,如果你不把它们当一回事,它们就很少会来骚扰你。你在讨论这些问题时,显然你要么希望别人给你赞扬,要么希望别人给你怜悯。这个问题显然不可能获得赞扬,而怜悯对你却毫无用处。[9]

四

就在约翰生时断时续地创作《诗人传》时,议会遭到解散,并定于这一年秋季举行新的选举。斯雷尔不顾病情,固执地决定要参加选举活动。斯雷尔夫人希望他在参选前能有更好的状态,便说服他在布莱

顿度过了夏天。

约翰生本能地意识到,他此时不应过多地打扰斯雷尔一家。他已经充分认识到斯雷尔病情的严重性(他已经放弃了所有建议他去“消遣一下”的打算);而且他能够感觉到,斯雷尔夫人濒临崩溃,她不会在意手头再多一件工作。在前往布莱顿之前,斯雷尔夫人将斯雷尔送往巴斯住了几个星期,当时她就向约翰生作了暗示。她告诉约翰生,范妮·伯尼陪他们一起去,所以那里的房间就给她住了。约翰生不免有些伤心,他在一封信中就流露出这样的感受,其中的评论表明,这种感受将在此后三年中愈发强烈,因为他感受到斯雷尔夫人的态度在起变化:“不要让新朋友代替老朋友;是他们最先发现你的过人之处,他们最应该值得你注意;现在在你身边花团锦簇的朋友,将你的过人之处置于你的品性之上,而且可能希望借助你的帮助来觊觎整个世界。”

约翰生觉察到自己不太受欢迎,或者说没有太大的利用价值,便回到博尔特胡同的家中,不顾身边一群吵吵嚷嚷的老年食客,利用这个夏天潜心创作《诗人传》。到了夏末时分,他已开始创作《蒲柏传》了。斯雷尔于九月回来参加选战,约翰生便放下这部传记,全力帮助
553 他完成竞选演说,还为他写了竞选广告发表在报纸上。但斯雷尔显然已病入膏肓,他在发表竞选演说时,中风似乎又发作了,只不过症状比较轻微。他妻子说:“他的朋友们此时认为他已是弥留之际,他的政敌干脆把他当成了死人。”斯雷尔在这次竞选中惨败,得票只排在第三位,而且他闷闷不乐地陷入绝望,倔强地一意孤行,不顾医生们的意见,非要追求享乐与自我放纵。他在斯特里汉姆随心所欲地享用各种珍馐美味,此举已广为人知。菜肴无论是数量还是档次都十分盛大,有时多达四十多道不同菜肴。塞缪尔·克里斯普是伯尼的一位朋友,他在写给他姊妹的信中描述了此时一顿典型的正餐:“宾客盈门……

一切都美轮美奂,隆重华丽。上了两次菜,每次有二十一盘菜,这还不算后来加的菜肴;在这之后……又上了凤梨和各种水果、冰块、冰激凌,一道接着一道,永无止境……我从未在任何贵族家中见过这样奢华的排场。”[10]

冬天到来时,斯雷尔在格罗夫纳广场租了一栋房子。多年以来,斯雷尔夫人一直希望他们能从萨瑟克的啤酒厂搬到更时尚的地方去住,她始终很讨厌这里。这次是斯雷尔本人希望搬家。他已经对家中的生意丧失了兴趣;在伦敦的社交季节到来时,他只想及时行乐,而且他的妻子很乐意提醒他,如果搬到伦敦西区去住,就会离医生们的住所更近。一家人于 1781 年 1 月 30 日搬到了格罗夫纳广场。当然,他们给约翰生也留了一个房间。约翰生通常觉得自己对“搬家”无所谓。但失去了萨瑟克圆形塔楼的公寓,他觉得这里留下了他太多回忆,自然怅然若失。而且这是一个可怕的信号,表明关系的破裂就此开始。

在格罗夫纳广场的这座房子中,斯雷尔继续玩世不恭地活着。但他谈到搁置已久的意大利之旅,对享受德国水疗津津乐道时,就是容光焕发的时刻。斯雷尔夫人在当时写的私人日记中,暗示了她察觉到丈夫已病入膏肓:对于约翰生所谈论的旅行,“我们怎样把他拖到那里去呢?这样的人,中风发作时,每天清醒的时间都不到四个小时,几乎快要大小便失禁了”。[11]

五

最后,他们搬到新家后两个月,4 月 2 日的正餐时分,斯雷尔突然
狼吞虎咽起来,这让朋友们大惊失色。约翰生严厉地对他说:“今天上 554
午你的医生们就已经批评过你了,这样的吃法无异于自杀。”斯雷尔愠

怒地对这番话不屑一顾。第二天他又在餐桌旁饕餮一番，还谈到了他下一次派对的计划。当天傍晚时分，奎妮去找他，却发现他倒在地上。她惊呼道："你怎么了？"斯雷尔答道："我**就喜欢**这样。"即使已是半昏迷、半清醒的状态，他依然像只恶犬一样倔强，称"我是**故意**这样躺着的"。家人立即请来卢卡斯·佩皮斯医生，他发现斯雷尔的中风严重发作了。[12]

当天夜里，约翰生一直坐在他的床前，斯雷尔夫人却无法忍受坐在床前陪护他，大部分时间都留在自己房中。大约到了凌晨五点(4月4日)，约翰生感觉到斯雷尔开始回光返照，"最后一次端详起这张面庞，十五年来，他对我从未失敬，也从来都是笑脸相迎"。无论是此时，还是此后几个星期，约翰生都觉得自己"害怕去思考我会失去什么"。他觉得"就像是开始新生。我已经让自己与这位亲爱的朋友同呼吸共命运"。他又对斯雷尔夫人说了一番具有心理学意义的话，这再一次表明，约翰生的天性是做事全力以赴且对朋友忠诚不渝，他的感恩之心要优先于其他任何感情。但感恩之情很少是人们最强烈的情感。他说："在我妻子去世之后(距今已有近三十年)，还没有哪个人的去世让我这样悲痛。"[13]泰蒂与斯雷尔有一个共同之处，在约翰生看来，他们都在自己深陷入漫长的绝望而不能自拔之后，将自己拯救了出来。无论他们遭遇了怎样的失败，他的道德秉性都会将感恩和忠诚放在第一位。

斯雷尔夫人总是可以躲避弥留的场景，她立即前往斯特里汉姆，之后又带着奎妮去布莱顿住了两周。在一些不了解约翰生与这家人关系的人看来，他们开始猜测约翰生会不会和斯雷尔夫人喜结良缘。鲍斯威尔此时就在市里，他在斯雷尔葬礼的第二天，编了一首"歌谣"，它分为几节。他多次在正餐中洋洋自得地背诵这首歌谣，将它作为婚

礼的颂歌。在歌谣中,约翰生表达出喜出望外的心情,因为他终于可
以大胆迎娶斯雷尔夫人了。这首歌谣其实以多种方式反映出鲍斯威
尔性格分裂,品味低俗猥琐(约翰生欣喜若狂地喊道:“德穆兰此时可
能已与世长辞;可怜的盲人威廉姆斯独自在歌唱……我伸出双臂,对
天空来了个大大的拥抱。”最终从他“孤独的阴暗”忧郁中得到了“快 555
乐的”解脱,“发情一般的抽搐 / 让我们俩整个晚上颠鸾倒凤 / ……
我们俩的嘴唇如胶似漆般地粘在一起”)。[14]

虽然斯雷尔夫人不在,还是宣读了她丈夫的遗嘱。遗嘱是在他临终前两三周时立下的。遗嘱规定,只要啤酒厂正常经营,她就能每年领到两千英镑,此外还能获得抚养五个女儿的费用(在十五岁之前,每个女儿每年的抚养费是一百五十英镑,在十五岁至二十一岁之间,抚养费是两百英镑)。如果卖掉啤酒厂,她就能得到三万英镑,其余部分则以信托的形式留给他的女儿们。斯特里汉姆在她有生之年将留给她住,在她百年之后则由女儿们继承。她还继承了斯特里汉姆与萨瑟克房屋中的全部家当。遗嘱中还专门为几位女儿留下了丰厚的遗产。除了妻子之外,斯雷尔还为遗嘱指定了四位执行人,其中一位就是约翰生。他们每人都获得了一笔酬劳(两百英镑)。[15]许多人以为,斯雷尔还会给约翰生留一笔钱。这表明他们不了解约翰生的为人,斯雷尔很清楚,约翰生不愿这样做。其实,早在斯雷尔立下遗嘱时,他可能就和约翰生有过一番推心置腹的交谈,因为这是他充分信赖的挚友。在交谈中,约翰生肯定会谢绝一切特殊的遗产。他不需要钱。他总是抵制金钱方面的馈赠。斯雷尔为他做得已经够多的了。他的遗产完全属于他的亲眷。

斯雷尔夫人不希望继续经营啤酒厂。多年以来,这一直是她的烦恼之源,而且她知道,这将在未来带来无穷的麻烦。各位遗嘱执行人

便安排将其出售。约翰生尤为积极地研究这座啤酒厂的优势,力求卖出合理的价格,同时,他还协助约翰·珀金斯的管理工作。鲍斯威尔提到,他曾听人说过,约翰生匆忙地为这座啤酒厂多方奔走,“扣眼中插着墨水笔,就像是个税务官,有人曾问他,这个待价而沽的产业究竟价值几何,他立即答道,‘我们并不是要出售一堆锅炉和容器,而是要转让发财的机会,即便是贪得无厌的人,做梦也想不到它会这样暴利’”。[16]

珀金斯希望盘下这座啤酒厂。但他买不起,即便他的姐夫希尔瓦尼·贝文愿意和他合伙,也是杯水车薪。但他能吸引著名银行家大卫·巴克莱的兴趣。5 月 31 日,啤酒厂以十三万五千英镑的价格出售给大卫和罗伯特·巴克莱兄弟、希尔瓦尼·贝文及珀金斯。珀金斯的
556 这些合伙人之所以入股,是因为他们得到了保证,啤酒厂将由经验丰富的珀金斯来管理。他起初没有足够的钱支付他购买的股份。但斯雷尔夫人念在他多年来一直忠心耿耿,便借给他钱,让他支付他那四分之一的股份。巴克莱与珀金斯合伙的这家啤酒厂一直经营到 1955 年,然后与卡里奇有限公司合并。[17]

六

在斯雷尔人生的最后几个月,约翰生似乎已经意识到,如果斯雷尔去世,他的遗孀才只有四十一岁,她将揭开另一种人生的序幕。无论什么情况下,像他这样年老体弱的人(他比她大三十一岁)都不会成为她人生中的重要角色。他在担任斯雷尔财产的执行人时,尚能对此想法加以控制。但据范妮·伯尼说,当两人独处时,他就会“喋喋不休”地和她谈起斯雷尔和他怅然若失的感受。6 月 22 日,他写了一篇

祷文,请求上帝帮助他“常怀惜恩之心,不要忘记我结识亨利·斯雷尔后所享受的舒适与优势”。这一年夏天的大部分时间,他都住在斯特里汉姆,尽管他似乎没有什么特别的理由,但还是觉得他在这里的日子已是屈指可数。他特意要让自己欢快起来,也要让其他人开心愉悦,他还继续给奎妮和范妮·伯尼上拉丁文课。他竭力要找到自己的位置。最后,到了8月9日下午,他回到了斯特里汉姆小小的“避暑庄园”中,力图思考他的未来。此时,他即将迎来七十二岁生日。种种乐趣似乎正离他而去,正是这些乐趣,使他觉得人生仍可忍受。除了某些工作可以帮助他摆脱自我,还有什么值得留恋的吗?思考这个问题时,他写下了一篇祷文,这次他作出了一个决定:“每天用八小时从事严肃的工作。”第一项工程是在“此后的六个星期学习意大利语”,此举也许是为他期盼已久的意大利之旅做准备,但他现在身体愈发虚弱,而且除了斯雷尔夫人和她的女儿们之外,没有人会与他同行,这次旅行只存在一定的可能性。[18]

但斯雷尔夫人的内心世界正经历一场飞速的变化,这比约翰生想象的更为迅速,而且变化的方向肯定出乎他的预料。如果说她几年前就觉得,自己的年华正在飞快地流逝,此时她几乎不顾一切地要阻止时光飞逝。去年,她开始对奎妮的意大利籍声乐教师加布里埃尔·马 557
里奥·皮奥齐暗生情愫,而且这种感情愈发强烈。此时,她开始鼓励自己燃起爱情之火,填补心中的空虚,这也许是在弥补自己所缺乏的一切。皮奥齐也是四十一岁,他出身于金萨诺的中产阶级家庭,当地属于威尼斯共和国的辖区。他家子嗣众多,他不得不凭借自身闯出一番事业。他学习了音乐,并作为歌唱家在当地小有名气,后来又来到了伦敦(1776年)。约翰生的朋友查尔斯·伯尼博士很快便成为皮奥齐的非正式恩主,他是音乐史家,也是范妮·伯尼之父,皮奥齐很快就开始为富人家的孩子教授音乐课,还举办音乐会。

斯雷尔夫人后来与皮奥齐喜结连理,两人的第一次见面几乎很不顺利。这是三年多之前(1777 年和 1778 年之交的冬天)的一个晚上,发生了非常戏剧化的一幕,范妮·伯尼后来介绍了当时的情景。[19]它引发了弗吉尼亚·伍尔夫的兴趣,想要在她最轻松的随笔文中对此事进行叙述。(《伯尼博士的晚间派对》)富尔克·格雷维尔对自己无可挑剔的血统颇为自负,他告诉伯尼博士,想见一见大名鼎鼎的约翰生,他的妻子和女儿也想见一见约翰生。他的妻子五官棱角分明(她的《冷漠颂》十分出名),他们的女儿克鲁夫人是英格兰最有名的美女之一。因此,伯尼便在他圣马丁大街的家中举办了派对,他请来了格雷维尔夫妇和他们的女儿,斯雷尔夫妇和奎妮,当然还有约翰生。此外还有伯尼的门生皮奥齐先生。赴宴的还有伯尼先生五位女儿中的四位(小女儿未参加)。据范妮说,这是“睿智思想的伟大相聚”,亨利·斯雷尔尤其期盼着这次“文学聚会”和“妙言隽语的风采”。

约翰生赶到时,衣着十分得体。他身穿一件整洁的亚麻布衣服,戴着他的“交际”假发,显然准备用这一晚上时间聊个尽兴。虽然斯雷尔夫妇精心为他装扮,但他们显然没有告诉他,他才是这次晚会的主角,而且需要他来尽情发挥。无论是什么原因,伯尼博士并不知道约翰生这一段时间一直坚持不先开口聊天,而是等待其他人直接找他聊天。约翰生认为此举关系到“彬彬有礼”(good manners)。这也是他不断努力要实现“性格温良”的举动之一,他认为这样做“平易近人”,优雅,轻松,并且他既不允许自己主导谈话,也格外注意不要打扰别人谈
558 话。斯雷尔夫人本来可以打破僵局。但这并不是她举办的聚会,而且她觉得自己应该保持低调。与此同时,其他宾客急切地等着约翰生发话,他们都不敢率先发言。富尔克·格雷维尔尤其如此。通常情况

下，他会觉得自己才是引出话题的不二人选。但他从托珀姆·博克莱尔和其他人那里听说过很多情况，不仅了解到约翰生过人的才华和渊博的知识，而且还知道他具有无穷的讽刺力量，于是便谨言慎行。因此据范妮说，他为了自保，“正襟危坐”，“就像是一尊高贵的雕塑一样纹丝不动，又仿佛是来到完全陌生的环境中一样谨小慎微”，他偶尔会以一种目空一切的优越感环视在场者。时间一分一分地过去了，众人还在等待约翰生打破沉默，但他却静静地端坐着，“温良恭谦”地默不作声。

为了不让晚会泡汤，伯尼博士请皮奥齐为众人举行歌唱表演。伯尼充满信心地认为，音乐将打开心灵的隔阂并具有提振精神的力量。但这天晚上的效果却截然相反。皮奥齐表演完之后，约翰生发现晚会与自己预想的不一样，认为这是伯尼的娱乐方法，便像老僧入定一般陷入冥想状态。斯雷尔夫妇与格雷维尔夫妇都和约翰生一样，对音乐兴趣颇浅，他们继续保持着沉默，而且格雷维尔继续站在原地。伯尼博士感到十分尴尬，便请皮奥齐再演唱一首歌。这次，斯雷尔夫人为了活跃气氛，准备与他合唱，她从椅子上站起来，踮着脚尖悄悄走到皮奥齐身后，开始模仿他演唱和表演时的手势，并举起胳膊，“夸张地耸着双肩，目光向上，同时憔悴地歪着脑袋”。伯尼博士惊讶地发现自己请来的客人居然这样进行模仿。他悄悄地走到斯雷尔夫人身旁，轻轻地对她耳语，问她是不是不喜欢音乐，并告诫她应该尊重热爱音乐的人士的感情。斯雷尔夫人优雅地接受了这番责怪，回到了座位上。她后来告诉范妮，“这就像是个小小的错误，就像是为了表明这是她去过的最无聊的晚会之一”。约翰生并没有注意到斯雷尔夫人模仿皮奥齐这一幕。他背对着大钢琴，眼睛盯着炉火，这一幕全被格雷维尔的腿给挡住了。

最后,约翰生终于结束了沉思,他抬起头,盯着富尔克·格雷维尔的脸,说出了当天晚上的第一句话:“要不是怕挡住女士们取暖,我也
559 想站着。”其他人都强忍着不笑,而格雷维尔则尴尬地笑着,他又站了几分钟,突然以坚毅的表情摇铃,让他的马车来接他。

七

直到1780年夏,斯雷尔夫人才再次见到皮奥齐。这时,她将病中的丈夫送到布莱顿休养,准备让他在九月以良好的形象参选。七月的一天,她见到皮奥齐站在一间书店外面,便心血来潮地请他给自己的女儿奎妮当音乐教师。皮奥齐并不知道她是谁,便在自尊心的驱使下冷漠地答道,他来布莱顿是养护嗓子的。当天薄暮时分,他才得知这位女士的身份,便立即找到了她,表示自己很荣幸担任奎妮的老师。

斯雷尔夫人在日记中记下了这件事,她说:“他很像我的父亲,这真是不可思议。”两人的五官颇有相似之处。但皮奥齐在其他方面却与约翰·索尔兹伯里截然不同,后者带有威尔士人的倔强,也容易愠怒,甚至称得上是暴躁。皮奥齐则不同,他性情沉稳,能够克制情绪。他与斯雷尔夫人之父只有两个特点相同,但都是负面的。两人都对做生意不感兴趣(只不过后来皮奥齐证明自己在打理妻子的财产方面兢兢业业,管理得毫厘不差)。另一方面,两人都与斯雷尔先生截然不同,但这体现于不同的方面。

与斯雷尔的差异,要比他在长相上酷似他岳父更为重要。皮奥齐是个外国人,也是个音乐家,笃信罗马天主教,几乎在每个方面都与斯雷尔截然相反。斯雷尔富裕、执拗、寡言。皮奥齐要穷一些,他看上去温良笃厚、性格活泼,也没有斯雷尔那种阴郁的情绪。皮奥齐并没有

一心埋头于事业,斯雷尔夫人觉得这是一个慰藉。他似乎没有那样锋芒毕露。某种程度上也确实如此。约翰生很久以前就曾指出,人们通常只有针对与我们有着相似追求的人才会产生竞争,对于和我们的追求截然不同的人士则不会出现这种感受。皮奥齐产生的所有竞争感(例如,他很嫉妒流行歌唱家加斯帕罗·帕基耶罗蒂)都处于斯雷尔夫人不熟悉的领域,她几乎不会注意到,即便注意到了,也不会当回事。

最后,另一个残酷的事实在于,皮奥齐有“依赖性”,而斯雷尔则是 560
固执己见。这并不是说斯雷尔夫人的个性是对不如自己的人或依赖性强的人就会青睐有加。事实绝非如此。而是自从她二十五六岁以来,她身边往来的人物都具有“强悍”的性格,他们往往性格坚毅、咄咄逼人,例如他的母亲、斯雷尔、约翰生,甚至于她通过约翰生结识的各位社会名流,就连她的女儿奎妮也在许多方面遗传了父亲的性格。她仿佛成了一块铁砧,承受着大铁锤的反复敲打。此外,从一开始,她就竭尽所能去取悦他们。这种殷勤的工作保持了太久,以至于产生了疲倦感,她希望去寻找慰藉。不像她那么慷慨热情的人,可能体会不到这一点(因为他们从不会这样献殷勤);恰恰是这样的人,后来最先开始对她发难。生性更为冷漠、特立独行的人,他们常误认为性格乐善好施、热情好客的人之所以这样做,纯粹是因为他们不由自主地愿意这么做,还认为这种热情就仿佛是源源不断的泉水,而不是存量有限的水库。因此在其他人看来,这样的人若是热情与精力几乎枯竭,他们便觉得难以置信或感到震惊。

此外,赫斯特·斯雷尔有理由认为,人们对她的利他主义、热情、同情心以及多年来的情感都是被动接受,并认为这些都是理所当然的。而且对于乐善好施之人来说,他们的主要回报是人们认为他们实至名归,而且估计他们将继续布施。约翰生是个特例。他对人心再熟悉不过。即便他人可能并不这样认为,但至少在约翰生心中,确实存有感恩之念,而且他的感激之情经常升华为爱。即便如此,他还是不容易相处,尤其是在一开始,当时他的境况非常令人恐惧。在他与世长辞之后,她写下了与他相处的头几年的经过,称其“令人胆战心惊”。因为当时她只是个二十多岁的女子,却发现自己要照顾的是一位著名人士,年龄又比自己大得多,与她此前见过的任何人都截然不同,更何况他的精神状态濒临疯癫,如此反应是很自然的。多年以来,随着他状况的好转,他深爱着斯雷尔夫妇,需要她的陪伴与同情,此时这些需求在她看来就像是“羁绊”,这也情有可原,更何况她还要一次接一次地十月怀胎,并竭力满足斯雷尔对生活的各种要求。

561 但是,她的回报远远超过了这些付出,她自己也很清楚这一点。真相在于,对于约翰生和他所带来的世界(她对此热烈欢迎并始终十分重视),她精神上产生的各种疲倦或懈怠都很少,除非这叠加了她长期以来对斯雷尔本人的复杂反应。但是,即便她与斯雷尔的这场姻缘并非两情相悦,她也竭力要维系之。她已经接受了事实,即斯雷尔要比她大得多,她的主要功能就是为家里年复一年地添丁进口。倘若斯雷尔在1777年而不是1781年去世,她的后半生肯定会截然不同。但是,她在斯雷尔患病的最后三年中,承受了太多艰辛。

不管怎么说,斯雷尔都已不在人世。她必须赶在自己还能把握住机会的时候,为自己思考另一种未来。她已临近更年期,时间就是她的敌人。皮奥齐于六月就去了意大利看望双亲。她发现自己很想念他,内心的声音也鼓励她这样做,以便加深情感,好给生活带来某种新的兴趣。

八

与此同时,约翰生决定踏上牛津之旅,此时只有这样的旅行他才无须别人陪同,此举仿佛是让自己提前准备好未来的改变。之后,他又去了利奇菲尔德,接着又去了阿什伯恩的约翰·泰勒家(10月15日至12月11日)。

他在日记中写道:“我自己也不太清楚这次旅行的目的。我去年就未能成行,这次不想再错过了。”他希望在利奇菲尔德拜访一些人,包括露西·波特、阿斯顿夫人、埃德蒙·赫克特,他们都已步入人生暮年。他和赫克特已是六十多年的老朋友了。“我们总是深爱着彼此。通过某种认真的谈话,也许会让我们都感觉好一些。”他的根就在这里,在这些人中。他感到自己正在失去后半生中极为重要的东西,因此他本能地要去亲近他们。他说,他还希望“和泰勒认真谈一谈”,有很多困扰约翰生的事物,但泰勒都不受影响,他总想通过强大的自信使他安定。但是,约翰生出发之前健康状况就不太好。一个月前,范妮·伯尼就说,她“给他吓坏了,但他继续自己这种奇怪的戒律——斋戒、水银、鸦片,尽管一度因 562
为这种东西而形销骨立,但他始终能最终战胜疾病并获得拯救”。在利奇菲尔德,他告诉斯雷尔夫人,他发现露西·波特健康状况很糟糕,耳朵也很聋。“我几乎没办法让她听懂我的话,而且她几乎也没法让我听懂她的话。”阿斯顿夫人也已垂垂老矣,她几乎半身不遂。“因此,这就是快乐的事情。”据他说,这次旅行不啻“一个病人去看望一批病人”。[20]

返程前不久,他曾写了一封信给斯雷尔夫人,称:“不要忽视我,也不要放弃我。没有人比我更爱你,也没有人比我更尊重你。”到此时为止,这是他唯一一次表达出一直萦绕在他心头的恐惧感,他回来之后,斯雷尔夫人发现他的健康状况恶化，想知道他是否也会有中风和半身不遂的危险。“确实已经发现了一些症状，我觉得尤其是嘴巴很明显。”她一直认为，自己可以和年纪大一点的女儿们一同去意大利旅行，皮奥齐（他已经在十一月回到了英国）还可以为他们担任导游。但鉴于他此时的状况，“我无法忍受和约翰生先生一同旅行”，而且“他也无法忍受自己一个人被丢下”。她考虑的并不是一次普通旅行（至少在这几个月她并没有这样认为），而是一次漫长的出国旅行，因此这个问题愈发严峻。而且在筹划这次旅行的背后，是她越来越醉心于嫁给皮奥齐这个想法，当然这依然存在一定的自我幻想成分。这样高贵的女性垂青自己，无论皮奥齐如何受宠如惊，他目前对她想要嫁给他的想法一无所知。[21]

九

1月17日（1782年），约翰生三十五年的老朋友罗伯特·莱韦特突然死于心脏病，享年七十七岁。就在他去世前一天晚上，约翰生告诉罗伯特·兰顿，他一直“以不同寻常的迫切心情认为，无论我怎样改变我的生活方式，或者无论我怎样改掉我的习惯，我都会竭力将莱韦特留在身边”。这番话再次表明，他深刻认识到自己与斯雷尔夫妇一起生活的可能性几乎不复存在，他需要与结识斯雷尔夫妇之前就交往的人往来。[22]

此后几个星期，约翰生竭力忍受着友人相继去世的痛苦。他写了
563 一首很克制的诗，题为《罗伯特·莱韦特之死》。这首诗采用了稳重的贺拉斯风格，早在斯陶尔布里奇的青少年时期，他就十分喜爱这种风格。如果说这首诗是为这位尽职、木讷、认真的友人所写的挽歌，那么

这也是为人生所作的挽歌，为普罗大众所作的挽歌，为人类殚精竭虑所作的挽歌。在我们人生这座古怪的炼狱中，人类力图实现道德价值观与理想。在诗的开头，就以短短一句“希望就像具有欺骗性的矿山”，表明人类所处的这种境况。我们就像是奴隶，不得不在矿山中采掘矿石。因为我们在黑暗中工作，不得不凭借运气才能找到矿石，而且矿山“具有欺骗性”，因为它从未真正产生过心灵所憧憬的对象。矿山或洞穴的意象有丰富的原型：莱韦特每天都要坚定地步行几英里前往伦敦贫民窟，他会去那里给贫穷的病人治疗（“在最黑暗的悲惨洞穴中，他总是能提供雪中送炭般的治疗”），那里正是寒冷、拥挤的地窖；在人心的洞穴中，希望产生了积极性，而且产生了责任感，促使我们在人生中奋进。最后，这位男子兢兢业业，“每一位缺少朋友之人都称他为朋友”，他走进了墓穴：

但他的眼中依然充满感情，
　　他的智慧默默无名，他的纯良掺杂着粗俗；
受过教育之人的高傲也不能
　　否认你对朴素美德的歌讴。

这首诗最打动人心之处在于，它对生活进行了大量的思考和浓缩，并与一种深厚、庄严、准确的感情达成了平衡，这直接涉及日常的实际生活，这也是它经常入选各种文集的原因。这里“准确”指的是这位作家并没有矫揉造作。因为他并没有夸大其词，他所说的内容便有实质性和公正性。（莱韦特治疗绝望的穷人，这确实是“雪中送炭般的”医疗。因此，美妙的诗句“他的智慧默默无名，他的纯良掺杂着粗俗”，指他的智慧受到了埋没，无法熠熠生辉。）这位普通人去世后，约翰生将他构想为人类的范式。悲伤之情于是升华为具有普遍性的论述。其中,贯穿于他一生的善行功德无论是伟大还是渺小,都实现了天赋的寓言,而这总是令约翰生困扰不已:

他的德操巡行在很小的局限,
　　但既没有停止,也没有留下虚空;
这位永恒的导师必然发现,
　　这项天赋得到了很好的运用。

十

564 约翰生得知莱韦特的死讯时,他的健康状况就已经很糟糕。不久,他的感冒发展成严重的支气管炎,持续了几个月之久。肺气肿和充血性心脏病开始发作,他几乎无法呼吸,身体非常虚弱。他不断地接受放血治疗,截至 3 月 21 日,他已经被抽了五十盎司的血。

斯雷尔夫人在哈雷街租了一间房子,将他接过来住了一段时间,发现他"其实病得很重,而且我不知道他得的是什么病"。重要的是,她家中再也没有专门为他留一个房间。这就是她一系列战略撤退的开始,只不过他们起初都完全没有意识到这一点。自此以后,约翰生越来越多地需要请求对方给予自己关爱,而他在此前十六年中始终可以任意索取这种关爱。其实,无论斯雷尔夫人对自己的未来作出了怎样的计划或希望,无辜的约翰生都只会妨碍她。他越来越无助撕扯着她的良知。她常常濒临不顾一切的地步。她能为他做些什么呢?她无法和他坦率地讨论皮奥齐的事情。约翰生秉持着严格的道德准则,而且拥有无穷的语言力量,他会说什么呢?不管怎么说,他确实病得这样重吗?仅仅是年老所致？“我不知道他得的是什么病。”但她内心却非常纠结，因为她冲动地补充说：“如果我失去他，我就完蛋了：我将失去这位好友、父亲、守护人、知己。”他在哈雷街也没有和她一起住很长时间。他很快便回到自己家中，在这个家中，莱韦特已辞世，威廉姆斯小姐和德穆兰夫人都已病重，这里就像是伤心之地。他在日记中写道（3 月 18 日），“我有一段时间非常心烦意乱”。[23]

他与斯雷尔夫人可能发生过一次小小的争执，或者说这让他很受伤，而斯雷尔夫人只是有些烦恼而已。四月下旬，他给斯雷尔夫人写了一封短信，信的开头写道：“你把我送走之后，我感到六神无主；但你既不关心我，也不关心此事，我为什么要告诉你这个？”他接着提到他见过的人，最后在信的结尾写道：“不要让皮奥齐先生，也不要让其他任何人取代我在你心中的位置，不要认为任何人都会像你的……一样爱着你。”一看到这封信，斯雷尔夫人便将他接到了斯特里汉姆。但几天后，他又回到市里住了一周，假装他想去那里看望朋友，但其实是因 565
为他竭力要抓紧时机独处。但据斯雷尔夫人说，“他病得非常重，以至于我认为我无法让他活着回到家，他连呼吸都发出严重的痉挛……而且他的医生老劳伦斯比他还要糟糕，[中风导致麻痹]半身不遂。这一幕真可怕！”又过了一周，他重新回到了伦敦，告诉她现在好多了，但他很快又得了感冒，支气管炎因此又加重了。[24]

为了使自己呼吸更顺畅，他试着整晚睡在椅子上。他希望换换空气能够有利于自己的病情，便去牛津小住了一段时间（6 月 10 日至 19 日）。在亚当斯博士举办的一次宴会中，他发现了自己一向很喜欢的汉娜·莫尔，并坚持要带她参观彭布罗克学院。在汉娜看来，他似乎“病得很重，无精打采，脸色苍白。但是，他强作欢颜”。之后，他又回到了斯特里汉姆。他在这里开始定期阅读《圣经》，有时还修订新版

《诗人传》,他并不知道,在十月,也就是他刚度过七十三岁生日不久,他就要永远告别斯特里汉姆了。[25]

注释

[1] 约翰·济慈:《书信选》,H. E. 罗林斯编(麻省剑桥,1958),第二卷,页79。塞缪尔·约翰生:《日记、祷文、年谱》,页304。

[2] 玛丽·海德:《斯特里汉姆公园的斯雷尔夫妇》(麻省剑桥,1977年9月即出),1778年7月18日。

[3] 同上,1778年12月。

[4] 爱德华·曼金:《皮奥齐夫人》(伦敦,1833),页22-23。

[5] 玛丽·海德:《斯特里汉姆公园的斯雷尔夫妇》,1779年6月。

[6]《赫斯特·林奇·斯雷尔夫人日记……1776-1809》,第一卷,页393,页401注释2。

[7] 赫斯特·皮奥齐:《已故塞缪尔·约翰生轶事录》,见《约翰生杂录》,第一卷,页276-277。

[8]《赫斯特·林奇·斯雷尔夫人日记……1776-1809》,第一卷,页432。玛丽·海德:《斯特里汉姆公园的斯雷尔夫妇》,1780年2月。

[9]《塞缪尔·约翰生书信集》,第六五〇篇,第六五五篇。

[10] 同上,第六五四篇。詹姆斯·L. 克利福德:《赫斯特·林奇·皮奥齐(斯雷尔夫人)》,页190。W. H. 赫顿:《伯福德文件》(伦敦,1905),页49。

[11]《赫斯特·林奇·斯雷尔夫人日记……1776-1809》,第一卷,页487。

[12]《赫斯特·林奇·斯雷尔夫人日记……1776-1809》,第一卷,页488-489。(粗体部分为笔者所加)

[13] 塞缪尔·约翰生:《日记、祷文、年谱》,页304。《塞缪尔·约翰生书信集》,第七一九篇,第七二一篇,第七一七篇。

[14] 如需全文,参见玛丽·海德:《不可能的友谊:鲍斯威尔与斯雷尔夫人》,页173-174。另见《马拉海德城堡所藏詹姆斯·鲍斯威尔私人文

件》,第十四卷,页196、198。

[15] 詹姆斯·L.克利福德:《赫斯特·林奇·皮奥齐(斯雷尔夫人)》,页200,注释2。

[16] 鲍斯威尔:《约翰生传》,第四卷,页87。

[17] 玛丽·海德:《斯特里汉姆公园的斯雷尔夫妇》,1781年5月。

[18] 塞缪尔·约翰生:《日记、祷文、年谱》,页307-308。

[19] 如需她的叙述,参见她的《伯尼博士回忆录》(伦敦,1832),第二卷,页101-113。另见《弗朗西丝·范妮早年日记》,A. R. 埃利斯编(伦敦,1889),第二卷,页284-285。

[20] 塞缪尔·约翰生:《日记、祷文、年谱》,页310。《达尔布莱太太日记与书信》,第二卷,页52。

[21]《塞缪尔·约翰生书信集》,第七五三篇。《赫斯特·林奇·斯雷尔夫人日记……1776-1809》,第一卷,页521,页525注释2。

[22]《塞缪尔·约翰生书信集》,第七七〇篇。

[23]《赫斯特·林奇·斯雷尔夫人日记……1776-1809》,第一卷,页528。塞缪尔·约翰生:《日记、祷文、年谱》,页314。

[24]《塞缪尔·约翰生书信集》,第七七八篇。《赫斯特·林奇·斯雷尔夫人日记……1776-1809》,第一卷,页535。

[25] H.莫尔,见《约翰生杂录》,第二卷,页198-199。

第三十一章　失去斯雷尔一家;身体每况愈下

一

566 约翰生在八月时(1782 年)健康状况已大为好转,斯雷尔夫人决定将自己今后的打算告诉他。她在日记(8 月 22 日)中写道:“我下定决心告诉他,我必须改变我的生活方式。一直以来我不喜欢这种方式。”何况她在经济上也无法承担斯特里汉姆的开销。她希望将这处房产保留三年时间。她觉得如果出国居住一段时间,开销会少一些。在这段时间,“让我的女儿们领略一下意大利的风光,而且皮奥齐将为我们介绍意大利的风土人情,这一直是我最大的心愿”。她强调,约翰生原先健康状况不佳,她不愿丢下他不管。但此时,他的健康状况似乎有所好转。她还补充说,她曾与奎妮谈起过此事,奎妮也非常赞同这个想法。

约翰生的反应完全在意料之中。他能说什么呢?几个月以来,他一直在思考发生这种情况的可能性,不无忧惧。此时,他至少能够优雅地表示赞同，鼓励她的想法，让事情更便捷。考虑到他此时的状况，再加上他的人生已经与斯雷尔一家紧密相连，他这种无私之举不啻一种壮举。但是，斯雷尔夫人自然不想这样看待问题。她对两人的谈话作了一番总结，称“约翰生先生很看好这个打算，并希望我早日执行”，她又坦率地补充了一句，“在告别时，他似乎比我想象的更加淡定”：

> 原来一个人对他的重要性是这样的！我原以为约翰生先生没 567
> 有我就无法生存下去，因为我们已经一起生活了十八年多，而且他无论是生病还是健康，我都悉心照顾他，服侍好他。一点也没有怠慢他！他和我告别时竟然一副满不在乎的样子！一点也无所谓，他反而认为这是慎重的打算，然后又像往常那样去和他的书作伴了。这是哲学和真理；他总是说他讨厌别人试探他。

她之所以这样看待约翰生的反应，绝不仅仅是出于气愤与虚荣，她太了解约翰生了。如果约翰生恳求她不要离开，她会更加憎恶此举，因为约翰生知道，即便此举能够短时间挽留住她，也只会使她在留下的这段时间里与自己关系恶化。她之所以这样解读约翰生的反应，源于更深层次、更复杂的原因。这就是我们在伤害了他人或准备伤害他人时，需要找个借口并用个人的委屈和不满来证明此举的合理性，这是人之常情，但我们的真正动机与此并没有关系。我们为了这个目的而制造、加深和利用了这种个人厌恶感，它比任何委屈都更难原谅，也更容易迅速地加深，因为如果没有这种委屈，我们会陷入深深的自责，而大部分人都无法忍受这种自责。

除了约翰生要减少自己对她的关爱与关注的依赖之外，还要补充一点：在她真正希望并打算做一件事之前，她就已经产生怨恨感，而且这种怨恨已通过心理“转移”过程,将矛头对准约翰生,这是最容易找到的符号。因为她打算不仅仅是长住意大利,她几乎已认准皮奥奇就是自己的夫君。她只是抽象地知道,但并不希望将感情充分倾注于此,人一般的反应都是这样。她受到了极大的责难,因为孩子们尚且年幼。怎样将她们抚养大呢?怎样在意大利将这些年轻的继承人抚养成人呢?她们未来将走上什么道路?她们在那里将嫁到什么样的人家呢?皮奥奇不仅是外国人,也是天主教徒。他的职业虽然需要相当出众的能力,但社会地位并不高。此外,他本人似乎也热衷于追名逐利,只不过她对此心知肚明(当然,此时皮奥奇对她的打算并不知情)。这些打算并没有完全成形,但依然萦绕在她心头。她自然对可能遇到的种种障碍感到沮丧。对此,她无能为力。她的烦恼与沮丧感需要找个对象宣泄。这就是约翰生,他依然没有意识到发生的情况,他虽然非常依赖斯雷尔夫人,但是合乎道德,品性纯良。他对斯雷尔
568 夫人的计划和希望毫不知情,这也莫名其妙加深了她的怨恨,使她更希望疏远约翰生,仿佛这样做就能刺激她提前采取强硬措施。斯雷尔夫人有一点值得称赞,她最终重新以敬佩的态度对待约翰生,这促使她出版了自己多年以来一直在撰写的书稿。书中介绍了约翰生的轶事与对他的叙述,而且十分坦率。但我们不得不指出,这是在约翰生辞世之后的事情。此外,他是一位名人,斯雷尔夫人凭借两人的关系,就足以成名。如果她更加戒备,不那么慷慨,事情会容易得多,但她没有这样做。

但在此时,由于她对待约翰生的做法,她感到非常愧疚,竭力想为自己开脱。仅仅是约翰生的存在就让她感到很受伤害,其原因仅仅是他妨碍了自己。就在几个月前,她还将约翰生称为“好友、父亲、守护人、知己”,但现在,约翰生的存在让她越来越不满,因为这会引发她良

心的不安,而且预示着她日后需要面对的问题。她曾叙述过两人在这一年八月的一番交谈,还在日记的脚注中进行了补充。这是她迄今对约翰生作出的最丑陋、最虚伪的一次评论。

我开始发现,约翰生与我纯属利益关系(此时,一切的情况都反映出这一点)。我认为他**深爱着**斯雷尔先生,但只希望让我给他当悉心照顾他生活的护工,在他生病和闲暇时当一名卑贱的朋友;但我确实认为,如果没有**我陪他聊天**,他根本活不下去。他更关心我做的烤牛肉和葡萄干布丁,他会狼吞虎咽地大嚼一番,不然他就活不下去,而且他不太乐意与我相见,我也完全有理由想要摆脱**他**。[1]

斯雷尔夫人迫不及待想转让斯特里汉姆庄园,她很快就安排妥当这座别墅及其中物品的租赁事宜。这座别墅租给了谢尔本爵士,租期三年。她计划在布莱顿度过秋天,然后在伦敦租一处房子过冬。在这段时间里,她可以和皮奥齐安排好前往意大利的事宜。过去约翰生一直都很愿意对斯雷尔一家的计划发表看法,但此时却三缄其口。范妮·伯尼有一次曾和他同乘马车前往伦敦,在她看来,约翰生几乎形销骨立。他们动身出发后,约翰生颤颤巍巍地举起一只手指着这座房子,用颤抖的声音说:“我失去了这座房子,永远失去了!”[2]他知道,有生之年,这家人再也不会回到斯特里汉姆了。

二

10 月 6 日星期日(1782 年),约翰生前往斯特里汉姆的小教堂做 569
礼拜,他知道这是自己最后一次来这里了。他已经为这次礼拜写好了一篇特殊的祷文,是关于他即将离开这里,这个地方对他来说最具有家的温暖。他希望向斯特里汉姆与斯雷尔一家表达感激之情。但他还有一个特别的目的——他要祝福斯雷尔一家,希望她们平安度过充满变数的未来:“哦,上帝,我希望您能像父亲一样保护这家人。保佑、指引和护佑她们。”

此时,光是步行到教堂这段路,就累得他喘不过气来,不得不停下来多次休息。显然,他独自一人步行前往教堂,离开教堂时,肯定也没有人看到他。他羞赧地用拉丁文在日记中写下他此时的举动:“我用一个吻与这座教堂辞别。”

第二天清晨,他比家里所有人起床都要早得多。他说:“我整理好了自己的行装。”没有多少行李需要打包,他很快就整理好了。他的一生总是轻装上路,即便他在这里生活了十六年,即便他在这里最能感受到家的温暖,他也只带上很少的物品。然后,由于其他人都没有起床,他径直去了图书馆,那里的墙上挂着斯雷尔先生当年请雷诺兹画的画像,其中包括加里克、哥尔德斯密斯和斯雷尔本人,他们都已离开了人世。约翰生“最后一次使用图书馆”,他读了《圣经》的某些段落。[3]

三

斯雷尔夫人自然要问他是否愿意与她们同去布莱顿。正常情况下,他是不会去的,除非只是小住一段时间。布莱顿是典型的时尚“度假胜地”,而这正是他所厌恶的。但此时,情况截然不同。他以后再也无法回到斯特里汉姆。他已经要永远告别斯特里汉姆,如果再与斯雷尔一家辞别,就不啻和她们永诀。他总是“莫名地恐惧曲终人散之

时”，尤其是与他深爱的人结束彼此的缘分。鉴于世事无常，他又年老 570
体弱，如果“存在的延续”之线突然断裂，甚至在这个重要时刻松开，谁知道和她们一起生活会不会蒙上一层阴影？此时，他无法向她们道别，然后回到博尔特胡同那座凄凉的房子里，因为莱韦特已经去世，威廉姆斯小姐性格暴躁、健康不佳。他在写给鲍斯威尔的信中说，过去的岁月已经“击垮”了他，但是他并没有介绍详细情况。他别无选择，只得前往布莱顿。也许只要他与斯雷尔一家住在一起，在其他地方也能找到某种家的感觉。

但是，在布莱顿的几个星期里（10 月 7 日至 11 月 20 日），他的心理状况始终处于痛苦之中。他自己的哲学何在？诚然，在他很久之前创作的《拉塞拉斯》中，他得出的经验教训之一便是哲学家敢于直面死亡和损失，他还对此展开了论述，结果却同其他人一样脆弱不堪。但也不能因此而耻笑这位哲学家。他展现出的是人之常情。早在约翰生编写词典时，亚当斯博士就对约翰生说，他是一位高傲之人，并认为他和切斯特菲尔德伯爵一样贡高我慢。此时，他应该能凭借个人的坚强和对他所爱之人的同情，面对他所剩无几的人生。

但他的坚强可能与对他人的亲切态度相矛盾。例如，他内心深深地受到了伤害。斯雷尔夫人心中的强烈欲望促使她只想着皮奥齐先生，只有女儿们可能造成的问题才会让她分心。她在日记中（11 月 4 日）敞开心扉，称“我的头脑中只有我的孩子们，我的心中只有我深爱的皮奥齐！”[4]约翰生一直被蒙在鼓里，不仅斯雷尔夫人，就连范妮·伯尼和奎妮也都瞒着他。她们都对情况一清二楚。因此，他想不到斯雷尔夫人已将他视为碍事的负担。但是，他可以说，由于某种他并不理解的原因，他突然变成了多余的人，而且无论其他人有什么错，问题也是因为他变成了累赘，而他长期以来一直担心自己成为他深爱之人的累赘。他执拗地忠于朋友，从而认为斯雷尔夫人的境况可能并不太好。无论是什么情况，不能因为他受到了伤害，就该离开这一家人，更何况他还欠这家人的照顾之恩，但此时在他看来，这家人已经与他渐行渐远，无可挽回。很久以前，约翰生就在写给切斯特菲尔德的信中
571 称："维吉尔的牧羊人最终认识了爱情，并发现自己就像是一块岩石。"他的人生完全与这家人"同呼吸，共命运"，斯雷尔去世时，他就这样说过。此时，他当然无法离开这一家人。而且彼此都需要对方。

约翰生陷入了自我矛盾之中，他无法像年轻人那样斩断过去的羁绊，开始新的生活，当作一种补充或积极选择。约翰生一直留在布莱顿。他竭力压抑和控制内心的痛苦。在与陌生人交谈时，他有时会讽刺挖苦对方。他并不总是这样做。但对于约翰生这样具有才能的人来说，即便只是说出一点刻薄的话语，也会很快传遍布莱顿的交际圈。范妮在写给她父亲的信中说，很快"约翰生的名字就从我们收到的各种邀请函中消失了"。他不得不独自一人留在家中，这自然让他更加痛苦。此外，其他人也越来越害怕来这里做客。威廉·佩皮斯此前是这里的常客，他也是这一家人的好朋友，但有一天晚上却在聚会中与约翰生发生了争执，"就观点和论证来说，约翰生肯定是正确的一方，但他表达反对意见时方式过于强烈，他的机智充满讽刺"，这使"范妮伤心地发现，他已变得极为乖张，而且非常让人讨厌"。可怜的佩皮斯"被批驳得体无完肤……结果他在谈话中一把抓起帽子，迅速走出了房间……德拉普博士承认，他也不敢再经常来这儿做客了"。[5]

他感到身体状况越来越无可救药，这也令他的痛苦雪上加霜。即便是从小酒馆走到斯雷尔家这一段路程，他也不得不停下来休息四次。而且在他上床睡了两三个小时之后，他都不得不坐起来一段时间，不然就无法顺畅呼吸，这种情况几乎每天晚上都会发生。为了分

散注意力,他开始继续学习荷兰语。几周之内,他就能流畅地阅读荷兰语。但此举效果十分有限。他需要的是陪伴。有一天晚上,他坚持要和范妮、斯雷尔夫人和奎妮一同参加一场愚蠢的舞会。据范妮说,他的目的是“让所有看到他露面的人大吃一惊”。范妮竭力想让约翰生说出参加舞会的原因。约翰生答道:“没有什么比独自一人留在家里更糟糕了。”所幸他碰到了约书亚·雷诺兹的一位好友,名叫菲利普·梅特卡夫,他们相处非常融洽,他甚至说服梅特卡夫与他同往奇切斯特旅行,参观大教堂,游览周围风光。但是,梅特卡夫感到有些困惑,他对范妮坦言,约翰生为何希望参加这次旅行,“我想不出来理由, 572
因为一个盲人怎么能看得见教堂呢?”范妮向梅特卡夫保证,约翰生并不是真正的“盲人”,于是两人成行(11 月 8 日至 10 日),约翰生在旅行中记录了他们游览的地方。[6]

四

他们回到伦敦之后(11 月 20 日),斯雷尔夫人已经在阿盖尔街租了一栋房子,她积极投身于社交生活,并将自己的心意更加大胆地告诉了皮奥齐(“亲爱的、慷慨的、稳重的、高尚的人”)。皮奥齐自然察觉到,自己眼前打开了一扇新的门扉。与此同时,约翰生则大部分时间都住在自己家中,等待斯雷尔夫人邀请自己前往阿盖尔街居住。从感情上说,这里尚不足以替代斯特里汉姆或萨瑟克的圆形塔楼。他竭力要保持书信往来,并经常给她写便笺。有一封便笺写于圣诞节后,其中提到有一些客人拜访了他,还轻描淡写地补充道:“但我还没有看到那些人,我以为我一定会见到她们。”斯雷尔夫人最终接受了暗示,邀请他搬过来住,范妮在第二天就发现他“十分有趣,心情开朗”。但几天之后(1783年1月4日),她就发觉了约翰生的病情。约翰生与她坐在一起用餐时,几乎无法张口说话,也无法吞咽,只能反复地对她说:“你不知道我病得有多重。”但在整个晚上,“他都忍住病痛,对我特别好”。[7]

与此同时,斯雷尔一家又发生了一场危机,但约翰生并不知情。奎妮直到此时才完全得知母亲对皮奥齐的痴情,她的态度是冷漠和鄙夷。即便奎妮年纪小得多,斯雷尔夫人还是有些害怕这位长女,她使自己想起亨利·斯雷尔年轻时的样子。奎妮年仅十八岁,但她的长相要比实际年龄老成,而且做事惯于未雨绸缪。她不仅对母亲的痴情深感厌恶,而且发自内心地感到无地自容,因为母亲社会地位很高,却屈尊追求能力平平的外国音乐教师皮奥齐。在伦敦社交界,此事已引发热议。奎妮认为,母亲的行为将会被人们记在心头,也会影响斯雷尔家女儿们今后觅得如意郎君。于是,奎妮发动几个妹妹,让她们站在自己一边与母亲摊牌。就连斯雷尔夫人最推心置腹的闺蜜范妮·伯
573 尼,也站在了奎妮一边。此外,遗嘱执行人之一耶利米·克拉奇利也强烈反对她前往意大利定居的计划。除了奎妮之外,其他女儿的年纪都还小。这项计划在他看来是不负责任的。而且他也不喜欢斯雷尔夫人。为了阻止她们前往意大利,他提议将斯雷尔孩子们的“监护权交给英国大法官法庭”。斯雷尔实际上在遗嘱中就提出了这一点,但一直没有得到执行。

面对重重反对,斯雷尔夫人只得屈服。她将皮奥齐请来(1月27日),将最终的结果向他摊牌。之后,皮奥奇提出想和奎妮私下里谈一谈,因为他觉得奎妮比自己想象中要厉害得多。奎妮开门见山地告诉他,发生的这一切都有损母亲的清誉,而且“我们的关系将有辱家门”,斯雷尔夫人很快就得知此事。皮奥齐觉得事态已超出掌控,便回到威格

莫尔街的家中。据斯雷尔夫人说，他“带来了我写的所有信件，包括对结婚的承诺，将它们放在**她的手中**”，然后，他夸张地向奎妮大喊，情绪十分激动，英语有点不太好懂，“看好你的妈妈吧，让她继续当她的伯爵太太，**我**不想活了，这没关系，但**她也一样痛不欲生！**”[8]

皮奥齐准备在春天返回意大利，斯雷尔夫人决定前往巴斯休养，她想摆脱身心俱疲的状态。但就在此时，她的两个女儿生病了，六岁的塞西莉亚和四岁的哈丽雅特，她们分别得了百日咳与麻疹。斯雷尔夫人从未得过百日咳，她十分害怕也会受到传染，她在做礼拜中途就曾经突然飞奔出教堂，因为她觉得自己听到了“索命的声音”。于是她安排了别人来照顾自己的女儿，等她们病情一有好转，就立刻与奎妮、苏珊娜和索菲亚一同动身前往巴斯。

就在她出发的前一天（4 月 5 日），她与约翰生辞别。（他们在一年之后才再次见面，但这次见面时间也很短。）几天之后，她就得知哈丽雅特病故。她立即赶回伦敦，在斯特里汉姆的圣莱昂纳德教堂安葬了她，坟冢就在其他亲人的墓地旁。之后，她不顾一切地想和皮奥齐见上最后一面再赶回巴斯。皮奥齐正准备动身回意大利。这一系列事件让他深受打击，他不愿再见到斯雷尔夫人，这也情有可原。他一心只希望回家。但斯雷尔夫人却不想让他忘记自己，便通过便笺为他送别。其中附上了一些蹩脚的诗（“衷心祝愿我流浪的爱人 / 在肮脏的多佛尔获得天助”）。[9]

与此同时，鲍斯威尔在离开近两年后，再次来到伦敦（3 月 20 日）小住了几周。他抵达伦敦的第二天就来拜访约翰生，发现后者面色苍 574
白，“因呼吸困难而痛苦无比”。约翰生说：“你来看我真让我高兴，我病得很重。”但两人的交谈很快就让约翰生如释重负，他感激地说道：“你一定要尽量多陪伴我。你对我太好了。你肯定想象不到，你来了之后,我的状况比以前要好得多。”这番感激发自肺腑,鲍斯威尔自然非常重视。约翰生不仅身患疾病,而且非常孤独。鲍斯威尔刚到伦敦,第二天一早就立刻赶来看望他,这着实令他感动。他的情绪越来越好,而且重新焕发出过去的幽默感:

> 鲍斯威尔:“先生,您能不能找到您对苏格兰人有成见的原因呢?”约翰生:“先生,我找不出来。”鲍斯威尔:“年迈的谢里丹先生曾说,这是因为他们出卖了查理一世。”约翰生:“那么,先生,年迈的谢里丹先生找到了一个很好的原因。”*

鲍斯威尔虽然已迈入中年(四十二岁),但他依然显年轻,依然保持了好奇心和积极性,因而能引导约翰生发表看法,其他人都做不到这一点。他会对两人此前去赫布里底群岛旅游的经历侃侃而谈。此后几个星期里,鲍斯威尔生动地记录了一些场景。例如在耶稣受难日(4月15日),他发现约翰生在用早餐时“饮茶时没有加奶,而且吃着圆形圣糕以防昏厥”。两人一同去了圣克莱蒙特教堂,在他们返回的途中,约翰生回到博尔特胡同的家中,静静地坐在小花园门口的一张石凳上。他端详着自己的这座小房子,开始思考如果在乡下当绅士,自己会做些什么。他非常孤独,他首先想到的是自己没有人陪伴了。但人们可能认为他并不是好客之人。因为他不愿像许多乡绅那样,一次邀请“一大群”客人来做客。鲍斯威尔说:“亚历山大·迪克爵士告诉我,他记得自己家一年请过一千人前来赴宴。”约翰生的回答几乎与

---

* 这也是在周末(复活节,4月20日),当时鲍斯威尔抓住机会采访了德穆兰夫人,他将采访的话题列为“与众不同的约翰生——需要保密”。(参见上文页263-264)

他过去的方式如出一辙，他说："先生，也就是说每天宴请三个人左右。"鲍斯威尔说："您这样说的话，就大大降低了来宾的规模。"约翰生说，这"是很好的计算方式。它使一切都具有确定性，而此前它就在心中浮动，捉摸不定"。然后，鲍斯威尔引导他对化学、园艺和果树种植都作了一番评论。其他几位朋友到来后，话题又转到演讲、辩论和语言的起源。[10]还有一次是在用早餐时，德穆兰夫人在沏茶，她和鲍 575
斯威尔打算对约翰生恭维一番，便开始说起"他没有获得某些高位，也没有获得巨额财富，但他却从不怨天尤人"。一听这话，他变得非常激动，这非常蹊跷，就仿佛他们激起了他心中的不满与怨气一样。他说，他从不"追名逐利"，为什么上天要给他如此过人的天赋呢？"非常神奇，上天给我的恩赐太多了。一切怨天尤人的行为都没有道理。我从没有听说过有一技之长的人遭到埋没：他之所以未能取得成功，通常是他自己的错误所致。"

就在鲍斯威尔动身返回苏格兰的前一天，他最后一次拜访了约翰生(5月29日)。约翰生"拥抱了我，向我表达了祝福……今天，我从他的家中走出，惶恐万分，生怕我下次再来时会发生什么情况"。[11]

五

6月17日(1783年)清晨，约翰生突然惊醒，发现自己得了中风，全身麻痹。后来，他将当时的情景告诉了斯雷尔夫人，称"我一下子警醒起来，开始向上帝祈祷。无论他对我的身体造成了怎样的痛苦，他都给我保留了理解力。这次祷告是用拉丁文韵文创作的，我将以此来考验我的能力是否正常。这些韵文写得并不算好，但我知道它们不需要写得非常好"。天开始破晓，他艰难地(因为他的手一直在写错字)

写下一封便笺，交给邻居埃德蒙·艾伦：

> 先生：
>
> 今天早晨，上帝随心所欲地剥夺了我说话的能力，而且我不知他是否可能很快就要剥夺我的各种感官。在你收到这封便笺之后，我请求你能过来看我，为我做一些事情，因为我的境况十分危急。
>
> 此致
>
> 敬礼
>
> 塞姆：约翰生[12]

第二天，汤姆·戴维斯便给在巴斯的斯雷尔夫人写信，对她作出了强烈的暗示，即她的帮助对于约翰生意义重大。“他非常可怜。此时，他家中没有女性朋友能在他身边照顾他。”早在一个月之前，德穆
576 兰夫人就与威廉姆斯小姐大吵一架之后离家出走了，威廉姆斯小姐则是个盲人，而且她的健康每况愈下，这显然无济于事。6月19日，约翰生亲自写信给斯雷尔夫人，叙述了发生的情况。他竭力要理解这件事的意义，并通过某种视角来审视这件事。在个人遇到痛苦时，他会本能地向斯雷尔夫人倾诉，因为这是他最信任的人之一。诚然，斯雷尔夫人已经变了，而他在向斯雷尔夫人寻求帮助时，会有防备之心，也羞愧不已。也许她在读这封信时心中波澜不惊，这在之前是无法想象的。

> 无论你多么不重视这件事，我都不知道我是否应该责备你，你可能另有隐情，而且我也问心无愧。在我人生的很长一段时间

> 里,我已经为你尽心尽力做了很多事情,而且从未做过对不起你的事情。
>
> 我一心关心、爱护着你,我以诚挚的感情尊重你。请不要忘记我们彼此的情谊,请让我在巨大的痛苦中获得你的怜悯和祷告。我之所以通过抱怨来乞求你的帮助,是因为我认为我们的友谊牢固不破,我把你当作忠贞不渝的朋友,千万不要将我从你身边赶走,你没有道理忽视我或怨恨我。[13]

若是在过去收到此信,她一定会匆匆赶来伦敦。但此时,她只是模棱两可地提出要来。但这样一来,他就不得不要求她来访,认为这的确必要。他自然不可能这样做,他只是感谢了斯雷尔夫人表示要过来看望他,并说:"我要把它留到日后再用。"斯雷尔夫人不仅没有去伦敦,而且在他康复之后,也没有邀请他来巴斯。虽然约翰生闭口不谈此事,但他内心却深受伤害。他简直不敢相信这次事件。他做了什么？但事实是斯雷尔夫人只执着于一件事。她已经对奎妮作出让步,无法自由自在地开始全新的人生,而且她再不愿回到斯雷尔在世时的生活。她为什么要对奎妮让步呢？难道她一生中取悦他人还做得不够吗？气愤和沮丧使她身体状况十分糟糕。她决心寻找某种途径来挑战或避开奎妮等人,"以防这摧毁我的健康,消磨我的灵魂,让我因为与**他的**隔阂而悲伤,我只想陪伴在他身边",这是她最关心的。如果把约翰生接来,看到他病入膏肓的样子,就可能动摇她一往无前的决心。她告诉自己,约翰生的境况根本没那么糟糕。她还在日记(6 月
24 日)中以一种屈尊、施舍的语气提到约翰生,就仿佛他只是一个普 577
通朋友:

我听说,约翰生得了中风,没法开口说话了。这可真可怕!我不在他的身边——可怜的家伙!他还像以往一样给我写了一封信[约翰生当时费尽千辛万苦才写出这封信],这使我相信他并没有丧失行为能力,而且他的医生说,目前所有的危险都过去了。

我诚挚地祝愿他身体健康,身体健康可是极为重要的。[14]

六

约翰生迅速恢复了说话能力,只不过一开始会说得含混不清,也无法长时间说话。他决心保持积极的心态,于是前往罗切斯特,在贝内特·兰顿家中做客了几周(7 月 10 日至 23 日),做客期间他还短途出游了几次。

在这段时间,另一种疾病开始折磨他,此前他一直不把这当回事。早在 1781 年和 1782 年之交的冬天,也就是一年半之前,他的左睾丸就开始肿大。这没有引起他重视,但到了六个月前,肿大开始越来越严重。他认为,这明显就是阴囊积水,可以采取穿刺治疗,并"立即将可怕的病症消除,使我得到解脱"。这只是个小手术。即便如此,在麻醉术出现之前,显然也是非常痛的。

但手术并没有让他烦恼。他还有更严重的问题,在这个问题面前,阴囊积水也好,手术也好,似乎都是小事情。除了过去两年来发生的事件对他造成的心理影响之外,如他所说,他的生理健康还存在"更可怕的失调"。他的抵抗力在过去两年受到了严重打击。截至这一年夏天(1783 年),至少有四种慢性病同时演变为急性疾病:

1. 他得了血液循环系统疾病,其开始的严重症状是中风。

2. 我们在上文中已经提到,他多年以来深受慢性支气管炎困扰,而且慢性支气管炎发展到晚期,经常会逐渐伴发肺气肿。因此,他呼吸越来越困难。他的尸检报告表明,他的肺气肿病例严重到罕见的地步(并称"双肺并没有像通常那样在进气时出现收缩,而是保持膨胀状态,就好像失去了收缩能力一样")。[15]我们可以推测,早在1783年夏 578
天,他就已经病入膏肓。

3. 这产生了心理上的负担,无疑是造成他此后病情的主要原因,即充血性心力衰竭。在广泛使用毛地黄之前,疾病造成的水肿症状也十分明显。就在不久前的四月,他就写信给身处印度的罗伯特·钱伯斯,介绍了自己的情况,提到"我的双腿已开始浮肿"。[16]到了秋天,他的病情愈发严重。他在信中和日记中都提到了"哮喘",这指的是双重呼吸困难。一方面是支气管炎与肺气肿造成的,另一方面是充血性心力衰竭(心源性哮喘)所致。后者使他在夜里经常要坐在椅子上才能入睡,因为积液在白天通常会流出来,落到他的腿上,但在夜晚躺上床之后,却积在他的肺部并造成负担。

4. 风湿性关节炎愈发严重,这使他痛苦不堪。虽然严重性尚不能与其他几种疾病相比,但让他的痛苦加剧。约翰生曾提到,自己在与"痛风"作斗争,这通常指的就是风湿性关节炎。这个术语在十八世纪使用得并不太严格,它既可指关节与肌腱的风湿类疾病,也指我们今天所说的"痛风",这在当时是更为少见的疾病。其实,约翰生在《约翰生词典》中对痛风的主要定义就是"关节炎"。(没有证据表明,他得了现代意义上的"痛风"。这要归功于他的饮食习惯。他一度用餐很节制——早饭只吃一个面包圈或喝一点牛奶,然后每天再吃一顿饭;当然,他也很少喝酒,甚至一度戒酒。)对于约翰生来说,得了关节炎之后,最糟糕的结果是影响他四处散步的能力,尤其是与肺气肿和浮肿并发之后。他在青年时期离开牛津并出现心理崩溃之后,如果身边没有朋友帮助自己,他就会步行往来于伯明翰。他力图通过某种生理活动来应对绝望。他长期以来学会了以最艰难的方法“获得幸福”,或者更准确地说,他“通过经常性的剧烈运动,逃避了痛苦”。[17]但是,就连这种不顾一切的逃避做法,他此时也没有条件使用了。

注释

[1]《赫斯特·林奇·斯雷尔夫人日记……1776–1809》,第一卷,页540–541,注释1。

[2] 范妮·伯尼:《伯尼博士回忆录》,第二卷,页252。

[3] 塞缪尔·约翰生:《日记、祷文、年谱》,页337–339。

[4]《赫斯特·林奇·斯雷尔夫人日记……1776–1809》,第一卷,页548。

[5]《达尔布莱太太日记与书信》,第二卷,页122。康斯坦斯·希尔:《圣马丁巷中的房子》(伦敦,1907),页343–344。

[6]《达尔布莱太太日记与书信》,第二卷,页105、118。塞缪尔·约翰生:《日记、祷文、年谱》,页348–349。

[7]《赫斯特·林奇·斯雷尔夫人日记……1776–1809》,第一卷,页551。《塞缪尔·约翰生书信集》,第八一九篇之一。《达尔布莱太太日记与书信》,第二卷,页171。

[8] 詹姆斯·L.克利福德:《赫斯特·林奇·皮奥齐(斯雷尔夫人)》,页218。《赫斯特·林奇·斯雷尔夫人日记……1776–1809》,第一卷,页557–560。

[9] 詹姆斯·L.克利福德:《赫斯特·林奇·皮奥齐(斯雷尔夫人)》,页220–221。《赫斯特·林奇·斯雷尔夫人日记……1776–1809》,第一卷,页565。

[10] 鲍斯威尔:《约翰生传》,第四卷,页168–169。

[11] 同上,页203–208,页171–172,页226。

[12] 同上,页228-230(《塞缪尔·约翰生书信集》,第八四七篇)。

[13] 同上,页522。《塞缪尔·约翰生书信集》,第八五〇篇。

[14]《塞缪尔·约翰生书信集》,第八五四篇。《赫斯特·林奇·斯雷尔夫人日记……1776-1809》,第一卷,页568。

[15] 尸检由詹姆斯·威尔逊完成,结果见拉塞尔·布雷恩:《约翰生博士的尸检》,《对天才的反思》(伦敦,1960),页99-100。如需对其肺气肿的详细讨论和肺部的图画,参见L.C.麦克亨利,《国际医学档案》,第一一九卷(1967),页98-105。

[16]《塞缪尔·约翰生书信集》,第八三五篇之一。

[17]《漫步者》,第八十五期。

第三十二章　吾人,终有一死

一

579　6月17日的中风向约翰生发出了明确警告,提醒他去日无多,特别是他的其他疾病也很严重。但是,身体的病痛无论多么严重,都不是主要问题。最折磨他的是孤独。

他很久以前就曾写过:“单凭自我想象是无法寻找到幸福的,只有通过他人的重视才能获得幸福。”不仅仅是寻找“幸福”这一问题,而是要避免彻底陷入痛苦。纵观约翰生一生,任何因素都没有像孤独那样使他产生对自我的谴责,而这正是他最大的敌人。反过来这又引发剧烈的内心冲突,即为了生存,要与无情的自我要求展开斗争。无论是陪伴、共情、幽默,还是与他人一起举行活动及通过他人举行活动,都不仅给他带来巨大的快乐,也是他生存的手段。否则,他就会像古罗马时期可怜的角斗士那样,在角斗场陷入殊死搏斗,只有苦行僧式的坚强才能支持他活下去。鲍斯威尔作品中最出彩的部分之一,就是将约翰生的思想比作罗马圆形大剧场。他的判断力矗立在剧场中央,不得不始终“与各种担忧展开搏斗,就仿佛是与**角斗场**中的猛兽以命相搏一般……它们随时会向他扑来。经过一场搏斗,他将这些猛兽赶回巢穴,却没有消灭它们,它们依然会袭击他”。[1]

他此时尤其脆弱,不仅因为年事已高,还因为他一生中有大量时间都花在斯雷尔一家身上。他还需为此付出高昂的代价(只不过他从未怀疑过此举的价值)。他年迈的朋友们很少能见到他,他们早已习惯,但对他的关注却丝毫未减。此时他们若能见到他,往往是在更为 580
正式的场合。他们的生活都十分独立,而且习惯于满足其他的要求与兴趣,这自然会占用他们的时间。而年轻一些的朋友和他相识还不太久,他们通常对他过于恭敬,不可能随意地来他家做客,也无法亲切、坦诚、轻松地(这是他年轻时极为重视的谈话特点)与他交谈。无论在什么情况下,无论是这些年轻朋友,还是年迈的朋友,在他看来都是“过客”。他们无法替代“像家人一样熟悉的同伴”,如果没有他们的陪伴,他就会“处于笼统的谈话与自我折磨式的孤独这两种状态,而无法实现两者之间的状态”。他在给斯雷尔夫人的信中写道(这封信的目的并非要让斯雷尔夫人做什么,他纯粹是因为过去养成的习惯,在信中袒露心扉):“我起床时,我的早饭很孤独,这条黑狗正等着分享我的早餐。从早餐到晚餐,他都一直叫个不停……和病恹恹的女士[威廉姆斯小姐]共进晚餐,我的感受比孤独好不到哪里去。晚饭后,能做的事情就只有消磨时间,我希望我能够睡着,但我几乎已不抱希望。”[2]

他几乎已不相信自己还能彬彬有礼地给好友约翰·瑞兰德回信。瑞兰德在一封信中附上了他创作的一些诗歌,其中表达了孤独与遁世隐退的快乐,这在当时的诗歌中极为普遍。约翰生在回信中并没有提到这些诗歌。瑞兰德便又给他写信，请他对此发表意见。约翰生不想伤害瑞兰德的感情，避而不谈这些诗歌的质量。他没有“批判性阅读”，但还是忍不住说，这些诗歌“过于偏爱孤独”。如果人们达到了“愚钝的状态”，无论是遁世隐退还是孤独都有道理。真正虔诚的人很可能需要孤独，方便他冥想。但我们“冥想是为了采取行动”。否则，“遁世之举就成了逃避困难而不是战胜困难，何况对于能为他人谋福利的人士来说，此举不啻**道德自戕**”。[3]

二

威廉·鲍尔斯是索尔兹伯里牧师的儿子，他年方二十八岁，天资卓著。此前，他只能在运气好的时候，偶尔与约翰生见面。这时，他鼓足勇气，邀请约翰生来到索尔兹伯里附近的希尔，到他的乡间别墅做客。他知道约翰生得了中风，但幸运的是，他并不知道约翰生病情有多么严重，否则他就不会对约翰生的到来抱希望。

581 对于这位年迈的著名人物，鲍尔斯已通过某种方式察觉到，他的孤独已经超出了自己的想象。这次邀请深深感动了约翰生，就仿佛此次邀请来自他永远失去的世界一般。但这也反映出他的心理状态和无助感。这次邀请不仅令他很是感激，也让他产生新的焦虑：如果自己让鲍尔斯失望怎么办？他再也不能确定自己的行为。范妮·伯尼告诉他，“鲍尔斯先生**很乐意**见您一面”，他只能半开玩笑地给出答复，同时用外在的幽默来掩盖内心的焦虑。约翰生的回答让她大吃一惊：“他很乐意，真是让人吃惊！他居然对此这样期待，**真是让人吃惊**。”范妮依然无法理解，为什么大名鼎鼎的约翰生会有这样的感受。而且她请约翰生答应赴约时，约翰生答道：“如果人们预计某人能跳二十码远，但他实际上只跳了十码，那么每个人都会很失望的。”[4]

确实，他决不会让年轻的朋友失望。不幸的是，除了健康方面的其他各种问题之外，他的阴囊积水（他依然认为是这种疾病）突然恶化。他必须先治好这个病。通过快速穿刺，发现这是个肉瘤，即睾丸肉样肿胀。他不得不稍微耽搁一段时间，为此他给鲍尔斯写了一些信（“为了这次出行，我给你写这么多次信，甚是羞愧。这似乎表明我认为我的出席或缺席很重要一样。我的生活与经历告诉我，人应当更加知趣”）。与此同时，他迫不及待地要应邀前往鲍尔斯家。在旅途中，他回忆起自己此前总是认为真正的幸福之源或痛苦之源在我们内心，并对“更换环境”能极大地影响人类幸福这一看法嗤之以鼻。他又一次证明自己仿佛是《拉塞拉斯》中的哲学家，满口高谈雄辩，却发现自己只是凡夫俗子。约翰生说得好，“没有人可以避开自我”，诚哉斯言。但是，若是留在病房中或身处充满“痛苦”联想的场所中，就会引发“庸人自扰”的想法。不管怎么说，撒旦在《失乐园》中说出了著名的一段话，即“思想就是它自己的敌方，在思想中 / 可以将地狱化为天堂，将天堂变为地狱”。这是“堕落天使的吹嘘，他学会了撒谎。外部的位置产生了巨大的影响，至少对于肉身凡胎的人类来说都是这样”。[5]

去鲍尔斯家的这次做客从 8 月 28 日开始，9 月 18 日结束，对他大有裨益。两人交谈的话题包罗万象，包括宗教、文学、化学、人性，有时甚至还包括约翰生本人。约翰生对鲍尔斯提到了自己的一项滑稽的项目——“这项工作表明，世界上真正的虚构作品数量少得可怜，这一点同样也适用于所有作家，只是略微有些变化”。他还将自己的个 582
人情况坦诚相告，称经常受到误解，因为他的许多言论纯属“戏言”。他认为鲍尔斯与小科尼利厄斯是同一类人，只不过鲍尔斯的思想更为高尚。他对鲍尔斯还发表了一番著名的评论，称小科尼利厄斯如果还在世,也会持相同观点,但约翰生却是经过一番磨难后方才认识到这一点:"我对人类了解得越多,我对他们期待得就越少。现在,我比之前更愿意称一个人为**好人**。"年轻的鲍尔斯自然将约翰生的言论都记录了下来。但他这样做并不是为了让自己青史留名。约翰生去世之后,鲍尔斯将这些记录交给了鲍斯威尔,并要求鲍斯威尔不要透露自己的身份。[6]

有一个问题是约翰生压根不愿谈起的。此时,斯雷尔夫人住在韦茅斯,他们俩去那里也非常方便。鲍尔斯想讨好约翰生,便提议他们俩去她那里做客几日。但约翰生却不愿讨论这个话题,明确表示"他没有心情去见斯雷尔夫人"。他依然经常写信给斯雷尔夫人,而且信中饱含深情,袒露心扉,但他知道,两人的关系随时可能画上句号。尽管如此,他还是害怕自己前去拜访会进一步影响双方的关系。

三

在约翰生与鲍尔斯出游期间,威廉姆斯小姐去世了(9 月 6 日),享年七十七岁。布罗克兹比博士告诉约翰生,她是无疾而终。在之前的一年,威廉姆斯小姐的身体状况就很糟糕,所以她的去世丝毫不足为奇,但这个消息还是让约翰生产生了可怕的感受,他感到自己去日无多。威廉姆斯小姐与莱韦特先生一样,三十年来一直是他"家中的伴侣"。只要她还活着,约翰生就绝不会像现在这样觉得自己"回到了空荡、荒凉的住所"。在这样长的时间里,她一直都会等约翰生回家之后再上床睡觉,这保持到她人生的终点。而且约翰生会饮用她沏好的茶,然后两人一直交谈到他产生倦意为止,他表现出的彬彬有礼他人难以想象。

他再也不像以前那样希望回到家中。但阴囊积水的病痛却十分严重,他最终还是不得不回家,因为珀西瓦尔·波特医生坚持认为,如果肿瘤继续增大,就必须做手术。波特医生还没来得及做手术,阴囊积水就突然破裂,炎症也随之消退。之前约翰生曾接受过穿刺手术,
以确定病因是否属于阴囊积水。但是,他的关节炎在此期间却开始发 583
作,病情非常严重,他不得不给奎妮写信,称如果没有别人帮忙,他自己都无法起床,“而且只能借助两根拐杖,既痛苦又艰难地走到椅子上坐下来”。最令他困扰的莫过于他一颗牙齿突然牙龈溃疡发作,他请来牙医将这颗牙齿拔掉。演员约翰·菲利普·肯布尔是他新结识的朋友,肯布尔上门拜访了他。有一天他与他的姊妹、著名的悲剧女演员西登斯太太一同来看望他。西登斯太太刚走进门,就立即为约翰生所折服。当时家中没有多余的椅子,约翰生便说:“夫人,每当您为大家演出时,总是一座难求,那么您自己没有座位坐时,也必然会包涵吧。”等找来椅子之后,约翰生立即坐在她旁边,据肯布尔说,约翰生“非常彬彬有礼”地与她聊起戏剧表演和她喜欢扮演的角色。西登斯太太承诺为他出演《亨利八世》中的凯瑟琳王后,这时约翰生也向她保证,自己“会一瘸一拐地亲自前往戏院”。与此同时,他的朋友威廉·格拉德·汉密尔顿也愿向他伸出援手。他在二十年前曾为汉密尔顿在议会的演讲捉刀,此时汉密尔顿旁敲侧击地询问约翰生的一位医生,想了解他的病情是否产生了大量的医疗费用,是否让他陷入了经济困难。如果出现这样的情况,他愿意解囊相助。约翰生得知此事后十分感动,立即告诉了别人,同时,他还让汉密尔顿放心,称医生对他非常体恤,只收取他微薄的报酬。[7]

进入十二月之后,约翰生孑然在家时会陷入孤独的状态,便不顾自己依然无依无靠,决定以新的举措与之展开斗争。弗兰克·巴伯已

搬回家中与他同住。此前许多年，他因与威廉姆斯小姐交恶，不得不搬出家住在附近。但是，弗兰克并不习惯时刻前来探望约翰生。他已有家室，而且他还有一点与威廉姆斯小姐不同，他在约翰生入睡之前很早就上床了。这一年的冬天，德穆兰夫人也回来了，但她也得了重病，无法长时间陪伴约翰生。更何况她天性就爱发牢骚，这也使她无法替代威廉姆斯小姐或莱韦特先生。约翰生一边思考对策，一边将当年常春藤巷俱乐部的成员再次召集起来，在圣保罗大教堂附近的女王之臂酒馆中聚会。只有四个人应约前来（12 月 3 日），即霍金斯、约翰·瑞兰德、约翰·佩恩和约翰生本人。据霍金斯说，到了晚上十点整，其他几人都起身告辞，回家休息去了。约翰生却准备与他们彻夜相谈，据霍金斯说，他叹了一口气，"而且这似乎是发自内心的喟叹"，并称他离开时"陷入了孤独和闷闷不乐的冥想"。[8]

584 约翰生几乎当即决定组建新的俱乐部，而且新俱乐部不能再像之前那样偶尔聚会，就连一周一次也不行。他希望每周举行三次（周一、周四与周日）。如果大家都没有意见，就算每周七天天天都举行，他也不介意。他迫不及待要通过种种方式恢复与此前生活的联系。他将聚会的地点选在了埃塞克斯大街的一家小酒馆，名叫埃塞克斯首领，酒店老板曾是亨利·斯雷尔的仆人，名叫塞缪尔·格里夫斯。约翰生竭力要说服约书亚·雷诺兹参加。雷诺兹虽然与约翰生私交甚密，但他还担负了多项社会责任。他不可能对这个小俱乐部产生兴趣。亚瑟·墨菲立即加入了俱乐部，约翰·尼克尔斯、布罗克兹比博士等人之后也加入了。再之后，威廉姆斯·鲍尔斯与鲍斯威尔来伦敦时，也参加了俱乐部。约翰生满怀期待地参加了开始的几次聚会（从 12 月 8 日即星期一开始）。

但过了一周左右，就在他刚到埃塞克斯首领俱乐部之后不久，他的病情就发作了,几乎可以肯定是冠状动脉血栓。布罗克兹比博士立即将他送回家中,并让他休养了四个多月。与此同时,充血性心力衰竭产生的浮肿症状也越来越严重。据亚瑟·墨菲说,“他全身从头到脚都出现了浮肿”。到了圣诞节和元旦节,有许多客人前来看望他,给他带来打发时间的礼物。他在写给斯雷尔夫人的信中还是称自己感到很孤单。毫无疑问,斯雷尔夫人会感到惊讶,为何有这么多人来看他,他还是觉得孤独。只有一直陪伴他的人士,才能与他真正凝结出友谊的结晶:“我和莱韦特与威廉姆斯是莫逆之交,我再也不可能有这样的友谊了。”他已丧失行为能力,但他依然继续在家中举行小型宴会,他至少为以前的常春藤巷俱乐部同仁举行过两次宴会。到了二月上旬,他的浮肿症状已经极为严重。他一直在跟踪自己的排尿情况,医生对浮肿病人都会提出这项要求。到了2月20日(周五),他突然大吃一惊,终于松了口气。在几个小时之内,他就排出了二十品脱的尿液,全身的浮肿症状开始消退。就在前一天,他还孤注一掷地决定将自己关在家中,准备用整个周五的时间进行祷告,虔诚地度过一整天。这样的解脱方式具有强烈的戏剧性,使他怀疑这是不是上天对他的垂青。他不太愿意承认这一点。但等他第二天将这件事告诉约翰·霍金斯爵士后,霍金斯告诉他:“如果认为病情好转的原因是自然的康复,这不啻犯罪之举。”他还补充说,约翰生“似乎完全同意我对这个重要问题的论述,而且我在和他讨论这个问题时,他有几次曾大喊,‘这太神奇了,真是太神奇了!’”[9]

到了3月10日,医生依然坚持让约翰生在家静养,但他已换上了 585
外出的便服。这对于他来说可是大事。一连几周,他都一直穿着“病号服”。这种服装是用法兰绒布料做成的宽松的袍子,类似于人们现在住院时所穿的服装,方便医生进行检查,也能够缓解他心脏的“痉挛”并方便他呼吸。大约就在这段时间(3 月 1 日),他的两位主治医生布罗克兹比博士与赫伯登博士决定给他服用类似毛地黄的药物,以治疗他的充血性心力衰竭与浮肿。这味药用地中海海葱制成,它是地中海地区的一种植物,人们早在希波克拉底时代就知道了它的功效。但医生此前并没有给他开这味药,不免有些奇怪。一直到威廉·韦瑟灵出版了一部著名作品(1785 年),论述了如何从毛地黄中提炼毛地黄类药物之后,人们才深入了解如何使用海葱来治疗充血性心力衰竭。另一方面,从中提炼的粉末经常会产生不良反应(因为毛地黄本身就会产生副作用,除非小心翼翼加以控制),患者会恶心和腹泻。其实,这种药物对约翰生的消化系统影响很大,因此他的几位医生经过几天的试用之后,决定停止用药。但没过多久,他们就让他再次服用海葱,此后,无论持续造成多么严重的副作用,它都是约翰生定期服用的药物。[10]

此时,笔者还要介绍他对鸦片的使用情况。人们现在一提到这个词,就会栩栩如生地想起中国的大烟馆,柯尔律治为戒掉鸦片烟瘾而作出的不懈抗争。它还有一种提取物(海洛因)在二十世纪六十年代之后开始流行。因此,我们经常发现人们以警惕的口吻和印象,指出约翰生“吸食鸦片”,就仿佛是发现了一个可怕的秘密一样。但我们还应知道,从十八世纪中叶开始,直到二十世纪初,有节制地使用鸦片一直是最常见的医疗手段,若将鸦片粉末与水一同服用或制成鸦片酊服用(即与一定比例的酒精混合),就可以使神经系统镇静,还可以治疗包括心悸、呼吸困难及消化系统痉挛在内的各种疾病。我们之前曾提到,约翰生有几年曾服用过极少量的鸦片,用以治疗支气管炎和他此时所患的“心源性哮喘”,剂量大约相当于两三茶匙的止痛剂中的含量。医生们很快就给他开了很大的剂量:每天服用三粒(这是三粒未提炼的鸦片，它的药效要大大弱于同等重量的现代鸦片提取物)。在阿斯特利·库珀爵士多年之后对鸦片制剂的成瘾原理进行一番讨论之前(1824 年)，人们对此知之甚少。即便如此，约翰生还是不喜欢使用鸦片。“我害怕它对我思想的影响，这更甚于我对葡萄酒或烧酒的 586
恐惧。”他不顾医生的劝告，擅自将医嘱中的剂量减少了六分之五，即从三粒减少到半粒，此外，他甚至没有做到每天服用，而是每周只服用两三次。[11]

四

关在家里养病期间，约翰生度日如年，这种状况一直到 4 月 21 日才结束，总共有一百二十九天，“这超过了一年的三分之一，而且在人的一生中也算是一段较长的时间了”。自中年以来，他就一直受到他手表上的那一行字的困扰：“黑夜将至……”他从未像现在这样去思考如何结束黑夜。

结束休养之后，才过了三天，他就坚持要参加一场宴会，以庆祝皇家艺术学院的画展(4 月 24 日)。宴会在顶楼举办，约翰生其实还与布罗克兹比博士举行了一场比赛，后者要比他小十三岁。两人比赛的是爬楼梯，“并规定中途不许停下来休息或喘口气，‘他发了疯一样地奔跑，显示出过人的健康状况’”。5 月 5 日，鲍斯威尔从苏格兰抵达伦敦，在这里小住了个把月，这是他最后一次与约翰生见面。他注意到约翰生想方设法要出门参加宴会，他“精神状态很好”，而且无论和谁在一起，他都显得“和年轻人一样喜爱交际”。[12]

他在家中养病的这段时间，有一天曾要求好友贝内特·兰顿坦率地说出自己在生活中是怎样“犯错的”。兰顿认为这个问题比较敏感，便请求给他一点时间。后来他来到约翰生家中时，引用了圣经中的几句话（即“温顺的人是有福的……”；“凡事谦虚、温柔、忍耐，用爱心互相宽容……”；“爱是恒久忍耐……不张狂”）。兰顿想到的都是约翰生不耐烦的性格，即约翰生长期以来的不安情绪，这促使他经常自相矛盾或出语刻薄。但各种文本似乎也表明，他缺乏“基督式的博爱”。雷诺兹说得好，其结果产生了“一场喜剧中的一幕”。约翰生首先衷心地感谢了这位朋友，然后就开始读书。据兰顿说，约翰生之后突然愤怒地大吼道：“先生，你的意见是什么？”几周后，约翰生将这个故事告诉了鲍斯威尔（5 月 19 日），因为这件事情一直令他的良心深为不安：

587 “我问他，根据他的叙述，我是在什么场合下说出这番话的……即我是在什么场合下，会在谈话中与别人产生矛盾的。现在，此举对与我发生冲突的人产生了怎样的伤害呢？”鲍斯威尔：“我认为他指的是说话的方式，也就是说你的话说得太重了。”约翰生：“这样做对谁伤害更大？”鲍斯威尔：“这伤害了心理素质脆弱的人。”约翰生：“我不认识心理素质脆弱的人。”我曾将这番谈话告诉过伯克先生，伯克说：“很好，一个人行将去世，最令他良心不安的就是在谈话中把话说得过重。”[13]

约翰生当然明白兰顿的意思。据霍金斯所说，约翰生曾无数次“噙着泪水”，向“他争辩的对象或因举止粗鲁而冒犯过的人士”道歉。此时，他真正想要寻找的并非这样的错误是否存在，而是这样的错误在他人看来有多严重。霍金斯在约翰生辞世之后还说，他在约翰生的文稿中发现了一封“匿名信”（霍金斯可能不愿透露写信人的身份），写信的人对约翰生非常了解。信中详细介绍了约翰生与人争辩的习惯，他缺少对他人观点的尊重，以及他很容易将谈话当作一场决一雌雄的较量。写信人“本着慈悲为怀写出了这封信，而且充分肯定了约翰生所拥有的过人天赋，但信中也有不太中听的铮铮良言。简言之，对于这样的信件，许多人刚一收到，就恨不得立即销毁。相反，约翰生却留存起来，存放在自己的柜子中，这非常明显地表明，无论他何时打开文件柜，都会立即看到这封信”。[14]

五

这场漫长的养病结束之后，约翰生便迫不及待前往牛津拜访亚当斯博士，这是他康复之后的第一次旅行，为期几个星期。鲍斯威尔也陪他同去(6 月 3 日)，同行的马车中还有两位美国女士，即理查德·贝雷斯福德的夫人和女儿。约翰生非常期待这次旅行，他在旅途中知无不言、言无不尽，两位女士(她们知道约翰生的身份)非常开心。贝雷斯福德小姐曾悄悄对鲍斯威尔说：“他的谈话真令人佩服！每一句话都堪称一篇绝妙的随笔文。”她在打绳结时，约翰生曾突然盯着她看，还几乎心不在焉地说了一句：“除了纯粹的虚度光阴之外，我认为打毛线是排名第二位的无聊事；但我也曾想过学习如何打毛线。”但这番话并没有打扰她的工作。于是他转身又对鲍斯威尔说：“邓普斯特 588
的姊妹曾打算教会我打毛线，但我就是学不会。”

一行人快要到达牛津时，约翰生似乎更加快乐。他们到达亚当斯博士在彭布罗克学院的家时，他迅速地“通过简短、与众不同的叙述，答复了众人对他的患病和养病提出的问题”，他引用了斯威夫特的话：“也不要去考虑不断逼近我们的疾病 / 也不谈论眼镜和药片”，然后立即开始享受谈话的乐趣。在之后几天里，他的话题五花八门，包括托马斯·牛顿的《论预言》，弥尔顿的商籁诗，天主教，祷文的形式，法律这门职业，育苗，奎宁的使用，婚姻，恣意妄为的男子对女性产生的吸引力，政治，以及撒谎的道德合理性。亚当斯博士的女儿是亚当斯小姐，她是一位中年女子，但从未听过如此高超的谈话艺术，即便在牛津也没有听过，她认为谈话中充满了想象力和幽默风趣。虽然有人告诉她，约翰生脾气非常不好，但她个人认为，约翰生"极其和蔼可亲，令人愉悦"。

约翰生回到伦敦之后，依然保持了这种积极参与社交活动的势头，尽管俱乐部的其他会员都认为他气色非常差，但他还是出席了该俱乐部的聚会(6 月 22 日)。这次露面成了他最后一次出席俱乐部的活动，而且"他强打起精神，强忍着病痛竭力要招待好众人"。之后，鲍斯威尔也得回苏格兰了，两人在辞行时(7 月 1 日)，约翰生从马车里飞快地走出来，这与他平时的情况大不一样——"他的动作十分敏捷，令人不免怆然，我之所以用这个词，是因为此举似乎要证明他在竭力隐藏心中的不安，而且给我留下了不祥的预兆"。[15]

六

我们还必须介绍一下斯雷尔夫人在这段时间的情况。但这里只能简要作一番说明，因为她在过去一年中的生活已经很少与约翰生存在交集，此后也再没有什么联系。

在 1783 年的整个夏季和秋初，斯雷尔夫人都住在巴斯，不与任何人来往，她郁闷地思考着自己的境况，一心想找到与皮奥齐重逢的办法。到了十一月，她把自己搞得就像是精神崩溃一般，无论是她本人、她的医生还是她的女儿们都这样认为。奎妮此前曾一直怀疑她母亲
589 的"发病"是装病，但最后还是不得不让步，同意将皮奥齐从意大利请

回来。她母亲的病情这才开始迅速康复。

另一方面,皮奥齐似乎并不急着赶回来。他已经受过一次伤害。谁知道可怕的奎妮下一步会作出什么样的决定。他需要对方的再三保证。最好是等上一段时间,看一看这次邀请是不是一时心血来潮。于是,他请求宽限一段时间再回来,冬天翻越阿尔卑斯山非常危险。他收到了一封又一封的信件,反复向他保证,他和斯雷尔夫人会有一段美满的姻缘。直到五月,他才准备好动身出发。在这段时间,斯雷尔夫人的健康状况一直都很好,她相信皮奥齐一定会来,而且她之前在秋天已通过严重的病情达到了目的,迫使奎妮向她让步。到了五月中旬,她去伦敦住了一个星期,筹备皮奥齐的到来,并为两人去意大利生活之后,安排好人来照顾自己的孩子(遗嘱执行人都不允许她将孩子们带到意大利抚养,因为那里现在已成为天主教的大本营)。在伦敦的这段时间,斯雷尔夫人一直和范妮·伯尼在一起,而且她担心约翰生会得知自己的到来,于是匆匆去看望了他。她自然没有提起自己的打算。尽管约翰生在这段时间一直听说过这方面的传言,但他还是不敢相信,他也不愿进一步询问,生怕这会给自己和斯雷尔夫人造成痛苦。

因此,斯雷尔夫人在 6 月 30 日写给约翰生的这封信不啻晴天霹雳。她给每一位遗嘱执行人都写了一封正式的公函,告知对方自己打算在皮奥齐回来之后便立即与他结婚。但在写给约翰生的信中,她还附上了一封特殊的便笺,请求他原谅自己"向他隐瞒了两人的关系,您一定听很多人提起过此事,但我觉得您从未相信过。其实,我亲爱的先生呀,我之所以要向您隐瞒,纯粹是不想让我们俩遭受不必要的痛苦"。她此时之所以要告诉他,纯粹是"因为一切**木已成舟,没有挽回余地**"(她暗示自己已经结婚,只不过直到 7 月 23 日才举办婚礼)。约翰生猝不及防,在写给她的回信中,将过去一年半的所有痛苦猛地全都倾泻出来：

夫人

如果我对你的来信没有误解，那么你已经很不光彩地完婚了。如果你们还没有结婚，那么让我们再坐下来谈一谈。如果你抛弃了自己的孩子和你的宗教，上帝还会原谅你的不道德之举。但如果你连名节和祖国都不要了，你的愚蠢到此为止。

590 如果你没有做这一切，那么，我曾经爱过你，尊重过你，敬重过你，也侍奉过你，我一直认为你是最出类拔萃的人，现在我恳请你，在尚有挽回余地之时，再一次和你见面。

夫人，我过去曾是你真挚的朋友

塞姆：约翰生

1784 年 7 月 2 日

如果你允许，我将过来见你。[16]

显然，他满是怨气，当即就寄出了这封信。斯雷尔夫人以冷静、庄重的口吻给他回了一封信（只不过信中补充说，她觉得“在您改变对皮奥齐先生的成见之前”，两人的通信应当就此告一段落）。约翰生对这封信写了一封与之前语气截然不同的回信：

亲爱的夫人

无论我对你的所作所为多么惋惜，我也没有必要伪装出憎恶之情，因为它对我并没有任何伤害。因此，我想再一次对你好言相劝，也许这无济于事，但至少是我的肺腑良言。

我希望上帝能保佑你，让你在短暂的人生中，能在这个世上获得幸福，而且能境况更佳，永远幸福。无论我对你的幸福能作出什么贡献，我都随时准备报答你二十年前对我的恩情，当时我正陷入悲惨的境地，是你缓解了我的痛苦。

请不要把我现在对你提出的建议不当一回事。请说服皮奥齐定居在伦敦吧。在这里，你们可以比在意大利更有尊严地生活，而且更加安定。你的地位也会更高，而且你可以就近管理自己的财富。我不想赘述我的所有理由，但一切权衡和谨慎考虑，都证明留在英国才是上策，而且吸引你去意大利的不过是梦幻泡影。

我担心我的建议纯属徒劳，但我还是要提出来，这纯粹是为了让自己心安。

玛丽女王当年决定去英格兰避难时，圣安德鲁大主教想说服她打消这个念头，便在旅程中照顾她。他们来到两个王国交界处的河流时，他便与她并肩走入水中。行到河中央，他一把夺过女王的缰绳。女王所面临的危险和他本人对女王的情谊，促使他迫不及待地劝说女王回头。女王却继续前进。——如果说这个类比与现时情况有类似之处，我希望这一幕不要重演，此时我的眼中已饱含泪水。

我要动身前往德比郡了，我希望能得到你的美好祝愿，我对你的情谊依然深厚。

你最卑微的仆人

伦敦：1784 年 7 月 8 日　　　　塞姆：约翰生

如果要给我写信，请直接寄到我家。[17]

但是，两人的友谊还是无可奈何地走到了尽头。赫斯特·斯雷尔

591 一点也不觉得难过。她的心思不在这上面,而且她已掀开了人生的新篇章。但对于约翰生来说,他的人生已临近终点。在他的人生中,斯雷尔一家占据了极为重要的地位,他拼命要“将她”以及她所代表的一切“从自己的头脑中全部清除掉”,不仅是此刻,也持续到人生终点。无论什么时候,只要发现了她之前写给自己的信件,他都会付之一炬。

七

鲍斯威尔回到爱丁堡(7月1日)不久,便和约翰生的其他几位朋友去帕欧里将军家中赴宴,他们谈到了约翰生一生的愿望就是要去意大利游览,还提到那里气候宜人,对他的健康大有好处。他们认为,政府肯定会为“这个伟大民族第一流的文学人物”报销旅途中产生的费用,何况这笔钱并不多。更何况他还编写出《约翰生词典》,这与别的国家举全国之力编写出的词典不相上下,甚至更为出色。鲍斯威尔提出要联系英国大法官爱德华·瑟洛,并请他利用他的影响力来游说国王或首相(当时的首相是小皮特)。瑟洛素来仰慕约翰生,于是立即写信称他将全力以赴为此事奔走。

约翰生后来在约书亚·雷诺兹家中做客时才得知此事,他显然深受感动。他竭力要控制自己颤抖的声音,说道:“这可真是辛苦你们了。”鲍斯威尔补充了一句:“您的朋友愿意为您做任何事情。”听了这话,约翰生默不作声地坐着,“内心的情绪越来越激动,最后泪水不禁夺眶而出”。他说:“愿上帝保佑你们每个人。”然后突然站起身来,走出了房间,“百感交集”。瑟洛的活动却无疾而终。没有人知道谁应该对此负责。麦考利暗示说,此人定然是小皮特本人。这个二十五岁的年轻人既令人畏惧，也为人真诚，他对自己不重视的一切事务都必定持吝啬的态度。但更有可能办理此事的并不是皮特，而是国王，但国王忙于各种事务，因而忽视了对请求作出答复。不管怎么说，瑟洛爵士都感到很尴尬，而且，他通过约书亚·雷诺兹告知了约翰生（时间是9月9日，此时已过去三个月），称自己可以以个人名义为他提供五六百英镑。他的表述很有策略，暗示约翰生可以不用“偿还”（这相当于用他未来的恩俸作“抵押”，但按照这种抵押方式，约翰生有生之年并不用偿还）。得知此事，约翰生立即给瑟洛写了一封信表示感谢，语气非常微妙：

> 我曾经长期观察和注意过人性，瑟洛大人的慷慨使我的惊诧不亚于感激之情。您的恩赐如此慷慨，如果我的身体条件允许的话，我将非常乐意接受。因为对于这样伟大的人物，任凭是谁都会愿意自豪地向他举债。但是，我的健康状况能恢复到这样的水平，已经是上帝莫大的恩情了，如果我现在将这笔本应用于行善的巨款挪作他用，我的虚假诉求之举必然难辞其咎…… 592
>
> 在我不知情的情况下，有人劳烦大人为我帮忙。我得知大人乐意做我的恩主，这让我荣幸备至，我没有想到此事会遭到拒绝。但是，我本来就没有什么时间来酝酿希望，而且我也没有丰富的想象力，不会对此心存幻想，因此这个冷酷的结果几乎没有令我失望；而且我从大人的善意中也受益匪浅，也只有像大人这样高尚的人才能给予我这样的恩赐。我要**更加自尊自爱**（这与奥维德颇有同感），更加重视我自身的优点。[18]

八

与此同时,约翰生再次踏上了他所熟悉的利奇菲尔德之旅,然后又前往阿什伯恩,到约翰·泰勒家中做客(7 月 13 日至 11 月 16 日)。此时在利奇菲尔德,他的熟人不是风烛残年,就是身陷病痛。就连露西·波特与伊丽莎白·阿斯顿也都身患重病。她们都已走到人生尽头,寿命都只有两年。约翰生在利奇菲尔德住了五天,便匆忙赶往约翰·泰勒家。当然,在那里他也无所事事,他没法和任何人交谈。他和泰勒虽是六十多年的老朋友了,但泰勒对学术问题毫无兴趣。毫无疑问,泰勒觉得两人长期以来言无不尽,此时已无话可说。此外,泰勒身体状况好的时候,就会到户外活动,去田野照看他的庄稼或检查他得过大奖的公牛。到了晚上,他九点之前就会上床睡觉。当他的身体每况愈下,他更不愿意交流想法。

但是,约翰生却不急着回伦敦。在那里的家中,他几乎是茕茕孑立、形影相吊。他可能不大关心泰勒感兴趣的话题,尤其是那头得过大奖的公牛,但他还是延长了在阿什伯恩做客的时间。泰勒与他的过去紧密相连,此时依然在世的人,没有一个可以与泰勒相提并论。五十五年前,约翰生曾不得不离开牛津大学,“用一双大靴子把他的脚趾藏得严严实实的”。正是泰勒陪他一同走到大路上,送他坐上马车回到利奇菲尔德,见到老约翰生和萨拉,回到他家的书店和制革厂。在
593 阿什伯恩做客的这几周里,约翰生阅读了许多书籍,他还给朋友们写了信。这段时间,大都是阴雨绵绵,非常寒冷。约翰生开始嘲笑自己,因为他一向对谈论天气嗤之以鼻,认为这是头脑空洞的明证,但此时在他写给伯尼博士的信中,他“不得不对此思考,最终非常乐于谈论天

气。骄傲必然随之减少"。他在阿什伯恩度过了自己的七十五岁生日(9 月 18 日),几天之后(9 月 27 日),他又回到了利奇菲尔德。此时,露西·波特与伊丽莎白·阿斯顿的健康状况似乎都有所好转。秋天迅速来临,但他依然还想留在这里,他很不情愿回到伦敦。

在阿什伯恩与利奇菲尔德做客的这几个月里,约翰生每天都在学习如何生活。这就是他本人一直重视的对象,并将其作为自己的道德理想。他多年来一直在谈论坚毅,但坚毅并不存在于罕有的重大场合。这一点不仅适用于坚毅,也适用于其他各种美德,包括"性格开朗"。真正的考验是在我们日常生活中的行为,而且幸福主要存在于我们如何对待日常生活。他一直在提醒自己这个经验教训,此时它前所未有地紧迫起来。他说得好:"人生苦短,人生无常;让我们尽可能美好地度过这一生吧。"[19]

很久以前,威廉·坦普尔爵士对荷兰人所作的一番评价就曾让他印象深刻。坦普尔说,忧郁是"一种疾病,它对于这个国家及其国民来说过于高雅,他们没有疾病时,就会好好过日子;他们没有麻烦时,就会非常开心"。此时,约翰生又想起了这一席话,它就像是格言,告诫他应该如何度过余生。鲍斯威尔在来信中抱怨自己的忧郁症时,约翰生重复了这句话,而且又是下划线又是引号:"**你没有疾病时,就要好好过日子;你不生气时,就要开心一点。**"[20]

九

约翰生特别容易受到象征的影响,他总是本能地否认象征符号对自身想象力的影响,并力图敬而远之。如果他要继续成为"自由主体",人类天性的尊严就需要他这么做。一般来说,他无视季节对我们的影响("浮夸的想象")。但此时,他在许多方面都有所转变,性格却没有改变,只是他的言论或承认的内容出现了变化。

594 十一月来临之后,他还在利奇菲尔德。他很可能怀疑余生还不到一年,秋天使他感受到无与伦比的肃杀。贺拉斯的一首颂歌(第四部,vii)尤其让他心神不宁。在这首颂歌中,自然界宏大而又循环往复的变化造成了创生与毁灭,并与短暂人生中的希望和命运形成对比。离开利奇菲尔德之前,他将这首颂歌译成了英文诗歌。这首颂歌的开头部分,春天到来了,冬日的雪正在融化。田野与树林又开始换上绿装。但是,人类在走进人生的冬季之后,就再也无法迎来春天。他就像成千上万的人一样,走进了黑夜——"化为灰烬与暗影"。这首颂歌具有入木三分的存在主义式的坦诚,也体现出成熟的坦然接受,典型地反映出约翰生对贺拉斯作品的青睐,早在斯陶尔布里奇求学的少年时代,他就对贺拉斯的作品喜爱有加,其中也融合了小科尼利厄斯的种种品质。在这位半聋半瞎、局促不安的少年看来,小科尼利厄斯不啻优雅的楷模,以及接受现实的典范。在这首著名颂歌的众多译本中,没有一部作品能够像约翰生的译作那样敏锐地抓住贺拉斯的精神。在有些地方,译作甚至比原作更为浓缩。贺拉斯写道:"一年又一年循环往复,每小时、每一天稍瞬即逝,迫使我们无法企求永生。"约翰生的译作写道:"四季轮替,变化不息,/ 宣告人生如弹指一瞬。"但他又大量采用了斯多葛派式的欢快加以平衡,这便跳出了贺拉斯原文而自由发挥。贺拉斯问道:"谁知道众神是否会将明日的时光加到今天呢?"在约翰生的译本中,这句话变为:"朱庇特主神掌管着世人的阳寿,/ 谁知道他会不会多赐予我们一个上午的时间呢?"

十

约翰生于11月10日离开了利奇菲尔德,他又去了伯明翰,在他孩提时代的老朋友埃德蒙·赫克特家中住了几天。他们畅谈了早年的生活。约翰生突然问赫克特,两人年轻时住在伯明翰的时候,赫克特是否“注意到他存在心理混乱的倾向”。赫克特给了肯定的回答,这个话题便戛然而止。[21]

回家途中,约翰生又在牛津逗留了几天(11月12日至16日),他去了亚当斯博士家中做客。早在六月的那次拜访中,他就来过牛津,当时他刚刚经过漫长的养病。他费了好大的劲,才使所有人乃至他自己消除对他患病的看法,而且他尽其所能地做到热情好客,竭力让自己对各种话题都感兴趣。但还是发生了一件可怕的事情,这表明他对自己的真诚提出了多么苛刻的标准。当时,众人谈论的是各种形式的 595
祷告。亚当斯博士随口提了个建议,称约翰生应该写一些家庭祷文。约翰生对此非常好奇,他很勉强地探讨这个话题,并称他曾经想过去收集别人创作的祷文,也许还要补充一些,然后在祷文集前面加上笼统的讨论。鲍斯威尔当时也在场。据他说,众人一听这话,都围在他身边,然后开始催促他继续推进这项计划。接下来发生的一幕让众人大吃一惊,约翰生突然

> 情绪激动地大喊:“不要再讨论这件事情了,这已经够可怕的了。我不知道上帝还允许我在这个世界上活多久。我还有许多想要做的事情。”我们中有些人依然坚持让他做这项工作,这时亚当斯博士说:“在我一生中,我从未像对待这个问题一样认真。”约翰生

> 答道:“**让我一个人待会儿;让我一个人待会儿;我已经受不了了。**”然后,他用双手遮住自己的脸,趴在桌子上好一会儿。

这个话题自然戛然而止。但它却使他的良心深感不安。之前在去阿什伯恩做客时(8 月 1 日),他就在日记中简短地记录下了自己的各项决心:“我要尽可能多做事。/ 打算写一本祷文的书。/ 在条件允许时多做善事。/ 检查我之前所下的决心。”此时,他又看到了亚当斯博士,并称自己最终“调整好了心态”来做这项工作。[22]

十一

约翰生回到伦敦后,据霍金斯说,他的“健康状况更加糟糕,我从未见过他的身体这样差”。其实,他的寿命只剩下不到一个月了。有一点令人惊讶,他居然在人生的最后半年内如此活跃。换作他人,基本上早就长期卧病不起了。他不愿像一个废物一样生存,但他也承认身体“非常虚弱”。

几个月以来,霍金斯一直想让他立下遗嘱。就在他动身之前,霍金斯甚至为他拟定了一份遗嘱的草稿。约翰生主要关心的问题是要给弗兰克·巴伯留下一大笔年金。其原因之一是他觉得自己对巴伯承担了责任,这不仅因为巴伯是他从小抚养长大的,而且他觉得自己做得还不够,未能培养巴伯为成功人士。不过他也花了大量的钱供巴伯读书,令威廉姆斯小姐非常不满。但约翰生的责任感非常强,这是因为巴伯从一开始就与一个人联系在一起,而这个人似乎是约翰生最喜爱的人。这个人自然就是理查德·巴瑟斯特,约翰生在中年时结识
596 了他,当时他又一次开始感受到彷徨的滋味。巴瑟斯特在各个方面都

宛如小科尼利厄斯的化身,包括幽默、机智、优雅、温良,但他还具有小科尼利厄斯所不具备的品质——正直与高尚。巴瑟斯特在哈瓦那英年早逝之后,约翰生将对他的情谊转移到他身边可怜的黑人小男孩身上,这就是来自牙买加的巴伯,他是巴瑟斯特留下的唯一象征。约翰生曾对斯雷尔夫人说,他对巴伯完全敞开心扉,毫不设防。霍金斯对约翰生希望留给巴伯大笔财产深表惊诧,称之为“弄错了对象的布施”和“引人注目的捐赠”。

霍金斯在起草这份遗嘱过程中,将遗产留给了巴伯,然后留下了空白处,约翰生可以在其中填写其他受赠人和遗嘱执行人的姓名。但约翰生发现自己“极为反感”与遗嘱有关的一切,可是他在多年前却一直催促亨利·斯雷尔立遗嘱(“你不要让自己被这些恐惧打败,你知道这些恐惧是没有道理的;立遗嘱并不会减少你的寿命”)。虽然约翰生此时住在乡下,但霍金斯还是偶尔给他写信,请他把遗嘱填写好。约翰生置若罔闻。等他回到伦敦之后,霍金斯又立即催他把遗嘱填写完。约翰生希望尽快了却这桩事情,便飞快地在霍金斯几个月前起草的遗嘱上签字盖章。霍金斯提醒他,在他签名的这份遗嘱上,所有的空白处都没有填写,他答道:“应该由你来把它们都填上!”最后,他不得不向霍金斯让步,通过现场口述填完了这份遗嘱。[23]

与此同时(大约12月1日),约翰生开始将大批个人文件付之一炬。这其中包括他母亲很久之前写给他的一些信件,他一直妥善保存着。他一边缓缓将它们投入烈火,一边痛哭流涕。在他销毁的这些文件和记录中,有两卷著名的四开本,其中详细地记录了他本人的生平。还有几本其他的小册子,其中记录了他独自一人的冥想与反思,它们被霍金斯捡走了(12月5日)。霍金斯解释称,报社的人正潜伏在约翰生的房子外面,伺机寻找有关约翰生生平的私密信息。约翰生尽管病得很重,但还是注意到了霍金斯的所作所为,并要求他将拿走的小册子还回来。他还想开个玩笑,称他如果不知道这些小册子到哪里去了,他就会因此而怒吼,“就像奥赛罗发现手帕丢了之后的举动一样”。
597 第二天,霍金斯给他写了一封致歉信(他说,自己会全力保管好这些私人记录,不让它们落入肆意妄为的人手中)。约翰生几乎已经无法拿笔写字了,便让贝内特·兰顿带了口信给霍金斯。据霍金斯说,“如果我将此重复,就会让人们怀疑我具有不可原谅的虚荣心;在口信的结尾是这样一句话:‘如果我对此不满,我必然野蛮无礼’”。约翰生感到自己去日无多,他开始采取行动,努力完成他长期以来一直搁置的事情。他找到利奇菲尔德的理查德·格林,安排格林前往圣米迦勒教堂的墓地,在他父母和他弟弟纳撒尼尔的墓地上安放墓碑,然后将墓志铭交给格林,以便格林铭刻在墓碑上(12 月 2 日)。他还联系了老朋友约翰·尼克尔斯,希望借来《绅士杂志》创刊之初的一些杂志。《议会辩论》一直让他良心不安。这基本上是他当时根据自己的想象编出来的,他“没有想到这影响了世人”。人们对这些议会辩论信以为真,因此约翰生希望指出哪些是他杜撰的。这些书籍就堆放在桌子上,他开始一页页地翻阅。[24]

几天前,约翰生决定,要尽全力改变自己的宅邸。据约翰·胡尔说,他计划将最后收留的人士接到家中,这就是孀妇玛莎·霍尔,她是约翰·韦斯利的姊妹。她已有七十七岁高龄。她的婚姻很不幸,没有让她成为良好的伴侣,人们称她“清瘦、憔悴,喜欢说教”。但约翰生却根据对她的了解,认为她是个道德高尚的人,还有一点同样重要,约翰生需要她。他打算将威廉姆斯小姐原先住的那间房给她住。但需要一些时间来整理。约翰生的朋友担心他已无能为力,坚持要从附近聘请一个人在晚上陪护他,以便必要时照顾他。约翰生认为这样的人完全用不上，而且“会像榛睡鼠一样嗜睡”，但他并没有反对这个建议，他认为这样的人很需要钱（给他的报酬是每晚半个克朗）。约翰生每天夜里都有很长一段时间是坐着休息，这样才能呼吸顺畅，而且他很容易惊醒。在他醒着的时候，他有时会将希腊作品中的隽语翻译成拉丁韵文，以此来打发时间。[25]

在白天，约翰生会尽量多活动。他说：“我会被**打败**，但我不愿认命。”无论此时他需要多么强大的意志，他依然能发现“让人快乐的新话题，或者是引发人们好奇心的新事物”。几个月之前，他曾经说过，“病人最初的谈话通常是关于自己”。此时，他会竭力抵制这种做法。约翰·胡尔在 11 月 27 日到他家来做客时，得知约翰生已经呼吸困 598
难，以至于“几乎无法说话”，而且他还乘坐马车去了伊斯灵顿城外的斯特拉罕先生家，那里空气更好。在那里，他能够正常呼吸，他“开心地”与人交谈。在乘坐马车返回的路上，约翰生“讲了些故事”，逗得他身边的朋友都很开心，而且等他们到了他家的时候，约翰生还吩咐为他们沏好茶，但他自己已经无法饮茶了。

几天后（12 月 5 日），约翰生写了一篇祷文：“无所不能、最最仁慈的天父啊……愿您原谅并接受我最近的皈依，请接受我那不完美的忏悔……愿您保佑我的朋友，对所有的人都心怀慈悲。”不久后，约翰生便询问约翰·霍金斯爵士，遗嘱执行人将在哪里安葬自己。霍金斯说：“毫无疑问是在威斯敏斯特修道院。”这个回答丝毫不奇怪。几年来，他始终不愿走进威斯敏斯特修道院。有一次，奈特女士曾安排一行人去参观威斯敏斯特修道院，她也邀请了约翰生，但他却答道：“我不去，只要我还有一口气，我就不会进去的。”[26]

十二

约翰生生命中的最后一周终于来到,他最终病倒,失去了自理能力。有一次,布罗克兹比博士登门拜访,约翰生抬起头看着他,然后引用了《麦克白》中的一段话,开头是:“难道你就不能治愈心病; / 将扎根在记忆中的忧伤拔除; / 抹去刻写在头脑中的烦恼吗?”布罗克兹比也引用了《麦克白》中那位医生的回答。他答道:“那还得病人自己去想办法。”约翰生深以为然。接着,他就开始服用鸦片制剂。他还请布罗克兹比坦白相告,自己的病是否还有治愈的可能。布罗克兹比问他是否能够承受事实,然后告诉他,除非发生奇迹,否则无法痊愈。约翰生答道,如果真是这样,他觉得再服用任何药物都是枉然。他最不愿意看到的就是自己在“见上帝时,成了一个白痴,或者说脑袋里装的全是鸦片制剂”。他甚至开始绝食,也许是想让头脑保持清醒。但到了 12 月 12 日,据约翰·胡尔说,他开始“有点神志不清了”。[27]

他的浮肿已经从胸部蔓延到了脚部。约翰生请来了外科医生威廉·克鲁克香克,让他对自己的腿部进行切口手术,以便将体液放掉。克鲁克香克担心这会造成坏疽,因此只是稍微切开了表皮。约翰生大喊:“深一点,深一点;我还想多活几天呢,你害怕我会感到疼痛,但我
599 根本不在乎。”克鲁克香克走了之后,约翰生又让弗兰克给他拿一把手术刀过来,这样约翰生自己就可以将腿部切开。但就在他刚开始这样做的时候,坐在他身边的巴伯出手阻止了他。后来,约翰生趁旁边没有人在,从床旁边的抽屉中取出一把剪刀,深深地刺进了两个小腿肚子。双腿立即血流如注,不得不请来克鲁克香克包扎伤口。这一幕发生在 12 月 12 日。

12 月 13 日是周一，这一天，年轻的贵妇莫里斯小姐坚持要来看他，想请求他给自己祝福。约翰生强打起精神说了句："愿上帝保佑你！"在他弥留人世的最后一天，几位好友始终在他家中陪护他。12 月12 日或 13 日，他对意大利语教师弗朗西斯科·萨斯特雷斯说了最后几个词。萨斯特雷斯是约翰生的朋友，也是埃塞克斯首领俱乐部的成员。他走进房间时，约翰生向他伸出手，喊道："吾人，终有一死。"他说这话时已经神志不清。这番话是古罗马时的问候语，乃垂死的角斗士对恺撒所说。[28]

当天晚上七点钟左右，约翰生平静地逝去。第二天，约翰·胡尔与威廉·苏厄德登门，探访他的状况。他们发现了让自己永生难忘的一幕："约翰生**躺在床上，已经没有了生命**，这是他最可怕的一幕！"每个认识他的人都不敢相信他已辞世。对于熟悉他早年生活的人士来说，尤为如此。在他们心中，往事历历在目，约翰生走在潮湿的道路上，去博斯沃思市场学校上学。他和大卫·加里克一同动身前往伦敦；在阁楼里奋笔疾书，写出了一篇篇议会辩论稿；他一整夜都与理查德·塞维奇漫步在伦敦街头，还有他编写《约翰生词典》，创作《论人类愿望之虚妄》《漫步者》的情景，以及他为了完成《莎士比亚作品集》，同自己的绝望作斗争的情景；他照顾了流浪者和误入歧途之人，他与身材矮小的约翰·佩恩一同赛跑，模仿着袋鼠，从山丘上滚下来，撰写《诗人传》，以及最终成为英语史上最伟大的谈话者。鲍斯威尔在阿伯丁得知这个消息后说："恍然如梦，难以置信，无法想象。"威廉·格拉德·汉密尔顿的评论最为精辟："他不仅无物留下裂隙，可以填补，也无物倾向于填补它。约翰生已与世长辞。让我们寻找下一个最优秀的人物。没有人；**没有人能够在你的心中与约翰生相提并论**。"[29]尽管大部分人都觉得难以解释，但约翰生对他们影响至深，

600 甚至以某种深远的方式改变了他们的人生，其他人都做不到这一点。约翰生将人间最贵重的礼物赠予他们，这就是希望。面对种种逆境，他依然证明我们可以度过人生的奇异险旅，并以此致敬人性。

注释

［1］鲍斯威尔：《约翰生传》，第二卷，页106。

［2］《塞缪尔·约翰生书信集》，第八五七篇。

［3］同上，第八七一篇之一。

［4］鲍斯威尔：《约翰生传》，第四卷，页235，注释2。

［5］《塞缪尔·约翰生书信集》，第八七一篇之二，第八七一篇之三，第八七三篇之二，第八七七篇。

［6］鲍斯威尔：《约翰生传》，第四卷，页236-239。

［7］同上，页242、245。

［8］约翰·霍金斯爵士：《约翰生传》，页563。

［9］拉塞尔·布雷恩：《对天才的反思》，页28（论冠状动脉血栓的形成）。《约翰生杂录》，第一卷，页440。《塞缪尔·约翰生书信集》，第九二一篇。鲍斯威尔：《约翰生传》，第四卷，页272。约翰·霍金斯爵士：《约翰生传》，页565-566。另见唐纳德·格林的文章，见本章注释26。

［10］《塞缪尔·约翰生书信集》，第九三七篇。

［11］同上，第九二九篇之二，第一〇〇三篇之一。

［12］同上，第九五六篇。鲍斯威尔：《约翰生传》，第四卷，页273、275。

［13］鲍斯威尔：《约翰生传》，第四卷，页280-288，注释1。

［14］约翰·霍金斯爵士：《约翰生传》，页409、601。

［15］鲍斯威尔：《约翰生传》，第四卷，页284、326、339。

［16］《塞缪尔·约翰生书信集》，第九七〇篇。

［17］同上，第九七二篇。

［18］约翰·霍金斯爵士：《约翰生传》，页327-328，页348-350，页367-368，页542-543（《塞缪尔·约翰生书信集》，第一〇〇八篇）。

[19]《塞缪尔·约翰生书信集》，第九八四篇，第九八二篇。

[20] 同上，第九八二篇之一。

[21]《詹姆斯·鲍斯威尔创作〈约翰生传〉所用相关信函与文件》，页91。

[22] 鲍斯威尔：《约翰生传》，第四卷，页293-294（粗体部分为笔者所加），页376。塞缪尔·约翰生：《日记、祷文、年谱》，页378。

[23] 约翰·霍金斯爵士：《约翰生传》，页566-582，页605。如需了解这份遗嘱及其目录的详情，参见鲍斯威尔：《约翰生传》，第四卷，页402-405，注释2。

[24] 约翰·霍金斯爵士：《约翰生传》，页586-587。鲍斯威尔：《约翰生传》，第四卷，页393-394，页405注释1，页408-409。《约翰生杂录》，第一卷，页446。

[25]《约翰生杂录》，第二卷，页147-148。鲍斯威尔：《约翰生传》，第四卷，页92-93。约翰·霍金斯爵士：《约翰生传》，页589。鲍斯威尔：《约翰生传》，第四卷，页410。约翰·霍金斯爵士：《约翰生传》，页579-580。

[26] 鲍斯威尔：《约翰生传》，第四卷，页374。《约翰生杂录》，第二卷，页126、149、151。唐纳德·格林，见《约翰生研究》，页61-92。约翰·霍金斯爵士：《约翰生传》，页589。《约翰生杂录》，第二卷，页175。

[27] 鲍斯威尔：《约翰生传》，第四卷，页400。约翰·霍金斯爵士：《约翰生传》，页577。

[28]《约翰生杂录》，第一卷，页447-448。约翰·霍金斯爵士：《约翰生传》，页590-591。《约翰生杂录》，第二卷，页159。

[29]《约翰生杂录》，第二卷，页160。鲍斯威尔：《约翰生传》，第四卷，页553-554，页420-421。

参考文献*

（据原书注释整理）

Abbott, John L., *Journal of the Royal Society of Arts*, CXV (1967).

Adams, George, *Treatise on the Globes* (1766).

Alkon, Paul, *Samuel Johnson and Moral Discipline* (Evanston, Ill., 1967).

Balderston, Katharine C., "Johnson's Vile Melancholy," in *The Age of Johnson*, F. W. Hilles and W. S. Lewis, eds. (New Haven, 1949).

——, ed., *Thraliana: The Diary of Mrs. Hester Lynch Thrale... 1776–1809*, 2 Vols. (Oxford, 1942; reprinted, 1950).

——, *PMLA*, LXXV (1960).

Barbauld, A. L., ed., *Correspondence of Samuel Richardson* (1804).

Baretti, Giuseppe, *Dictionary of the English and Italian Languages* (1760).

——, *Easy Phraseology for the Use of Young Ladies... of the Italian*

* 凡未标明出版地的，默认为伦敦。

Language (1775).

——, *Introduction to the Italian Language* (1755).

Bate, W. J., "Johnson and Satire Manque," in Eighteenth Century Studies: In Honor of Donald F. Hyde, W. H. Bond, ed. (New York, 1970).

——, *The Achievement of Samuel Johnson* (New York, 1955).

——, *The Burden of the Past* (Cambridge, Mass., 1970).

Bentham, Jeremy, *Works* (1843).

Bloom, Edward A., *Samuel Johnson in Grub Street* (Providence, R. I., 1957).

Bond, W. H., ed., *Boswell, Johnson, and the Petition of James Wilson*, (1971).

Brady, F. and Pottle, F. A., eds., *Boswell in Search of a Wife* (New York, 1956).

Brain, Russell, "A Post-Mortem on Dr. Johnson," *Some Reflections on Genius* (1960).

Broadley, A. M., ed., *Dr. Johnson and Mrs. Thrale* (1910).

Bronson, B. H., "Johnson Agonistes," in *Johnson Agonistes and Other Essays* (Cambridge, 1946).

Brown, John and de L. Mann, J., *Modern Language Review*, XLI (1946).

Buchan, John, *Midwinter* (1923).

Buchanan, David, *The Treasure of Auchinleck* (New York, 1974).

Burnett, John, *A History of the Cost of Living* (1969).

Burney, Fanny, *Evelina* (1778).

——, *Memoirs of Dr. Burney* (1832).

Campbell, John, *Lives of the Chief Justices* (1849-57).

Cary, H. F., *Lives of English Poets* (1856).

Chalmers, Alexander, *General Dictionary Biographical Dictionary* (London, 1812-1817).

Chambers, R. L., ed., *Boswell's Note Book 1776-1777* (London, 1925).
——, ed., *The Letters of Samuel Johnson*, 3 Vols. (Oxford, 1952).
——, *Review of English Studies*, V (1929).
——, *Transactions*, *Johnson Society* (Lichfield, 1969).
Chambers, William, *Designs of Chinese Buildings*, *Furniture*, *Dresses*, *etc*. (1757).
Chapone, Hester M., *Posthumous Works* (1807).
Chase, Peter, *Yale Journal of Biology and Medicine*, XLVI (1951).
Cibber, Theophilus, *Lives* (1753).
Clifford, James L., "Johnson's Trip to Devon in 1762," in *Eighteenth-Century Studies in Honor of Donald F. Hyde*, W. H. Bond, ed. (New York, 1970).
——, *Hester Lynch Piozzi (Mrs. Thrale)* (Oxford, 1941).
——, *Lex et Sciencia*, II (1975).
——, *Young Sam Johnson* (New York, 1955).
Cradock, Joseph, *Literary... Memoirs* (1828).
Croker, J. W., ed., *Johnsoniana* (Philadelphia, 1842).
Cumberland, Richard, *Memoirs* (1807).
Damrosch, Leopold, *Journal of English Literary History*, XL (1973).
——, *Samuel Johnson and the Tragic Sense* (Princeton, 1972).
Davie Donald, *Purity of Diction in English Verse* (London, 1952).
Davies, Thomas, *Memoirs of the Life of David Garrick* (1784).
Davis, Bertram H., *A Proof of Eminence* (Bloomington, Ind., 1973).
Disney, John, *Memoirs of... A. A. Sykes* (1785).
Dobson, Austin, ed., *Diary and Letters of Mme. d'Arblay*, 6 Vols. (London, 1904-5).
Dodsley, Robert, *The Preceptor* (1748).
Donald and Mary Hyde, *Dr. Johnson's Second Wife* (1953), revised and reprinted in F. W. Hilles, ed., *New Light on Dr. Johnson* (New Haven,

1959).

Edwards, Edward, *Lives of the Founders of the British Museum* (1870).

Eliot, T. S., "Metaphysical Poets," *Selected Essays* (1932).

——, "Shakespearian Criticism: I. From Dryden to Coleridge," *Companion to Shakespeare Studies*, H. Granville-Barker and G. B. Harrison, eds. (New York, 1960).

——, *On Poetry and Poets* (New York, 1957).

——, *The Use of Poetry and the Use of Criticism* (New York, 1934).

Ellis, A. R., ed., *Early Diary of Frances Burney* (1889).

England, Martha, *Garrick's Jubilee* (New York, 1964).

Essays in Criticism (1966).

Evans, Bergen, "Dr. Johnson as a Biographer" (Ph. D. diss., Harvard University, 1932).

Fawkes, F. and Woty, W., eds., *Poetical Calendar*, XII (December 1763).

Fitzgerald, Percy, *A Famous Forgery* (London, 1865).

——, *Garrick* (1899).

Fleeman, David, *Studies in the Book Trade in Honor of Graham Pollard* (Oxford Bibliographical Society, Oxford, 1975).

Fletcher, W. Y., *English Book Collectors* (1902).

Flinn, M. L., *Journal of the Friends Historical Society*, XLVII (1955).

Foley, Frederic J., S. J., *The Great Formosan Imposter* (New York, 1968).

Freud, Sigmund, *Collected Papers* (New York, 1950).

——, *Der Witz und seine Beziehung zum Unbewussten* (Leipzig, 1905).

Garretson, John, *Exercises.*

Garrick Correspondence (1831).

Gibbon, Edward, *The History of The Decline and Fall of the Roman Empire* (1776–1788).

Gold, Joel J., "Johnson's Translation of Lobo," *PMLA*, 80 (1965).

Goldsmith, *The Traveller* (1764).

——, *The Vicar of Wakefield* (1766).

Grange, Kathleen, *Journal of Nervous and Mental Diseases*, CXXXV (1962).

Grant, Douglas, *The Cock Lane Ghost* (1965) and Grant's edition of Churchill's *Poetical Works* (Oxford, 1956).

Gray, James, *Johnson's Sermons* (Oxford, 1972).

Greene, Donald J., *English Writers of the Eighteenth Century*, J. H. Middendorf, ed. (New York, 1971).

——, *Johnsonian Studies*, M. Wahba, ed. (1962).

——, *Review of English Studies*, new ser. Ⅶ (1956).

——, *Samuel Johnson* (New York, 1970).

——, *The Politics of Samuel Johnson* (New Haven, 1960).

Gwynn, John, *London and Westminster Improved* (1766).

H. Sledd, James and Kolb, Gwin J., *Dr. Johnson's Dictionary* (Chicago, 1955).

Hagstrum, Jean, *Samuel Johnson's Literary Criticism* (Minneapolis, 1952).

Hamilton, W. G., *Parliamentary Logick* (1808).

Hayward, Abraham, *Autobiography of Mrs. Piozzi* (1861).

Hazen, Allen T., *Bulletin of the Institute of the History of Medicine*, Ⅳ (1936).

——, *Samuel Johnson's Prefaces and Dedications* (New Haven, 1937).

Hazlitt, "On Gusto," *Works*, P. P. Howe, ed. (1930-34).

Hazlitt, William, "Conversations with Northcote," *Works*, P. P. Howe, ed., Ⅺ (1930-34).

Henley, John, in *The Hyp-Doctor*, August 24-31, 1731.

Hill, Constance, *The House in St. Martin's Street* (1907).

Hill, G. B., ed., *Johnsonian Miscellanies*, 2 Vols. (Oxford, 1897).

——, ed., *Lives of the English Poets by Samuel Johnson*, 3 Vols. (Oxford,

1905).

——, *Footsteps of Dr. Johnson* (1890).

——, ed., *Boswell's Life of Johnson*, 6 Vols., revised and enlarged by L. F. Powell (Oxford, 1934–50).

Hill, J. and Dent, R. K., *Memorials of the Old Square* (Birmingham, 1897).

Hill, Joseph, *Bookmakers of Old Birmingham* (Birmingham, 1907).

Hilles, F.W., in *Johnson, Boswell and their Circle: Essays... L. F. Powell* (Oxford, 1965).

——, *Literary Career of Sir Joshua Reynolds* (New Haven, 1936).

Hogarth, *Analysis of Beauty*.

Hoole, John, *Present State of the East India Company's Affairs* (1772).

——, trans., Tasso's *Jerusalem Delivered* (1763).

Hoover, B. B., *Samuel Johnson's Parliamentary Reporting* (Berkeley, 1953).

Hopewell, S., *The Book of Bosworth School* (Leicester, 1950).

Hutton, W. H., *Burford Papers* (1905).

Hyde, Mary, Presidential Address, *Transactions*, *Johnson Society* (Lichfield, 1957).

——, *The Impossible Friendship*: *Boswell and Mrs. Thrale* (Cambridge, Mass., 1972).

——, *The Thrales of Streatham Park* (to be published September 1977, Cambridge, Mass. Entries are cited by date).

James, Robert, *A Dissertation on Fevers* (1778).

Johnson, Samuel, *Address of the Painters, Sculptors, and Architects to George III on his Succession to the Throne* (1761).

——, *An Attempt to Ascertain the Longitude at Sea* (1755).

——, "A Project for the Employment of Authors," *Works* (1825).

——, *Diaries, Prayers and Annals, in Yale Edition* (Y, above, Vol. I), E.

L. McAdam, with Donald and Mary Hyde, eds. (New Haven, 1958).

——, *Journey to the Western Islands*, Y, Ⅸ.

——, *Life of the Earl of Roscommon, in Gentleman's Magazine*, Ⅴ, 1748.

——, *Paragraphs of John Gwynn's Thoughts on the Coronation* (1761).

——, *Poems*, in Yale Edition (Y, above, Vol. Ⅵ), E. L. McAdam, with George Milne, eds. (New Haven, 1964).

——, Preface of Lenglet du Fresnoy's *Chronological Tables of Universal History* (1762).

——, *Rasselas* (1759).

——, *Taxation No Tyranny* (1775).

——, *The False Alarm* (1770).

——, The Drury Lane*Prologue* (1747).

——, *The Patriot* (1774).

——, *The Plays of William Shakespeare, in Eight Volumes... To which are added Notes by Sam. Johnson* (1765).

——, *The Rambler*, in Yale Edition (Y, below, Vols. Ⅱ－Ⅴ), W. J. Bate and Albrecht B. Strauss, eds. (New Haven, 1969).

——, *The Vanity of Human Wishes* (1749).

——, "The Vision of Theodore, the Hermit of Teneriffe".

——, *Thoughts Concerning the Late Transactions Respecting Falkland's Islands* (1771).

Jones, E., Wahba, M., *Bicentenary Essays on Rasselas* (1959).

Keats, John, *Letters*, H. E. Rollins, ed. (Cambridge, Mass., 1958).

Kelly, Hugh, *A Word to the Wise* (1777).

Kennedy, John, *A Complete System of Astronomical Chronology, Unfolding the Scriptures* (1763).

Koestler, Arthur, *The Act of Creation* (New York, 1964).

Kolb, Gwin, *Studies in Bibliography*, ⅩⅤ (1962).

——, *Studies in English Literature*, Ⅰ (1961).

Krishnamurti, S., *Modern Language Review*, XLIV (1949).

Laithwaite, Percy, *History of the Lichfield Conduit Lands Trust* (Lichfield, 1947).

Law, William, *A Serious Call to a Devout and Holy Life* (1728).

Lennox, Charlotte, *Henrietta*, 1761.

——, *Philander*, *1757*.

——, *Shakespeare Illustrated*, 1753.

——, *The Female Quixote*, 1752.

——, *tran.*, *Pierre Brumoy's Greek Theatre*, 1760.

——, *tran.*, *Sully's Memoirs*, 1755.

Liebert, H. W., *A Constellation of Genius* (New Haven, 1958).

——, *Yale University Library Gazatte*, XXV (1950).

Lipking, Lawrence, *Philological Quarterly*, XLVI (1967).

Littlejohn, David, *Dr. Johnson and Noah Webster* (1971).

Lloyd, Samuel, *The Lloyds of Birmingham*, 3d ed. (Birmingham, 1909).

Lucas, E. V, *Charles Lamb and the Lloyds* (London, 1898).

Lucas, Henry, *Poems* (1779).

Macbean, Alexander, *Dictionary of Ancient Geography* (1773).

Mackinnon, F. D., *Cornhill Magazine*, new ser., LXI (1926).

Mandeville, Bernard, *Enquiry into the Origin of Moral Virtue*, appended to *Fable of the Bees* (1714).

Mangin, Edward, *Piozziana* (1833).

Mann, Thomas, *Dr. Faustus*, H. T. Lowe-Porter, trans. (New York, 1948).

Mason, William, *Elfrida*.

Maurice, Thomas, *Poems* (1779).

McAdam, E. L., *Dr. Johnson and the English Law* (Syracuse, 1951).

McHenry, L. C., *Archives of Internal Medicine*, CXIX (1967).

——, *Journal of the History of Medicine and Allied Sciences*, XIV (1967).

Moore, Edward, *Gil Blas*.

Nichols, J., *Gentleman's Magazine*, LV (1785).

——, *Illustrations of the Literary History of the Eighteenth Century* (1848).

——, *Literary Anecdotes* (1812–1815, Ⅱ).

——, *Literary History*, Ⅴ (1828).

——, *Rise and Progress of the Gentleman's Magazine* (1821).

Northcote, James, *Reynolds* (1819).

Payne, William, *Elements of Trigonometry* (1772).

——, *Introduction to the Game of Draughts* (1756).

Payne, John, *New Tables of Interest* (1758).

Pearce, Zachary, *Four Evangelists and the Acts of the Apostles* (1777).

Pennington, M., ed., *A Series of Letters... Carter... Talbot*, (1809).

Percy Letters (Baron Rouge, 1944).

Perkins, David, *Journal of English Literary History*, XX (New York, 1953).

Piozzi, Hester Lynch, *Anecdotes of the Late Samuel Johnson, LL. D.*, in G. B. Hill, ed., *Johnsonian Miscellanies*, Vol. Ⅰ (Oxford, 1897).

Poetical Works (1810).

Pottle, F. A. and Bennett, C. H., eds. *Boswell's Journal of a Tour to the Hebrides*, (New York, 1936).

Pottle, F. A., ed., *Boswell in Holland* (New York, 1952).

——, ed., *London Journal* (New York, 1950).

——, *James Boswell, the Earlier Years, 1740–1769* (New York, 1966).

——, *New Light on Dr. Johnson*, F. W. Hilles, ed. (New Haven, 1959).

Reade, Aleyn Lyell, *Johnsonian Gleanings*, 11 Vols. (privately printed, 1909–52).

——, *London Mercury* (1930).

Rolt, Richard, *New Dictionary of Trade and Commerce* (1756).

Sachs, Arieh, *Passionate Intelligence* (Baltimore, 1967).

Saunders, Bailey, *Macpherson* (1898; reprinted 1968).

Scott, Geoffrey and Pottle, F.A., eds., *The Private Papers of James Boswell from Malahide Castle*, 19 Vols. (privately printed, 1928–37).

Sermons on Different Subjects, Left for Publication by John Taylor (1789).

Seward, Anna, *Letters*(Edinburgh, 1811).

Shaw, Stebbing, *History and Antiquities of Staffordshire* (1798–1801).

Shaw, William, *Analysis of the Scotch Celtic Language* (1775).

——, *Memoirs of the Life and Writings of the Late Dr. Samuel Johnson* (London, 1785).

Shawcross, ed., *Biographia Literaria* (Oxford, 1907).

Sherbo, Arthur, *Journal of English and Germanic Philology*, LII (1953).

——, *Samuel Johnson, Editor of Shakespeare* (Urbana, Ill., 1956).

——, *Shakespeare Quarterly*, IX (1958).

Hawkins, Sir John, *The Life of Samuel Johnson, LL. D.* (London, 1787).

Raleigh, Sir Walter, *Johnson on Shakespeare* (Oxford, 1908).

Scott, Sir Walter, *Miscellaneous Prose Works* (1827).

Small, Miriam, *Charlotte Ramsay Lennox* (New Haven, 1935).

Strachey, J., trans., *Civilization and Its Discontents*, (New York, 1961).

Stringer, George A., *Leisure Moments in Gough Square* (Buffalo, 1886).

Sullivan, J. P., trans., in *Samuel Johnson...Poems*, J. D. Fleeman, ed. (1971).

The Works of Samuel Johnson, LL. D., 11 Vols. (Oxford, 1825).

Thomas, Eugene, *Transactions, Johnson Society* (Lichfield, 1974).

Tracy, Clarence, *The Artificial Bastard* (Toronto, 1953).

Tyson, M. and Guppy, H., eds., *French Journals of Mrs. Thrale and Dr. Johnson* (1932).

Victor, Benjamin, *History of the Theatres* (1771).

Voitle, Robert, *Samuel Johnson the Moralist* (Cambridge, Mass., 1961)

Voltaire, *Oeuvres Complètes*, XL (1880).

W. Collins, P. A., *Notes and Queries* (April 1956).

Waingrow, Marshall, ed., *Correspondence and Other Papers of James Boswell Relating to the Making of the Life of Johnson* (New York, 1969).

——, in *From Sensibility to Romanticism*, F. W. Hilles and H. Bloom, eds. (New Haven, 1965).

Walker, William, *Treatise of English Particles.*

Warner, J. H., *Queen's Quarterly*, 53 (1946).

Warner, Richard, *Tour through the Northern Counties* (Bath, 1802).

Waugh, Arthur, in World Classics edition of *Lives of the Poets* (1964).

Wheatley, H. B., *Antiquary*, XI (1885).

Willoughby, E. E., *Essays by Divers Hands* (Royal Society of Literature), 29 (1958).

Willymott, William, *English Particles...for Latin Exercises.*

Wimsatt, W. K., *Philosophic Words* (New Haven, 1948).

Windham, William, *Diary* (1866).

Yale Edition of the Works of Samuel Johnson, now in process, 10 Vols. to date (New Haven, 1958–).

Yeowell, James, *A Literary Antiquary: Memoir of William Oldys. Together with His Diary* (1862).

报 刊

Adventurer

Antiquary

Archives of Internal Medicine

Biographia Literaria

Bulletin of the History of Medicine

Essays by Divers Hands

Gentleman's Magazine

Idler

Journal of English and Germanic Philology
Journal of Nervous and Mental Diseases
Journal of the History of Medicine of Allied Sciences
Journal of the Royal Society of Arts
Lex et Scientia
London Journal
London Mercury
Modern Language Review
Notes and Qeries
Philological Quarterly
PMLA (*Modern Language Association of America*)
Queen's Quarterly
Rambler
Review of English Studies
Shakespeare Quarterly
Studies in Bibliography
The Literary Magazine
Transactions, Johnson Society
Universal Review
World
Yale Journal of Biology and Medicine
Yale University Library Gazette

索　引

（索引页码为原书页码，即本书边码）

著作权合同登记号桂图登字:20-2018-036号

图书在版编目(CIP)数据

约翰生传/(美)沃尔特·杰克逊·贝特著;李凯平,周佩珩译.—桂林:广西师范大学出版社,2022.1
(文学纪念碑)
ISBN 978-7-5598-2996-2

Ⅰ.①约… Ⅱ.①沃… ②李… ③周… Ⅲ.①约翰生(Johnson, Samuel 1709-1784)-传记 Ⅳ.①K835.615.6

中国版本图书馆 CIP 数据核字(2020)第127220号

出 品 人:刘广汉　　策　　划:魏　东
责任编辑:魏　东　　封面设计:赵　瑾

广西师范大学出版社出版发行
(广西桂林市五里店路9号　　邮政编码:541004
网址:http://www.bbtpress.com)
出版人:黄轩庄
全国新华书店经销
销售热线:021-65200318　021-31260822-898
山东韵杰文化科技有限公司印刷
(山东省淄博市桓台县桓台大道西首　邮政编码:256401)
开本:690mm×960mm　1/16
印张:56　插页:24　字数:680千字
2022年1月第1版　2022年1月第1次印刷
定价:188.00元